KB151504

아동정신분석학의 역사 2

서양편 · 722

아동정신분석학의 역사

2

클로딘 가이스만, 피에르 가이스만, 디디에 후젤, 베르나르 골스 지음

오정민 옮김

한국문화사

한국연구재단 학술명저번역총서 서양편·722

아동정신분석학의 역사 2

발 행 일   2013년 11월 20일 초판 인쇄
          2013년 11월 25일 초판 발행

원   제   Histoire de la psychanalyse de l'enfant
지 은 이   클로딘 가이스만(Claudine Geissmann-Chambon)
          피에르 가이스만(Pierre Geissmann)
          디디에 후젤(Didier Houzel)
          베르나르 골스(Bernard Golse)
옮 긴 이   오 정 민
책임편집   이 지 은
편   집   조 소 연, 공 정 선, 조 미 란
펴 낸 이   김 진 수
펴 낸 곳   한국문화사
등   록   1991년 11월 9일 제2-1276호
주   소   서울특별시 성동구 아차산로 3(성수동 1가) 502호
전   화   (02)464-7708 / 3409-4488
전   송   (02)499-0846
이 메 일   hkm7708@hanmail.net
홈페이지   http://www.hankookmunhwasa.co.kr
블 로 그   http://blog.naver.com/hkm2012

책값은 18,000원입니다.

ISBN 978-89-6817-082-9 94180
ISBN 978-89-6817-077-5 (세트)

이 도서의 국립중앙도서관 출판시도서목록(CIP)은
서지정보유통지원시스템 홈페이지(http://seoji.nl.go.kr)와
국가자료공동목록시스템(http://www.nl.go.kr/kolisnet)에서
이용하실 수 있습니다. (CIP제어번호 : CIP2013024928)

'한국연구재단 학술명저번역총서'는 우리 시대 기초학문의 부흥을 위해
한국연구재단과 한국문화사가 공동으로 펼치는 서양고전 번역간행사업
입니다.

▌차례 ▌

1권 차례

· **일러두기** · ────────────

1. 논문이나 기사는 「 」로, 책은 『 』로, 신문이나 잡지는 《 》로,
   단체명은 〈 〉로 표기했다.
2. 로마자 서지사항을 그대로 쓴 부분은 책 제목을 기울임꼴(이탤릭체)로 표기했다.
3. 옮긴이 주는 [역주]로 표기했다.
4. 고유명사는 외래어 표기법에 따랐고, 일부는 옮긴이의 의도에 따라 표기했다.
5. 원문과 역주에서 인용된 부분은 작은따옴표와 큰따옴표로 표기했다.
6. 역자가 강조 목적으로 표시한 부분은 방점으로 표기했다.
   이는 일상적 표현을 위한 단어가 아니라 역사적으로 고유명사화된 단어이거나,
   이론적 용어임을 드러내려고 혹은 강조하려고 사용했다.
7. 원문에서 이탤릭으로 강조한 것은 고딕체로 표기했다.
8. [ ] 꺾쇠괄호 안의 내용은 인용문 안에 저자가 첨가한 내용이다.
9. 인터뷰는 국어순화의 차원에서 '회견'으로 표시했다.
10. 본 번역서 뒷부분에, 원서의 참고문헌을 그대로 실었다. 그러므로 이후 본문
    안에 괄호로 계속 등장하는 출처 표시는 이와 같이, 알파벳순에 따른 저자
    이름(성{姓})과 연도(괄호 안에 표시됨)를 근거로 찾아 더욱 자세한 서지사항
    (출판지, 출판사 총서, 번역본이 출간된 연도 등)을 독자 스스로 찾아볼 수
    있다. 같은 연도의 문헌일 때에는 발표하거나 출간한 순서대로 알파벳으로
    구분했다.

▍회견 ▍

역자 서문

    지그문트 프로이트가 명명하고 본격적으로 발전시킨 정신분석학에서는, 인간으로 태어났으면 거치기 마련인 여러 생물학적, 심리적 발달 단계를 관찰하여 보고하고 있다. 인간 정신세계에서 성과 리비도가 매우 근원적 위치를 차지한다는 사실을 거부하는 움직임은 지그문트 프로이트의 시대에도 이미 있었으며 지금도 여전하다. 그러한 거센 반발이 동서나 시대를 막론하고 존재하는 현상은 곧, 성이라는 것을 의식적으로 인정하기 싫어하는 성향 자체가 보편적이라는 점을 대변한다. 그런데 그런 현상이야말로 바로 프로이트가 발견한 무의식적 '저항'résistance과 '억압'refoulement의 정신기제를 그대로 재생하여 보여주는 꼴이 아닌가. 그것은 또한 개인의 발달 과정에 내재한 초자아의 검열censure이 사회적으로도 관찰 가능하다는 말이다. 그런 의미에서 그런 거부는 일종의 집단적 저항résistance collective 내지는 집단적 억압refoulement collectif이라고 명명할 수 있지 않을까. 그렇게, 장소와 시대를 막론하고 맞닥뜨리기 마련인, 정신분석학에 대한 반감은 정신분석학의 보편성을 오히려 반증하고 있다. 프로이트는 이미 고대 신화 안에서 인간 심리의 보편성을 보았기에 그것을 오이디푸스나 나르시스라는 이름을 빌려 명명하였다. 동일 선상에서, 동서고금의 보편성을 완성하는 국내의 작은 사례 하나로 "효孝 안에 자리한 오이디푸스 콤플렉스" 연구를 들 수 있다.

"세 살 버릇 여든 간다"는 한국 속담이 있다. 오랜 세월 동안의 경험에서 나온 지혜와, 사람을 직접 관찰, 분석한 임상에 기초한 정신분석은 부분적으로 공통점이 있다. 어쨌든 성인을 분석하면서 프로이트가 발견한 바는, 여러 심리 증상은 그 뿌리를 아동기에 두고 있다는 사실이었다. 그것은 성인분석에서 출발하여 도달한 바였다. 그런데, 멜라니 클라인은 한 걸음 더 나아가, 어린아이를 놀이를 통하여 직접 관찰해 무의식에 대한 앎을 보다 구체화하고 그 지평을 넓혔다. 아동기에 구조화된 생각의 구도나 인상은 특별한 노력이 없는 한, 성인이 되고 노인이 되기까지, 내가 지각하고 만드는 세상이 어떤 모습인지를 결정짓는다. 이 점은 수행을 할 때 특히 드러나는 사실이다.

역자 개인적인 이야기를 하자면, 청춘기에 이미 정신분석학의 보고에 매료된 바 있었다. 그러나 30대 초반부터는, 정신분석 기법보다는 불교 수행이 훨씬 전반적이고 효과적인 해결책이라고 판단하였으며 그렇게 수행한 지 어언 14년이 흘렀다. 불혹의 나이를 넘겼다는 것은 욕망의 존재 자체가 없어졌다는 말이 아니라 인간의 정신적 활동의 여러 면을 두루두루 대하면서 "욕망이 어떻게 사용되는가, 그리고 욕망을 어떻게 사용할 것인가"에 대한 성찰을 한다는 말이다. 그런데 수행을 하면 할수록 정신분석학의, 임상을 통한 구체적 연구의 진가가 점점 더 빛을 발하고 있음을 보게 된다.

예컨대 정신분석학에서 말하는 신경증, 그 신경증의 특징에도 속하는 과거에 받은 상처는 수행을 통해서 제일 먼저 없어진다. 상처뿐만 아니라 잠재의식을 채우고 있는 모든 상像이 수행을 통해서는 자취 없이 청소되는 경우가 많다. 그렇게 수행을 통해서는 매우 빠르게 치료되기에 일일이 다 묘사할 겨를이 없을 수도 있는 증상(=정신현상)을, 정신분석학은 세세히 다루고 있다. 그도 그럴 것이, 정신분석학에서는 특히 환자의 증상을 장기적으로 다루기 때문이다. 그러나 욕망이 나로 구획 지은 허상 안에 집중되어 머물기보다는 더욱 분명하고 객관적으로 현실을 인식하여 남을 위하는 하심下心으로 향하는지, 그 여부는 정신분석 치료의 효과나 소관 사항이 아니다. 다시 말하여 수행을 통하면, 정신분석학에서처럼 어떤 욕망이 뿌리가 된 그 증상 한 가지에만 작용하는 것이 아니라 사욕 자체가 전체적으로 녹아 일상의 다른 방면에서까지 남을 위하는 마음이 비로소 제 빛을 발하게 된다.

이렇듯, 서양의 정신분석과 동양의 수행은 서로 보충의 관계에 있을 때 시너지 효과가 있다. 정신분석학과 불교 사이의 유사성은 이미 지적된 바 있으므로 여기서 거론하지는 않겠다.

이 책은 아동정신분석의 역사에 대한 저술인데 아동정신분석학의 이론이 어떻게 전개되었는지 그 개관도 필수적으로 담고 있다. 이 책을 통하여 아동의 성과 그에 얽힌 욕구, 욕망, 그리고 거기서 파생

되는 모든 염원, 추구 혹은 좌절, 퇴행 등을 더욱 잘 알 수 있다. 그리하여 초기 아동기의 생물학적 발달과정이 어떤 감정적 결과를 불러올 수 있는지를 잘 알아 바른 원인을 심는 데에 일조할 수 있으면 하는 바람이다. 그것은 더욱 행복한 삶을 살기 위한 방법이기 때문이다.

이렇게 역자 서문을 통하여 동서고금을 막론한 보편성을 강조하는 이유는, 이 책이 번역서이지만 그 내용은 각자의 생각과 일상생활, 나아가 우리 모두의 행복과 연결되어 있다는 점을 드러내기 위한 것이다. 독자 제위의 많은 질책을 바란다.

2013년 10월

역자 오정민

2004판 서문

클로딘 가이스만

아동정신분석학의 역사에 관심을 두면, 오늘날 우리 사회에서 거론되는 논점 몇 가지를 더욱 잘 이해할 수 있게 된다. 예컨대 정신분석학적 심리치료법은 무엇인가, 내지는 아동의 성性이란 무엇인가 등의 논점이 있다.

심리치료는 오늘날 신문의 제1면을 차지하며, 대단한 논쟁거리가 되곤 한다. 아동에 대한 정신분석학적 심리치료사가 되기 위해서는 일정한 교육을 받아야 하는가? 이 질문에 우리는 당연히 그렇다고 대답하는 관점이다. 그러나 항상 그렇듯, 돌팔이도 생길 것이다. 그만큼 신비주의적 사고방식에 의지할 필요가 크다는 증거이다. 그러나 어린 아동은 신비주의적 사고유형에 익숙하다는 사실 또한 흥미롭다.

정신분석학적 심리치료법이란 명칭이 있기에 돌팔이 의사가 설 자리가 없는 것은 이제 본질적인 사실로 보인다. 이는 자녀가 심리적으로 고통받고 있다고 판단하는 부모에게 심리치료사 선택의 자유를 빼앗고자 하는 것이 아니라, 사정을 잘 알고 선택하도록 하려는 것이다. 외과의사도 메스를 다루고 도살업자도 칼을 다루지만, 교육의 유무에 따라 의사인지 도살업자인지 그 명칭이 달라짐은 누가 보아도 필요하고 정당하다. 그러나 이 명칭에 대한 규정은 지켜지지 않을 때도 있었다. 마찬가지로 인간, 더욱 정확히 한창 성장하는 아동의 심리현상이 관건일 때에는 특수한 교육이 필요하다. 그래야 현재 행하고 있는 요법이 어떠한 것인지, 어느 한도까지 가능한지 알 수 있다.

아동을 대상으로 한 정신분석학적 심리치료사란 직업이 오랫동안 형성되어온 과정에 대한 본질적 지식이 이 책에 담겨 있다. 즉, 아동정신분석학과 그것에 연관된 심리치료법 치료가 점진적으로 늘어나 이론과 기법에서의 지식이 확립되어 어떻게 실제에 적용될 정당성을 얻었는지 보이고자 하는 것이다. 정신분석학적 심리치료법 덕택으로 아동은 자신의 불안, 공포, 괴벽, 억압, 우울의 근원과 성격을 더욱 잘 이해하여 스스로를 치료할 수 있다. 그뿐만 아니라 거기서 더 나아가 아동은 자신과 주위 사람들에 대해 생각할 때 더욱 커다란 자유를 얻을 수 있다. 그렇게 아동은 심리적으로 지속해서 발달할 수 있다.

"자, 이제는 말로 치료할 수 있어요."라고, 자폐증에 벙어리였던 한 어린 소녀가 몇 년에 걸친 치료 후 말했다.

현재 우리 사회에서는 건강에 관한 한 품질과 가격 조건을 최고로 유지하기 위해 분투하고 있다. 같은 품질의 재료임을 확인할 수 있다면 그중 가장 저렴한 재료를 사용하여 허리 보철기구를 만들기 마련이다. 반면 정신건강과 관련된 분야에서는 질이 좋고 나쁨을 산정하기가 훨씬 어렵다. 하지만 기초적 양식에 비추어 보았을 때 통하는 논거 몇 가지 정도는 인정되어야 할 것이다. 나는 여기서 정신 발달상의 지표를 염두에 두고 말하고 있다. 아동이 고통을 받을 때 그 지표는 혼란스러워지며 장차 성인이 되어서의 상태를 이루게 될 본질적 요소 역시 정신 발달상의 지표가 된다는 사실을 우리는 알고 있다. 바르비투르산제[1], 암페타민[2], 신경진정제와 같은 약은 일정 증상을 완화하고 가라앉히지만 한편으로는 정신 발달을 둔화시킨다는 사실 역시 잘 알려져 있다. 조건화나 엄격한 훈련과 같은 기법 또한 위험하며, 특히 아동에게 그러한 기법만 쓴다거나 지나치게 자주 행할 때 유해하기까지 하다. 이때 아동은 분명 행동에 변화를 보이고 간단한 것을 배우기는 한다. 그러나 이 경우 들어서는 것은 허위의 자아로서, 강요되는 현실에 잘 적응하는 것처럼 보이기는 하지만 진정한 자아는 희생당하는 셈이다. 즉 감히 큰 소리로 표현하지 못하더라도 고통, 불안은 여전히 남아있고 정신발달은 이루어지지 않는다.

약, 조건화 등과 같은 방법은 현재 우리의 치료 시스템의 향방과 맞물리는 두 가지 장점을 지니고 있다. 그것은 비용이 저렴하고 결과가 빠르다는 것이다. 그런데, 그렇다고 해서 그 방법만 주로 사용

---

[1] [역주] 중앙 신경체계의 활동을 둔화시키는 약.
[2] [역주] 뇌 신경중추를 흥분시키는 약.

하고, 정신분석학적 심리치료법이 가져다주는 효과는 없어도 된단 말인가? 이 점이 바로 우리 사회가 해결해야 할 관건 중의 하나이다.

아동심리치료는 오랜 기간에 걸쳐 이루어지기에 비용도 많이 든다. 아동에게 자신의 리듬대로 정신적 발전을 할 수 있도록 필요한 시간을 주는 일은 넓은 의미에서의 교육이나 일반적 학습일 뿐만 아니라 심리치료법의 일환으로서도 우리 사회에 훌륭한 기획이 될 것이다. 단, 각 인간의 다양성이 고려된다는 전제하에서 말이다. 약은 사용해도 된다. 왜냐면 효과적인 도움이 되기 때문이다. 그러나 그것은 어디까지나 일시적인 처방이어야 하며 우울증과 같이 제한된 몇몇 경우에만 사용되어야 한다. 그리고 심리적 발달을 다시 시작할 무렵, 경우에 맞는 학습이 병행될 수 있다.

아동정신분석에 관심 두는 일은 지난 세기의 가장 큰 발견 중의 하나인, 아동의 성을 발견하는 작업이기도 하다. 프로이트가 발견한 이 진리는 상당한 스캔들을 일으켰다. 프로이트는 극도로 격렬한 논쟁의 중심에 서게 되어, 아동의 무구함이란 신화에 위해를 가했다고, 그 신화를 변질시키려 했다고 비난받았다. 오늘날 '성'은 매스미디어의 곳곳에 존재하며, 아동은 이제 성기의 해부적 구조나, 상이하고 다양한 성행위의 특성을 다 알고 있다. 어떤 의미에서 이러한 정보들은 이제 그 '성적性的 성격이 제거'되어서 기본적 사실들을 내포할 준비가 되어 있다. 그러나 프로이트 시대와 마찬가지로 오늘날까지 아직도 스캔들이 되고 있는 점은 바로 아동 성의 무의식에 관한 부분이다. 이 책에서도 제시되는 것처럼, 성적 호기심이 근원이 되어 아동은 지식과 앎에 입문하게 된다. 또한 구순기, 항문기, 남근기, 생식기, 오이디푸스 콤플렉스와 같은 성장 단계를 여러 해에 걸쳐 서서히 거치고 나서야 아동은 비로소 자신의 성을 경험하게 되어, 한 대상 안에 성적 사랑과 애정을 연결해 드디어 생각하는 존재, 조예 깊은 존재로까지 되는 것이다!

오해의 골은 깊다. 사회 전반에서는 반대의 움직임이 인다. 그리하여 성의 도구와 여러 실행, 특히 변태에 대한 정보를 광범위하게 보급하면서 성의 본질적인 부분, 즉 무의식을 꺼리도록 하고 있다. 무의식이야말로 아동 발달의 진정한 원동력인데도 말이다.

『아동정신분석학의 역사』는 15년 전에 처음으로 출간되었다. 이 책은 반응이 좋아 이탈리아어로 번역되어 보를라Borla 출판사에서 출간되었고 영어로는 루틀리지Routledge 출판사, 스페인어로는 에디토리알 신테시스Editorial sintesis 사에서 출판되었다.

영어판에서는 한나 시걸과 안-마리 샌들러의 머리말 이외에도 위니코트의 저작과 인생에 대한 장, 언급된 개념의 색인이 추가되었다.

프랑스어로 된 이 판본은 재판이 아니다. 이 판본에서는 영어판에 추가된 부분 이외에도 몇몇 장이 갱신되었고 중요한 부분이 추가되었다. 즉, 디디에 후젤은 라캉과 그 학파가 아동정신분석에 기울인 관심에 대하여 명확한 가르침을 덧붙여주고 있고, 베르나르 골스는 아기 정신분석의 역사에 대한 장을 집필해 주었다.[3]

아동정신분석은 안나 프로이트와 멜라니 클라인이라는 두 창립자가 있다는 점이 특기할 만하다. 이 책에서도 읽게 될 것이지만 둘 다 인간이 어떻게 기능하는지에 대한 호기심, 인간의 정신세계에 관한 관심을 공통으로 가졌으며 아동으로 하여금 자신을 더욱 잘 알도록 해주어 생각의 자유를 되찾아 주면 정신세계를 향상시킬 수 있다고 확신했다. 그 생각의 자유는 아동 무의식 상의 갈등, 공격성, 죄의식, 욕망 때문에 구속되어 있는 것이다.

지그문트 프로이트의 저작을 서로 달리 해석함으로써 두 창립자는 제각기 다른 방향으로 연구를 진행했다. 그리하여 아동정신분석에 두 학파가 생기게 되었다. 즉시 경쟁 상대가 된 이 두 학파는 제각기 자기 영토를 만들어 나아갔다. 오늘날에 와서야 비로소 둘 사이의 경계는 희미해져 가고 있고 대부분 국가에서는 두 학파가 공존하는 모습도 볼 수 있다.

안나 프로이트의 제자들은 당시의 국제정신분석학회나 공식 정신분석 기관에 얽매이지 않고 아동 심리치료 정신분석 교육기관, 특수 아동 유치원, 유아원, 놀이 공간을 세워 자신들이 주창한 심리학과 교육 원칙에 따라 운영했다. 바로 이런 작업에 영감을 받아 프랑수아즈 돌토는 〈녹색 집〉을 창립했다.

클라인 학파는 심각한 병리학적 임상에 관심을 둔 유능한 정신분

---

[3] [역주] 디디에 후젤이 집필한 장은 2권 250쪽, 베르나르 골스가 집필한 장은 2권 4부이다.

석학자를 양산해내었다. 그들은 주당 4~5회에 걸쳐, 중증 착란을 겪는 아동들을 정신분석적으로 치료했다. 오늘날 이 계통을 이은 정신분석학자들은 자폐증과 정신병에 걸린 아동들을 치료하고 있다. 이들의 행위는 프랑스에서, 특히 부모의 오해를 사는 일이 많았다. 클라인 학파의 정신분석학자들은 학회에 모인 부모들을 '나쁜 부모'로 취급하거나 고발했기 때문이다. 현재 이런 오해는 어느 정도 지워지고 있다. 하지만 그 오해 탓으로 부모들이 클라인 학파의 치료 방식을 꺼렸기에 상황은 아직도 심각하다. 이 문제를 계기로 우리는 정신분석학적 심리치료사 양성 문제를 고려하지 않을 수 없게 된다. 부모를 그런 식으로 공격하는 이들은 대부분, 교육 부족으로 자신의 역逆전이[4]를 분석 못 하는 심리치료사이기 때문이다.

오늘날 우리 사회에서 정신분석학을 아동에게 적용하는 방향은 다양하다. 교육, 학습, 치료 등에서도 그 적용에 대한 요구가 쇄도한다. 그것은 아기, 아동뿐만 아니라 청소년까지도 해당한다. 이런 요

---

[4] [역주] 전이(transfert, 轉移): 환자가 유아기에 부모나 주위 사람들과의 관계를 통하여 체험한 무의식적 감정(사랑, 증오 등) 혹은 태도를 분석가에게 표현하는 것. 이러한 감정적 투사(projection)에는 긍정적 전이(사랑, 우정, 존경, 애정 등)와 부정적 전이(증오, 파괴심, 불안, 배신에 대한 두려움, 불신, 질투 등)가 있다.

역전이(le contre-transfert): 분석가가 자신의 무의식적 감정을 환자에게 전이하는 것. 환자가 자신에 대하여 하는 전이에 대한 반응이다.

구에 아동정신분석학이 부응할 때에는 많은 위험이 따른다. 개념을 변질시키거나 아니면 환자를 회복시킨다는 미명 하에 아동정신분석 개념을 진부화, 단순화시켜 논리적 담론을 전개시키기도 하기 때문이다. 아동과 부모에게 조언을 해줄 때에도 갈등, 특히 반복 강박과 같은 증상의 무의식적 차원을 고려하지 않는 경우가 많다.

이 책의 저자들은 아동정신분석학의 근원으로 돌아가 아동정신분석학이 어떻게 구축되고 발전되었는지를 이야기함으로써 독자에게 아동정신분석학이 실제로 무엇인지 알 기회를 선사하고자 한다.

1992년판 서문

세르주 레보비치

정신분석학 역사에서의 다양한 순간과 그 움직임의 양상 몇몇을 다룬 저작들이 요즈음 성공을 거두고 있다. 하지만 그렇다고 해서 환상을 가질 일은 아니다. 그런 책에서 스캔들만을 보고자 하는 독자가 많기 때문이다. 그러나 클로딘과 피에르 가이스만의 저작을 읽으면 다른 면을 찾을 수 있을 것이다. 이 책은 미간행 상태이거나 별로 열람 되지 않는 텍스트를 읽은 후에 행한 집필이자 문서 보존의 결과인 방대한 작업이기 때문이다. 저자들은 정신분석이란 새로운 분야의 선구자 사이에 있었던 개인적 갈등을 주저 없이 드러내고 있다. 그러나 그렇게, 새로운 학문을 둘러싼 일상사를 회고한다고 해서 역사가 재구성되는 것은 아니라는 사실을 이들은 잘 알고 있다. 특히 그 역사의 근원이 철저한 조사 작업에 의하여 드러나는 것이어야 할 때는 더욱더 그렇다.

클로딘과 피에르 가이스만이 이 책을 통하여 보여주는 것은, 정신분석학을 아동에게 적용하는 일은 정신분석가들에겐 항상 도전이었다는 사실이다. 바로 그렇기에 정신분석학에서 구축과 재구축에 대한 갈등이 오늘날에도 계속되고 있는 것이다. 심리작용의 원형적 모델은 아동 신경증 계열에서 찾을 수 있다. 그런데 아동 신경증은 – 이는 짚고 넘어가야 한다 – 이제 더는 보편적 모델이 아니다. 최근 들어 정신병과 한계적 상태에 관한 관심이 자리잡고 있기 때문이다. 그리고 현대의 아동정신분석학자들은 두 번째 계열인 아동의 자폐증이 중요함을 증명해 보였다.

그러므로 우리는 저자들을 따라 먼저 '부모의 방'으로 살짝 들어가 본 후에, 유아원에 가서 이제는 세상을 뜨고 없는 '유령들'⁵ – 젤마 프라이베르크가 명명하여 고전이 된 은유적 표현을 빌린다면 – 을 만날 것이다.

비엔나에 있는 프로이트의 아파트에서 열린 수요모임 시대부터 이미, 초기의 제자들은 아동정신분석학의 원형이라고 할 수 있는 관찰내용을 쌓아가고 있었다. 사실 그것이 프로이트 학설의 근원이 되는 내용이었는지는 단언하기 어렵다. 만일 그랬다면, 자신이 꾼 꿈을 아이들에게 이야기해주라고 권고하는 초현실주의자들에 정신분석학자를 비교할 만하다고 말할 수 있을 것이다. 비슷하지만 어떤 의미에서는 정반대로, 이 초기 정신분석학자들은 자녀들이 꾼 꿈을 서로 이야기하곤 했다.

아이들이 털어놓은 꿈을 이 초기 원형적 정신분석학자들이 아이

---

⁵ [역주] '유아원의 유령들'을 설명한, 5부 12번 역주를 참조할 것.

들에게 해석해주지 않았을까 하는 점도 알기 어려울 때가 많다. 하지만 프로이트의 초기 제자들이 ― 당대이거나 후대이거나 간에 ― 자신들의 아이를 대상으로 진정한 정신분석 작업을 했다는 사실만은 분명하다.

어쨌든 비엔나에서, 그리고 이후 베를린과 부다페스트에서의 정신분석학계는 좁은 세계였다. 그 세계에서 아동분석에 대한 속내 이야기는 많이 거론되었다. 안나 프로이트, 힐다 아브라함, 멜라니 클라인의 아들 에리히, 그리고 융의 아들 등이 그 예이다.

안나 프로이트는 도로시 벌링엄과 친해져 평생 가까이 지냈으며, 벌링엄의 두 아들을 정신분석해 주었다. 안나 프로이트는 그 두 아들의 친구 한 명도 정신분석으로 치료할 기회가 있었는데, 어머니에게 버림받은 그 아동의 교육에 많은 기여를 했다. 그 아이가 커서 미국의 대학에 자리 잡았다는 소식을 안나 프로이트는 전해 듣게 되었다. 성인이 된 아이는 안나 프로이트에게 자기가 어렸을 적 남긴 그림이며 치료 일지를 보내 달라고 요청했다. 그렇게, 성인이 된 피터 헬러는 『안나 프로이트와 함께 한 나의 정신분석』이란 저서에 비엔나에서 보낸 어린 시절, 안나 프로이트와 행한 분석 기억, 그리고 그러한 주제와 관련된 주석을 담고 있다.

클로딘과 피에르 가이스만이 검토하는 문제 몇 가지는 매우 타당한 것이다. 그 문제에 관해 우리는 간단한 해설을 덧붙이고자 한다.

1. 아동 특히 매우 어린 아이들을 관찰하면 무의식의 기능의 성격이 드러나는가?

2. 아동을 정신분석하면 소아 망각이 쉽게 제거되어 아동기이기에 시간상 더욱더 가까운 과거를 더욱 잘 재구축할 수 있게 되는가?

3. 아동의 정신분석은 따로 존재하는 것인가, 아니면 정신분석학에서 부차적으로 파생된 심리치료 유형에 지나지 않는가?

1. 아동을 정신분석학적으로 관찰함

관찰 대상인 아동은 정신분석학적 아동이 아니라 그저 현실의 아동일 뿐이라고 오늘날 많은 정신분석가는 생각한다. 그런데 아기와 그 부모를 잇는 애착에 관한 최근의 연구, 즉 조기早期 상호작용에 대해 관찰한 최근의 연구에 의하면, 대상에 대한 표상 작업의 기원에 관한 프로이트의 이론理論에 이론異論이 제기된다. 즉, 주관화 과정은 자기 자신soi[6]의 핵에서부터 이루어지며 또한 어머니의 보살

---

[6] [역주] 자기 자신(soi): 스위스의 정신과 의사이자 정신분석가인 카를 구스타프 융이 1902년에 도입하여 1912년에 개념화된 용어. 자기 자신이란, 그 기원상 문화와의 관계하에 구성되는 것이다. 심리현상의 구성요소 전반을 가리키며 자아(moi)를 구성하는 근본이다. 멜라니 클라인에게 자기 자신(soi)이란, 인성 전체의 욕동, 감정 전반으로 구성되어 있다. 인성의 구조만을 가리키는 자아(moi)와는 반대이다. 대상이 좋은 대상과 나쁜 대상으로 분리되면 그 분리가 자기 자신(soi)에게도 영향을 미쳐, 자기 자신의 여러 부분은 서로 갈등상태에 돌입하게 된다.

르네 스피츠(René A. Spitz)에게 자기 자신(soi)이란, '체험에 대한 인지적 침전물'이다. 즉 아기는 15개월 정도 되면 주위 환경과는 구분되는 어떤 실체로 자신을 느껴, 스스로 느끼고 행동할 수 있다는 자신의 존재를 발견한다.

핌에 대한 스스로의 생각을 기초로 이루어진다는 것이다. 그리하여 이제는 단절된 개체 간의 상호작용이란 상정에서 벗어나 상호주관 성에 이르게 되었다. 상대방도 생각을 한다는 점을 어린아이도 알

그리하여 주위 대상들과 스스로를 대비시킨다. 이러한 분별심으로써 아기는 나와 내가 아닌 것을 분리시킬 뿐 아니라, 이제 타인 – 아기에게는 어머니 – 을 사랑의 대상으로 파악할 수 있게 된다.

H. 하르트만에게 자기 자신(soi)은 주체(sujet)의 인격 전체를 나타낸다. 여 기에는 몸, 신체의 일부, 정신적 구조, 정신적 구조를 이루는 다양한 심적 요소 등이 포함된다. 이후 자기 자신(soi)이란 개념은 주체가 주위 환경과 맺는 관계 를 고려하고자 하는 모든 작업 안에 등장한다.

르네 스피츠와 H. 하르트만 등의 개념에 비해 멜라니 클라인이 정의하는 자기 자신(soi)의 개념은 그 근본부터 매우 동떨어진 성질의 것이다. 멜라니 클라인이 의미하는 자기 자신(soi)이란, 체험이나 인지, 지각 등의 발달에 의해 서서히 획득되는 기능이 아니라 탄생할 때부터 이미 있는 것이기 때문이다. 멜라니 클라인은 자기 자신을 '자아(moi)를 포함할 뿐만 아니라 지그문트 프 로이트가 이드라 지칭하는 욕동의 생(生) 전체도 포함하는 인격 총체'라고 정 의한다. 그러나 『성인세계가 뿌리를 두고 있는 아동기』(*Racines infantiles du monde adulte*)를 읽어보면 자기 자신(soi)이란, 정신기제가 개입하기도 이전, 모든 분리(clivage)가 일어나기 이전에 이미 존재하고 있는 것이며 따라서 주 체의 타고난 통일체(unité foncière du sujet)라는 점을 확인할 수 있다. 그러므 로 멜라니 클라인에게 자기 자신은 전적으로, 개인의 모든 활동의 받침대이다. 분열(clivage)이 일어날 때, 자기 자신은 두 개의 자기 자신으로 나뉘어 서로 맞서는 것이 아니라, 자기 자신 안에 균열(une faille)이 도입되는 것이다. 그 균열은, 세계를 체험하여 생긴 표상이 내부 갈등의 영역 안으로 들어오게 한다 (다시 말해서, 어떤 체험이 주체에게 의미하는 바를 소재로 하여 내적 갈등이 란 구도가 가동되는 것이다). 이 분열을 줄이는 일만이 주체로 하여금 원상태 – 즉, 스스로의 자기 자신(soi-même) – 를 찾도록 해주는 방법이다.

능력이 있다는 사실에서 바로 상호주관성이 입증된다. 개인적 발언을 하자면, 아기는 어머니를 인지하기 이전에 이미 어머니라는 대상에 관심을 쏟는다는 내 생각은 변함없다. 게다가 어머니에 대한 아기의 행동 - 표상화된 행동, 즉 어떤 의미가 있는 행동 - 이 있기에 어머니는 '모성의 유형' 안에 자리잡는다고도 나는 생각한다. 한편 어머니가 아기를 돌볼 때에는 어머니 자신의 상상, 환상적 생각이 그 보살핌 안에 개입된다. 이 현상을 우리는 이제 환상에 의한 상호작용이라고 부를 수 있겠다. 환상에 의한 상호작용은 서로의 기억에 각인되는 에피소드, 둘 사이를 구축하는 시나리오, 사후事後 덧붙여지는 둘의 이야기 내용 등에 의하여 풍부해진다. 그렇게, 발달 정신병리학은 안나 프로이트가 세운 햄스테드 클리닉의 메타심리학적 진단결과 목록에만 걸맞은 이론이 아니다. 세대 간에 걸쳐 갈등이 전수되면서 그 내용이 빚어진 상호주관, 내부주관적 관계 역시 발달 정신병리학 안에 도입된다. 여기서, 전수된 갈등이란, 부모가 아이의 조부모와 겪은 갈등내용을 말한다. 이에 교육과 교양을 통하여 친자 관계와 계열 관계를 배합시킬 수 있다.

2. 아동정신분석학을 통한 정신분석학적 (재)구축

원칙적으로, 아동에게 행해지는 치료는 그 결과로 소아 망각이 더욱 쉽게 제거되어야 한다. 그러나 실지 경험에 의하면, 성인의 전이 신경증轉移神經症을 구성하는 특색과 반응성 형성7은 잠복기에 매우 강해서 이 시기의 아동은 좀처럼 속내를 털어놓지 않으려 한다.

안나 프로이트가 제안한 치료시의 협력과 거기에서 오는 심리적 방어의 완화, 그리고 클라인이 연상과 유사하다고 본 놀이치료, 이 모든 방법을 사용하면 중단없이 아이와 해석 작업을 계속할 수 있다. 더불어, 주어진 몇 주 동안 분석진료 빈도가 늘어날수록 해석작업도 잘되기 마련이다. 하지만 이렇게 해서 사회적 검열 체제가 완화되고 그 결과로 인한 초자아의 층 몇몇이 완화되었다고 해서 무의식의 파생물에 대한 작업이 쉬워지는 것은 아니다. 정신분석학자가 아동에게 해주는 해석은 잠복기에 묻힌 소재 – 전의식前意識에 속하는 소재 – 만을 대상으로 하는 것은 물론 아니다. 성인정신분석에서도 상황은 대체로 비슷하여, 과거의 일을 반복하는 심리 현상에 대한 원인과 결과를 재구축해낼 수 있다. 그러나 구축작업은 두 주역이 활동하던 비옥한 시기의 산물이다. 그 시기에 두 주역은 무르익은 나르시시즘 덕분에 풍요로운 동일시 작업을 – 생성生成 상의 공감共感과 은유적 공감을 통하여 – 해내었던 것이다. 저자들은 이 점과 관련하여 멜라니 클라인과 후대 클라인 파 정신분석학자들의 공로를 강조하고 있다. 예컨대, 투사 동일시 identification projective[8]는 발달상 정

---

7 [역주] 3부 66번 역주에 반응성 형성에 대한 설명이 나와 있다.

8 [역주] 투사 동일시(identification projective)를 알기 전에 일단 동일시와 투사 각각의 의미부터 시작해 보기로 한다.

   동일시(identification): 다른 사람에서 자신을 알아보는 것, 자신을 그 사람으로 여기는 것이 동일시이다. 지그문트 프로이트는 여러 종류의 동일시를 구별해 놓았다. 아이에게 동일시는 애착의 최초 형태로서, 성인의 어떤 속성들을

제 것으로 삼는 수단이 된다. 그러므로 인격형성에 매우 중요한 양상이 된다. 성인에게 동일시는 방어기제의 하나로서, 불안에서 자아를 보호하기 위하여 사용된다.

투사(projection): 프로이트는 1894년에 이 용어를 도입한 후, 몇 차례에 걸쳐 그 개념을 수정했다. 투사란, 자신의 성향이나 욕망을 타인이나 외부세계에 전가하는 일을 말한다. 그럼으로써 주체는 바람직스럽지 못한 현상이 자신 안에 있다는 사실을 의식하지 못하게 된다. 이 점에서 투사는 방어기제의 일종이다. 더 일반적으로 투사는, 과거의 지각에 대한 기억이 현재의 자극에 대한 지각에 영향을 주는 일을 말한다. 『토템과 터부』에서 지그문트 프로이트는 다음과 같이 말한다. "내부의 지각작용을 외부로 투사하는 것은 태초적 기제로서, 감각기관에 의한 지각작용에 영향을 미친다. 그리하여 그러한 태초적 기제는 우리가 외부세계를 구축하는 데에 중심적 역할을 한다. 아직 충분히 밝혀지지 않은 상황이 있는데, 그러한 상황에서 관념형성작용의 과정이나 감정적 과정이란 내적 지각작용까지도 (감각 기관에 의한 지각 작용처럼) 외부로 투사되어 외부세계를 자의적으로 만들어내는 데에 사용된다. 사실 그러한 내적 지각작용은 내부세계에 머물러 있어야 할 것이었는데 말이다." 우리의 번역본에서는 투사(projection)를 특히 내부투사(introjection)와 구분할 필요가 있을 때 '외부투사'라고 명명하기로 한다.

투사 동일시(identification projective), 혹은 외부투사 동일시: 자신의 특성들을 대상(사람이나 사물)에 투사하여 그런 대상 안에서 자기 자신을 알아보는 것. 투사 동일시가 병적 방어기제로 되면 그러한 대상을 완전히 소유하여 통제하려 들게 된다. 이때 그 대상의 고유 특성은 인정하지도 않는다. 이 개념은 1946년 멜라니 클라인에 의하여 도입되었다. 어머니와 아이의 관계에서 동일시(거울처럼 상대에게서 자신을 알아보는 것)와 투사(자신의 감정을 외부 대상에 덮어씌우는 것)가 함께 일어나는 현상을 규정하기 위한 것이었다. 멜라니 클라인에 의하면 투사 동일시는 아이의 심리세계가 자리 잡아 나가기 위하여 의무적으로 거치는 단계이다. 즉, 아이의 상상적, 환상적 세계를 어머니상적인 기제라는 발견을 들 수 있다. 어머니가 (그리고 아동정신분석학자가) 무슨 상상을 하고 있다고 여기는 그 능력 덕분으로 투사 동일시의 파괴적 효과가 감면된다는 것이다. 이러한 상황이니 아동 정신분석학자는 이 동일시적 투사 내용을 포용하여 그것을 가지고 어떤 구축 작업을 해 나갈 수 있다. 그러므로 정신분석학에서 아동은 자신의 발달 단계를 거치면서 재구축된 아이이며, 정신분석가의 해석 덕택으로 구축된 아이이다.

3. 아동정신분석학은 존재하는가?

위에 열거한 성찰 사항들이 바로, 아동정신분석학의 존재를 증명해준다고 생각한다. 그러나 정신분석학 틀의 항상성과 중립성을 완벽히 확립하는 일은 상당히 어렵고 그래서 진정한 치료가 지속되기도 어렵다. 클로딘과 피에르 가이스만은 아동을 대상으로 한 심리치료사가 되고자 하는 이들을 위해 확고한 정신분석교육이 중요함을 보여준다. 불행히도 이 교육은 제대로 실현되지 않고 있다. 정신분석가 지망자들의 많은 수가 아동만을 위한 센터에서 일하는 것으로

이미지의 구조적 가치를 따라 묘사하는 일에 해당한다. 아이는 상상으로 좋은 것은 자신 안에 갖고 나쁜 것은 어머니 이미지 안에 투사한다. 이러한 투사 후에는 그렇게 투사된 내용을 다시 자신 안으로 동일시해 들인다. 이것이 바로 정상적 발달 과정에서 일어나는 투사 동일시이다. 즉, 이는 외부로 투사한 것을 다시 자신 안으로 통합하는 일이다. 윌프레드 비온은 이 개념을 더욱 발전시켜, 투사 동일시란, 사고 능력을 가능케 하고 구조짓는 기제라고 말했다.

이력을 시작하는 것만 보아도 그렇다.

　클로딘과 피에르 가이스만의 이 책은 아동정신분석학의 역사에만 관련된 것은 아니어서, 이 분야에 대한 지도를 그려 보이고 있다. 그리하여 아동정신분석학이 비엔나에서만 꽃피운 것이 아니라 베를린, 런던, 라틴 아메리카, 유럽 전반에서까지 개화했다는 것을 우리는 확인하게 된다. 프랑스에서 아동과 청소년의 정신병과科가 발달하는 데에 정신분석학의 영향이 지대했음을 저자들은 상세히 보여준다. 저자들은 위제니 소콜니카와 소피 모르겐슈테른과 같은 선구자들의 저작을 묘사한다. 프랑수아즈 돌토라는 인물도 언급되고 있으며, 이와 관련하여 내 동료이자 친구인 르네 디아트킨과 내가 프랑스에 미친 영향을 약간 과장하여 칭찬하고 있다.

　어쨌든, 대뇌병리학적 정신의학과 신경심리학이 아동정신의학에 지배적 영향을 행사하고 있다고 - 특히 그들이 주장하는, 소위 객관적 측정방법을 통하여 - 자처하는 마당에 클로딘과 피에르 가이스만의 이 책은 정신병리학적 접근방법의 중요성을 증언하고 있다. 정신과 의사에게 소개된 아이나 그 가족은 정신분석을 통해서만 정신병리학적으로 접근할 수 있기 때문이다. 이 책을 정성껏 읽어보면 어쨌든 한 세기를 긋는 역사가 드러나며 그것은 임상작업의 역사이자 연구작업의 역사이다. 한 세기 동안 아동정신분석학자들은 정신분석 발달을 위한 선구자이자, 아동의 정신 장애, 심신 장애 이해를 위한 선구자였으며 각 발달 단계의 순간 - 영아, 아동, 사춘기 전 단계의 아동, 청소년, 성인 - 에 맞는 임상, 치료법을 연구한 선구자였다.

영어판(1998년) 서문

안 마리 샌들러와 한나 시걸

피에르와 클로딘 가이스만의 책『아동정신분석학의 역사』를 영어권 독자들에게 소개할 기회를 갖게 되어 무척 기쁘다. 이 훌륭한 저작은 아동정신분석학의 발달에 관해 최초로 상세히 연구한 것이기에 매우 중요하다. 우리 성인의 발달 상황은 우리 안에 있는 아동의 정신세계에 그 뿌리를 두고 있다는 정신분석학의 기본 원칙을 생각할 때 아동정신분석학의 발달 양상에 관한 연구가 그리 많지 않다는 사실은 놀라울 따름이다.

괄목할 만한 이 책에서 저자는 아동정신분석학의 역사를 초창기부터 묘사했으며, 꼬마 한스의 정신분석에서 출발하여 현재의 발달 상황까지 좇고 있다.

두 저자는 발달이 태동한 근원적 상황과 그 확산을 가능케 한 조건을 묘사하고 있다. 그리고 선구자마다 다른 기법, 다른 이론들이 있었으며 그에 따라 나뉜 여러 학파가 어떻게 발달했는지를 깊고 상세하게 설명하고 있다.

아동정신분석학이 아동은 물론 성인을 대상으로 한 정신분석 기법과 이론에 풍부히 기여한 바를 저자들은 강조하고 있다. 또한 아동정신분석학의 다양한 학파의 사상을 검토하고 각 학파가 기여한 바를 부각하고 있다. 아울러 각 학파의 공통점과 다른 점이 무엇인지를 논의하고 있다.

이 책이 번역되는 데에는 프랑스의 문화교육부 장관 외에도 〈멜라니 클라인 신탁자금〉과 〈안나 프로이트 센터〉(안나 프로이트가 세운 〈햄스테드 클리닉〉이 그 전신이다)가 큰 지원을 해주었다. 그 모든 협력은 저자들의 정직성과 학문적 객관성에 경의를 표하는 의의를 지닌다.

감사의 말

우리로 하여금 아동정신분석학의 세계에 눈을 뜨게 해준 이들-세르주 레보비치, 르네 디아트킨, 제임스 개밀, 한나 시걸-에게 우리는 우선 감사의 뜻을 표한다. 이들의 임상과 이론, 다양한 관점은 우리에게 진귀한 내용을 가져다주었다.

우리를 맞아들여 체험과 기억을 전해준 이들에게도 감사드린다. 시몬 드코베르, 욜란다 갬펠, 일제 헬만, 베티 조세프, 세르주 레보비치, 시도니아 멜러, 한나 시걸, 프랜시스 터스틴, 로돌포 우리바리 등이 바로 그들이다.

프랑수아즈 카이유Caille의 자택에서 정기적인 모임을 갖는 아동정신분석가들의 모임-《아동정신분석학》 집필 위원회도 이 모임 소속이다-과 우리가 보르도에서 진행한 아동정신분석학 역사 세미나를 통해 우리는 집필 과정에서 많은 격려와 도움을 받았다. 특히 파스칼 뒤하멜과 미레이 플뢰리, 도미니크 뒤졸, 마르셀 부아가 여러 자료 수집에 도움을 주었다.

젊은 아동정신과 의사와 정신분석학자들, 정신과 팀의 구성원들에게도 우리는 많은 신세를 졌다. 특히 정신과 팀 구성원들은 질문과 성찰을 병행해가면서 우리와 함께 작업했기에 우리로 하여금 아동정신분석의 역사를 잘 탐구하도록 이끌어주었다. 아동정신분석의 역사는 바로 이들의 역사이기도 하다.

간행자인 다니엘 길베르는 정성스러운 우정으로 한결같은 도움을 주었으며, 우리가 쓴 글을 주의 깊게 읽어보고 항상 친절하게 비평했다.

이 책이 번역되어 런던에서 출판되는 데에 커다란 도움을 준 한나 시걸에게도 감사드린다.

마지막으로, 수사본手寫本을 옮기는 고된 작업을 예의 그 능력으로 잘 맡아준 클로드 뒤그라바에게 각별한 감사의 뜻을 표한다.

필자 일동

3부

오늘날,
1945년 이래로
세계적으로 전파됨

이 3부에서 우리의 논지는, 국가별 아동정신분석학의 상황을 검토하는 데에만 그치지 않을 것이다. M. 클라인과 안나 프로이트의 사상이 전 세계에 전파된 양상을 특히 두 가지 관점으로 살펴볼 것이기 때문이다. 하나는 역사적 차원을 고려하는 시각이다. 즉, 일정한 어느 지역에 사상이 전파된 시기와 요인을 고려하는 것이다. 또 하나는 두 학파가 일정 지역에 도입된 방식에 관심을 두는 것이다. 두 학파가 서로 서로를 배제하거나 아니면 공존하는 방식, 즉 각 학파의 고유한 언어가 각지에서 잘 이해되었는지, 주장은 잘 전달되었는지의 문제에 관심을 두는 것이다.

우리는 각각 다른 모델로 삼을 수 있는 네 가지 예를 선택했다.

두 학파 대립이 가장 덜했던 곳은 아마도 아르헨티나일 것이다. 아르헨티나에 아동정신분석학을 도입한 A. 아버라스튜리는 처음에는 안나 프로이트식의 교육을 받았다. 그녀가 M. 클라인의 저작을 만나 그 이론에 동조한 것은 다음 단계에서였다. 그래도 A. 아버라스튜리 자신 안에서 두 학파가 잘 조화된 것처럼, 아르헨티나에서 두 학파의 영향은 비교적 조화롭게 파급될 수 있었다. 안나 프로이트의 이론을 따라, 정상과 일탈을 연구할 때, 그리고 아동관찰을 할 때, 사람들은 정신분석학에 관심을 가졌다. 그뿐만 아니라 클라인의 이론 작업을 가지고 심각한 병리의 경우를 연구하기도 했다.

상당히 오랫동안 미국은 안나 프로이트 파들의 전용 영토였다. 비엔나에서 온 이민자 규모로 볼 때 이는 역사적으로 쉽게 이해할 만하다.

그러나 사상의 측면에서는 그리 순조롭지 못했다. M. 클라인은 1970년대 말까지 알려지지도 않았으며 등한시되었기 때문이다. W. R. 비온이 1970년, 로스앤젤레스에 정착하면서 그곳에 클라인의 개념을 도입해 보았다. 그 결과 1970년대 말, 그곳에서 또 다른 논쟁이 야기된다.

유럽 대륙의 대부분이 그랬던 것처럼 프랑스도 안나 프로이트식 모델의 영향하에 있었다. 그런 이론적 선택에는 안나 프로이트의 친구였던 보나파르트 왕자비의 영향이 컸다. 프랑스에 클라인의 사상이 들어온 것은 1970년대 초기로서, 매우 늦은 시기였다. 두 학파의 대표 간의 대화는 이루어지기조차 힘들었다.

한편 영국에서, 두 학파는 가끔 긴장이 고조되기도 했지만 서로 공존하는 수밖에 없었다. 그러나 한 영토 내에서 그렇게 피치 못할 공존을 한 것이 정신분석학 자체로서는 오히려, 풍요로운 결과를 가져온 기회였다. 그리고 시간이 지남에 따라 상호 대화의 가능성이 생기되, 각 그룹의 정체성이 포기되는 일은 없었다.

아동정신분석학을 위한 활동이 활발했던 이탈리아, 네덜란드와 같은 다른 나라들에 관심을 가질 수도 있었다. 그러나 이는, 아동정신분석학 교육을 위해 J. 람플 드 그루트가 자신의 친구 안나 프로이트와 같이 이끌었던 투쟁을 다룰 때 간간이 언급하는 정도에 그칠 것이다. 우리는 어쨌든 선택을 해야 했기 때문이다.

01 1945년 이후의 대영제국

전쟁 후 대영제국에서는 아동정신분석학이 눈부시게 발전했다. 주민 20000명을 위한 상담 센터인 〈아동 상담소〉 창립안案이었던, 그 유명한 1946년의 바커 보고서가 이때 큰 역할을 한 것은 사실이다.[1] 이 보고서에서는 정신병원을 재편성하는 계획도 검토된다. 국립보건원과 협력하여 이루어질 이 재편성안 덕분으로 통원 치료와 보양기保養期 업무를 담당할 주간 센터가 설립될 예정이었다. 정신병과 조직의 책임자들은 이에 정신분석가들도 협력할 것을 요청했는데, 정신과 의사 양성 시 정신분석가들도 참여하도록 제안하기까지 했다. 아울러, 《랜셋》[2]에서는, 뇌 백질 절제수술이나 전기충격요법을 계속 시행함이 적절한지 대담한 논의가 이루어지기도 했다.

---

[1] 영국 정신분석학회의 회원인 리카도 슈타이너 박사는 1990년 7월 런던에서 열린, 정신분석학의 역사에 관한 국제 학회라는 흥미로운 모임에서 이 보고서의 본문을 발표해 주었다. 우리는 이에 슈타이너 박사께 감사의 뜻을 전한다.

[2] [역주] 1823년 10월 5일부터 발행된 주간 영국 의학 잡지.

영국 정신분석학회의 회원 몇몇이 이 계획에 가담하기로 했다. 그러나 이들은 지리적으로 주로 런던에 분포되어 있었고 수도 적었기 때문에 참여에는 한계가 있었다. 물론 이들 모두가 아동분석에 관심을 둔 것은 아니었다. H. 로젠펠트나 한나 시걸과 같은 이들은 정신병 환자를 맡기로 했지만, 이러한 일반 사회로의 진출은 자신이 관여할 바가 아니라고 생각하는 이들도 있었다.

영국학회 정신분석가들은 몇 군데로 집약되어 아동에 대한 영향력을 행사했다. 그중 타비스톡 클리닉을 보도록 하자. 전쟁이 끝난 후 이곳에는 〈인간관계 연구소〉가 세워져 아동 심리치료에 대한 교육이 시행되었으며 E. 빅, 보울비, 마르타 해리스, D. 멜처와 같은 많은 클라인 학파 정신분석가가 참여했다. 안나 프로이트의 햄스테드 클리닉도 꼽을 수 있다. D. W. 위니코트가 근무했던 패딩턴 병원의 상담 등 수많은 상담 활동(아동상담소)도 이루어졌다. 그리고 이스트 엔드 병원에서는 케테 프리들랜더가 시범 상담을 했다.

이론적인 면에서는 주로 세 가지 흐름이 선의의 경쟁 관계에 들어갔다. 갈등은 심했지만 이 경쟁은 결과적으로 상당한 연구를 촉진했다. 클라인 학파는 아동정신분석과 정신병 환자 치료에 관심을 가졌다. 안나 프로이트와 그 그룹은 아동의 정상과 일탈 연구에 골몰했다. 미들 그룹이라 불린 독립자 그룹은 D. W. 위니코트라는 인물이 그 유명한 대표자가 되었다. 이 서로 다른 흐름이 어떻게 발전해 나아갔는지 살펴보기로 하자.

안나 프로이트, 1945~1982: 정신분석학적 심리학을 고안해 내다

자신의 인생을 재편성하다

전쟁과 논쟁이 끝난 후 안나 프로이트는 지치고 우울해졌다. 엎친데 덮친 격으로, 1945년의 겨울에는 심한 폐렴을 앓았다.

나치로 인하여 안나 프로이트의 가족 중 몇몇이 죽었다. 지그문트 프로이트의 누이인 세 이모가 비엔나에 남아있다가 포로수용소에서 사망한 것이다. 살아남은 가족들은 여기저기로 흩어졌다. 미나 이모는 런던의 안나 프로이트의 자택에서 1941년 세상을 떠났다.

논쟁이라는 쓰라린 경험으로 안나 프로이트는 모든 것을 체념했다. 영국 정신분석학회 내에서 이루어진 타협점 덕분으로 학생 교육 활동을 계속해 나아갈 수 있는데다, 교육위원회에서 그녀는 어엿한 자리를 차지하고 있었다. 그러나 클라인 파와 대조되었을 때 안나 프로이트는 자신이 고립된 소수라는 느낌을 지울 수 없었다. 클라인 파에게는 아무것도 기대할 수 없었다. "클라인 파들은 구제불능이란 사실을 나는 알고 있습니다."라고 안나 프로이트는 1945년, E. 크리스에게 적고 있다(『전기』, 257쪽).[3]

게다가 안나 프로이트는 영국 정신분석학회나 국제정신분석학회에 매우 비판적으로 되어, 학회들이 창조적 정신으로 정신분석학을

---

[3] [역주] 이 책의 필자는 『전기』의 저자가 누구인지 밝히지 않고 있다.

제대로 향상하지 못한다고 여겼다. 그리고 정신분석을 의사만 할 수 있도록 제한하여 면허 없이 행하는 분석을 거부하는 동업조합의 경쟁에 이데올로기적 경쟁까지 겹쳐, 사적 이해관계가 지나치다고 생각했다.

안나 프로이트에게는 단 한 가지만이 매우 긍정적인 일로 비추어졌다. 바로 자신이 햄스테드 유아원에서 D. 벌링엄과 함께 이루어낸 창조와 작업이었다. 위험에 처한 아동 계층을 위하여, 공동체 정신을 견지하면서 작업함으로써 안나 프로이트는 자기 자신과의 일치를 맛본 것이었다. 〈전쟁고아를 위한 미국의 수양부모收養父母 계획〉에서 지급하는 기금 - D. 벌링엄이 주선해 주었다 - 덕분으로 안나 프로이트는 벌링엄과 함께 세 개의 유아원 외에, 더 나이 든 아동들을 위한 주택을 지방에 세웠다. 런던의 이 센터들에 120명의 어린아이들(0세에서 4세까지)이 들어왔다. 1942년, 안나 프로이트와 D. 벌링엄은 이 일의 목적을 『전쟁 시의 아기들』이란 저술에서 정의한다. 그것은 전쟁과 관련된 상황들로 아동의 육체와 마음에 야기된 고통을 **회복**시키는 일이며, 어머니와 분리됨으로 훗날 발생할 수 있는 정신적 장애를 **예방**하는 일이다. 또한 철 이른 분리, 폭탄, 파괴에 대한 아이들의 반응을 연구함으로써 아동 발달에 본질적인 심리 조건을 **탐구**하는 일이다. 마지막으로, 관심 있는 이들에게 아동 심리에 대한 기본을 **교육하**는 일이다. 그것은 좀 더 일반적으로 보자면, 평화 시기에 유아원에서 사용할 수 있는 생활 모델을 찾아내는 일이다.

전쟁이 끝나자 햄스테드 유아원이 문을 닫았고, 안나 프로이트는 햄스테드 병원을 창설했다. 이때부터 시작된 안나 프로이트의 인생 후반은 주로 치료, 예방, 연구, 교육 등으로 이루어졌다. 이 시기를 일제 헬만은 자신의 저서 『전시에 태어난 아기에서 할머니까지』나 우리와 함께한 회견에서 열정적으로 이야기했다. 일제 헬만은 안나 프로이트에게 고용되어 햄스테드 병원에서 근무했다. 일제 헬만은 비엔나의 샤를로테 뷜러 밑에서 조교로 있었기 때문에 그전에는 안나 프로이트를 알지 못했다. 망명한 비엔나인들의 대다수가 안나 프로이트를 위시한 그룹의 핵심을 이룬다. 그중에는 당시 16세였던 한지 케네디도 있었다. 한지 케네디는 현재, 클리포드 요크와 함께 햄스테드 병원의 공동원장이다. 클리포드 요크는 안나 프로이트가 사망하자 안나 프로이트 파의 중심인물이 되었다. 안나 프로이트 그룹의 핵심에는 리세로테 프랑클, 케테 프리들랜더가 있었는데, 이 둘은 일제 헬만처럼 정신분석가가 된다. 그리고 사회사업 위원이었던 J. 로버트슨은 1950년부터, 아기가 입원했을 때 어머니가 병원 안에 남을 수 있도록 허용한 업적으로 일단 영국에서 유명해졌다. 그렇게, 밤낮으로 부모와 자녀가 쉽게 만날 수 있도록 유아원은 항상 열려 있었다.

대리모나, 가능한 경우 대리부와 같이, 아이가 안정적으로 의지할 만한 사람을 마련해 주어 그것이 아이의 발달에 어떤 결과를 가져오는지 연구하는 일이 또 다른 중요한 전제조건이었다. 당시 이 아이디어는 혁신적이었다. 여교육자와 보모들은 아이들을 장기적으로 관찰하도록 훈련받았다. 이렇게 하여 모은 자료들을 바탕으로 연구가 진행되었다.

직원들도 교육을 받았다. 아동심리에 대한 강좌, 감독뿐만 아니라 분석에 대한 교육도 받을 수 있었다. 그것은 어떤 의미에서는, 직원들이 유아원에 제공하는 노동에 대한 교환이기도 했다. 직원들은 거기서 숙식을 제공받기는 했지만, 급료는 매우 적었기 때문이다. 일제 헬만은 프로이트 가족의 개인 주치의인 요제핀 슈트로스 박사-이 센터들의 소아과 의사가 되었음-의 조언에 따라 자신이 어떻게 D. 벌링엄에게 분석을 받았는지 이야기한다. 수많은 학생이 와서 등록하고 근무할 정도로, 센터의 교육은 매력이 있었다. 전쟁 중인데다 재정 조건 역시 빈약했지만 회원 모집에 곤란을 겪는 일은 전혀 없었다.

전쟁이 끝나면서 당연히, 아동들은 센터를 떠나게 되었다. 그 아동들을 가능한 한 가정으로 보내는 해결안이 채택되었다. 그래도 아이들은 센터의 '대리모들'에게 계속 애착을 보였기에 대리모들은 신경써서 아이들과의 관계를 지속시켰다. 오늘날까지도 일제 헬만은 몇몇 아동과 연락하며 지낸다. 어떤 아이들은 "일이 너무 안 되거나 매우 잘 되었을 때" 지체 없이 전화를 해온다고 한다(회견 4). 1944년에 출판된 책 『가족 없는 아이들』은 이 경험을 보고하고 있다.

이 경험을 더욱 상세히 전하는 일이 우리에게는 중요한 것으로 비춰졌다. 안나 프로이트의 자질을 잘 드러내는 이 일은 아직도 현대적인 관심사이며 모범적 사례이기 때문이다. 작업팀에서 안나 프로이트는 명랑하고 열정적인데다 타인의 어려움에 사려가 깊었으며, 우정에 충실했다. "안나 프로이트는 누군가를 한 번 받아들이면 그것을 영원히 지속했습니다."라고 A.-M. 샌들러는 말한다(회견 3). 샌들러는 햄스테드 병원에서 교육을 받은 후 영국 학회에서 정신분석가가 되었다. 그러나 안나 프로이트는 그 이상의 존재였다. 사실, 조직자로서의 안나 프로이트는 여러 기관을 연속하여 창립하는 자질을 지니고 있었다. 그중 특히 비엔나의 잭슨 유아원을 상기하자. 안나 프로이트는 그곳에서 이루어진 관찰사실을 바탕으로 아동에 대한 정신분석학적 심리학 연구를 시작했다.

1946년, 안나 프로이트는 인생을 재편성한다. 그녀는 D. 벌링엄과 함께 서퍽의 왈버스윅에 집을 한 채 산다. 둘은 D. 벌링엄의 자녀뿐만 아니라 미국으로 망명 온 비엔나의 친구들도 집에 초대한다. 그 친구 중에는 예일 대학에 근무하는 크리스 부부(마리안과 어니스트), 클리블랜드에 사는 카탄 부부(안니와 마우리츠), 로스앤젤레스에 사는 그린슨 부부(힐디와 랄프)뿐만 아니라 H. 하르트만도 물론 있었다. 다른 친구들과 함께 이들은 안나 프로이트의 미국 친구 모임을 형성하여 이후 30년간 그녀 곁에서 중요한 역할을 한다. 특히 안나 프로이트가 햄스테드 병원에서 업무를 계속 수행해낼 수 있도록 물질적 측면에서 자금을 모으는 데 도움을 주었으며, 정신적 측면에서는 연구를 지지하고 안나 프로이트의 사상을 확산시켰다. 여러 개인적 기부 중 마릴린 먼로가 한 증여를 보자. 마릴린 먼로는 유서에 재산의 많은 부분을 자신의 첫 분석가인 M. 크리스에게 맡겨, 불우한 아동이 그 혜택을 받도록 했다. 그리하여 마릴린 먼로의 기부금은 햄스테드 병원에 전달되었다.

1945년 말, 어니스트 크리스는 「협회의 자유 각서: 미래의 향방에 대한 질문」이란 견해서를 보내면서 안나 프로이트의 계획을 재개했다.

E. 크리스는 안나 프로이트의 오랜 친구인 마리안 리에와 결혼한 예술사 학자이다. 안나 프로이트는 1938년부터 그를 분석하기 시작하여, 몇 년 동안 여름마다 발베르슈빅에서 계속 그를 분석해 주었다. 예일 대학교에 근무하던 그는 당시 《아동을 위한 정신분석학적 연구》를 창간했다. 이 잡지는 미국의 아동정신분석학 잡지가 되었으며, 햄스테드 병원 연구자들의 주요 논단이 되었다.

E. 크리스는 견해서에서, 우선 당면한 어려움을 검토하며 특히 미래에 대한 제안을 한다. 클라인 파들이 논쟁시에 했던 것처럼 심층적 기사를 써내야 하며, 제자들을 잘 선정하여 "우리가 생각하는 정통 프로이트 식의 정신분석학"(영-브륄, 254쪽)[4]에 따라 프로이트를 계승하면서 교육해야 한다고 그는 생각한다. 그런 교육을 할 때 기존의 연구소에 좌우되지 말고 이론이나 임상의 성찰에 따라야 한다는 것이다. "인정은 되었으나 제대로 이해된 적 없는 정신분석학이 이제는 그 정체성을 스스로 보호해야 한다."(같은 책, 255쪽)

---

[4] [역주] É. Young-Bruehl(1988), 『안나 프로이트』.

이 계획은 안나 프로이트와 그 친구들-D. 벌링엄, 호퍼 부부, 케테 프리들랜더-의 마음에 들었다. 케테 프리들랜더는 임상의 토대이자 교육에 필요한 요소인 병원, 아동정신분석학을 위한 병원 창설을 계획하는 안나 프로이트를 지지했다. 이 안건은 3년 동안 무르익은 후 1947년에 구체화되어, 여러 실험 끝에 햄스테드 병원으로 탄생했다. 햄스테드 병원은 1951년, 런던의 마레스필드 가든 21번지에 문을 열었다. 위에서 이미 말한 것처럼, 이 병원의 재정은 안나 프로이트의 친구들이 모금한, 미국인들의 개인 기부금으로 충당되었다. 아울러 안나 프로이트는 유럽을 여행하면서 친구인 마리 보나파르트 왕자비가 있는 파리 정신분석학회, 역시 친구인 J. 람플 드 그루트가 근무하는 네덜란드 학회, 그리고 스위스 학회 등과 연락을 재개한다. 미국의 친구들과 마찬가지로 이 학회들에서도 학생들을 보내주었다. 예컨대 A. 카탄은 클리블랜드의 E. 퍼먼Furman을 교육해 달라고 보내주었다.

안나 프로이트의 저작

안나 프로이트의 30여 년에 걸친 이론 작업은 연구소에서 이루어진 임상 연구, 실행과 긴밀히 연관된다. 그 임상 연구와 실행은 모든 임상 활동-분석 치료이기는 하지만-을 기록으로 남겼다는 특징이 있다. 안나 프로이트가 이론에 이바지한 바를 더 잘 이해하기 위해서, 햄스테드 병원이 어떻게 기능했는지 알아볼 필요가 있다. 이 센터의 독창성은 작업의 모든 면에서 치료, 연구, 교육이 함께 녹아 있다는 점에 있다. 감독을 받는 학생들과 직원들은 이 기관에서 주로 진단과 주 5회의 정신분석 치료를 실행했다. 아동 소수는 일주일에 한 번이나 두 번 치료를 받았는데, 이 사례는 아동심리치료 분석가 지망생을 교육하는 데에 쓰였다. 어머니와 아이 둘 다 분석 받되, 각자 다른 분석가에게 치료받는 경우도 있었다. 분석을 받는 어린 아동을 위해서, 어머니와의 만남을 정하기도 했다. 책임 부담이 좀 덜하거나 나이가 어느 정도 찬 아동들은 어머니와의 만남이 그리 규칙적이지는 않았다. 어머니하고만 작업하여 어린 아동의 발달 문제를 치료하는 경우도 있었다.

이 병원에서는 아이와 어머니에게 충고와 도움을 주기 위하여 예방과 교육을 했다. 아울러 그럼으로써 학생들은 세미나 내용의 근간이 되며 임상, 이론 강의를 보충하는 정기적 관찰 활동에 익숙해질 수 있었다. 그리하여 웰 베이비 클리닉 Well-Baby Clinic 에서는 아이를 데리고 온 어머니들을 대상으로 한 의학, 심리학 상담 건이 연 이백오십 회나 되었다. 걸음마 배우는 아기와 엄마 그룹에서는 매주, 고독하거나 불안이 심한 어머니들 혹은 동시에 고독함과 불안이 심한 어머니들이 모여 전문가들이 동석한 가운데에, 어려움을 겪는 다른 부모들을 만날 기회를 가졌다. 그 시간 동안 아이들은 아이들끼리 모여 놀았다. 육아 학교는 독립 단위로서, 2세에서 5세 반 사이의 아기들을 낮에만 받았으며 필요한 경우 진단과 치료도 할 수 있었다…

여러 출처에서 온 소재를 정성껏 기록한 내용을 토대로 연구 작업이 이루어졌다. 그것이 바로 임상 색인이다. 직원과 학생 각각의 관심사를 대변하듯, 연구그룹은 수가 많았고 매우 다양했다. 이 연구그룹은 교육의 장으로서, 임상 문제와 거기서 도출되는 이론을 토론하는 곳이 되었다. 어떤 연구그룹은 전쟁 중 햄스테드 유아원에서 시도한 연구에 기반을 둔 만큼 수명이 길었으며 아동 발달 시의 문제와 욕구를 고려했다. 임상과 연결된 관심사에서 또 다른 연구 주제가 나오기도 했다. 최근 이 센터의 관심 분야로는 청소년과 함께할 때의 기법상 어려움, 청소년의 정서적 문제, 신체적 타격에서 오는 정서적 문제, 당뇨나 시각, 청각상의 장애와 같은 만성 질환, 입양 문제, 부모 중 한쪽만 있는 결손 가정의 특수한 문제 등이 있다.

안나 프로이트는 매우 엄격한 모습으로 묘사된 적이 있다. 그러나 A.-M. 샌들러는 우리와의 회견에서 안나 프로이트가 이런 유형의 연구그룹 개설에 얼마나 개방적인 자세로 항시 배려했는지 알리고자 애썼다.

이 모든 사실 외에도 본질적이고 창조적인 면은, 새로운 사례가 생길 때마다 새로운 어떤 것을 배우려는 목적에 따라 센터의 다양한 부서가 상호작용했다는 점이다. 프랑스 마르톤이 인용하는 예를 보기로 하자(실랑과 영, 1990, 237쪽).[5] "관찰은 진단부서에서 했고 치

---

[5] [역주] C. Chiland & J. C. Young(1990), 『가정 내에서의 아동, 정신건강에 대한 새로운 접근』.

료 내용은 어머니와 아이를 동시에 분석하여 행하는 연구 안에 포함되었다. 아이의 증세 호전은 발달 장애 연구그룹의 세세한 관찰의 대상이 되었다." 어머니와 아이 사이의 상호작용은 안나 프로이트가 매우 오래전부터 나름대로의 방식으로 자세히 연구해 오던 분야였다. 이에 대하여 안나 프로이트는 이미 1960년에 다음과 같이 적는다(같은 책, 243쪽). "동시 분석이란 방법은 발달 문제를 해명하는 데에 유익하게 사용될 수 있다… 아이가 발달등급을 따라 진보함에 따라, 각 단계에서는 이전에 획득한 바나 입장을 포기해야 하는 상황에 직면한다. 이는 아이뿐만 아니라 부모도 겪는 상황이다." 어머니와 아이 각각을 맡은 분석가 둘이 해내는 작업 방식은 그 임상 자료 수집상의 면밀함을 잘 드러내기에 천착해 볼 만하다. 객관성을 위하여, 세 번째 분석가가 매주 조정가로 나서 두 분석가에게서 주별 보고서를 받았다. "조정가는 어머니와 아이 각각의 환상이 병존하고 서로 겹치며 상호 영향을 연구하는 일을 임무로 한다. 또한, 조정가는 어머니와 아이 사이의 상호작용 내용이 상대편의 분석에서는 어떤 모습을 띠는지, 같이 겪은 사건을 어떻게 서로 달리, 혹은 비슷한 방식으로 체험하는지, 병적인 면이 어떻게 서로에게 영향을 미치고 상호작용하는지 볼 수 있다."고 프랑스 마르톤은 적는다(Marton, 1990, 243~244쪽).[6]

---

[6] [역주] Marton(1990), 「안나 프로이트 센터의 현재 작업」.

안나 프로이트의 이론은 이렇게, 전적으로 아동상담소의 실험에 근거한다. 그런 아동상담소는 세계에서 유일한 예이다. 아동 상담소의 활동 방향은 순전히 분석 치료였다. 그리고 아동의 장애란, 근본적으로 정상적 발전 과정에서 벗어난 경우라고 파악하고 있었다.

자료를 수집하는 특별한 방식이 일찍이 연구되었다. 햄스테드의 《색인》이 바로 그것이다. 이 작업을 맡은 첫 연구그룹은 D. 벌링엄이 이끌었다. 이후 1960년대부터는 J. 샌들러가 임무를 맡아, 여러 출판물을 통하여 이 엄청난 작업의 이점을 설명했다. 여기서는 1962년의 《국제 정신분석학》에 게재된 기사와 단행본 『2세 아동의 정신분석』을 인용하기로 한다. 1965년 볼랜드와 공동으로 출간한 이 책은 앤디의 사례를 통하여, 햄스테드 색인이 어떻게 이루어졌는지를 다룬다. 책의 서문에서 안나 프로이트는, 색인 덕분에 다음과 같은 일을 할 수 있기를 희망한다. "제각기 연구를 진행하는 사상가나 저자들이 힌트를 얻을 수 있도록 '집단 분석 집록'을 작성할 것. 그럼으로써 그들은 수많은 연구자가 모아놓은 다양한 사실을 마음껏 이용할 수 있을 것이다. 그리하여, 개인적으로 행한 실험이라는 좁은 틀에서 벗어나 연구 영역을 확장, 심화시킬 수 있을 것이며 서로 다른 사례를 유익하게 비교하여 추론하고 일반화시켜 결국에는 임상 치료를 바탕으로 한 이론을 보편화시킬 수 있을 것이다."

햄스테드 색인을 좀 더 알고 싶은 독자는 이 책을 읽어보면 된다. 단, 센터의 학생이나 직원 한 사람 한 사람이 모아 놓은 이 자료는 「사례에 대한 일반적 정보」와 「정신분석학의 자료」라는 두 부분으로 크게 나뉘는데, 이 중 후자가 훨씬 더 중요하다는 점만 기억하자. 각 부분은 다시 장章과 그 하위 장으로 나뉜다. 아동에 대한 자료는 사례별 분류, 주제별 분류의 두 가지 방법으로 검색할 수 있다. 사례별 분류로는 어떤 사례를 조사할 수 있고 주제별 분류로는 비교연구를 할 수 있다. 이 햄스테드 색인은, 현재성을 유지하려는 노력의 일환으로, 자료의 내용을 고려하여 언제든지 수정할 수 있게 되어 있다. 수시로 개정 증보되는 개론서 『치료 기법과 상황』을 읽어보면, 치료자가 자료를 어떻게 장章별로 분류해야 하는지 알 수 있으며 색인을 만들 때 어떤 정해진 용어를 사용해야 하는지, 연구자가 색인 안에서 방향을 어떻게 잡아야 하는지 등을 알 수 있다.J. 샌들러가 주재하고 안나 프로이트도 활발히 참여한 연구그룹은 그 성과를 『아동정신분석 기법』이라는 저술로 보고한다. 이 저술은 영국에서는 1980년, 프랑스에서는 1985년에 출판되었다. "이 책은 아동정신분석학의 기법을 전체적으로 총망라한다고 감히 말하지는 않겠다. 그러나 그 주제에 대한 논의로는 여태까지 출간된 해설 중 가장 광범위한 것이다."라고 J. 샌들러는 적는다. 이 책에서는 치료의 틀, 치료시의 협력과 같은 치료 관계, 심리적 저항, 환상, 인사이트, 전이 등 치료 시 맞닥뜨리는 수많은 문제를 다룬다. 또한, 아동의 여러 가지 표현 방식과 그 해석에도 관심을 둔다. 그리고 마지막 장에는 치료의 결과와 목적, 평가 등이 실려 있다.

안나 프로이트의 저서 『아동의 정상과 병리』는 영국에서 1965년,

프랑스에서 1968년에 출판되었다. 안나 프로이트의 사상을 이해하거나 색인의 막대한 작업을 보기 위해서는 중요한 저서이다. "이 책은 내가 집필하여 30년 전에 출간된 『자아와 방어기제』의 연장선에 있다."고 안나 프로이트는 적는다. 이 책에는 당시 이루어낸 작업과 결론이 담겨 있다. 안나 프로이트는 정신분석학적 심리학을 고안하여, 인성을 검토했을 때 드러나는 발달 장애 및 인성과 환경 사이의 상호 작용을 검토했을 때 드러나는 발달장애를 명백히 설명하고자 했다.

서문에서도 쓰고 있듯, 안나 프로이트는 이 책을 통하여 "아이의 인성과 외부 세계와의 관계를 연구하고 아이 인성의 여러 측면과 그 측면 사이의 상호 작용을 연구하여 얻는 발달 불균형과 복잡성을 명백히 설명"하고자 한다.

여기서 바로, 안나 프로이트의 시각이 얼마나 독창적인지 드러난다. 발달 노선이란 개념을 정의하되 그 외부 영향도 함께 고려하기 때문이다.

이러한 개념으로써 안나 프로이트는 단계별 발달 노선을 연구했다. 그것은 정서의 성숙 혹은 미성숙도, 정상 혹은 병리 등에 대한 모든 판단에 기본이 되었다. 즉, 발달 노선은 예컨대 신생아의 빨기나 젖떼기 경험에서부터 성인의 음식물 섭취 방식까지 다룬다. 어떤 노선을 보면 신생아는 초기에 자신의 몸과 어머니 몸을 대상으로 성애 놀이jeux érotiques를 하며, D. W. 위니코트가 과도기적이라 묘사한 대상을 거친 후 좀 더 성장하면 이윽고 놀이와 일의 단계에 도달한다.

모든 아동이 발달 노선 상 한 단계 위로 접근할 때, 그것은 욕동의 발달, 자아/초자아 체계의 발달, 주위 사람들의 영향에 대한 자아/초자아의 반응 등이 상호 작용한 결과이다.

안나 프로이트가 묘사한 수많은 발달 노선의 예는 다음과 같다. "의존 상태에서 감정적 독립까지, 성인 유형의 대상관계에 이르기까지", "신체의 독립으로 나아가는 발달 노선 몇 가지" 등. 안나 프로이트는 이 발달 노선 각 단계의 상호 조화에 관심을 둔다. 발달 노선 각 단계가 서로 긴밀하게 조화를 이루며 진행되었는지에 따라 아이의 정상성 여부가 판정된다는 것이다. 정상인 경우, 아이의 인성은 균형 잡힌 것으로 묘사된다. 발달 노선의 각 단계가 불균형하게 진행되었음이 확인되면 과연 무엇이 장애를 일으켰는지 그 상황을 조사해야 한다. 즉 그 장애가 선천적 요인에 의한 것인지 아니면 환경의 조건 탓인지를 규명하는 것이다. 그런데 안나 프로이트에게 특히 중요한 점은 그 두 가지 사이의 상호 작용을 연구하는 일이다. 평가를 할 때 안나 프로이트는 메타심리학[7]에 따른다. 한 예로, 안나 프

---

[7] [역주] 프로이트 정신분석학의 이론적 개념을 통틀어 메타심리학이라 칭한다. 메타(méta)란, '…를 넘어서, … 이후에, …의 저쪽에, … 너머에, …를 초월하여'란 의미의 접두사이다. 메타심리학이란 단어는 지그문트 프로이트가 만들어낸 용어로서 1896년 빌헬름 플리스에게 보낸 개인적 서한에서 사용되었으며 이후 1915년, 『무의식』에서 다음과 같이 정의되었다. "정신분석학 연구로 현재 왕성히 진행되고 있는 이 사고방식을 특별한 용어로 드러내는 것은 과장

된 일이 아닐 것으로 생각합니다. 심리현상의 과정을 역동적, 장소적, 경제적 관계라고 묘사해 낼 수 있을 때 그것을 메타심리학적 전개라 부르면 어떨까요." 여기서 명시되지는 않지만, 아리스토텔레스에 영감 받은 면이 눈에 띈다.

지그문트 프로이트는 신경심리학자였다. 초기에 그가 묘사해 낸 인간심리 현상은 신경학에서 빌어온 도식에 기초하고 있었고 그러므로 신경체계 자체 - 뉴런, 시냅스 - 를 포함했다. 그 후 지그문트 프로이트는 이런 접근 방식을 버리고, 과학이 정신분석학의 발견 결과를 확증하거나 무효로 하기를 기다리는 동안 일단 메타심리학을 세운다.

18세기까지 정신이란 곧 논리였다. 인간 정신 기능에 대한 정신분석학의 연구가 이루어낸 대혁명은 무의식이란 개념과 연관되어 있다. 지그문트 프로이트가 만들어낸 메타심리학(métapsychologie)이란 용어는 형이상학(méta-physique: 어원적 분리를 한다면 '물질과 물리학을 넘어선 분야')을 참조로 한다. 즉 형이상학은 공식적(公式的) 과학에서는 취급하지 않는 요소들이다. 그러므로 메타심리학이란 표현을 씀으로써 지그문트 프로이트는 의식적 현상에만 관심을 두는 당시 심리학의 반대 위치에 자리하려는 의도를 보이는 것이다. 메타심리학적 전개에 해당하는 정신현상의 세 가지 양상을 간략히 보자면 다음과 같다.

1. 역동성 시각: 꿈에서부터 성격에 이르기까지, 그리고 증후나 이상(理想) 등의 정신 현상 형성은 시간상의 과정이어서 완벽한 고정성을 띠는 것이 아니다. 정신 현상 형성은 욕동을 근원으로 한, 깊이 숨은 심리적 힘 사이의 갈등에서 나오는 것이기 때문이다. 깊이 숨은 심리적 힘들은 바로 정신 현상 형성을 유지하기 위하여 소비되며 그렇기에 해당 정신 현상 형성이 변하거나 사라지기도 한다. 이전까지는 정지된 것으로 보고 연구했던 데에 반해, 이렇게 움직임을 시사하는, 역동성에 대한 시각을 도입함으로써 지그문트 프로이트는 심리학이나 정신병학에 인식론적 급변을 가져다주었다. 이러한 작업은 1892년, 의사로서 발표한 첫 논문 「최면을 이용한 치료 사례, 그리고 '반(反)-의지'에 대한 히스테리 증상 출현에 대한 지적」 안에 이미 시작된다. 역동적 지평만이

로이트는 어떤 아동이 유치원에 들어가기 위한 수준을 갖추었는지를 평가할 때 이 발달 노선 개념에 따를 수 있다는 점으로 증명해 보인다. 그리하여 안나 프로이트는 의존 단계에서 정서적 독립에 이르는 노선을 위해 갖추어야 할 수준은 어떤 것인지, 신체의 독립이나 친구와의 우의에 도달하는 노선 혹은 놀이에서 일에 도달하는 노선을 위해 갖추어야 할 수준은 무엇인지를 연구한다. 각 노선에 도달하기 위한 수준을 갖추었는지 평가해 냄으로써 아이의 자아와 이드 간의 관계를 판단할 수 있다는 것이다. 그럼으로써 아이가 정동과 욕동을 지배하는 방식, 아니면 정동과 욕동에 아직 지배되고 있는 방식을 밝혀낼 수 있다고 한다.

심리 현상의 변화, 즉 심리치료를 정당화할 수 있음은 이론상으로나 사실상으로나 당연한 일이다. 심리적 힘들과 정신현상 형성이 역동적이라고 보는 지평은 정상성과 병적 경우 사이의 분명한 경계를 지우는 것이기도 하다.

2. 장소론적 시각: 심리 현상 각각을 기능상의 방식에 따라 서로 다른 심급으로 나누어 각각이 마치 서로 다른 장소에서 일어나는 것처럼 정의한 은유적 표현이다.

지그문트 프로이트가 도안화한 첫 번째 장소론에 따르면 무의식(Inconscience), 전의식(Préconscience), 의식(Conscience)이란 세 가지 심급이 있다. 각 심급은 검열로 나머지 심급과 분리되어 있다. 이때 무의식은 억압된 표상들로 차있는 장소이다. 두 번째 장소론에는 이드(le ça), 자아(moi), 초자아(surmoi)가 있다. 첫 번째 장소론에 의하여 신경증 이론이 시작되었고 두 번째 장소론에 의하여 더 원초적인 심리현상이 이론화되어 정신병과 나르시스에 대한 병인론이 세워졌다.

이렇게 심리발달의 정도를 평가할 때 안나 프로이트는 퇴행이란 개념의 중요성을 드러낸다. 퇴행이란, 반드시 병적임을 알리는 신호가 아니다. 반대로, 퇴행이야말로 정상적인 현상이라고 안나 프로이트는 못 박고 있다. 퇴행을 통하여 아이는, 어머니와의 태초의 관계에서 경험한 보호, 피신처, 안정을 구한다는 것이다. 임상에서 퇴행은 이전 단계로의 회귀로서, 획득한 것을 상실함을 뜻한다.

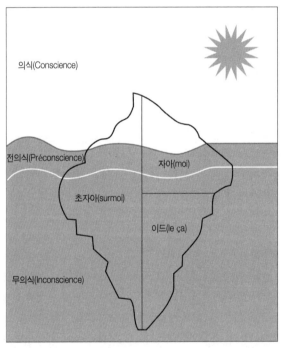

→ 프로이트의 두 가지 장소론이 교차한 모습 (http://fr.wikipedia.org/wiki/Seconde_topique을 참조함)

3. 경제성의 시각: 심리 현상의 과정은 그 수량을 표시할 수 있는 에너지의 순환, 분배로 이루어진다. 그러므로 그 에너지의 양은 증가할 수도, 감소할 수도 있다.

이렇게 확정을 지으면서 안나 프로이트는 셀 수 없이 다양한 정상 상태를 개관한다. 그 상태들은 병적인 경우와 거리가 멀다. 안나 프로이트는 '아동 메타심리검사 결과표'를 정한다. 이 표는 진단으로 모은 자료들을 일괄적으로 구성해 놓은 것이다. "이 메타심리검사 총 결과표에는 역동적이고 생성 과정에 있으며 경제적, 구조적이고 적응성을 갖춘 자료들이 집성되어 있다."라고 안나 프로이트는 적는다(『아동의 정상과 병리』, 112쪽).[8]

정상 상태 내의 여러 변이를 고려한 이 자료에서 출발하여 안나 프로이트는 병리 현상과 그 진행에 관심을 두고 병적인 상태 몇 가지를 묘사한다.

그리하여 안나 프로이트는 중증의 경우, 발달 단계상 최초로 장애가 왔을 때 어떤 구조화가 제대로 이루어지지 않으면 자아에 결함이 생긴다고 생각하게 되었다. 이에 대한 대책으로, 매우 특수한 해석 작업이 있다. 즉, 해석을 설명으로 해줌으로써 무엇이 부족한 상태인지를 드러내고, 말로 충분하지 않은 부분에는 어떤 것을 가져다주는, 말하자면 인공 보철 기구를 제공해 주는 일이다. 이 문제에 대한 최근의 연구로는, P. 포내지와 G. S. 모런이 1991년 부에노스아이레스에서 열린 국제정신분석학회에 발표한 흥미로운 글이 있다. 두 저자는 "심리의 표상작업이 변화하고 심리작업 자체가 다시 만들어짐

---

[8] [역주] A. 프로이트(1965), 『아동의 정상과 병리』.

으로써 심리의 변화가 실현됨… 바로 이 역시 구조 변동이라고 생각하면서"(《프랑스 정신분석학》, 1990, LIV) 논문을 마무리 짓는다.

안나 프로이트는 상당한 작업을 수행했다. 그녀가 집필한 수많은 다른 논문은 모두 『안나 프로이트의 저술』 안에 영어로 출간되었으며 그중 몇 편은 『정신분석학에서의 아동』 안에 프랑스어로 출간되었다. 정신분석학적 심리학이 작성된 내용을 보면 그것이 엄격한 임상을 바탕으로 한 것임이 쉽게 드러난다. 그것은 일정한 발달 시기에 이른 아동 각각의 메타 심리검사 결과표를 색인을 근거로 구축하기 위해 각 직원이 날마다 기울인 노력의 결과였다. 게다가 이 작업은 연구팀의 상당한 이론적 일관성이 필요했는데, 햄스테드 병원에서는 그것이 잘 이루어졌다. 아동의 장애를 항상 인상적으로, 각자 독창적으로 표현하는 우리 프랑스 체제에서 이런 일은 드물다. 영국식, 프랑스식의 두 가지 착상 중 어느 편이 더 '정신분석학'에 가까운지는 이미 토론이 이루어졌으므로, 여기서 거론하지는 않겠다. 다만 영국에서 열린 아동정신분석학 회의에 자주 참석해 본 우리의 의견을 비치는 데에 그치도록 하자. 우리는 영국인들의 토론 수준과 관심도, 엄격함에 깊은 인상을 받았다. 특히 그들의 엄밀성은, 물론 보편적이면서도 정확한 용어 사용과도 관련이 있을 것이지만, 아동 심리에 대한 실제 연구와 밀접한 관계가 있다.

발달 노선을 순전히 선적 시간상의 면모만 좇은 개념으로 본다면 안나 프로이트의 저작을 심하게 비판할 수 있다. 그러나 발달의 노선 각각을 평가할 때 항상 기본이 되는 메타 심리 연구를 생각한다면, 각 시기의 변화 과정을 고려하는 것이기에 비판이 완화될 수도 있다.

햄스테드 동료들의 그룹과 J. 샌들러의 지휘 하에 안나 프로이트가 완성한 최후의 작업은, 1936년의 자신의 저술『자아와 방어기제』를 재독하는 일이었다. 이 책은『방어 분석』이라는 제목으로, 영국에서 1985년, 프랑스에서는 1989년에 출판되었다.

이 책을 읽어보면, 고령에도 토론을 계속 활발히 하며 텍스트를 과거 당시의 상황에 놓고 다시 성찰하되 더욱 나은 개념 정의를 위해 강행하는 안나 프로이트의 면모가 드러난다. 이때에도 안나 프로이트는 여전히 임상을 바탕으로 하며, 언제든지 이론적 입장을 수정 - 예컨대 거세 불안의 기원에 대하여(251쪽)[9] - 할 자세가 되어 있었다. 진귀한 문헌인 이 책은 프랑스 정신분석학자들로 하여금 '계승'이란 단어의 의미가 과연 무엇인지 성찰하도록 이끌 것이며, 정신분석학상 명료하고 엄격한 임상이 무엇인지 재발견하도록 유도할 것이다. 임상만이 진정한 이론을 세울 수 있는 근거이기 때문이다.

안나 프로이트는 과학적 방법론을 따랐기 때문에 "분석 자체를 이상화시키는 일은 없었다."고 A.-M. 샌들러는 생각한다. 안나 프로이트는 항상, 아동분석에서의 처방이 어떤 기준을 근거로 제시된 것인지 분명히 드러내고자 했으며 아무렇게나 내리는 처방을 거부했

---

[9] [역주] A. 프로이트(1985),『방어분석』.

다. 안나 프로이트가 항상, 중증의 심각한 사례는 정신분석학의 소관이 아니라고 여긴 것은 사실이다. 그리고 신경증 장애의 영역을 제외하고는, 아이를 분석으로 바꾸어 줄 수 있는지도 별다른 말을 한 적이 없다.

프랑스에서 안나 프로이트의 저작은 거의 알려지지 않으며 그 가치도 제대로 인정받지 못하고 있다. 게다가 안나 프로이트라는 이름만 들어도 즉시 삼가는 태도를 보이는 실정이다. 1945년부터 S. 레보비치가 안나 프로이트의 개념을 연구해왔음에도 불구하고 프랑스에 그녀의 작업 내용은 1960년에 와서야 확산되기 시작했다. '극좌파' 계층 출신으로서 정신분석가가 된 프랑스 세대들에게 안나 프로이트의 '교육', '제도', '직접 관찰', '진단의 이점' 등의 용어는 이단적으로 보였을 것이라 짐작할 수 있다. 이들은 1968년에 일어난 대사건의 이데올로기에 대한 신념을 아직도 견지하고 있기 때문이다.

아동정신분석가 양성

안나 프로이트는 항상 아동정신분석가 양성에 적극적인 관심을 보였다. 런던에 도착하자마자 임무로 삼은 일 중 하나가, 바로 사설 세미나를 매주 열어 교육하는 활동이었음을 우리는 이미 보았다.

1945년의 논쟁이 있은 후, 아동정신분석가 양성의 필요성이 영국 정신분석학회 내에서 인정되었다. 이 양성을 받고자 하는 분석가 지망생들은 성인 치료에 대한 두 번째 검사부터는 아동 치료에 대한 감독을 시도할 수 있었다. 그리하여 어린아이, 잠복기의 아동, 청소년에 대한 세 가지 감독이 필수가 되었다. 그러나 이 교육 과정은 안나 프로이트의 전적 소관 사항이 아니었다. 클라인 그룹도 아동분석가를 양성할 수 있었기 때문이었다.

안나 프로이트는 이런 식의 타협에 만족할 수 없었다. 그래서 1947년부터 자신과 성향을 같이 하는 분석가―특히 빌리 호퍼와 케테 프리들랜더―들과 함께 아동분석가 교육 프로그램을 고안했다. 이 교육 과정의 첫 지망생들은 전쟁 중 햄스테드 유아원에서 안나 프로이트와 함께 작업한 이들이었다. 그 후 이 교육 과정은 자연스럽게, 햄스테드 병원 활동의 일부가 되었다. 안나 프로이트가 원한 것은, 온갖 분야 출신의 소수정예 학생들이 센터에서 주간晝間 전일제로 일하면서 병원의 치료, 예방, 연구 활동을 완벽히 소화해 내는 일이었다. 병원은 매년 3~5명의 신입생을 선발하여 4년에 걸친 교육 과정을 시행했다.

교육 프로그램에는 개인 분석, 아동에 대한 장기간 관찰 감독과 실습, 정신분석학 치료의 감독과 실습, 심리치료의 실습과 감독 등이 포함되어 있었다. 정신분석가들이 기법과 임상에 대한 세미나를 주도하여 교육 과정을 보충했다. 그 세미나는 햄스테드 병원의 다양한 부서에서 수집한 임상 소재를 바탕으로 이루어졌다.

이렇게 시행된 교육은 즉시 그 가치가 인정되었다. 이 교육을 받은 아동정신분석가들 대부분은―1990년에 140명에 달함―제각기 고국으로 돌아가 요직에 앉거나 정신분석학 연구소에 남아 보충적으로 연수를 계속 받았다.

사실, 1960년대 초반, 안나 프로이트는 이 교육 과정이 국제정신분석학회에서 인정하는 아동정신분석가 자격으로 이어지지 못한 점을 아쉬워했다. 영국 정신분석학회에서 교육받은 아동정신분석가들은 국제정신분석학회의 인정을 받고 있었기에 더욱 그러했다. 그렇게 당하는 거절과 다른 여러 이유로 안나 프로이트는 아동정신분석가 자격에 대한 국제정신분석학회의 인정을 받고자 투쟁을 재개했다. 햄스테드 병원은 여러 보조금과 기부금으로 운영됐다. 이렇게 불안정한 상황에 안나 프로이트는 버티기가 점점 더 힘들어졌다. 더욱이 초창기 보조금과 기부금을 주선해 주던 옛 친구들이 하나둘씩 사라지기 시작했다. 미국에 있는 친구 헬렌 로스는 아동정신분석가 양성 과정을 국제정신분석학회가 인정하도록 투쟁해 보았으나 문외한 분석이란 문제에 부딪혀 무산되었다. 미국의 아동분석가 대부분은 의사가 아니었기 때문이었다. 이와 같은 시기에 친구 마리안 크리스는 미국 아동정신분석학회를 창립한 후 국제정신분석학회가 그 학회를 인정해 주기를 기대했다. 이에 안나 프로이트는 마리안 크리스를 지지했다. 게다가 안나 프로이트는 이상적 연구소를 꿈꾸어 1966년, H. 코허트의 초대로 시카고에서 강연할 때 그 점을 자세히 묘사했다. 이에 대한 언급을 우리는 이미 한 바 있다. 즉 그런 연구소에서는 성인과 마찬가지로 아동을 분석하는 유능한 분석가를 배출해 낸다는 것이었다. 마지막으로, 네덜란드에서 역시 친구 잔 람플 드 그루트가 연락을 해 왔다. 네덜란드 정신분석학회가 햄스테드 병원과 손잡고 아동분석을 위한 연수를 조직하고자 하는데 그 연수를 통해 발급되는 아동분석가 자격은 국제정신분석학회가 인정하는 것이었으면 좋겠고 이때 성인분석교육과정은 없을 것이라는 의견이었다. 이렇듯 서로 다른 제안들은 1969년의 로마, 1971년의 비엔나, 1973년의 파리에서 열린 국제 회의에서 다양한 토론의 주제가 되었다.

로마 회의에서는 아무 결정도 없었다. 왜냐면 영국학회의 대변자인 M. 발린트가 표명하듯 "그것은 아동정신분석학을 성인 정신분석학과 구별하여 분석 자체에 분열을 도입시키는 일"이기 때문이었다 (『전기』, 367쪽).[10] 그런 문제는 분명히 제시되었지만, 정치적 쟁점이 학문적 쟁점을 뒤덮어 가리게 된다. 사실, 그 이전인 1965년, 암스테르담의 회의에서는 아동분석이 높이 평가된 바 있다. 이때 S. 리트보는 한 성인에 대한 분석을 발표했는데 그 성인은 아이 적 베르타 보른슈타인에게 분석을 받았다. 이에 B. 보른슈타인은 해설을 덧붙였다. 지그문트 프로이트의 쥐 인간과의 비교도 있었다. 그렇게, 암스테르담 회의에서는 아동분석에서 나온 내용과 성인분석에서 나온 내용이 어떻게, 어떤 면에서 상호 보완 관계에 있는지 증명되었다.

1970년, 아동정신분석학을 주제로 한 수많은 학문적 행사가 열렸다. 그것은 1971년 비엔나 회의의 토론을 준비하기 위한 것이었다.

1970년 6월, 제네바에서는 유럽정신분석연합이 주최하는 첫 심포

---

[10] [역주] 이 책의 필자는 『전기』의 저자가 누구인지 밝히지 않고 있다.

지엄 〈정신분석학 교육에서 아동정신분석학의 역할〉이 열렸다(『아동정신병학』, XIV권, 1971). 안나 프로이트와 한나 시걸, 르네 디아트킨이 토론의 서문을 위한 보고서를 제출했다. 르네 디아트킨은 「아동정신분석의 현 상황에 대한 서언」이란 발표문을 통하여 "아동에게 분석 과정이 존재하는지라는 기본적이면서도 심각한 질문"을 제기한다(33쪽).[11] 그는 이 문제를 세 가지 축 중심으로 검토한다. 아동분석 과정의 특수성, 그 과정의 최종 목표, 아동분석 과정과 다른 기법들의 심리치료 효과 비교 등이 그것이다. 모든 것을 고려한 이 발표문을 통하여 R. 디아트킨은 아동과 성인 각각의 분석 상황이 근본적으로는 차이가 없음을 증명한다. 그래도 이 사실은 아동의 분석과정을 정의하기엔 충분하지 않기에 프로이트의 메타심리학에 비추어 검토해야 한다고 그는 생각한다. 정신분석가가 아동을 만남으로써, 환자의 자아를 즉각적으로 동원시키는 효과가 있는데, 그것은 두 가지 방향으로 이루어진다고 한다. 하나는 분석가에게 투사된 대상을 능숙하게 다룰 수 있도록 하는 것이다. 또 하나는 성인 분석가가 있음으로써 아동이 특권의 위치에 서 리비도가 증가하는데, 거기에서 고무된 무의식적 욕망을 잘 억압할 수 있도록 해주는 것이다. 결국, "놀이와 그림 등 아이가 생산해 내는 것은, 욕동의 움직임과 관심 대상에 대한 표상이 의식에 닿지 못하도록 멀리 유지시키기

---

[11] [역주] '1970년, 아동정신분석을 주제로 열린 제네바 심포지움을 담은' 『아동정신병학』(1971), I, vol. XIV, Paris, PUF.

위한 반응성 형성으로 보아야 한다. 이러한 활동을, 정신분석가는 그 잠재된 내용까지 이해하면서 짚어낼 줄 알아야 한다. 잠재된 내용을 바탕으로 놀이나 그림이 나오기 때문이다."(11쪽)[12]

R. 디아트킨은 '앎의 개념'을 살핀다. 그것은 성인과 마찬가지로 아동에게서도 여러 요인으로 결정되는 것이다. 아울러, 치료 시 아동은 과거에 형성된 것을 다시 경험하기는 하지만 아동 조기早期 분석 시 회상은 존재하지 않는다고 강조한다. "그것은 회상이 아니라, 현재 진행되는 분석이다. 그러나 그것은 현재 안고 있는 갈등은 아니다."(35쪽)[13] 현실의 부모와 부모 이마고가 어떻게 다른지 공들여 구분해 놓으면서 R. 디아트킨은 부모에 관해서라면, 아이가 분석 상황에 공포를 가질 때만 분석이 불가능해진다고 생각한다. 그럴 때에만 부모가 아이를 분석실로 데려오지 않기 때문이라는 것이다.

토론은 매우 흥미롭게 진행되었다. 안나 프로이트는 A. 호른의 작업을 참조하면서 시간적 관점에서의 예비 시기를 재검토했다. 한나 시걸은 심리치료에서 정신분석으로의 '이행'을 살펴보았다. 아동 분석가는 아동과 함께 놀아야 한다. 그래야만 - 그런데 어느 정도까지 같이 놀아야 하는가? - 아동은 대상을 바꾼다. 그러나 이런 변화 changement가 정신분석학 차원의 변동mutation으로 되려면, 분석가의 해석 - 은 놀이에 참여하지 않음을 뜻한다 - 이 있어야 한다.

---

[12] [역주] 같은 책.
[13] [역주] 같은 책.

분석과정의 존재에 대하여 S. 레보비치는 R. 디아트킨처럼 낙관적이지 않다. 그는 전이의 질質, 특히 안나 프로이트가 정의하는 바 대로의 '대상의 외재화externalisation'에 의문을 제기한다. 그는 또한 아이와 같이 놀이에 참여하는 분석가의 해석의 질質에도 의문을 제기한다. 어떤 사례에 대해서 그는 내용 해석보다는 아이와 함께하기라는 표현을 더 많이 쓴다.

두 번째 발표에서 안나 프로이트는 '정신분석학의 아류로서의 아동분석'을 논한다. 다음과 같은 각 장의 제목은 무언가 암시적이며, 그녀의 포부에 직접 닿아 있다. '혁명적 정신분석학인가, 보수적 정신분석학인가?', '아동분석, 독자적 분야', '미래에의 전망'. 이때 안나 프로이트는 75세로서, 50여 년간에 걸친 분석 경험의 전문성을 갖추고 있었다. 이 발표문은 햄스테드 병원에 그리도 필요했던 총괄 능력이 얼마나 대단했는지를 재차 보인다. 정신분석학 창안은 '혁명적 정신'으로 이루어진 것이라고 그녀는 말한다. 그런데 현재 "이론과 기법 면에서 혁명과 무질서가 존재하는데, 조직 면에서는 보수주의와 관료 정치, 편협성이 판치고 있다."고 안나 프로이트는 확언한다. 안나 프로이트는 이 두 가지 사이 관계가 있다고 여긴다. 즉, 학회 내 구성원 사이에 학문적 연계가 흐려질수록 규칙이나 법으로 그룹의 단결을 유지하려는 노력이 한 국가 내에서나 국제적으로나 커진다는 것이었다. 그런 분위기는 분석 정신에 어긋나며, 아동분석도 다른 모든 분야와 마찬가지로 그 희생양이라는 것이다.

역사적으로 볼 때 아동정신분석학은 초창기부터 다른 분야에 비해 아류 분석으로 치부됐다고 안나 프로이트는 생각한다. 이는 "유례없이 탁월한" 아동정신분석학의 중요성을 제대로 알아보지 못한 데 기인한다는 것이다. 아동정신분석이야말로 "성인분석 시의 재구축이 어느 정도 진실한 내용인지 확인할 수 있는 유일한 혁신책"(42쪽)[14]이기 때문이다. 그런데 성인을 대상으로 하는 분석가들이 아동정신분석의 발견 내용에는 상당한 관심을 보이면서도, 정작 아동분석의 직접 체험은 내키지 않아 하니 놀라울 따름이라고 지적한다. 그러기는커녕 대부분은, 아동정신분석을 '직업상 하등급 유형'으로 매번 치부한다는 것이다. 학교나 부모들이나, 그들의 변하지 않는 자세에 대한 피상적 변명은 차치하고, 그 분석가들이 사실은 "실제 있는 그대로의 아동보다는 자신들이 행하는 분석에서 도출되는 아동 이미지를 선호하는 것은 아닌지 수상쩍다."고 안나 프로이트는 말한다. "아동의 진상은 그들의 이해관계에 항상 부응하는 것은 아니기 때문이다." 안나 프로이트의 이 지적에 저자 일동은 다음과 같은 사실을 덧붙이고자 한다. 흔히, 성인을 대상으로 하는 분석가들은 바로 자신들 안에 자리한 아동의 면모를 상당히 경계한다. 그렇기에 특히 리비도의 측면에서 그 자신들 안의 아동과 친교를 맺는 일을 매우 위험스럽게 여겨, 어떤 분석을 할 때 무의식적으로 그 아동의 면모가 어떤 것인지 알고자 하지 않고 반대로 그것을 제어하

---

[14] [역주] 같은 책.

려 - 적어도 부분적으로는 - 든다.

'이렇게 척박한 환경에서는 어떤 학문도 발전할 수 없다'라는 확인에서 출발하여, 안나 프로이트는 아동분석이 독립된 분야로 인정받기 위한 변론을 한다. 그리하여 안나 프로이트가 보기에 아동정신분석학이 제 위치를 찾은 세계 여러 지방의 경험을 증거로 든다. 그 예로 런던의 타비스톡 병원과 햄스테드 병원, 암스테르담의 레이데 센터, 미국의 〈아동정신분석학회〉와 클리블랜드 센터(안니 카탄과 퍼먼 부부), 뉴욕 센터(M. 크리스)가 있다는 것이다.

그러나 햄스테드의 독립성은 장점도 있지만, 단점도 있다고 한다. 그렇기에 안나 프로이트는 국제정신분석학회가 모든 이에게 열린 아동분석교육을 증진시키고 인정하든지, 아니면 아동정신분석학이 성인 정신분석과 마찬가지로 독립된 분야임을 받아들이라고 촉구한다는 것이다.

안나 프로이트의 보고문에 대한 토론은 활발히 진행되었다. J. 람플 드 그루트, J. 개밀, R. 디아트킨, É. 케스템베르크 등 대부분의 참가인은 아동분석학을 별도의 분야로 정하지 않는 통합 교육안을 지지했다. J. 샌들러는 이 통합 안에 찬성하는 논지를 펼친다. 즉 성인분석과 아동분석 각각을 특화하여 나눌 경우 성인과 아동에 대한 개별화된 기술자를 양성할 위험이 따른다는 것이다. J. 샌들러는 정신분석학을 실행하는 일은 기법이 아니라, '이론을 내면화시키는 방식'이라고 정의한다. 자신에게 아동분석교육은 매우 풍부한 도움이 되었지만 성인분석교육을 받을 때 분석가는 비로소 새로운 능력을 얻게 된다고 그는 생각한다. J. 샌들러는 '세 번째 귀'라고 부르는 것이 바로 그 능력과 연관된다고 말한다. '세 번째 귀'란, "직관으로 꿰뚫어 본 임상소재가 나날이 드러내는 진상眞相을 이해하는"(53쪽)[15] 능력이다.

세 번째 발표는 「일반적 분석교육에서 아동분석의 역할」에 대한 것으로, 한나 시걸이 맡았다. 정신분석학이란 지식이며 이론인 동시에 기법이라는 사실이 근본적이라고 생각된다는 것이다. 이 주장을 중심으로 한나 시걸은 논지를 전개했다. 더욱이 지식, 이론, 기법의 분야는 서로 긴밀히 연관되며 정신분석교육 시의 각 중요도도 균등하다는 것이다. 한나 시걸은 분석 지식과 이론을 통하여 드러난 중대한 진리들은 바로 아동정신분석에서 비롯했음을 상기시키고자 한다. 한 예로 클라인 학파에서 밝혀낸, 상징 작업에 대한 지대한 연구를 들 수 있다고 한다. 그것은 6세의 자폐증 환자였던 디크에게 행한 M. 클라인의 분석이다.

이론을 가르칠 때는 그 이론과 연관된 실제의 문제에 부딪힌다고 한나 시걸은 말한다. 그래서 임상 사례를 병행하여 이론을 가르친다는 것이었다. 기법 없는 임상이 있을 수 있겠는가? "실제로 기법을 경험해 보지도 않고서 그 기법에 대한 이론을 가르칠 수 있겠는가?"라는 것이 한나 시걸의 의견이다. 이상적으로 어떻게 되어야 하는

---

[15] [역주] 같은 책.

것과 현실적으로 일어날 수 있는 것은 다르다고 지적하면서, 한나 시걸은 정신분석 연구소 내 분석가 교육 안에 아동분석에 대한 최소한의 교육도 넣어야 한다고 주장한다. 그 최소한도란 "첫째, 아동분석에서 나오는 지식을 이론 안에 전부 넣어야 함. 둘째, 아기와 아동을 관찰함. 마지막으로, 모든 지망생을 대상으로 아동분석 임상에 대한 수업과 세미나를 열 것."을 말한다. 아동정신분석학을 가르치는 분석가가 없어 고민인 학회는 다른 학회에서 분석교육자를 초청해 오면 되지 않겠느냐고 한나 시걸은 말한다.

이 모든 토론 내용은 상당히 풍부한 것으로 보인다. R. 디아트킨은 아기에 대한 관찰 내용과 아동정신분석학 사이에 근본적 차이점이 존재함이 인정되기를 바란다. "성인분석을 할 때와 똑같은 과학적 방법에 따를 때, 이전 시기에 이미 형성되었던 것의 영향을 관찰하게 될 때가 많기 때문이다."

주지하다시피, A. 베르주와 J. 파베즈-부토니에와 함께 프랑스에 의학-심리-교육센터 Centre médico-psycho-pédagogique를 탄생시킨 G. 모코는 이 토론이 매우 본질적이라고 생각했다. G. 모코는 한 기관에 소속되어 그룹 작업을 하려는 몇몇 아동 심리치료사에 대한 교육과 연수를 국가교육의 차원에서 인가認可하는 안을 검토하고 있었기 때문이다.

바로 이때 S. 레보비치가 나서서, 자신은 이제 아동 심리치료사 인가에 찬성하지 않는다고 밝혔다. 뛰어난 정신분석가에게서 사사한 후 성인분석도 계속 하는 아동정신분석가를 상정하기 때문이라는 것이었다. 정신분석가의 활동 영역 안에 아동 심리치료도 같이 포함하는 방향으로 나아가야 한다고 그는 말했다. G. 모코가 말한 것처럼 '아동을 치료한다'고 여기지 말고, "아동의 장애는 아동이 맞닥뜨린 일뿐만 아니라 가족과의 관계에서 비롯된 바를 나름대로 표현한 것으로 여겨"야 한다는 것이었다. 게다가 S. 레보비치는 아동 관찰이 고려할 만한 것으로 채택될 때, 아기만 관찰하는 것이 아니라 아기와 어머니, 아기와 그 가족의 관계를 함께 생각하는 참여 관찰이 되어야 한다고 주장했다.

한나 시걸은 결론 삼아, 질문자 몇몇 사람에게 답변한다. R. 디아트킨과 É. 케스템베르크는 두 가지 종류의 분석에 차이점이 있음을 주장하되 아동분석에서 볼 수 있는 원초적 과정의 중요성을 강조했다. 한나 시걸은 아동정신분석학이란 분야가 따로 있는 것이 아니라 아동심리치료가 있을 뿐이라고 말한 조금 S. 레보비치의 말을 확인한다. 그러나 한나 시걸은 S. 레보비치와는 달리, 아동정신분석학이 존재한다고 생각한다. 하지만 아동정신분석만 실행하다 보면 정신분석학에서 멀어지고 일탈하여 심리치료 쪽으로 나아가기 쉽다고 말한다. 한나 시걸은 "여기서 두 가지 중요한 요소"를 본다. "첫째는 다른 분야에서보다 아동정신분석학에서 원초적 과정에 더 많이 직면하게 되며 두 번째는 J. 샌들러도 강조하다시피, 아동정신분석은 불가피한 기준으로 수행하는 기법이이라는 점이다."

그런 기준으로 작업할수록, 반대급부로 성인 환자와 더 많은 시간을 보내야 한다는 말로 한나 시걸은 자신의 견해를 요약한다. 성인 환자와는 분석과정에 직면하게 되기 때문이다. "어쨌든 우리는 심리적 현실을 가지고 작업하며, 심리적 현실이야말로 분석 작업의 본질"이라고 한나 시걸은 주장한다. 이로부터 그녀는 현존 정신분석 연구소 내 훌륭한 아동분석교육이 필요하다고 결론짓는다.

저자 일동은 회의에서 이루어진 토론 내용을 이렇듯 길게 소개하는 것이 필요하다고 생각했다. 이는 국제적 토론 중 진정한 의미에서의 과학적 토론이었기 때문이다. 그것은 어쩌면 이 분야에서 유일한 과학적 토론일지도 모른다. 더구나 이때 전개된 논지는 20년이 지난 오늘의 시각에서 볼 때에도 조금도 뒤떨어지지 않는 현대적 관심사이니, 놀라울 따름이다.

1970년에 두 번째로 중요한 회의는 가을, 런던에서 열렸다. 사실, 영국 학회는 안나 프로이트가 국제정신분석학회에 요청한 내용과 직접 관련되어 있었다. 즉, 아동분석교육에 관한 한 영국에서의 독점적 위치를 잃게 될 위기에 놓인 것이었다. 그리하여 영국 학회는 '아동 신경증 연구의 날'이란 연례행사를 주최하기로 했다. E. 자크가 발표한 글 「아동 신경증에 대한 클라인의 개념」, M. 제임스가 발표한 글 「아동 신경증 개념의 발전」, M. R. 칸이 발표한 글 「자기 self의 허위 구성인 아동 신경증」 등은 당시 다양한 학파의 시각을 보여준다는 점만 해도 가치가 있다. 이에 대해 우리는 재론하지 않겠다.

로마에서 형성된 그룹의 성찰 내용을 리트보 박사가 발표했지만, 1971년 여름의 비엔나 의회에서는 문제의 근본에 아무런 결정도 내리지 못했다. 하지만 햄스테드 병원이 국제정신분석학회의 '연구그룹'이 되기는 했다. 연구그룹이란 위치를 얻게 되어 안나 프로이트를 중심으로 또 하나의 부차적 영국분석학회를 구성할 수도 있겠다는 안이 나왔다. 이에 영국 학회는 즉각적으로 대응하여 안나 프로이트에게 타협안을 제시했다. 안나 프로이트는 이를 받아들여, 그냥 영국 학회 안에 남고 대신 학회 내 교육자 자격을 받아들였다. 또한, 학회의 회원 중 원하는 사람은 공식적으로 햄스테드 병원에 와서 아동분석교육을 받을 수 있게 되었다. 그리고 햄스테드 병원에서 교육받은 아동분석가는 영국학회에서 성인분석교육을 받을 때 특별한 혜택을 받게 되었다. 안나 프로이트는 완전히 패배한 것은 아니었다. 안나 프로이트가 영국에서 분석가 교육에 참여한다는 점에서 햄스테드 병원은 국제정신분석학회의 인정을 받은 셈이었다. 그러나 아동정신분석가의 위상을 인정하고 특별 교육을 인정해 달라는 안나 프로이트의 요구를 국제정신분석학회가 받아들이지 않음으로써 그녀는 어쨌든 패배하게 된다. 안나 프로이트는 비엔나 회의 이후 즉각적으로 이를 알아차렸다. 사실, 1973년 파리 회의에서 리트보의 발의는 기각되었다. 그 이후로 우리가 아는 한, 이 주제는 다시 다루어진 적이 없다.

안나 프로이트의 말년

안나 프로이트의 말년은 후기 작업과 직접 관련된다. 1970년대 초반, 안나 프로이트는 햄스테드 병원의 책임자 위치에서 점차 물러나 클리포드 요크와 한지 케네디에게 공동 지휘를 맡긴다. 이 둘은 전쟁 시의 '유아원'에서 이미 그녀와 함께 일해 왔다. 1960년대에 안나 프로이트는 예일대학 법학부의 교수직을 받아들여 아동과 법에 대한 강의를 한다. 안나 프로이트는 또한 J. 골드슈타인과 E. 솔니트와 함께 세 권의 책 『아동의 이익을 위하여?』, 『아동의 이익을 내세우기 전에』, 『최상의 아동 이익을 위하여』 편찬에 참여한다.

팔순의 안나 프로이트는 비엔나 시절의 젊은 교육자의 모습 그대로, 곤경에 빠진 아동에게 여전히 정성 들여 관심을 보이고 그런 아이들의 권리 확보를 위하여 일했다. 특히 아동들이 지속해서 어떤 경험을 해나갈 권리가 있다고 생각하여 그러한 권리를 인정받게 하고자 했다. 안나 프로이트는 가정환경을 못 갖춘 아이들을 위하여 '심리적 부모'라는 개념을 제안한다. 필요한 경우 아이의 이익을 위하여, 심리적 부모는 생물학적 부모에게 해를 입지 않도록 보호받아야 한다. 그러나 일반적으로, 생물학적 부모가 스스로 자녀를 가장 잘 키울 수 있다. 그런 의미에서 국가의 지나친 간섭에서 이들을 최대한 지켜주어야 한다. 『아동의 이익을 위하여?』는 미국에 큰 영향을 발휘했다. 그것은 이 책이, 아이의 욕구와 감정이란 과연 어떤 것인지에 대한 사회복지 차원을 성찰할 수 있게 했기 때문이다. 아동의 욕구와 감정은 흔히 어른의 관점에서 의미가 해석되고 평가되어 왔던 것이다.

이 작업은 안나 프로이트의 직업경력에서 마지막으로, 커다란 기뿜을 안겨 주었다. 안나 프로이트는 1982년, 87세의 나이로 세상을 하직했다.

멜라니 클라인, 1945~1960년: 정신병의 세계

인생 말기

M. 클라인의 인생에서 마지막 15년간은 매우 창조적인 시기였다. 전쟁 끝 무렵인 1945년, 멜라니 클라인은 63세였다. 그녀는 이제 영국 정신분석학회 내에서 확고한 자리를 보장받았다. 멜라니 클라인은 자신을 옹호해 준 동료들에 둘러싸여 있었고 자신의 작업에 흥미를 느껴 자신의 그룹에서 교육을 받고자 하는, 점점 더 늘어나는 젊은 분석가들에 둘러싸여 있었다. 그러나 멜라니 클라인은 자신에게 가해지는 비판이 하도 거센 나머지, 스스로 연구 작업이 자기가 죽은 후에도 계속 살아남을지 걱정이었다. 안나 프로이트는 아버지 지그문트 프로이트가 A. 아들러나 C. G. 융, 그리고 다른 몇몇 사람에게 한 것처럼, 멜라니 클라인도 일탈이라며 분석 세계에서 축출하려다 실패했다. 그런 의미에서, 멜라니 클라인은 런던에서 적수 안나 프로이트와 겨루어 승리하기는 했지만 미국 분석학계 내에서는 자신이 깊은 적의의 표적이라는 사실도 알고 있었다. 전쟁 후 가장 힘이 세진 이 미국이란 나라는 국제정신분석학회의 회의에서 기회가 있을 때마다 멜라니 클라인의 사상에 적대감을 표시했으며 멜라

니 클라인을 절대로 인용하지 않았다. 멜라니 클라인이 미국 정신분석학회에 매번 참석하고 있었는데도 말이다. 한 번은 학회 중, 멜라니 클라인이 발표하고 있었을 때 도중에 중단시킨 적도 있었다. 시간을 초과하였다는 것이었다. 안나 프로이트는 '거장의 따님'이라며 말 그대로 떠받들면서 멜라니 클라인에게는 나머지 사람들과 같은 시간, 혹은 좀 더 짧은 시간만을 주어 발표하게 했다. 1970년에 런던에서 열렸던 학회를 우리는 기억한다. 가득 찬 회의장에서 사람들은 참을성 있게 프로이트 여사를 기다리고 있다가 안나 프로이트가 드디어 입장하자 일제히 일어서서 박수를 쳤다. 그리고 안나 프로이트는 잿빛 생쥐처럼 슬쩍 움직여 연단으로 갔다. 이런 식의 박대로 M. 클라인이 슬퍼하거나 충격받은 것 같지는 않다. 오히려 저술을 할 때 쏟아 붓는 그 샘솟는 열정으로 대응했을지도 모른다고 상상할 수 있다.

그녀에게 충실했던 동료들이 하나 둘 씩 사라지기 시작했다. 이미 몇몇을 언급하기도 했지만 1947년에 너무 일찍 세상을 떠난 S. 아이작스를 들어보자. S. 아이작스는 논쟁 중 매우 적극적이었다. J. 리비에르도 점차 멀어져 갔다. J. 리비에르는 멜라니 클라인에게 적대적인 적은 없었으나 1950년대부터는 M. 클라인과 거리를 두고자 했다. 멜라니가 점점 더 관심을 보이는 '정신병의 세계'가 J. 리비에르는 '불편했'기 때문이었다. 인생의 마지막 몇 해 동안 멜라니 클라인은 파울라 하이만과 의견이 충돌하여 자신의 그룹에서 축출한다(이전 장 참조). 우리가 이미 본 바와 같이 그 구체적인 이유는 복합적이며, 불분명한 점도 있다. 다행히 새로 들어온 분석가들이 대를 잇는다. 1949년부터 한나 시걸과 H. 로젠펠트는 취리히에서 열린 국제정신분석학회에서 정신분열증을 발표한다. 그다음 W. R. 비온, D. 멜처, E. 자크, E. 비크 등이 이어서, 멜라니 클라인의 이론을 심화시키고 그 깊이를 천착할 줄 알았다. 그것은 정신병에 관한 정신분석학뿐만 아니라 창조성과 예술의 분야, 심지어는 그룹이 어떻게 기능하는지에 대한 연구로까지 확장되었다.

이 시기에 이루어진 주요 저작을 들어보자. 1946년에 쓴 중요한 논문 「정신분열의 기제에 대한 기록」이 있고, 이어 1948년의 논문 「불안과 죄의식에 대한 이론에 관하여」가 있다.

1952년, 멜라니 클라인의 동료와 제자들은 지그문트 프로이트의 경우처럼, M. 클라인에게 70세 생일을 기념해 주고자 했다. 그리하여 우선『정신분석학의 발전』이 출판되었고 멜라니 클라인에 대한 특별 호가《국제 정신분석학》에서 발행되었다. 멜라니 클라인의 모든 논문과 다른 이들의 논문 몇 편이『정신분석학의 새 방향』이란 제목으로 1955년, 런던에서 출간되었다. 이 책의 임상 편에는 아동정신분석학을 다루는 논문 몇 편이 실려 있는데, 그중 E. 로드리게의 3세 자폐증 아동정신분석도 눈에 띈다. E. 로드리게의 출신국인 아르헨티나를 살펴볼 때 우리는 그를 다시 언급할 것이다. 이 임상 편에는 정신분열증에 걸린 성인분석에 대한 두 편의 논문도 볼 수 있다. 하나는 H. 로젠펠트가 쓴 논문(1952)이고 나머지 하나는 W. R. 비온의 논문(1953)이다. 이 책의 제2부에는 비임상 분야에 적용되는 클라인의 이론이 보고되어 있다. 즉 문학 분야의 적용을 다룬 J. 리비에르의 논문, 미학 분야에의 적용을 다룬 한나 시걸의 논문, 철학 문제에의 적용을 다룬 R. E. 모네-키를의 논문이 있으며 W. R. 비온과 E. 자크는 사회학 분야에 적용을 각각 다룬다. 이 책에서 M. 클라인은 「동일시에 관하여」라는 매우 훌륭한 글을 실었다. 이 글은 쥘리앙 그린의 소설 『내가 당신이라면』에 대한 분석으로서, 집단의 투사 동일시가 어떻게 작동하는지 잘 보여준다.

서문을 쓴 E. 존스는 M. 클라인의 저술이 인정되어 기쁘다고 말한다.

1952년 역시, 암스테르담 학회에서의 발표가 한 획을 긋는 해였다. 「전이의 기원」이란 제목의 발표문은 멜라니 클라인의 저작 중 프랑스어로 번역된 - D. 라가슈가 번역함 - 첫 텍스트이다. 학술적 목적의 이 논문에서 멜라니 클라인은 자신의 이론적 입장을 재확인하며, 분석 기법과 이론을 글로 표현하는 방식을 주로 다룬다.

M. 클라인은 이 정도로 그쳤을 수도 있었다. 즉, 정신현상의 구조와 발전에 웬만큼 이론을 구축해 놓았으니 이제 그녀의 저술은 완성된 것으로 볼 수도 있었다. 그러나 그녀는 거기서 그치지 않고 1957년, 에든버러 국제 학술대회에서 선망에 대한 논문을 발표한 후, 『선망과 감사, 그리고 그 외 텍스트들』이라는 작은 책을 펴냈다. 멜라니 클라인의 이 새로운 이론은 비난을 일으켰으며 논쟁이 다시 시작되었다.

1959년, 코펜하겐에서 멜라니 클라인은 「고독을 느끼다」라는 마지막 논문을 발표한다. 이 글은 어느 정도 자서전적인 면이 있다. 인생 말년에 M. 클라인은 상당한 비관주의와 우울증의 고비를 맞아, 자신의 저술이 계속 빛을 볼지를 놓고 다시 회의했다. 자신이 혼자라는 느낌은 커져만 갔고 M. 클라인은 그런 느낌이 드는 여러 이유를 이 논문을 통하여 찾고 있다. 즉, 대상을 잃은 데서 오는 우울한 감정, 정신분열증 경향의 분리가 두드러져 고독감에 다다름, 자기자신과 구분되어 있다는 느낌 등. 이 논문은 결국 완성되지 못하고 말았다.

이와 함께 멜라니 클라인은 『아동정신분석』이란 제목으로 리샤르의 사례를 출간했다. 이것은 그녀의 마지막 저술로서, 스코틀랜드에서 전쟁 중 10세 된 아이를 몇 개월간 정신분석한 보고서이다. M. 클라인은 작업한 그대로의 내용을 글로 써냄으로써 비평가들이 자신을 더욱더 잘 이해하여 자신의 저술이 자기가 죽은 후에도 계속 살아남기를 바랐다. 리샤르의 사례를 작성한 것도 그런 희구와 직접 연결되어 있었다. 이 저술은 상당히 흥미롭지만, 그녀를 비방하는 자들로 하여금 더욱더 비판의 강도를 높인 - 특히 그녀의 해석기법 면에서 - 계기가 되었다.

멜라니 클라인의 저작

이제 이 기간에 펴낸 저서 몇몇을 더 상세히 살펴보도록 하자. 1946년의 논문 「정신분열증의 기제에 대한 몇 가지 기록」은 읽기가 상당히 어렵다. 여기서는 그녀가 구축한 분석에 본질적인 요소 두 가지가 정의된다. 즉, 정신분열성 망상의 입장position schizo-paranoïde 과 투사 동일시identification projective가 바로 그것이다. 멜라니 클라인이 묘사해내는 세계에 정신이 혼미한 나머지 독자는 즉시 심한 불안에 맞닥뜨린다. 그리하여 방어동작으로 책을 덮어버리는 거부 반응을 보이거나 그저 웃어버리고 말 수도 있다. 여기서 M. 클라인은, 장차 자아moi가 될 싹인 신생아가 정신병적 방어기제를 써서 어떻게 정신병적 불안에 대처하는지 묘사한다. 이때 구순-가학의 무의식적 환상이 바로 불안과 방어의 기초가 된다. J. 리비에르는 이미 1952년 『정신분석학의 발전』의 서문(31~32쪽)[16]을 통해, 당대의 비판에 대항하여 M. 클라인을 옹호했다. 그런데도, 신생아를 정신병자로 본다는 비판은 오늘날까지도 계속된다. J. 리비에르는 그게 아니라, M. 클라인은 여기서 정상적 발달의 한 단계를 묘사하고 있을 뿐이라고 강조한다. 이 단계에서의 불안과 방어는 정신병에서의 그것과 성격을 같이 하되, 신생아가 정신병자라는 말은 아니라는 것이다. 그러나 M. 클라인은 이 단계에로의 고착과 퇴행이 생기면 아이는 이후 정신병자가 될 수 있다고 판단한다. 곧, 정신병의 뿌리를 바로 정신분열성 망상의 입장에 두고 있다.

이 논문에서 M. 클라인은 죽음 욕동과 삶 욕동에 대한 지그문트

---

[16] [역주] M. Klein, P. Heimann, S. Isaacs & J. Rivière(1952e), 『정신분석학의 발전』.

프로이트의 구분에서 출발하여 원초적 자아와 원초적 불안에 대한 정의를 나름대로 고안해 낸다. 죽음 욕동의 방향을 굴절시키는 (생물학적) 기관을 말하는 지그문트 프로이트와는 달리, M. 클라인은 심리적 실체인 자아를 말한다. 이 자아란, 태어나면서부터 불안을 느낄 줄 알고 방어기제도 사용한다. "멜라니 클라인은 방향을 굴절시키는 어떤 기관을 말하지 않고, 죽음 욕동을 투사시키는 원초적 자아를 말한다."라고 한나 시걸은 강조한다(1979, 109쪽).[17] 즉 자아는 원초적 방식으로 대상관계를 환상해낼 줄 알기 때문에, 외부투사로 나쁜 대상에 대한 환상이 발생한다. 이것이 바로, 대상 **안으로의** 외부투사이다.

이외에도 죽음의 불안은 거세 불안의 부산물이라고 항상 주장했던 지그문트 프로이트와는 달리 M. 클라인은, 죽음 욕동은 원초적 자아에게 소멸 공포를 안겨준다고 판단하며 그 공포에 대한 방어로 인해 대상 안에 죽음 욕동이 투사된다고 말한다. 멜라니 클라인이 말한 바로는, 전멸되고 붕괴될 것에 대한 공포는 죽음 욕동이 생성시킬 수 있는 공포 중 가장 깊은 것이기에, 원초적 자아의 조직은 내부투사와 외부투사라는 방어기제를 이용하여 혼돈 상태에서 나온다. 삶 욕동과 죽음 욕동 사이의 투쟁에서 비롯되어 자아는 이상적 대상과 박해하는 대상을 분리함으로써 자신을 만들어간다. 이때, 분

---

[17] [역주] H. Segal(1979), 『멜라니 클라인 사상의 발전』.

리는 자아 내에서도 이루어져, 자아는 리비도의 부분과 파괴하는 부분을 만들어 낸다. 자아는 이상적 대상을 내부로 투사하여 그것에 자신을 동일시하는 일이 목적이다. 그래야 외부에도 존재하고 자신 안에도 있는, 박해하는 대상들의 접근을 막을 수 있기 때문이다. 좋은 대상은 이 단계에서는 부분적임에도 불구하고 손상도 안 되어 있고 온전한 것으로 느껴진다. 반면 나쁜 대상은 박해하는 어떤 것으로서 가증스러우며 구순의 가학으로 공격당하여 물어뜯기고 산산조각이 난다.

신경증 분야에 개입하고자 하는 분석가들에게 멜라니 클라인의 이 말은 그리 긍정적인 반응을 얻지 못했다. 그것은 이해하기 쉬운 일이다. 반면, 정신병자들과 작업하는 분석가들은 이 말에 대단한 흥미를 보였다. 멜라니 클라인의 그런 묘사 내용을 통하여, 환자들과 경험한 내용을 성찰할 수 있게 되었기 때문이었다. 원자 폭탄이 발명되었을 때 M. 클라인의 이 주제는 또 다른 차원의 토론을 활성화시켰다. 즉, 대중은 즉각적으로 소멸의 불안 - 거세 불안이 아닌 - 을 맛보았다. 불안이 하도 강한 나머지, 어떤 지식인들은 그런 집단 현상에서 죽음 욕동이 외부 세계에 구체적으로 표상된 것을 보았으며 그것은 현대 문명에서 중요한 기점이라고 생각했다. 심지어는 전쟁 시 핵무기 사용 반대 움직임이 정신분석가 사이에서 일어났고 클라인 파의 정신분석학자들, 특히 한나 시걸이 그 선두에 서기도 했다. 이 운동은 국제정신분석학회가 열릴 때마다 집회를 가진다.

이 논문에 M. 클라인은 또 새로운 기제를 도입한다. 자아에 봉사하는 이 기제는 바로 '(외부)투사 동일시'이다. "그것은 사람을 부분적으로나 전체적으로, 대상 안에 난폭하게 넣는 환상을 말한다. 이는 대상을 사랑해서건 미워해서건 간에 대상을 소유하고 감독하기 위한 것이다."라고 J. 리비에르는 쓴다(31쪽).[18] 대상 안으로 외부투사되는 것은 사실, 부분들뿐만 아니라 자아 전체가 될 수 있다. 「자아 발달에서 상징 형성의 중요성」(1930) 안의 디크는 어머니 몸에 두 가지 환상을 품고 있다. 무서운 내용이 외부투사된 부분들로 어머니 몸이 가득 차 있는 환상이 하나이고 또 하나는 안이 빈 어머니 몸에 자기 자신을 전체적으로 외부투사할 수 있다는 환상이다. 디크는 이런 내용을 빈 옷장에 숨는 놀이로 표현했다. 쥘리앙 그린의 소설 『내가 당신이라면』을 바탕으로 쓴 논문 「투사 동일시가 잘 나타난 소설」(『선망과 감사, 그리고 그 외 텍스트들』 안에 실림) 안에서 M. 클라인은 한 사람이 어떻게 다른 사람 안에 투사되어 완전히 그 사람과 동일시하며 그 사람의 자리를 차지하는지 보여준다. 그렇기에 어떤 사람은 정신착란으로 자신이 나폴레옹, 예수 등이라고 말하는 것이다.

외부투사 동일시의 목적은, 자신의 어떤 부분을 제거한다거나 대상을 탐욕스럽게 소유하여 감독하기, 혹은 대상을 비워내기 등 여러 가지이다. 자아의 '나쁜 부분들'이 박해하는 대상을 형성하는 일만

---

[18] [역주] M. Klein, P. Heimann, S. Isaacs & J. Rivière(1952e), 『정신분석학의 발전』.

이 외부투사 동일시인 것은 아니다. 좋은 것으로 체험된 부분들을 이상화된 대상 안에 간직해 놓고 심지어는 그 대상과 헤어지지 않기 위하여 대상 안에 좋은 것으로 체험된 부분들을 놓는데, 이 역시 외부투사 동일시에 해당한다. 그러나 그 결과로, 자아는 가난해졌다는 느낌만을 받을 뿐이다.

외부투사 동일시는, 대상이 다시내부투사되기 때문에, 나르시스적 대상관계의 토대를 이룬다. M. 클라인은 분열되고[19] 이상화된 대상이 내부투사된[20] 나르시스 **상태**, 자아가 그 대상과 동일시된 나

---

[19] [역주] 분열(clivage): 분열에는 자아의 분열과 대상의 분열이 있다.

자아의 분열: 자아가 스스로 통일성을 유지하지 못하는 것. 내부갈등이나 대화를 유지하지 못하여 자아는 여러 조각으로 나뉜다. 그 조각들은 서로 의사소통을 하지 못한다. 예컨대 자아의 한 부분은 현실을 인정하여 현실에 맞추어 살고, 또 한 부분은 현실을 완전히 부정한다. 이때 둘 사이 어떠한 영향도 주고받지 않는다. 절편음란증(fétichisme)에서 페티시스트는 자아가 분열되어 한 부분은 거세불안을 알아보지만, 또 한 부분은 거세불안을 알아보지 못한다. 정신병에서 분열의 특징은 자아가 여러 인격체를 만들어내는 데에 있다. 이것은 인격이 양분되는 현상과는 다르다. 신경증 환자도 자아 분열을 하지만 정신병자보다 훨씬 덜한 수준이다.

대상의 분열: 욕동의 대상도 자아처럼 분열될 수 있다. 이때 한 대상으로서의 전체성을 자아는 알아보지 못한다. 이런 분열은 흔히, 좋은 대상과 나쁜 대상을 구별하기 때문에 생긴다. 그리하여 한 대상은 좋기도 하고 나쁘기도 하며 전체성을 이루지 못하고 때에 따라 다른 양상을 띤다. 예컨대 아기는 어머니를 좋은 어머니로 볼 때도 있고(아기를 먹여주는 등 용기를 돋우어 줄 때) 나쁜 어머니로 볼 때도 있다(아기를 벌주거나 욕구를 즉각 만족시켜주지 못할 때).

20 [역주] 내부투사(introjection): 사실은 외부에 있는 자질인데 마치 자기 안에 있는 것으로 탐지하는, 주체의 심리 작용, 즉 그러한 환상. 자아(moi)를 강화시키기 위하여 자기 자신(soi) 안에 좋은 대상을 내부투사하는 일은 자연스러운 경향이다(예:영웅의 자질을 마치 자기 것인 양, 자기 것으로 삼는 경우). 멜랑콜리 우울증에서 잃어버린 대상은 주체의 공격성으로 훼손되어 내부투사된다. 이때는 나쁜 대상이 내부투사되는 경우이다. 성인에서의 이런 병적 심리기제는 아동기의 한 단계에서 이미 일어난 적이 있는 기제이다. 즉, 우울증의 입장에서 내부투사는 매우 활발하여 "아기 자신의 파괴욕동으로 공격당하고 파괴된 부모는 즉시 내부투사되어 아기는 '그런' 부모를 자신의 내부 세계의 일부라고 느낀다"(Hanna Segal, *Introduction à l'oeuvre de Mélanie Klein*, Presses Universitaires de France, Bibliothèque de psychanalyse, 2011, ISBN: 213058571X). 내부투사는 대상의 자질이나 대상 자체를 밖에서 안으로 들여오는 심리현상이니, 동일시에 근본이 되는 기제이다. 내부투사는 편입(incorporation)과 심리상 동일어이다. 지그문트 프로이트와 클라인에게 주체는 환상계의 차원에서 외부 대상과 그에 고유한 자질을 외부에서 내부로 들여오기 때문이다.

외부투사(projection): 사실은 주체 내부에 있는데 그것을 외부에서 탐지해내는 심리작용, 즉 그러한 환상. 그리하여 주체는 자기 안에 있다고 인정할 수 없는 정동이나 감당할 수 없는 정동을 다른 사람이나 대상 등 외부세계에 돌린다. 신경증 기제에서 외부투사는 밖으로 배출하는 힘이 강하지 않아, 주체가 전의식의 수준에서 인정하는 경우도 있다. 반면 정신병에서의 외부투사는 훨씬 무겁고 체계적이어서(망상증에서처럼) 이때의 외부투사는 주요기제가 되어 정신착란의 양상을 띤다. 주체는 그렇게, 견딜 수 없는 욕망을 부인하여 외부세계에 투사한다. 더 넓은 의미에서의 외부투사는, 주체가 자신 안에 어떤 생각, 자질, 감정, 정동, 느낌, 개념, 욕망 등을 밖의 세계에 위치시켜 그것을 마치 객관적인 세계의 모습인 것으로 믿는 과정을 말한다.

내부투사와 외부투사: 1915년의 저서 『욕동과 그 운명』(*Pulsion et destins*

des pulsions)에서 지그문트 프로이트는 쾌락의 근원을 이루는 모든 것을 내부 투사하여 형성되는 정화된 쾌락의 자아와 불쾌를 빚어내는 모든 것을 외부투 사하는 현실의 자아를 대비시킨다. 그러나 위에서 약간 비춘 것처럼, 내부투사 과정에서는 좋은 대상뿐만 아니라 나쁜 대상도 내부투사된다. 지나치게 엄격 한 부모가 아이에게 내부투사되어 초자아를 구성하는 경우를 보면 된다. 외부 투사도 마찬가지이다. 특히 외부투사 동일시의 경우, 외부로 투사되는 것은 자아의 나쁜 부분ㅡ즉, 박해하는 대상-이기도 하지만, 좋은 체험이라고 여겨 지는 부분일 때도 있어 그것은 이상화된 대상이 되어 위험 없는 곳에 놓인다. 혹은, 그렇게 해서 이상화된 대상과 헤어지지 않게 된다.

ㄱ) 카를 아브라함은 대상을 입으로 삼키는 것으로 내부투사를 묘사한다. 즉 몸 안에 실체들이 물질적으로 현존하며, 내부투사/합체(incorporation)는 구 순 욕동의 영역에 속한다는 것이다. (반면, 외부투사는 배출 성격의 항문 단계 에 속한다.) 아브라함과 그 뒤를 이은 멜라니 클라인에게 있어, 내부투사라는 심리과정의 기저에는 합체의 환상(식인 행위)이 숨어 있다. 아브라함은 조산 아와 아내를 한꺼번에 잃은 사람의 예를 든다. 그 사람의 꿈을 분석해 보니, 고통스러운 상실 이후 식인, 구순 유형의 내부투사 과정이 뒤따랐다는 사실이 밝혀졌다. 즉, 그 사람은 고통스러운 상실 이후 몇 주 동안 음식섭취를 혐오하 게 되었는데 그것은 내부투사라는 현상을 잘 보여주는 여러 표시 중의 하나였 다(Karl Abraham, *Esquisse d'une histoire du développement de la libido basée sur la psychanalyse des troubles mentaux* in *Œuvres complètes*, tome 2: 1915~1925, Payot, Science de l'homme, 1989, ISBN2228881384).

ㄴ) 신경증 정신병자는 내부투사로 인한 자아의 확장으로 괴로워하고, 망상 증 환자는 자아의 위축 느낌으로 괴로워한다. 망상증 환자는 불쾌한 성향을 자아 밖으로 배출하고, 신경증 환자는 외부세계에서 가능한 한 많은 부분을 자아 안에 들여놓음으로써 해결책을 찾기 때문이다.

ㄷ) 지그문트 프로이트는 「애도와 병적 우울」(Deuil et mélancolie)에서, 사 랑하는 대상을 현실적으로 잃어버렸을 때 그 대상을 자기 안으로 내부투사하

르시스 **상태**를 정의하며 투사 동일시를 기초로 한 나르시스적 대상
관계를 가지고 나르시스의 **구조**를 정의한다. 나르시스의 상태는 지
그문트 프로이트의 자기성애에 해당한다. 그리고 M. 클라인이 정의
하는 나르시스의 구조는, 지그문트 프로이트가 나르시스적 대상관
계와 나르시스적 대상 선택을 말할 때 묘사된 것이다. 즉, 주체는
사랑의 대상을 선택하되, 그 대상 안에서 자기 자신을 되찾아내어
자신을 사랑하는 것이다. M. 클라인은 그런 선택 기저에 깊이 숨은
환상을 대단한 역량으로 상세히 묘사해낸다. 그리하여 M. 클라인은,
나르시스적 대상관계에 놓이고 외부투사 동일시가 그 주된 기제로
작용할 때 주체는 사랑하는 데에 공포를 느끼며 심지어는 그 타인과
의 모든 관계를 포기하게 될 수 있다고 생각한다. 왜냐하면 이때 주
체는 자신이 그 타인에게 종속되고 빈약해질 위험이 있다고 여기기
때문이다. 이 모든 현상을 더는 길게 묘사하지 않겠다. 이 기제에

는 과정을 묘사한다. 멜라니 클라인은 내부세계나 내부 대상들의 불안에 맞서
기 위한 방어기제로서 내부투사를 묘사한다. 즉, 자아는 내부의 나쁜 대상들에
서 내부의 좋은 대상들을 보호하려 든다는 것이다. 그러므로 이 내부투사는
우울증의 입장의 징후를 알리는 기제이다. 반면 정신분열성 망상의 입장은 외
부투사 기제를 압도적으로 동원한다.

　멜라니 클라인에 따르면 내부투사와 외부투사는 한 개인 안에서 상호작용
한다. 그렇게, 외부현실에 대한 이미지가 잡히고(=외부투사) 내부세계가 형성
되는(=내부투사) 것이다. 이 두 과정이 균형을 이루었을 때 정상적인 정신 기
능이 결정된다. 주체의 인생 내내 계속 사용되는 내부투사와 외부투사는 바로
방어기제이며, 병적인 목적뿐만 아니라 건설적인 목적으로도 사용된다.

처음 접해보는 독자는, 쥘리앙 그린의 소설 『내가 당신이라면』을 바탕으로 쓴 M. 클라인의 논문과 「정신분열증의 기제에 대한 몇 가지 기록」이란 논문도 읽어보기 바란다. 후자는 매우 밀도 높은 문장에 풍부한 내용을 담아 조예 깊은 독자들에게 귀중한 논문이다. 이 글은 사실, 정신병 분야에 대한 정신분석학 연구에 새로운 지평을 열어준 논문이다. M. 클라인은 이 논문에서 외부투사 동일시와 그 작용 방식을 정의함으로써 정신병에 걸린 인격체가 타인과 맺는 관계와 그 의사소통의 방식을 밝혀냈다. 그리하여, 학자들은 정신병에 걸린 경우 전이가 어떤 성격을 띠는지 정의할 수 있게 되었다. 또한 어떤 분석가들은 정신병 환자 치료를 가능한 것으로 여길 수 있게 되었다. 그리고 M. 클라인의 제자들은 외부투사 동일시의 여러 형태를 조사하여 더 다듬어 정의하는 작업을 시도했다. 즉, M. 클라인이 말한, 외부투사 동일시의 극단적 경우뿐만 아니라 병리적 형태의 외부투사 동일시도 다룬 것이다. 후자는 후대 클라인 파를 논의할 때 살펴보도록 하겠다.

1948년의 논문 「불안과 죄의식에 대한 이론에 관하여」가 나온 후부터 M. 클라인은 정신 발달과 그 병리학에 대한 일관된 이론을 세울 수 있게 되었다. 사실, 멜라니 클라인의 저작은 모두 정신분열성 망상의 입장과 우울증의 입장, 불안과 죄의식을 중심으로 정리될 수 있다. 『멜라니 클라인 사상의 발전』이란 저술의 제10장에서 저자 한나 시걸은(1979) 바로 이런 방향으로 클라인의 저작을 흥미롭게 해설한다. 관심 있는 독자들은 이 부분을 읽어보기 바란다. 여기서는 그 주된 흐름만 소개하기로 한다. 입장이란 개념은 시간 순서를 따른 개념이 아니라 구조를 고려한 개념이다. 입장의 개념을 정의함으로써 M. 클라인은 자아가 어떻게 구성되는지 정의할 수 있게 되었는데, 이때 자아의 상태, 내부 대상들과의 관계, 불안의 성격, 특수한 방어 등이 포함된다. 입장이란 개념으로써 M. 클라인은 또한 불안과 죄의식을 같이 포괄하는 이론을 세우게 되었다. M. 클라인이 발표한 바로는 불안이란, 죽음 욕동의 내적 작업에 대한 직접적 반응이다. 이에는 두 가지 형태가 있다. 정신분열성 망상의 입장에 해당하는 박해 불안이 있고, 우울증의 입장에 해당하는 우울 불안이 있다. 죽음 욕동과 삶 욕동 간 갈등의 해결로서 나타나는 것이 죄의식이다. 그러면서 차츰 삶 욕동이 죽음 욕동보다 우세하게 된다. 정신분열성 망상의 입장에서 우울증의 입장으로의 이행은 본질적으로, 정신병의 기능에서 신경증의 기능으로 이행함을 뜻한다. 이때, 내부 현실과 외부 현실을 구별할 줄 알게 되며 자아가 자신의 환상을 현실에 대비시킬 줄 알게 되어 현실의 시험에 대응할 수 있는 정신 현실이 구성된다. 대상에 계속 신경 쓰는 일이야말로 우울증의 입장의 핵심이며 현실의 시험에 대응하는 양상에 해당한다.

우울증의 입장이 끝까지 고안[21]되는 일은 없다. 왜냐면, 발달의 각 단계에는 두 가지 갈림길이 있기 때문이다. 즉, 정신분열성 망상

---

[21] [역주] 고안(élaboration psychique)을 설명하는 위의 역주를 참조할 것.

의 기능방식으로 퇴보하여 우울증의 고통을 피하거나, 아니면 우울증의 고통을 고안하여 자신을 더 잘 완성시키는 것이다. "우울함에 처했을 때 어느 정도로 우울을 고안하는지 여부, 자아가 내부의 좋은 대상을 어느 정도까지 통합해내는지에 따라 개인의 성숙도와 균형이 결정된다."고 한나 시걸은 쓴다(1979, 130쪽).[22] 한 개인 안에서 우울증의 입장과 정신 분열성 망상의 두 입장이 변동한다는 이 이론의 중요성에 주목하자. 그것은 한 개인 안에 신경증의 부분과 정신병의 부분이 병존한다는 말이기 때문이다. 정신이 건강한 개인에게도 이렇듯 정신병의 부분이 있음을 고려하는 일이 클라인식 분석 기법의 특징이다. 우울증의 입장이 진행되는 도중에 오이디푸스 콤플렉스가 생기고 결국은 오이디푸스 콤플렉스가 우울증 입장의 전체를 이룬다는 점을 상기하자. 과연, 오이디푸스 단계의 공포와 욕망이 나타나는 것은 (물론, 인생 최초로) 아이가 부모를 현실적, 전체적인 사람으로 지각하고 부모 사이의 관계를 인지하기 시작하면서부터이다. 상징이 형성되어 상징을 사용하는 일은 정신분열성 망상의 입장에서 우울증의 입장으로 진보할 때 함께 일어난다. 정신분열성 망상의 입장에서는 외부투사 동일시 기제 덕분으로 자아의 일부가 대상에 구체적인 방식으로 동일시된다. 디크의 유명한 예를 들어보자. 자폐증을 앓고 있던 이 아이는 멜라니 클라인이 깎아놓은

---

[22] [역주] H. Segal(1979), 『멜라니 클라인 사상의 발전』.

나무 부스러기를 보며 '불쌍한 클라인 부인'이라고 소리쳤다. 이것이 바로 정신병적인 구체적 생각 기저에 숨어 형성되는 상징인 것이다. 이러한 상징 형성의 단계를 한나 시걸은 이후 '상징의 등식'이라는 표현으로 정의한다. 반대로, 우울증의 입장에서 자아는 내부 대상에 대한 전능감全能感을 포기하여 단념해 버린다. 그리하여 잃어버린 대상을 표상하고 대신할 수 있는 어떤 것이 필요하기 때문에 상징이 생긴다. 이제 상징은 정신병적인 것이 아니며 의사소통 시 사용될 수 있다. 이렇게 우울증의 입장에서는, 상실과 죄의식이란 체험과 긴밀하게 연결되어 창조와 승화가 발달한다. 그리고 대상을 잃어버린 경험과 그에 따른 죄의식은 잃어버린 내적대상을 내적, 외적으로 복원하고자 하는 욕망을 낳는다. 상징 형성에 대한 M. 클라인의 연구는 제자들에게 상당한 여파를 미쳤다. 예컨대 한나 시걸과, 특히 W. R. 비온 등이 있다(3부 1장을 참조할 것).

『선망과 감사, 그리고 그 외 텍스트들』[23]는 무엇보다 더 주목해야할 저술이다. 이 책이 출판될 당시 M. 클라인의 나이는 75세였다. M. 클라인은 여기서 '성인의 세계가 근거하는 아동기라는 뿌리'－이는 1959년에 출간된 논문의 제목이기도 하다－를 탐색하기에 이 마지막 저서는 감동적이다. 죽음이 임박하여 M. 클라인은 계속 자기 분석을 하며,『외로움』－마지막 책의 제목이 될－이란 감정이 더욱

---

[23] [역주] M. Klein(1957), 『선망과 감사, 그리고 그 외 텍스트들』.

커짐에 따라, 신생아와 부모 이마고 사이의 연결점을 재검토한다고 생각할 수 있다. 특별히 강조하여 쓴 서문에서 그녀는 자신이 얼마나 K. 아브라함과 그의 저작에 가깝다고 느끼는지, 자신의 사상이 얼마나 K. 아브라함 사상의 토대 위에 세워진 것인지 확언한다. 또한, 서문의 첫 몇 마디부터 그녀는 신생아를 어머니와 맺어주는 관계, 즉 "사랑과 감사를 그 기저에서부터 잠식하는" 선망을 고발할 것이라고 알린다. 바로 이런 자기분석을 한 덕으로 M. 클라인은 이제, 파괴성향 없이 어머니에 대한 사랑을 자서전 안에 훌륭히 표현할 수(II, 2장 참조) 있었으리라. 주위의 정신분석계에 엄청난 격론을 불러일으켜 논쟁을 활성화하기도 했던 이 저술은 그녀의 내면에 비로소 평화를 안겨 주었으리라.

이 책에서 M. 클라인은 선망이란 개념을 정의한다. "파괴 욕동의 구순 가학성과 항문 가학성이 바로 선망으로 표현된다. 선망은 인생이 시작되는 순간부터 일어나며, 그 근본은 선천적이다."라고 그녀는 본다. 이때 선망은 최초의 기본적 정서로 나타나는데, 바로 그러한 선망이 분석 시 전이의 상황에 부닥쳤을 때 다시 떠오른다. 이것을 그녀는 '기억된 정서'memories in feeling라고 부른다. 어떤 감정이 기억으로 저장된 형태인 이 정서는 분석가의 도움으로, 말로 표현하거나 재구축할 수 있다. 선망이란, 영양을 주는 젖가슴에 대한 부러움인데 이때 젖가슴은 정신적 성격을 띤다고 M. 클라인은 단언한다. 젖가슴은 절망의 상태를 행복의 상태로 바꾸는 능력이 있기 때문이다. 또한, 이때의 젖가슴은 영양을 공급해 주는 물질적 성격도 동시에 띤다. 젖가슴은 무한한 풍요성을 지닌 것으로 비추어지기에, 충족되어 만족할 때 젖가슴에 대한 선망이 일어난다. 그런데 선망은 좌절을 당할 때에도 일어난다. 좌절 시, 다른 때에는 풍요로움을 주던 그 젖가슴이 이제는 저 혼자서만 그 풍요를 누린다고 느끼기 때문이다. M. 클라인은 선망envie, 질투jalousie, 탐욕avidité 각각을 서로 다른 것으로 구분한다. 질투는 오이디푸스적 삼각 구도에 속하는 것으로서, 사랑과 미움에 근거를 둔다. 선망은 부분적 대상과의 관계에서 생기는 것으로서 순전히 파괴적이다. 반면, 탐욕이 파괴적으로 되는 것은 우연한 일이다. 탐욕은 특히 내부투사의 기제와 연관된다.

선망이 지나치면 정신분열성 망상의 입장과 우울증의 입장에 근본적인 요소가 된다. M. 클라인은 정신병자의 수많은 혼돈이 바로 이 선망 때문에 생기는 것으로 본다. 사실, 분쇄와 외부투사로 좋은 대상을 공격함으로써 선망은 좋은 대상을 나쁜 것으로 만들어 버린다. M. 클라인은 선망의 근원에는 이미 선천적인 면이 있다고 강조한다. 이러한 '생물학적 암초'에 부딪혀, 치료에 대한 그녀의 낙관론이 어느 정도 수정된다. 즉, 선망을 분석, 소화, 이해하면 치료 시 나타나는 부정적 반응을 극복할 수 있어 분석이 효과적으로 진행되는 경우가 있다. 그러나 선망이 불가변성 선천적 요인들 안에 너무 깊게 뿌리 박혀 있는 경우에는 소화, 이해가 어렵다는 것이다. M. 클라인은 다음과 같이 말한다(1957, 85쪽).[24] "선천적 요인들이 존재하기 때문에 정신분석학의 치료에 한계가 불거진다. 이 사실을 분명히 알고 있지만 **그래도** 내 경험으로는, 선천적 경향 상 유리한 조건이 아니었는데도 근본적이고 긍정적인 변화를 일으킬 수 있었다."
이 '그래도'라는 단어는 당연히 정신분석의 영향력의 한계에 대한
토론을 불러일으켰다. 그것은 아직도 열려 있는 토론 주제이기도 하
다. 동시에 M. 클라인은 그 한계를 정신병 분야의 한계로까지 확장
시킨 공로가 있다.

　우리가 다루고자 하는 마지막 사항은 M. 클라인의 이론화와 기법
사이의 관계이다. 그 예로 리샤르의 사례를 들겠다. M. 클라인은 전
쟁 초기, 스코틀랜드의 피틀로크리에서 리샤르를 분석했다. 4개월
동안 93회의 분석이 진행되었다. 어떤 의미에서 이 분석은 전형적인
유형이 아니었다. M. 클라인과 리샤르는 둘 다 비교적 짧은 기간만
분석이 진행되리라는 점을 알고 있었기 때문이다. 더군다나 M. 클라
인은 안내인 그룹이 상주하는 장소를 이용했으므로 분석 환경이 적
절히 뒷받침된 것도 아니었다. M. 클라인은 1945년, 「철 이른 불안
으로 밝혀보는 오이디푸스 콤플렉스」(『정신분석학에 대한 에세
이』)[25]라는 논문에서 이 사례를 부분적으로 다루었다. 그녀의 저작
은 매우 흥미로우며, 다양한 해설을 덧붙인다. 이 논문에서는 아이
의 내부세계, 환상, 불안, 방어, 점진적 발전 등이 전개된다. M. 클라
인의 기법 또한 드러나며, 그녀가 어떻게 전이 해석에서 출발하여
현실의 부모와의 관계 해석으로 이르는지 볼 수 있다. 현실의 여러

---

[24]　[역주] M. Klein(1957), 『선망과 감사, 그리고 그 외 텍스트들』.
[25]　[역주] M. Klein(1948), 『정신분석학에 대한 에세이』.

요소 즉, 어머니의 병, 아버지의 떠남과 돌아옴, 전쟁 등 다양한 외부 사건이 리샤르에게 어떤 영향을 끼쳤는지를 해석하는 것이다. 이때 외부 사건을 아이의 환상과 연결하여, 그 환상으로 외부 사건이 어떻게 보이는지, 그리고 외부 사건은 아이의 내부 세계에 어떤 파급 효과를 미치는지 – 불안이 강화되거나 감소하는 등 – 아이에게 설명해 준다. 현실에서 일어나는 사건에 해석을 부여하지 않는 일부 관행, 특히 프랑스 방식과 정반대되는 이 기법은 프랑스 독자들에게 받아들여지지 않았다. 리샤르의 내면 깊숙이 파고 들어가 아이를 지나치게 괴롭혔다는 것이다. 무의식적 환상과 결부된 불안과 무의식적 환상을 해석해 주는 방식은 주 4~5회의 분석이 충분히 뒷받침되는 상황에서만 가능하다. 멜라니 클라인의 해석은 방어만 분석하는 데에 그치지 않기에 혹자의 눈에는 잔인하게 보일 수 있다. 그러나 불안과 기저에 깔린 무의식적 환상을 해석해 줌으로써 아이의 정신적 고통이 완화되었다. 결과적으로 리샤르는 이에 감사했다.

게다가 이 글은 그녀가 얼마나 현재에 대한 해석과 과거에 대한 해석을 잇고자 하며 그 두 가지 해석 각각에 균형을 두는지, 그리고 내부 대상에 대한 관계 – 이 관계를 아이는 전이를 통하여 반복적으로 표현한다 – 의 성격이 어떻게 주위 외부 세계에 대한 관계를 해명해 주는지 드러낸다.

1941년의 작업을 1959년에 해설하는 내용은 매우 흥미롭다. M. 클라인은 이에 선망이란 개념을 밝히는데, 특히 1941년에는 잘 구분하지 못하던 외부투사 동일시 기제를 분명히 드러낸다.

M. 클라인은 이 글을 심혈을 기울여 썼다. 다시 강조하지만, 이 작업을 펴냄으로써 자신의 연구 내용이 더욱더 잘 이해되고 인정받을 수 있으리라 생각했다. 한나 시걸에 의하면(1979), M. 클라인은 죽기 직전까지 병원에서 색인 교정쇄를 다시 읽어보는 등 이 글에 대한 작업을 중단하지 않았다고 한다.

도널드 우즈 위니코트: 독립파

D. W. 위니코트(1896~1971)는 영국 정신분석학파에서 중요하고도 독창적인 위치에 있다. 소아청소년과 출신인 그는 곧 유아에 관심을 가졌다. M. 클라인의 연구가 모든 이에게 영향력을 발휘하던 시기(1925~1935), 젊은 분석가였던 그는 당시 영국 정신분석학회의 활발한 분위기를 유익하게 이용할 줄 알았다. 그가 남긴 방대한 저술 중 본질적인 부분은 2차 세계대전 후에 집필되었다. 홀로 묵묵히 나아간 그는 '독립자들의 그룹'에 속했다.

D. W. 위니코트의 일생

D. W. 위니코트는 1896년, 데번의 플리머스에서 태어났다. 부유한 부르주아 가문 태생인 그는 순탄한 사업가이자 두 번이나 시장에 당선된 아버지가 있었다. 아버지는 시장으로서 이바지한 공로로 귀족 작위를 받았다. 지적인데다 침착한 아버지는 직업상 매우 바빴기

때문에 아들인 D. W. 위니코트와 그리 많은 시간을 보내지 못했을 것이라고 한다(클레어 위니코트, 『활』).

D. W. 위니코트가 살던 집은 침실이 여러 개에 넓은 정원이 있는 저택이었다. D. W. 위니코트는 어머니와, 나이가 약간 더 많은 두 누이와 함께 이 집에서 12세까지 살았다. 어머니는 활발하고 명랑한 음악가였다. D. W. 위니코트는 가족 외에도 유모, 가정교사, 식모 등 많은 여인에 둘러싸여 귀여움을 받았다. "매우 어렸을 적부터 그는 사람들이 자기를 사랑해준다는 사실을 알았습니다."라고 그의 부인인 클레어는 적는다(『활』, 30쪽).[26] 그녀는 다음과 같이 썼다. "그러므로 그이는 가정을 통한 안정을 얻을 수 있었고 그것을 당연한 것으로 여겼습니다. 그렇게 넓은 집에서는 갖가지 관계가 생기기 마련이었는데, 피치 못할 긴장은 곧바로 한 울타리 내에서 따로 떨어져 해결할 수 있을 만큼 충분한 공간이 있었습니다. 이렇게 갖추어진 기본 환경에서 도널드는 자신을 둘러싸고 있는 정원과 집 안 구석구석을 자유롭게 탐험할 수 있었습니다. 그 모든 공간을 그이는 자신의 일부로 채우기도 했으며 그러면서 스스로의 세계를 구축해 나갔습니다. 집에 편이 있다to be at home는 마음은 도널드의 일생 내내 매우 유용한 능력이 되어주었습니다. '내 마음 안의 집'이란 대중가요가 있는데 도널드가 항상 느꼈을 정서를 잘 표현해 줍니다. 그

---

[26] [역주] C. Winnicott(1977), 『활』.

랬기에 그이는 대자유 속에서, 어디를 가나 항상 편했습니다."

13살 되던 해, 하루는 그가 욕을 하면서 집에 들어왔다. 이에 아버지는 그를 기숙학교에 보내기로 했다. 그리하여 그는 케임브리지의 레이스 스쿨에 기숙생이 되었다. 거기서 그는 적응을 매우 잘하여, 스포츠 활동을 많이 하고 친구들과 함께 책을 읽고 노래도 했다.

16세에 그는 스포츠 도중 쇄골이 부러져 학교의 양호실에서 지내게 되었다. 이를 계기로 의사가 되겠다는 결심을 더욱 굳혔다. 또다시 병이 나거나 다쳤을 때 매번 의사에게 의지해야 하는 상황을 받아들일 수 없었던 것이다.

그리하여 그는 케임브리지의 예수 컬리지에 입학하여 생물학 학사 학위를 취득한다. 바로 이때 1차 세계대전이 발발한다. 그리하여 학교 건물이 병원으로 쓰인 케임브리지에서 그는 의과대학 첫해를 간호사로 지낸다. 의사가 아닌 친구들은 전쟁터로 나간다. 그중 친한 친구 몇 명이 전사하는데, 이를 두고 그는 평생을 아파한다. "실로, 그이는 자신뿐만 아니라 죽은 이들을 위하여 살아야 한다는 책임감을 항시 느끼곤 했습니다."라고 부인 클레어는 전한다(『활』). 그리하여 그는 줄곧 위험에 과감히 맞섰으며 의학 공부가 끝나지도 않은 상태에서 외과 실습생으로 해군에 지원한다.

전쟁이 끝나자 그는 런던으로 돌아와 성 바솔로뮤 병원에서 학업을 계속한다. 그는 공부에 열정이 있는 성실한 학생이었으며 동시에 피아노를 치고 오페라에 가는 등 여가 때에는 친구들과 즐겁게 어울릴 줄 알았다. 그는 원래 시골에 가서 일반의로 개업하고자 했다.

그러나 우연히 프로이트의 책을 접하면서 런던에 남게 되었다. 분석을 받아보기 위해서였다. 27세가 되던 1923년, 그는 아동을 위한 퀸스 병원과 패딩턴 아동 병원의 소아청소년과 의사가 된다. 패딩턴 아동 병원에서 그는 40년간 근무한다. 바로 이 병원에서 그는 6만 건의 어머니/아이 상담을 하는 등 엄청난 임상 경험을 쌓는다.

이와 동시에 1923년, 그는 제임스 스트레이치와 분석을 시작한다. 분석은 이후 10년간 지속된다. 1962년, 로스앤젤레스 정신분석학회의 강연에서 그는 다음과 같이 말한다(『아동의 성숙 과정』, 140쪽).[27] "영국에서 형성된 나의 정신분석의 기초는 어니스트 존스 덕분으로 이루어졌다. 꼭 감사드려야 할 인물이 있다면 그는 바로 존스이다. 도움을 받을 필요를 느껴 1923년, 존스를 찾아갔을 때 그는 제임스 스트레이치에게 나를 소개해 주었다. 그리하여 나는 스트레이치의 분석을 10년간 받았다. 스트레이치를 알게 된 것도, 영국 정신분석학회의 혜택을 받은 것도 다 존스 덕분이다."

그는 당시 왜 그런 도움이 필요했을까? 전쟁으로 인한 기억과 전사한 친구들이 뇌리를 떠나지 않았던 것일까? 그가 2차 세계대전을 매우 색다른 방식으로 받아들였음은 지적할 만한 요소이다. "나는 주로 병든 아이와 어린아이에게 관심을 가져, 분석 시 정신병을 연구해야겠다고 결심했습니다. 정신병에 걸린 성인 열두 명 정도를 분

---

[27] [역주] D. W. Winnicott(1965), 『아동의 성숙 과정』.

석했는데 그중 절반 정도와 매우 심화된 연구를 진행했습니다. 이 모든 일은 전쟁 중에 수행되었는데, 여기서 나는 블리츠Blitz[28]를 거의 의식하지 못했다고 덧붙이고자 합니다. 전쟁 내내 정신병자 분석에 몰두했기 때문입니다. 잘 알려지고 충격적인 사실이지만, 정신병자들은 폭탄, 지진, 홍수 등에 무관심합니다."(「최초의 감정 발달」, 1945, 『소아청소년과에서 정신분석학까지』, 33쪽)[29]

그가 2차 세계대전의 충격을 될 수 있는 대로 피하려 한 일은 1차 세계대전의 잔인한 현실로 받았을 심각한 정신적 상처와 관련이 있을까? 그는 안락한 청소년기가 미처 끝나기도 전에 1차 세계대전을 맞았다. 그의 부인 클레어의 다음 글(『활』, 33쪽)[30]도 수긍할 만하다. "행복한 유년기를 만끽했기에 더욱더 그는 본질적인 문제에 맞닥뜨리기도 했습니다. 그것은 가족에게서 독립하여 자신만의 인생과 정체성을 세워나가되, 유년기의 풍요로움도 계속 간직하는 문제였습니다. 그 작업을 해내는 데에는 시간이 오래 걸렸습니다."

스트레이치는 그를 분석하면서 멜라니 클라인에게 소개해 주었다. 멜라니 클라인과의 만남은 그의 인생에서 매우 중요한 순간이었다. "내가 선구자라는 기분에서 선구자를 스승으로 모시는 학생의

---

[28] [역주] '번갯불'을 뜻하는 독일어로서, 2차 세계대전 중 독일이 영국에 가한 (1940.9.7~1941.5.21) 폭격 전술. 영국이 당한 가장 유명한 전투. 이 폭격으로 14621명의 시민이 죽었고 20292명이 부상당했다.

[29] [역주] D. W. Winnicott(1958), 『소아청소년과에서 정신분석학까지』.

[30] [역주] C. Winnicott(1977), 『활』.

위치로 하룻밤 만에 처지가 바뀌었습니다. 그것은 감당하기 어려운 사건이었습니다."(「클라인의 공로에 대한 개인적 의견」,『아동의 성숙 과정』안의 글, 142쪽)[31]

이후 1930년대 말, D. W. 위니코트는 M. 클라인의 아들 에리히를 분석하며, 자신에 대한 두 번째 분석을 조안 리비에르와 함께 해본다.

그는 28세에 첫 번째 결혼을 했으며 몇 해 후 이혼한다. 그다음, 1951년에 사회복지사인 클레어와 결혼한다. 2차 세계대전 중 클레어는 그와 함께 일한 바 있었다. D. W. 위니코트는 자녀를 두지 않는다. 클레어는 둘만의 행복한 관계를 길게 묘사한다. "우리는 소유하고 있는 것을 기분 내키는 대로 다시 정돈하거나 취하거나 떼어놓거나 하면서 놀았습니다. 우리는 개념을 재치 있게 다루면서 놀기도 했는데, 이때 서로 의견이 꼭 같을 필요는 없다는 것을 알고 있었고 그렇게 서로 상처받지 않을 정도로 충분한 저항력도 있었습니다. 모든 것이 허용된 놀이터에서 작업했기 때문에 서로 상처를 준다는 문제는 아예 제기되지도 않았습니다."(『활』, 35~36쪽)[32]

전쟁이 끝난 후에, 가장 행복한 시기가 전개된다. 위니코트의 집은 넓었고 방문객들이 항상 많은데다 독서와 그림(위니코트는 부인과 함께 성탄절 카드 장식하기를 좋아했다), 음악 등 다양한 활동이

---

[31] [역주] D. W. Winnicott(1965),『아동의 성숙 과정』.
[32] [역주] C. Winnicott(1977),『활』.

이루어졌으며 물론 작업도 이루어졌다. 이후 볼 것이지만 바로 이 시기에 위니코트의 중요한 저서가 탄생했다.

영국 학회 내에서 그는 발린트와 함께 미들 그룹이라 불리는 '독립자들의 그룹'을 창립한다. 독립자들의 그룹이란, 멜라니 클라인과 안나 프로이트 두 진영 사이에 위치한 그룹을 말한다. 오랫동안 그는 안나 프로이트에게 클라인 파로 취급받으며 무시당했다. 한편 클라인 파에게 거절을 당했기에 씁쓸함을 맛보아야 했다.

D. W. 위니코트는 일생을 마칠 때까지 아이들과 함께 작업했다. 이는 정신분석가로서 드문 일이다. 그는 아이들과 함께하는 일이 얼마나 기쁜 것인지 알았고 그렇게, 자신 안에 있는 아동을 구현해 내었다. 그와 함께 작업한 이들은 그가 아동과 쉽게 접촉하는 데에 놀라움을 금치 못했다. 강연 시 청중들은 편하고 자연스러우며 간결하고 반反순응주의적인 그의 태도에 경탄했다. D. W. 위니코트의 나르시스적 자질은 놀랄 정도였다. 그렇다고 만성적 자기만족에 빠져 산 것 같지는 않지만, 좌절을 진정으로 극복하고 만회하는 능력이 있었던 듯하다. 스퀴글스 게임[33]은 그의 일상이 되었다고 그의

---

[33] [역주] 아동의 상상세계를 잘 알 수 있는 게임. 교육자가 종이에 곡선을 그리고 아동이 거기에 덧붙여 그림을 그리도록 함. 이어서 아동이 종이에 곡선을 그린 후 교육자가 그 곡선에 그림을 덧붙여 완성함. 이렇게 번갈아 여러 번 반복한다. 매우 재미있으며 특히 아동에게 강하게 집중할 수 있는 게임. 간단하면서도 놀이를 통하여 상상 세계에 접근할 수 있는 방법. 이 기법은 성인 앞에서 자기 표현을 못하는 아이, 성인과 의사소통을 하거나 직접적 관계를 맺는 데에

부인은 적는다(『활』, 36쪽).³⁴ "그는 스퀴글스 게임을 혼자서 했습니다. 무서운 그림을 그릴 때도 있고 재미있는 그림이 나올 때도 있었습니다. 그 모든 것은, 그만의 고유하고 강력한 내면성을 띠고 있었습니다." 그의 나르시스적 토대와, 좌절을 잘 복원하는 능력은, 위니코트의 전기를 쓰는 모든 작가가 강조하듯, 행복한 아동기 덕이었을까 아니면 두 번에 걸친 긴 분석 체험 덕이었을까?

「멜라니 클라인의 공로에 대한 개인적 의견」이란 제목으로 1962년 로스앤젤레스에서 한 강연에서 위니코트는 "나는 누군가를 따르는 일을 해본 적이 없습니다. 프로이트라 할지라도 따를 수 없습니다."라고 말한다. 그래서인지, 그는 독립파 그룹에 자신의 자리를 찾는다. 그러나 그는 분명 프로이트 덕으로 자기 자신을 변모시켰고 자신의 감정 세계를 이해할 수 있었으며, 자신에게 한 작업처럼 다른 이를 이해하여 치유해 주려는 욕망도 생긴 것이다. 스미르노프도 지적하다시피(1971, 『아동정신분석』, 50쪽)³⁵ "그는 프로이트 정신분석에 충실했지만 그렇다고 해서 프로이트의 글에 주석을 달거나 과거를 공허히 찬양하는 일은 없었다. 프로이트에게 충실함이란, 바로 일상의 분석에서 임상이나 개념상 끊임없이 문제를 제기하는 일

어려움을 겪는 아이에 효과적이다. 또한 이러한 방법은 교육자도 자발적으로 낮은 자세를 취하게 하는 효과가 있다.

³⁴ [역주] C. Winnicott(1977), 『활』.
³⁵ [역주] V. Smirnoff(1971), 『아동정신분석』.

을 가리켰다."

위니코트는 두 번에 걸쳐 영국 정신분석학회의 회장으로 당선되었다(1956~1959, 1965~1968).

그는 인생 말기에 심각한 심장병을 앓았으며, 1971년 1월 25일에 세상을 떠났다.

D. W. 위니코트의 저술

D. W. 위니코트의 저작을 설명하기란 쉽지 않다. 위니코트는 어떤 체계를 제안하는 것도 아닌데다 일견 모순되는 점을 내세우고 있기 때문이다. 그런데 그 모순은 그의 이론을 잘 이해하기 위해서 존중되어야 할 부분이다. 그의 사상은 모두, 태어나서 최초로 맺어지는 관계인 어머니/아이란 이분법에 대한 관찰을 중심으로 한다. 해가 바뀜에 따라 연이어 발표되는 위니코트의 논문에서는 이미 정의된 개념을 다시 다룰 때가 많다. 그러나 그 개념에는 항상 새로운 요소가 첨가되어, 성찰이 더욱 심화되며 열린 지평을 향하게 된다.

그의 저술 전체는 시간적 축을 따른 내용으로서, 아동의 성장과 성숙이 계속 진행되는 과정을 연구한 것이다. 그리하여 이미 있음le déjà-là, 잠재력, 퇴행 등의 개념이 등장한다. 그런데 이러한 시간적 축을 공간적 분야에 위치시켜, 연속성과 인접성을 연결하는가 하면 인간이 어머니와 연합했다가 분리, 독립, 홀로서기까지의 과정을 시각화했다는 데에 그의 독창성이 있다. 그리하여 안, 밖, 내부세계,

외부세계, 중간 과정의 공간, 문화 공간 등의 이름으로 공간의 각 범위를 경계지었다.

이러한 이중지평은 항상 얽혀 있어서, 그의 저술은 생각만큼 읽기가 쉽지 않다. 게다가 거기에 보충적으로 차원을 하나 더 추가시켜야 할 때에는 더욱 복잡해진다. 세 번째 지평인 이 차원은 분석 치료를 통한 임상적 발견을 어떻게 이용할 수 있는가에 대한 끊임없는 성찰이다. 그리하여 그는 이제 어머니/아이의 이분법이 아닌, 정신분석가/환자라는 실체의 중요도, 퇴행과 의존의 중요도에 따른 새로운 기법-극단적인 사례에 특수한-을 정의해 내기에 이른다.

지그문트 프로이트와 클라인의 저술과의 관계

"젖먹이라 부르는 이것은 존재하지 않는다." D. W. 위니코트는 1940년, 영국 정신분석학회의 학문 토론의 장에서 이렇게 말했다. 1960년의 논문 「부모/젖먹이 관계에 대한 이론」에서 그는 이를 회고하며(『소아청소년과에서 정신분석학까지』, 240쪽)[36] 자신이 한 말을 이렇게 설명한다. "젖먹이라 하면 항상 어머니의 보살핌을 내세우곤 합니다. 어머니의 보살핌이 없다면 젖먹이도 없을 거라는 말입니다. 나는 바로 이런 뜻으로 한 말이었습니다." 연구 초반부터 그는 자신이 무엇인가를 창조해내고 있음을 의식했다. 지그문트 프

---

[36] [역주] D. W. Winnicott(1958), 『소아청소년과에서 정신분석학까지』.

로이트도 별로 개척하지 않은 분야인 매우 어린 아동에 관심을 두고 있었기 때문이다. 그렇기에 M. 스트레이치의 조언에 힘입어 1925년 경 M. 클라인을 만난 것은 거의 신의 섭리에 가까운 일이었다.

그러나 D. W. 위니코트는 항상 프로이트의 연장선상에 위치하고 자 했다. 1960년, 그는 다음과 같이 적는다. "나는 1911년의 프로이트의 글 '정신 작용의 두 가지 원칙에 대한 진술'의 각주에 나도 모르게 영향을 받았다. 각주의 내용은 다음과 같다. '그러나 **어머니에게 받는 보살핌을 조금이라도 고려할 때, 어린아이가** 이런 유형의 정신체계를 실제로 거의 실현한다고 생각한다면, 이렇게 허구fiction 에 의지하는 일은 그래도 타당한 것이다.'"(「전적으로 쾌락의 원칙에 따라 외부 세계의 현실은 무시하는 체계」, 137쪽).[37]

M. 클라인이 그의 저작에 이바지한 바는 엄청나다. 그리고 그는 M. 클라인을 20여 년간 충실히 따랐다. 2차 세계대전이 끝난 후부터 그의 이론은 약간 달라져, 환경과 외부세계가 점차 더 중요해진다. 우리가 위에서 언급한 로스앤젤레스 강연(1962)은 안나 프로이트의 작업과 연관된 정신분석학의 가치를 높이 사는 나라에서 열렸다. 이 강연에서 그는 M. 클라인의 이론적 공로를 강조한다. "지그문트 프로이트가 굳건히 세운 정신분석학은 클라인의 공헌을 무시하면 안 됩니다. 이 점은 상당히 중요합니다."(『아동의 성숙 과정』, 148쪽)[38]

---

[37] [역주] D. W. Winnicott(1960), 「전적으로 쾌락의 원칙에 따라 외부 세계의 현실은 무시하는 체계」.

M. 클라인의 덕으로 풍요로운 분석 세계가 열렸음을 상기시키면서 그는 자신의 저술에서 중요하다고 여기는 점, 자기 생각과 일치하는 점을 정의하되, M. 클라인과 찬성하지 않는 점도 밝힌다. M. 클라인의 주된 공로는 우울증의 입장 ─ 그리고 그 안에 포함된 복구와 만회의 개념과 함께 ─ 을 명백히 드러낸 점에 있다고 말하면서 그는 다음과 같이 적는다. "바로 이 점이 M. 클라인이 이바지한바 중 가장 중요한 사실이며, 프로이트의 오이디푸스 콤플렉스에 맞먹는 발견이라고 나는 생각한다." 또한, 그는 M. 클라인이 '아동정신분석학의 엄격하고 정통성 있는 기법'을 고안해 낸 점에 커다란 가치를 부여한다.

M. 클라인과 가장 큰 이견을 보이는 부분은 바로 정신분열성 망상의 입장에 대한 점이다. 여기서 D. W. 위니코트는 M. 클라인이 심층과 시원적始原的인 것을 혼동했다고 비난한다. 즉, M. 클라인의 이론에 본질적인 죽음 욕동을 부인하고 외부 현실에 무게를 두는 것이다. 외부현실이야말로 성숙 과정의 아동에겐 자아의 벗이라는 것이다. 이로써 D. W. 위니코트는 클라인의 사상뿐만 아니라 지그문트 프로이트의 사상에서도 멀어진다. 이는 M. R. 칸도 강조하는 바이다. 지그문트 프로이트에 따르면 외부현실이란 벗이 아니라 폭군이다. 프랑스어로 번역된 『치료 상담과 아동』의 서문(『치료 상담

---

[38] [역주] D. W. Winnicott(1965), 『아동의 성숙 과정』.

과 아동』, XXXVI쪽)[39]에서 M. R. 칸은 다음과 같이 쓴다. "프로이트는 자아가 폭군 두 명과 갈등한다고 보았다. 두 명의 폭군이란, 본능적 욕망과 외부 현실을 말한다. 자아는 스스로 성장과 생존을 위해, 최선을 다하여 그 둘의 시중을 들며 만족시킨다."

　파괴적 경향의 성격에 대해서도 D. W. 위니코트는 M. 클라인과 의견을 달리한다. 또한, 그에게 무의식적 환상fantasmatisation과 내부 현실réalité interne은 근본적으로 다른 것이다. 1956년, M. 클라인이 「선망과 감사에 대한 연구」[40]라는 제목의 마지막 작업을 영국 정신분석학회에서 발표했을 때, 그것을 계기로 D. W. 위니코트는 결정적으로 클라인과 결별한다. 이에 대하여 D. W. 위니코트가 1956년과 1962년에 쓴 글은 흥미롭다. 다음은 1956년, M. 클라인이 발표한 다음 날 J. 리비에르에게 보낸 서한이다(『살아있는 편지』, 140쪽).[41] "클라인 여사의 강연 후 두 분은 내게 정답게 말해주었습니다. 아동의 조기 심리단계에 대한 멜라니의 흥미롭고 일관된 시도에 나는 아무것도 이바지할 수 없다고 말이죠. 그것은 두 분 다 확신하는 사실이라고요. 말하자면 내 기능이 정지되었다는 겁니다… 이 말을 듣고 나는 당연히 깊은 충격을 받았습니다."… 1962년, 로스앤젤레스에서 그는 이 부분을 다시 언급한다. "게다가 내 개념은 클라인의

---

[39] [역주] D. W. Winnicott(1971), 『치료 상담과 아동』.
[40] [역주] M. Klein(1957), 『선망과 감사, 그리고 그 외 텍스트들』.
[41] [역주] D. W. Winnicott(1987), 『살아있는 편지』.

사상과 구분되어 더욱 명확해지기 시작했다고 생각합니다. 어쨌든 클라인이 더는 나를 클라인 파로 간주하지 않음을 알았습니다… 그래도 그건 상관없었습니다. 나는 누구도 따른 적이 없기 때문입니다. 지그문트 프로이트라 해도 말이죠." 다시 다룰 것이지만 이때 그는 이미 몇 해 전부터 '독립자들의 그룹'에 있었다.

모순

D. W. 위니코트의 저술은 몇 가지 모순점에 기초한다. 자신의 작업을 이해하기 위해서 이 모순들은 아주 중요하다고 그는 생각한다. "모순이 받아들여져 용인되기를 바랍니다. 그 모순이 해결되지 않았음을 인정해 주길 바랍니다. 그 모순은 해결될 수는 있으나 그 대가로 모순의 가치가 사라지게 될 것입니다."(『놀이와 현실 – 잠재적 공간』, 4쪽)[42] D. W. 위니코트에 따르면 그 모순은 성숙의 과정 안에 내포되어 있다. R. 루시옹의 작업(1977년과 1978년)에 따르면서, A. 클란시에와 J. 칼마노비치는 공동저술인 『위니코트의 모순』[43]에서 위니코트의 저작에 나타난 모순점을 두 가지 유형으로 분류한다.

첫 번째 유형에서, 모순은 논리적이며, 아동 존재의 연속성을 단언하는 데 필요한 것이다. 저자들은 두 가지 예를 든다. 첫째로, 논문 「홀로 있는 능력」에서 그는 다음과 같이 쓴다. "홀로 있는 능력의

---

[42] [역주] D. W. Winnicott(1971), 『놀이와 현실 – 잠재적 공간』.

[43] [역주] A. Clancier & J. Kalmanovitch(1984), 『위니코트의 모순』.

근본은 [⋯] 모순적이다. 왜냐면 그것은 누군가가 같이 있을 때 동시에 홀로임을 경험하는 것이기 때문이다." 여기서, R. 루시옹과 마찬가지로 두 저자에게 모순은 내부 현실과 외부 현실이 혼동될 때 도입된다. 두 번째 예로는 과도대상이 있다. 두 저자는 이를 다음과 같이 쓴다. "위니코트의 표현으로 '과도대상'은 창조되기 위하여 발견되어야 하고 발견되기 위하여 창조해야 한다. 대상이 확립되기 위해서는 꿈이 있어야 한다. 동시에 그 꿈이 가치를 지니기 위해서는 대상이 실제로 존재해야 한다."(『위니코트의 모순』, 149~150쪽)[44]

두 저자가 드러내고자 하는 두 번째 유형의 모순에서, 관건은 모순적 방어이다. 이 모순적 방어는 존재의 연속성에 결함이 있을 때 생긴다. 이 방어는 "연속성을 위한 해결책으로 나타나며 위협적인 고뇌와 소멸에서 참자기self[45]를 보호하고자 한다".(같은 책, 150쪽)

---

[44] [역주] 같은 책.

[45] [역주] 자아(moi), 자기 자신(soi), 자기(self)라는 세 용어의 차이를 짚고 넘어가자. 자아(moi)는 지그문트 프로이트의 장소론(la topique)을 설명하는 위의 역주에서 이미 살펴보았다. 즉 사람 전체의 이익, 관심에 해당하는 심급(=정신의 영역)을 지칭하며, 이드의 요구와 초자아의 금지(현실에 직면한)에 대한 방어 중추이다. 자아(moi)는 그러므로 인성에서 가장 의식적인 부분으로서, 항상 외부세계와 접촉한다. 자아는 외부 세계의 영향을 이드 위에 행사하려고 한다. 현실의 원칙에 복종하여 자아는 조정하고 중재하는 역할을 한다. 자아의 작업은 무의식적(방어기제의 경우)이다. 즉, 자아는 외부 현실에 직면한 이드에서 나온 소산물이며 동일시(identification)와 연속된 만족(gratification)에 의해 모습이 갖추어 진다. 예컨대 억압(refoulement)은 자아의 여러 방어기제

이러한 유형의 모순을 모델로 저자들은 D. W. 위니코트가 논문 「낙담에의 두려움」을 통하여 한 주장을 제시한다. 즉, 위니코트가 적은 다음과 같은 말은 그에 대한 모순적 답변이라고 할 수 있다는 것이다. "어떤 것이 우발할 수 있도록, 다시 말해서 아직 일어나지 않은 성숙과정을 그 어떤 것에 복구시켜주기 위하여, 그 아직 일어나지 않은 것이 환기되도록 해준다."(같은 책, 153쪽)

의사소통과 비-의사소통에 대하여

『치료 상담과 아동』의 서문(『치료 상담과 아동』, XIII쪽)[46]에 M. R. 칸도 쓰고 있듯, D. W. 위니코트의 저술을 다시 읽어보면 위니코트에게 "인간 개인이란, 알 수 없고 고립된 존재로서, 타인의 중개를

중의 하나이다. 억압은 욕망(désir)나 욕동(pulsion)을 받아들일 수 없어 대상에 대한 방향을 다른 데로 틀어야 할 때 나타난다.

자기 자신(soi)에 대한 설명은 역주 iv에서 다루었다.

D. W. 위니코트가 도입한 개념인 자기(self)란, 자아(moi)와 이드(ça)이자 동시에 초자아(surmoi)의 부분을 말한다. 자기란, 인성에서 가장 창조적인 부분으로서, 놀이하며, 상상한다. 자기는 상징의 기초이며, 우리가 존재한다는 느낌을 제공해 준다. 즉, '나는 이것이다'라고 우리 스스로 인정하도록 해주는 것이 바로 자기(self)이다. 그러므로 자기는 나만의 은밀한 정체성이 있다는 인상을 제공해 준다. 이런 자기는 환경과의 접촉을 통해 발달한다.

아기의 발달 과정 중, 젖먹이의 자아(moi)는 욕동이 '형성 중인 자신의 인성'의 한 부분을 이룬다고 느끼게 된다. 즉, 욕동은 자기(self)를 이루는 한 부분으로 받아들여진다.

[46] [역주] D. W. Winnicott(1971), 『치료 상담과 아동』.

통해서만 개성적으로 된다."는 점을 분명히 알 수 있다. 1958년의 논문 「홀로 있는 능력」The capacity to be alone 에서 D. W. 위니코트는 혼자 있고자 하는 욕망이 아니라 홀로 있을 줄 아는 능력을 자문한다. 우리가 이미 본 것처럼, 그에 따르면 이 능력은 '어머니가 곁에 있는 젖먹이, 어린아이로서 홀로임을 경험함'이란 모순을 기반으로 확립된다. 이러한 자세는 대상이 내면화되기도 이전인 최초의 단계에서 생길 수 있다. 즉, 그것은 '어머니가 자아를 자연스럽게 지지해 줌으로써 자아의 미성숙성이 보충되는 시기'에 생길 수 있다는 것이다. 이 관계를 그는 '자아와의 관계'ego relatedness라고 말하는데 '욕동의 관계'id relationship 와는 분명히 구별된다. 이 단계에서는 어머니가 항상 있음을 어린아이가 감지할 수 있어야 한다. 이 체험이 불충분하면 홀로 있을 줄 아는 능력이 발달하지 못하게 된다. 이 '자아와의 관계'야말로 전이를 가능케 하는 모태 중 하나라고 한다.

우리가 볼 때 1963년의 그의 논문 「의사소통과 비-의사소통에 대하여」(『아동의 성숙 과정』)는 본질적이다. "각 개인은 항상 비-의사소통의 상태에 있는 고립된 구성원으로서, 늘 불가사의하고 절대 드러나지 않는다." 이 '성스러운 비-의사소통의 구성원'을 위니코트는 각 개인의 본질로 삼는다. 순조로운 경우, 개인은 세 가지 의사소통 방식을 마음대로 사용한다. 첫째는 항상 침묵으로 이루어지는 의사소통으로써 위니코트는 이것을 지그문트 프로이트의 최초 나르시시즘 개념과 연관시킨다. 둘째는 분명한 의사소통으로서, 간접적이고 기쁨의 근원이다. 이 의사소통의 가장 명백한 요소는 언어이다. 의

사소통의 세 번째 형태는 놀이에서 문화생활로 이르는 중간 단계로서, 이는 소중한 타협점이다. 이 중간 단계의 영역을 모든 이가 다 가진 것은 아니다. 이 영역의 성격을 가장 잘 나타내는 예는 이미 우리가 인용한 바 있으며, 남편이 사망한 후 클레어 위니코트가 쓴 논문 「위니코트 자신」에서 찾아볼 수 있다. 이 논문에서 클레어는 남편과의 관계가 어떠했는지 묘사하고 있다.

잠재력이 풍부한 이 유희 영역이야말로 아동의 전능감이 포기되지 않은 곳이며 파괴성이 행복한 방식으로 표출되는 곳이다. 바로 이 유희 영역을 정의하면서 그 가치를 드러낸 점이 그가 이루어낸 중요한 공헌이라고 우리는 생각한다. 이와 관련하여, D. W. 위니코트가 부인에게 남긴 자서전적 메모의 한 부분을 언급할 수 있겠다. 그는 거기서(『활』, 31쪽, 같은 글) 어린 시절의 일을 회상하고 있다. 3살 때, 누나의 밀랍 인형의 코를 나무망치로 납작하게 만든 적이 있었다. 아버지가 그 인형으로 D. W. 위니코트를 짓궂게 놀렸기 때문이었다. 그 인형으로 신경이 거슬렸으며 그래서 인형을 망가뜨려야 했고 그러한 행동을 **하는** 일이 얼마나 중요했는지 그는 강조하고 있다. 그 이후 일어난 일도 그는 기억한다. 아버지가 성냥으로 밀랍을 덥혀서 인형의 코를 바로 세웠다. "복구와 만회를 처음으로 보여준 이 행동에 나는 매우 깊은 인상을 받았다. 또한, 그것을 보면서, 순진무구한 어린아이인 나도 실상은 난폭할 수 있다 - 인형에게는 직접적으로 아버지에게는 간접적으로 - 는 사실을 받아들이게 된 것 같다."

이렇게 세 번째 의사소통 방식을 소유하는 적절한 행운은 모든 사람에게 돌아가지 않는다. 그렇기에 그의 저술은 절망적인 것으로 비칠 수 있다. 게다가 젖먹이에게 자신이 살아있다는 느낌은 젖먹이의 심리현상에 달려있지 않고 어머니 심리 현상의 자질에 전적으로 의존한다는 말이므로 더욱더 그렇다. 그는 '살아있음'과 '삶으로 충만함'을 구분한다(『아동의 성숙 과정』, 167쪽).[47] 그리하여 보통, "젖먹이의 어머니는 살아있는 내부 대상들을 소유한다. 그리고 젖먹이는 **살아있는** 아이에게 어머니가 갖는 선입견 안으로 통합된다"(같은 책, 167쪽)고 한다. 그러나 어떤 경우에는 어머니가 의기소침하여 "어머니의 중심적 내부 대상이 죽게 된다… 이때 젖먹이는 **죽은** 대상의 역할에 적응해야 한다. 다시 말해서 어머니의 선입관을 보완하기 위하여 삶으로 충만해져야 한다". 여기서 그는 "아이의 매우 살아있는 상태에 반대되는 요소인 **반反-인생**이라는 요소"(같은 책, 167쪽)를 본다. 이 부분을 읽다 보면 위니코트의 이론에 왜 죽음 욕동이 없는지 알 수 있다. 인생이란 죽음에 반대되는 것이 아니며, 오히려 반反-존재를 바탕으로 이루어지는 것이기 때문이다. 마찬가지로, 의사소통도 침묵에서 탄생한다. D. W. 위니코트의 이론에서 죽음은 증오가 나타나면서부터 존재 안에 의미가 있다. 그러므로 그것은 훨씬 이후에 발생한다. "'죽음'이란 단어를 '본능'instinct이란

단어에 연결하는 일은 타당하지 않다고 판단된다. 죽음에 '본능'이란 용어를 사용하여 증오와 분노를 다루는 일은 더욱더 근거가 없다."고 그는 적는다(같은 책, 166쪽). 그가 M. 클라인, 지그문트 프로이트와 심각한 이견을 보이는 부분이 여기서 잘 드러난다.

아동의 성숙 과정

대상으로서의 어머니에 대비되는, 환경으로서의 어머니라는 특권(을 지닌) 파트너의 중개로, 인간이 비로소 한 사람이 되는 잠재 능력에 대한 D. W. 위니코트의 성찰, 그리고 그 성찰의 여러 변주를 따라가는 일이 바로 위니코트의 저술을 연구하는 일이다. 그리고 이때 어머니뿐만 아니라, 환자를 대하는 분석가도 특권을 지닌 파트너가 된다. D. W. 위니코트에게는 매우 근본적 개념인, 어머니/아이라는 이분법의 두 구성원을 그는 심혈을 기울여 연구한다. 그런데 아이의 적절한 발달을 위해서라면 어머니/아이의 관계는 분리되어야 한다고 그는 판단한다.

(1) 아기에게는 어떤 사정(事情)이 있는가?

초기 논문인 「일정 상황에 놓인 어린아이 관찰」(1941) (『소아청소년과에서 정신분석학까지』 안의 프랑스어판)에서 D. W. 위니코트는 반짝이는 주걱을 가지고 노는 아기를 세밀히 묘사한다. 아기는 세 가지 단계를 거친다. 우선, 아기가 주걱을 향해 손을 내밀 때 잠시 생각하는 단계가 있다. 그다음, 그 물체에 대한 욕망이라는 현실을 받아들이기 전, 아이는 망설임의 순간을 거쳐 이윽고 그 물건을 거머쥔다. 마지막으로 아기는 일단 우연인 것처럼 주걱을 떨어뜨리며, 그다음에는 일부러 떨어뜨려 보기도 한다. 여기서 우리가 중요하다고 생각하는 부분은 위니코트가 '망설임의 순간'이라고 부르는 단계이다. 아기는 잠시 몸짓을 멈추고 어머니를 바라보며 망설이다가 이윽고 결정하여 주걱을 집어들고 입에 가져가고 주걱으로 책상을 치기도 한다. 위니코트는 이 망설임의 순간이 아이에게는 "자신의 몸짓으로 화난 어머니, 쾌락에 매진하는 자신에게 앙갚음하는 어머니"(277쪽)[48]라는 환상이 나타나는 심리적 공간이라고 말한다. 망설임의 시간이 있다는 것을 정신 현상 안에 갈등이 존재함을 의미한다고 위니코트는 본다.

그는 자신의 사상을 1945년의 논문 「초기 정서의 발달」(『소아청소년과에서 정신분석학까지』 안의 프랑스어판)로 완성한다. 이 논문을 보면 어머니와 젖먹이가 공동으로 경험하는 체험 덕으로 '망설임의 시간'은 '환상의 순간'이 된다. "내가 볼 때 이 과정은 두 직선이 서로 마주 보며 가까이 오는 상황과 같다. 그 두 직선이 서로 겹치면 환상의 순간이 생긴다. 이러한 체험 조각을 아기는 자신의 착각으로 여기기도 하고 외부 현실로 여기기도 한다."(42쪽)[49] 바로 여기서 위니코트는 과도공간과 과도대상이라는 관념을 개념화한다.

---

[48] [역주] D. W. Winnicott(1958), 『소아청소년과에서 정신분석학까지』.
[49] [역주] 같은 책.

분석 치료 시 그는 나름의 장치를 이용하여 이러한 '일종의 내심'이 다시 일어나도록 유도한다.

매우 일찍이 그는 논문 「편집증적 방어」(1935)에서 무의식적 상상과 내부현실을 구분해야 한다고 강조한다. 무의식적 상상은 내부현실에서 벗어나기 위해 노력할 때 외부 현실에 접근하게 된다. 이에, 그가 '**정신현상-체물질**體物質'이라 명명하는 '경계-막膜'으로 내부 현실과 외부 현실이 분리된다고 그는 본다. 위니코트는 이 개념을 1957년의 논문 「초기 정서의 발달」에서 다시 다룬다. 그는 내부현실의 근원을 이루는 세 가지 과정을 구분한다. "통합, 인격화, […] 시간과 공간의 현실에 고유한 다른 특성들을 가늠하기, 즉, 실현." (『소아청소년과에서 정신분석학까지』, 38쪽) 그는 초기의 비통합non-intégration이 존재함을 상정한다. 그리고 퇴화성 분해의 기제나 퇴행désintégration으로 인하여 초기의 비통합non-intégration으로 역진하는 일도 있다. "이 통합 과정은 통일된 자기self를 구성하는 경향이 있다"고 그는 「아동이 발달할 때 형성되는 자아의 통합intégration du moi」 (1962)에서 쓴다. 그는 통합이란, 환경의 충분한 뒷받침과 긴밀히 연관된 것으로 정의하며 비통합non-intégration은 모성적 자아의 지지가 결핍되었을 때 나타나는 현상으로 보았다. 비통합이 전적으로 이루어졌을 때 병리적 분열이 생기는 것이다. "비통합non-intégration에서 자신을 보호하기 위해 적극적으로 혼돈을 생산해 내는 방어가 있다. 이렇게 고안된 방어를 묘사하기 위하여 쓰이는 용어가 바로 분해 désintégration이다. […] 비통합에서 자신을 보호한다는 것은, 절대적 의존 상태의 젖먹이를 유지시키는 과정의 결핍에 기인하는 태고의 혹은 상상 불가능한 불안에서 보호한다는 것이다. [⋯] 분해의 혼돈은 아이가 생산한 것이기에 환경에 의한 것은 아니라는 이점이 있다. [⋯] 그것은 정신분석학으로 분석할 수 있지만, 상상 불가능한 불안은 분석할 수 없다."(『아동의 성숙 과정』, 16쪽)[50]

여기서 우리는 또, 위니코트의 이론의 본질적인 요소를 접하게 된다. 이 요소를 우리는 그가 정신 치료를 위해 마련한 장치를 다룰 때 다시 볼 것이다. 통합이 이루어지기 위하여 참 자기self는 꼭 구축되어야 한다. 자기self에 대한 정의는 「부모-젖먹이 관계에 대한 이론」(『소아청소년과에서 정신분석학까지』, 247쪽)[51]에 나온다. "중심 자기le self central는 타고난 잠재력으로서, 연속성을 체험하며 개인적 육체의 도식과 개인적 심리 현실을 나름의 방식과 리듬대로 획득한다." 정신의 건강을 위해서라면 이 자기는 필수적으로 고립되어야 한다. 이 고립을 방해하는 모든 종류의 잠식은 정신병 수준의 심각한 불안을 낳는다. 이때 가능한 최선의 방어로 거짓 자기un faux self가 형성된다. "이 방어는 생각할 수 없는 것에 대한 방어이다. 참자기le vrai self를 탐구하면 그것을 소멸시킬 수 있다"(「참 자기냐 거짓 자기냐에 따른 자아의 왜곡」, 『아동의 성숙 과정』 안의 글, 124쪽)[52]라고

---

[50] [역주] D. W. Winnicott(1965), 『아동의 성숙 과정』.

[51] [역주] D. W. Winnicott(1958), 『소아청소년과에서 정신분석학까지』.

[52] [역주] D. W. Winnicott(1965), 『아동의 성숙 과정』.

그는 쓴다. '거짓 자기'란 새로운 개념은 대중 사이에서 커다란 인기를 끌었다. 이는 위니코트가 말하는 바를 상기하는 데에서 그치도록 하자. "참 자기를 은폐하는 '거짓 자기'라는 이 현대적 개념은ㅡ 아울러 그 병인病因에 대한 이론은ㅡ 분석 작업에 막대한 결과를 가져다줄 수 있다. 바로 이 점을 주장하는 것이 […] 나의 목표이다."(같은 책, 131쪽) 이는 이후에 다시 다루자.

(2) 어머니에게는 어떤 사정(事情)이 있는가?

저술 전체를 통하여 D. W. 위니코트는 **어머니**라는 존재의 중대한 역할을 재론한다. 그의 사상에 접근하기 위해서는 세 편의 텍스트가 본질적인 것으로 생각된다. 「어머니의 보살핌과 정신병」(1952), 「초기의 모성적 심려」(1958), 「부모-젖먹이 관계에 대한 이론」(1960)이 그것이다. 이에, 초기의 모성적 심려, "충분히 좋은"good enough 어머니, 뒷받침holding, 잠식impingement, 환상의 출현 등의 용어가 계속 등장한다.

1952년의 논문에서 위니코트는 간단한 도표 몇 개를 빌어 환경-어머니의 중요성을 보인다. 첫 번째 모델에서는 젖먹이가 편안히 고립 상태에서 살기에 충분히 적극적인 적응을 환경이 실현해 준다. 그리하여 젖먹이는 자기self가 충격을 받지 않으면서 환경과 접촉하는 자발적 움직임을 실현할 수 있게 된다. 두 번째 예에서는 환경에 결함이 있어, 아이는 환경과 접촉하나 적응성 상실이 일어난다. 결국, 환경에 잠식당하고, 이에 대항하여 신생아는 반응하지만 다시 고립 상태로 돌아가는 것으로 자기의 통합을 되찾을 수밖에 없다. 여기서 중요한 것은 잠식이 아니라 이러한 잠식에 젖먹이가 하게 되는 반응이다. 왜냐면 이 반응은 위니코트가 아이의 '존재의 연속성'the going on being이라 칭하는 것을 중단시키기 때문이다. 과도한 반응이 반복적으로 일어나면 소멸 공포가 생긴다. 이론상의 젖빨기를 설명하는 세 번째 모델에서 출발하여 그는 다음과 같이 쓰기에 이른다. "필요한 경우 출현하는 창조 잠재력으로 인하여, 이때 아기는 환각을 일으킬 준비가 된다. 아기에 대한 어머니의 사랑과, 아이를 자신과 밀접하게 동일시하는 어머니로 인하여 아기는 적절한 순간, 원하는 장소에서 무엇인가를 **개략적으로**[53] 지각한다. 이러한 상황이 반복되면 아기에게는 **환각**[54]을 사용하는 능력이 생긴다. 이때, 환각을 수반하지 않으면 심리현상과 환경 사이에 아예 접촉이 생기지 않는다"(「어머니의 보살핌과 정신병」, 『소아청소년과에서 정신분석학까지』, 103쪽). 여기서 위니코트는 어머니의 **뒷받침** 기능을 정의한다. 어머니의 최초 심려에서 나오는 이 기능은 자연스러운 것이며, 동일시의 움직임에 기반을 둔다. 이 동일시는 어머니가 아기에게 하는 공감共感으로서, 지적 이해 현상은 아니다. **뒷받침**이란 이 기능은 아기가 절대적 의존에서 상대적 의존을 거쳐 독립에 이르는 발전 과정 내내 필요한 것이다. 독립 단계에서 아이는 이미 보살

---

[53] 저자가 강조한 부분이다.
[54] 위니코트가 강조한 부분이다.

핌이 없어도 되는 상태에 있다. 신뢰할 만한 환경에서 받았던 보살핌의 기억을 내부로 투사하여 지니고 있기 때문이다.

'충분히 좋은 어머니'라는 위니코트의 개념을 제대로 이해해야한다. 왜냐면 이 개념은 흔히 잘못된 의미로 받아들여졌기 때문이다. 특히 프랑스에서는 '충분히 좋은 어머니'라는 말을, 아기의 필요에 맞추어진 어머니라는 의미로 해석되었다. 그러나 위니코트는, 우리가 인용된 부분으로 강조하고 있는 바, "개략적으로 맞추어진"으로 적는다. 어머니만이 해낼 수 있는 상황 반복을 통하여 이 '충분히 좋은' 어머니는 아기로 하여금 환각 사용 능력을 갖추도록 해준다. 아기의 심리 현상과 외부 현실과의 만남을 촉진해주는 이 환각을 위니코트는 과도공간의 개념과 과도대상[55]의 구체성의 두 형태로 나타낸다.

아이가 생각해낼 수 있는 어머니의 이미지를 위니코트는 두 가지로 구분한다. 그리하여 우리가 이미 언급한 환경-어머니 외에도 대상-어머니를 상정한다. 전체-대상이거나 '부분-대상이기도 한 대상-어머니는 아이의 즉각적 욕구를 만족시켜주는 적성을 갖추었다. 논문 「염려할 수 있는 능력 고안」(1963)에서 위니코트는 이를 다음과 같이 설명한다(『아동의 성숙 과정』, 35쪽).[56] "본능으로 전개되는 일

---

[55] [역주] 과도대상(objet transitionnel): 어린이가 어머니와의 구순적 관계에서 사물로의 관계로 이행할 때 선택하는 엄지손가락, 이불 끝, 봉제인형 따위의 물건.

화를 거치면서도 살아남기 위해 아기는 '대상-어머니'를 찾아내야 한다. […] 또한 '환경-어머니'는 계속 '환경-어머니'로 남는 특수한 기능을 지니며, 자발적 제스쳐를 받아주기 위해 계속 존재하며 그것으로 지속적으로 행복해 하는 특수한 기능도 지닌다."

아이가 대상을 발견하여 그것을 사용하기까지

아이의 '환각의 순간'을 우리는 두 차례나 언급했다. 첫 번째는 병원진찰 시의 임상 상황에서 위니코트가 짚어낸 것이었으며 두 번째는 위니코트가 어머니와 아이 사이의 과도공간에 위치시킨 것이었다. 바로 이 '환각의 순간'을 분명히 드러냄으로써 그는 과도대상과 과도현상이란 개념을 세운다. 그런데 위니코트는 이를 모순 위에 세운다. 그 모순을 우리는 받아들여야 한다. 더욱이 "아기는 대상을 창조해내나, 대상은 이미 존재하고 있었다. 창조되기를 기다리고 관심집중의 대상이 되기를 기다리면서 이미 존재하고 있었다".(『놀이와 현실 – 잠재적 공간』, 124쪽)[57] 아기가 이런 과도대상과 맺는 관계의 특수한 성격을 위니코트는 저서 『놀이와 현실 – 잠재적 공간』*Playing and reality*(1971)에서 길게 논한다. 그 성격이 어떤 것인지는 매우 잘 알려졌으므로 여기서 상세히 열거하지는 않겠다. 단 그 대상은 애지중지되고 팔다리가 잘렸으며 생기를 띨 수 있고 아이에게

---

[56] [역주] D. W. Winnicott(1965), 『아동의 성숙 과정』.
[57] [역주] D. W. Winnicott(1971), 『놀이와 현실 – 잠재적 공간』.

따스함을 가져다줄 수 있는데, 그러한 대상을 아이는 제 것으로 삼는다는 사실만을 상기하자. 위니코트에게 이 공간은 아이의 내부에서 오는 것도 아니고 외부 현실에서 오는 것도 아니라, 중간 영역에 위치한다. 바로 이 세 번째 차원에 위니코트는 관심을 쏟으며, 그 공간을 다음과 같이 정의한다. "원래 아기는 객관적으로 인지된 대상과 주관적 대상 사이의 잠재적 공간, 자아moi의 확장과 비자아non-moi 사이의 잠재적 공간 안에서 가장 강렬한 체험을 한다. 이 잠재적 공간은 전능한 통제에서 벗어난 현상과 사물이 있는 분야와, 아무것도 없거나 자아만 있는 분야 사이에 위치한다"(『놀이와 현실 – 잠재적 공간』, 139쪽).[58]

위니코트의 시각에 따르면 체험의 이 잠재적 공간은 실상, 어린 아기의 체험에서 가장 큰 부분을 이룬다. 아이의 흥미가 깨어남에 따라 과도대상에 대한 관심이 점차 사라지면, 과도영역은 영속하되 일단 놀이의 공간으로 되었다가 이후 종교, 예술, 음악, 과학적 창조, 상상에 의한 일생 등의 흥미거리가 자리 잡는 장소가 된다.

20년 전, 처음으로 과도대상을 다룬 논문을 쓴 이후로 위니코트는 그러한 자신의 성찰을 다시 분명히 밝힐 필요를 『놀이와 현실 – 잠재적 공간』의 머리글을 통해 드러낸다. "내가 의거하는 바는 아기가 의지하는 털북숭이 곰 인형, 그 천조각이 아니다. 즉, 사용하는 대상

---

[58] [역주] D. W. Winnicott(1971), 『놀이와 현실 – 잠재적 공간』.

이 중요한 것이 아니라 아이가 대상을 어떻게 사용하는가가 관건이다. 나는 이 사실이 이미 널리 받아졌으리라 생각한다." 이 부분은 위니코트의 인생 마지막 몇 년간 연구 대상이 된다. 논문 「대상 사용」(1969)에서 그는 대상에 대한 관계를 대상 사용과 구분한다. 대상에 대한 관계에서 대상은 주관적 대상일 수 있다. 반면 후자인 대상 사용에서, 대상은 외부 현실에 속하므로 이제부터 대상은 아이의 전능한 통제 영역에서 벗어난다. 위니코트는 다음과 같이, 그 중요한 연속이 어떻게 진행되는지 묘사한다. "a) 주체는 대상과 **연결**된다. b) 주체가 대상을 세계 안에 위치시키는 것이 아니라, 주체는 대상을 찾아내고 있다. c) 주체는 대상을 **파괴한**다. d) 파괴 후에도 대상은 존속한다. e) 주체는 대상을 **사용**할 수 있다." 이렇게 고안된 이론은 28년 전인 1941년, 위니코트가 진찰실에서 관찰한, 반짝이는 주걱을 가지고 노는 아기의 행동을 완벽히 해명하고 있기에 흥미롭다.

위니코트에 의하면, 대상이 항상 파괴되고 있다는 환상과 외부 세계에 대상이 계속 살아남아 있다는 현실을 아이가 점진적으로 구분해 나감에 따라 대상의 항상성이 확립된다. 바로 그제야 아이는 대상을 사용할 수 있게 된다. 왜냐면 이제 대상은 주체의 전능한 통제 영역 밖에 위치하기 때문이다. 여기서 파괴성의 긍정적 가치가 드러난다. 파괴 후에도 대상은 존속하기 때문에, 그 파괴성 덕으로 주체의 정신적 외부투사 기제로 형성된 대상의 영역 밖에 대상을 놓을 수 있게 된 것이다. "그리하여 '나뉜 현실'이란 세계가 형성된다. 이에, 주체는 이 나뉜 현실을 사용할 수 있게 되며, 나뉜 현실은 주체 안에 '자아 이외'autre-que-moi의 어떤 실체를 보내준다"(『놀이와 현실 – 잠재적 공간』, 131쪽).

대상 사용이라는 이 새로운 구상을 위니코트는 치료에 적용한다. 그리하여, 이후 볼 것이지만, 어떤 환자들은 분석가를 사용할 줄 알아야 한다고 강조한다… 그리고 분석가는 환자의 파괴성에도 살아남을 준비가 되어 있어야 한다는 것이다. M. R. 칸은 『치료 상담과 아동』 프랑스어판의 서문에서, 이렇게 변모된 전이의 개념이 더욱 큰 범위의 지평으로 열린 파급력을 지닌다고 강조한다. "임상 지평에 새로운 잠재력이 출현했다. 분석가를 과도대상인 동시에 객관적 대상으로 사용하니, 그로부터 자기self를 상상적, 감정적으로 실현할 수 있는 관계가 성립된다… 그리하여 각각은 서로에게 창조되고 재발견된다."(XXIV쪽)[59]

분석 치료 시의 정비, 그리고 퇴행

치료 시의 정비와 퇴행에 대한 D. W. 위니코트의 개념은 수많은 논문에 등장한다. 그중 중요한 논문만 들자면 다음과 같다. 「역전이에 있어서의 증오」(1947), 「치료에서 퇴행의 임상적, 메타심리학적 면모」(1954), 「전이의 임상 형태」(1955~1956), 「역전이」(1960), 「분

---

[59] [역주] D. W. Winnicott(1971), 『치료 상담과 아동』.

석 치료의 목표」(1962), 「치료로 간주되는 퇴행에 대하여」(1963), 「치료의 경우와 어머니 보살핌의 경우에서 보이는 의존 상태」(1963), 「무너짐의 두려움」(1974). 그리고 D. W. 위니코트가 사망한 후 출판된 두 저작 『분석 단편^{斷片}』(1975)과 『꼬마 피글』(1977)에는 그가 분석을 어떻게 실행했는지 잘 나타난다.

D. W. 위니코트의 사상이 어떻게 진전했는지 알기 위해서는 그가 '최초의 감정 발달'이라 명하는 것을 보아야 한다. D. W. 위니코트는 이 단계를 출생 후 최초 몇 주간에 위치시키면서, 이를 최초의 나르시스 단계라고 정의한다(이 점에서는 M. 클라인보다 안나 프로이트나 지그문트 프로이트와 더 가깝다). 모든 것이 순조롭게 진행될 때, 바로 이 시기 신생아는 만족스러운 환경 덕으로 진실한 자기 self authentique를 형성한다. 만족스러운 환경은 자기 형성에 지극히 중요한 요소이다. 위니코트는 다음과 같이 쓴다. "바로 여기서 내가 그동안 주장해온 내용, 그러나 잘 받아들여지지 않은 내용을 언급해야겠다. 즉, 이론상 초기로 거슬러 올라갈수록 개인적 실패는 적어진다. 그리하여, 환경이 알맞게 적응해 주지 못한 데에만 잘못이 있다고 말할 수 있게 된다"(『소아청소년과에서 정신분석학까지』, 136쪽).

모성이라는 환경에 결함이 있을 때, 혹은 일반적으로 환경에 어떤 결핍이 있는 경우 개인은 "결핍의 상황을 마비시키면서", 거짓 자기를 만들어내어 스스로 자기^{self}를 방어하게 된다. 이것은 자아^{moi}의 방어기제로서, 견고히 조직된 보호막이다. 또한, 이것은 환경의 잠식에 존재 자체가 위협당한 자기self를 지키기 위한 문지기이기도 하다. 위니코트에게 퇴행은 진보의 반대이다. 그리고 진보란, 모든 젖먹이가 지니고 있는, 성숙으로 나아가는 능력을 의미한다. 이 성숙 잠재력은 생물학적 기원이 있어서 임신 기간에도 이미 존재함이 틀림없다. 그러나 단순한 진보의 역진이란 없다. 즉, 퇴행이 일어나도록 하는 구조를 개인이 소유하고 있어야 한다. 바로 여기에 위니코트는 치료 시의 장치를 도입한다.

위니코트에 의하면 정신분석학에서 말하는 퇴행이란, 혼돈과 자아의 구성이 깊이 숨어 존재함을 의미한다. 이 이론을 가장 잘 드러내는 글은 그가 말년에 쓴 논문이다. 「무너짐의 두려움」이란 제목의 이 논문은 그가 세상을 떠난 후 출판되었다(1974). "아직 느끼지 못한 과거 사건의 체험이 있다. 무너짐에의 두려움은 그 과거 사건에 대한 두려움이다"(《새 정신분석학》, 11호, 1975, 44쪽)라는 모순적 입장에서 출발하여 그는 환자가 **아직 느끼지 못하는**(같은 책, 39쪽) 과거의 사소한 일을 계속 찾아야 한다고 생각한다. 이 체험은 프로이트가 신경정신병자 분석 시 묘사한 '회상'에 해당하는 중요성을 지니며 치료가 잘 진행되기 위해서 꼭 필요하다. "내 경험에 의하면, 무너짐의 두려움에 인생을 잠식당하는 환자에게는 그 무너짐이 **이미 일어난 적이 있다**고 말해줄 필요가 있다… 환자가 공허 자체까지 거슬러 올라가, 분석가라는 보조 자아에 의지하여 그 상태를 견뎌낼 수 있게 되면 거기에 열중하는 일이 갑자기 즐거움으로 다가올 수도 있다…"(같은 책, 39쪽과 43쪽).

D. W. 위니코트는 자신의 기법을 모든 환자에게 다 적용하고자 하지 않는다. 지그문트 프로이트도 신경증 정신병자들을 그 병의 성격을 보아 선별했다고 그는 생각한다. 그런데 그 환자들은 "유아기 초기에 필요했던 요소를 적절히 갖추"(같은 책, 138쪽)었고 지그문트 프로이트는 최초의 모성 상황이 이미 환자들 안에 있다고 상정했다는 것이다. 그리고 과연, 그 모성애의 상황은 프로이트 자신이 창시해 낸 분석 상황을 통하여 다시 떠올랐다고 한다. 지그문트 프로이트에게는 항상 세 사람이 있고, 그중 한 명은 진료실에서 제외되어 있다고 위니코트는 생각한다. 즉, 맡기로 선택한 정신병자들과 작업할 때의 분석 상황은 – 그런 분석 상황이 일으켜 내는 퇴행이라면 –, 기껏해야 두 사람을 중심으로(어머니와 어린아이) 이루어진다. 더욱이 퇴행이 상당히 진행되었을 때에는 환자의 관점에서 보아 단 한 사람 – 환자 자신 – 을 중심으로 이루어진다.

위니코트가 주장하는 내용의 방식과 거기서 나오는 실행 전체를 – 그의 독창성을 보아 – 길더라도 다 개진하면 흥미롭겠다고 생각되었다.

"정신 이상은 개인의 최초 감정 발달 단계에서 있을 수 있는 환경의 결핍과 관계가 있다. 무엇인가가 헛되고 비현실적이라는 느낌이 드는 이유는 참자기를 보호하기 위하여 구축된 거짓 자기self가 발달한 탓이다.

분석 상황은 최초의 모성 요법[60]을 재생한다. 분석 상황의 안정성

덕으로 퇴행이 일어난다.

퇴행은 환자로 하여금 최초의 의존 상태로 돌아가도록 계획한 결과로서, 이중적 의존이다. 환자와 상황은, 최초의 나르시시즘이라는 행복한 원초적 상황에서 서로 융합된다.

최초의 나르시시즘에서 출발하여, 재차 진보할 수 있다. 즉, 참자기를 보호하기 위하여 거짓 자기를 사용하는 방어에 의하지 않고도, 참자기는 환경에 결핍이 있는 상황을 극복할 수 있다.

그러므로 정신 이상을 진정시키기 위해서는 환자 자신의 퇴행과 밀접한 관련이 있는 특수한 환경을 환자에게 만들어 주는 수밖에 없다.

새로운 입장, 즉, 참자기self가 전체적 자아moi total에 예속된 입장에서 출발한 진보는 이제 개인의 성장이라는 복합 과정에 따라 연구될 수 있다.

이 모든 것은 실제로 다음과 같이 진행된다.

1. 신뢰할 만한 상황을 환자에게 제공한다.
2. 환자가 의존 상태로 퇴행한다. 그에 따른 위험은 제대로 검토된다.
3. 환자는 자기self에 대한 새로운 느낌을 가진다. 그리하여 여태까지 감추어졌던 자기는 전체적 자아에 예속된다. 이에, 정지되었

---

[60] [역주] 유아를 대하는 어머니와 같은 태도로 환자를 치료하는 것.

던 개별화 과정에 새로운 진보가 생긴다.

4. 환경 결핍의 상황이 해소된다.

5. 자아의 새로운 입장이 강화됨에 따라 최초에 겪었던 결핍에 대한 분노가 이제 와서 현재형으로 느껴지고 표현된다.

6. 의존 상태로의 퇴행으로 다시 돌아온다. 그다음 독립을 향해 전진한다.

7. 본능적 욕구와 욕망이 진정한 생기와 활기로 실현될 수 있다. 이 모든 것이 꾸준히 반복된다."

(「분석 상황에서 일어나는 퇴행의 임상적, 메타심리학적 양상」, 『소아청소년과에서 정신분석학까지』 안의 글, 140~141쪽)

분석 치료를 할 때 이루어져야 할 정비내용은 두 가지로 나뉜다. 첫 번째는 당연히, 분석가가 무슨 말을 해야 하는지에 대한 것이다. 우리는 이미 「무너짐의 두려움」이란 그의 논문을 언급하면서 이 문제를 살펴보았다. 두 번째는 분석이 행해지는 배경에 대한 것이다. 분석가가 곧 긴 의자[61]**자체**라고 위니코트는 생각하며, 환자의 욕구

---

[61] [역주] 분석 중 환자가 머리에 떠오르는 내용이나 이미지를 말할 때, 환자는 긴 의자에 비스듬히 눕고 분석가는 환자의 뒷편에 자리 잡는다. 그리하여 환자는 분석가의 반응에 방해받지 않고 생각의 흐름을 표현한다. 프로이트는 자신이 고안해 낸 이 방식에 대해 1914년, "인성이 다른 분석가는 환자에게 다른 방법을 쓸 수도 있다"고 말한다. 본문의 문맥에서는, 분석가가 긴 의자를 대신할 정도로 분석가가 중립적 태도 - 그래서 환자가 무의식의 내용을 최대한 자

는 충족되어야 한다(이 단계에서 환자에게는 욕망이 있을 수 없다)
고 생각한다. 그러므로 환자가 무엇을 행동으로 옮기거나 다른 모든
상황으로 이행할 때 지극한 관용을 베풀어야 한다는 것이다. 예컨대
"환자가 긴 의자를 적시면… 그것은 분석 상황에 내재한, 있을 수
있는 일이다"(같은 책, 142쪽).

  그러나 분석가는 환자의 욕구를 완벽히 다 채워줄 수는 없다. 즉,
'충분히 좋은' 어머니가 해줄 수 있는 수준 이상은 못하는 것이다.
이렇듯, 환자에게 잘 적응해주지 못할 때 오히려 환자가 진보할 가
능성을 위니코트는 엿본다. 원초적 실패를 현재 이 자리에서 반복해
줌으로써 환자로 하여금 화낼 수 있도록 해주는 것이다.

  환자에게는 새로운 이 화는 진보를 앞당기는 요인이다. 환자는 화
를 내면서 비로소 자기self와 접촉하게 되고 그리하여 실제로 있는
것으로 느껴지는 어떤 것을 직접 체험할 수 있기 때문이다. 퇴행이
일어날 때 분석가가 어떤 자세로 환자 곁에 있어 주어야 하는지는
상당히 어려운 문제라고 위니코트는 강조한다. 이에, 수많은 경험과
대단한 솜씨가 필요하다고 판단하며 분석가는 "발달 과정과 인간성
에 대한 신뢰"(같은 책, 146쪽)를 갖추어야 한다는 것이다. "왜냐면
환자는 이를 재빨리 알아차리기 때문이다"(같은 책, 146쪽).

  여기서 두 가지를 꼭 지적해야 하겠다. 일단 기법의 면을 보자면,

─────────────

연스럽게 표출할 수 있도록─를 유지할 것을 말한다.

분석 치료 시 이 순간에 해석을 해주는 일은 시기적절하지 않다고 위니코트는 본다. 환자가 필요로 하는 것은 이렇듯, 잘 적응하는 반려자의 역할을 분석가가 해주는 일일 뿐이기 때문이다. 그런데 그 반려자의 역할이란 정확히 어떤 성격의 것인가? 예를 들어, 환자를 '가볍게 치기'까지도 할 수 있는가? 이에 위니코트는 한 번도 명확히 해명한 적이 없다.

게다가 이론의 면에서, 개인 발달 상 환경이 그리도 중요한지 의문을 갖는 저자들이 많다. 개인의 책임은 전혀 없다는 말이기 때문이다. 이 점은 위니코트의 사상에 대한 수많은 해설을 낳았다.

"정신분석을 할 때 나는 다음과 같은 사항을 목표로 한다.
항상 생기있을 것.
항상 좋은 상태를 유지할 것.
항상 깨어있을 것…
분석을 위한 분석은 내게 아무런 의미도 없다.
환자는 분석을 거칠 필요가 있기 때문에 나는 정신분석을 한다. 환자가 분석 받을 필요가 없다면 나는 다른 일을 할 것이다." (「정신분석 치료의 목표」, 1962, 『아동의 성숙 과정』)

D. W. 위니코트의 저술은 정신분석학계 내에서 상당히 특수한 위치에 있다. 그것은 무엇보다도 그가 평생 아동과 성인을 대상으로 한 정신분석가였으며, 아동에 대한 작업, 그리고 이후 정신병자들에

대한 작업을 바탕으로 사상을 고안해내었기 때문일 것이다. 위니코트는 수많은 아동과 성인을 아주 정통적 방식으로 분석 치료했지만, 동시에 분석가로서 상담에 임할 때에는 매우 다양한 방식으로 많은 아동을 치료했다.

「꼬마 피글」은 이러한 실행 방식을 잘 보여주는 예이다. 위니코트는 정신분석학의 한계라고 여겨지는 부분에 신경을 쓰고 있었다. 그는 매번, 적합하다고 생각되는 분석 치료법이 있으면 그것을 사용했다. 환자의 병리 때문이거나 물질적 조건이 여의치 않으면 다른 치료 방법을 구상하곤 했다. 이러한 자세는 오늘날 행해지는 방식보다 훨씬 더 훌륭한 것으로 보인다. 오늘날 '치료'라는 명목으로 행해지는 처치는 전혀 다른 성격의 것이기 때문이다.

그의 저술은 상당히 방대하다. 그는 다양한 계층의 청중을 대상으로 교육과 예방의 성격을 띤 강연을 많이 했다. 격조 높은 그의 학술 논문은 어머니/아이라는 이분법을 더욱더 잘 알기 위한 논의이며 일정 유형의 환자들에게 필요한 분석 치료의 장치를 다루고 있다.

'그의 저술에 아버지의 위치는 있는가? 아동의 성은 다루고 있는가?' 등 위니코트를 비판하는 의견도 있다. 사실, 그의 작업에서 성이라는 단어는 언급되지 않거나 매우 부분적으로만 다루어질 뿐이다. 그리고 성적性的 갈등은 전혀 중심 소재가 안 된다. 이는 필시 위니코트가 말하는, 생명의 태곳적 시기에는 개별화된 이드le ça가 존재하지 않는 사실과 관련 있는 것일까. 위니코트에게 이드는 원초적 자아moi original 안에 포함되기 때문이다… 개별화된 이드가 나타나는 것은 더 이후인, 자아moi가 구분된 후라고 한다.

아버지의 위치는 확실히, 위니코트의 우선적 관심사가 아니지만, 그렇다고 해서 부정되고 있지는 않다. 그의 저작에서 아버지란, 어머니에게 심리적 균형을 가져다주는 존재로 나타나고 있을 뿐이다.

위니코트가 정신분석계와 대중에 미친 영향은 대단했다. 그런데 그의 인기는 부분적으로 오해를 바탕으로 한 것 – 특히 프랑스에서 – 이라는 사실은 매우 흥미롭다. 그 예로 일단 세 가지만 들어보기로 하자. 위니코트의 저술에서 어머니의 보살핌을 계속 체험함을 의미하는 자기self라는 개념은 매우 중요한 것으로 보인다. 그런데, 거짓 자기에 초점이 맞추어져, 그 거짓 자기를 '마치 그런 듯한as if' 인격과 혼동하는 일이 흔하다. 자기와 거짓 자기는 메타심리학적 자료이지, 임상적 자료가 아니라는 점을 분명히 알아야 한다.

마찬가지로, 과도공간은 과도대상에 이어 아예 구체적인 실체가 되어버렸다. 그리하여 프랑스에서는 중간 단계의 공간이 '되고자' 하는 기관들이 여기저기 세워졌다.

마지막으로, '충분히 좋은 어머니'good enough mother는 프랑스에서 흔히, '충분히 좋은 어머니'mère suffisamment bonne라고 번역되었는데 이는 '완벽히 좋은'이란 뜻으로 받아들여졌다. 이것은 분명 번역에만 국한된 문제는 아니다. 우리는 조이스 맥두걸Joyce Macdougall이 공동으로 집필한 책『실행에서의 위니코트』(1988, 52쪽)[62]에서 밝히는 바에 동의한다. "영어 학자로서 나는 '충분히 좋은'good enough이란 표현을 '다소 적합할 뿐, 그 이상은 아닌'plus ou moins adéquat, sans plus 으로 번역해야 한다고 못 박아 둔다. '완벽한 어머니'란 표현은 반대 의미로 해석한 것도 아니고, 완전히 잘못된 의미일 뿐이다… 왜 이런 잘못된 의미가 생겼을까? 그만큼 모든 이가 좋은 어머니가 있었기를 바라기 때문이라고 나는 생각한다. 더욱이, 어머니가 그렇게 이상적이어야 완벽한 아이를 생산할 수 있을 것 아닌가!"

이후 다시 살펴볼 것이지만, D. W. 위니코트는 '자신이 위치한 독립파' 그룹 내에서도 영향력이 대단했을 뿐만 아니라 수많은 분석가의 사상에도 — 어떤 학파를 세운 것도 아니었지만 — 영향을 미쳤다.

D. W. 위니코트는 영국 정신분석학회 내에서 '독립파' 그룹에 가입하여 자신의 수많은 사상으로 영향력을 발휘했지만 스스로 그 그룹을 '창시'한 것은 물론 아니었다. 동료들이 그를 인용할 때 그는 여느 분석가들과 마찬가지로 그저 잘 알려진, (세상을 떠난) 독립파들의 리스트에 올려지곤 한다. 에릭 레이너Eric Rayner가 자신의 최근

---

62 [역주] 공동 저서 『실행에서의 위니코트』의 저자는 '국립 심리학 연구 학회 (프랑스)'로 되어 있다. 본서의 저자가 작성한 참고 문헌에는 없는 이 책의 자세한 서지 사항은 다음과 같다. Association nationale pour la recherche et l'étude en psychologie(France), Journées d'étude(1983, Paris), *Winnicott en pratique*, Rueil-Malmaison: ANREP, 1988, Collection: Cahiers de l'ANREP, ISSN 0763-689X; 5.

저작 『영국 정신분석학의 독립 정신』(1971) 안에 명시한 리스트를 보자. "존스, 샤프, 글로버, 플뤼겔, 페인, 리크만, 스트레이치, 브라이얼리, 페어번, 위니코트, 발린트, 클라우버, 칸^{Khan}, 보울비…"

에릭 라이너는 이 '독립'정신을 두 가지 역사적 지평으로 나누고자 한다. 하나는 **영국식의** 지평으로서, 개신교의 온건한 정신으로 '직접적이고 도덕적이며, 독자적인 신과의 계약, 즉, 신부나 교황의 권위에 예속되지 않는 계약'을 제안하는 부류이다. 또 하나는 '세계주의자'의 지평으로서, 모든 나라와 모든 영역의 사상을 다 받아들이는 자세이다. '독립'정신은 또한 경험주의와 실용주의 철학에 뿌리를 두고, 거기에는 열린 정신이라는 전통이 엿보인다. 이 그룹에게 "사상이 어디서 왔는지는 중요하지 않다. 단, 그 효용과 진리를 보아 가치를 판단하여 존중"할 뿐이다.

이 독립자들의 그룹은 1940년대 논쟁의 산물이었으며, 우선 '미들 그룹'^{Middle Group}이라고 불렸다. 즉, 논쟁이 있었던 후 멜라니 클라인의 그룹에도, 안나 프로이트의 그룹에도 속하지 않으려는 회원들 대부분이(라이너, 위의 책, 9쪽) 독립파가 되었다. 교육 문제를 논의할 때, 지망생의 두 번째 감수자는 A 경향(멜라니 클라인)도 아니고 B 경향(안나 프로이트)도 아닌, '중간' 경향에서만 선택해야 한다고 결정되었다. 이렇게 해서 '미들 그룹'이 생겼다. 사회적인 면을 보자면, 이 서로 다른 경향의 구성원들은 이론적 격차에도 불구하고 서로 뜻이 잘 맞다고, 에릭 라이너는 평한다. 이론상 이견에 아직도 신랄한 토론이 벌어지는 일도 있지만 말이다.

이론적인 면을 보자면, 이 그룹은 사상에 관한 한 모든 극단주의
나 전체주의에 반대하고자 했다. 그런 성향은 나머지 두 경향의 그
룹에게 수상하다고 의심받았다. 예컨대 독립파들은, 정신분열성 망
상의 입장이 존재함은 분명 인정할 수 있으나 그것을 멜라니 클라인
이 보는 방식대로 고려할 필요는 없다고 말한다. 페어번을 좇아, 정
신분열성 망상의 입장이란, 아기와 그 환경, 정신적 외상 사이의 상
호작용과 관련된 반응성 réactionnel63 발달의 결과라고 보면 되지 않겠
느냐는 것이다. 또한 선망 envie 도, 독립파들은 일종의 복합적 감정으

---

63 [역주] 반응성 형성(formation réactionnelle): 지나치게 정리정돈, 청결에 힘쓰
는 사람이라면, 이면에 무질서, 불결의 성향을 감추고 있는 경우가 있다. 마찬
가지로 아동이 지나치게 말을 잘 듣는다면 이는 곧, 무의식적 수준에서는 매우
강렬한 반대 성향의 욕동이 자리한다는 말이 된다. 그런 아동의 행동은 병리적
으로 보아야 한다. 반응성 형성이란, 이렇듯 억압된 욕동이 자칫하면 다시 나
올까봐 형성되는 반응으로서, 자아를 그런 욕동에서 보호하려는 것이다. 즉,
억압된 욕망에 반대되는 방향으로의 태도나 행동을 택하는 것이다. 자칫하면
(무질서에로의) 욕동이 다시 고개를 들 위험이 있기에 어느 때라도 그에 대비
하기 위해 주체는 이러한 반응으로써 자신의 인격 구조를 바꾸어 놓는다. 그러
나 어떤 때에는 그 억압되었던 성향이 다시 출현할 때도 있다. 강박 신경증에
서 반응성 기제는 전형적이고, 과장/왜곡되었으며 부적절하며, 병적이다. 반응
성 형성은 적절하고 정확한 방식으로, 모든 사람이 사용할 수 있다. 이때 그것
은 배출 기제(mécanisme de dégagement)가 된다. 반응성 형성은 하나의 태도
이다. 반면, 욕동을 반대로 전복시키는 일은 욕동에 해당한다. 반응성 형성은
본질적으로 항문 욕동과 그 파생물(순응주의, 청결, 정직성 등)에 관련되어
(불결, 인색, 무질서 등에) 대항하기 위한 것이다.

로 인정하지만, 그것은 선천적이지도 않고 욕동에 의한 것도 아니라고 주장한다. 또 다른 견해차는 생의 초기에 주어지는 환경의 역할, 혹은 죽음 욕동의 역할을 둘러싸고 벌어진다. 이는 치료 기법 상의 차이까지 낳는다. 역전이도, 외부투사 동일시에만 기인하는 것이 아니라 환자와 분석가 사이의 상호 작용에서 더 많이 '유래'한다고 독립파들은 본다.

크리스토퍼 볼라스는 치료를 이끌어 나갈 때 환자와 분석가 사이에 '공유되는 잠재적 공간'이 존재한다고 말했다. 이 표현을 그는 '중간 단계의 공간'이라 명명하기도 했다. 그리고 위니코트는 이 용어를 도입했다(1971).[64]

그는 이것이 과도공간과는 다르다고 강조한다. 과도공간이란, "자기self이기도 하고 동시에 비-자기non-self로 느껴지는 경험의 영역을 말한다. 반면 중간 단계의 공간은 개인 상호 간에 존재하는 현상이다. 즉 두 개인(혹은 둘 이상)이 둘 사이에 공유 영역이 존재한다고 느끼는 것이다. 그러나 이때 둘은 서로 분리되어 있다고 느끼는 공간이기도 하다…"(라이너, 같은 책, 247쪽).

무엇보다도 독립파들은 열린 정신을 견지하고자 한다. 그리하여 이들은 지그문트 프로이트, M. 클라인, 안나 프로이트나 다른 이들의 사상을 사용하되 - 그것도 사용하고 싶을 때 - 순응주의에 따라

---

[64] [역주] D. W. Winnicott(1971), 『놀이와 현실 - 잠재적 공간』.

야 한다는 의무감에서 벗어나고자 한다. 그들은 순응주의를 거부한다. 에릭 라이너도 지적하듯, 이런 자세는 개념 '씨름'에서 입장만 약화시키는 결과를 가져왔다. 그들이 누구의 어떤 사상을 선택했느냐의 문제는 설득력이 없을 때가 많았고 그들의 자유주의는 그 정의 자체가 시사하듯, 남을 이해시키려 애쓰지도 않는 결과를 낳았다. 위니코트의 존재로 그나마 이 그룹은 자신의 이데올로기를 자리매김할 수 있었고 아동정신분석도 더불어 발달하게 되었다. 에릭 라이너는 자신의 저작을 다음과 같은 말로 매듭짓는다. "인본주의와 경험주의, 열린 정신이라는 자신들의 전통을 독립파들은 전환과 창조의 이론으로 완성했다. 독립파들은 역설정신을 가져오기는 했다. 즉, 임상으로서의 정신분석학을 이루는 정서적 대화 안에는 상호성과 통제가 공존하고 자발성과 규율이 공존한다. 또한, 그들은 탐험의 즐거움을 만끽하지만 동시에 현실이란 규제 안에 머물 줄 알았다. 독립파가 공헌한 바는 정신분석학적 지식이라는 큰 체계 중 한 부분에 불과하다. 그런데 그 부분은 정신분석학에서 매우 소중한 부분이다"(같은 책, 298쪽).

결론: 오늘날 영국의 동향

이렇듯 서로 다른 파벌들에 대한 연구를 초월하여 이제 우리는 현재 영국의 '분위기' 특성 네 가지로 관심을 전환하고자 한다.

- 아동분석교육에 대한 합의점
- E. 빅도 관심 두는 바, 아동분석에 특유한 어려움
- 두 학파의 경쟁에서 나온 풍요로움: 정신분석학계에 수많은 이론 가가 배출됨
- 다양한 파벌 사이에 토론이 오고 감, 그로 인한 오늘날의 부흥

아동정신분석학 교육

논쟁이 막을 내린 후 서로 다른 그룹들은 타협점에 이르렀다. 그리하여 영국 학회 내에 아동정신분석에 대한 인식이 강화되었다. 특히 모든 종류의 분석가를 양성하되 그중 희망자에 한하여 아동분석을 가르쳐주는 특수 교육이 필요하다고 인정했다.

이런 인정은 국제정신분석학회에 가입한 다른 학회에서는 좀처럼 찾아볼 수 없는 현상으로서 커다란 파급력을 지닌다. 우선, 아동정신분석에 대한 토론은 영국학회 내에서는 흔한 일이다. 영국 정신분석학회는 다양한 학문발표 모임과 연계되어 있다. 그리하여 1990년 10월, 「일과 전이의 결합」이라는 주제로 열린 〈주말 강연회〉에서 우리는 베티 조세프와 A.-M. 샌들러가 - 그 외 여러 명사도 있었지만 - 아동분석에 대해 보고하는 내용을 들을 수 있었다.

게다가 아동에 대한 정신분석적 정신 치료와 아동정신분석이 현실적으로 구분된 것은 - 이 두 분야는 각각 매우 다른 계층의 사람들에게, 틀도 서로 다르게 정해져 서로 다른 방식으로 나뉘어 교육되

고 있다 - 분명, 영국 학회 내 인가認可와 거기서 나오는 교육에 원인이 있다. 현재 아동정신분석학자들은 영국학회의 연구소와 안나 프로이트 센터(구 햄스테드 클리닉)에서 교육받고 있으며 성인 정신분석 교육도 같이 받는다. 정해진 틀은 매우 엄격하여, 한 번에 45~50분 지속하는 분석을 주당 5회 받아야 한다. '정신분석학에서 영감을 얻은 심리치료'와는 반대되는, '아동정신분석학'만이 정신분석에 대한 연구를 할 수 있다고 한나 시걸은 확언한다. "정신 치료 분야에서는 어떤 발견이 있을 수 없다. 이들은 심리 과정을 정교히 관찰하지 못하기 때문이다." 아동에 대한 정신분석적 심리치료는 영국에서 하는 수많은 아동 심리치료 형태 중 하나이다. 정신분석적 심리치료를 하는 상담센터들은 정신분석학을 일상적으로 다루기를 거부한다. 이 센터들에서는 주당 두 차례의 치료가 진행된다. 심리치료사는 정신분석적 심리치료 교육센터에서 양성된다. 그중 가장 유명한 센터로는 안나 프로이트 센터와 타비스톡 클리닉을 꼽을 수 있다. 한나 시걸에 의하면(회견 1) "정신분석적 심리치료에서는 아동치료 다음 날 아동을 보지도 못하기 때문에 아동에게 유익한 해석을 제공해 줄 만한 조건이 안 된다. 또한, [한나 시걸이 보기에] 심리치료에서는 정신병의 핵심을 피하고 있음이 분명하다. 그러므로 아동의 상태는 좋아질 수 있지만, 근본을 바꾸어 놓는 작업은 하지 못한다".

아동분석에 특유한 어려움

1961년, 에든버러에서 열린 국제 정신분석학 회의에서 E. 빅은 '오늘날의 아동정신분석학'을 자문하면서, 이 회의의 역사적 성격을 강조했다. 그것은 '국제 정신분석회의의 차원에서는 처음으로, 아동분석이란 주제로 열린 심포지엄'이기 때문이었다. E. 빅은 1927년에 열린 영국학회 토론회를 상기시켰다. 그 토론회에서 이미 멜라니 클라인은 아동정신분석학이 잘 발달하지 못하는 이유가 무엇인지 검토했던 것이다. 에스더 빅은 먼저, 아동분석에서 다양한 사례를 통해 확실한 기법과 치료를 실현시켰으니 성과가 대단하다고 강조했다. 그러나 그녀는 '아동분석의 실행이나 교육, 토론, 학술논문 출판'의 면을 볼 때, 아동정신분석이 정신분석학이란 영역 내에서 차지하는 위치는 협소할 뿐이라고 확인한다. E. 빅은, 성인분석에서는 그리 문제 되지 않는 요소가 아동분석에서는 그 발달을 막는 특수한 어려움이 된다고 결론지었다. 그리하여 그녀는 아동분석과 성인분석 사이의 차이점을, 교육받는 도중인 분석가와 개업 분석가를 살펴보며 검토할 것이라고 말했다. 아울러, 원인이 내부에 있든 외부에 있든 아동분석가들이 겪는 심리적 만족감이나 스트레스도 연구할 것이라고 밝혔다.

스트레스의 외부 요소는 금전적인 문제와, 부모들이 맞닥뜨리는 시간대 문제이다. 분석가가 제안하는 시간대는 아이와 부모의 일정과 맞지 않을 때가 많다. 그리고 부모를 접견하고 유희실을 정돈하는 일은 시간 투자이지만 그에 따른 금전적 보상이 반드시 이루어지는 것은 아니다. 이 모든 사항은 무시할 수 없는 현실적 어려움인데도, 오히려 아동분석으로 야기되는 정서적 문제를 은폐하고 합리화시키는 데에 이용될 때가 많다고 E. 빅은 지적한다. 정서적 문제를 그녀는 두 가지 범주로 나눈다. 첫 번째로는, 아동을 치료한다는 사실 자체에서 오는 불안, 그러므로 미리 설정된 불안과 연결된 내적 스트레스가 있다. 또한, 역전이라는 특수한 문제도 있다. 이 첫 번째 범주에 E. 빅은 젊은 분석가가 겪는 '일반적' 불안도 포함한다. 일반적 불안이란, 어린아이와 제대로 의사소통을 할 수 있을지에 대한 불안이자, 아이는 물론 부모도 책임져야 한다는 이중의 압박이다. 이것은, 환자의 자아가 미성숙한 상태일수록 그 자아가 앞으로 어떻게 될 것인지는 전적으로 분석가에 달렸다는 생각 때문이다. 부모가 분석가에게 기대하는 바, 즉 그럴 것이라고 분석가가 느끼는 바가 분석가 자신이 책임질 수 있는 정도와 일치하지 않더라도 젊은 분석가는 아동분석 시 자기 책임의 한계를 분명히 산정해낼 수 있어야 한다. 젊은 분석가는 또한 자신이 행하는 분석의 목표를 독자적으로 정해야 한다. 그 목표는 때로, 증상의 치유와는 별개일 수도 있다. 증상 치유가 바로 치료를 시작하게 된 동기라도 말이다. 그리고 젊은 분석가는, 자신이 아이에게 지나친 애착을 하지는 않을까, 아이에게 해를 끼치는 것은 아닐까 두려워할 수도 있다. 이 모든 내용은 감독 시 논의될 수 있지만, 더 깊이 있는 자기분석이 필요한 부분이다. 그래야만 젊은 분석가는 자신을 억압하는 무의식적 갈등에서 벗어날 수 있기 때문이다. 이런 종류의 불안은 역전이와 관계된 두 번째 범주의 스트레스에 가깝다.

역전이에서 오는 스트레스는 성인분석보다 아동분석의 경우 - 단, 환자가 정신 이상을 앓고 있지 않을 때 - 중압감이 훨씬 더하다고 E. 빅은 생각한다. 이 스트레스는 두 가지 특수한 요인과 연관된다. 첫 번째 요인은 아이의 부모에게 일어나는 무의식적 갈등이다. 두 번째 요인은 아이가 제공하는 소재의 성격이다. 첫 번째 요인으로 인한 상황에서 아동분석가는 줄곧 무의식적 동일시에 시달린다고 E. 빅은 강조한다. 즉 아동분석가는 부모에 맞서는 아이에게 자신을 동일시하거나 아니면 아이에게 반대하는 부모에 자신을 동일시한다. "이런 갈등으로 분석가는 대부분, 부모에게 죄의식을 느끼거나 학대의 자세를 취하게 되어, 부모의 승인에 지나치게 의존하거나 부모에게 비판적인 입장이 된다." 게다가 E. 빅은 아이가 부모와 갖는 관계의 이중성격을 젊은 분석가가 이해하는 데에 얼마나 어려움을 겪는지도 강조한다. 그 이중성격이란, '어린 나이에서 오는, 부모에 대한 정상적이고 건강한 의존성과 부모와의 관계에서의 아동기적 요소들 - 그 요소들은 아이의 내적 어려움에 기인한다 - '을 말한다.

아이가 제공하는 소재의 성격에 관련된, 두 번째 특수한 요인은 '유아에게서 보이는 소재의 내용과 그 표현 양식으로 분석가의 정신 체계에 요구되는 노력'에 있다. "아이의 강한 의존성, 긍정적/부정적 전이의 강렬함, 아이 환상의 원초적 성격 등은 분석가 스스로 무의식적 불안을 일깨우는 경향이 있다. 분석 중 아이가 드러내는, 구체적이면서도 난폭한 외부투사는 참기 어려울 때도 있다. 아이가 겪는 괴로움은 분석가 안에 자리한 부모 감정에 호소하는 경향도 있다. 분석가로서 적절한 역할을 유지하기 위해서 이런 종류의 감정은 조절되어야 한다. 이런 문제들은 분석가의 이해 능력을 흐려서, 결국은 분석가에게 자신의 소임에 대한 불안과 죄의식만 더해줄 우려가 있다."

E. 빅은, 아이의 놀이가 제공하는 소재 등 비언어적 의사소통에 맞닥뜨렸을 때 분석가가 커다란 어려움을 겪는다는 또 다른 특수성을 지적한다. 결과적으로, 아동분석가는 스스로 무의식에 의지할 필요가 있다고 말한다. 즉, 어느 순간에 분석가는 소위 원초적이라 지칭되는 의사소통이 의미하는 바를 자신의 무의식으로써 해명하게 되기 때문이다.

E. 빅은 아동분석가를 교육하는 일이 필요하되, 그 교육의 질이 충분히 뒷받침되어야 한다고 결론짓는다. 그래야 분석가는 스스로 불안을 극복하여, 분석 작업에 분명 존재하고, 분석 작업에 고유한 심리적 만족감을 맛볼 수 있다.

우리는 E. 빅의 연구 내용을 약간 길게 소개했다. 그것은 그 내용이 몇몇 영국 분석가의 이론적, 임상적 엄격성을 잘 드러낸다고 판단했기 때문이다. 그것은 또한, 우리가 행하는 아동분석에서도 그대로 드러나는 사항이기 때문이다. 그런 종류의 연구는 장려되고, 계속 이루어져야 한다.

무한한 풍요를 생산한 두 학파

'적대 관계의' 두 영국 학파는 눈부신 풍요를 낳았다. 그리하여 멜라니 클라인과 안나 프로이트를 중심으로 수많은 인물이 배출되었다. 이들은 아동정신분석학뿐만 아니라 정신분석학 전반에 진보를 앞당겼다. '제자들'은 아동정신분석학의 두 거장의 이론을 사용하여 정신분석학의 일반 이론을 발달시켰을 뿐만 아니라, 정신분석학이 적용되는 특수한 분야도 발달시켰다.

안나 프로이트를 다룰 때 우리는 그 '비엔나'와 '베를린' 친구들을 이미 언급했다. 그중 K. 프리들랜더, D. 벌링엄, 헤트비히, 빌리 호퍼 등은 그녀보다 먼저 혹은 늦게 런던에 정착했다. K. 프리들랜더는 '유아원'의 업무에 참여했으며 햄스테드 클리닉의 기획을 주도했다. 그리고 1945년에는 런던의 이스트 엔드 병원의 정신분석 시범 상담소를 세운 선구자 중 일인이 되었다. 그녀는 1949년에 일찍 세상을 떠났다.

이후 볼 것이지만(III, 2장) 미국에서 정신분석을 가르친 이들도 있었다. 예컨대 하인츠 하르트만은 안나 프로이트의 개념을 발판으로 자아심리학을 고안해 내었다. 하르트만의 이 이론은 정신분석학계에 잘 알려져 있다. 프랑스와 아르헨티나의 정신분석학자들은 그 이론에 동조하지 않으며 안나 프로이트조차 하르트만이 너무 '순응적'이라며 그 이론에 전적으로 찬성하지 않는다. 그래도 자아심리학의 구조는 일반적 정신분석학의 이론이 아동정신분석학에서 발견된 내용을 어떻게 사용했는지 보여주는 흥미로운 예다.

또한, 런던에서 교육받은 이들도 있었다. 일제 헬만이 바로 그 경우인데, 본고에서 몇 차례 다룬 바 있다. 일제 헬만의 여정은 흥미롭다. 그녀 역시 비엔나인이었으며, 원래는 사회복지사로서 샤를로테 뷜러 밑에서 아동 심리학을 연구하고 있었다. 바로 이 시기에 일제 헬만은 J. 피아제, R. A. 스피츠, E. 빅 등 다양한 인물을 만난다. 1930년, 일제 헬만은 소르본 대학에서 심리학을 공부하러 프랑스로 떠난다. 파리 근교의 한 센터에서 그녀는 3~4년간 비행 아동을 돌본다. 1937년~1938년, 샤를로테 뷜러는 런던에 심리학 상담소를 창설하고자 일제 헬만을 대표로 보낸다. 사실은 '수석 조교'가 런던에 가기로 되어 있었다. 그런데 히틀러가 오스트리아를 합병하는 '영광스러운 행사'가 거행되려 하자 고국에 남겠다며 수석 조교는 영국으로 가기를 거절했다. 그래서 일제 헬만이 대표가 된 것이었다. 이후 그녀는 수석 조교에게 감사한다. 그 '애국심' 덕으로 런던에 가게 되었기 때문이다. 고국에 돌아가고자 하는 마음이 없어 일제 헬만은 1939년, 런던에 남는다. 그렇게 하여 이 비엔나인이 안나 프로이트를… 런던에서 만나게 된 것이었다. 일제 헬만은 안나 프로이트와 함께 유아원 일을 맡았고 도로시 벌링엄에게 분석 받았다. 일제 헬만은 아동과 청소년 정신분석에 평생을 바친다. 우리가 이미 말한 대로 그녀의 이론은 부분적으로, 『전시에 태어난 아기에서 할머니까지』(1990)에 실려 있다. 이 책은 아직 프랑스어로 번역되지 않았다.

일제 헬만은 여러 행정기관에서 일정 역할을 수행해 냈으며 특히 국제정신분석학회 위원회에 소속되어 프랑스의 라캉 그룹을 조사했다("프랑스어를 한다고 저를 선출해 주었습니다"라고 그녀는 겸손하게 말한다).

우리가 일제 헬만을 만나러 갔을 때(회견 4) 그녀는 82세의 나이에도 여전히, 특히 청소년들을 분석해주고 있었다. 청소년들과 같이 어울려 작업하는 일은 자신이 젊은 분석가들보다 더 잘한다고 그녀는 강조했다. "성애의érotiques 유혹 면에서 젊은 분석가들과는 다를 뿐 아니라, 특히 아이들이 할머니를 좋아하기 때문이지요… 청소년들은 오면 내가 분명 있는지 재차 확인하곤 한답니다…"

안나 프로이트의 제자 중 출중한 인물로 J. 샌들러도 꼽을 수 있다. 그는 D. 벌링엄의 뒤를 이어 햄스테드 클리닉의 색인 작업을 지휘, 정립했다. 그리하여 색인 내용에 대한 토론 등의 업무를 도맡아 볼랜드와 함께 『두 살 된 아기에 대한 정신분석』(1965)을 펴냈고, 한지 케네디(이 인물은 색인 작업을 이후로도 계속했다), 로버트 L. 타이슨과 함께 『아동정신분석을 위한 기법』(1985)을 출간했다. J. 샌들러의 저서 『방어 분석』(1985)은 안나 프로이트로 하여금, 40년 동안 햄스테드 클리닉에서 쌓은 경험에 비추어 이전의 저작 『자아와 방어기제』를 다시 살펴보도록 한 책이었다. J. 샌들러는 예루살렘에 창설된 정신분석학과의 수석 정교수이며 런던에서는 프로이트 기념 강단의 회장이다. 그는 현재 국제정신분석학회의 회장이며, 외부투사 동일시에 대한 저술을 펴냈다.

그의 부인 안-마리 샌들러는 그의 저술에서 자주 인용된다. 스위스 출신인 그녀는 햄스테드 클리닉에서 최초로 정신분석교육을 받은 인물 중 한 명이다. 이후 그녀는 영국 정신분석학회에 가입한다. 그녀는 또한 현대 프로이트 파(안나 프로이트의 이전 그룹) 소속 아동정신분석가들의 최고 대변자이기도 하다. 그리고 수많은 논문으로 아동정신분석의 이론화에 공헌했다.

햄스테드 클리닉 회보의 회장인 알렉스 홀더도 꼽아야 할 것이다. 또한, 햄스테드 클리닉의 원장인 클리포드 요크, 현재 원장인 조지 모런, 안나 프로이트 센터 내 현 학술 연구장인 P. 포내지 등도 꼽을 수 있다. 토마스 프리만도 있다. 이 인물 역시 햄스테드 클리닉의 색인 작업에 참여했으며 정신 이상 분야에서 안나 프로이트의 연구를 발달시켰다. 그의 저술을 보면 '일탈' 아동의 정신병리학(즉, 정신병 환자)과 성인의 정신분열증 사이의 관계에 대한 연구를 전개한다. 이때 그는 안나 프로이트의 개념을 사용하되 멜라니 클라인의 개념과 비교하는 일도 서슴지 않는다. 토마스 프리만은 스코틀랜드와 아일랜드에서 활약했다.

이제 멜라니 클라인 쪽을 살펴보자. 우리는 파울라 하이만, 수전 아이작스, 조안 리비에르를 이미 다룬 바 있다. 멜라니 클라인의 제자들은 클라인의 이론을 공들여 완성하되, 아동정신분석에 대한 이해를 심화시켰을 뿐만 아니라 더 일반적인 현상─정신병이라든지, 집단에 대한 정신분석적 연구, 나아가 사회에 대한 정신분석적 연구─을 이해하기 위해 연구할 때가 많았다.

한나 시걸(포즈난스카)은 1918년, 폴란드에서 태어났다. 아버지는 바르샤바에서 변호사 일을 하다가 1930년대 초 제네바에 이민 가서 국제 신문의 국장이 되었다. 한나 시걸은 12살 되던 해에 가족과 함께 폴란드를 떠났지만, 항상 고국에 대한 애착을 잃지 않았다. 그리하여 16세에, 부모님을 설득해 혼자 바르샤바에 남아 중등 교육을 마치고 의학 공부를 시작했다. 전쟁 당시 그녀는 부모와 함께 파리에 있었다. 나치에게 파리가 점령당하자 한나 시걸은 영국에 이민가 에든버러에서 의학 공부를 마쳤다. 에든버러의 대학에는 외국인을 위한 특별 코스가 마련되어 있었기 때문이다. 그녀는 대학에서 페어번의 중개로 M. 클라인의 저술을 접했고 데이빗 매튜(클라인에게 분석 받음)의 분석을 받기 시작했다. 한나 시걸은 런던에서 M. 클라인의 분석을 직접 받았다. 이때는 논쟁이 한창 진행 중이었다. 그녀에 대한 감독은 파울라 하이만, 조안 리비에르가 맡았고 이후 아동정신분석학 분야에서는 멜라니 클라인이 맡아 주었다. 한나 시걸은 1947년에 영국 학회에 가입했으며 한동안 학회의 회장이었다. 현재는 국제정신분석학회의 부회장이다.

프랑스에서, 한나 시걸은 멜라니 클라인을 소개한 두 권의 책으로 잘 알려졌다. 『멜라니 클라인의 저술에 대한 입문서』와 『멜라니 클라인 사상의 발전』으로 프랑스의 독자들은 멜라니 클라인을 알게 되었다. 이 책은 내용이 충실하고 자료가 확실하며 훌륭히 집필되었고, 학술 가치가 대단하다. 이 책에서 아동정신분석학은 클라인의 저술을 정의해 주는 여러 장章 중 하나에 불과하다. 사실 이 책은 일반 정신분석학을 다룬 이론집이다. 그렇기에 그 안에 아동정신분석학이 출발점이 되고 있으며 이론과 실행 상 아동정신분석학이 많은 도움을 받을 수는 있지만, 그 외에도 수많은 다른 논리적 귀결이 같이 실려 있다. 1947년과 1981년 사이에 쓴 한나 시걸의 논문은 『정신 착란과 창조성』이라는 책 안에 집성되었다. 이 책을 통하여 한나 시걸의 관심 사항이 무엇인지 알 수 있다. 그것은 아동분석에서 정신병자 분석까지, 미학에서 사고의 자유까지, 꿈의 기능에서 죽음에 대한 두려움까지, 다양하다. 그녀가 고안한 수많은 개념 중 우리는 '상징의 등식'의 덕을 크게 보고 있다. 이 용어를 통하여 한나 시걸은 상징된 내용과 상징물을 구별 못 하는 경우를 묘사한다. 그러한 비-구별은 자아와 대상 사이의 관계 장애에 포함되며 정신분열증 환자의 구체적 사고의 기본을 이룬다. 한나 시걸의 마지막 저서 『꿈, 예술, 환상』[65] 안에는 '왕도王道', '정신의 공간'에 대한 창조적 연구가 등장하며, '예술과 '우울증의 입장'' 사이 관계를 다룬 창조적 논문도 있다. 죽음 욕동에 대한 자신의 이론을 통하여 한나 시걸은 핵전쟁을 반대하는 국제정신분석학회 활동을 활발히 진행한다.

한나 시걸의 강의 활동도 중요하다. 그녀는 강의에 따스한 인간미와 유머도 사용할 줄 알았으며 간단한 표현으로 깊은 내용을 전달했다. 이 기회에, 우리가 받고 있던, 아동 정신병에 대한 정신분석학

---

[65] [역주] H. Segal(1993), 『꿈, 예술, 환상』.

교육을 결정적으로 보완해준 한나 시걸에게 특별히 감사의 뜻을 표한다. 그녀는 아동정신분석학 신문에 많은 논문을 게재했다.

월프레드 루프레히트 비온(1897~1979)은 당시 영국령이던 인도에서 태어났다. 아버지는 '식민지'에 파견된 토목기사였고 어머니는 "소박하고, 학식은 별로 없지만, 직관적 이해력이 뛰어났다"(D. 앙지외, 1980).[66] 8세 되던 해, 그는 영국으로 공부하러 가는 바람에 가족과 떨어졌다. 1916년에는 전쟁에 참가하느라 학업이 중단되었다. 이에, 탱크 안에 있었던 체험이 그에게는 본질적인 정신적 외상이 되었다. 전차 안에서 불에 타죽던 전우들에 대한 기억, 그들과 달리 자신은 살아남았다는 사실 등이 그에게는 어떤 영향으로 작용했다. 이는 베텔하임이 겪은 포로수용소에 비견할 수 있으리라. 전쟁으로 그는 레지옹 도뇌르와 수훈장을 받았을 뿐이었다. 이후 W. R. 비온은 옥스퍼드에서 역사 공부를 하고 런던에서 의학 공부를 했다. 그는 프랑스에서도 일 년 지낸 것으로 보인다(A. 그린, 1991).[67] 1934년, 비온은 타비스톡 클리닉에 들어갔다. 그의 진찰실은 그 유명한 할리 스트리트에 있었다. 그는 리크만을 만나서 첫 단계의 분석을 받았는데 1939년, 전쟁으로 중단되었다. 전쟁에 또다시 동원된 W. R. 비온은 정신과 의사로 노스필드 군사 병원에 소속되

---

[66] [역주] D. Anzieu(1980), 『W. R. 비온 1897~1979』.
[67] [역주] A. Green(1991), 「W. R. 비온에게 보내는 공개서한」.

어, 영국 군대의 '꾀병 부리는 병사'들을 돌보았다. 이후 그는 장교 선발 부서를 맡았다. 그가 그룹에 대한 작업을 처음으로 해본 것은 군인으로서였다. 전쟁이 끝나자 W. R. 비온은 환자 진찰을 재개했고 몇 해 동안 멜라니 클라인과 함께 정신분석을 했다.

멜라니 클라인의 분석을 받은 W. R. 비온은 인성이 놀라울 정도로 바뀌었다. 그의 모든 이론은 이 분석 기간과 분석 후에 집필되었다. D. 멜처는 W. R. 비온의 인성 변화가 어떻게 일어났는지 잘 연구했다(1978).[68] 70세 되던 해인 1968년, W. R. 비온은 멜라니 클라인의 저술에 대한 관심이 증가하는 로스앤젤레스로 이민했다. W. R. 비온의 마지막 저술들은 미국에 거주하던 이 시기에 집필되었다. 이때 그는 상파울루와 리우데자네이루의 토론회에 참여하기도 했다.

정신분석학 역사상 앞으로 중요한 기념비로 남을 W. R. 비온의 저작은 오늘날에 와서야 겨우 이해되고 있다. 그가 고안해 낸 몇몇 개념은 그 뚜렷한 의미가 퇴색되어 사용되거나, 아예 오용되기도 한다. '어머니의 몽환'이나 포용성-포용됨 contenant-contenu 의 개념을 그 예로 들 수 있다. 사실 W. R. 비온의 작업은 정신병 환자 분석에서 출발하여 멜라니 클라인의 사상을 재고안해 낸 것이다. 그런데 그는 정신병자 분석 시 긴 의자를 사용한 선구자 중 한 사람이었다. W. R. 비온과 M. 클라인의 개념 사이의 상관성이 일반화된 점에서, W.

---

[68] [역주] D. Meltzer(1978), 『클라인 사상의 발전』.

R. 비온의 저작은 M. 클라인의 개념을 '총괄'한 것이라고 말할(P. 가이스만, 1991)[69] 수 있다. 그렇기에, W. R. 비온의 사상에서 우리는 M. 클라인의 모든 개념이 다시 다루어지는 것을 볼 수 있다. 특히 정신분열증의 입장, 우울증의 입장, 외부투사 동일시, 조기 대상관계 등이 그만의 방식으로 새롭게 진술되는데, 이해하기가 매우 힘들다. 그러나 그 모든 것은 아동의 초기 발달, 성인 정신병, 그룹뿐만아니라 정신병리학 일반에 다 적용시킬 수 있다. W. R. 비온의 이론은 M. 클라인의 아동분석에서 출발한 것인데, 아동정신분석학으로다시 돌아와 치료법 이해에도, 아동 치료기관의 그룹 작업에도 다같이 적용하고 있다.

베티 조세프는 맨체스터에서 M. 발린트에게 분석을 받은 후 두번째 '단계'의 분석을 파울라 하이만에게 받았다. 1949년에 영국 정신분석학회의 회원이 된 후 베티 조세프는 다른 활동도 했지만, 특히 한나 시걸의 감독을 받았다. 그녀는 개인적 작업 스타일을 고안해 내었다. 그 특징을 한나 시걸은 다음과 같이 묘사한다. 환자의마음 안에서 일어나는 우발적 변화를 매 순간, 놓치지 않고 귀 기울였으며, 이를 전이와 역전이의 효과 등 분석가와 환자 간의 상호작용 안에 항상 위치시켰다는 것이다. 베티 조세프는 1950년대 중반

---

[69] [역주] P. Geissmann(1991), 「자택 요양 중인 아동의 부모가 처한 상황」.

에 교육자가 되었는데, 그녀의 세미나도 개인적 스타일을 띠게 되었다. 개인적 스타일이란, 처음에는 강의를 한다고 시작한 것이 어느새 창조적인 작업 교실로 되었다는 의미이다. 베티 조세프가 이끄는 작업 교실에서는 치료 중 매 순간, 기법을 '돋보기 대고 보듯' 상세히 검토하곤 했다. 이런 방식으로써, 유연성 없고 무조건적인 적용으로 이어질 우려가 있는 '이론화된 기법'을 배제할 수 있으며 배우는 학생들은 각자의 개성에 따라 저마다 다른 스타일을 획득할 수 있다고 한나 시걸은 말한다. 우리가 요청한 회견에, 베티 조세프는 긴 시간을 할애해 주었는데, 이때에도 세밀히 묘사한 후 그 세부 항목들을 종합하여 전개하는 훌륭한 방식에 우리는 깊은 감명을 받았다. 클라인 파에 속하는 정신분석가들은 모두, 지금 이 자리에서 일어나는 '전이'를 해석한다. 그런데 그 해석 내용을 환자의 아동기적 내력과 연결하는 일을 어느 정도로 중시하느냐에 따라 서로 약간씩 달라진다. 베티 조세프는 환자가 상황에 몰입해 있을 때의 행동acting in을 이용하여 어떤 상황을 잘 알아낸다. 그러나 다른 분석가들처럼 환자 어릴 적의 일을 전이에 연결하는 일은 거의 없다. 그녀의 작업은 정묘한 직관에 지적, 기법적 엄격성이 배합된 드문 경우라고 한나 시걸은 묘사한다. 1959년에서 1989년 사이에 출판된 저술을 집성해 놓은 책(1989)을 보면, 다루어진 주제는 반복 강박에서부터 분석 과정상의 정신적 변화, 성적 도착 분석, 전이에서의 '전체적 상황', 외부투사 동일시, 일상에서의 '선망'envie 등 다양하다.

베티 조세프는 오랫동안 아동정신분석 활동을 했다. 최근 들어서는 사회, 경제적 원인 때문인지, 분석 사례가 매우 줄어들고 있다고 그녀는 털어 놓았다(회견 8). 게다가 성인분석이 아동분석 덕분에 지난 25년간 눈에 띄게 발달했다고 한다. 그 결과, 최고로 노련한 아동정신분석가들이 아동분석에의 경험을 성인분석을 위해 사용하는 모순을 보이고 있다. 그 결과, 아동분석은 젊은 분석가들이 맡고 있는 실정이다.

도널드 멜처는 M. 클라인에게 마지막으로 분석 받은 이 중 하나이다. 미국인인 그는 아동정신분석학에 오랜 기간 헌신했다. 그는 M. 클라인의 이론을 W. R. 비온의 개념 식으로 '성장'시키고자 했다. W. R. 비온이야말로 D. 멜처가 참고로 하는 인물 중 한 사람이다. D. 멜처는 창조적 재능으로, 멜라니 클라인의 세계에 새로운 면모를 제안했다. 1967년의 저서 『정신분석학의 과정』에서 그는 아동분석을 범례로, 일반 분석 치료의 과정을 체계적으로 묘사했다. 『정신생활의 성적 구조』(1972)에는 정신분석학에서 성性이 얼마나 중심 역할을 하는지 강조한 논문들을 모아 놓았다. 그의 작업은 일반적으로 아동분석 치료를 중심으로 하지만 「구조주의적 성심리 이론의 교육적 함의」라는 장에서 보듯, 적용의 면도 검토한다. 클라인파에 속하는 다른 저자들과 마찬가지로 그 역시 정치, 사회 분야에서의 적용을 시도한다. 그리하여 폭정暴政은 "우울증적 불안에 대한 방어를 사용하는 사회적 성도착perversion sociale …"이며, "복원 불가능할 정도로 팔다리가 절단된 내적 대상들과 관계 갖는 일을 허용하도록 운명지어진 사회적 성도착"이라고 묘사한다.

1975년에 출간된『자폐증 탐구』에서 D. 멜처는 정통적 분석으로 아동의 자폐증을 치료했다고 보고했다. 팀 안에서 멜처 자신이 감독한 그 사례들은 한 번에 50분씩, 주당 5회의 분석으로 진행되었으며, 전이를 타협 없이 체계적으로 연구했다. 즉, "치료 방식은 M. 클라인이 묘사한 것과 조금도 다르지 않았다". 자폐증 환자를 정신분석으로 치료할 수 있다는 사실은 그 자체로 이미 엄청난 공헌이다. 게다가 이로써 그는 소위 자폐증 상태라고 지칭되는 것, 해체, 자폐증 후에 오는 강박 상태, 정신 기능의 요인으로서의 차원성 등에 새로운 지평을 열게 되었다.『클라인 사상의 발전』에 대한 세 편의 연구(1978)는 지그문트 프로이트와 M. 클라인 사이의 연관성, M. 클라인과 W. R. 비온 사이의 연관성을 알고자 하는 이들에게 일차적으로 중요한, 교육적 성격의 저서이다.

이후의 작업은 더욱 사색적이어서, 미학적 대상과 같은 주제를 다룬다. 미학적 대상이란 개념을 D. 멜처는 정신분열성 망상의 입장 position schizo-paranoïde 의 이편에[70] 위치시킨다. 그것은 황금시대의 이상향으로 돌아가는 것이다. 바로 여기서 D. 멜처는 M. 클라인의 이론과 현저히 멀어진다. 이러한 이유도 있는 데다 최근 들어 동료들은 그가 기법상 엄격성이 떨어진다고 반발했다. 그는 이제 클라인

---

[70] [역주] 여기서 이편이란 저쪽에 대비되는 이쪽 편의 의미로서, 정신분열증의 입장으로까지는 아직 넘어가지 않은 정도를 의미한다.

파에게 학파를 대표하는 학자로 간주되지 않으며, 영국 학회에도 소속되어 있지 않다.

D. 멜처는 영국, 특히 프랑스에서 강연 활동을 계속하고 있다. 그의 강연은 세미나, 강연회의 형태이며, 100~200여 명에 달하는 '상당히' 많은 청중을 대상으로 감독을 시행하기도 한다. 저자 일동 역시 이런 형태의 가르침에 혜택을 받았다. 이론화시키는 그의 능력외에도 우리는 그가 어떤 상황을 평가하는 임상 감각, 무의식적 환상을 알아내는 임상 감각, 그 해석 시의 신속성에 감탄했다.

1986년에 사망한 헤르베르트 A. 로젠펠트Rosenfeld는 독일 태생이며, 뮌헨에서 의학을 공부했다. 나치의 박해를 피하여 1935년에 영국에 이민한 후에는 에든버러에서 학업을 마쳤다. 이후 그는 런던에 정착하여 타비스톡 클리닉의 심리치료사가 되었다. 전쟁 중 멜라니 클라인에게 분석을 받았으며 1947년에는 영국 학회에 가입하여 오랫동안 학회의 교육자로 지냈다.

H. A. 로젠펠트는 아동정신분석을 개업하여 시행하지는 않았다. 그러나 그의 모든 작업은 정신 이상에 대한 정신분석학을 연구한 멜라니 클라인의 사상과 직결되는 연장선에 있다. 그는 중증 정신병자를 긴 의자에 눕혀 치료를 단행한 이 중 한 명이다. 이는 당시로서 매우 대담한 태도로, 성인 신경증 분석과 최대한 같은 방식으로 치료를 진행하려는 클라인 파 아동정신분석가들의 고심과 일치한다. H. A. 로젠펠트는 정동(affect, 情動) 부인否認, 정신 이상자에 나타

나는 조기 오이디푸스, 전이 정신이상, 공모共謀 등과 같이, 정신이상에 대한 수많은 새로운 개념을 발전시켰다. D. 멜처와는 반대로 H. A. 로젠펠트는 역전이의 자기 관찰보다는 분석가의 포용성 contenant의 역할에 더 중점을 둔다. 그런 점에서 로젠펠트는 멜라니 클라인의 사상과 더욱 가까운 것으로 보인다(B. 이티에Ithier, 1989). H. A. 로젠펠트의 이론은 언제나 그러했던 것처럼, 피드백으로 돌아와, 아동정신분석학과 일반 정신분석학의 이론을 풍요롭게 한다. 그의 저술 중 두 편인 『정신 이상 상태』(1965)와 『난관과 해석』(1987)이 현재 프랑스어로 번역되어 있다.

에스더 빅Bick은 폴란드에서 태어나 비엔나 대학에서 심리학을 전공한 후 샤를로테와 카를 뷜러와 함께 일했다. 심리학 박사 논문의 주제는 아동의 발달이었는데 통계를 바탕으로 전개된다. 즉 수많은 아동이 뷜러 부부가 짠 테스트를 거치게 한 내용이 중심이다.

1940년의 전쟁이 시작되기 에스더 빅은 영국에 도착하자마자 맨체스터의 M. 발린트와 합류했다. 전쟁이 끝날 무렵 그녀는 런던에 정착하여 멜라니 클라인에게 분석을 받았다.

에스더 빅은 곧, 정신분석가의 시각으로 젖먹이를 관찰하는 일에 흥미를 느꼈다. 보울비의 요청으로 그녀는 1948년부터 타비스톡 클리닉에서 젖먹이 관찰을 강의했다. 이 주제로 그녀는 1963년 영국 학회에서 발표한다. E. 빅의 논문인 「분석가 양성 시의 젖먹이 관찰에 대한 지적」은 이 주제에 관한 한, 시금석으로 남아있다. 신생아

관찰은 1960년부터 런던의 정신분석학 연구소 강의 일정 안에 이미 있었다. 이와 함께 에스더 빅은 아동분석 활동을 계속해나갔다. 그녀는 1961년, 국제정신분석학회의 회의에서 「아동분석 특유의 어려움」에 대한 보고를 한다. 우리는 이 훌륭한 논문의 내용을 길게 언급한 바 있다(위의 413~427쪽을 볼 것).

1968년의 논문 「조기 대상관계에서의 피부 경험」은 획기적이었다. 이 논문에서 그녀는 피부라고 경험되는 포용성 갖춘 대상object contenant을 아이가 얼마나 필요로 하는지 보이고자 했다. "젖먹이 때인 초기의 비통합non-intégration 상태[71]에서는 포용성을 갖춘 대상이

---

[71] [역주] 비-통합이란, 멜라니 클라인이 발견해 낸 정신 상태이다. 멜라니 클라인에 의하면 정신분열성 망상의 입장에서 주체의 죽음 욕동이 적대적으로 한 대상으로 향하면 그 대상은 박해하는 나쁜 대상이 되어 주체의 가학적 공격으로 조각난다. 반대로 만족을 주는 젖가슴은 완전한 것으로 느껴진다.

한편, 초기의 자아(le premier moi)는 조각나 있어 일관성이 결여되어 있다. 멜라니 클라인은 이 상태를 '초기 자아의 비-통합(non-intégration)'이라고 지칭했다. 이 비-통합 상태는 통합(intégration)과 붕괴(disintégration)의 성향 사이에서 망설인다.

좋은 젖가슴은 완전하며, 주체의 자아 통합에 근간이 되는 버팀목이다. 완벽한 젖가슴이 내부투사되면 자아는 조각나는 것을 피할 수 있고 그리하여 자아가 구성될 수 있다. 이때 불안이나 좌절이 너무 심하면 좋은 대상과 나쁜 대상을 구분할 수 없게 되어 조각난 좋은 대상이 형성된다.

내부 대상이 분열(clivage)되면 즉시 자아가 분열(clivage)된다. 그리하여 "대상과 합체하는 과정시 가학성(sadisme)이 우세할수록 대상은 조각나서 자아는 내면화되는 대상의 조각 정도에 따라 분열될(clivé) 위험에 처하게 된다"

필요하기에, 관심을 쏟을 수 있는 대상 - 빛, 목소리, 냄새 등과 같은 감각적 대상 - 을 열렬히 찾게 되는 것으로 보인다. 따라서 인격체의 부분들을 잠시라도 집합된 상태로 유지시킨다고 느껴지는 대상을 열렬히 찾는 것으로 보인다. 최적의 대상은 입안의 젖꼭지이다. 어머니의 친근한 냄새로, 안고 말하는 어머니의 방식으로 물린 젖꼭지이다." 에스더 빅에 따르면, 이 일차적 피부 기능이 장애를 겪을 때 '부차적 피부' 형성이 촉진된다고 한다. 아울러, '부차적 피부'의 특징과, 부차적 피부가 아동의 정신현상에 미치는 결과를 전개한다.

에스더 빅은 M. 클라인에게 매우 헌신적인, 친한 친구였다. 그녀는 클라인의 말년에 같이 휴가를 보내기도 했다.

에스더 빅은 말년에 이스라엘에 자주 가서 정신분석학자 양성에 참여했다(회견 11).

에스더 빅의 인생과 저술은 2002년, M. 하크가 자비로 출판한 책에 실려 있다.

프랜시스 터스틴Tustin의 작품은 독창적이고 창조적이다. 정신발생적 자폐증을 앓는 아동에 대한 정신분석학 연구가 그녀의 모든 작품의 중심이 된다. 이 모든 경험은 『자폐증과 아동 정신병』(1972), 『아동의 자폐증』(1981), 『심리현상에서의 검은 구멍』(1986)이라는

M. Klein, (1946), "Notes sur quelques mécanismes schizoïdes", *Développements de la psychanalyse*, Paris, PUF, 2005, p. 280.

세 권의 책에 담겨 있다. 이 책들은 모두 프랑스어로 번역되었다.

프랜시스 터스틴은 1950년대 초, 자폐 아동에 관심을 두기 시작했다. 그녀는 몇 년간 W. R. 비온에게 분석 받은 후 S. 리에게 짧게 분석 받았다. "나는 클라인 계통의 교육을 받았다"라고 F. 터스틴은 적는다(『심리현상에서의 검은 구멍』, 45쪽). 그녀는 타비스톡 클리닉에서 아동 심리치료 감독을 맡았으며, 영국 정신분석학회의 회원은 아니었다. F. 터스틴은 H. 로젠펠트, D. 멜처와 같은 동시대인들의 조언에 도움을 받았다고 인정하며 M. 클라인, D. W. 위니코트, 한나 시걸, M. 말러, E. 빅 등의 이론 작업에 힘입었다고 시인하지만, 15년간 집에서 자폐아동들을 치료하면서 자신만의 작업을 이루어내었다. 그녀는 물리학자인 남편이 당시 현실 감각을 유지하는 데에 얼마나 필요한 존재였는지를 특이한 방식으로 이야기해 주었다(회견 9). 즉, 하루는 F. 터스틴이 아이를 따라서 집 앞의 길거리에 물이 담긴 대야를 놓고 앉았다고 한다. 이에 남편이 무슨 일이냐며 놀라움을 표시했다는 것이다.

인생의 제2부에 가서 F. 터스틴은 여행을 많이 했다. 프랑스, 이탈리아, 스페인 등의 작업 그룹에서 수많은 자폐증 환자 치료의 감독을 맡은 것이었다.

자폐 아동의 인성에 대한 터스틴의 연구는 매우 뛰어나다. 자폐 아동을 정신분석으로 치료하는 경험이 쌓임에 따라 그녀의 이론은 서서히 윤곽이 드러났다. 그리하여 자폐증적 장벽, 자폐증의 형태들, 자폐증에서의 대상, 검은 구멍 등과 같이, 임상에서 나온 개념을 발달시켰다. "자폐증 행동양상을 보이는 환자들은 원초적 의사소통 (여기서 제안되는 모델은 젖빨기이다)의 상태였을 때 정신외상성 장애를 겪은 경우이다. 그렇게 되면 일관성을 유지해 주는 정신적 핵을 갖지 못하고 대신 상실감을 갖게 된다. 문제는, 그 상실감이 지워지지 않는 데에 있다. '나쁜 가시가 있는 검은 구멍'이라고, 자폐증에 걸린 아이 존이 이미지로 표현하였듯 말이다"(『심리현상에서의 검은 구멍』).

마지막 저서에서 F. 터스틴은 신경증 환자의 인성 내에 자폐증 성향이 침입하는 문제에 접근한다. 그 침입 현상은 임상에서 여러 형태로 드러난다. 즉, 주된 공포증(phobie)은 물론이고 갑작스러운 중독성 행동, 정신장애적 행동, 심신 장애[72]에서 오는 행동 등이 있다. F. 터스틴은 자폐증 성향이 신경증적 인성 안에 침입하는 현상이 분석 치료 시 어떤 결과를 가져오는지를 다룬다. 분석 시 그것을 고려하지 않으면 분석이 종결되지 못한다는 것이다. 결국, 그러한 분석은 전이가 특징을 이루는데, 그 전이의 성격에 F. 터스틴은 의문을 제기한다. 이로써 아동정신분석학이 정신분석학의 이론 일반에 이바지한 공헌의 예가 잘 드러난다.

멜라니 클라인의 다른 제자들은 임상 외적인 주제에 관심을 가

---

[72] [역주] 심신 장애: 정신적, 심리적 원인과 관련된 병.

졌다. 로저 E. 머니-키를이 그 경우이다. 그가 1927년부터 1977년 사이에 작성한 논문은 50주년 기념 작품집(1978)에 실려 있다. 머니-키를은 『정신분석학 내의 새로운 흐름』의 서문을 집필했고 멜라니 클라인의 작품 전집을 영국에서 출판했다. 그는 또한 윤리적 관점에서, 인간이 자신만의 맹점盲點에서 벗어나 우울증의 입장에 접근할 수 있는, 일반적 인성 방향에 관심을 가졌다. 그러한 인성을 갖추면 죄의식을 느끼되 그것을 외부투사 하지 않게 되며, 인류애적이고 민주적인 시스템에 따라 기능하는 방법을 모색하게 된다는 것이다. 1946년, 〈독일 직원에 대한 연구 부서〉(충분히 민주적인 독일 행정 직원을 선발하기 위해 설립된 영국 위원회)에서 쌓은 6개월간의 경험으로 그는 『정신분석학과 정치 지평』(1951)을 집필하는데, 이 책에서 그 주장을 전개한다. 동시에 그는 많은 임상 논문도 펴냈다. 그 예로, 『정신분석학 내의 새로운 흐름』에 실린 죽음 욕동에 대한 논문, 역전이에 대한 논문이 있다.

정신분석가이자 의사이며, 사회학 교수이기도 한 엘리엇 자크는 기업 내 갈등을 연구하는 데에 클라인의 이론을 사용했다. 이런 관점에서 볼 때 1955년의 논문 「박해에의 불안과 우울증적 불안에 대한 방어로서의 사회 체계」는 인상적이다. 이런 유형의 연구는 사회를 변화시키는 일이 왜 그리 어려운지를 밝혀주며, 수많은 사회 문제가 왜 잘 풀리지 않는지 설명해 준다는 것이 논문의 결론 중 하나이다. E. 자크 역시 임상에 대한 논문들을 펴냈다. 「죽음과 생활 환경의 위기」에 대한 연구가 그 예이다.

이자벨 멘지스 리드는 반일제半日制로 정신분석 개인진료를 했으며 동시에, 기업에서 연구 작업과 사회 상담사 일도 맡았다. 그녀는 W. R. 비온의 이론을 사용하여 사회 기관(병원, 공장)이나 그룹에 대한 연구를 했다. 또한 쾌락으로 먹는 음식(초콜릿, 아이스크림 등), 도로 안전, 런던 소방수 모집 등에 대한 연구는 - 개중 몇 가지만 나열해 보자면 - 적용 가능한 영역이 얼마나 다양한지 보여준다. 그녀가 집필한 여러 책 중『기관 내에서 불안 억제하기』는 그 자체로, 저자가 어떤 방향으로 작업해 나아갔는지를 잘 대변하고 있다.

클라인에게 교육 받은 다른 유명한 정신분석가들은 고국인 아르헨티나로 돌아갔다. 호세 블레게르, 엔리케 라커, 에밀리오 로드리게 등이 바로 그들이다. 이에 대해서는 III, 3장에서 다룰 것이다.

새로운 대화

해를 거듭할수록 두 학파 사이의 적대 관계는 수그러든 것으로 보인다. 이 학파 저 학파 사람 사이에 친분과 존경이 싹튼 것이다. "이제는 학파를 초월하여 서로의 말에 귀 기울이게 되었습니다"라고 A.-M. 샌들러는 말한다(회견 3). 1990년에 논쟁이 출판된 사실을 통하여 알 수 있듯, 파란 많은 과거에 대해 이야기하고 이해하고자 하는 공통된 염원이 있었다.

한나 시걸과 베티 조세프는 클라인 파로서 발언했는데, 둘 다 클라인의 사상이 어떻게 진보해 나갔는지에 초점을 두었다. 1990년

가을, 〈주말 강연회〉에서 발표한 「치료시의 협력과 전이」라는 보고서에서 베티 조세프는(22쪽)[73] 제인의 사례를 들었다. 무의식적 환상 자체만을 해석해 주는 일이 제인에게는 충분하지 않았다는 것이다. "자신이 작고 어리석다는 느낌이 외부투사된 내용을 해석해 주었는데, 이에 제인은 별 반응을 보이지 않았다. 내가 어리석어서 자기를 이해하지도 못한다는 듯 나를 쳐다보는 방식을 해석해 주었더니, 오히려 그것이 더 제인의 공감을 얻게 되었다. 나를 그런 식으로 본 것에 대한 감각이 내 안에서 지속하는 한 그에 대한 해석을 해줄 수 있었던 것이다." 자아가 불안에 점령당하면 이에 대항하는 방어 양상으로서 그런 무의식적 환상[74]이 생겨나는 거라고 해석해줄 필

---

[73] [역주] B. Joseph(1990), 「치료시의 협력과 전이」, Week-end Conference for Enclish Speaking members of European Societies, 12~14 October 1990.

[74] [역주] 환상과 정신분석학은 지그문트 프로이트가 같은 순간에 밝혔으므로 매우 긴밀한 관계가 있다. 지그문트 프로이트는 신경증 환자의 정신적 외상의 기원에 대한 첫 이론(노이로티카)을 포기하려고 결정한 순간 정신분석학을 발견했다. 그 이론이란, 신경증 환자는 아동기에 주위의 성인(히스테리 여환자에게는 일반적으로 아버지)에게 공격 당했다는 것이며 이후 형성되는 신경증 상태는 이런 최초의 정신외상적 상황의 결과라는 것이었다. 지그문트 프로이트는 이 이론을 1893년부터 1897년까지 주장한다. 그러다가 1897년 9월 21일 그는 친구 W. 플리스에게 편지로, 이 이론을 더는 믿지 않는다고 말한다. 환자에게 정신적 외상을 준 장면은 환자가 실제 어릴 적 일을 바탕으로 멋대로 지어낸 환상일 뿐이라는 사실을 지그문트 프로이트는 발견한 것이었다. 또한, 그 환상은 사후의 일(l'après-coup)의 작용으로, 실제의 일과는 더욱더 상관없이 변형되었을 가능성이 있다. 이 장면이 지닌 환상의 성격을 발견한 순간,

프로이트는 비로소 정신분석학의 개념을 창시했다고, (정신분석학) 역사가들은 항상 인정해왔다. '실재 사건 / 환상에 의한 재고안'이라는 반대되는 두 항으로 환상의 개념이 더욱 잘 드러난다.

통상적 의미에서 환상(fantasme 혹은 phantasme)이란, 정신적 고착이나 불합리한 믿음을 말한다. 환상은 어떤 욕망을 드러낸다. 환상(Phantasie)이란 독일어는 지그문트 프로이트가 만들어낸 용어로서, 환각(phantasme)과 자유로운 상상(fantaisie)의 중간 정도에 해당한다. 환상은 여러 소재를 가지고 형성되는데 어떤 것은 의식에 의하고 어떤 것은 무의식적인 것으로 남는다. 환상을 할 수 있는 능력은 정신이 정상이라는 표시이다. 환상을 통하여 무의식적 욕망을 정신이 조절할 수 있고, 그런 작업은 정신 건강에 필요한 것이기 때문이다.

멜라니 클라인에 의하면, 정신세계는 오직 환상에 의한 것으로만 이해될 수밖에 없다. J. 라플랑슈와 J.-B. 퐁탈리스는 "상상적 시나리오 안에 주체는 존재한다. 상상적 시나리오는ー 방어 과정에 의해 약간 왜곡된 방식으로ー 욕망의 완성을 나타내고 최종적으로는 무의식적 욕망의 달성을 나타낸다"고 말하며 환상이란 바로 이러한 '상상적 시나리오'라고 정의한다. J. 라캉에게 환상은 욕망의 버팀목이며 심리 현실의 재료이다. 앙리 아틀랑(Henri Atlan)에 의하면, 새로운 혁신을 가져온 모든 과학적 가설은 망상이나 환상 계열에 속한다고 한다.

정신분석학에서는 모든 인간이 공통으로 지니고 있는 상상적 시나리오(무의식에 의한)를 타고난 환상(fantasme originaire)이라고 칭한다. 신화나 어떤 꿈을 보면 시원적(始原的) 이미지가 장면화되어 있다. 초기의 분석 치료에서 이 시원적 이미지가 이미 발견되었다. 시원적 이미지는 환상 세계를 구축하는 본질적인 것이며 각자의 개인적 체험에 상관없이 인간에 공통된 것이다. 거세에 대한 환상도 타고난 환상으로서 모든 인간이 공통으로 지닌 무의식적 생각이다. 즉, 모든 개인은 원초적으로는 페니스를 지녔는데, 여성은 이를 이미 거세당한 것에 대한 불안으로 무의식적 불안을 체험하며 남성은 거세당할지도 모른다는 불안이 있다. 그리하여 여성의 모든 행동은 잃어버린 페니스를 다시

요가 있으며, 자아의 상태를 평가해 줄 필요도 있다고 베티 조세프는 강조한다. 따라서 제인의 사례에서, 제인이 "나를 생각에서도 밀어낼 필요를 느꼈고 내 말을 듣지도 않으려 했으며, 그림에서 우리둘 사이에 있는 성문의 도개교跳開橋[75]를 들어 올릴 필요가 있"는 사실이 무엇을 의미하는지 해석해주자 제인은 드디어 분석가의 말에 귀를 기울이고 차분해졌다. 이 〈주말 강연회〉에서 '현대 프로이트파'(구 안나 프로이트 파)로서, 같은 주제로 강연한 A.-M. 샌들러는 다음과 같은 말로 발표를 마무리 지었다. "무의식적 환상을 이해하는 일은 매우 본질적인 작업이기는 하나, 자체만으로는 충분하지 않다. 분석가는 아동 자아moi의 성격, 자아의 저항 형태, 저항의 근원 등을 고려해야 한다"(26쪽).[76]

이런 변화의 분위기를 여기서 남김없이 다 열거하지는 않겠다. 다만, 일반적으로 보아 몇몇 경우만을 보기로 하자. 안나 프로이트는 중증 사례나 어린 아동을 정신분석으로 변화시킬 수 있는지에 주저

찾고자 하는 무의식적 욕망(그것이 의식적으로는, 어떤 부족한 것을 채우려는 막연한 의지로 표현됨)으로 나타나고 남성의 행동은 자신의 남근을 보존하려는 무의식적 욕망(의식적으로는, 자신의 정체성을 잘라내려는 모든 위험에 대항한 '명예로운 투쟁'으로 표현됨)으로 나타난다.

[75] [역주] 성(城)의 일부분에 있는, 위로 열리는 구조로 만든 다리. 도개교를 들어올리면 연결되어 있던 양쪽이 끊어져 통행할 수 없게 된다.

[76] [역주] A.-M. Sandler(1990), 「치료시의 협력과 전이」, Week-end Conference for Enclish Speaking members of European Societies, 12~14 October 1990.

하는 입장이었다. 그러나 오늘날 안나 프로이트 센터에서는 어린 아동 분석을 포함했으며 중증 사례, 자폐증 분석에 대한 연구도 계속하고 있다. 1991년 부에노스아이레스에서 열린 국제 정신분석학 회의에서 발표된 P. 포내지와 G. S. 모런의 보고서는 이런 새로운 관심을 대변하고 있다.

A.-M. 샌들러에 따르면(회견 3) 현재 안나 프로이트 센터에서는 내부 대상, 외부투사 동일시에 대한 토론이 오가며, 초자아의 조기 早期 형태를 고려하는 일 역시 더는 금기시되지 않는다고 한다.

한편 클라인 파에서는, 이제 자아의 방어기제에 대하여 말하고 해석한다. 단, 무의식적 환상이 당연히 방어기제의 기초를 이룬다는 전제하에서 말이다.

그래도 현대 프로이트 파들은 여전히, 아동의 내력이 중요한 역할을 한다고 간주하며, '애착-좌절-공격성 배출'의 연속에서 공격성 역시, 좌절보다 부차적인 것으로 본다. 이 점은 여전히, 근본적 차이점으로 남아 있다. 클라인 파에서 아동의 말에 대한 경청은 매우 다르게 진행되며 아동에게 해주는 해석도 다른 기초 위에서 행해지기 때문이다.

현대 프로이트 파에서도, 부정적 전이 해석은 이제 일상적인 일이 되었으나 이때의 해석 내용은 다르다. 클라인 파의 해석과는 정반대로, 죽음 욕동이 존재함을 전혀 인정하지 않는 상태에서 행하기 때문이다.

사실, 영국 정신분석학회의 회원인 정신분석가 중 아동정신분석

교육을 받는 이는 상대적으로 적다. 그러나 그 교육 과정이 존재하기에 아동정신분석학의 정체성이 보존될 수 있었다는 사실이 중요하다. 그리고 현재 진행 중인 정신분석학 연구도 아동정신분석학이 견지해 온 생명력을 드러내고 있다.

02 미국: 1차 세계대전과 2차 세계대전 사이, 미국에서 아동정신분석이 유행하다

미국에서 아동정신분석학의 발달은 여러 단계를 거쳐 이루어졌다. 일단, 지그문트 프로이트와 C. G. 융이 1909년, 미국 여행을 한 사실이 널리 알려졌다. 이와 함께 정신분석학의 개념이 폭발적으로 확산하여 즉각적 성공을 거두었다. 한편 이와 함께 분노 어린 반응도 형성되었다.

취리히의 부르크휠슬리에서 근무한 후 비엔나에 거주했던 아브라함 A. 브릴이 1911년에 뉴욕 정신분석학회를 세웠다. 같은 해, 미국 정신분석학회가 창립되었다. 이 학회 창립의 취지는, 미국의 다양한 주에서 설립되고 있던 학회들을 집성하는 것이었다. 1914년, 보스턴에서 한 학회가 창립되어 J. 퍼트넘이 그 회장으로 선출되었다. 로스앤젤레스, 워싱턴, 시카고, 필라델피아 등 다른 도시들도 뒤따랐다. 미국인들은 정신분석학의 발전을 위하여 온갖 활력과 실용주의, 효율, 광고 정신을 발휘했다. 그러나 온갖 결점도 함께 발휘했다. 미국인들은 치료의 질을 보장한다고 의사가 아니면 정신분석활동을 하지 못하도록 규정한 반면, 분석가 양성 면에서는 자유방임 분위기가 판치도록 내버려 두었다. 이론화 작업도 거의 같은 실정이다. 그리하여 결국 1926년, 프로이트가 다음과 같이 지적하기에 이른다. "유럽국가에서뿐만 아니라 다른 나라에서도 엉터리 분석을 하는 돌팔이들이 있다고 나는 감히 확언한다. 그런 자들은 분석 치료를 배우지도 않고, 제대로 이해하지도 못한 상태에서 시행하곤 한다."(「문외한 분석anlyse profance의 문제」) 1925년, 새뮤얼 골드윈이 프로이트에게 〈안토니와 클레오파트라〉 영화에 출연하면 100,000달러를 지급하겠다고 제안한 바 있다(프로이트는 당연히 거절했다). 그런 제안도 미국에 대한 프로이트의 의견을 바꾸지 못했다.

미국에서 정신분석학이 화약 폭발처럼 빨리 퍼진 결과 중의 하나가 바로, 아동 교육에 대한 선구자들의 개념이 터무니없이 적용된 양상이다. 그것은 인종의 도가니melting pot라는 신대륙의 스케일로, 그들의 흡수 능력의 크기대로 적용되었다. 미국 사회의 중상위층 자녀들은 정신적 외상에서 면제되었다고 보아야 했다. 정신적 외상은 신경증을 유발한다고 그들은 믿었으니 말이다. 아이를 절대로 때리면 안 되었다. 그것은 피학증적 환상을 실현하게 하기 때문이라는 것이었다. 또한 아이를 절대 언짢게 해서는 안 되었다. 아이가 원할 때에만 우유병을 주어야 했으며 모든 변덕을 다 들어주어야 했다. 아이에게 성교육도 시켜야 했다. 미국의 부모들은 자녀 교육 시 느끼는 죄의식이 어느 정도인지 측정해 보러 자주 정신분석가 상담을 받아보았다. 분석가들은 또 그런 부모들에게 서슴지 않고 '비법'을 처방해 주었다. 그렇게 해서 상담받으러 오는 단골을 늘리곤 했다. 미국 젊은이들의 비만율이 눈을 의심할 정도로 증가하는 이유가 바로 이런 교육 체제와 관련 있지는 않나 자문할 수 있다. 정신분석학적 교육 개념에서 이렇듯 엄청나게 일탈한 현상은 피할 수 없는 일이었다고 치자. 그러나 문제는 이로써 정신분석학 자체에 대한 불신이 싹텄다는 사실이다. 하루는 프로이트가 다음과 같이 농담한 적이 있다. "미국의 경우는 실수다. 그것도 엄청난 실수다. 사실을 말하자면, 실수다."(자카르) 일반적으로 미국에서 정신분석학이 이렇게 고전을 겪었던 이유를 1927년부터 의사만 정신분석학을 실시하도록 한 조치에서 찾고 있다. 그러나 우리가 보기에 그것은 여러 요인 중의 하나일 뿐이다. 미국에서는 심리학자들도 의사와 마찬가지로… 충분히 헛소리할 수 있기 때문이다.

그래도 미국 정신분석학회들은 일정 수준의 학설을 유지하고자 – 특히 빈 학파와의 관계를 유지하면서 – 했다. 그런 노력의 하나로, 호러스 W. 프링크Horace W. Frink는 지그문트 프로이트에게 가서 사사했다. 또한 루스 맥 브룬스윅은 뉴욕 학회의 회원이자 동시에 비엔나 학회의 회원이기도 했다. 그녀는 1922년부터 지그문트 프로이트에게 분석을 받았고 안나 프로이트의 친구가 되었다. 그녀는 정신이상에 관한 정신분석학에 관심을 두고, '전前 오이디푸스 단계' 이론을 고안했다. 그러나 아동정신분석에는 관심을 보이지 않았다. 1924년부터 오토 랑크가 미국에 가끔 들르다가 뉴욕에 정착하여, 새로 교육받은 정신분석가들에게 큰 영향을 주었다. 산도르 라도는 S. 페렌치의 친구로서, 베를린에서 K. 아브라함에게 분석 받았다. 그를 분석해준 사람 중에는 O. 페니헬, H. 하르트만, W. 라이히 등이 있었다. 미국인들은 뉴욕 연구소의 분석가 양성을 이끌고 자극을 줄 수 있는 노련한 교수가 필요했을 때 S. 라도에게 그 자리를 제안했다고 로우즌은 말한다. 지그문트 프로이트는 1931년 미국으로 떠나는 S. 라도에게 잘 해보라고 축복해 주었을 것이다. S. 라도는 차츰 지그문트 프로이트와 다른 견해를 보이기 시작하여, 인격을 하나의 전체로 보는가 하면 감정 분석에 중점을 두었으며, 정신적 외상에 대한 프로이트의 오래전 이론에 의거하기도 했다. 이 시기에 또, 프란츠 알렉산더라는 헝가리인이 베를린에 왔다. 그는 시카고에 도착한 후부터, 특히 심신 의학에 관심을 두었다. F. 알렉산더는 베를린에 있을 때 라도처럼, 아동정신분석 특히 멜라니 클라인에 대해 최고로 이해력 결핍을 보인 인물들에 속했다. 앨릭스 스트레이치는(1924년 12월 14일 남편에게 보낸 서한에서) '클라인'Die Klein이 베를린 학회에서 아동분석에 대한 경험과 의견을 발표한 일을 전한다. "결국, 반대파는 낡은 지능을 드러내고 말았습니다. 그것도 지독히 낡은 지능이었죠…" "그 반대파는 알렉산더와 라도가 이끌고 있었습니다…" K. 아브라함은 멜라니 클라인을 옹호했다. "사실 모든 회원들이 멜라니 클라인의 편을 들어, 구제불능의 두 헝가리인을 공격했습니다." 멜라니 클라인은 '매우 뛰어난' 여러 예를 들어 자신의 주장을 변호했다. "멜라니 클라인이 제시한 두 번째 예는 알렉산더에게, 그나마 남은 반대 의견을 꺾었다. 알렉산더는 아동이 겪는 환상을 해석해 주는 일은 쓸모없을 뿐만 아니라 해롭다고 주장했던 것이다. 왜냐면 a) 아동은 그런 해석을 이해하지 못할 터이고 b) 그런 설명을 들으면 끔찍해서 기절하고 말 것이기(!) 때문이었다." 카렌 호나이도 이때 학회에 참석하고 있었다. 그녀는 1932년에 뉴욕으로 이민했다.

1933년, 《정신분석학 계간》(1933, 2, 143쪽)에서 알렉산더는 또 다시 멜라니 클라인에게 공격을 가했다. 멜라니 클라인이 지그문트 프로이트의 죽음 본능instinct de mort을 잘못 해석했다는 것이고 또한 관념형성의 내용에 지나친 중요성을 부여한다는 것이었다. 그는 M. 클라인을 '예술가'로 취급했다.

피터 블로스는, 안나 프로이트가 도로시 벌링엄의 자녀와 다른 아동을 위하여 세운 학교의 교육자였다. 그는 이 학교에서 현대식 교육법을 시도하는 '계획에 의한 방법'을 실시하고 있었다. 그러나 그것은 정신분석학과는 아무런 연관도 없는 내용이었다. 미국으로 이민 간 후 피터 블로스는 청소년에 대한 정신분석학 전문가가 되어, 그 방면에서의 저서로 유명해졌다. 1986년, 비엔나 대학에서 대통령이 참석한 가운데 지그문트 프로이트 강연이 열렸다. 이에 피터 블로스는 「아버지의 콤플렉스와 프로이트」라는 주제로 발표했다.

에릭 에릭슨은 화가였으며, 무료 편승으로 유럽 여행을 할 당시인 1927년에 프로이트 파의 사람들과 접촉하게 되었다. 이때 친구 피터 블로스가 그에게, 벌링엄의 자녀에게 초상화를 그려주라고 제안했다. 에릭슨이 아이들과 친하게 잘 지내는 것 같아 블로스는 그에게 아동정신분석가가 되라고 권유했다. 안나 프로이트와 도로시 벌링엄은 당시 아동분석에 남성을 좀 끌어들이고자 했다고, 로우즌은 생각한다. 당시로서 그것은 획기적인 일이었다. 이 책에서 이미 선구자들의 인생을 살펴 본 바와 같이, 많은 남성이 아동을 분석했지만 즉시 포기하였다. 그리하여 안나 프로이트는 E. 에릭슨을 분석해 주었고 그는 이제 안나 프로이트의 측근 모임에 끼게 되었다. A. 아이히호른도 E. 에릭슨을 교육하는 데 한몫했다. E. 에릭슨은 1933년에 비엔나 정신분석학회에 들어갔는데, 안나 프로이트의 비판을 받기 시작했다. 그의 논문들이 아동의 놀이에 관한 것이어서 멜라니 클라인의 작업을 너무 닮았다는 것이었다. 안나 프로이트는 그에게 미국에서 정신분석가를 양성하라고 권고했고, 그는 케임브리지에 정착했다. 그는 계속 아동정신분석가로 남았다. 아마도 다른 교육은 받아본 적이 없었기 때문이리라. 미국에서 그는 유명해졌다.

E. 에릭슨의 수많은 저서는 아동의 놀이, 인류학, 자아의 발전 등에 관한 것이다. 그는 (사회적 정체성도 포함한) 정체성의 개념, 자아의 힘에 관한 개념을 전개했다. 그리고 안나 프로이트와 하인츠 하르트만의 영향을 받았지만 그레고리 베이트슨, 마거릿 미드와 같은 인류학자들과도 함께 작업했다. 또한 예일, 하버드, 버클리처럼 유명하고 다양한 곳에서 심화된 공부를 했다. 그는 인간이 성장할 때 사회의 역할이 상당히 중요하다고 말한다. 그는 정신분석학의 근본적 역할을 인정하기는 했지만 심리치료 요법을 적용할 것을 주장했다.

어니스트 크리스는 아동정신분석가는 아니었지만 저술 일부가 아동에 대한 정신분석적 심리학에 해당한다. 그는 정신분석학의 정신에 의한 연구인, '장기간에 걸친 아동 관찰'이란 중요한 연구를 예일에서 이끈 장본인이다. 즉, 정신분석학을 잘 아는 다양한 분야의 사람들로 구성된 팀이, 아동의 행동을 0세부터 5세까지 연구하는 것이었다. 연구 표본을 위한 가족은 산부인과 병원에 가서 선발했다. 아이의 어머니들은 정신건강이 양호해야 하며 뉴 헤이브에서 적어도 확실히 5년은 거주해야 했다. 대신, 그들에게 완벽한 소아과 의료지원을 해주었으며 아이는 연구 센터 내의 유치원에 다니게 해 주었다. S. 레보비치와 M. 술레의 『정신분석학으로 아동을 알다』 안에 이 연구에 대한 해설이 실려 있다(200~206쪽).

이 책에서 저자들은 E. 크리스의 한 논문(1958)을 분석하고 있다. 그 논문은 정신분석학 분야에서의, 아동기에 대한 기억 회상에 대한 것이다. 이는, E. 크리스가 성인분석을 통하여 아동에 관심을 두었다는 사실을 보여준다. 어릴 적 겪은 정신적 외상[77]의 기억들이 시간을 두고 어떻게 왜곡되고 서로 침투하며 확대되는지는 성인 치료 시에도 드러나지만 어린 소녀 도로테에 대한 훌륭한 관찰을 통하여

---

[77] [역주] 'traumatisme'는 보통 외상(外傷)이란 번역어로 통용되고 있다. 외상은 의학용어로서 '몸의 겉에 생긴 상처를 통틀어 이르는 말'이다. 그러므로 정신분석학에서의 'traumatisme'을 정신적 외상으로 번역할 때 의미가 더 명확히 전달된다고 본다.

추적하고 있다. 도로테를 장기간 관찰한 연구는 위에서 언급한 대로 예일에서 이루어졌다. 그리하여 정신적 외상을 남긴 사건이 일어난 순간부터, 그 사건이 기억 속에서 변형되기 시작하는 시기가 상세히 기록되어 있다.

미국으로 이민 간 비엔나와 베를린 사람들은 대부분 더 이후인, 1939~1945년 전쟁 중이나 그 이전에 미국에 도착했다. 그중 하인츠 하르트만은 걸출하다. II, 1장에서 우리는 그의 사상이 어떻게 안나 프로이트로 하여금 자아심리학, 독립적 자아 – 아동에 대한 직접적 관찰에서 나온 자료를 정신분석의 자료 안에 통합시키면서 – 등을 발전시키도록 유도했는지 보았다. 바로 즉시 이런 경향이 미국에서 지배적인 사조로 자리 잡았다(그리고 현재에도 여전히 지배적이다). 그러나 H. 하르트만은 다른 이민자와 마찬가지로, 아동정신분석학을 전혀 발달시키지 않았다. 쿠어트 뢰벤슈타인, 헤르만 눈베르크, 테오도르 라이크, 에리히 프롬, 빌헬름 라이히, 한스 잭스 등이 그들이다. 한스 잭스는 이미 1932년에 미국에 초청된 바 있다. 그리하여 그는 하버드 의과 대학의 교수가 되었다.

이 2세 분석가들은 아동정신분석학을 하지 않았으며 아동정신분석 이론도 고안하지 않았다. 그러나 아동정신분석학에 대한 이들의 영향력은 즉시 지배적인 것으로 되었다.

전쟁 후

르네 A. 스피츠(1887~1974)는 긴 생애에 걸쳐 지그문트 프로이트에게 교육적 분석(1910년)도 받고(지그문트 프로이트에게 그런 분석을 받은 최초의 인물이라고 자카르는 말한다) 가장 현대적인 '미국인' 저자 중의 한 사람도 되었다. R. A. 스피츠는 정신분석학에서 '생성 과정을 연구하는' 사조를 완벽히 대표하는 자이다. 이 사조에서 대상관계는 아이와 어머니 사이의 진보형 관계의 결과라고 생각한다. 이 관점은 미국인들이 '구조적' 성향이라 칭하는 것을 보충한다. '구조적' 성향은 지그문트 프로이트가 인성의 구조를 이드, 자아, 초자아로 나눈 '두 번째 장소론'을 기초로 한다.

이러한 '생성 정신분석학'은 생성 심리학이나 발달 심리학에 근거를 두고 있다.

R. A. 스피츠는 비엔나 연구소가 창립되기 이전, 이미 안나 프로이트를 중심으로 형성되던 '젊은이들' 그룹에 속했다. 그리하여 그는 이 모임에서 H. 하르트만, W. 라이히, 잔 람플 드 그루트, 빌리 호퍼, 로버트와 제니 왤더, 리처드 스터바 등과 사귀고, 함께 킨더 세미나도 했다(II, 1장 참조). 또한 그는 샤를로테 뷜러의 실험 심리학 분과에서 연구를 시작했다. 여기서 만난 일제 헬만은 당시 정신분석학에 아직 관심이 없었다. 여기서 그는 장 피아제도 만났다. 뷜러 교수는 주위 사람들이 지그문트 프로이트나 프로이트 파에 대해 말하는 일을 용납하지 않았으므로(회견 4) 스피츠는 그 밑에서 인정

을 받고자 애써야 했을 것이다. 그러면서도 스피츠는 뷜러의 연구 정신에 계속 충실했다. 그의 연구(『탄생에서 언어까지』, 15~16쪽)에서 사용한 테스트는 뷜러-헤처가 고안한 베이비 테스트이기 때문이었다. 비엔나 대학의 심리학과에서는 1928년부터 1938년까지, 비엔나 시의 아동 복지기관에 위탁된 모든 아기 ─ 총 5,000명의 신생아 ─ 에게 이 테스트를 적용했다. R. A. 스피츠도 이 작업에 참여하여 100여 명의 신생아를 대상으로 연구했다. 게다가 1954년의 저술 『아동 인생의 첫해』의 제목은 1937년에 나온 샤를로테 뷜러의 책 『인생의 첫해』의 제목을 약간 바꾼 것에 불과하다. 미국의 탁아소 아이들과 버려진 아이들에게도 그는 이 테스트를 사용했다. 스피츠는 아기 관찰에 영화기법을 도입한 선구자 중의 한 사람이다. 고속으로 촬영하여 효과적인 슬로우 모션을 얻는 방법[78]을 1933년에 발명한 것이다. 그의 초기 저작은 비엔나에서의 1935년으로 되어있다. 이 책의 서문에서 다음과 같이 말하고 있기 때문이다. "1935년에… 나는 홀로 작업을 했다." 이후 많은 저자가 같은 분야에서 작업을 일구었다. 최근 어머니/아기의 상호 작용에 관한 연구를 재개하도록 한, 미국인 소아과 의사 브라즐튼의 영화(1979)가 있는데, R. A. 스피츠는 이러한 작업을 시작한 원조이다.

그는 이 작업으로 한편으로는 생성 심리학에 중요한 발견을 제시

---

[78] [역주] 촬영기를 빠르게 회전시켜 촬영하고, 보통 속도로 영사하면 느리게 보이는 것.

172 | 3부 오늘날, 1945년 이래로 세계적으로 전파됨

하였고, 또 한편으로는 정신분석 이론에 토대를 마련하였다.

R. A. 스피츠가 발견한 내용 중 잘 알려진 것은 「결정적 상황」(1934년, 그가 소르본에서 '낭독'한 글)으로서, 이후 '심리현상 형성체'라 지칭되었다. '심리현상 형성체'란, 인격 통합이 위기에 이른 정도를 알리는 것으로서, 그 증상으로는 어머니 얼굴의 미소, 8개월째에 맞는 불안, '아님'non을 나타내는 몸짓 등이 있다.

R. A. 스피츠의 발견 중에는 입원성 장애[79]와 '의타성 우울증'[80]이란 개념도 있다. 그의 저술을 주의 깊게 읽어보면, 아기를 세밀히 관찰한 데서 나온 직관과 발견이 굉장히 많아 본지에서 다 다룰 수 없을 정도이다. 이 모든 개념은 그의 저서 『탄생에서 언어까지』에 전개되어 있다. 그래도 여기서는 말로 하는 의사소통과 말로 하지 않는 의사소통의 개체 발생個體發生에 대한 그의 작업을 언급하도록 하자. R. A. 스피츠는 이 작업 역시 비엔나에서 시작했으나 이번에는 카를 뷜러(샤를로테 뷜러의 남편)를 본받아, 의사소통의 예비 단계로서의 반사fouissement[81]에 관한 연구도 병행했다(스피츠, 『아니오

---

[79] [역주] 가정을 떠나 시설물이나 병원에 장기간 수용되어 있는 데서 생기는 심신의 발달 장애.

[80] [역주] 의타성 우울증(la dépression anaclitique)이란, 6~12개월 경 애착 관계를 겪은 아기가 어머니와 헤어졌을 때 겪는 비탄을 말한다. 이 우울은 입원성 장애와는 다르다. 후자는 아기가 입원 시 인간과의 접촉을 하지 못할 때 생기는 단계적 이행을 말하기 때문이다.

[81] [역주] 반사(réflexe de fouissement): 어디를 만져도 신생아는 항상 고개를 돌

와 예』).[82]

R. A. 스피츠의 정신분석학 이론은 상당히 안나 프로이트식이며 H. 하르트만의 자아심리학에 가깝다. 그런데 간혹 그는 어떤 극단적 주장을 하면서 그 현상을 직접 **보았다**고 내세운다. 이 점은 실로, 부당한 자세라 할 수 있다. 그의 연구 내용을 모은 첫 발행본『아동 인생의 첫해』(1954)에서 스피츠는 다음과 같이 주장한다.

"탄생할 때에는 생각은 물론 표상, 감각, 인지, 의지력도 존재하지 않는다. 탄생할 때 젖먹이는 미분화 상태에 있다… 따라서 나는 탄생할 때 자아가 존재한다고 인정하지 않는다. 그런 이유에서 정신 분석학의 이론 중 일부는 **아동기 초기**에 적용할 수 없다. 예컨대 오 이디푸스 콤플렉스나 초자아 등의 문제는 제기할 수도 없다. 마찬가 지로 상징도 존재할 수 없으므로 상징적 해석은 당연히 존재하지 않는다. 왜냐면 상징이란, 언어 출현과 결부되어 있는데 출생 후 첫 해에 언어는 존재하지 않기 때문이다."(2~3쪽) 그래도 R. A. 스피츠 는 정신분석학의 '정리'定理는 인정하며 생성과정의 관점을 갖고 있 다고 확언한다. 그리하여 "모든 심리현상은 '선천적' 요인과 '주위 사람들'이란 요인 사이의 상호작용에 근거한다"(3쪽)고 생각한다. 이때 선천적 요인은 전염성 염색체이거나 신생아의 산소 결핍증일

려 그 자극에 반응한다. 신생아의 그 시원적(始原的) 반사(시원적 반사란, 태 어날 때부터 존재하는 반사를 말한다)를 의미한다.

[82] [역주] R. A. Spitz(1957),『아니오와 예』.

수 있다.

R. A. 스피츠는 O. 랑크가 묘사하는 출생 시의 정신적 외상도 믿지 않으며, 태아가 자궁 내에서 이미 불쾌감을 표시한다고 주장하는 일부 '순진한' 저자들의 말은 더욱더 믿지 않는다. "출생 시 아기의 울음은 눈에 주입해 넣는 질산은이나 조산부의 활기찬 볼기 때리기와 더 관련있다고 보아야 한다(『탄생에서 언어까지』, 28~29쪽)"고 그는 주장한다. 이 저서는 『아동 인생의 첫해』의 개정 증보판으로서 1965년에 발간되었다. 이 책에서는 다음과 같이 거친 면이 약간 완화되어 있다. "나는 이 책에서, 신생아에게 출생 직후부터 심리 내적 과정의 능력이 있다는 모든 가설을 제외했다." "출생 시, 자아는 존재하지 않는다. 적어도 자아라는 용어에 일반적으로 부여하는 의미에서라면 말이다…"

《새 정신분석학》(1975) 부고란에 조르주 모코가 쓴 스피츠 약력을 보면 그는 1937년 미국으로 이민 올 때, 파리를 거쳐서 도착한 것으로 되어 있다. 그리고 1934년부터 파리의 정신분석학 연구소에서 강연도 했다. 과연, 1934년부터 1966년까지 이 잡지에 실린 총 8편의 논문 - 프랑스어로 된 - 을 찾을 수 있었다. 1966년의 논문은 파리에서 열린 26회 로망스 제어 諸語[83] 의회에서 낭독한 개회발표문으로서, 「아동발달 자료에 관한 나의 연구의 메타심리학적 귀결」에

---

[83] [역주] 라틴어에서 파생한 프랑스어, 이탈리아어, 스페인어, 포르투갈어 따위.

관한 것이었다. 이 논문에서 R. A. 스피츠는 자신의 견해를 누그러 뜨린다. "아동기 초기에는 자아가 아직 존재하지 않거나 혹은 형성 중인데…", "나의 모든 관찰 내용은 E. 글로버의 가설 – 자아의 은밀한 핵이 초기부터 구성되는 성향을 보인다는 가설 – 을 확증한다. 그것은 '결정체의 핵'이다…"라고 쓰며, 드디어 다음과 같이 시인하기에 이른다. "젖먹이의 체험은 자기self에 대한 의식이 존재함을 예고하는 것이라는 개념을 나는 부득이한 경우 받아들이겠다…" 78세가 다 된 연구자로서 R. A. 스피츠는 평생 고집해 왔던 주장을 견지하려 했지만, 그래도 사상의 발달을 눈치챌 정도의 능력은 있었다.

R. A. 스피츠는 미국과 프랑스의 정신분석학에 지대한 영향을 미쳤다. 1957년에 그는 콜로라도 정신분석학회의 회장이었다.

여행과 이민으로 점철된 오랜 기간에도 스피츠는 정신분석가로서 분석을 실행할 수 있었던 것 같다. 그의 연구논문 중에 정신분석 임상의 개념에 관한 것도 있기 때문이다. 1956년 《아르헨티나 정신분석학회》에 실린 「역전이: 분석 상황에서 그 다양한 역할에 대한 해설」이 그 예이다. 그런데 이 훌륭한 아동정신분석학 연구자는 스스로 아동정신분석을 행한 적은 없어 보인다. 그는 아동정신분석을 소명으로 여기지 않았을 터이고, 이론화 작업을 했어도 아동정신분석가는 되지 않았던 것이다.

1954년 저작의 서문에서 안나 프로이트는 M. 클라인의 주장 – 이름을 명시하지는 않은 채로 언급한 – 에 R. A. 스피츠가 반대하는 점을 높이 평가하고 있다. '정통 프로이트 파'이고자 하는 안나 프로이트의 다음 문구는 우리에게 생각해 볼 여지를 남긴다. "인생의 첫해에 최초로 겪는 일을 해명해 주기 위하여 R. A. 스피츠는 실험적 심리학의 방법과 직접적 관찰을 사용한다. 이는 인생의 첫해 이후에 일어나는 일을 분석하여 발달 과정을 재구축하기만 하는 다른 정신 분석학 집필자들과는 반대되는 자세이다."(안나 프로이트, 『아동 인생의 첫해』의 서문)

필리스 그린에이커(1894~1989)는 시카고 출신의 미국인으로서, 2세대 비엔나인과 동시대 인물이다. 아돌프 마이어의 영향을 받은 그녀는 첫 소명이 심리 생물학이었으며 1916년부터 1927년까지 존 홉킨스 병원의 핍스 클리닉에서 근무했다. 뉴욕에 정착한 뒤부터는 1932년까지 아동 건강을 위한 공공기관을 맡아 보았다. 이후에는 뉴욕의 코넬 대학 메디컬 칼리지의 임상 정신과 교수가 되었다. 이 시기에 그녀는 정신분석을 받았고 1937년에는 뉴욕 정신분석학 연구소의 구성원이 되어, 한동안 연구소의 소장이 되기도 한다. 1961년, 필리스 그린에이커는 국제정신분석학회의 부회장을 지냈다. 그녀는 평생 99편의 논문과 두 권의 책을 펴냈다.

필리스 그린에이커는 어니스트 크리스와 함께 작업했다. 어니스트 크리스는 필리스 그린에이커의 저작 『정신적 외상, 성장, 인성』의 서문을 써 주었다. 1953년에 출판된 이 책에는 1941년부터 1951년 사이의 논문이 실려 있다. 에든버러의 22회 국제정신분석회의에서 발표한 보고서의 주제인 부모-젖먹이 관계에 관한 그녀의 연구도 꼽을 수 있다. 프랑스 독자는 1961년과 1963년의 《프랑스 정신분석학》에서 이 보고서와 그에 대한 해설, 토론을 접할 수 있다.

필리스 그린에이커는 발생론적 정신분석학(psychanalyse gènètique)의 영역에 있다. 그리하여 인성 출현을 생물학적으로 접근하고 직접적 관찰에 중점을 두지만, R. A. 스피츠의 작업을 고려하지는 않는다. 사실, R. A. 스피츠의 작업 중 어떤 부분은 필리스 그린에이커의 작업 이후에 발표되었기 때문이다. 필리스 그린에이커가 내리는 결론 역시 스피츠와는 다르다. 그녀는 출생에 중요한 역할을 부여한다. 즉, 출생 시의 정신적 외상에 오토 랑크처럼 대단한 역할을 부여하는 것은 아니지만 그렇다고 해서 그 역할이 미미한 것도 아니라고 말한다. 출생은 '분명' 인간 불안의 원형이라고, 필리스 그린에이커는 강조한다. 정신분석학을 다룬 첫 논문 「불안에 빠져들 소질」(1941)에서 그녀는 스피츠와는 반대로, 태아가 외적 자극에 대해 반응성을 지니고 있으며 불편한 느낌에 반응한다 - 그것이 반사 작용에 불과하더라도 - 고 지적한다. 필리스 그린에이커는 출생 시의 발기 반사와 엄지손가락을 빠는 반사를 제시한다. 그녀는 지그문트 프로이트가 태아의 '나르시스적 리비도'에 관해 말한 적이 있음을 상기시키면서, 다음과 같이 쓴다. "출생 이전의 시기가 출생 이후의 시기와 같은 연장선에 있기는 하다. 페렌치가 이 사실을 증명해 보였고 프로이트도 이 점을 매우 강조했다. 그런데, 출생 시의 검열은 유일하고도 중요한 사건을 이루는 효과 이외에도 '위험' 수위를 제시하기도 한다. 익숙하지 않은 것, 모르는 것에 대한 두려움이라고 말할 수 있는 이 최초의 '위험' 수위는 매우 막연하게 감지되기 시작한다. 이 순간은, 정신현상을 이루는 내용이 처음으로 깨어나는 때이다." 미국에서 시대를 앞서는 그녀의 주장은 인정받기는커녕, 비판의 표적이 되었다.

안나 프로이트 학파와 하르트만의 정신분석학 편에 서면서도 필리스 그린에이커는 서슴지 않고 멜라니 클라인을 인용하며(당시의 갈등 상황으로 보아 이는 극히 드문 일이다) 멜라니 클라인의 관점을 채택하기도 한다. "아동기 때의 강도 높은 공격성은, 최초의 위협적 인물들의 미리 계산된 가혹함과 더불어 정신분열의 발달에 매우 커다란 역할을 한다고 나는 - 멜라니 클라인처럼 - 생각한다." 여기서 필리스 그린에이커가 '공격성'이라 칭하는 것은 죽음 욕동을 말하는 것 같다. 죽음 욕동이란 표현을 직접 쓰지 않으면서 말이다. 그러나 필리스 그린에이커가 정의하는 공격성은 **긍정적** 발달의 힘이 표출된 것으로 보아야 한다. 그것은 팽창하는 발전의 맹렬함으로서, 프랑스의 J. 베르주레와 유사한, 적의를 품지 않은 힘이다. 한 걸음 더 나아가, 일반적으로 그녀는 자신이 사용하는 발달 개념과 심리 생물학의 개념을, 치료 시 사용할 수 있는 것으로 생각한다. 불안에 빠져들 소질도 마찬가지로, 심각한 신경증을 치료할 때와 전이를 다룰 때 그 소질이 일으킨 결과를 검토한다. 중증 환자에게 사용하도록 추천되는 방법은 필연적으로 "정신분석학의 기법과 아동에게 사용하는 방법 사이에 있다."

우리는 이렇게, 정신분석학이 다양한 이론을 보이는 것은 흥미로운 일이라고 생각했다. 같은 이론적 토대에서 출발하여 정신분석학에 도달하되 개인적 여정이나 저자의 자아 유연성 정도에 따라, 아니면 R. A. 스피츠처럼 실험적 이론가인지, 그린에이커처럼 방대한 임상 경험을 갖춘 인물인지에 따라 다양한 면모를 보이는 것이다.

전前 오이디푸스 단계를 이해하는 데에 마거릿 말러가 공헌한 바가 크다며 J. 안토니는 다음과 같이 말한다(1986).[84] "마거릿 말러의 공헌은 미국 학자들이 아동 발달을 역동적으로 연구하는 데에 분명 어떤 영향력을 미쳤다… 말러의 이론은 아동을 분석한 바에 기초한 것이 아니라 걷기 시작하는 아이들을 직접 관찰한 바에 근거하고 있어 M. 클라인의 이론처럼, 어머니와 아이 사이의 관계를 중심축으로 하며 그 둘의 관계 내에서 아이가 겪는 심리 내적 갈등도 중심이 된다. M. 클라인과 M. 말러라는 두 아동분석가는 모두 우울의 의의를 강조했다는 점이 특히 흥미롭다. 이때 우울이란, 중심적 우울의 입장으로서 본질적 연관의 위기 중에 나타나는 기본적 우울의 기분을 말한다. 이 우울의 단계는 전통적인 성性심리 발달이 차례대로 일어나기 전에 해결되어야 한다는 것이다. 그 결과로 이제, 일반적 정신분석가들은 인생 최초의 몇 해에 벌써 느낄 수 있는 최초의

---

[84] [역주] J. Anthony(1986), 『아동정신분석학이 정신분석학에 기여한 점』.

정동인 우울과 이후 병리의 싹이 되는 우울이란 개념을 더 잘 이해하게 되었다."

　마거릿 말러 역시 비엔나에서 미국으로 이민 왔다(말러, 1978 참조).[85] 그녀는 자신의 특별한 첫 소명은 5세 때의 '일화-기억-스크린'으로 거슬러 올라간다고 말한다. 어린 그녀는 막 태어난 새끼 고양이가 세상을 잘 볼 수 있게 두 눈꺼풀을 벌려주려 했다는 것이다… 헝가리에 있었을 때 그녀는 알리스 발린트라는 어릴 적 친구가 있었다. 이 우정 덕으로 마거릿 말러는 S. 페렌치를 잠시 만날 수 있었다. M. 말러는 아버지가 의사였는데, S. 페렌치를 만난 경험으로 아버지와의 동일시가 더욱 강화되었다. 의학 공부 후 M. 말러는 비엔나에서 소아과를 전공했는데, 이와 함께 병원의 소아정신과를 자주 드나들었다. 이때부터 그녀는 일곱 편의 논문을 발표했는데, 거기에는 연구와 글쓰기에 대한 소명이 잘 드러나 있다. 안나 프로이트의 강연을 들은 후 M. 말러는 비엔나 정신분석학 연구소에 등록하기로 한다. M. 말러는 아우구스트 아이히호른에게 열심히 배웠으며 그의 권고에 따라 최초로 오스트리아에 아동정신분석학 지도 센터를 열었다. M. 말러는 안나 프로이트가 이끄는 아동분석 세미나의 열렬한 학생이었다. 이 시기에 M. 말러는 스스로 분석을 받아 보았을 가능성이 짙다.

---

[85] [역주] M. Mahler(1978), 『상처받기 쉬운 아이』.

비엔나 시절부터 M. 말러는 이미 '비정형적' 아동에 관심을 두었다. 1938년에 도착한 뉴욕에서는 '비정형적' 아동이 그녀의 주된 관심사가 되었다. M. 말러가 정신분석학에 관련된 발표를 처음으로 한 것은 1940년으로 추정된다. 이해에 뉴욕 정신분석학회에서 '가假-정신지체'에 대한 발표를 했기 때문이다. 이 글은 1942년, M. 말러라는 이름으로 출판되었다(쉔베르거). 이때 그녀는 콜롬비아 대학과 뉴욕 주의 정신의학 연구소 아동분과의 왕진 전문의사였다. 이후 M. 말러는 브롱스 시립 병원, 뉴욕의 마스터 아동 센터에서 근무했다. M. 말러의 작업 내용은 정부의 고위 권위자들에게 높은 점수를 얻어 미국 정신건강 국립 연구소 등 수많은 기관의 재정 지원을 받았다. M. 말러는 알베르트 아인슈타인 의과대학의 정신의학과 교수가 되었다.

그녀는 아동의 '정신 분열'을 인정하지 않는 어려운 상황에 대해 이야기한다(말러, 1968).[86] 정신분열 아동은 정신지체아도 아니고 중증 신경증 환자도 아니기 때문이다. "어린 아기들이 앓는 정신분열성 장애는 커다란 감정 저항에 부딪혀 그러한 병이 있을 수 있다는 사실 자체도 잘 인정되지 않고 있다." … "성인 담당 정신과 의사들이 기꺼이 할 수 있는 양보란, 카너가 묘사한 대로 '조기 아동 자폐증'의 존재를 인정하는 정도이다." 1950년대 중반까지, M. 말러는

---

86 [역주] M. Mahler(1968), 『소아 정신병』.

자신이 묘사해내는 공존성 정신이상 증후군과 자폐 증후군 사이의
차이점을 정립한다. 이후 그녀는 치료법을 고안한다. 그 치료법은
'공존관계 체험을 통한 교정'의 형태로서 '자아의 조력助力을 주입'
시키는 방법이다. M. 말러는 자폐증 치료법에 관심을 두기보다는
'음악, 치료 활동, 감각 기관을 유쾌하게 자극하기 등 모든 수단을
동원하여 자폐라는 닫힌 세계에서 그들을 끌어내'도록 권한다. M.
말러는 태초의 정신이상성 방어형성 시 자폐성 방어와 공존관계성
방어 둘 중 어느 쪽이 우세한지에 따라 아동의 정신이상을 분류하자
고 제안했다.

다른 정신분석 이론가들과 마찬가지로 M. 말러는 대상관계의 기
원을 정의할 필요성을 느꼈다. 그녀의 저서 제2권(말러, 1975)[87]은
다음과 같은 충격적인 문장으로 시작한다. "젖먹이가 생물학적으로
태어나는 순간과 개인이 심리적으로 태어나는 순간은 일치하지 않
는다." M. 말러는 분리-개별화라는 이론을 창조했다. 이 과정은 생
후 4개월에서 36개월 사이에 완성된다. 분리란, '아기가 어머니와
공존하는 융합 상태에서 빠져나와 드러남'을 말한다. 개별화
(individuation)는 '아기가 자신만의 개별적 특징을 상정'하는 것이
그 표시라고 할 수 있다.

마거릿 말러는 안나 프로이트, H. 하르트만, R. A. 스피츠의 사상

---

[87] [역주] M. Mahler(1975), 『인간의 심리학적 출생』.

에 확신을 지니고 있으며 스스로 관찰한 결과에 정직하다. 그리고 당시 미국 정신분석가들이 멜라니 클라인의 저술을 거부하는 분위기에 순응한 나머지 M. 클라인을 절대로 인용하지 않았다. 그래도 출생 시 자아가 **없다**고는 차마 말할 수 없었는지, 다음과 같이 적었다(1권, 42쪽).[88] "출생 시에는 초보적 자아만이 존재할 뿐이다". 그리고 조금 더 하단에서는 '미분화된 자아'에 대하여 말한다. 그러나 결국, 열 달을 채우고 태어난 젖먹이는 "살아있는 부분적 대상과 무생물을 운동/감각적으로 분간하는 선천적 소질이 분명 있음이 눈에 띈다."고 토로한다. 그리고 어머니는 이러한 반응을 일으키는 '촉매'이기에, (공존 관계를 통한) 상호작용이 있어야 인성 발달을 위한 출구가 열린다고 말한다.

딜레마에서 빠져 나오려는 방법으로, 마거릿 말러는 '정상적 내부 심리 발달에서, (피아제가 의미하는 바에서) '대상의 항존'恒存과 (하르트만이 의미하는 바에서) '리비도 대상이 항존함을 습득習得하는 일' 사이에는 시간적 격차가 있음'을 지적했다. 그러나 몇 단락 이후, 해결되지 않은 문제는 다시 불거진다. 리비도 대상을 이렇듯 서서히 습득한다고 해도, '대상이 항존함을 깨닫는 일'은 출생과 거의 같은 시기에 일어나는 것이기에 모순은 그대로 남는다. 이에 대한 변명으로 M. 말러는 이렇게 감지된 대상은 리비도적인 것이 아

---

[88] [역주] 같은 책.

니어서 정신을 쏟는[89] 대상도 되지 않는다며 어조를 약간 바꾼다. 욕구가 욕망의 자리를 차지하기 때문이라는 것이다. 그리고 대상의 항존에서는, 어머니 이미지가 아기의 내부심리에서 언제든지 이용될 수 있다.

더욱이 M. 말러는 M. 클라인의 이름을 밝히지도 않은 채로, 자아가 자신을 스스로 방어하기 위해 대상의 분열을 이용하지 않아도 될 때 비로소 (리비도) 대상의 항존 단계에 도달한다고 제시한다(207쪽 이하).[90] 이때 M. 말러는 과연 어떤 종류의 분열을 말하는 것인가? "…좋은 대상의 이미지를 보존하기 위하여 아기는 (어머니 부재 시) 사랑의 대상에 대한, 증오의 이미지와 욕망의 이미지를 분리한다. 그리하여 '좋은 어머니'에 기대를 고정한다…"

'생물적인' 태아가, 대상들과 관계를 맺는 자아를 발달시키는 아기로 변모한다는 주장이 필연적으로 맞닥뜨리는 모순을 M. 말러는 다음과 같이 도식화해보는 데에 그친다(제2권, 27쪽).[91] 그리고 바로 여기서 클라인의 이름이 단 한 번 등장한다. "언어습득 이전의 시기를 이해해 보려는 정신분석가들이 취하는 견해는 폭이 매우 넓다. 한쪽의 극단에는 선천적 오이디푸스 환상 징후군을 신봉하는 자들

---

[89] [역주] 정신분석학에서 '정신을 쏟음'(investissement)이란 말은 Besetzung(차지, 점령)이란 독일어를 번역한 것으로서, 리비도가 신체 일부나 어떤 사물(의 표상 내용)에 집착하거나 신경 쓰는 일을 가리킨다.

[90] [역주] 같은 책.

[91] [역주] 같은 책.

이 있다. 멜라니 클라인과 그 제자들을 비롯한 이들은 인간이 자궁 밖으로 나온 후 첫해부터, 계통발생에 가까운 기억 – 선천적 상징화 과정 – 이 정신세계에서 이루어진다고 본다. 또 한쪽의 극단에는 프로이트 파 분석가들이 위치한다. 이들은 언어로 된 증거와 엄격히 재구축된 증거를 호의적으로 받아들인다… 그러나 이들은 우리 가설의 근간을 발전하게 해줄 만한 – 매우 조심스러운 발전이라도 – 언어습득 이전의 소재는 별로 신용하지 않는 것으로 보인다. 우리는 언어습득 이전의 시기에 대한 추론으로써 신중하게 이론에 이바지할 자세가 되어 있는 중간 영역의 분석가가 매우 많다고 생각한다."

이쯤에서 이제 멜라니 클라인의 사상이 당시 사람들에게 일으킨 깊은 감정적 반향을 언급해야겠다. 이 반향은 오늘날까지도 계속되고 있는 것이기도 하다. 미국인들은 인생 초기부터 이미 대상관계가 존재한다는 사상이나, II, 2장에서 본 것처럼 죽음 욕동의 개념이 인정되어 전개된 내용에 질겁하는 것 같다. 지나치게 부정적인 견해로 도피하고(스피츠) 이론가 스스로 불안을 경감시키려는 절충식 연구(마거릿 말러)는 권력 쟁취에 급급한 대항이라거나, 사조를 위한 투쟁이라고만 볼 문제가 아니라, 받아들일 수 없는 진리를 마음속 깊이 거부하는 자세라고 보아야 한다.

미국에 정착한 '비엔나인들'의 작업과 성찰은 그들이 미국에 도착하기 이전의 작업 – 전반적으로 창조성이 떨어지는 – 에 비해 고려해 볼 만하다. 제임스 안토니는 마거릿 말러에게 다음과 같이 거친 질문을 한다. "유럽에 남아 있었더라면 지금과 같은 창조적 생산

을 할 수 있었으리라 생각하십니까?" 이것은 마거릿 말러가 다음과
같이 대답할 가능성을 염두에 둔 질문이었다. "창조성을 잠재적으로
지닌 많은 이들에게 스트레스는 창조성을 자극하는 계기가 된다"
(말러, 1978).[92] 이에 대한 훌륭한 답변으로, M. 말러는 다음과 같이
적고 있다. "새로운 대륙에 도착하여 비참한 기분에 어찌할 바를 모
를 때, 의존하고자 하는 퇴행 욕동을 겪는 이들도 있다. 또는 자신의
목적에 맞게 새로운 환경을 왜곡시키는 자들도 있는데, 그것은 바로
망상성 정신병이다. 긍정적인 경우, 이민을 한 덕택에 2차적 개체화
가 형성된다. 그것은 새로운 정신세계, 새로운 세계관이라고까지 말
할 수 있다." 이후 하단에서는, 비엔나에 있었을 때의 일을 말하는
부분이 눈에 띈다. "…나는 직업상 거물들에 둘러싸여 있었다… 그
들의 그늘에서 살고 있었고 그들의 가르침을 받았다. 그것은 풍요롭
고 유일하며 대단한 경험이었다. 그러나 - 이 '그러나'가 중요하
다 - 이 원초적 근원에서 분리되어 나오는데 성공하지 않았더라면,
더 정확히 말해 거기서 분리되어 나와야 할 일이 없었더라면, 그리
하여 공헌자로서 특별히 개체화를 체험하지 않았더라면 발전을 향
한 내 개념과 방향, 접근은 형성되지 않았을 것이다. 결론적으로 나
의 이민이란, 다음과 같다. 이민을 한 덕택에 나는 잠자고 있던 내
사상과 함께, 당시의 비엔나라는 심리적 피낭에서 벗어난 것이었다.

---

[92] [역주] M. Mahler(1978), 『상처받기 쉬운 아이』.

이민을 계기로 나는 낯선 환경에 노출되었다. 그리고 낯선 환경의 새로움은 변화에 대한 허약함을 악화시켰다. 그러나 초기의 번민과 불안감을 극복하고 나자, 그 이민 덕분으로 다시 생산적으로 되어 발달에 대한 이론이 샘솟게 되었다…"

저자는 여기서 자신의 창조성이 나온 조건을, 자신이 스스로 정립해 낸 이론적 용어로 설명하고 있으니 가히 훌륭한 종합이라 할 수 있다. 그럼으로써 그 안에 깃든 이론적 잠재성도 증명해 내고 있는 것이다. 즉, 아동정신분석학 내에서 발견된, 혹은 아동정신분석학을 위하여 발견된 개념들이 정신분석학 사상 일반에 관계되는 현상에 대해 가치를 지닐 수 있으며, 심리학이나 사회학 등 다른 분야에 정신분석학이 적용되는 현상에 대해서도 가치를 지닐 수 있음을 지적해낸 것이다.

브루노 베텔하임은 『텅 빈 성채』에서 다음과 같이 쓰고 있다 (1967, 500쪽). "정신분석학의 관점으로 아동 자폐증을 연구한 선구자 중의 한 사람인 M. 말러가 자폐증이 아동의 독립적 반응임을 알아보지 못한 점은 유감이다. 그녀는 '어린아이는 반쪽짜리 개인에 불과하다'고 생각했기 때문이다."

B. 베텔하임에 따르면, 황금기는 신화이며 원초적 나르시시즘 이론과 아동의 수동성 이론이 거기서 나온다. "예컨대 젖을 빨고 있는 동안 - 이는 인생에 중심이 되는 사건이다 - 젖먹이는 매우 능동적이다. 그 순간에 젖먹이는 자신이 산을 뒤흔들고 있다는 느낌까지는

아니더라도, 산을 빨아들여 산의 물을 다 빼낸다고 느낄 것이다"(위의 책, 33쪽).

프랑스에서 S. 레보비치가 환상을 통한 상호작용을 연구하여 전문가가 된 바 있다. 그런데 B. 베텔하임은 그 전에 이미 상호과정을 다음과 같이 묘사했다. "모유를 빠는 일이 충분히 만족스러우려면, 아기는 영양분에 허기져 있어야 하고 어머니는 젖의 긴장이 풀리기를 원해야 한다."(위의 책, 38~39쪽).

미국의 아동정신분석학에서 독자적 위치를 차지하는 브루노 베텔하임(1903~1990)은 다른 2세대 비엔나인들에 못지 않은 여정을 거쳤다. 회고록(베텔하임, 1990)[93]에서 그는 정신분석학과의 첫 만남을 이야기한다. 그것은 우연한 일이었다. 13세 되던 1917년, B. 베텔하임은 사회주의와 평화주의 청년 운동의 일원이었다. 그는 거기서 자기보다 몇 살 더 많고 군대 휴가 중인 오토 페니셸을 만났다. O. 페니셸은 청소년들을 대상으로 지그문트 프로이트의 사상을 위한 활동을 활발히 전개하고 있었다. 그것은 매우 매력적이었다. 이런 유혹에 한 소녀도 빠진 것 같은데, 그녀는 젊은 브루노[94]가 점찍어 둔 소녀였다. 그러나 둘의 관계는 별 진전을 보지 못했고, 이에 B. 베텔하임은 재빨리 소녀를 되찾아왔다. 이로써 B. 베텔하임은, 소녀를 매료시키기 위해서는 정신분석학을 알아야 한다는 결론을 이끌

---

[93] [역주] B. Bettelheim(1990), *Recollections and Reflections*.
[94] [역주] Bruno Bettelheim.

어내었다! 그는 지그문트 프로이트의 책을 읽기 시작했으나, 1927년까지는 철학과 예술사가 소명이었다. B. 베텔하임은 아버지가 몸담고 있던 직업세계에 흥미를 느끼지 못했으며 대학교수직은 유대인에게 막혀있었다.

우울한 성격에 열등감도 있는데다 결혼생활이 위기를 맞자, B. 베텔하임은 리처드 스터버에게 분석을 받아본다. B. 베텔하임은 이 분석가의 방식이 매우 마음에 들었다. 진료소와 대기실이 매우 개인적 스타일로 꾸며져 있었는데도 분석가 자신은 중립성을 지녔는데, 그 두 가지는 서로 모순되지 않는 것이었다. 바로 여기서 B. 베텔하임은 현대 미국 정신분석가들의 딱한 진전 상태를 알리고 있다. 그들은 환자들에게 '개성도, 창의성도 없는 환경' 제공을 일삼는다는 것이다. 또한 미국 정신분석학자들은 자신이 환자보다 훨씬 더 우월하다는 의식을 환자들에게 심어주어, 일반인들은 정신분석가를 '두뇌를 수축시키는 사람'Headshrinkers, 줄여서 Shrinks이라고 부른다는 것이다.

바로 이 대기실에서 B. 베텔하임은 처음으로 정신병 아동을 만난다. 남편과 대기실을 같이 쓰고 있던 에디트 스터버는 1925~1935년 당시 2세대 초기 아동정신분석가 중의 한 사람이었다. 그녀는 이 진료실에서 꼬마 '조니' 분석을 맡고 있었다. B. 베텔하임이 같이 대화를 해보려는 시도에 이 꼬마는 알아듣기 어려운 단음절어로만 대답했다. 또한 조니는 거기 있었던 화분에서 따낸 가시투성이 선인장잎을 씹는 버릇이 있었다. 하루는 B. 베텔하임이 이렇게 말했다. "조니, 네가 언제부터 스터버 부인을 보러 오는 것인지 모르겠지만 2년

전 내가 처음 왔을 때부너 너는 계속 여기에 있구나. 그런데 아직도 그 끔찍한 잎을 씹고 있네." 그러자 아이는 일어서서 거만하게 '위에서 내려다보며' 대답했다. "영원과 비교하면 2년이 도대체 어떻단 말입니까?" 조니가 완전한 문장 전체를 말하는 것을 B. 베텔하임은 그때 처음 들었다. 이 사건은 매우 중대한 계기가 되어, 그는 **자신의** 문제 일부분을 이해할 수 있었다. 즉, 남을 염려하는 일은 흔히, 자기 자신에 대해 염려할 필요를 감추는 것이라는 사실, 그리고 시간의 가치("과정을 가속화하려는 이는, 자신의 불안에만 복종하기 때문이다")와 아동 정신병의 과정 등도 이해할 수 있었다. 정신지체에 함구증까지 앓던 이 아이는 B. 베텔하임과 동등한 위치에서 말하게 되었을 뿐만 아니라 B. 베텔하임이 이해하지 못했던 주제에 대한 정보를 주었다. 아이는 그에게 구순 가학과 피학성, 자기 팔다리 절단, 전이에 대한 훌륭한 가르침을 준 셈이었다. 한편, 조니가 스터버 부인에게 한 전이의 내용을 보자. 조니가 씹고 있던 것은 스터버 부인이 소장한, 팔다리를 절단하는mutilantes 잎이었던 것이다!

B. 베텔하임은 자폐증 환자에 대한 또 다른 조기 경험을 했다. 1932년부터 1938년 사이에 그는 자폐증 아동 두 명을 자택에 유숙시켰다. B. 베텔하임은 치료 환경을 조성해 주고자 이들의 필요에 적합하도록 주거 환경을 고쳤다. "이것은 아동의 감정적 고독을 없애 인성이 발달하도록 특별히 환경을 고안한 첫 시도였습니다."(『텅 빈 성채』, 25쪽). "초기의 아동정신분석학에 매료된 제 처와 저는 아동 자폐증에 걸린 여아('치료 불가' 판정을 받은)를 기르면서 이

새로운 학문이 아이에게 과연 도움이 되는지 보기로 했습니다… 우리와 함께 지내는 몇 해 동안 여아는 현저히 좋아졌고 이후 재능 있는 어여쁜 소녀가 되었습니다."(『다시 태어나는 곳』, 21쪽).

분석을 받은 후인 1936년, B. 베텔하임은 비엔나 정신분석학회의 회원이 되고자 했다. 그는 이미 학회의 여러 회원을 알고 있었으며 그들은 B. 베텔하임의 친구들이었다. 오토 페니셸은 이미 언급되었고, 거기에 빌헬름 라이히, 에디트 북스바움, 안니 라이히 Annie Reich 도 추가해야 한다.

1938년의 사건은 그에게 평생 지워지지 않는 상처를 남겼다. 그것은 오스트리아가 합병되고 비엔나에 나치가 들어오면서 비롯되었다. 유대인으로서 나치 대항 활동을 벌였기에(베텔하임, 1943)[95] 브루노 베텔하임은 1938년 봄, 다하우의 강제수용소에 감금되었다. 여름이 끝나가던 무렵, 그는 부헨발트 강제수용소로 이송되었다. 다하우에서 이동할 때 그는 총검으로 상처를 입었으며 머리에 심한 타격을 받았다. 안경도 잃었는데, 그것은 거의 시각을 잃은 것과 다름없었다. B. 베텔하임은 이런 공격에 용감히 맞섰을 것이다. 그는 새 안경을 받는 일에 성공했다. 그리고 의식을 명료히 유지하기 위하여 자기 자신과도 투쟁했다. 정신적 외상을 남기는 자신의 꿈도 연구했는데, 그것은 교통사고 때문인 이전의 악몽과는 성질이 달랐다. B.

---

[95] [역주] B. Bettelheim(1943), 「극한 상황에서 나타나는 개인행동과 집단행동」.

베텔하임은 수용자들을 사회심리학적으로 같이 연구하는 동료들을 규합하기도 했다. 우리가 이미 다룬 비엔나 정신분석학자 파울 페더른의 아들 에른스트 페더른도 그와 함께 감금되었다. 그리하여 에른스트 페더른은 동료들과 함께, 역경에 빠진 수용자들에게 간단하게나마 심리치료요법을 써서 위기를 극복하도록 도와준 일을 회고한다(페더른, 1988).[96]

B. 베텔하임은 초기에 감금되었기에 '몸값을 치르고 석방될' 수 있었다. 즉, 그곳은 처벌 수용소였으며 아직 몰살 수용소는 아니었기 때문이었다.

그래도 수용소에서 겪은 일들은 죽을 때까지 지워지지 않았다. 그는 방어 수단으로, 수용소에서 관찰한 바를 자신의 정신분석학적 사상과 창조성을 발전시키는 데에 사용했다. 살아남았다는 죄의식은 하나의 주제가 되어 그의 저술 전체를 관통한다. 이 죄의식은 수용된 적이 있는 모든 이에게 공통적인 현상이다. 이 특이한 형태의 죄의식, 부끄러움은 아직도 정신분석학의 일각에서 계속 연구되고 있다. 1991년 부에노스아이레스에서 열린 국제정신분석학회 회의도 이를 주제로 하여 열렸다.

바로 이런 극적 조건에서 브루노 베텔하임은 미국으로 이민했다.

---

[96] [역주] Federn, E. (1988), ≪La psychanalyse à Buchenwald. Conversations entre Bruno Bettelheim, le Dr Brief et Ernst Federn≫, *Revue internationale d'histoire de la psychanalyse*, no. 1, pp. 109~115.

그는 동료들의 환영을 받았다. 당시 시카고 연구소의 소장이었던 F. 알렉산더는 의사도 아닌 그를 정신분석학회 회원으로 받아주었다.

브루노 베텔하임은 작업할 때 항상 자신의 연구 동기를 잊지 않았다. "강제수용소에서의 체험이… 왜, 어떻게, 정신병 아동을 대상으로 작업하도록 이끌었는가? '내가 왜 거기서 구제되었을까?'라는, 뇌리를 떠나지 않는 질문을 잠재우려 할 때, 나는 왜 이 특수한 분야를 선택한 것일까?"(『다시 태어나는 곳』, 22쪽).

필자들도 어릴 적, 전쟁 중의 프랑스에서 나치의 박해를 경험했으므로 이러한 질문에 공감한다…

미국에 도착하자마자 브루노 베텔하임은 강제수용소를 고발하여 여론을 일깨우고자 했다. 1942년에 쓴 논문 「극한 상황에서 나타나는 개인행동과 집단행동」은 정신분석과 정신의학계 일부에서 일 년이 넘도록 출판을 거절했다. 그런데 그 거절 이유가 재미있다. 강제수용소에 있는 동안 '기록'을 해둔 것이 아니기에 그런 사실들이 확인 가능하지 않다는 것이었다. 게다가 그렇게 확인된 내용도 실험으로 다시 재현해낼 수 없으며 결론도 과장된데다 독자들은 그것을 받아들이지 않을 거라는 이유 때문이었다! 이 논문은 1943년에 출판되어 드디어 읽을 수 있게 되었다. 그러나 수용소 성격에 대한 몰인식으로, 전쟁이 끝날 무렵에 가서야 아이젠하우어 장군이 독일 주둔 미국 참모부의 장교들에게 이 논문을 의무적으로 읽도록 했다. B. 베텔하임은 이것을 '매우 늦은 일'이라고 평했다.

1944년, 브루노 베텔하임은 시카고 대학 부속 소니아 섕크만 정향진화正向進化 학교의 교장으로 임명되었다. '정향진화'orthogénique는 어디서 온 용어인지 그 기원이 확실하지 않은데, 이 기관에서 정신 지체아나 뇌질환 아동을 받던 당시에 생긴 용어로 보인다. B. 베텔하임이 기관을 정신분석학 원칙에 따라 이끌어 나가겠다고 발표하자 직원들은 한시바삐 그곳을 떠났다. B. 베텔하임은 시카고 대학의 학생들을 직원으로 채용했다. 이 학교는 1947년부터 본격적 기능을 발휘했다.

이 학교에 대한 설명과 학교에서 이루어진 작업에 대한 설명은 여러 책의 내용이 되어, 『사랑만으로는 충분하지 않다』와 『인생에서 탈출한 이들』이 1955년에 출판되었다. 이 책들이 나오기 전에는 이미 정신분석에 대한 여러 논문이 발표된 바 있었다. 그 논문들은 《메닝거 클리닉》(1948), 《정신분석학》(1949), 《아동에 관한 정신분석학적 연구》(1950) 등에 실려 있다. 이후 『텅 빈 성채』(1967), 『다시 태어나는 곳』(1974)이 출판되었다. 이후에도 볼 것이지만 B. 베텔하임은 이 학교를 1973년까지 이끌다가 70세에 사직했고 보좌관인 재키 샌더스가 뒤를 이었다. 재키 샌더스는 이후 기획된 업무를 제대로 수행해 내지 못한 것으로 보인다. 그리하여 이 학교의 운영방침이 바뀌었다. 브루노 베텔하임은 자신과 이 학교를 동일시한 나머지, 자신이 사직함과 동시에 학교도 사라진 것이었으리라. 그러나 (투쟁, 개중에서도) 특히 아동 정신병에 대한 투쟁을 다른 이들이 계승해 나아가리라는 사실을 그는 알고 있었다.

정신병 아동 치료에 대한 B. 베텔하임의 이론은 세 가지 사항에 따른다.

1. 안나 프로이트가 아동에 대해 발견해 낸 정신분석학 이론

2. 강제수용소에서의 일과 '극한 상황'에 관한 그의 연구

3. 전통적 정신병 기관에 대한 투쟁을 중심으로 한 그의 사회학적
고민

1. 우리가 이미 보았듯, 정신분석학적으로 그는 어머니와의 '상호
성', 즉 상호작용의 관계에 있는 능동적 신생아의 입장에 선다.
이 관점에서 그는 R. A. 스피츠, M. 말러, E. 에릭슨, D. W. 위니
코트의 입장까지도 비판한다(『텅 빈 성채』, 47쪽).

반면 그는 아기가 손으로 움켜쥐는 현상의 조기성早期性에 관
한 보울비의 개념을 받아들인다. B. 베텔하임은 아기의 발달에
결정적인 단계 세 가지를 구분한다. 출생 후 6개월까지 아기는
'이 세상이 본질적으로 좋다고 느끼는 작업을 마쳐야' 한다. 생후
6개월에서 9개월 사이에는 사람들을 개별체로 알아본다. 18개월
에서 2돌까지의 시기에 아기는 이 세상에 다가가거나 접촉하기
를 피할 수 있다.

브루노 베텔하임은 자신도 우울증의 입장과 정신분열성 망상
의 입장의 개념을 거부한다고 말할 때 멜라니 클라인을 단 한
번 인용한다(위의 책, 89쪽). 그러나 자폐증에 관해서는 멜라니
클라인과 W. R. 비온의 관점을 채택한다. 고통스러운 정신세계
때문에 자폐증 환자는 '언어로 생각할 줄 아는 능력을 파괴적으

로' 외면한다는 것이다.

자폐증 환자는 자폐증이라는 소질 탓에 정상적 발달 단계를 거칠 수가 없다. 그것은 일부는 선천적이고 일부는 매우 조기에 극한 상황이 일어난 정신외상적 사건에 기인한다. 자폐증 과정이 생기는 것은 어머니 탓이 아니다. 이에 관하여 B. 베텔하임은 안나 프로이트를 인용한다. "다행히도 정신분석학자들은 '애정 없는 어머니'라는 망령을 폐기하기 시작했다."(위의 책, 101쪽) 사실 안나 프로이트를 인용한 것은 1954년이었는데 B. 베텔하임은 이 신화의 폐기를 알린 최초의 인물이었다. 이 책의 저자들도 이에 극구 찬성한다. 1992년의 오늘날에도 이 사실은 정신분석학계 내에서조차 아직 충분히 인식되지 않고 있다. "파괴적인 어머니(잡아먹는 마녀)라는 (외부투사된) 이미지는 아기가 상상으로 창조해낸 이미지이다. 그 상상이 비록 현실에 근원을 두고 – 어머니라는 인물의 [무의식적] 파괴 의도를 포함하여 – 있기는 하지만 말이다."(같은 책, 104쪽) 게다가 B. 베텔하임은 자폐증 자녀를 둔 어머니들뿐만 아니라 **모든** 어머니가 사랑의 의도와 동시에 파괴적 의도도 함께 지니고 있다고 덧붙인다. 그리고 그것은 아버지들도 마찬가지라는 것이다. "자폐증을 유발하는 것은 어머니의 태도가 아니라 그 태도에 대한 아이의 자발적 반응이다."(위의 책, 102쪽)

600쪽에 달하는 방대한 저서인 『텅 빈 성채』의 마지막 100여 쪽은 문학에 대한 토의에 할애되어 있다…

2. 강제수용소에서의 생활은 브루노 베텔하임이 이후 '극한 상황'
이라고 고안한 개념을 구체적으로 체험하도록 '허락'한 셈이었
다. 수용자들은 의기소침, 긴장, 우울증뿐만 아니라 망상, 범죄,
퇴행의 상태까지 보였다. "숙명에 대한 느낌에 묻혀, 죽을 것이
뻔하다고 확신할 때 이들은 상태가 악화하여 거의 자폐증에 가까
운 행동을 보였다. 수용소에서 그들은 '회교도'라고 불렸다…"
(위의 책, 96쪽)

닥친 체험이 변경 불가능한 것일 때 그것은 극한 상황이 된다.
거기서 빠져나올 수도 없고, 그 상황이 얼마나 계속될지도 모르
는 상태에서 아무런 투쟁도 못하고 인간적 분노마저 품지 못하는
채로 죽음을 기다리는 것이다. 파괴적인 외부세계에 전적으로 좌
우되는 이때에는 전적인 복종만이 죽음의 대안이다. 고통, 육체
적 고통까지 포함하여 모든 정동이 질식당한다. 인간에게 자연스
러운 공격성도 폐기당한다. 현대에 와서는 핵전쟁이 나치 친위대
의 뒤를 이었다고 B. 베텔하임은 지적한다. "원자탄이 갑자기 폭
발하는 이미지는 전쟁의 위험에 어떻게 대응할지 방식을 선택할
여지 ─ 독립적이든 반半독립적이든 ─ 마저 앗아갔다."(위의 책,
76쪽)

이런 관점에서 그는 아동 자폐증을 "희망이 전혀 없는 극한 상
황에서 산다는 느낌에 대한 반응으로 발달하는 정신상태"(위의
책, 101쪽)라고 정의하기에 이른다.

3. 희망이야말로 베텔하임이 자폐증 아동에게 선사하고자 한 감정이다. 그는 아이가 최대한의 안락과 지극한 관용 속에서 살 수 있도록, 제도적 정신분석학 치료 시스템을 개발해내었다. 이를 위해서는 자신의 역전이 반응을 잘 이해하고 있는 전문가, 충분히 헌신적이고 의욕 있는 전문가팀이 필요했다. 이렇게 구상된 정신의학 기관은 전통적인 정신병원과는 성격이 정반대여야 했다. 『다시 태어나는 곳』에서는 바로 이런 **도전**을 성공으로 이끄는 데 필요한 모든 사항이 세밀히 전개되어 있다. 우선 아이와 기관 구성원에 대한 존중이 나와 있는데, 거기에 음식과 청소를 맡은 이들까지 포함된 점이 특색이다.

정신분석학의 이론은 그것이 적용될 수 있는 구체적 틀로 형상화되지 않으면 의미가 없다는 점을 B. 베텔하임은 증명하였다.

B. 베텔하임의 저작은 자폐증 아동과 함께 한 작업 이상이다. 집단 농장의 아이들에 관한 연구(『꿈의 아이들』, 1969)도 있으며 특히 『동화의 정신분석학』(1976) 이외에도 『살아남기』(1979), 『기억과 사색』(1990)(프랑스어로는 『인생의 무게』)에 실린 짧은 논문 다수와 여러 책이 있다.

B. 베텔하임은 토론이나 논쟁을 삼갔음에도 그의 저서는 매혹과 동시에 거부의 대상이 되었다. 그것은 우리가 멜라니 클라인의 경우에서 본 바와 흡사할 정도이다. B. 베텔하임은 이론적으로 전혀 클라인 파가 아니었는데도 말이다. 프랑스어로 된 『텅 빈 성채』(1969)

의 번역자 서문을 보면, 브루노 베텔하임은 "프랑스에서 거의 알려지지 않았다"고 쓰여 있다. 그런데 『다시 태어나는 곳』(1975)의 책 커버에는 "텔레비전을 통하여 이제는 모든 프랑스인에게 잘 알려진 브루노 베텔하임"이라고 되어 있다. 사실 그의 저술은 토니 레네와 다니엘 카를랭이 진행하는 텔레비전 방송에 보도된 적이 있다. 이 방송에서는 그의 매력이 강조되었다. 그러나 동시에 '그는 의사가 아니다', '그가 치료한 아동들은 자폐증 환자가 아니었다', '그는 부모들에게 죄의식을 심어준다' 등 모든 면에서 정신분석학의 해로운 역할을 강조하는 통속적 논지를 펴는, 권위 있는 프랑스 일간지들이 캠페인을 일으키기도 했다. B. 베텔하임이 87세의 나이에 세상을 뜨자 미국에서도 이와 유사한 캠페인이 일어났다. B. 베텔하임이 아동들을 가두어 혹독하게 대했다는 것이었다. 이런 소문 일부도 프랑스에 유포되어, 정향진화正向進化 학교는 우생론과 무관하지 않았다는 음산한 설까지 나돌았다. 전체주의로 고발당하지 않고 교묘히 회피하기 위해 오히려, 제물 희생의 여파를 치유하는 데 일생을 보내고 저작을 일구어낸 이를 공격한 이 일은 다시 생각해 보아야 할 일이다. 나치즘에 대하여 그토록 용감한 자세를 취했고 몸소 죽음에 대한 불안을 체험한 정신분석가라는 사실, 그리고 자폐증 아동을 돌본 일, 이 모두가 대중 각자에게 깊은 불안을 일깨웠기 때문에 그런 전례 없는 공격성이 방출된 것 아닌가?

미국 아동정신분석학의 역사 전체를 이 책에서 개괄할 수는 없다. 미국 사회는 구조상 학파들이 생기고 발전하다가 서로 연관 없이 사라지기도 하고, 어떤 학파가 다른 학파보다 더 우세하다고 할 수도 없는 상황에서 사라지는 학파도 있다. 전반적으로 모든 학파는 안나 프로이트의 글이나 개인적 가르침의 휘하에 있으며, 하인츠 하르트만의 자아심리학이란 정신분석학적 이데올로기를 따른다. 예컨대 디트로이트의 에디트 스터버, 시애틀의 E. 북스바움, 뉴욕의 베어타 본슈타인, 뉴 헤이븐 예일 아동연구센터의 마리안 크리스 등 그 외 다른 이들도 꼽을 수 있다. 또한 융과 A. 아들러, W. 라이히의 후계자들과 제자들의 작업도 거론할 수 있다.

이 아동정신분석가들은 '비정형적' 아동이나 신경증에 걸린 아동 치료 외에도 미국 각지에 아동을 위한 기관을 설치했다. 또한 이들은 정신과 의사와 사회복지사를 양성했으며 의과와 외과에 입원한 아동들의 문제도 맡아보았다. 우리는 직접 관찰에 기반하여 과학적 연구를 시도한 경우도 이미 보았다. 그 분야에서는 R. A. 스피츠, M. 말러, E. 크리스, 그리고 이후의 마리안 크리스나 젤마 프라이베르크가 그 주역이다.

오늘날의 아동정신분석학

1945년 이후로, 아동정신분석학을 특별히 교육할 필요성이 대두하였다. 미국 정신분석학회 내의 여러 정신분석학 연구소는 이런 요구를 완전히 충족시키지 못하고 있었다. 아동분석가에 대한 이론적 위상이 분명히 정립되어 있지 않았기 때문이었다. 이것은 오늘날에도 마찬가지이다. 더군다나 의사가 아니면 분석가로 양성하지 않는다는 규율 탓에 아동정신분석가 교육의 활로는 더욱 막혀 있었다. 아동정신분석을 소명으로 하는 전문가들은 거의 다 의사가 아니었기 때문이었다.

그러나 에르나 퍼먼이 《아동정신분석학》(E. 퍼먼, 1986)에서 밝히는 바와 같이, 아동분석가 양성에 대한 구상은 안나 프로이트가 창설한 런던의 햄스테드 아동치료 코스와 함께 2차 세계대전 이후에야 등장했다. 에릭 에릭슨이 이끄는 아동분석 위원회에서 이 특수 양성에 대한 안건과 의사가 아닌 이들에 대한 문제를 제기해 보았으나 별 성과가 없었다. 미국인 중에서 아동분석교육을 받고자 하는 이들은 '이민자들'에게 개인적으로 세미나를 받거나 아니면 런던의 '햄스테드'로 가곤 했다.

1958년 안니 카탄(II, 5장 참조)은 "결정적인 첫걸음을 과감히 내디디다."(E. 퍼먼, 1986) 햄스테드 모델을 본떠 클리블랜드 아동분석 치료 코스를 편성한 것이었다. 미국 정신분석학회 규율을 지키기 위해 안니 카탄과 로버트 퍼먼 박사는 이 강연을 주최하면서도 강의를 직접 맡거나 감독하지 않았다. 역설적으로, 교육은 모두 의사가 아닌 이들에게 맡겨졌다.

아동정신분석가의 수가 증가함과 더불어, 아동을 위한 정신의학 기관 내에 정신분석 활동이 탄생했으며, 특별진료도 개설되었다. 이 아동분석가들은 '미국 정신분석학회 학문 회의에 때때로 참석'하기까지 했다. 그러나 의사가 아니면 각종 정신분석학회에 온전한 구성원이 되지 못하는 변함없는 현실에 대처하여, 마리안 크리스는 1965년에 아동정신분석학회를 세웠다. 이 학회는 과학적으로 매우 중요한 활동을 하고 있으며 공인된 교육 프로그램을 받은 학위소지자와, 아동정신분석 자질을 입증할 수 있는 지원자- 개인적 추천을 받은- 를 회원으로 받는다. 1986년에 이 학회의 미국회원은 435명에 달했으며 그중 58%는 의사였다고 E. 퍼먼은 보고한다. 그러나 이것으로 환상을 품을 일은 아니라고 E. 퍼먼은 말한다. 1960년대 이후의 경제 위기가 아동분석에도 강타하여, 아동분석은 예산 축소의 희생양이 되었다는 것이다. 이에 공공기관은 '단기' 치료를 선택하고, 상업성이 확실한 프로그램이나 사립 프로그램은 입학의 문을 좁혔으며 약물처방과 행동처방child fixing을 선호하게 되었다. 진료비 제한에 따라 일부 선임 분석가들은 청소년 혹은 성인만 받기도 했다. 이 부분에서 아르헨티나의 상황은 매우 다른 것 같다.(III, 3장을 참조할 것)

햄스테드 클리닉에서 교육받은 에르나 퍼먼은 클리블랜드를 예로들어, 미국 아동분석 작업방식의 한 예를 들려주었다. 에르나 퍼먼은 한나 퍼킨스 치료학교와, 안니 카탄이 이끄는 아동발달 연구를 위한 클리블랜드 센터에서 근무하고 있다. 여기서 에르나 퍼먼이 속한 아동분석가 그룹은 매주 월요일과 금요일에 회의를 연다고 한다. 월요일 저녁 회의는 한나 퍼킨스 치료학교가 설립된 이후로 줄곧 열렸으며 25~30명의 아동분석가- 베테랑이건 연구 중인 분석가이건-가 참여하고 있다. 위기에 대처하기 위해 이 그룹은 1964년에 클리블랜드 정신분석학회의 도움으로 아동분석 클리닉을 창설했다. 이 기관에서는 부모가 치를 수 있는 금액이 얼마인지에 상관없이 아동정신분석 치료 혜택을 받을 수 있다. 이런 경우는 미국에서 이 곳밖에 없을 것이라고 에르나 퍼먼은 말한다. 1986년에 38명의 아이가 이 기관에서 치료를 받았다. 1966년에는 전체 운영과 자금 유치를 맡은 비영리 사립 단체가 설립되어 이 기관을 보조했다. 의사가 아닌 분석가들은 의료책임자 밑에서 일한다고 한다. 이 분석가 그룹은 또한 살아남기 위하여 '비용'을 줄이는 방향을 택했다. 즉, 이 회원들은 무보수로 연구의 날에 참가하는가 하면 연구도 진행하고 보고서나 논문도 작성한다. 그리고 클리닉에 오는 환자들을 치료하는 데에 평균 개인진료비의 삼 분의 일 정도의 금액만 받기로 했다. 이 액수는 한나 퍼킨스 치료학교의 진료비에 훨씬 못 미친다. 이 모든 세부사항은 사소해 보일 수 있지만 현 상황의 다양한 지표를 잘 대변한다.

에르나 퍼먼과 클리블랜드 그룹의 학문적 작업은 애도, 유치원 교육, 정신적 외상, 입양, 신체의 병이 정신에 미치는 영향, 아동을 다른 가정에 맡기는 등의 도움에 관한 것이고 환상과 현실, 잠복기나 유혹과 같은 더욱 이론적인 면도 다룬다.

대부분의 미국인 저자처럼 에르나 퍼먼은 안나 프로이트와 하인츠 하르트만의 사상에 따라, M. 말러와 D. W. 위니코트의 사상도 다룬다.《아동정신분석학》의 다른 논문에서 E. 퍼먼은 정신병 아동에 관한 문제를 독창적으로 다룬다. 일단, E. 퍼먼은 정신병 아동을 '비정형 아동'이라 명명한다. 그것은 정신병이 아니라는 것이다. 왜냐하면 이 '비정형 아동'에게는 1) 퇴행이 없고 발달정지나 우회만 있을 뿐이며 2) 환각도 없기 때문이다. 그리고 3) 진후병력診後病歷[97]을 볼 때 이 '비정형 아동'은 정신병으로 이행하지 않는다. 그러나 사실이 이렇다고 해서, 예컨대 M. 말러의 다양한 치료법을 채택하지는 않는다. 반면, B. 베텔하임과는 반대로 E. 퍼먼은 아동과 부모를 분리하지 않는다. 그러나 치료 초기에는 분리한다. E. 퍼먼은 치료 준비단계로 몇 개월이나 일 이년 정도를 제시한다. 그다음에 아동은, 가능한 한 한 번에 50분 지속하는 분석을 일주일에 다섯 번씩 받아야 한다. E. 퍼먼이 '비정형' 아동의 장애를 메타심리학적으로 묘사한 내용을 보면 다른 저자들이 정신병 아동을 묘사한 것과 별로 다르지 않다. 다만 그 과정을 다른 관점에서 검토하고 있을 뿐이다. 즉, 자아의 독립적 기능, 특히 조직 기능과 통합 기능이 발달했는지에 따라 검토하고 있다. 여기서 우리가 강조하고자 하는 바는, 고안된 이론이 무엇이든지 간에 임상에 뿌리를 두고 있는 한 그것은 엄연히 정신분석학이라는 사실이다.

---

[97] [역주] 치료가 끝난 후 얻는, 병의 진행에 관한 정보. 그럼으로써 향후 경과를 예측할 수 있다.

미국의 교육

1976년, 클리블랜드의 모델을 본뜬 연구소가 로스앤젤레스에 설립되었다. 햄스테드의 모델은 보스턴, 예일, 뉴욕, 디트로이트, 안 하버, 시카고, 라 호야(캘리포니아)까지 퍼졌다고 리오 랜젤^{Rangell}은 안나 프로이트 기념 연설에서 보고했다(1982).

미국에서는 의사가 아닌 자가 행하는 분석(문외한 분석)이 아동 분석 문제와 겹친 나머지, 아동분석이 공인받는 일이 어려운 이유가 의사 자격증을 소지했는지 아닌지 때문이라는 말까지 나왔다. 그러나 사실은 의사 당사자도 의사 아닌 이들과 마찬가지로, 다른 성인 분석가 동료나 정신분석 기관에서 아동분석을 공인받는 데에 어려움을 겪었으며 아직도 겪고 있다. 수많은 예가 이를 증명한다. 특히 앞에서 살펴본 안니 카탄과 로버트 퍼먼이 그렇다.

그러나 시간이 지남에 따라 미국 정신분석학회는 태도를 누그러뜨렸다. 그것은 아동정신분석가들과 안나 프로이트의 노력 덕분이었다. 1958년에는 헬렌 로스와 버트램 레윈이 미국의 정신분석교육에 대한 글을 썼는데 그중 일부는 아동분석에 할애되어 있다. 또한 1958년, 미국정신분석학회는 각 연구소에 '아동정신분석 강의'를 열도록 권고했다. 그러나 이는 잘 지켜지지 않았다. 1964년, 미국정신분석학회는 아동분석에 관한 토론회를 주최했으며 1978년에는 「아동과 청소년 정신분석 훈련의 기준」을 작성했다. 최근 들어 (1991) 미국정신분석학회는 드디어 의사가 아닌 분석가를 인정했는데, 이를 위하여 소송을 거쳐야 했다. 그래도 아동분석이란 문제는 해결되지 않은 채로 남아있다. 이 점은 바로 위에서 논의하였다.

뉴욕 대학 의료센터의 교수이자, 정신분석학 연구소(미국정신분석학회 소속)의 정신분석가 겸 교육 전문가인 쥘스 글랜Glenn은 「아동에 관한 정신분석적 연구」(1987)라는 논문에서 아동정신분석가의 감독 문제를 다룬다. 감독은 당연히, 지망생의 개인적 분석과 방대한 분야에 걸친 교수법 예습이 이행된 후에 실시되어야 한다. 이때 아동발달에 관한 연구를 포함한 정신분석학의 이론과 실제에 관한 강의가 병행된다. 이수과정에서 지망생은 직접 관찰 등 아동을 대상으로 한 실습을 해본다. 지망생은 아동과 청소년에 대한 특수 정신분석 기법을 배울 수 있고 임상에 관한 강연이나 사례를 다루는 세미나에 참가할 수도 있다. 그러나 미국정신분석학회는 이 이수과정을 밟기 전에 성인 정신분석을 해본 경험이 있어야 한다고 명시한다. 지망생은 그렇게 '최소한의 요소'에 대한 기법을 탄탄히 갖추어야 한다고 한다. 그래야만 해석을 잘할 수 있도록 훈련된다는 것이다. 이 논문에서 쥘스 글랜은 지망생이 최초로 행하는 진료인 아동분석에 대한 감독을 다룬다. 아울러 분석가와 감독자의 스타일, 아동과의 의사소통 방식, 이전에 아동심리치료를 행하던 - 그런 경우가 많다 - 지망생의 비정신분석적 경향, 부모의 문제 등을 연구한다. '프로이트 파' 아동분석가 대다수가 부모를 만나본다. 이는 부모들과 치료시의 협력 관계를 유지하기 위해서이고, 분석을 받아야 하는 자녀를 둔 데에 따른 어려움에 도움을 주기 위해서이며, 아동의 과거와 현재에 관한 정보를 얻기 위해서이고, 때에 따라 아동의 환경을 수정하거나 유지시키기 위해서라고 그는 말한다. 이 모든 요소 탓에 감독자는 특별한 임무를 맡게 된다. 감독자와 감독받는 지망생 사이의 관계－특히 전이와 역전이의 관점에서－를 다룬 후 J. 글랜은 '아동정신분석가의 정체성' 발달에 관심을 두고, 이와 관련하여 분석가의 정체성에 관한 E. 조세프와 D. 비트뢰혀의 작업(1983)[98]을 인용한다. 그것은 아동정신분석가는 자신을 분석해 준 정신분석가와 감독자 둘 중 누구의 방식에 자동으로 동일시하는가의 문제이다. 그 과정에서 저절로, 아동분석가는 예컨대 클라인 파 혹은 프로이트 파(안나 프로이트 파)가 되는가? J. 글랜은 아동분석가는 독립적으로 자신의 길을 가야 한다고 결론짓는다.

이렇듯 미국에서는 정신분석학 안에 잘 통합된 아동정신분석학 사상이 발전하고 있음을 볼 수 있다. 그리하여 아동정신분석학은 아동정신분석학회의 주도하에－공식적으로는 미국정신분석학회의 주도하에－사립연구소에서 교육되고 있다. 이 교육 과정은 안나 프로이트 성향이나 하르트만식이 지배적이지만 M. 클라인의 이론도 조금씩 도입되고 있다. 언젠가는 미국에서도 이론적 균형을 갖춘 아동정신분석학이 발달하리라. 처음에는 안나 프로이트가 후원했고, 이후에는 크리스 부부와 아이슬러 커플이 후원한《아동에 관한 정

---

[98] [역주] E. Joseph & D. Widlöcher(1983), 『정신분석가의 정체성』.

신분석학적 연구》의 방대한 분량(500~700쪽)이 1945년부터 매해 출판되고 있으니, 이 또한 균형 있는 아동정신분석 이론 발달에 이 바지할 것이다.

03 아르헨티나: 아르민다 아버라스튜리

아르민다 아버라스튜리는 아르헨티나의 아동정신분석학을 정립했다. 부에노스아이레스 출생인 그녀는 바스크 조상을 둔 귀족 집안에서 태어났다. 아버지는 지주地主였고 법학자였다. 아르민다는 젊었을 때 중등교육을 마치고 의학공부를 하고자 했으나 가족이 이를 금지했다. 당시 사회계층에서 그것은 생각도 할 수 없는 일이었고, 25세나 되어서야 성인으로 인정되었기 때문이었다. 그래서 아르민다는 교육학을 전공했고 철학박사가 되었다. 또한 매우 이른 나이에 엔리크 피숑-리비에르[99]와 약혼했다. 약혼 당시 엔리크는 의학공부를 하고 있었으므로 아르민다는 약혼자를 따라 수업에 참여했다. 그리하여, 해당 학위를 취득할 자격은 없었지만 의사와 똑같은 과정을 이수했다. 이 정보를 제공해 준 시도니아 멜러는 아르민다의 친구였

---

[99] 엔리크 피숑-리비에르는 프랑스 정신분석학자인 에두아르 피숑과 혈연관계가 전혀 없는 것으로 보인다. 에두아르 피숑은 파리 정신분석학회를 창설한 이 중의 한사람이다.

다. 시도니아 멜러는 아르민다가 지적이고 아름다우며 매혹적인데다 섬세하고 교양있는 여인이었다고 말한다(회견 7). 아르민다는 애칭이 '네그라'[100], '송브라'[101]였다고 한다(페레르와 가르마).

아르민다의 남편 엔리크 피숑-리비에르는 지적이고 독창적인 인격의 남자였다. 그는 정신의학의 거장이 되었고 이후 아르헨티나의 정신분석가가 되었다. 아동과 젊은이에 관한 제1차 아르헨티나 정신병리학 회의 보고서(1969)에서 아르민다 아버라스튜리는 다음과 같이 말한다. "초기에 나의 기법은 안나 프로이트와 소피 모르겐슈테른이 아동분석을 하려고 정립한 기법에 기초했다. 그러나 1940년 이후로는 멜라니 클라인의 기법과 저술에 영향을 받았다. 해를 거듭함에 따라, 나만의 고유한 방식과 발견은 멜라니 클라인의 이론을 토대로 형성되었다. 나와 함께 작업했고 지금도 같이 작업하고 있는 동료도 마찬가지이다."

1925년부터 아르민다 아버라스튜리는 멜라니 클라인을 만나기 위해 런던에 자주 가곤 했다. 멜라니 클라인은 아버라스튜리에게 영국에 남으면 어떻겠느냐고 제안했지만 아르민다 아버라스튜리는 고국에 돌아오는 쪽을 선호했다. 말년에 A. 아버라스튜리는 멜라니 클라인이 충분한 교양이 없다고 비난했으며, '골수 클라인 파'이기를 그만두었다(회견 7). 클라인의 사상을 확산하려고 많은 일을 한 A.

---

[100] [역주] '검은'의 뜻.
[101] [역주] '거무튀튀한'의 뜻.

아버라스튜리는 초기 생식기 단계를 자신만의 이론으로 묘사했다(페레르와 가르마). 초기 생식기 단계는 "출생 후 첫해가 끝나기 전에 아기에게 나타나며, 해당 성감대의 우위가 확실해지면서 생식 욕동이 증가하는 시기이다."

1960년과 1971년(아르민다가 사망한 해) 사이에 아르민다 아버라스튜리는 그룹 심리치료에도 관심을 두었으며 아동정신분석가들에게 교육받은 '방향제시 그룹', 아동을 위한 치과 의사와 소아과 의사그룹, 부모 그룹, 가족 전체가 참여하는 치료 기법 등에 관심을 보였다. 1950년대에는 에릭 에릭슨의 사상에 기반하여 집 건축 테스트를 고안했다. 이 테스트는 나무로 된 정육면체 조각을 사용하여, 어떻게 구조물을 만들었는지 보아 아동의 정신 공간을 파악하는 것이다. 이 테스트(El juego de construir casas, 1951)는 수잔나 페레르와 에두아르도 살라스가 사용했다.

아르민다 아버라스튜리는 아동정신분석학 연구그룹을 만들었다. 아르헨티나 정신분석학회 내에서 아동정신분석학 분과는 처음 생겼을 때 그녀의 이름을 땄다. 그 분과는 A. 아버라스튜리가 사망한 다음 2~3년 후에 수잔나 페레르가 설립한 것이었다. A. 아버라스튜리는 남아메리카, 특히 브라질 여행을 많이 하면서 아동정신분석가 양성을 제도화할 것을 촉구했다. 시도니아 멜러는 생후 8일부터 걷잡을 수 없는 비염에 걸린 아기를 아버라스튜리가 성공적으로 치료하는 것을 보았다고 회고한다. 시도니아 멜러는 앙헬 가르마와 함께 이 사례를 부에노스아이레스 의과대학의 아울라 마그나에 모인 이

천 명의 청중에게 소개했다(회견 7). A. 아버라스튜리의 교육활동은 높은 인정과 좋은 평가를 받았다. 1956년, A. 아버라스튜리는 아르헨티나 정신분석학회 교육기관장이 되었다. 멜라니 클라인과의 접촉은 주로 서신으로 이루어졌다. 1951년, A. 아버라스튜리는 멜라니 클라인과 편지를 주고받으면서 아동 사례를 검토했다. 그 후에도 편지를 계속 주고받았으며(F. 카이유, 1989)[102], 이미 말한 대로, 멜라니 클라인을 직접 보러 런던에 자주 드나들었다. A. 아버라스튜리는 일주일에 다섯 번에 걸친 분석을 하면서 아동… 그리고 분석가의 깊은 불안을 분석할 수 있었다. "우리는 분석을 다섯 번 한다. 왜냐면 그렇게 '할 수 있기' 때문이다"라고 D. 로젠펠트는 말한다(회견 5). A. 아버라스튜리는 멜라니 클라인의 저서『아동정신분석학』을 손수 번역했다. 그런데 클라인은 당시 아르헨티나에 이미 알려지고 수용되어 있었다. A. 아버라스튜리는 헤르미네 후크-헬무트, 제럴드 퍼슨 등에 의하여 영감 받았다고 고백한다(1973). 특히 제럴드 퍼슨의 부모와의 관계에 관한 이바지를 높이 산다. 그리고 물론 지그문트 프로이트와 그의 저서『꼬마 한스』도 인용한다.

엔리크 피숑-리비에르는 정신병자 치료를 맡았으며 멜라니 클라인의 이론을 사용했다. 호세 블레게르, 다비드 리베르만, 유엘 작, 레옹 그린베르크 등 그의 제자들도 같은 방향으로 작업했다. 1955년

---

[102] [역주] F. Caille(1989), 『아동정신분석학 일지』.

부터 양성된 후세대 아르헨티나 정신분석가도 마찬가지로 중증의 병자뿐만 아니라 아동에게도 관심을 가졌다. 의사인 에밀리오 로드리게는 런던에서 정신분석학 교육을 받았다. 부에노스아이레스에 돌아온 후에는 그룹연구(W. R. 비온과 E. 자크의 이론)와 아동연구 쪽으로 가르침을 폈다. 그러나 수많은 아동정신분석가가 그런 것처럼 에밀리오 로드리게 역시 교육 전문가가 되자마자 아동정신분석을 그만두었다. 이것은 비단 아르헨티나에만 국한된 현상이 아니다.

다비드 로젠펠트는(회견 5) 아동정신분석 세미나에서 그와 함께 작업했다고 회상한다. 그 세미나는 레베카 그린베르크와 함께 E. 로드리게가 이끌었다고 한다(현재에는 마드리드에서 진행되고 있음). 1972년, E. 로드리게는 아르헨티나를 떠나 1974년에 살바도르 데 바이아(브라질)에서 정신분석학 교육 전문가가 되어 라캉 정신분석 학교와 제휴했다.

아르민다 아버라스튜리는 지도자로서 해야 할 역할 외에도 자신만의 사상과 새로운 적용 영역을 발전시켰다. 그녀는 심리치료요법과 아동정신분석을 구분하는 데에 심혈을 기울였다. 한편으로는 J. 라플랑슈와 J.-B. 퐁탈리스, 또 한편으로는 L. R. 볼베르크의 정의를 다시 다루면서 A. 아버라스튜리는 라플랑슈와 퐁탈리스가 빠뜨린 부분을 지적한다. "심리치료요법이라면 무엇이든지 그 형태를 막론하고 적용해야 하는데, 이때 특별한 훈련이 필요하다고 볼베르크는 강조한다." 심리치료요법이든 정신분석이든 아동 특유의, 언어를 통하지 않는 표현방식(놀이, 그림, 신체를 이용한 표현, 말로 하는 표현)을 이해하기 위해서는 여러 해에 걸쳐 훈련해야 한다. 놀이를 이해하고자 A. 아버라스튜리는 지그문트 프로이트(깊이 숨은 정신적 외상의 상황에 관한 이해 그리고 강박), M. 클라인(모든 유희 활동 안에 깊이 숨어있는 수음 환상, 외부투사 동일시, 조기 대상관계), E. 에릭슨(자아 기능의 표시로서 유희활동), R. 웰더(정신적 작업 활동으로서 유희. 이 유희는 그 반복 성격 때문에 반추反芻동물의 소화에 비교된다)에게서 힌트를 얻는다. 유희는 생후 4개월 동안 아동에게 어떤 의미를 띠기 시작한다. 그림도 아이의 비언어적 표현이며 본질적인 요소로서, 3세부터 청소년기 초까지 사용된다. 아르민다 아버라스튜리는 그림의 잘 알려진 기능 외에도, 그림이 공간 관계와 인체 구도의 발달과 상당한 상관관계가 있음을 발견한다. 엄밀한 의미에서, 아동정신분석에서 놀이와 그림은 전이 차원에서의 방어 등 그 내용을 중심으로 해석되어야 한다. 이와 관련하여, 지극히 세밀한 부분까지 분석하는 A. 아버라스튜리의 솜씨는 가히 전설적이었다.

A. 아버라스튜리는 정신분석가를 두 부류로 나눈다. 유희 해석 등 비언어적 해석을 사용하는 분석가와 아이에게 말을 하는 분석가가 그것이다. 한편, A. 아버라스튜리는 "말을 통해야만 무의식의 내용을 의식화시킬 수 있다. 해석을 해주는 목적도 바로 이것이다". 아동심리치료사는 아이가 우리의 말을 **이해**할 수 있다는 사실을 공감하지 못한다. 아동정신분석 시에는 주체의 나이에 맞는 말 - 특히 12개월에서 18개월 사이의 어린아이일 때 - 을 잘 써가며 분석을 해

주어야 한다. 그런데 그 성격은 근본적으로 성인분석을 할 때와 똑같다. "이런 기법으로써, 치료가 끝났을 때에는 매우 어린 아이일지라도 최소한의 언어로 생각을 표현할 줄 알아 비언어적 표현에 따르지 않아도 되도록 해주어야 한다는 의견은 누구나 다 인정하는 공준이다. 멜라니 클라인에게 분석을 끝내기 위해 불가결한 우선적 요건은 어린아이가 하는 언어표현이었다."

이외에도 A. 아버라스튜리는 전이의 긍정적 양상과 부정적 양상을 균형 있게 다루고, 퇴행을 사용하되 주체의 '내력'에 의지하지는 않으며, 전이를 쉽게 일으키게 하려고 불안을 사용한다(그런데 그 불안을 인위적으로 감소시키면 안 된다). 그리고 분석의 목적은 구조적·역동적 변화이다. 심리치료에서처럼 증후의 소멸이 아니다.

저서 『아동정신분석학과 그 적용』(1972)에서 A. 아버라스튜리는 아동에 대한 분석 기법의 여러 방식을 세밀히 논하고 있다. 그 내용을 여기에 다 열거할 수는 없다. 그녀가 강조하는 아동정신분석의 적용이란, 자신이 창립한 그룹을 가리킨다. 이 그룹에는 부모를 위한 방향 제시 그룹, 소아과 의사 그룹, 아동을 대상으로 하는 치과의사(소아 치과의사) 그룹, 아동정신분석가 그룹, 수술받는 아동을 위한 심리치료사 그룹 등이 있다. A. 아버라스튜리의 사상은 수많은 작업에 영감을 주었다. 특히 최근에 이루어진 적용 분야는, 프랑스나 다른 나라의 일반 병원 혹은 치과에서 고립적으로 정신분석 작업을 시도한 이들에게 흥미로울 것이다. 개인 치과의 원장 마리 이네스 에고즈쿠는 A. 가르마에게 분석을 받은 뒤로 아동을 대상으로 하는 치과의사들과의 일이 훨씬 더 쉬워졌다고 한다.

또한 A. 아버라스튜리는 한 저서에서(1967) 아르헨티나 정신분석학 운동의 역사와 정신분석이란 직업 활동에 관한 법규 제정에 관심을 보이고 있다.

그리고 아동이 죽음을 어떻게 인지하는지에 관한 미완성 작업 (1973b)도 있다.

아버라스튜리가 남긴 풍부한 저작 중, 아동분석 이론과 실제의 어려움에 관한 고찰도 짚고 넘어가자. 이 내용은 '전이와 역전이'라는 제목의 논문으로 1951년 파리에서 낭독되었다. 그녀가 생각하는 정신분석학은 아이로 하여금 가족들과 어려움을 겪도록 한다고 한다. "아이의 그런 반응이 두려워서 어떤 아동정신분석가는 진정한 정신분석을 외면하며 치료법도 수정하는 추세이다."

성인을 대상으로 하는 분석가보다 아동정신분석가의 수가 적은 이유는 무엇일까? "아동분석의 기법이 더 어렵기 때문이라고 말하는 것은, 더욱 복합적인 무의식적 현상을 의식적 설명으로 덮어버리는 것이다"… "아동과 함께 작업하고 아동이 사는 방식, 전이를 보이는 아동의 방식 등을 대하다 보면 분석가는 자신의 아동기와 관련된 깊은 불안에 직면한다. 그 불안을 확실히 제압할 수 있는 사람은 없다…" (여기서 말하는 불안이란, 멜라니 클라인이 묘사한 망상증의 불안이나 우울증의 불안이다.) 무의식적으로 이 불안이 작동하는 순간, 분석가는 아동과의 작업에 거리를 둔다. 분석가에 대한 아이의 전이가 강렬해지면, 분석가는 아이의 어머니에 대해 (무의식적으로) 불안감을 느끼게 된다. 분석가는 "자기가 어머니에게서 아이를 빼앗았다는 인상을 받는다. 그런 인상은 분석가 자신의 어머니에 대해 어릴 적 느꼈던 것이 반복되는 일이다." 분석가가 엄마였으면 좋겠다고 아이가 드러내놓고 말하면 분석가는 자신이 어렸을 적 어머니 몸 안의 내용물을 다 빼앗고 나서 어머니를 다시는 복원할 수 없었던 환상에서 나온 불안을 겪는다. "바로 이런 불안 때문에 어떤 분석가는 아이가 전이할 능력이 없다고 말하기도 하고, 아이는 진정한 의미의 전이 신경증을 거치지 않는다고 믿기도 했다." 그런 불안에 대한 반발로 아이의 어머니를 혐오하는 분석가도 있다. 그때 분석가는 서툰 말이나 질문 - 그 질문의 진짜 내용은 무의식에 묻혀 분석가 자신도 명확히 모른다 - 을 어머니에게 하게 되는데, 이로써 또 그 어머니는 아이의 신경증이 자기 잘못이라는 죄의식을 가진다. 결국, 적절하지 않은 순간에 치료가 중단된다.

아동정신분석에서는 남성분석가가 왜 그리 적을까? 이전 장에서 본 바와 같이 융이나 지그문트 프로이트, 그외 다른 이들 이후로, 아동분석을 여성에게 일임하는 것은 일반적 추세가 되었다. 여성이 그 분야에 더 '재능이 있다'고 여기는 것이다. '어머니 역할을 맡는' 일(어머니에 대한 전이의 대상이 되는 일)은 아동분석에서 훨씬 더 잦은 일이며, 그것은 남성에게 불안을 일깨운다. 그래서 남성은 "그것을 피한다. 즉, 여성적 수동성에 처해야 하는 상황에 남성은 불안을 느낀다. 또한 어머니에 대한 경쟁, 어머니의 자리를 차지하여 어머니의 아기를 빼앗아버리는 환상 등도 남성에게 불안을 가져다준다." 이런 논의는 우리가 이미 다룬 바 있다.

우리는 아르민다 아버라스튜리의 이런 분석에 동의한다. 남성 아동정신분석가가 거의 없는 것은 사실이다. 그러나 여성 분석가의 아버지에 대한 전이는 또 어떠한지 의문을 제기해 볼 수 있다.

그리고 다음과 같은 불안을 느끼는 남성도 있다고 A. 아버라스튜리는 말한다. "내가 이렇게 아이와 함께 놀고 있는 것을 누가 문 열고 보면, 나를 여자 같다거나 동성애자라고 생각하지 않을까?" "자신의 태도가 남에게 정신이 돌고 거세된 남자의 모습으로 보일까" 두려워하는 남성들도 있다.

아르헨티나는 다른 나라보다 남성 아동분석가가 많은데, 아르헨티나의 '라틴' 문화는 분명 그 원인이 될 수 없다. 그것은 바로 A. 아버라스튜리의 이런 타당한 성찰 덕이라고 필자는 생각한다.

세미나와 감독 활동을 통하여 이런 현상들이 해명된 것은 분석가 지망생의 역전이를 연구한 결과였다. 그럼으로써 A. 아버라스튜리는 아동정신분석가 **양성**의 독창적 형태 또한 연구할 수 있었다. 지망생을 개인적으로 분석하는 일, 망상의 입장과 우울의 입장의 수준까지 분석을 '끝내야' 하는 일이 A. 아버라스튜리가 본질적이라고 여기는 사항이었다. 그러나 좀 더 완화된 과정도 있었다. 즉, 정신분석을 받도록 해야 할지 모르는 애매한 상태의 아이들을 위해 A. 아버라스튜리는 한 분과를 만들었다. 그 분과는 정신분석교육을 받은 소아과 의사와, 교육을 받고 있는 지망생으로 이루어졌다. "사례별로 아이들은 주당 서너 번의 분석에 참여한다. 그러나 해석은 해주

지 않는다. 이때 지망생은 아동의 전반적 행동과 놀이를 관찰해야
한다. 아동이 집으로 돌아간 후 지망생은 분석 중에 일어난 세부사
항을 모두 기록하여 제출한다. 즉, 놀이의 상징적 내용과 아이의 전
반적 행동을 묘사하는 것이다. 그다음, 검토를 맡은 분석가가 분석
의 의미, 가능한 해석, 그 해석을 언어로 표현하기 등을 지망생들과
함께 토론한다. 아동을 본격적으로 분석하기 전에 이런 식의 작업을
충분히 해본 후 분석교육을 마치는 일이 지망생에게는 매우 유용한
것으로 드러났다. 이때 지망생은 해석을 꼭 할 필요도 없고 아동을
치료해야 한다는 책임도 없기 때문이다. 따라서 아동을 대하는 일도
별로 불안하지 않게 된다. 이후 분석을 본격적으로 행하게 되면, 엄
청나게 중요한 놀이의 세부사항을 여유 있게 관찰할 수 있다…" 부
모에게 상처를 주지 않고 쓸데없는 죄의식을 심어주지 않으면서 질
문하는 법을 가르칠 때에도 이와 유사한 방법을 사용한다.

그리고 정신분석학 연구소의 교육에서는, 감독 아래에 아동 두
명(한 명은 5세 이하의 아동, 또 한 명은 잠복기의 아동)을 치료한
지망생은 성인분석도 훈련받아야 한다. 한편, 성인을 대상으로 하는
분석가도 아동분석 훈련을 받는다. 그러나 교육상 매우 효과적인 이
지침은 권장사항일 뿐, 의무 과정은 아니다.

아르민다 아버라스튜리가 이런 작업을 한 후 40년이 지난 오늘날
의 상황에 관하여 에스텔라와 다비드 로젠펠트 부부는 다음과 같은
지적을 한다. 아르헨티나 정신분석학회와 부에노스아이레스 정신분
석학회 내에 아동정신분석학 분과가 존재하지만, 해당 교육기관에

서 제대로 아동정신분석가가 배출되지 않고 있다는 것이다. 그리고 강의와 훈련(감독, 세미나)은 이미 자리 잡은 정신분석가 받는다. 성인분석만 하는 이들도 포함한 모든 이에게 권장되는 아동정신분석학 세미나가 존재하며, 감독 시 두 사례 중 한 가지는 아동인 때도 있지만(단, 지망생이 이를 요청하여 승낙받았을 때에 한하여) 아동분석을 전혀 해보지 않았어도 성인분석가가 될 수 있다. 아르헨티나 분석가는 이 점을 매우 유감스럽게 생각한다. 반면, 일단 정신분석가가 된 후에는 부에노스아이레스 정신분석학회의 전문 연구그룹(정신병, 아동, 가족 등에 관한 연구)이나 '사설' 연구그룹에서 연수를 계속 받을 수 있다. 실지로 많은 분석가가 개인적으로 유료 세미나를 열고, 이에 백여 명의 사람들이 참가한다. 이로써 아동정신분석은 확산될 수 있다고 해도, '검증되지 않은' 교육이 난무할 수도 있다. 이런 세미나들은 의사나 심리학자, 혹은 특별한 사항을 연구하려는 정신분석가를 대상으로 하지만, 공인된 것이 아니고 그저 '앎의 즐거움'에 그칠 뿐이기 때문이다… 게다가 1974년, 철학자 마소타가 나서서 부에노스아이레스 프로이트 학파가 생긴 이후로, 라캉 식의 연구를 하는 그룹이 생겼다. 프랑스에서와 마찬가지로 이 그룹들은 다양한 성향으로 분할되었다.

공식적 통계자료는 없지만, 아르헨티나는 아동정신분석학이 가장 널리 확산되어 있는 나라로 보인다. 이를 잠시 논해보자.

정신분석학이 아르헨티나에 도입된 것은 1940년경이었다. 그런데 1923년 이후로, 지그문트 프로이트의 전 작품이 24권으로 번역되어(지그문트 프로이트가 몸소 감수하여) 이미 잘 알려져 있었다. 그리고 베를린에서 T. 라이크에게 분석 받고 돌아온 앙헬 가르마가 정신분석학 운동을 일으켰다. 여기에 파리에서 P. 쉬프에게 분석 받은 셀레스 카르카노, R. 스터버의 분석을 받은 마리 랭거가 합세했다. 마리 랭거는 엔리케 라커를 분석해 주었고 엔리케 라커는 M. 클라인의 감독을 두 번 받았다. 성인 정신병 과장인 엔리크 피숑-리비에르와 아르민다 아버라스튜리, 아르날도 라스코프스키는 1942년 A. 가르마에게 분석을 받았다. 이 학회는 곧이어 국제정신분석학회의 인증을 받았다. 아르헨티나 정신분석학회의 학회지 《정신분석학》은 첫 호부터 5,000부가 인쇄되었다. 이미 살펴본 대로, 멜라니 클라인의 저술도 일찍이 번역되어 그 사상이 – 미국과 가까운 나라 치고는 – 엄청나게 확산하였다. 미국과 가까운 나라들은 유럽대륙의 시각 아래에서만 존재하는데도 말이다.

이런 분위기에서 아르민다 아버라스튜리는 열정으로 아동정신분석학을 정립했다. 이는 우리가 이미 살펴본 대로이다. 이 순조로운 여건에, 정신분석학 사상에 호감이 있는 인사들이 큰 병원의 원장으로 임명되는 경사가 겹쳤다. 1950년대부터는 아동을 대상으로 한 병원에서 아동치료법이 발전하여, 어머니가 아이와 함께 병원에서 숙식할 수 있는 제도를 원장이 주선했다. 심리치료 분과도 설립되었는데, 그 우두머리는 아르민다 아버라스튜리에게 교육받은 아동정신분석가들이었다. 마리아 L. 펠렌토, 수잔나 루스티히 데 페레르, 에두아르도 살라스 등이 바로 그들이다. 또한 스위스에서 교육받은 정신분석가가 정신병리학 분과장이 되었다. 외부 진료 활동 덕으로 다른 병원들에서도 정신병리과가 생겼다. 그리하여 레지던트(인턴) 뿐만 아니라 심리학자나 아동심리치료사도 그 병원들에서 교육을 받을 수 있게 되었다.

1970년부터는 아르헨티나 정신분석학자 몇몇이 ─ 이 중에는 다른 방식으로 작업하고자 하는 아동정신분석가의 비율이 높다 ─ 부에노스아이레스 정신분석학회를 설립하여 국제정신분석학회의 인가를 받았다. 1978년부터 출판된 학회지《정신분석학》은 활동이 매우 활발하여 여러 호가 아동과 청소년의 정신분석학에 전적으로 할애되었다. 이 학회지는 알프레도 카르지만 박사가 지휘하고 있으며 비서는 나르시소 노트리카 박사이다. 최근 이 학회지는 파리의《아동분석학》과의 교류를 기획하고 있다. 그리고 또 다른 '집필의 장'인《어린이와 청소년에 관한 정신분석학》이 부에노스아이레스에서 창간되었다(1991). 로돌포 우리바리가 이끄는 이 잡지는 프랑스의《청소년》과도 같은 형태의 교류를 할 예정이다.

아르헨티나 정신분석학의 우수성은 국제적으로도 인정되어, 1991년에는 부에노스 아이레스에서 국제정신분석학회의 국제회의가 열렸다. 그리고 이 회의에서 부에노스 아이레스 정신분석학회의 회원인 호라시오 에체고옌이 차기 국제정신분석학회의 회장으로 당선되었다. 우리가 확인한 바로는 이 회의는 유럽에서 열리는 회의와는 달리 3만 명이 넘는 참가자가 모인 가운데 ─ 대부분 남아메리카인임 ─ 열정적인 분위기에서 진행되었다.

다른 나라의 정신분석학 연구에 관하여 개방적인 아르헨티나 정신분석가들에게 우리는 깊은 인상을 받았다. 그런 분위기는 미국이나 프랑스 같은 여타의 나라들과 대조적이다. 만성적인 사회, 경제적 위기를 겪고 있는 아르헨티나는 이제 심각한 정치위기를 통과했다. 군사독재정권은 국민의 '하찮은' 어려움에 직면한 정신분석가들에게 심각한 문제를 가져다주었다. 유괴 아동 문제나 심문 참여 거절 등 정신적 딜레마가 바로 국민의 어려움이었고 그것은 악화되었다. 이에 스페인 등 다른 나라로 이민 가는 사람들도 생겼다. 레옹과 레베카 그린베르크가 그 경우이다.

이런 위기 탓에 아동정신분석가들은 주당 4회의 분석마저 하기 어렵게 - 아이의 상태가 매우 심각하고 그 부모가 진료비를 충분히 감당할 수 있을 때를 제외하고는 - 되었다. 그나마 일주일에 두세 번 실행하는 - 흔한 - 경우는 정신분석적 심리치료이다.

아르헨티나는 인구분포와 도시구성상 주당 수차례의 분석을 하기 좋게 되어 있다. 예컨대 영국보다 훨씬 조건이 좋다. 런던 내의 큰 도심들은 서로 멀리 떨어져 있으며, 통근시간대에는 더욱 상황이 악화된다. 그러나 아르헨티나는 인구의 30퍼센트, 지식인의 60퍼센트가 부에노스아이레스에 거주한다. 이 도시는 6백만 명이 거주하는데도 교통순환이 양호하다.

아르헨티나에서는 아르민다 아버라스튜리의 역할과 경제위기의 조건이 합쳐져, 역설적으로 몇몇 분석가가 아동분석을 택하였다. 다른 곳에서처럼 매우 어린 아기가 치료 대상이 되는 일은 적지만,

분석가는 아동을 분석하는 일을 즐거워한다. 게다가 고객층을 고려할 때, 성인보다는 아동을 환자로 받는 일이 훨씬 쉽다. 그리고 부모들은 자신보다는 아이 치료에 선뜻 더 돈을 잘 쓴다. 이런 현상은 부에노스아이레스뿐만 아니라 로사리오나 멘도사 같은 다른 도시도 마찬가지이다.

특별 보험에 가입하지 않은 한 부모는 정신분석 치료에 드는 비용을, 의료보험 혜택 없이 전액 부담해야 한다. 반면 병원에서의 정신분석적 심리치료는 무료이다(주당 2회로 일 년 동안). 이 치료를 하는 정신분석가를 위하여 아동병원이나 일반병원의 아동분과에 감독제도가 설치되었다.

우리는 병원에서 이런 치료를 담당하는 정신분석가가 보수를 얼마나 받는지 알고 싶었다. 질문에 응답자들은 폭소를 터뜨렸다(E.와 D. 로젠펠트). "우리는 아르헨티나 병원에서 무보수로 일합니다. 병원에서 일하며 배우기 위해서 오히려 우리가 돈을 내죠. 그러나 식사 정도의 혜택은 받습니다…" 한편, 교사의 형편은 어떤지 보도록 하자. R. 우리바리 교수는 대학 강의로 월급을 100달러 받는다고 말해주었다.

페론 정권(1954) 이후로, 의사가 아니면 정신분석을 하지 못하는 법규 때문에 아동정신분석 활동은 어려워졌다. 금지는 4년 전에 풀렸지만 그때까지 지망생은 의학과정을 필수로 밟아야 했다.

다른 나라보다 정도는 덜하지만 그래도 현재 아동정신분석학은 주로 의사가 아닌 심리학자와 여성이 행한다. 그렇다고 해서 아동정신분석학의 가치가 떨어지지는 않은 것 같다. 그것은 교육의 측면을 보았을 때 성인 신경증의 분야를 계속 유지하는 정신분석학 연구소에서 보충적 아동정신분석학 교육과정을 제외하지 않았기 때문이다. 이 사실은 우리가 이미 살펴본 대로이다. 그러나 아동정신분석을 택한 이가 걸어야 할 길은 그리 순탄하지 않다. "아동정신분석은 성인 정신분석학보다 훨씬 어렵고 불안도 크다. 놀이나 비언어적 표현 등은 언어를 통한 표현보다 이해하기가 어렵다. 부모와의 관계역시 어렵다. 부모의 강박관념, 정신병과 심리치료에 대한 부정적반응, 정신분석가에게 진료비 내느라 겪는 어려움, 분석가에게 아이를 데려오느라 겪는 고생, 이혼하는 부모, 오랫동안 휴가를 떠나는부모 등 이 모든 요소를 다 감당해야 한다. 희한한 일은, 정신분석을받는 아동의 가족보다 정신병자의 가족이 덜 피곤하다는 점이다"(E.와 D. 로젠펠트).

우리의 조사 결과, 아르헨티나는 이렇듯 아동정신분석학이 순조롭게 발달할 수 있는 상황에 있었다. 그리하여 경제적으로는 더 부유해도, 이 방면에서는 훨씬 더 가난한 나라에서 다소 은폐되고 있는 현상을 볼 수 있었다.

04 프랑스

정신분석학이 도입되다: '프랑스식의 정신분석학'

프랑스에서 정신분석학의 발전은 그 시초부터 프랑스어로 '번역하는' 문제 때문에 특수한 어려움을 거쳤다. 지그문트 프로이트의 저술을 글자 그대로 번역할 때 그 사상에 관한 이데올로기도 같이 번역하는 셈이 되므로 어려움이 뒤따른다고 보는 이들이 많다. 우리도 그렇게 생각한다. 1910년, 푸아티에의 모리쇼-보샹 이후 1914년, 보르도의 레지와 에나르가 정신분석학 이론에 관한 프랑스어판 서평을 최초로 출간했다. 지그문트 프로이트는 자신의 사상을 변질시킨 것으로 보이는 이 저자들의 비평을 못마땅하게 생각했다. 1915년, S. 페렌치는 「보르도 정신의학파가 보는 정신분석학」이란 논문에서 이들을 비판했다.

레지와 에나르는, 어떤 이론이 프랑스에 수용되려면 "총괄적이고 분명히 표현되어" 있어야 한다고 고집했다. 그런데 이 '라틴 정신'을 지닌 두 저자는 정신분석학이 의미하는 무의식을 언급하지 않은 채, 정신분석학을 "거대한 해석 체계에 영감 받은 것"이라고 추측했다. 이들은 아동의 성^性 대신 '범^汎 성 본능'이란 개념을 사용할 수 있다고 생각했다. 그리하여 병의 기원과 원인을 분명히 구별하고자 했다. 이들은 병의 원인이 당연히 뇌에 있으며 기관^{器官}의 문제라고 말했다. 이 두 저자는 '리비도', '성'sexualité 등의 용어를 '정동'affect, 情動으로 대체하자고 넌지시 제안했다. 그뿐만 아니라 정신분석학의 방식이 지나치게 '주관적'이라면서, "콤플렉스를 드러내 표현하지 말고 억압의 강한 힘으로 눌러 아예 침묵하도록" 하는 편이 낫다고 말했다.

이렇게 비판적인 논조는 당연히, 이후 수십 년 동안 영향을 행사하게 된다. 이런 분위기에서 위제니 소콜니카가 어떻게 갈리마르 출판사 작가들의 지지를 얻었는지 우리는 보았다. '프랑스식의 정신분석학'의 기원을 다룬 논문에서 V. 스미르노프는 "이런 열광은 과연 분석에 이익이 되었는가?"라고 자문한다. 살롱에서 정신분석학을 거론할 때 "대부분 경탄에 도취하거나, 피상적 혹은 과장된 야유의 톤으로 말하는 것"이 1921년과 1922년 사이의 겨울 파리에 유행하던 풍조였다고 É. 피숑은 적고 있다(1934).

1924년, 「지그문트 프로이트 자신이 소개하는 지그문트 프로이트」에서 지그문트 프로이트는 다음과 같이 지적한다. "프랑스의 여러 글과 신문기사를 받아 읽어본 결과, 정신분석학을 수용하는 과정에 격렬한 반대가 있다는 사실이 입증되었다… 정신분석학에서 사용하는 명칭이 무겁고 현학적이어서 프랑스인의 감수성에는 맞지 않는 모양이다… '라틴계 인의 천재성'le génie latin[103]은 정신분석학의 사고방식을 참아내지 못한다는 말이 된다. 그러니 우리는 이제, 라틴인의 천재성을 지지하는 앵글로-색슨 동맹국과도 일부러 관계를 끊어야겠다."[104](105~106쪽). 이 인용문은 페르낭 캉봉이 번역한 프랑스어 판에서 발췌한 것이다. 마리 보나파르트 덕분으로 1928년에 출판된 프랑스어판 『지그문트 프로이트: 나의 인생과 정신분석학』에서는 바로 이 부분에 각주가 있는데 새로 번역된 책에는 삭제되어 있다. 그 각주의 내용은 다음과 같다. "앵글로-색슨족은 사실에 대한 현실감각과 용기로 정신분석학을 쉽게 이해할 수 있었다. 그들이 세계 정복을 확실히 다질 수 있었던 것도 그런 자질 덕이었다." 논리적 명료함에 대한 사랑, '양식'良識과 '심미안' 등의 민족주의적 특성 탓에 프랑스인은 정신분석학을 쉽게 이해하지 못한다. 그러나 "자연 현상은 '심미안'에 위배될 때도 있다." 게다가 양식良識에 따른 나머지 태양은 항상 지구를 중심으로 돌아야 한다고 믿기에 이르러 세균을 '보지' 못하게 되었다. "우리의 문화에서 흔히 성性은 노골적인 것과 혼동된다. 그래서 성을 말할 때에는 가볍게 지나치거나 지식 있는 사람들끼리 통하는 암시를 사용한다. 성에 대한 이런 태

---

[103] 프로이트의 글에서 이 부분은 프랑스어 그대로 적혀 있다.

[104] [역주] 진짜로 외교관계를 끊는다는 직설법의 의미에서가 아니라 야유, 과장의 톤으로 쓰인 것이다. 더욱이, 1918년 독일의 항복으로 끝난 1차 세계대전에서의 영국, 프랑스, 러시아 연합국을 은근히 암시하고 있기도 하다.

도에서 통속적 연극 문학이 나왔다. 외국인들은 통속적 연극 문학을
재미있어 하지만 우리 프랑스인이 높이 평가되는 데에는 별로 도움
이 안 된다". M. 보나파르트는 정신분석학이 성의 가치를 절하한다
고 말한다(1968년판, 77~78쪽). 1925년에는 《유대인》에 지그문트
프로이트의 논문, 「정신분석학에의 저항」[105]이 직접 프랑스어로 실
렸다. G. 로졸라토는 프랑스의 과학, 철학계에서 볼 수 있는 특수한
저항이 바로 이 글의 핵심이라고 생각한다(1979). 이 텍스트에서 지
그문트 프로이트는 의식적 저항을 지적한 후, 그 저항의 강렬함은
바로 (무의식적) '정동의 힘'으로 설명할 수 있으며, 그것은 일반적
으로 성 본능이란 문제에 대한 저항이라고 판단한다. 프로이트는 다
음과 같이 일깨운다. "정신분석학은 아동기가 무성無性이라는 허구
를 뒤엎어 버렸다… 성인에게는 부끄러운, 어렸을 적의 일을 일깨워
주지 말았어야 하는가. 분석으로 소아 망각의 베일이 걷히자, 성인
은 그것을 분노로 짓밟기 ― 감히 이런 표현을 쓰자면 ― 시작했다. 유
일한 출구로써 성인은 정신분석학의 아니꼬운 주장은 정당성이 없
다고 말하기에 이르렀다. 새로운 학문 행세를 하는 이것의 정체는
환영과 거짓된 해석투성이라는 것이다."

---

[105] [역주] '저항'으로 번역한 단어 'Résistance'는 '심리적 저항'을 의미하기도 하
고 '2차 세계대전 중, 프랑스인의 독일에 대한 항독(抗獨) 운동'의 뜻도 같이
있다. 정신분석학을 초기에 거부했던 프랑스인의 자세를 이렇게 중의법(重義
法)으로 표현한 지그문트 프로이트의 수사(修辭)가 돋보인다.

마리 보나파르트-파리 정신분석학회의 이주자들

그리스의 게오로기오스 왕자비의 원래 이름은 마리 보나파르트 (1882~1962)이다. 그리고 나폴레옹 1세의 형제이자 뤼시앵의 손주인, 롤랑 보나파르트의 딸이기도 하다. 게오로기오스 왕자비의 어머니 마리-펠릭스 블랑은 독일인이다(출처: É. 루디네스코[106]). 게오로기오스 왕자비는 프랑스에서 살다가 25세가 되던 무렵, 그리스 왕의 아들 게오로기오스와 결혼했다. 이것은 그녀를 자유롭고 해방된 여인으로 만들기 위한 정략결혼이었던 것 같다.[107] 게오로기오스 왕자비는 아리스티드 브리앙과 귀스타브 르 봉와 같은 인사의 친구였다. 1923년경, 그녀는 파리의 병원들에서 여성의 성性에 관심을 두었다.

---

[106] É. Roudinesco(1986), 『프랑스 정신분석학의 역사』.

[107] [역주] 마리 보나파르트는 1905년부터 사교계에 들어갔다. 마리 보나파르트와 결혼했을 때나올 지참금을 노리는 이들이 당연히 생기자 마리 보나파르트의 아버지는 딸을 자신이 보기에 적당한 상대에게 시집보내려고 했다. 그러나 1906년 마리 보나파르트는 그리스의 왕 게오로기오스 1세를 만났고 이 왕은 마리 보나파르트가 1907년 9월 12일 아테네에서 자신의 둘째 아들(그리스의 게오로기오스)과 결혼하도록 도와준다. 이 신랑은 동성애자였으므로 여인으로서의 마리 보나파르트에게 관심이 없었다. 그래도 마리 보나파르트는 그를 '오래된 동반자'로 부를 만큼 둘 사이에는 우정이 지속되었다. 결혼생활에서 두 명의 자녀가 탄생하긴 했지만 마리 보나파르트는 아리스티드 브리앙(Aristide Briand), 귀스타브 르 봉(Gustave Le Bon), 외과의사 자크-루이 르베르댕(Jacques-Louis Reverdin), 정신분석가 루돌프 뢰벤슈타인(Rudolph Loewenstein) 등과 연인이었다는 사실을 숨긴 적이 없다.

1924년에는 아버지가 세상을 하직했다. 1925년, R. 라포르그에게 진료를 받으러 갔다가 소개를 받아 지그문트 프로이트에게 분석을 받게 되었다. 처음에 지그문트 프로이트는 일단 신중한 태도를 보였다. 그러나 전이가 확고하게 형성되었고, 분석은 몇 번 중단되었다가 1938년까지 지속되었다. '왕자비' – 파리에서 모든 사람이 그녀를 이렇게 불렀다. – 는 즉시 지그문트 프로이트 사상의 열렬한 선전자가 되었다. 그만큼 지그문트 프로이트 사상의 정확성을 몸소 체험했던 것이다.

게오로기오스 왕자비는 1926년 11월 4일, 이후 프랑스 최초의 정신분석학회(파리 정신분석학회)로 탄생할 – 캘커타 정신분석학회가 창립되고 나서 조금 후에 탄생할 – 작은 그룹에 가입했다. 학회 구성원으로 위제니 소콜니카, A. 에나르, R. 앨런디, A. 보렐, R. 라포르그, R. 뢰벤슈타인, G. 파르슈미네, É. 피숑 등이 있었다. 게오로기오스 왕자비는 단번에 《프랑스 정신분석학》의 〈비의료부문〉을 맡았다. 그리고 잡지 창간의 취지 역시 같은 날 결정되었다. 1962년에 세상을 떠날 때까지 게오로기오스 왕자비는 파리 정신분석학회에서 지그문트 프로이트가 인정하는 최고의 대표자였으며 정신분석학 운동에 후한 재정지원도 아끼지 않았다.

이 최초의 '프랑스' 그룹은 수많은 '이주자'로 이루어졌다. 이들은 정통 프로이트 정신과 국제적 정신을 그룹 안에 불어넣는 일을 의무로 삼았다. 이에 관한 논의는 É. 루디네스코가 길게 언급해 주었다. 그러나 그 논의 내용을 본지에서 상세히 다루지는 않겠다. 단,

애초부터 '프랑스적인' 정신분석학을 창조하려는 시도의 저변에는 항상 국제정신분석학회에 대한 집단적 반발감이 도사리고 있었다. 이 반발감은 오늘날까지도 그 연장선을 확인할 수 있으며, 시대에 따라 다양한 방식으로 합리화되거나 의식적으로 정당화되어 왔다. 예컨대 1930년대에는 국제정신분석학회가 '비엔나적인' 시각을 강요하며 의사가 아닌 자가 하는 정신분석을 분석가에게 강요한다고 비난했다. 그런데 이후 국제정신분석학회에 북아메리카인이 다수를 차지하자 이번에는 반대로, 국제정신분석학회는 의사가 아닌 자를 거부한다고 비난했다. 시간이 흐름에 따라 프랑스인은 국제정신분석학회의 관료주의도 비난했고, 국제정신분석학회가 자아심리학을 권장하고 법 제정을 맡은 학회의 일에 간섭한다고 비난했다. 최근 들어서는, 한번에 45분 이상 진행되는 분석을 주당 4회 이상 해야만 엄밀한 의미에서 정신분석으로 인정하는 국제정신분석학회를 비난했다. 국제정신분석학회의 '권고 사항'은 정당성 없는 엄명이라고 흔히 치부되었다. 그러나 프랑스인은 아동정신분석교육에 신경을 쓰라는 국제정신분석학회의 '권고'는 비난 없이 그저 무시하는 데에 그쳤다.

프랑스 최초의 정신분석학 모임 안의 소규모 이주자 그룹은 이미 말한 대로 E. 소콜니카, S. 모르겐슈타인, 루돌프 뢰벤슈타인 등으로 이루어져 있었다. E. 소콜니카와 S. 모르겐슈타인은 마리 보나파르트의 지지를 받고 있었다. 마리 보나파르트는 파리와 비엔나를 오가는 외무 회원이었다. 이 모임에 곧이어 스위스 정신분석가인 레이몽

드 소쉬르, 앙리 프루르누아, 샤를르 오디에가 합류했다.

1898년 로즈에서 태어난 루돌프 뢰벤슈타인은 폴란드와 스위스에서 의학공부를 했으며, 취리히에서 정신의학을 배웠다. 그리고 한스 잭스에게 분석을 받은 뒤에는 베를린에 정착하여 의학공부를 계속했다. 이렇게 여러 나라에서 교육을 받은 후에는 1925년부터 2차 세계대전까지 프랑스에 거주한다. R. 뢰벤슈타인은 프랑스에서 지그문트 프로이트의 주장을 옹호했으며, 그의 분석실 긴 의자에는 수많은 정신분석가가 거쳐 갔다. 그중에는 J. 라캉도 있었는데, R. 뢰벤슈타인은 그를 전혀 높이 평가하지 않아, "그가 이후에 한 작업은 정신분석학과는 아무런 관련이 없다"고 말할 정도였다. 전쟁이 일어나자 R. 뢰벤슈타인은 또다시 이민하여 미국에 최종으로 정착한다. 이미 아는 대로, 그는 미국에서 E. 크리스와 H. 하르트만의 '자아심리학' 분야의 훌륭한 대표자가 되었다.

1930~1940년: 아동정신분석학이 처음으로 출현하다

프랑스의 아동정신분석학은 그 상황이 매우 특수하며 복합적이다. 그중에서 중요한 요소를 몇 가지 골라보겠다.

아동정신분석을 프랑스에 처음 도입한 이들은 E. 소콜니카와 S. 모르겐슈타인이라는 사실을 II, 3장과 II, 4장에서 살펴보았다. 이 두 사람은 아동정신분석학에 안나 프로이트의 흔적을 짙게 남겨놓았으며 그 자취는 오늘날까지도 계속 남아있다.

그러나 호이예르 교수의 분과에서 근무한 세르주 레보비치는 1950년, 모르겐슈타인이 한 작업은 정신분석이 아니라 정신분석식 심리치료요법이라고 증명하였다. 모르겐슈타인의 치료는 너무 짧은 기간 실시되었으며, 그렇게 치료받은 아동이 성인이 되었을 때 S. 레보비치가 다시 검진해보니 병이 계속 남아있거나, 다시 재발했거나, 장애가 악화되어 있었다는 것이다. 장 로스랑이 쓴 논문(1991)을 주의 깊게 읽어보아도 이 관점이 사실임이 확증된다.

마리 보나파르트는 프랑스의 정신의학과 정신분석학계에 일반 정신분석, 특히 아동정신분석이 도입되는 것이 얼마나 어려운 일인지 잘 알고 있었다. 1930년, 마리 보나파르트는 프랑스어권 정신분석가의 5차 회의에서 「아동 신경증 예방법에 관하여」란 보고서를 발표했다. 이 보고서 전문全文은 《프랑스 정신분석학》에 실렸다. 이 글에서 마리 보나파르트는 정신분석과 심리치료가 서로 다르다고 이미 강조하고 있다. 이에 지그문트 프로이트를 인용하면서 마리 보나파르트는 포장 도로의 포석 밑으로 물이 샐 때 이를 수리하는 두 가지 방법에 비유한다. "일반적 심리치료 요법사는 물이 솟아 나오는 포석 위에 장비를 쌓는 사람과 같다. 이 방법은 물이 밖으로 새어 나오는 것을 억누르는 것으로, 다소 효과를 보기는 한다. 반면 정신분석가는 포석과 흙을 들어내 지하 수도관의 파열된 부분까지 들어가 그곳을 수리한 다음 흙과 포석을 다시 놓는 노동자와 같다. 정신분석학은 원인에 가하는 치료법이다. 신경증 예방을 위한 정신분석학적 교육 조처 역시 원인 자체에 관한 것이다." 마리 보나파르트는 "전통적 도로의 익숙한 포석을 들어내는 일을 두려워하는" 자들, 즉 사회의 기성 질서를 대표하는 이들을 다룬다. 그들은 '억압적인 심리치료사'라는 것이다. 정신분석학에 반대하는 분위기 속에서 마리 보나파르트는 1929년 12월 31일의 회칙「젊은이를 위한 기독교 교육에 관하여」를 언급한다. 이 회칙에서 로마 교황은 성性 교육에 오명을 씌우고 있다. "아동의 연약하고 순진한 마음에 경솔하게 악의 불씨를 지펴서는" 안 된다는 것이었다.

그러나 이와 대조적으로 캔터베리의 대주교인 랑 박사는 "성性 분야에 대한 완전하고 자유로운 토론이 크게 발전하고" 있음을 본다. "우리는 인류가 물려받은 유산인 성性 본능을 잘못된 압박에서 해방하고자 한다. 성에 관한 한 항상 부정적인 제한과 경고를 해야 한다는 것이 바로 잘못된 압박의 내용이다. 그리하여, 건강한 젊은 남녀 각자가 지니고 있는 위대한 창조성 안에 성 본능도 어엿이 자리함을 보이고자 한다."

마리 보나파르트는 다음과 같이 말한다. "신부의 이런 목소리가 영국에서 나온 것은 당연하다. 영국인이란 민족은 '사실을 직시'할 줄 안다고 뽐내며 ─ 그런데 그것은 인정할 만하다 ─ 심한 중압감을 주어왔던 옛날의 '종교, 도덕적 위선'을 최근 들어 초월했다. 라틴계 나라에서보다 앵글로-색슨계 나라에서 정신분석학은 더 잘 체화되어 있다." 50쪽에 달하는 이 긴 논문에서 마리 보나파르트는 이 주제에 대한 지그문트 프로이트의 의견을 상기시킨다. "전체 아동의 3분의 2에게 정신분석은 사치가 아니라 꼭 받아야 하는 것이다. 정신분석을 받기에 가장 적당한 나이는, 잠복기가 시작되는 5~6세이다. 이 시기에 억압이 처음으로 시작되기 때문이다. 이를 위해서는 수천 명의 분석가 – 대부분이 여성 – 를 양성해야 한다. 이에 분석가 교육의 문제는 의학 교육의 차원을 넘어선다.”

É. 피숑과 G. 파르슈미네의 논문「프로이트식 단기간 아동심리치료요법」을 읽으려면 1928년 발행된《프랑스 정신분석학》을 보면 된다.

반면, ‘왕자비’의 보고서와 모르겐슈타인의 보고서가 발표된 후, 파리 정신분석학회는 더욱 노력해야 했다. 그리하여《프랑스 정신분석학》은 1930~1931년의 3호와 4호, 1932년의 1호에 안나 프로이트(「아동정신분석학 입문」)와 멜라니 클라인의 논문(「아동분석의 심리학적 원리」,「오이디푸스 콤플렉스의 초기 단계들」)을 동시에 게재했다. 그러나 이런 노력은 허사였다. 1940년 이전에 아동에 진심으로 관심을 보인 프랑스인은 거의 없는 것으로 보이기 때문이다. R. 바랑드(1975)와 D.-J. 뒤셰(1990)도 이 점을 재차 지적한다. 예컨대 오데트 박사는 1935년 6월 18일의 회의에서 정신적 식욕 부진의 세 가지 사례를 간단하게 분석 치료한 경험을 발표했다. 이 토론에서 오디에 박사는 다음과 같이 말했다. “우리가 이토록 항상 아동분석에 관심을 가지는 이유는 무엇인가?” 그러자 라캉 박사가 되물었다. “아동정신분석학을 어느 정도까지 심화연구해야 하는가?” 조르주 모코는《프랑스 정신분석학》에「아동 심리학과 무의식 심리학의 관계」(모코, 1936)라는 방대한 분량의 논문을 게재했다. 같은 해에 르네 라포르그는 프랑스어권 정신분석학자들의 9차 회의에서 「가족 신경증」이란 첫 보고서를 발표했으며 J. 뢰바는 「신경증에 걸린 가족과 여러 종류의 가족 신경증」이란 두 번째 보고서를 발표했다. 이 보고서 첫머리의 인용구는 다음과 같다. "아이들에게 가장 위험한 적은 바로 부모이다." J. 뢰바는 이렇게 말한다. "아무튼 가족 신경증을 예방하기 위하여 우리는 무엇을 할 수 있을까? 방법은 간단하다. 인류를 개혁하면 된다." 그런데 그러자면 몇 세기가 걸리기 때문에 그동안에는 분석을 해주어야 한다. 그러나 그렇게 모든 환자를 다 치료해 주기에는 한계가 있다. "우리는 특히 성인을 치료하여 다양한 성과를 거두고 있다." "젊은 세대들을 대상으로 같은 노력을 해야 한다." 그 방법은 교육을 담당한 이들을 잘 교육하는 것이다. J. 뢰바는 다음과 같이 말한다. 무엇보다도 "아동치료전문 정신분석가를 최대한 많이 양성해야 한다. 모든 면을 따져 보았을 때 유일하고 진정한 이성적 치료는 바로 아동치료이기 때문이다." 그런데 불행히도 이 제안은 이후 계속된 긴 토론에서 재론되지 않았다.

같은 해인 1936년, É. 피숑은 『아동과 청소년의 정신 발달』을 펴내었다. 이 글은 심리학을 정신분석학으로 조명한 연구서이다. 그런데 저자는 이 저술의 마지막 부분에 가서야 교육문제와 '정통 소아심리'에 관하여 성찰한다. É. 피숑은 안나 프로이트의 글을 인용하면서 심리치료를 논한다. 정신분석학에 대해서는, 성인에게 적용되는 방식을 17세 이상의 환자에게 그대로 적용할 수 있다고 말한다!

17세 미만의 환자는 너무 어려서 정신분석학을 적용할 수 없으며, 일관성 없는 결과만 얻을 뿐이기에 특수 기법인 소아 정신분석학 pédopsychanalyse을 사용해야 한다는 것이다. R. 드 소쉬르의 의견을 따르면, 이 저술에서는 불안, 거세 콤플렉스, 초자아 등이 중심이 아니라, 피숑이 특히 관심을 둔 언어학의 문제가 전개되어 있다.

1938년의《프랑스 정신분석학》에는 로잔 출신인 마들렌 랑베르의 논문을 찾아볼 수 있다. 안나 프로이트적 성향의 이 논문은 아동 정신분석학의 새 기법으로 '인형극 놀이'를 사용하자고 제시한다. 자신을 아동정신분석가라고 말하는 저자는, 이 새로운 기법을 찰흙이나 그림과 같은 수단이라고 소개하고 있다. 1950년 S. 레보비치가 이에 관해 비평한 내용을 제외하고는, 스위스에서 온 이 저자의 발표 내용에 관한 반향을 전혀 찾을 수 없다. 십여 년 후에 심리치료에서 사용한 꼭두각시 인형극이 있지만, 그것은 아동정신분석이 아니다.

프랑수아즈 돌토

프랑스의 아동정신분석학 발달에 매개 역할을 한 프랑수아즈 돌토(1908~1988)의 결혼 전 이름은 마레트이다. 프랑수아즈 돌토의 인생은 그 자신과 다른 이들이 많이 다루었으므로 여기서는 상세히 전개하지 않겠다. F. 돌토의 일생에 대한 간단하면서도 참된 소개로는, 《아동정신분석학》(1989, 6호) 안의 콜레트 데통브의 글을 들 수 있다. 좀 더 알고자 하는 독자는 야닉 프랑수아가 철저히 고증한 저서(1990)를 읽으면 된다.

파리의 가톨릭 부르주아 가문에서 태어난 프랑수아즈 마레트는 우울증을 겪던 오빠를 치료해 준 R. 라포르그 덕분으로, 어린 나이에 정신분석학을 접하게 되었다. R. 라포르그는 프랑수아즈 마레트에게 정신분석을 해주겠다고 제안했다! 1934년 당시 분위기에서 이것은 충분히 이해할 만한 일이었다. F. 돌토는 파리 정신분석학회의 정신분석가들의 좁은 사회에 즉시 편입되어 토론에 참여했다. 그것은 1936년경으로 추정된다. 이후 1938년 6월에는 학회 가입회원이 되었으며, 1939년에는 정회원이 되었다. R. 라포르그는 프랑수아즈 마레트가 성인분석을 실행하고 감독도 받도록 처음부터 격려해 주었다. 그리하여 F. 돌토는 H. 하르트만, A. 가르마, R. 뢰벤슈타인, R. A. 스피츠나(F. 돌토와 C. 데통브의 말에 따르면) D. 라가슈(É. 루디네스코[108]의 말에 따르면)와 함께 모든 일을 해내었다.

프랑수아즈 마레트는 이 당시에 의학공부도 마쳤다. 그리하여 1934년에는 여러 병원의 통근 조수가 되었고 1936년에는 호이예르 교수가 지휘하는 분과의 통근 조수로 들어갔다. 그곳에서 근무 중이었던 소피 모르겐슈테른은 프랑수아즈 마레트를 아동정신분석학에

---

[108] É. Roudinesco(1986), 『프랑스 정신분석학의 역사』.

입문시켜, 자유연상을 대신할 수 있는 그림 기법을 가르쳐 주고 초기 심리치료도 감독해 주었다.

1938년, 프랑수아즈 마레트는 브르토노 병원의 É. 피숑 진찰실에서 오데트 코데의 조수가 되어, '정신분석학과 소아과'라는 주제의 논문으로 1939년에 박사학위를 취득했다. 이 박사논문에는 정신분석학 이론 중 당시의 통상적 수업내용이 그대로 길게 소개되어 있다. 특히 의학계 독자들이 쉽게 읽을 수 있도록 단순화한 부분이 눈에 띈다. 다시 말해 이 논문은 당시의 전형적인 이론서로서, 정신적 외상이나 거세 콤플렉스의 중요성이 강조되어 있다. 이런 이론적 소개 다음에는 É. 피숑 진찰실에서 이루어진 사례 16가지가 실려있다. 이것은 (D. W. 위니코트가 이후 정의한 용어의 의미에서의) 치료요법적 진찰이라고 할 수 있다. 여기서 프랑수아즈 마레트의 기법이나 영감은 소피 모르겐슈테른의 그것과 별다름 없음을 알 수 있다. 어떤 임상적 직감이 가미된 독단성이 보이기 때문이다.

1940년, 파리에 독일군이 진입하자 소피 모르겐슈테른은 자살했고 이민 온 분석가들은 다시 외국으로 떠났으며 일부 프랑스인 분석가들은 항독운동을 전개했다. É. 피숑은 평소 신봉하던 국가주의가 승리하는 것을 보지 못하고 그해에 세상을 떠났다. R. 라포르그에게 분석을 받은 A. 베르주, S. 모코, 쥘리엣 부토니에, 프랑수아즈 마레트 등 나머지 사람들은 파리에 남아 계속 근무했으며 종종 모임을 하기도 했다. 그리고 J. 라캉도 파리에 근무하고 있었다. 주지하다시피 R. 라포르그는 박해받는 유대인들을 집에 재워주고 한동안은 유대인 배척 반대 연맹에도 가담했다. 그러나 이후에는 나치의 활동에 협력하고 괴링의 사촌의 비호까지 받아 심리치료학회를 설립하고자 – 결국은 무산되었지만 – 했다. 이 기간에 파리 정신분석학회는 활동을 중단했다.

정신분석학 체계가 부재하던 이 상황 속에서 프랑수아즈 마레트는 자리를 잡아 성인과 아동을 치료했으며, 트루소 병원에서 진료를 담당하기도 했다. 그리고 1942년에는 보리스 돌토와 결혼했다.

그리하여 전쟁이 끝난 후인 1945에는 노련한 아동정신분석가로 등장한다. 1938년부터 아동정신분석이란 직업활동을 해온 F. 돌토는 다른 이들이 모두 없어진 상황에서 이 분야의 유일한 전문가가 되었다. 그러므로 F. 돌토가 왜 안나 프로이트나 멜라니 클라인과 같은 당당한 기준을 제시하지도 않고 평생을 고립하여 작업했는지 알 수 있다. 그래도 친구나 제자들은 빠르게 늘어나 F. 돌토의 정신분석 적용내용을 정립하는 일에 골몰했다. 그러나 F. 돌토는 친구들을 너무 믿은 것 같다. 사람들은 결국 F. 돌토를 스승으로 떠받들었는데, 이 스승 몰래 타인을 후하게 맞아들이고 상당한 직관을 행사하는 심리치료사들도 난무했기 때문이다.

F. 돌토의 개인적 스타일은 아무도 흉내 낼 수 없다. 『몸의 이미지와 신체학』(1961)의 문장을 한 예로 들어보자. "이 정동의 장소[심장]는 우리에게 첫 포옹의 느낌을 안겨주는 양팔과 그 사이 유방 뒤에 바싹 붙은 박동성 내장의 이름을 지니고 있다. 이 내장은 최고最古의 소통 흐름과 연결되어 있다. 그리하여 숨결 이전에 이미 살아

있고 숨이 끝난 뒤에야 죽는다"(63쪽).

 F. 돌토는 고독한 길을 개척했으며 전쟁 때문에 교육도 미처 다 받지 못했다. 그러므로 F. 돌토가 몸의 이미지란 개념을 발견할 때 왜 파울 쉴더를 전혀 참조하지 않는지 알 수 있다. 파울 쉴더는 1928년에 미국에 이민 간 비엔나 정신분석학자로서, 미국에서 라우레타 벤더와 결혼했으며 1940년에 사망했다. 쉴더는 1935년, 이 주제에 관하여 350쪽의 책을 쓴 바 있다. 그러나 이 주제를 연구한 유일한 사람은 아니었다. J.-L. 랑(1921)은 이 개념이 멜라니 클라인에게서 비롯되었다고 지적한다.

 정신적 인생의 시작에 관한 개인적 이론으로 F. 돌토는 문제를 해결했다. 즉, 전前-자아, 자아의 전前-이상理想, 전前-초자아 등을 상정했다. 그러나 전-초자아가 멜라니 클라인의 원초적 초자아와 어떻게 다른지는 언급하지 않는다.

 F. 돌토의 임상과 이론에 관한 글의 다양한 양상을 본지에서 모두 다룰 수는 없다. F. 돌토는 J. 라캉에 대한 우정으로, 그가 겪은 제도 상의 우여곡절을 함께 나누었다. 그러나 그의 주장에 동조한 적은 없었다. F. 돌토도 J. 라캉과 마찬가지로, 국제정신분석학회에서 제명되었다. 이유는 J. 라캉과는 달랐다. F. 돌토는 D. W. 위니코트를 매우 높이 평가하고 있었지만, D. W. 위니코트는 F. 돌토가 분석교육가로서 적합하지 않다는 판정을 내렸다. 환자들이 F. 돌토에게 '즉흥적 전이'를 하므로 해로우며 F. 돌토는 직관만 강할 뿐 체계가 없기에 정신분석 교육자의 그릇이 아니라는 이유였다. F. 돌토는 자발

적이고 신비주의적인 지식을 전수하는데 그것은 분석가 양성 시 취해야 할 신중한 태도와 상반된다고, 국제정신분석학회는 비난했다.

1978년, F. 돌토는 정신분석 활동을 그만두고 정신분석학을 대중에 전파하는 해설자가 되었다. 그리하여 라디오의 '전파를 통한' 상담을 하고(SOS 정신분석가), 텔레비전에 출연하기도 했다. F. 돌토는 아동에 대한 정신분석학적 개념 몇 가지를 대중에게 전하는데 실제로 공헌했다. 그러나 그런 개념을 대표하는 일종의 대부 노릇을 했고 지그문트 프로이트 이후의 저자들에 대한 언급은 전혀 하지 않았다. 많은 이들은 F. 돌토가 신자라는 점을 좋아했다. 그렇기에 그녀의 저서『정신분석학이란 위험을 무릅쓰고 복음서를』(1977)을 읽고 안심한 사람이 한둘이 아니었다. 기준점 없이 헤매는 사회에 새로운 윤리를 제공해 준 것이었다.

F. 돌토는 또 녹색 집과 같은 제도 설립도 후원했다. 녹색 집을 통하여 안나 프로이트의 초기 사상이 적용되었으나, 안나 프로이트란 이름은 한 번도 명시된 적이 없다.

이런 미디어화는 F. 돌토의 인생 말기에 효과를 발휘하여, 프랑스 대중에게 돌토란 이름은 '아동정신분석'의 대명사가 되었다. 그러나 그 이면에는 '마녀'란 꼬리표도 같이 붙었다. F. 돌토는 어떤 학파를 창시하지 않았고 정식으로 제자를 키우지도 않았다. 그만큼, F. 돌토의 정신분석 실행 방식과 스타일은 아무도 흉내 낼 수 없었다.

그러는 동안 - 이제 우리가 볼 것이지만 - 아동정신분석에 관한 또 다른 이미지가 프랑스에서 구체화하고 있었다.

세르주 레보비치와 그의 학파

세르주 레보비치는 1915년, 파리에서 태어났다. 그의 아버지는 전쟁 중 아우슈비츠에 강제 수용된 적이 있었으며 파리로 이주 온 루마니아인 의사였다. 세르주 레보비치는 한동안 불법으로 돈을 벌어야 했다. 사샤 나흐트에게 분석을 받은 후인 1946년, 그는 파리정신분석학회의 정회원이 되었다. 세르주 레보비치는 프랑스의 아동정신분석학 발전에 매우 중요한 역할을 했다. 그 영향력도 세계적이어서, 그의 이론은 정신분석가들이라면 모두 알고 있다. 그뿐만 아니라, 저자 일동은 방문한 모든 국가에서 그의 이름이 언급되는 것을 보았다. 세르주 레보비치는 1967년부터 1973년까지 국제정신분석학회의 부회장이 되었고, 1973년부터 1977년까지는 회장을 역임했다. 그 후로 그의 명성은 더욱 높아졌다. 이런 식으로 아동정신분석가에게 경의를 표시한 사실은 우리에게 특별한 의미를 띤다. S. 레보비치는 처음부터 매해 특정행사의 날을 열었으며 (친구들은 이날을 '레보비치의 날'이라 불렀다) 외국인 동료들도 참가했다.

이제 S. 레보비치의 이론을 간략히 살펴보도록 하자.

《프랑스 정신분석학》(1950a)에 실린 그의 첫 논문은 인형극을 이용한 심리치료를 다룬 글로서, 「정신분석 시 아동의 전이를 총망라하여 연구한 입문서」이다. 같은 해에 발표된(1950b) 두 번째 논문은 「아동 신경증 진단」에 대한 연구로서, 모르겐슈테른의 분석적 심리치료, 꼬마 한스, 아동 신경증의 자연적 치유 가능성, 안나 프로이트와 멜라니 클라인의 상반된 주장 등을 말하고 있다. S. 레보비치는 "아동이 오이디푸스 관계에 도달하면" 정신분석 치료를 중단한다고 명시하고 있다. 그리고 아동의 부적응 상태를 심리치료 시작의 기준점으로 보는 입장을 비판한다. 아이의 일생, 부모의 인성, 자아의 병적 방어 등을 연구하여 그 안에 있는, "아이의 인생에서 지속해서 일어나는 환상화 작용"을 분석 기준으로 삼아야 한다는 것이다. 그는 성인분석에서처럼 "과거의 체험에 비추어 전이를 분석해야 아동 정신분석이 성립된다"고 말한다. 그리하여 다음과 같은 결론을 내린다. 아동의 정신 치료는 "노련한 분석가가 행하여야 한다. 그래야만 우리가 모두 아동에게 거는 희망이 정당화될 수 있다". 이 주장을 저자는 한 번도 부인한 적이 없다.

1950년에서 1991년 사이, 같은 잡지에 S. 레보비치의 논문 75편 실려 있다. 그중 아동분석과 관계된 책을 분석한 논문도 몇 편 있다. 가장 중요하다고 생각하는 것으로 R. 디아트킨과 함께 작업한 아동의 환상에 관한 연구(1953), 아동 강박증(1957), 나흐트와 디아트킨과 공동 연구한 정신분석학의 처방과 금기징후(1954), 그리고 파리 회의에서 아동 신경증의 모델과 전이 신경증의 모델을 발표한 보고서(1979) 등이 있다. 정신분석학 사상의 발전에서 중요한 이 보고서는 많은 토론을 일으켰다. 여기서 S. 레보비치는 아동에게 전이는 분명 존재하며(794쪽), 아동에게 전이 신경증이 일어날 수도 있는데 그것이 해석 가능한지가 단지 문제라고 제시한다. 그리고 이 전이 신경증은 아동 신경증과 조심스레 구별하여야 한다고 말한다. 아동 신경증의 특징은 징후학도 병리학도 아니라는 것이다. "구조적으로 보았을 때 아동 신경증은 시원적始原的 정신병의 입장이 작용한 결과이며, 개체발생의 관점으로 보았을 때는 발달상 특수한 상호작용의 결과이다"(818쪽). 아동 신경증은 전이 신경증 안에 포함되기만 하는 것은 아니다. "반복되는 증상은 전이 신경증과 연관된 상황에서 일어날 때에만 가치가 있다. 즉, 전이 신경증 탓으로 어떤 과거가 떠오르기 때문에, 반복되는 그 증상은 의미를 띠는 것이다"(832쪽). 그렇기에 이 '영유아 신경증'은 '아동 신경증'과 조심스레 구분해야 하는 발달 개념이다. '아동 신경증'은 흔히 지속적이고 심각한 증후를 수반하는 임상적 사실로서 방어체제의 결함을 나타낸다. 그리하여 때에 따라서는 히스테리, 공포, 강박을 보이며, 정신분석 치료 대상이 된다. 반면 '정상적' 영유아 신경증의 증상은 오락가락하고 일시적이어서 관찰자의 눈에 분명히 띄지 않는다.

이 부분에 관한 토론 내용은 유감스럽게도 이 책에서 다룰 수 없다. 그 내용은 매우 복합적이고 다양한 함축으로 점철되어 있기 때문이다. 이 부분은 바로 아동정신분석학 이론의 중심 문제와 맞닿아 있다.

1958년, S. 레보비치는 J. 아쥐리아게라와 R. 디아트킨과 함께 《아동정신의학》을 창간했다. 이 잡지는 아동정신의학에 정신분석학 사상을 고려하여 넣는 작업에 프랑스 내에서나 국제적으로 중요한 역할을 했다. 그 작업은 당시에는 새로운 분야로서, S. 레보비치 역시 그 형성에 커다란 공헌을 했다. 이 잡지의 첫 호에 S. 레보비치는 R. 디아트킨과 É. 케스템베르크와 함께 100여 쪽에 달하는 논문을 싣는다. 이 논문은 아동과 청소년을 대상으로 하는 심리극 10년에 대해 종합평가를 하고 있다. S. 레보비치는 이 잡지에 저술 분석 외에도 중요한 논문 몇 편을 게재한다.

다음에 열거한 그의 저서는 수많은 아동정신분석가를 교육하는 데 공헌하고 있으며 정신과 의사들에게도 큰 영향을 미치고 있다. 『아동의 기벽奇癖』(1955), 『아동 지도 센터』(D. 버클과 공저, 1958), 조이스 맥 두걸과 공동으로 저술한 『아동 정신병의 사례, 그 정신분석학적 연구』(1960), M. 술레와 공동 집필한 『정신분석학으로 아동을 알다』(1970), 그리고 최근의 『젖먹이, 어머니, 그리고 정신분석가, 조기 상호작용-』(1983) 등.

이상은 우리에게 특별한 영향을 미친 저서만 인용한 것으로서, S. 레보비치의 저술 전체와 비교하면 미미한 일부에 불과하다. 무엇보다도 우리는 S. 레보비치는 이론가임을 명시해야겠다고 판단했다.

아동정신분석가로서 S. 레보비치의 이론적 견해는 매우 독특하며, 단호한 동시에 완곡하다. S. 레보비치는 안나 프로이트의 견해를 많이 채택했다. 치료에 대해 신중한 자세, 치료 시작 전의 준비 사항 강조, 처방의 제한 등이 그것이다. 동시에, 입장이나 외부투사 동일시와 같은 멜라니 클라인의 개념도 자신의 이론 안에 편입시켰다. 그것은 특히 정신병에 걸린 아동을 치료하려는 것이다. 그러나 멜라니 클라인의 해석 체계나 조기 대상관계 개념은 배척한다. 그리고 어머니와 아기 사이의 조기 환상 상호작용이란 개념을 창조하기 위하여 스피츠와 보울비의 작업을 제시한다.

임상이나 실험 면에서 현재 진행 중인 이 연구는 치료 자체에 대한 이론에도 많은 공헌을 하고 있으며 사회적으로도 예방작업이란 성과가 예측된다. 그는 아동정신분석학자인가? 이 질문에 세르주 레보비치는 다음과 같이 대답한다. "그것은 나도 모르겠다. 나는 정신분석가이고 아기들과 함께한다. 그것은 아동정신분석학을 위하여 풍요로운 일이다"(회견 2).

프랑스에서는 정신분석가라고 해서 병원이나 대학에서의 직업이 보장되지는 않는다. 세르주 레보비치는 병원의 통근 조수와 인턴을 거쳐 호이예르 교수팀의 조수가 되었다. 그런데 미쇼 교수는 이 팀을 맡은 뒤로 S. 레보비치에게 정식 교수 임용을 거부하면서 떠날 것을 명령했다. 이때 들은 말 ─ "한 15일 정도는 더 근무할 수 있습니다…" ─ 은 S. 레보비치의 뇌리에서 떠나지 않게 된다. S. 레보비치는 남들은 정년퇴임을 하는 55세가 다 돼서야 정식 교수로 임명되었다.

호이예르 교수팀에서 나온 S. 레보비치는 정신분석학 연구소에서 진료했다. 이 시기에 그는 필립 포멜과 함께 파리 13구에 아동 정신건강 센터를 열었다. 우리는 이후에 아동 지도 센터와 정신건강 센터에 관하여 간략히 소개할 터이다. 여기서는, S. 레보비치만이 유일하게 이런 유형의 기관을 설립한 것은 아니라는 점만 짚고 넘어가자. 그의 사상도 마찬가지이다. 호이예르 교수팀에 있을 때부터 S. 레보비치는 다른 이들과 함께 학문적 관심사를 나누었던 것으로 보인다.

그 예로, 이론 작업 면에서 S. 레보비치와 르네 디아트킨을 떼어놓고 생각하기 어렵다. 르네 디아트킨 역시 프랑스 이론에서 매우 중요한 핵심 인물이다. 중요한 인사를 빠뜨리는 잘못을 하면서라도 다음과 같이 꼽을 수 있다. 에블린 케스템베르크, 미셸 술레, 미리암 다비드, 콜레트 실랑, 시몬 드코베르, 로제 미제스 등. 이 모든 저자들은 정신분석을 하면서 독립적인 이론을 세웠다. 그리고 간혹, 서로 분명한 이견을 보이기도 했지만, 제도상의 갈등이나 분열은 없었다. 그런데 S. 레보비치는 공동 작업자나 친구들의 독립을 받아들이니 교육자로서 훌륭한 면모가 드러난다. 상하관계의 비중이 큰 프랑스 같은 나라에서 그것은 쉬운 일이 아니다. 프랑스, 특히 파리에서 '정교수'의 권한이 어떤 것인지는 생각만 해 보아도 알 수 있다. 그런 교수 이미지에 S. 레보비치가 동일시되어 비판받은 일은 모순이다. 그 비판의 주체는 자크 라캉에 자신을 동일시하며 자크 라캉을 따른 사람들이었다. 자크 라캉은 과연 교수는 아니었다. 그러나 온갖 왜곡을 자행하지 않았는가.

자크 라캉과 그 학파 (디디에 후젤이 집필함)

자크 라캉(1901~1981)은 아동을 정신분석으로 치료한 적이 한 번도 없었다. 그러나 아동정신분석학의 어떤 흐름에 미친 영향은 매우 컸다. 프랑스는 물론, 남유럽의 나라들(이탈리아, 스페인, 포르투갈)이나 라틴 아메리카의 나라들에 그의 사상이 널리 퍼져 영향력이

대단하다. 그러나 아동정신분석학의 발달에 미친 라캉의 영향은 일
련의 모순으로 점철되어 있다는 점을 짚고 넘어가자.

에두아르 피숑은 1920년대부터 라캉이 **프랑스식** 정신분석학의
선구자 – 자크 라캉 자신은 그것을 부정했지만 – 로 꼽히기를 원했
다. 두 사람은 서로 존경했다. 1938년, 자크 라캉이 파리 정신분석학
회 정회원 자격에 후보로 출마했을 때 이를 지지한 이도 피숑이었다.
자크 라캉은 파리 정신분석학회 회원들이 매우 반대했음에도 정회
원이 되었다. 한편, 자크 라캉은 피숑의 정치사회적 입지 – 전통적
가톨릭 보수파에 모라스파[109]임 – 와 점점 멀어지면서도 그의 지적
자질과 기념비적 저작을 숭상했다. 에두아르 피숑의 저작은 프랑스
어의 문법에 관한 것으로, 숙부 자크 다무레트(1911~1940)와 공동
집필했다. 프랑스에서 무의식과 언어 사이의 관계를 최초로 강조한
사람은 피숑이었다. 그것으로 라캉은 자신의 이론의 중심으로 삼았
다. 부정否定형 부사의 기능을 묘사하기 위하여 **배제**[110]란 개념을
도입한 이도 피숑이다. 그 개념을 라캉은 정신병을 이론화하는 데에
사용했다.

---

[109] [역주] 모라스(Charles-Marie-Photius Maurras, 1868~1952)는 신문기자, 수필
가, 정치가, 시인으로서 전적인 민족주의 이론가이다. 제3공화정 하의 대표적
극우파.

[110] [역주] 심리학에서 말하는 배제(forclusion)란, 받아들이기 힘든 것을 거부하
는 정신기제이다. 이때 그 거부 대상은 무의식으로도 흡수되지 않는다. 그 결
과, 주체는 현실 환경과 자신을 단절하여 혼자만의 세계에 갇히게 된다.

자크 라캉의 저술을 읽을 때 맞닥뜨리는 첫 번째 모순은, 프로이트 자료에 대한 독창적 재해석 내용이다. 그것은 **프랑스식** 정신분석학이란 관점인데도, 동시에 **프로이트로의 귀환**이란 기치를 내걸고 있다. 1950년대 초반, 라캉은 정신분석학자들에게 프로이트로 귀환하자고 하면서, 동시에 생물학적으로 설명하는 정신분석학을 일탈이라며 혹평했다. 최근 들어 J.-M. 키노도즈는, 그것이 프로이트 저술 전체로의 귀환이 아니라 "『꿈의 해석』, 『일상생활에서의 정신병리학』, 『재담과 무의식과의 관계』 등 언어를 둘러싼 무의식을 다루는 초기 저작으로" 귀환함을 의미한다고 강조했다. "1900년과 1905년 사이에 집필된, 거의 현대적인 이 세 저서는 무의식을 위장하여 표현하는 언어를 드러낸다. 라캉은 바로 이 삼부작에서 자신의 주요 개념을 이끌어내었다…"(키노도즈, 2004)[111]

우리는 왜 여기서, **프로이트로의 귀환, 프랑스식** 정신분석학을 발달시키려는 시도를 논하는가? 프로이트의 저서 중에서 무의식과 언어 사이의 관계를 해명한 부분만 골라 이론화한 라캉의 행위는 바로 프로이트의 개념 중 이해하기 어려운 부분은 **빼놓고** 프로이트를 읽기 위한 전략이기 때문이다. 그 이해하기 어려운 부분을 놓고 수많은 프랑스 지식인은 프로이트를 비난했다. 라캉은 백퍼센트 논리에 따른 전제사항[112]에 기초하여, 모든 생물학적 기준과는 거리가 먼

---

[111] [역주] J.-M. Quinodoz(2004), 『프로이트의 저술 읽기』.

[112] [역주] 전제 사항(présupposé): 이미 알고 있거나 자명한 것으로 취급하여, 은

'연역적 정신분석학'을 탐구했다. 라캉의 그런 탐색에는, 분명하고 정확한 기반 위에 메타심리학을 다시 세워 '독일식' 모호함을 없애 겠다고 우기는 자들의 희망의 유산이 엿보인다. 그런데 라캉은 앙젤로 에나르(1886~1969)나 에두아르 피숑(1890~1940)과 같은 일 세대 프랑스 정신분석가들의 반독일주의를 폭로한 적도 있다.

두 번째 모순으로, 라캉은 프로이트의 지식 세계에 이질적인 철학 사조 - 그리고 프로이트가 매우 비판한 철학사조 - 를 정신분석학 이론에 결부시켰다. 두 세계대전 사이의 시기, 프랑스에서는 독일 낭만풍 철학, 특히 헤겔의 저작이 발견되어 심화하고 있었다. 그리하여 1936년부터 라캉은 『정신 현상학』에 대한 알렉상드르 코제브의 세미나에 참가했으며 알레상드르 쿠아레라는 또 다른 헤겔 전문가도 알게 되었다(É. 루디네스코, 1997).[113] 프로이트와 철학과의 관계를 논하자면 끝이 없기에 본지에서 그 복합적 주제를 다 나열할 수는 없다. 그런데 프로이트가 일반 철학을 자꾸 규탄한 바람에 그 주제는 일단 애매하여졌다. 프로이트 사상 안에 철학적 근원은 당연히 비중이 크지만 말이다. 그리고 프랑스에서 라캉과 그의 제자들 일부가 프로이트의 사상을 헤겔의 계보에 - 역설적으로 - 연관시키면서, 그 주제는 더욱더 모호해졌다(아순, 1976).[114] 사실, 프로이트

연 중에 발화(發話)에 내포되는 제반 정보.

[113] [역주] É. Roudinesco & M. Plon(1997), 『정신분석학 사전』.

[114] [역주] Assoun(1976), 『프로이트와 철학, 그리고 철학자들』.

는 헤겔 철학을 완강히 배척했으며, 헤겔을 가차 없이 조롱한 하이네의 다음 문구를 흔쾌히 인용한 바 있다. "헤겔은, 쓰고 있던 헝겊 모자와 실내가운 조각으로 우주의 구멍을 막는다." 그런데도 라캉이 제안한 '정신분석학을 헤겔식으로 읽기'는 라캉의 가르침에서 상당한 비중을 차지하고 있으며, 라캉이 묘사한 아동의 모습infans에 직접적인 결과를 가져왔다. 라캉이 말하는 아동infans이란, 욕구besoin에 따른 존재이지, 욕망désir에 따른 존재가 아니다. 그것은 헤겔이 의미하는 욕망을 분석하는 방향이기에, 정신분석학의 영역과는 선험적으로 멀어질 수밖에 없다.

헤겔의 사상은 『자기 자신의 의식』 문제에 집중되어 있으며, 거기에 무의식의 자리는 없다. '자기 자신의 의식'으로 나아가는 헤겔식 변증법은 욕망의 변증법이다. 바로 이것을 라캉은 자신의 메타심리학의 중심 개념으로 삼았다. 코제브의 저서 『헤겔 정신현상학 강독 입문』에 나오는 다음 대목에 이 점이 잘 나타나 있다. " '자기 자신의 의식'이 있으려면 욕망은 비자연적 대상, 즉 주어진 현실을 초월하는 것으로 향해야 한다. 그런데 주어진 이 현실을 초월하는 것은 유일하게도 욕망 그 자체밖에 없다. 욕망 그 자체로서 채택된 욕망, 즉 충족되기 전의 욕망은 사실은 드러난 허무에 불과할 뿐이며 비실재적 공백에 불과하기 때문이다. 욕망이 공백을 드러내는 것인데다 현실 부재의 현존인 이상, 욕망은 본질적으로 욕망한 것 이외의 것이며, 주어져 있고 정체된 실제 존재나 사물 이외의 것이다. 그리하여 그것은 자기 자신 자체와의 동일성 안에서 영원히 유지된다. 욕망 자체로 여겨지는, 다른 욕망을 향한 욕망은 욕망을 만족하게 하는 부정적否定的 동화同化 작용을 통하여 본질적으로는 동물적 '자아'Moi 이외의 자아를 창출해낸다(코제브, 1968)."[115]

헤겔에게 욕망은 – 다른 것에 대한 욕망에 대한 욕망이라도 – 충족될 수 있는 것이기 때문에 라캉은 헤겔의 철학 사상에 동조하지 않는다고 주장했다. 헤겔과는 달리, 라캉은 욕망의 대상은 항상 빠져나가는 것이고 헛된 환상에 불과한 것으로 본다. 그래도 라캉의 메타심리학 안에는 헤겔의 변증법 모델이 고스란히 자리하고 있다.

헤겔의 변증법에 따르면, 욕구를 현실에서 충족하게 하는 행위와 욕망 사이에는 대립이 있다. 욕구 충족은 **자기 자신에 대한 느낌**을 낳는다. 자기 자신에 대한 이 느낌은 사람에게나 동물에게나 마찬가지로 존재한다. 반면, 욕망은 인류 인간성의 특수성을 규정하는 것으로서 **자기 자신에 대한 의식**을 낳는다. 라캉이 말하는, 언어 습득 이전의 아기(영유아{infans}란, '언어가 없음'을 의미한다)는 이 욕구와 그 욕구 충족의 단계이지, 욕망의 단계가 아니다. 그러므로 아기는 **자기 자신에 대한 느낌**은 있더라도 **자기 자신에 대한 의식**은 아직 없다는 것이다. 이로써 라캉은, 주체의 욕망을 드러내는 일을 목적으로 하는 정신분석학 고유의 치료와 멀어진다. 바로 이 부분에서, 수많은 라캉의 제자가 아동과 그 정신적 고통에 관심을 두되

---

[115] [역주] Kojève(1968), 『헤겔 정신현상학 강독 입문』.

그 고통을 막다른 골목에 이른 아동의 심리기능 – 정신분석학으로는 아동이 그 막다른 골목에서 **빠져나오도록** 도와줄 수 있다 – 과 그 아동 자체와 연결하지는 않고 왜 아동의 부모 특히 어머니의 욕망과 연결했는지 설명된다.

정신분석학을 헤겔식으로 변형시켰을 때 발생하는 또 다른 모순은 **무의식**의 삭제이다. 그 자체로 정의될 수 있는 심적 역력(力域)instance psychique인 '역동적 무의식'은 프로이트 메타심리학의 중심이다. 그런데 그 무의식을 완전히 지워버리는 것이다. 즉, 부정성否定性의 변증법을 위하여 무의식을 삭제하는 것이다. 이 부정성의 변증법에서는 상징계Symbolique라는 라캉 범주의 부정否定으로서 실재계Réel 범주가 나타나며, 상상계Imaginaire 범주의 특성인 기만적 위장이 아니면 욕망의 대상은 영영 도달 불가능하다.

라캉이 거울단계에 대한 이론적 성찰을 시작한 것은 바로 이 마지막 범주인 상상계를 통해서이다. 그럼으로써 세 번째 모순이 발생한다. 발생론적 관점에 의거하는 이론가가 이후 그 관점을 완강히 거부하는 것이다.

거울 단계

1930년대, 심리학자 앙리 왈롱(1949)은 아동기에 구축되는 정체성 및 자기 자신에 대한 이미지란 문제에 관심을 두었다. 그리하여 그는 거울 앞에 선 아동의 행동을 관찰했다. 그는 셰링턴을 따라 세

가지 감각을 구별한다. (1. 외부 수용의 감각은 운동·감각 기관 덕분에 외부 세계에 대한 정보를 준다. 2. 자기 수용적受容的 감각[116]은 근육과 관절의 상태에 대한 정보를 준다. 3. 내부 수용의 감각은 내부 내장들에 대한 정보를 준다.) 그는 아이가 이렇게 다양한 감각 경로로 받아들인, 자기 몸에 대한 정보를 차차 서로 통하게 하여 자신에 대한 전체적이고 통일된 모습을 이루어낸다는 사실을 발견했다. 아울러, 아이는 이때 자신의 몸에 대하여, 본질적으로 시각적인 모습에 따른다는 사실도 증명했다. 내부 수용과 자기 수용에 의한 표상들은 지나치게 단편적이고 국부적이어서 정체성의 느낌과 자기 자신에 대한 통일된 이미지 형성에 별로 도움이 되지 않을 것이라고 왈롱은 추측한다. 주로 시각적인, 외부 수용에 의한 표상만이 통일되고 전체화된 자기 자신의 이미지 형성을 가능케 해준다고 한다. 바로 이 점에, 거울 앞에 있는 아동 행동 연구의 의의가 있다. 연구 시 왈롱은 프레이에르(1882)와 기욤(1925)이 이미 관찰한 내용을 다시 확인한다. 즉, 아기는 6~7개월 정도 되었을 때 거울에 비친 타인의 모습을 알아보는데, 이는 자신의 모습을 알아보기 전이라는 것이다. 8개월 이후부터 아기는 자신의 모습에 반응한다. 그런 자신의 모습을 아기는 일단 구체적 현실로 파악하는 것으로 보인다. 그래서 그것을 잡으려고 한다. 그다음, 그렇게 거울에 비친 자신의 모

---

[116] [역주] 자기 수용적 감각: 자기 몸의 자세, 운동, 평형을 인지하는 감각.

습은 구체성을 잃고 그저 하나의 이미지에 그친다. E. 잘레는 『프로이트, 왈롱, 라캉, 거울 아이』(1998)라는 훌륭한 연구서에서 다음과 같이 쓰고 있다. "자기 자신의 몸에 대한 시각적 지각은 원칙적으로는 다른 종류의 감각을 포함하고 있다. 그 다른 감각은 자신의 몸의 현실을 몸의 외관이라는 유일한 한계 내에 설정한다". 왈롱은 연구 결과, 다음과 같은 추측을 하게 되었다. 즉, 아기는 거울에 비친 자기 이미지를 따로 떼어서 생각하는 능력이 있을 것이며, 그 이미지를 포함하는 외부 수용 공간도 따로 떼어 생각하여 그것으로 자신의 직접적 경험의 구체적 기체基體에서 독립된 표상을 만드는 능력이 있을 것이라는 추측이다. 그리고 그런 표상뿐만 아니라 아기가 자신의 몸으로 체험한 것 - 그것이 내부 수용적이든, 자기 수용적이든, 외부 수용적이든 - 에 대한 상징적 표상도 만들 줄 알 것이라고 한다.

라캉은 왈롱의 실험실에 자주 드나들었다. 그러면서 그곳의 연구 내용을 이끌어내 다른 영역으로 옮긴 후 **거울 단계**라고 이름 지어 설명했다. 정신생활의 첫 단계에서 아동은 자신의 통일성에 대한 느낌이 전혀 없으며, 통일성에 대한 느낌은 거울에 비친 자신의 이미지를 아기가 지각함으로써 명확해지는데, 이때 그 이미지는 아동의 주관적 경험에 형태를 부여 - 형태 이론의 의미에서 - 한다는 것이 라캉의 주장이다. 이렇듯, 거울을 통한 경험은 아동이 주체로서 구축됨의 기본인데, 동시에 그런 경험은 아동을 자신의 외부에 존재하는 형태에 가두어 버리므로 기만적이고 인간성을 상실시킨다는 것이다. 라캉은 거울 단계를 묘사한 첫 판을 1936년 마리엔바드의 국제정신분석학회에서 발표했다. 이 발표 내용은 한 번도 게재된 적이 없다. 그러나 라캉은 1949년, 그것을 고쳐 쓴 두 번째 판을 자신의 책 『글』Écrits 안에 넣어 출판했다. 라캉은 거기서 자신의 주장을 요약했는데, 그 문구는 유명해졌다. "인판스infans 단계의 이 꼬마는 운동신경불능과 양분섭취상 의존 상태에 있다. 그러므로 이 존재가 자기의 이미지를 그리도 기뻐하며 받아들이는 일은, 나라는 개념이 가장 중요한 모습으로 돌진해오는 것의 상징적 모태를 보여주는 모범적 상황으로 보인다. 그리하여 이후 그 나le je는 타자에의 동일시란 변증법에 의하여 객관화되며, 보편적 언어활동을 통하여 주어sujet로서의 기능을 되찾는다(1949)."

거울 단계에 대한 라캉의 학설은 아동발달의 첫 단계에서는 인성의 전체성이 부재한다는 정신분석학적 관점과 일치한다. 이 점에 그 학설의 의의가 있다. 프로이트(1905)도 자기성애auto-érotique 단계를 묘사하면서 이 관점을 개략적으로 말한 바 있다. 즉, 자기성애의 단계에서는 부분적 욕동 각각이 오직 각자를 위해서만 기능하며 제각기 다른 부분 대상을 취해 관심을 쏟는다는 것이다. 그 이후, 생식성이 우세해짐에 따라 한데 모인 **리비도**는 대상 전체를 취해 관심을 쏟는 능력을 갖춘다. 1952년에 들어서는 D. W. 위니코트가 이와 유사한 가설을 내놓았다. "인생 초기에 개인은 통일성을 구성해내지 못한다. 통일성은 '개인-환경'의 구조이다. 이 구조는 우리가 외부세계에 대해 지각하는 구조 그 자체이다(위니코트, 1952)." W. R. 비온

은(1962), 1962년에 **포용성/포용됨의 관계**[117]를 정의하면서 이와 유

---

[117] [역주] 포용성/포용됨(contenant/contenu)의 관계를 이해하자면 우선 생각에 대한 비온의 이론부터 접근할 필요가 있다.

최초에는 생각할 능력이 없는 생각, 생각의 기관 자체가 없는 생각만이 존재한다. 그것은 초보적이고 원시적인 생각으로서 생각-행동의 산물은 그 생각-행동으로 되돌아와, 서로 연관 짓는 능력도 없다. 이런 생각은 생각하는 데에 쓰이지 않고 그저 나타나 조각나고 흩어질 뿐이다. 이때 생각은 어떤 의미나 표상을 나타내지 않고 그저 그 자체로 존재할 뿐이다. W. R. 비온은 이것을 '베타(Bêta)요소들' 즉 '생각하지 않는 것'이라 불렀다. 이런 원형적 생각은 우울, 박해, 죄의식, 환각 등에 재난이나 신체적 죽음에의 느낌이 섞여있다. 젖먹이가-외부투사 동일시를 통하여-몰아내야 할 것은 감각적 인상, 감성적 체험들이다.

알파(Alpha)의 기능은 베타 요소들을 정신현상의 내용 즉, 생각 가능한 형태로 바꾼다. 이 기능은 모성환경이나 자아(Moi)에서 나온다. 알파의 기능은 감각, 정동, 근원적 불안, 정동의 조각들에 대한 포용(포용성과 포용됨)이다. 베타의 요소들은 이제 알파의 요소들로 바뀌어 새로운 변모(기억, 억압 등)를 할 수 있으며 환각적 생각, 무의식적 생각, 꿈, 기억 등을 형성하는 데에 쓰인다. 1차적 상징화 작용을 가능케 해주는 것은 청각적, 시각적, 후각적 모델이다. 이 기능은 자기 정신현상의 내용이 어떤 것이라고 표상화하는 일을 가능하게 해준다.

베타 요소들의 막(écran)은 의식/무의식, 깨어있음/잠들어있음, 미래/과거 등의 사이에 서로 차이가 없는 정신 상태로서 응고 덩어리, 이질적인 것의 집단이다. 이 요소들은 같이 모여있음에도 불구하고 각자 고립되어 있다. 그래도 이 요소들은 어떤 일관성이 있어 대상에 대한 감정적 반응을 일으킨다. 베타 막은 정신병의 특징이다.

젖먹이에게 젖, 온기, 사랑 등을 자신 안에 흡수하는 일은 곧, 좋은 젖(le bon sein)을 흡수하는 일이다. 젖먹이는 '젖에 대한 선천적 전(前)견해

사한 주장을 더욱 이론적인 방식으로 전개했다. E. 빅은 **정신의 피부**라는 이론을 묘사할 때, 인성의 비통합^{non-intégration}이란 초보상태에 대한 가설을 분명히 인용한다. 그녀는 다음과 같이 말한다. "그 주장에 따르면, 원초적 형태하의 인성의 각 부분은 서로 연결해주는 힘이 전혀 없는 것으로 느껴지기에, 한계 구실을 하는 피부 덕으로 그나마 소극적으로 전체가 함께 유지되고 있다고 한다(빅, 1967)."

그러나 라캉은 형태이론[118] Gestalttheorie('외관의 모습에 대한 이론')에 따

(préconception)'가 있으나 좋은 젖이 필요하다는 의식은 하지 못한다. 배고픔의 압력에 젖먹이는 배고픔을 없애고자 하며, 욕구가 충족되지 않음을 느낀다(나쁜 젖). 필요한 모든 대상은 지금 소유하고 있지 않으므로 나쁜 것이다. 이 때 원형적 생각은 나쁜 대상(Objets)이 되어 젖먹이는 그것을 외부투사 동일시와 실지로 존재하는 젖에의 체험으로 없앤다. 어머니는 모든 불쾌한 감각에 대한 포용의 구실을 하여, 젖먹이가 만들어낸 나쁜 젖도 포용한다.

좌절에 직면했을 때에는 두 가지를 선택한다. a) 좌절을 견딜 수 없을 때에 주체는 베타 요소들을 축출해냄으로써 자신의 인격으로 하여금 좌절에서 벗어나도록 한다. 이때 나쁜 대상들(les mauvais Objets)은 박해 내내 지속된다. b) 좌절을 견디는 능력: 인격은 이 좌절(젖이 없음을 나타내는 생각)을 변모시켜 알파 요소들을 생산해낸다. 어머니는 포용(le contenant)으로서, 아이가 어머니에게 투사한 감각들을 신진대사하게 해주는 사람이다. 어머니는 배고픔이 충족으로, 고통이 기쁨으로, 고독이 동반으로, 죽음을 향한 두려움이 평온함이 되도록 해준다. 어머니는 투사나 아기의 욕구를 맞아들일 줄 알기에 이런 능력은 몽상의 능력이다. 어머니 덕분으로 아이는 우울증의 입장으로 들어갈 수 있다. 우울증의 입장은 외부에 투사되었던 모든 것의 재통합 단계이다. 우울증의 입장에 도달하지 못하면 아이는 분할된 요소들만 지니게 되어 혼란의 상황만 겪게 된다.

른다는 점에서 다른 정신분석가들과 궤도를 달리한다. 즉, 아동의 정체성과 통일성을 형성시키는 것은 아동의 지각체험이라고 상정하는 것이다. 그러나 아동의 정체성과 통일성을 다룰 때 다른 정신분석학자들이 기준으로 삼는 것은 리비도 이론과 함께, 프로이트의 경제성의 시각[119]이나 위니코트의 역동성[120] 시각, 혹은 대상관계이론에 따른 후대 클라인 파 정신분석가들의 역동적 시각이다. 아동이 자신의 일관되고 통일된 이미지를 구축하는 과정이－형태이론에

---

[118] [역주] 형태이론(théorie de la forme)은 1920년대 독일에서 막스 베르타이머 (1880~1943), 쿠어트 코프가(1886~1941), 볼프강 쾰러(1887~1967) 등이 추진한 이론으로, 19세기의 연상심리학 혹은 관념연합론(associationnisme)에 반대하여 탄생했다. 형태이론은 다음과 같은 사상에 기초하고 있다.
- 형태개념: '형태들'은 구성된 표상들이다. 정신현상은 이 표상들을 현실에 투사하여 현실에 의미를 부여한다.
- 감각과 지각: 지각(perception)은 감각(sensation)의 총합이 아니다.
- 영역개념과 이질동상(異質同像)의 가설: 쾰러는 신체 영역, 뇌 영역, 지각 영역이라는 세 가지 영역 사이에 위상기하학 성격을 지닌 이질동상이 존재한다고 가정했다.
- 지각(perception) 구성의 법칙: 베르타이머는 지각 구성의 법칙을 규정했다 (근접의 법칙, 유사의 법칙, 연속성의 법칙).
- 좋은 형태: 지각의 대상은 항상 가능한 한 최상의 형태를 취하는 경향이 있다.
- 전체와 부분: 지각은 고립된 요소들이 모여 작용하는 것이 아니라 '형태들'로 구성된 다음 그 전체 윤곽으로 구성된다.
[119] [역주] 프로이트의 메타심리학을 설명한 위의 역주를 참고할 것.
[120] [역주] 마찬가지로, 프로이트 메타심리학에 대한 위의 역주를 참고할 것.

따라- 일단 거울에 비친 자기 이미지 지각을 기초로 하는지, 아니면 그 과정은 남이 아동에게 주는 신체적 시선은 물론 심리적 시선- 위니코트가 어머니의 거울 기능이라 명명한 것(위니코트, 1971) - 을 통한 타인과의 관계를 먼저 거치는지에 대한 문제를 제기하는 것이 바로 왈롱의 연구이자 라캉의 학설이기는 하다. 라캉은 처음에 이론을 제시할 때부터 프로이트 메타심리학의 경제성 시각, 역동성 시각과 분명히 경향을 달리하고 있음을 볼 수 있다. 라캉의 시각은 프로이트의 장소론 모델과 유사하기는 해도, 프로이트 자료군의 장소론 시각과는 달리 외양에 중점을 두는 방향으로 나아가고 있다. 라캉의 이런 성향은 1950년대부터 구조주의에 관심을 보이면서 더욱 굳어진다.

라캉의 이 이론적 견해는 성장해 나가는 아동과 별로 관계가 없다. 한술 더 떠서, 라캉은 곧 모든 발생론적 과정을 철저히 배제하게 된다. 여기서 발생론적 과정이란, 정신발달과 그 후속 단계를 의미하는 말이다. 그리하여 라캉의 글에서 **거울 단계**는 점점 더 외관에 대한 모델이 되어, 진정한 발달 단계와 더욱더 멀어져 갔다. 그런 이상, 라캉의 이론 안에 정통성 있는 아동정신분석학이 자리할 수 없음은 명백하다.

라캉과 구조주의

1950년대, 라캉은 구조주의 사조가 이바지한 바를 인문과학에 적용했다. 그는 특히 프랑스에서 클로드 레비스트로스(1949)가 제시한 구조주의 인류학에 영감을 받아 상징계라는 개념을 로마에서 행한 유명한 연설 안에 넣었다(라캉, 1953). 그다음 그는 페르디낭 드 소쉬르가 『일반 언어학 강의』(1916)를 통해 창시한 구조주의 언어학에 영감을 받았다. 『일반 언어학 강의』는 그 훌륭한 스위스 언어학자의 제자들이 1916년에 출판한 것이었다.

소쉬르는 언어 이전에는 현실이 분명히 나타날 수 없다고 생각한다. 언어를 통해서만 비로소 고정되고 확인 가능한 요소들로 현실을 구획 지을 수 있다는 것이다. 그렇게 나타내는 내용, 즉 기의 signifié 는 언어 형태인 기표 signifiant 이전에는 존재할 수가 없다고 한다. 이때 기표는 전달되는 내용을 표현하는 데에 쓰인다. 기의와 기표는, 다른 기의들/기표들과 구별된다는 변증법에 따라 정의된다. 다시 말하여, 현실에 대한 어떤 표상은 그 표상이 아닌 다른 표상들로만 정의될 수 있는데 — 즉, 그럼으로써 그 표상은 다른 표상들과 구분된다 — 그것은 기표 덕분이며 그 기표 자체도 다른 모든 기표와의 대립을 통해서만 정의될 수 있다. 라캉(1955)은 1955년부터 이 **기의**와 **기표**라는 이분법에 영감을 받았는데, 그 의미를 현저히 변형시켰다. **거울 단계**에서 개략적으로 묘사한 인간 정신현상의 모델을 더욱 명확히 할 재료를 소쉬르의 정의에서 찾아낸 것이었다. 근본적으로, 라캉의 지속적인 탐구는 세계와 우리 자신에 대한 인간의 경험을 구성하는 원칙을 발견하려는 것이다. 이론화를 위하여 라캉이 기울인 노력은 **프로이트로의 귀환**이나 메타심리학의 심화라고는 볼 수 없어도, 그런 점에서는 정당성이 있다고 판단된다. 알랑 쥐랑빌도 강조하듯(1996), 바로 그런 노력의 하나로 라캉은 연역적 이론을 고안한 것이었다. 그 이론은 당연히 빈틈없는 논리적 추리를 가능케 하는 개념들과, 명확히 정의되는 개념 위에 세워져야 했다. 그런데, 그런 연역적 이론은 프로이트의 경험주의와는 거리가 멀다. 프로이트의 경험주의는, 치료라는 주어진 틀에서 일어나는 정신현상의 사실을 자세히 관찰함을 바탕으로 하기 때문이다. 또한 라캉은 연역적 작업에서 **기의**보다는 **기표**에 우위를 둔다. **기표**가 우선이며, 주체의 세계를 이루어내는 것도 기표라는 것이다. 그리하여 소쉬르가 기초로 삼던, **기표/기의**의 변증법은 사라졌다. 사실 이 스위스 언어학자에게 두 항 중 어느 한쪽에 더 우위를 두는 것은 생각조차 할 수 없는 불가능한 일이었다. 두 항이 동시에 작용하면서 일어나는 변증법적 관계 속에서 기표와 기의는 서로 정의되기 때문이었다. 즉, 소쉬르가 말하는 **기표**는 이것과 쌍을 이루는 **기의**와는 떼어놓고 생각할 수 없다. 그런데 라캉에 와서는 모든 것이 달라져, **기표**가 우선이고 기표는 **기의**가 없어도 존재하게 된다. 한술 더 떠서, 주체가 겪는 체험을 의미화된 단위들로 나누도록 해주는 것이 바로 기표가 된다. 변증법이 있다면, 그것은 이제 기표들 사이에서만 존재하게 된다. 즉, 기표 하나는 또 다른 기표 하나를 가리킨다는 것이다. 그리하여 그것은 욕망은 곧, 타자의 욕망을 나타낸다라는, 욕망의 변증법을 중복하여 되풀이하는 연쇄 속에서 일어나는 기표들이다. 이런 기표 연쇄에 끝은 없다. 라캉의 시스템에서, 완전히 충족되는 욕망은 없는 것과 마찬가지로 말이다.

바로 이 기표 연쇄로 라캉이 '무의식의 주체'라 명명하는 것이 정의된다. 그것은 주체의 고정구조를 형식상으로 정의한 것이다. 이 정의는 주체의 외부에서 오는 것이다. 즉 타자에 대한 주체의 관계에서 주체에게 오는 것이다. 그런데 이때 타자autre란, 주어진 상대방 예컨대 어머니라는 특정 인물이 아니라, **기표들의 보물**(여기서 라캉은 소쉬르가 말한 '언어의 보물'trésor de la langue을 바꿔 말하고 있다)을 보유하는 언어활동langage의 대타자Autre이다. 안 쥐랑빌은 다음과 같이 쓰고 있다. "주체는 기표의 구성으로 규정된다. 즉, 주체는 연쇄 안 요소들을 명확히 발음하여 나오는 결과물에 불과하며, 일단은 S1-S2라는 2원소의 최소 기표쌍의 결과물이다. '각 기표(S1)는 오로지 다른 기표(S2)에 대해서만 주체를 나타낼 뿐이다.' 존재의 충만함에서 추방된 '분할된' 주체, 의미상실의 장소인 공백으로 낙인찍힌 주체를 정의하는 것이 바로 두 기표 사이의 이 '간격'이다(안 쥐랑빌, 2004)."[121]

1957년, 라캉(1957)은 언어학자 야콥슨의 논문에 따라(1963) **은유**métaphore나 **환유**métonymie와 같은 문채[122] 안의 기표 연속 구성의 법칙을 발견한다. 이때 그는 프로이트가 『꿈의 해석』(1900)에서 분

---

[121] [역주] A. Juranville(2004), 「치료시의 행동과 관련된 지표 몇 가지를 통해 보는 라캉 이론의 언어」.

[122] [역주] 대조, 양보, 완곡, 과장 의인화 따위.

석한 **응축**(은유)과 **전위**轉位(환유), 즉 무의식 사고의 특징인 원초적 과정을 다룰 때 프로이트가 이미 묘사한 **응축**(은유)과 **전위**(환유) 개념을 다시 사용한다. 여기에서 나온 라캉의 말은 유명해졌다. "무의식은 언어활동langage 처럼 구조화되어 있다."

무의식의 주체를 정의하는 기표 연쇄 – 특히 대타자 욕망의 주체를 나타내는 중심 기표의 연쇄 – 를 밝히는 것이 바로 치료의 목적이 되었다. 그런데 대타자 욕망의 결핍은(거세) "어머니라는 대타자에게 결핍된 대상을 '대신해 주는 역할'의 입장에 아이를 놓는다. 어머니라는 대타자에게 결핍된 대상이란 '대상 a'인데, 이것은 본질이 페티시즘인 **상상의 차원**에서 일어나는 정신 현상으로서, 어머니의 공백에 '미리 대비해'주는 일이다"(안 쥐랑빌, 2004).[123]

여기서 아이는 어머니에게 결핍된 **남근** 자리를 차지하려는 성향이 있다. 이런 이론 모델에서 출발하는 라캉의 제자들은 아이 자체의 정신기능은 분석하지 않고, 어머니의 말에서 이 남근이라는 자리 – 아이에게 할당된 – 를 찾아내는 일에만 몰두한다. 그리하여, 남근 아이라는 운명에서 빠져나올 수 있는 정상적 돌파구는 **아버지와 관련된 은유**인, **아버지의 이름**Nom-du-père과 관련 있다고 한다. 그리고 정신병자의 정신구조에서 이 아버지의 이름이란 구조는 전적으로 빠져 있다는 것이다. 아버지에 대한 기표를 거부하면 아이는 상

---

[123] [역주] A. Juranville(2004), 「치료시의 행동과 관련된 지표 몇 가지를 통해 보는 라캉 이론의 언어」.

상계로 진입하지 못하게 된다. 이 '아버지 기표에 대한 거부'를 묘사하기 위하여 라캉은 '아버지의 이름을 배제forclusion함'을 다룬다. 수많은 라캉 파 정신분석가가 이 모델에 의거하여 정신병 아동 분석 치료를 시작했으나, 이 배제forclusion가 역방향으로 변모할 수 있는지는 한 번도 분명히 밝힌 적이 없다(G. 디아트킨, 1997을 참조할 것).

라캉과 위상(位相)기하학

아동정신분석학에 영향을 줄 만한 라캉 사상의 다음 단계는 위상기하학의 차용이다. 1968년 사건의 세력권 안에서 라캉이 제안한 네 가지 담론(거장의 담론, 히스테리 환자의 담론, 대학교수의 담론, 분석가의 담론)은 다루지 않기로 한다. 이 이론은 아동정신분석학에 적용되지 않는다고 판단되기 때문이다.

위상기하학은 수학에서 매우 활발한 분야로서, 한 공간이 다른 공간으로 연속하여 변모하는 것을 다루는 분야이다. 연속성에 대한 직관적 개념 – 17세기 이후부터 수학적 분석에서 기본적으로 쓰임 – 을 형식적 관점으로 명시하기 위하여 수학자들은 위상기하학 성찰을 발전시켰다. 이 수학의 한 분야는 처음에 라이프니츠가 **위치분석**analysis situs이라고 명명한 뒤로는 그 이름으로 – 특히 오일러의 작업에서 – 18세기 내내 발전했다. 그러다가 1836년, 리스팅이 '위상기하학'topologie이라는 이름을 지어냈다. 수학자들에게 위상기하학이란 당연히, 일정 수의 차원이 있는 추상적 공간들과 관련한 것이다. 라캉은 은유 방식으로 이 위상기하학 개념 몇 가지를 빌려와 프로이트의 장소론 les topiques을 연장하려고 꾀했다. 즉, 프로이트는 자신의 장소론을 유클리트 공간의 세 차원으로 나타내었는데, 라캉은 그 프로이트의 장소론에서 유클리트 공간의 세 차원을 없애는 것이 목적이었다.

로마에서 연설할 때(1953)부터 라캉은 **원환면**圓環面(매끈한 타이어의 외형)을 사용하여 주체의 무의식 구조를 나타냈다. 그리고 1961년부터는 이제 '주체의 위상기하학'이라 명명한 이 구조를 설명하려고 점점 더 위상기하학 형태들에 의지했다. 라캉은 '방향을 결정할 수 없는 다양체'[124]라 불리는 것 – 뫼비우스의 띠, 클라인의 병, 크로스 캡cross-cap – 에 각별한 관심을 보였다. 다양체는 그 자체를 비틀어서 위에 어떤 궤도를 그렸을 때 정해진 방향이 어느 쪽인지 알 수 없다. 뫼비우스의 띠가 가장 쉽고 잘 알려진 예이다. 긴 장방형 끈을 잘라 한 번 비틀어서 두 끝을 이어 붙이면 뫼비우스의 띠가 된다. 뫼비우스의 띠는 안쪽 면과 바깥쪽 면, 윗 가장자리와 아래 가장자리가 구분이 안 되어, 서로 끊기지 않고 접힌 모서리도 없이 연결되어 있다. 더욱 복합적 다양체인 크로스 캡은 사영면射影面을 삼차원 공간에 투영하여 얻는다. 라캉은 주체가 자신의 욕망

---

[124] 여기서 '다양체(variété)'란 용어는 표면(surface)의 개념을 일반화한 표현이다.

대상-대상 a라 지칭함-과 분리되는 것을 나타내기 위하여 크로스 캡을 사용했다. 라캉에 따르면, 이런 분리는 뫼비우스의 띠를 출현시킨다. 이 뫼비우스의 띠를 라캉은 '내부의 8'이라 부르면서 주체의 구조를 드러내는 데에 이용했다.

이 모델들 역시 형식적 가치보다는 은유성이 짙으며, 진정한 의미에서의 연역이라기보다는 발견에 도움이 되는 정도이다. 그런데 J.-D. 나지오(1987)나 로베르 르포르, 로진 르포르(1980, 1988)는 정신병 치료와 이론적 접근에 이 모델들을 사용했다.

1972년부터 라캉은 보로메오 연쇄[125]에 의지하여 자신이 정의한 실재계, 상징계, 상상계의 세 범주가 엮인 모습을 나타냈다. 보로메오 연쇄란, 보로메오 섬을 상징하여 명명한 것이다. 보로메오 Borromeo 섬[126]은 마기오르 호수Lake Maggiore, le lac Majeur에 있는 네 개의 섬이다. 이 섬들은 서로 얽힌 고리 모양으로 생겨서, 그중 하나만 없애도 나머지 연쇄가 무너질 형상을 하고 있다. 라캉은 이런 특성을 취하여, 자신이 정의한 범주들의 모습을 설명했으며 자신의 정신분석이론을 일종의 위상기하학적으로 서술하고자 했다.

---

[125] 여기서는 흔히 사용되는 '매듭(noeuds)'이 아니라 '연쇄(chaînes)'이다. 매듭은 줄 하나 자체로 매어진 끈이고, 연쇄는 여러 개의 줄이 엮인 것이다.
[126] [역주] 이탈리아의 섬. 기후가 온화하며, 넷 중 세 개의 섬에만 들어가 구경할 수 있다.

라캉의 제자와 아동정신분석학

라캉에게 복종한 아동정신분석학자 중 가장 잘 알려진 사람은 두 말할 나위 없이 프랑수아즈 돌토이다. F. 돌토는 라캉보다 일곱 살 정도 아래이므로 라캉의 제자라고 볼 수는 없다. 그리고 라캉에게서 몇몇 개념을 빌려오기는 했으나, 자신만의 사상과 기법을 발전시켰다. 이 장의 한 단락이 F. 돌토에 할애되어 있다. 라캉은 1964년, '파리의 프로이트 학파'라는 자신의 학파를 세운 다음부터 제자가 생겼다. 이 부분에서 프랑스 정신분석학의 움직임 안에 발생한 분열의 역사를 간략히 개괄할 필요가 있다.

전쟁 동안 휴면 중이던 파리 정신분석학회는 2차 세계대전이 끝나자 다시 원상태로 편성되었다. 그리고 1950년대에는 미국 정신분석학회가 교육연구소 창립을 지원하는 기부금을 보내왔다. 이 기부금 사용과 교육연구소 정립 방식을 놓고 파리 정신분석학회는 두 성향으로 나뉘어 충돌했다. 두 성향의 리더는 각각 사샤 나흐트, 다니엘 라가슈였다. 충돌의 원인은 이론이나 기법 문제가 아니라, 프랑스의 정신분석학 운동을 어떤 방식으로 구성해 이끌 것이냐에 관한 견해 대립이었다. 나흐트는 계획경제 방식으로 구성된 연구소, 즉 국가의 정치와 학문 당국이 공식적으로 인정하는 연구소를 설립하자고 했다. 라가슈는 당국에서 완전히 독립하여 연구소를 훨씬 더 자유롭게 구성하자고 했다. 라가슈가 이끄는 그룹은 소수가 되자, 파리 정신분석학회에서 탈퇴했다. 그런데 이들은, 국제정신분석학회에 소속된 유일한 프랑스 학회에서 탈퇴하면 국제정신분석학회에 가입되었던 자격도 함께 잃는다는 사실을 모르고 있었다. 일단 탈퇴를 한 후에야 그 사실을 알게 되었다. 이 사건에서 리더 역할을 하지 않았던 라캉은, 분리되어 나온 이 그룹에 합류했다. 일정한 규칙 없이 분석을 한다고 비난받았던 그는 아마도 파리 정신분석학회에서 나옴으로써 그런 비난을 면할 수 있으리라고 생각했을 것이다.

이렇게 나온 이들은 프랑스 정신분석회(SPF)를 만들었다. 국제정신분석학회의 인증이 없었던 이 학회의 회원들은 이제 이 학회를 국제정신분석학회에 가입시키고자 했다. 그 절차는 꽤 시간이 걸렸다. 1963년, 국제정신분석학회는 드디어 이 새로운 학회를 **스터디 그룹**의 자격으로 받아주었다. 단, 분석가 양성을 위한 교육활동에 자크 라캉과 프랑수아즈 돌토를 제외해야 한다는 조건이었다.

이 조건을 두 사람은 받아들일 수 없었다. 그리하여 프랑스 정신분석회 Société psychanalytique de France 는 붕괴하였다. 새로운 **스터디 그룹**이 국제정신분석학회의 인증을 받았으며, 장차 프랑스 정신분석학회 Association psychanalytique de France 로 태어날 예정이었다. 1964년에 라캉은 파리의 프로이트 학파라는 자신의 학파를 만들었다. 이 학파에 프랑수아즈 돌토는 즉시 가입했다. 제니 오브리(1903~1987)라는 아동정신분석가도 여기에 합류했다. 제니 오브리는 라캉의 감독을 받았지만 라캉의 제자라고 볼 수 없다. 그녀는 소아 정신과 의사이자 파리 병원의 병원장으로서 남긴 선구자적 업적으로 유명하다. 특히, 분리에서 비롯된 정신적 외상과 조기 정서결핍에 대한 앵글로-

색슨계 연구를 프랑스에 도입했다.

모드 마노니(1923~1998)는 라캉의 첫 제자 - 아동정신분석에 헌신한 - 로 볼 수 있다. 그녀는 런던에서 위니코트에게 감독을 받았다. 모드 마노니는 라캉의 이론과 위니코트의 이론, 로널드 랭이나 데이비드 쿠퍼와 같은 반反 정신의학자들의 이론을 총괄했다. 모드 마노니는 벨기에 정신분석학회의 회원이었기에, 파리의 프로이트 학파의 회원이었지만 동시에 국제정신분석학회에 가입되어 있었다. 모드 마노니의 첫 저서『정신지체아와 그의 어머니』(마노니, 1964) 는 격렬한 논쟁을 불러일으켰다. 정신지체 상태의 체질적 병인론病 因論은 무시하고 정신병 발생의 병인론만 제기하여 어머니들을 책망 한다고 사람들은 모드 마노니를 비난했다. 모드 마노니는 극단적인 면은 있지만, 결핍 상태états déficitaires[127] 안에 정신병 발생요인이 차 지하는 비중을 강조한 공로는 인정해야 한다. 그녀는 **증후아동**이란 개념을 도입하여 욕망과 기표에 대한 라캉의 이론과 연결했다. 그리 고 1960년대 말에는 파리의 근교인 보뇌이-쉬르-마른(마노니, 1984)에 정신병 아동을 위한 기관을 설립하여 정신의 광기와 그 치 료법에 관한 자신의 견해를 실험할 수 있었다. 여기에서 모드 마노 니는 '휘몰아치는 기관'이라고 이름 붙인 모델을 발전시켰다. 구체 적 기관에서만 한정되어 정신병과 투쟁하지 말고, 사회의 주변 환경

---

[127] [역주] 결핍 정신병(psychose déficitaire)은 정신지체와 정신병이 결합된 것이 다.

도 이에 참여해야 한다는 것이다. 그리하여 모드 마노니는 동네의 상인, 장인, 주민들이 보뇌이에서 치료받는 아동들의 치료비 부담에 관심을 보이도록 했다. 아동 정신병에 대한 강론이나 저술에서 모드 마노니는 특히, 우리가 위에서 이미 다룬 **아버지 이름의 배제**라는 개념에 따랐다. 모드 마노니는 이 배제가 각인된 어머니의 무의식 안에는 아이가 **남근**의 자리를 차지하고 있다고 생각한다. 아이는 모든 삼각관계에서 제외되어, 욕망하는 주체로 인정된 적이 한 번도 없으며 아버지에 관한 모든 것은 배제되었다.

라캉의 다른 제자들은 라캉 저술의 다른 부분이나 개념들을 아동에게 적용했다. 라캉 파 정신분석학자들은 아동 자폐증과 아동 정신병 분야를 주로 개척했다는 사실이 특기할 만하다.

로베르와 로진 르포르는(1980) 뫼비우스의 띠와 같은 '방향을 결정할 수 없는 다양체' 모델에 따라 **주체의 위상기하학**을 사용했다. 이들은 자폐증 환자의 위상기하학적 불연속성을 '구멍'의 형태로 묘사했다. 이 '구멍'이 주체와 대상의 연속성을 끊는다는 것이다. 정상적 아동에서 대상과의 분리는 아버지에 대한 은유 놀이나 언어 놀이로 상징화된다. 그리하여 욕구 충족의 영역에서 욕망의 영역으로 이행할 수 있다. 그러나 자폐증 아동에게서 이런 이행은 일어나지 않는다. 상실은 '구멍'의 형태로 실재계 안에 각인될 뿐이다. 그리고 타자는 기표가 자리 잡는 장소로 기능하는 것이 아니라 부재로 전락하고 만다.

다른 정신분석학자들은 라캉이 말기의 저술에 도입한 **쾌락**

jouissance의 개념을 참조했다. 주체를 대상으로 향해 몰고 가는 리비도의 움직임은 주체가 상징화해야 하는 사전 제거를 당하면서 이루어진다. 이 제거를 수행하는 것은 **남근의 기표**signifiant phallique 이다. 그 제거는 상징적 거세로 이루어지는 **쾌락**의 제거이다. 그리고 그 상징적 거세는 주체로 하여금 대상을 향해 나아가도록 해주는 매개물로서 리비도를 만든다. 이 정신분석학자들(C. 솔레르, E. 솔라노, E. 로랑, 1982)[128]에 따르면, 자폐증 환자에게는 바로 이 쾌락의 제거가 작동되지 않는다. 몸 전체가 쾌락의 대상으로 변모했기 때문이다.

M.-C. 라즈닉(1955)은 라캉의 이론, 위니코트의 이론, 프랜시스 터스틴의 이론들을 연결한 후, **거울 단계** 개념으로 아동의 자폐증을 설명했다. 즉, 라캉이 묘사하는 욕망의 변증법에 따르면 아이는 대상을 잃어버린 것으로 설정할 수 있어야 하는데 이를 위해 아이는 거울 안의 자신과 닮은 이와 관계를 세울 필요가 있다. 그래야 자신의 자아Moi를 구성할 수 있기 때문이다. 그런데 이것은 자신의 '부족', 즉 거세를 참아줄 수 있는 대타자와의 관계가 있어야만 가능하다. 자폐증 아동의 어머니는 이런 결핍을 표상화해주지 못한다. 그리하여 "자폐증 아동은 '어머니의 무의식에의 기생'이라는 특수한 사례를 형성하게 된다. 어머니에 대하여 자신이 어떻게 작동하는지 정확한 해석을 해주면 아이는 곧바로 반응하여 생기를 되찾는

---

[128] [역주] C. Soler, E. Solano, E. Laurent(1982), 『자크 라캉의 가르침 안에 나타난 아동 정신병』.

다"(1995). M.-C. 라즈닉은 이렇듯, 위니코트가 거울단계에서 '어머니의 거울 기능'이라 명명한 것과 비슷한 해석으로 나아가고 있다. 그러나 그녀는 전이 관계보다는 담화를 분석하는 라캉 식 정신분석 사조에 충실하다. 라캉 식의 정신분석은 말이 없는 아이, 혹은 언어 장애를 겪는 아이에게 해석해줄 때 아이의 정신작용 자체보다는 '어머니의 무의식이란 이런 것'이라고 자신들이 생각하는 쪽으로 밀고 간다.

자폐증 환자에게 적용된 라캉의 학설은 그 병의 특수성을 고려했다는 장점은 있다. 그래도 라캉의 주장들은 아동 자체의 정신현상과는 상관없는 결정론 - 언어활동, 상징계, 아버지의 은유 등과 같은 결정론 - 으로 병을 설명한다는 치명적 결점이 있다. 라캉의 이론은 정신분석학에서 그리도 본질적인 역동성 시각[129]을 깡그리 제거하고 있다. 게다가 병을 일으키는 요인은 바로 부모들이라고 책망하는 등 불편하고 상식에서 벗어난 지목을 할 위험이 있으며, 부모들이 그런 자녀를 대할 때 필시 겪게 되는 고통스러운 상호작용도 무시할 위험도 따른다.

라캉의 이론은 아동 정신병리학의 다른 분야에는 별로 관여하지 않았다. 안 쥐랑빌에 따르면, 신경증 병리를 다룰 때 성인을 분석하는 정신분석가와 마찬가지로, 아동정신분석가에게 있어서도 "해독

---

[129] [역주] 프로이트의 메타심리학을 설명한 위의 역주를 참조할 것.

解讀할 어떤 텍스트 축의 이환율[130]은 그 모든 관여성[131]을 지니고 있다. 즉 치료의 매체인 그림, 찰흙, 게다가 운동 기능성 등은 언어 parole와 똑같은 문자 구조—기표적이고 명확히 발음된 문자 구조—가 있다. 언어활동langage의 구조라는 이름으로 라캉은 안나 프로이트가 보인 지나치게 교육적인 방향과 분석가와의 동일시라는 이상적 상상이 착각이라고 비판했다. 언어활동langage의 구조라는 이름으로 라캉은 구조적 구성보다 환상의 생生에 우위를 두는 자세, 즉 멜라니 클라인이란 '천재적 내장 장수'—라캉의 표현—가 행하는 해석의 '강제'forçage[132]—상징에 대한 표현적 이론에 의존한 해석—도 비판했다. 또한 언어활동langage의 구조라는 이름으로 라캉은 해석 행위보다 **세팅**setting에 우선권을 부여한 위니코트도 비판했다(안 쥐랑빌, 2004)…"[133]

결론

라캉 사조의 역사는 계속되었다. 1964년에 라캉이 세운 파리 프로이트학파는 1980년 1월 5일, 라캉 자신이 해산시켰다(루디네스코와

---

[130] [역주] 병에 걸리는 비율. 인수 수에 대한 질병 수의 비율.
[131] [역주] 음운론에서 한 음소(phonème)가 다른 음소와의 구별에 관여하는 특성을 이르는 말.
[132] [역주] 사냥에서, 짐승을 끝까지 몰기.
[133] [역주] A. Juranville(2004), 「치료시의 행동과 관련된 지표 몇 가지를 통해 보는 라캉 이론의 언어」.

플롱, 1997).[134] 1981년 9월 9일, 라캉이 죽자 라캉 사조는 수많은 그룹으로 분할되었다. É. 루디네스코와 M. 플롱에 따르면, 1990년대에 50여 개에 이른 이 그룹들은 스승의 사상에 대한 해석상의 정통성을 규정하고 스승이 남긴 유산을 제각기 떼어 차지하느라 서로 경쟁했다.

그리고 라캉의 수많은 후계자가 아동에 관심을 두고 아동 치료에 라캉의 이론을 적용해 보았다.

그러나 우리가 처음부터 지적했던 모순은 해소된 적이 없다. 그토록 이론적인 사상, 즉 정신 현상의 기능에 경험적으로 접근하는 정신분석학의 가치를 전부 다 부인할 정도로 이론적이기만 한 사상이 어떻게 정신 현상의 생성 혹은 그 생성의 결함에 관한 수많은 저작을 탄생시킨 것일까? 욕망은 정신분석학의 영역이라고 인정하면서도, 아동을 욕구의 영역에 놓은 나머지 욕망의 영역에서 제외한 이론이 어떻게 아동정신분석학 분야에 대한 그리도 많은 적용결과를 낳을 수 있었을까? 인판스infans는 아직 갖고 있지도 않은 언어활동, 즉 그 언어활동에 기반을 둔다는 메타심리학이 어떻게 아직 상징계에 도달하지도 않은 꼬마를 논할 수 있는가? 이 모든 모순은 라캉의 사상 전체를 단언하는 다음의 내용으로 설명할 수 있다. 라캉에게 기원에 대한 탐구는 심리현상의 시간적 차원에서의 기원, 즉 생성과

---

[134] [역주] É. Roudinesco & M. Plon(1997), 『정신분석학 사전』.

정 의미에서의 기원이 아니라 형식적이고 논리적인 의미에서의 기원을 말한다. 즉, 주체를 주체 자신도 모르게 구조화하는 구성 원칙은 무엇인가에 관한 연구이다.

아동은 과연 기원의 비밀을 간직한 신화같은 존재기에 라캉 사상의 형식주의는 아동을 통하여 구현될 길을 찾을 수 있지 않을까 하는 바람이 바로 라캉에게 복종하는 아동정신분석가의 입장일 터이다. 그렇다면 그들은 과연 정신현상에 대한 학문－**메타심리학**－을 세우고자 한 프로이트의 야망과 경험의학의 맥을 잇고 있는 것인가? 솔직히 말해 그들은 세계에 대한 하나의 시각, **세계관**Weltanshauung을 고안해 낸 것에 불과하다. 세계관이라면, 프로이트가 자신의 발견에서 벗어난 일탈로 보아 항상 규탄한 것이었다. 그런 의미에서의 세계관을 개척하려는 유혹을 뿌리치지 못할 때도 있었지만 말이다.

아동 지도 센터와 치료기관

V. 스미르노프에 따르면(1966) '지도 센터'라는 명칭은 〈청소년 정신병 기관〉에서 비롯되었다. 이 기관은 윌리엄 힐리와 아가스타 브로너가 1909년 시카고에 설립한 후 1915년, 보스턴의 〈저지 베이커 재단〉Judge Baker Foundation으로 이어졌다. 처음에는 청소년 비행만 다루다가, 상담이 점차 다른 유형의 심리장애까지 적용되었다. 안나 프로이트와 그 동료들의 노력이 개중에는 어떻게 지도센터로 결실

을 보았는지 우리는 II, 1장에서 보았다. 런던의 타비스톡 클리닉도 있다. 이는 호이예르 교수 분과에서 진료하던 모르겐슈테른의 개념과 같은 성향일까? 영상의학과와 혈액 검사과 사이에 일종의 '보충 검진'으로 끼어 앉아 혼자 근무하는 정신분석가로서 그것은 쉬운 일이 아니다. 정신분석을 가미한 청소년 심리치료를 위해 많은 일을 한 피에르 말(1964) 역시 1927년부터 질베르 로벵과 함께 아동 정신과 진료를 한 적이 있다. 사실, 아동 지도 센터는(버클과 레보비치, 1958) 그 명칭을 계속 유지했지만 다른 나라와 마찬가지로 프랑스에서는 진찰하는 곳으로 되었다. 그리하여, 거기서는 부모에게 조언을 해주거나 모든 아동이 '심리학, 의학, 사회적 관점으로 검진을 받아야' 한다. 이를 위해 다양한 참가인이 관여한다. 예전에는 아동정신분석가가 정신과 의사나 심리학자의 자격으로 '팀'에 소속되곤 했던 이곳에서 이제는 정신분석학을 약간 은밀한 방식으로 끼워 넣는 것 같다. 진정한 의미에서의 정신분석 치료가 아동에게 '처방'되는 일은 드물지만 "앵글로-색슨계 나라와 라틴계 나라에서 지도 센터의 활동 내용은… 아동정신분석의 적용이다"라고 S. 레보비치는 생각한다. 그래도 부모라는 환경을 수정하는 유형이나 재교육을 목적으로 한 개입 유형도 같이 권장된다. 그리하여 이 센터들에서는 외부 환경에서의 일반적 실행과 예방이라는 초기 개념이 발전되었다. 1950년경에는 돔종이나 L. 보나페 등의 정신과 의사들이 추진하여 프랑스 정신병원에서 출범된 심리-의학 센터들도 생겼다. 이 센터들은 지도 센터와 같은 종류의 활동을 시도했다.

이 지도 센터들Centres de guidance을 구조 짓기 위한 정신분석학적 발상의 **두 가지 시도**를 짚고 넘어가자. 의학-심리학-교육학 센터(CMPP)와 아동 정신건강센터(CSMI)가 그것이다. 제기된 문제는 다음과 같이 도식화할 수 있다. 모든 아동이 부모와 함께 와서 정신분석학적 진단과 치료를 받을 수 있는 구조-사회정치적 환경도 누리면서-를 만들 수 있도록 행정적 틀을 마련하자는 것이었다. 나치가 물러간 후 프랑스는 복구에 전념했으며 사회 정치적 야망도 있었다. 그리고 1914~1918년의 전쟁이 끝난 후의 비엔나처럼, 어려움에 부닥친 아동을 도와달라고 국가에 청구하는 일도 가능해졌다.

의학-심리학-교육학 센터(CMPP)

최초의 '심리학-교육학 센터'는 클로드-베르나르 고등학교 안에 있으므로 〈클로드-베르나르 심리학-교육학 센터〉라 불렸으며, 1946년 4월 15일에 개관했다. 이 센터는 '성-주느비에브 4인조'의 3~4인의 구성원이 토론하여 마련했다. 앙드레 베르주, 쥘리엣 부토니에, 프랑수아즈 돌토, 마르크 슐룅베르제 등 4인은 독일군이 프랑스를 점령한 시기에 파리에서 정기적으로 만났다. 그들은 이 모임에 '성-주느비에브 4인조'라는 이름을 붙인 것이었다. 슐룅베르제는 아동을 맡아 치료하지는 않은 것으로 보이며, F. 돌토는 이 공동 작업에 계속 참여하지 않았다. 결국 A. 베르주와 J. 부토니에만 끝까지 남아 조르주 모코와 함께 이 일을 계속했다.

A. 베르주와 J. 부토니에처럼 G. 모코도 R. 라포르그에게서 분석을 받았다. 인문지리학 전문가인 G. 모코는 1932년에 『프랑스 거주 외국인들의 적응』이라는 저서를 펴냈다. 그는 일찍부터 교육학에 관심을 두었는데 분석을 받은 후로는 교육에 품은 동기가 더 커졌다. 1945년, 드골 장군 진료팀에 소속된 후 1946년 그는 가족과 인민 고위 위원회의 총서기가 되었다. 이런 높은 지위에 있었던 그는 로잔의 뤼시앵 보베 박사가 이끄는 보^{Vaud}¹³⁵의 의학-교육학 관청의 기능을 연구한 후로, 프랑스 정부 당국에서 첫 의학-심리학-교육학 센터 설립을 인가받았다. 이런 발의는 그의 계획상, 센터에서 '정신분석학적 조처'를 시행하도록 하는 것이 목표였다. 그렇지 않으면 그런 기획은 다 '소용없다'는 것이었다(모코, 1967).

쥘리엣 부토니에와, 그 이후로는 의사이자 심리학과 교수이며 역시 R. 라포르그에게 분석 받은 파베즈-부토니에도 프랑스의 정신분석학적 심리학 발달에 크나큰 공로를 했다. 매우 열린 정신의 소유자이자 후하고 관대하며 예민하고 날카로운 지성을 갖춘 J. 부토니에는 클로드-베르나르 센터를 세우는 일을 맡기로 했다. 그녀는 스트라스부르에서 강의할 때 같은 종류의 기관 창립 - 1947년에 - 을 주도한 바 있었다.

앙드레 베르주는 펠릭스 포르 공화국 대통령의 손자이며 1902년

---

¹³⁵ [역주] 보(Vaud): 스위스의 한 주(州)의 이름.

출생이고 문학 학사와 철학 학위를 취득했다. 그는 매우 일찍이 심리학과 문학에 관심을 보여 작가로 활동도 하고 갈리마르 출판사와 초현실주의자들과 가깝게 지냈다. 1930년, 앙드레 베르주는 〈부모학교〉 설립에 참가했고 1936년에는 『가정교육』 집필로 심리-교육에 대한 저술을 시작했다. 자신이 어떻게 정신분석학에 관심을 두기 시작했는지 미셸 마티유에게(1988) 털어놓는다. 그는 1939년에 라포르그에게 분석을 받기 시작했으며 곧이어 의학 공부도 시작했다. 43세인 1945년에 발표한 의학 박사논문은 「유뇨증遺尿症의 심리적 요인」이었으므로 그는 정신과 의사로 인가받는다. 앙드레 베르주도 전쟁 중에는 호이예르 교수 분과의 통근 조수였다. 호이예르 교수는 모르겐슈테른이 살아있었을 때 그녀에게 주려고 했던 심리치료 사례 한 건을 앙드레 베르주에게 주었다. 그래서 그는 처음으로 심리치료를 맡게 되었다. 앙드레 베르주는 정신분석학회들이 분열할 때 '난투의 밖'에 있었던, 얼마 되지 않는 프랑스 정신분석가들에 속했다. 그는 다음과 같이 제시한다. "우리는 모두 아동정신분석학이란 문을 통해서 들어왔다. 이 점을 간과해서는 안 된다. 나흐트나 자크 라캉은 아동정신분석 경험을 한 적이 없다. 한쪽 편은 아동기에서 시작하여 성인으로 향했고 다른 한쪽 편은 성인에서 출발하여 아동기로 조금 거슬러 올라갔다. 그런데 내가 볼 때 이는 본질적으로 이분된 것이다." 앙드레 베르주는 흔쾌히, 자신을 인문주의자라고 규정한다.

심리-교육학 센터 개관시 의료과장은 쥘리엣 부토니에였고 행정,

교육 부장은 조르주 모코였다. 앙드레 베르주는 1947년부터 1974년까지 이 기관의 우두머리였다.

프랑스의 의학-심리학-교육학 센터들에 특수한 이데올로기를 부여한 사람은 특히 앙드레 베르주라고 할 수 있다. 이 센터들은 정신분석학적 교육에 관한 안나 프로이트의 사상을 계승한 아동 지도센터(위를 볼 것)를 모델로 편성되었다. 업무는 아동정신분석학을 대표하는 의사, 심리학자와 국가 교육부에서 파견된 행정원으로 양분되었으며 정신운동 훈련자, 발음교정사, 사회사업가, 진료 비서 등도 참여했다. 앙드레 베르주는 이 기관이 "다양한 분야가 전부 한데 모여 우정으로 서로 신뢰할 수 있는" 용광로라고 했다. 그러나 그것은 꿈에 불과했던 것 같다. G. 모코는 다음과 같이 말한다(1967). "초기 심리-교육학 센터에서는 매우 조심스럽게 분석을 했다. 정신분석학에 불안을 느끼는 사람들이 공격적으로 저항하지 않도록 하기 위해서였다." 그래도 아동심리치료는 A. 베르주, J. 부토니에, G. 모코 외에도 첫 몇 개월간 활동한 미레이 모노, F. 돌토, S. 레보비치 등 정신분석가들만 실행했다.

정신분석 상담을 실행하고자 하는 열의와, 공권의 저항 사이의 갈등은 G. 모코의 다음 글에 잘 나타난다. "공공기관이 잘못된 길로 가는 추세에 정신분석학의 이 정보는 특히 필요하다. 공공기관들은 행동장애 이해에 필수적인 정신분석학적 지식도 없이, 문제아들을 대상으로 사회사업을 무조건 실시하고 있다." 이런 지적은 당연히 오늘날에도 귀담아들어야 할 부분이다.

심리-교육학 센터는 진행 과정에서 공권의 요구에 응하여, 의학-심리학-교육학 센터가 되었다. 그런데 여기서 '의학'이란 표현은, 센터에 정신분석가가 반드시 포함되어야 한다는 의미가 아니었으며, 정신과 의사가 포함된다는 의미는 더더욱 아니었다! 1964년에는 입법 조처로 의학-심리학-교육학 센터 설립 가능성이 검토되었다. 그리하여 프랑스에서는 이때부터 센터들이 일반화되었다. 이 책의 저자 중 한 사람도(클로딘 가이스만) 롤랑 도롱과 자크 비트버의 주재하에 1965년 보르도에 의학-심리학-교육학 센터를 세울 수 있었다. 클로딘 가이스만은 센터의 의학과장이 되었다. 이 센터에서는 정신분석학을 실시할 수 있었기 때문에 일단 정신분석으로 아동을 치료할 수 있었을 뿐만 아니라 사상을 보급하고 젊은 정신병 전문의를 의식화시키며 심리치료사를 양성하고 과학적 작업을 펼칠 수 있었다.

그러나 정신분석학을 견지하려는 노력은 당시로써는 매우 험난한 일이었다. 우리는 그 작업을 1971년에 그만두었다. 이런 사건은 우리의 경우뿐만이 아니었다. 이후로 프랑스에서 문을 연 의학-심리학-교육학 센터들 역시 같은 과정을 거쳤다. 신설 분과의 정신분석 치료에 아동도 포함하려 했지만 그렇게 진지하고 정성 어린 시도는 '무의식에 대한 반감'이란 자연적 저항에 밀려 빛을 보지 못하곤 했다.

오늘날, 정신분석학이 허용된 센터들은 몇 군데 되지만 실제 업무는 그와 상관없이 진행되어, 여러 형태의 재교육과 비정신분석적 심리치료의 비중만 높아 가는 실정이다. 더군다나 한 번에 30분씩, 일주일에 한 번 진행되는 소위 정신분석적이라는 심리치료가 정신분석학에 대한 교육을 충분히 받지 않은 심리치료사들이 자행하고 있다. 이렇게 '비정신분석화'된 센터들은 고작 학업 부적응을 치료하는 곳이 되었다. 이제 이 센터들에서는 중증 신경증이나 정신병은 설 자리가 없어졌고, '국가 교육'만이 주도적 활동이 되었다.

에두아르-클라파레드 연구소

클로드-베르나르 심리-교육학 센터가 창립된 후 얼마 지나지 않은 1949년, 파리에 에두아르-클라파레드 연구소가 생겼다. 스위스의 저명한 교육학자이자 정신분석가의 이름을 딴 이 연구소는 '스위스의 기부금'으로 마련된 장소인 라넬라 거리에 있다. 이 연구소는 이후 뇌이유로 이사했다(드코베르, 1989). 클라파레드 연구소는 아동 지도 원칙에 근거했는데, 창립자이자 정신분석가인 앙리 소게는 처음부터 이 연구소를 순전히 의료적인 성격으로 차별화했다. 시몬 드코베르(회견 10)는 에두아르-클라파레드 연구소는 한 여류 정신분석가 덕에 아직도 정신의학적 노선이 견지되고 있다고 말한다. 그뿐만 아니라 당시에도 호이예르 교수와 사샤 나흐트가 연구소의 정신분석학적 노선을 지지해 주었다고 한다. H. 소게는 G. 모코와 함께 의학-심리학-교육학 센터에 관한 법안 작성을 했지만 에두아르-클라파레드 연구소 이름을 법안에 올리지는 못한 것 같다. 클라파레드 연구소는 원래 안나 프로이트가 런던에 세운 햄스테드 클리닉처럼 아동정신분석 센터로 계획된 것이었다. 그러므로 연구소의 정신분석학적 향방과 연구소 자체의 변천 사이의 관계에 대해 가설을 세워볼 수 있다. 특히 우리가 이미 살펴본 의학-심리학-교육학 센터의 변천과 비교해 볼 때 말이다. 현재 이 연구소에서 진행 중인 서른다섯 건의 정신분석 사례는 파리 정신분석학회에서 교육받은 정신분석가들이 맡고 있다. 그리고 심리치료사들이나 파리 정신분석학 연구소 학생들을 위한 교육 세미나도 시행되고 있다(회견 10). 처음에는 H. 소게가 임명한 피에르 뤼케가 '아동정신분석학' 분야와 그 감독, 치료를 맡았다(뤼케, 1989). "아동정신분석학의 발전에 바친 내 인생에서 클라파레드 연구소는 매우 비중이 크다"고 뤼케는 말한다. 1949년부터 이런 유형의 작업이 어떻게 발달했는지를 보이면서 그는 병의 근원을 탐구할 때 조기早期를 다루는 경향이 늘고 있다고 지적한다. 그것은 무엇보다도 병의 원인에 접근하기 위한 것이자, "발달을 방해하는 기초 장애나 발달 부재와 같은 중증치료에까지 가능성을 확대하려는 시도"이다. 뤼케에 따르면, 제도의 발달은 정신분석학 이론의 발전과 따로 떼어 생각할 수 없다. 예컨대 해석이란, "흔히 발화되지 않은 환상과 말로 할 수 없는 욕망을 표현해주는 일이다. 해석은 생각하는 기쁨을 누리면서 그런 환상과 욕망을 부분적으로 표출하는 일이다." "아동 사고의 구성과 막힌 곳을 단번에 이해하여야 한다… 전위轉位가 가능하도록 복구시켜 주는 일, 응축凝縮, condensation도 일어나도록 길을 터주는 일, 관계를 통한 상징화도 형성되도록 도와주는 일 등이 우리가 해야 할 진정한 작업이다." 클라파레드 연구소 소장인 시몬 드코베르도 이런 방향으로 정신분석학적 작업과 이론화를 표명하는데(1990), 특히 가족과의 협력 증진에 중점을 둔다. 가족이 아이를 도울 수 있도록 도와주어야한다는 것이다. 부모에 대한 문제를 두고 안나 프로이트와 멜라니 클라인 사이에 이론적 갈등이 있었는데, 시몬 드코베르의 이 주장은 약간 다른 차원에서의 해결책이다. 즉, "치료받는 각 개인의 심리현상보다는 개인 사이의 상호관계에 정신분석학을 적용하는 일에 대한 저항을 밝히는 것 이상의 차원으로" 문제에 접근한다는 것이다. 그리고 현실적으로 장애가 되는 것은 부모에 대한 의존이 아니라, "가족을 이루는 근본으로서의 성적 연관"이라고 한다. 사회 일반에서 성에 대한 '의식적' 진보가 이루어졌음에도 가정의 테두리 안에서는 성이라는 표현이 부인되고 억제되어 있다는 것이다. S. 드코베르는 이렇듯 '정신분석학적 가족치료'에 큰 희망을 건다. 그리하여 정신분석학적 가족치료를 위해 집단 심리기제에 대한 디디에 앙지외와 르네 케즈의 실험과 이론화 내용, 정신분석학적 심리치료 연극에 대한 S. 레보비치와 그의 팀의 연구, 뤼피오와 카이오, 드셰르(1989c)의 연구 등을 사용한다.

S. 드코베르는 1989년, 클라파레드 정신분석학 연구의 날에 논의된 내용을 담은 책의 서문을 집필했다. 그 서문의 결론을 여기에 그대로 싣기로 한다.

"이런 성찰과 발견 덕으로, 엄밀한 의미에서 아동정신분석 치료의 틀에 안전성과 개선 사항이 제시된 것 같다. 아동이 일주일에 네 번 치료받으러 올 때 그것을 아동분석이라 부를 수 있다. 그런 아동 분석은 당사자에게 분명 중대한 사건이거니와, 가족에게도 하나의 사건이다. 어쨌든 분석에 가족을 끌어넣어 문제 삼고 손보기 때문이다. 고통은 가족이 참여하는 치료와 가족 내의 상호관계를 방해할 위험이 있다. 그런데 집단의 역동성 덕으로 거부와 저항, 고통 등을 피할 수 있다. 일반적으로는 치료 상담을 병행하여, 부모들로 하여금 변하는 상황에 적응하여 거기에서 이득을 얻게 해준다(1989b)."

물론 프랑스에는 다른 종류의 정신분석학적 평가센터와 지도센터가 있다. 그중 심리치료 재적응 센터를 꼽을 수 있다. 이 센터는 1950년, 드니즈 바일과 레이몽 칸이 창립했다. 지도센터의 초기 목적은 아동을 자연적 환경 안에 그대로 놓아두면서 치료하는 일이었으며, 이미 본 바와 같이 가능하면 아동정신분석학을 적용하면서 치료하는 것이었다. 이런 조치는 오래전부터 전통적 정신병학에서 행해온 방식과 상반된다. 전통적 정신병학에서는, 아이가 '성격이나 행동 장애'를 보이거나 지능 테스트로 저능아로 판정되었을 때 '특수' 아동수용소에 넣기 때문이다. 그런 수용소는 '감화원'maison de correction, '자립원'maison de redressement, '수용소', '구제원', '의학-교육학 기숙학교', '관찰센터' 등 여러 호칭으로 불렸다. 이 기관들은 큰 병원의 진료부나 보건 행정에 의하여, 혹은 아동 '재적응'이나 '보호'를 옹호하는 단체들에 의하여 창립되곤 했다. 가장 흔한 경우였던 후자의 단체들은 대부분 비영리 단체였는데, 진행자들은 아동을 맡되 그 헌신적 열의와 비교하면 전문적 기교가 부족할 때가 많았다. 이런 수많은 기관은 여전히 오늘날에도 존재하지만, 일반적 규칙상에서의 정신분석학적 개입이나 단순한 정신의학적 개입마저도 불가능하게 되어 있다. 정신분석학적 개입이 유용하다고 인정되고 있는 오늘날에도 경제적 요인 때문에 여의치 않은 실정이다.

그러나 아동정신분석학을 실시하면 결과가 달라진다는 사실이 곳곳에서 확인되고 있다. 로제 미제스는 발레Vallée 재단의 훌륭한 예를 보여준다. 그는 20세기 말에 세워진 이 아동정신병원을 묘사함으로써 재단의 역사를 돌아보았다. 이 기관은 D. 부른느빌의 영향 아래에 괄목할 만한 성장을 했다. D. 부른느빌은 아동교육학적 환경을 정립하고자 했다(자클린 갸또-멘시에, 1989). 그러나 D. 부른느빌이 죽자 발레 재단은 수용소 상태로 전락했고, 1920년에는 아동을 위한 봉사기관으로는 거의 죽은 기관이나 다름없게 되었다. 발레 재단은 "그저 교육 자체가 불가능해 평생을 정신병동에서 지내야 하는 아동을 위한 보조기구"가 되고 말았던 것이다(미제스, 1980). 1950년경, 이 기관에 국가 교육부의 등급이 도입되기는 했지만 1957년에 R. 미제스가 이곳의 병원장으로 임명되면서 본격적인 변혁이 이루어졌다.

파리 정신분석학회 회원인 R. 미제스 역시 세르주 레보비치의 가르침을 받았다. 발레 재단에서 펼친 R. 미제스의 활동은 아동정신분석가가 정신분석가로서 정체성을 잃지 않으면서 정신병학에 영향을 미칠 수 있다는 사실을 잘 증명해 준다. 즉, '지체아'들을 '배치'하는 대신, 하나의 주체로 보아 치료하는 방향으로 나아갔으며 발달의 여러 단계에서 긍정적 혹은 부정적 영향을 미치는 요인들을 연구했다. 이것은 여러 차원의 접근 방식을 유지하면서 동시에 정신분석학적 방식도 견지하는 방향이었다. R. 미제스는 이 기관에서 사용된 여러 진단이 어떻게 발전했는지를 보였다. 즉, "이른 시기에 충분한 수단으로 조처를 하면 치료로 강화된 재통합[136] 기제가 많은 긍정적 변모를 가능케 한다"는 것이다. 발레 재단이 정신병학 분야 안으로 편입되면서부터(이후의 논의를 참조할 것) 입원자 수가 줄었으며 병원 외적 수단(특히 지도 센터와 주간 병원)이 다양화될 수 있었고 "이제는 보조 역할이 아닌, 치료 기준에 근거하여 내리는 기숙학교 입학 처방도 눈에 띄게 줄어들었다"(미제스, 1980, 12쪽).

여기서 우리는 '전통적' 기관에 아동정신분석가가 행사할 수 있는 영향이 어떤 것인지 잘 볼 수 있다. 이 작업으로 R. 미제스는 수많은 학문적 성과를 이루어냈다. 특히 아동정신분석학의 이해에 더욱 적합한 질병분류기준을 새로 만들어냈다. 중증 정신분열 상태(1963), 표현장애 정신병(1875)을 비롯하여, 최근 들어 분류한 아동기의 한계병리(1990) 등이 그것이다. 기관 내에서 치료의 위상이 어떤 것인지에 대한 어려운 문제는 헤르미네 후크-헬무트와 안나 프로이트가 고심한 사항임을 우리는 이미 살펴봤다. 그런데 이에 관하여

---

[136] [역주] 통합에 대한 위의 역주를 참조할 것.

R. 미제스는 세 가지 가능성을 제시한다.

1) 체계적인 치료는 오직 정신분석가만 맡아야 한다. 교육의 차원은 보조적 수단에 불과하다.

2) 의사, 간호사, 교육자 등 모든 구성원은 정신분석을 하고 해석을 한다. 어쨌든 "교육은 의미를 알아내거나 그 의미를 반복적으로 조종하는 이상 발달로 나아가기 마련이다".

3) 이에, R. 미제스는 세 번째 해결방안을 제시한다. 치료는 교육의 차원(교육자)과 심리치료의 차원(정신분석가)을 같이 포함해야 한다는 것이다. "이 두 차원은 서로 단절이나 혼동 없이 변증법적으로 진행되어야 한다"(미제스, 1980).

이런 사상을 지향하는 이들이 여럿 있다. 그중 정신병학 양성에 중요한 역할을 한 레이몽 칸의 예를 들어보자. 우리는 바로 위에서 레이몽 칸이 심리치료 재적응 센터에 정신분석학 정신을 불어넣었다고 말했다. 이외에도 그는 조르주 아마도와 함께 비트리-쉬르-센의 관찰 센터를 변혁하고 그 연구 내용을 출간했다. 이 책은 부적응 아동의 정신병리학적 구조 발달에 관한 필독서가 되었다(1962). 레이몽 칸은 1981년과 1982년, 파리정신분석학회 회장이 되었을 때, 아동과 성인에 대한 작업으로 만장일치의 호평을 받았다. 그의 저서 『청춘과 광기』(1991)는 본지의 주제와도 맞닿는 분야의 역사를 다루고 있다. 즉, 그 책에서는 청소년기의 정신병리학 구성방식의 운명이 보기 드문 섬세함으로 연구되어 있다.

파리 13구의 아동 정신건강 센터, 지역적 배치

1954년, 필립 포멜과 세르주 레보비치가 파리 13구에 독창적인 기관을 세우면서, 기존 정신의학 내의 아동정신분석학 시행 풍토는 방향 전환을 했다. 이 기관은 상담 센터가 중심이 되었으며 그 목표로는 지속적 치료, 지리적으로 가까이 사는 주민들만 받기, 정신분석가들이 지휘하는 '지역'팀 혹은 '하부지역'팀 구성, 필요에 맞춘 새로운 유형의 정신병 기관 설립, 아동의 욕구가 합당할 때 언제든지 수정 가능한 유연한 조치, 공동체 내에서의 작업 등이 있었다. 이런 목표를 S. 레보비치는 다음과 같이 정의했다(1984).

"공동체 정신의학은 관례적인 공공진료와 개인진료의 관성을 고치는 것을 목표로 삼는다. 공동체 정신의학은 아동과 그 가족들이 도움이나 치료를 어디서 받든지, 통일성과 연속성을 보장해 주고자 한다. 공동체 정신의학은 예방에 중점을 두며, 그렇기에 아동을 담당하는 '중심인물들'이 다분야에 걸쳐 협의한 기획안에 바탕을 둔다. 공동체 정신의학은 예민한 가족들이나 위험 상황에서 발생하는 발작에 대처하고자 한다. 그러므로 아동정신의학팀들은 공동체 **안에서**, 공동체를 **위하여**, 공동체와 **함께** 일한다는 대망을 갖고 있다."

S. 레보비치는 호이예르 교수 분과에 있었을 때 같이 일하던 동료들을 다시 자신의 휘하에 두었다. "우리는 공동체 정신의학의 정신으로 공동체 안에서 활동하는 정신분석가들을 두고자 했다. 그 작업은 따라서 정신의학 분야와 정신분석학 분야, **그리고** 공동체 분야에

서 같이 할 수 있었다. 그런 조건에서 정신분석가들은 자신들이 하는 일을 거리를 두고 고려하는 습관이 생기게 되었다. 결국 공동체 내에서 더욱 나은 작업을 수행할 수 있는 장비를 갖춘 셈이었다. 그것은 정신분석 진료실을 만들자는 것이 아니라, 정신분석학적 정신의학을 수행하는 현대적 팀을 이루자는 것이었다"(회견 2).

1958년, 파리 '13구'는 세 개의 하부지역을 설치했다. 1959년에는 P. 포멜과 S. 레보비치가 주도하여 이 모든 제도에 법적 기초가 될 만한 비영리 단체를 탄생시켰다. 1961년, 이 〈13구의 정신건강 협회〉는 국가의 사회보장 기관과 협약을 맺어 공식 인가를 받았다. 1963년에는 알프레드-비네 센터에 여섯 개의 하부 지역팀이 구성되었다. 그러는 동안, 25명의 정신병 아동을 받는 주간 병원이 문을 열었다. 거기에는 성인 정신병을 맡는 기관이 병행되어 있었기에 팀들 상호 간에 만족스러운 관계가 형성될 수 있었다(포멜, 1966).

이 새로운 작업구성으로 집중적인 연구활동과 새로운 제도설립이 동시에 발전하게 되었다. 르네 디아트킨은 언어표현의 문제와 발달 부조화에 관심을 두었다. 예컨대 그것은 아동 신경증이 형성되지 않아 잠복기가 들어서도록 하는 정신작용 방식이 없어지는 때를 가리킨다. 르네 디아트킨은 또한 아동정신분석 시의 해석과 분석 상황이 어떻게 기능하는지에도 관심을 두었다. 이런 연구 활동은 1983년부터 『알프레드-비네 센터의 글』 출판으로 결실을 보았다. 이 출판물 1호에서 R. 디아트킨은 다음과 같이 말한다. "전前의식을 통해야만 아동의 무의식에 도달할 수 있다 … 전의식의 요소들에 새로운 일관성을 부여하면 아동은 자신의 이야기를 다른 방식으로 말할 수 있게 된다. 우리는 치료받는 많은 이에게, 그들이 현재에 있지만 과거도 함께 안고 살고 있음을 깨닫게 해준다. 그리고 투사만이 능사가 아니며, 욕망을 미래로 향하게 할 수 있다는 사실과 욕망하는 기쁨 자체를 발견하게 해주고 있다"(1983). 이런 성향의 정신분석학 연구팀들이 이루어낸 성과로는, 아이를 대리 가정에 맡기는 일[137]과 예방 문제에 대한 미리암 다비드의 저서, 콜레트 실랑 교수가 출간한 유명한 저서 『6세 아동과 그의 미래』(1971), 청소년과 심리치료 연극, 심리적 식욕부진을 다룬 에블린 케스템베르크의 저서 등이 있다. 정신분석학적 정신으로 시행한 임상 작업을 치밀하게 다룬 새로운 정신분석 이론, 개혁 사항 등 연구 내용 전체를 일일이 이 책에서 다루기는 불가능하다.

S. 레보비치에 따르면, 이런 공동체 작업을 위해서 정신분석가들은 다른 전문가들에 동일시할 필요가 있다고 한다. 그러나 동시에, 아동 병리에 대한 종래의 이해理解를 포기하지 말아야 한다는 것이다. 또한 자신의 동일시 능력을 이용하되 전능감에 빠져서도 안 된다고 한다. 만일 전능감에 빠지면 정신분석가 자신의 아동기적 욕망이 되살아나 개입되기 때문이라는 것이다. 그리고 공동체의 대표자

---

[137] [역주] placement familial: 아동을 갖은 피해에서 구하자는 목적으로 탄생한 방안. 각 아동이 처한 상황에 따라 그 아동을 다른 가정이나 각종 아동 시설에 맡겨 돌보게 한다.

들이나 다른 전문가들에게 "긍정적 결과를 낳는 영향"을 주기 위해서 정신분석가는 자신의 정체성에 대해 편안한 자세를 가져야 한다고 말한다(레보비치, 1984).

1960년부터 1975년 사이에 이루어진, 프랑스의 아동 정신의학에 관한 행정 토의에서 공권은 13구 지역의 기구 편성표를 모델로 채택했다. 그런데 그 모델이란 개념에 주의할 필요가 있다. 법률 텍스트에 따르면, 100,000명에서 200,000명의 주민이 거주하는 곳이라면 모두 '청소년과 아동을 위한 정신의학 상호지역'을 세우도록 하고 있다. 이에, 진료 센터가 중심이 되고 주간 병원과 통원 제도, 그리고 때에 따라서는 입원도 포함된다는 것이었다. 텍스트 내용을 그대로 실현하자면, 100,000명에서 200,000명이 사는 곳마다 레보비치, 디아트킨, 케스템베르크, 실랑… 과 같은 인물이 일일이 다 있어야 한다는 말이 된다. 이것은 정신분석학에 사회가 던진 함정이었다. '무의식에 대한 당신들의 이론이 아동을 행복하게 한다니, 그것을 전 지역에 펼치시오'라는 것이었다. 그러나 정신분석학적 정신의학 기관을 세우기 위해 '13구'의 편성 도식을 어디에나 다 적용하는 것만이 능사가 아니었다. 의학-심리학-교육학 센터에서 생긴 현상처럼, 그리 심하지는 않아도 조잡한 정신분석학이 판을 친다거나, 정성스럽기는 해도 충분한 교육을 안 받은 인력이 치료를 하는 사태가 만연했기 때문이다. 이후에도 볼 것이지만, 이런 현상은 아동정신분석학 실행 시 생기는 전형적 딜레마이다.

저자 일동 중 한 사람(C. 가이스만)은 1972년, 그렇게 지역별로 배치된 아동 정신건강 센터를 열어, 13구에서 수집한 경험도 받아들였다. 그런데 보르도에 정착해 보니, 파리에서보다 인구 안정성 문제 해결과 전염병학 연구 가능성이 좀 더 쉽다는 사실을 발견하게 되었다. 그래서 우리(C. 가이스만)는 1973년에 정신병 아동을 위한 주간 병원을 세울 수 있었다. 우리는 이 주간 병원에서 제도상의 문제에 대한 정신분석학적 접근 방식과 아동정신분석 형태로, 정신분석학 이론을 적용해 볼 수 있었다. 그리하여 우리는 클라인 학파의 연구내용을 고려해 가면서, 특히 W. R. 비온의 작업과 한나 시걸의 가르침으로 새로운 이론을 정립하게 되었다(C.와 P. 가이스만, 1984). 지역별 배치를 하여 어떤 것이 필요할 지 확실해짐에 따라, 우리는 아동을 가정에 맡기는 일을 전문화했으며, 어려운 정도가 큰 어린 아동은 자택 요양을 시키기도 했고(C.와 P. 가이스만 참조, 1991), 유치원 내에 결손 아동반을 만들었으며, 치료를 받았으나 충분히 호전되지 못한 상태로 청소년이 된 아동을 위한 주간 병원도 설립했다.

파리 13구의 예는 모범이 되어, 우리의 활동을 비롯한 많은 솔선 행동을 탄생시켰다. 그런데 그렇게 훌륭한 범례는, 잠시도 손을 뗄 수 없는 성격의 일이며 현재의 아동정신분석학 양성 조건에서는 실현하기도 힘들다는 이면이 있다.

프랑스에서의 아동정신분석학 이론화에 힘쓴 정신분석가로 미셸 술레를 꼽을 수 있다. 미셸 술레 역시 나름대로 정신분석학의 정신으로 파리 육아학 연구소를 세웠으며, 정신분석가 양성과 교육을 위한 센터도 창립했다. 이 센터는 소아과 성격을 지향하여, 매우 어린 아기들을 대상으로 했다.

아동정신분석을 실행하지 않는 정신분석가 중에도, 정신현상이 존재하기 시작할 때부터의 메타심리학에 관한 심층 이론에 관심을 두는 이들이 더러 있었다. 앙드레 그린이 그 경우이고, 디디에 앙지외는 '피부-자아'라는 이론을 발전시켰다.

정신의학과 아동정신분석학: 그 기관들

파리 정신분석학회의 아동정신분석가들의 이론적, 제도적 작용을 이렇게 이 책에서 소개하는 일은 매우 부분적이라는 사실을 우리는 알고 있다. 그런데 독자 제위는 이미 문제를 알아차렸을 것이다. 정신분석학을 정신의학에 적용하는 것은 과연 합당한 일인가? 혹시 정신분석의 실행뿐만 아니라 이론까지도 변질시킬 위험이 있는 것은 아닌가? 여태까지 전개해온 우리의 논의는 이 두 가지 질문에 어느 정도 답변할 요소가 있다고 생각한다.

1. 아동정신분석학은 아동정신의학을 풍요롭게 해주었다. 그것이 진단 과정이건 질병 분류학이건, (엄밀한 의미에서 정신분석학 이외에도) 제도적 정신의학적 치료이건, 예방의 측면이건 간에 말이다. 이는 대부분 아동정신과 의사가 인정하는 바이다. 정신분석을 거부하는 적수들이 물론 있기는 하지만 소수에 불과하다.

이 적수들은 프랑스의 아동정신분석학자들이 모두 다차원적으로 연구하여, 이론적 정신의학 작업에서도 비정신분석학 이론 전문가들과 함께 작업하며 예컨대 조직이나 생물 이론도 고려한다면서 질색한다. 정신의학의 기관 내에서 행해지는 정신분석학 작업의 이 방향은『긴 의자를 사용하지 않는 정신분석가』라는 저서에서 옹호되고 있다. 오늘날에도 여전히 현대적 관심사가 될 수 있는 이 책은 P.-C. 라카미에가 지휘했고 S. 레보비치, R. 디아트킨, P. 포멜의 논문을 담고 있다. 이 책의 성찰에서도, 사회가 그런 방향의 정신분석가들의 행보에 대해 반감을 갖는다는 사실이 시사되고 있다. "정신분석학의 명민함을 통해서라면 개인, 단체, (그리고 어느 정도는) 우리 사회가 정신병 치료와 정신병자를 '소외에서 풀어주는' 시도에 맹렬히 반발할 수밖에 없는 그 힘을 더 잘 완벽히 이해할 수 있다. 사람들은 정신분석가가 자신의 진료실에서 나와 치료기관의 행보에 영감을 주는 것보다는, 그저 진료실 안에 안주해 있었으면 한다"(라카미에, 1970).

2. 이렇게 기관 내에서 정신분석학 작업을 할 때 '정신분석학의 순수성'을 잃게 될 위험은 없는가? 정신분석가로서 정체성을 갖추어 잘 유지해야 기관이란 제도 안에서 제 기능을 할 수 있음을 우리는 살펴보았다. 또한 그런 형태로 작업할 때 수많은 사례에 접할 수 있기에 오히려 제대로 된 이론을 심화시킬 수 있음도 보았다. 아울러 그런 '정신분석학' 기관들이 있기에, 아동을 대상으로 하는 진정한 분석 치료가 가능하다는 점도 강조해 둔다. 경

제 위기가 있을 때에는 기관 내에서의 아동분석 치료가 아이를 주 4~5회 볼 수 있는 유일한 기회가 된다. 헤르미네 후크-헬무트와 안나 프로이트도 그럴 수 있다고 말한 적이 있다. 그 정도로 자주 아이를 분석가에게 데려와 그만큼의 사례비를 감당할 수 있는 부모들이 많지 않기 때문이다.

반(反) 정신의학이 여러 그룹에 미친 영향

'정신분석학의 순수성'에 대한 이 비판의 근원을 이해하기 위해, 프랑스 특유의 현상 몇 가지를 잠시 검토해 보아야겠다. 프랑스에서 정신분석학 운동이 분열된 사실은 엄밀한 의미에서 아동정신분석학에는 그리 심각한 영향을 미친 것 같지 않다. 그래서 우리는 이 분열 과정에서 일어난 여러 에피소드를 길게 나열하지 않겠다. 지난 몇 해 동안 그 에피소드들은 여러 차례 묘사되기도 했지만 전체적으로 보아 일화 수준으로 남아 있다. 더군다나 정신분석학의 여러 그룹 사이의 갈등은 어느 나라에나 존재하며 분열이나 신사협정(영국의 경우)으로 귀결되곤 한다.

자크 라캉의 『프로이트로의 귀환』은 프랑스 특유의 입장으로서, 전형적 치료만을 정신분석학적인 것으로 보았다. 자크 라캉은 학술적 치료만이 정통성 있는 치료라고 여겼다. 그의 말대로라면, 아동정신분석학은 정신분석학의 적용이나 부산물 정도일 것이다. 자크 라캉의 이론대로라면, 아동은 말을 할 수 없으므로('infans') 주체로 인정할 수도 없으며, 어머니는 상당히 안 좋은 명성을 지닌 존재(마녀…)이다.

또 다른 프랑스 특유의 현상으로, 영국의 반反정신의학의 프랑스식 해석과 라캉을 들 수 있다. 반정신의학과 '라캉주의'는 서로 전혀 다른 이데올로기인데도 말이다! 주지하다시피, 이 프랑스식 '해석'version은 1968년 이후 정신의학계에 폭발적으로 번졌고, 젊은 정신과 의사들뿐만 아니라 젊지 않은 정신과 의사들에게까지도 지대한 영향을 미쳤으며, 전의식의 수준에서는 다른 많은 정신과 의사의 표현 방식과 진료행위에 큰 영향을 미쳤다.

이미 알다시피, 반정신의학 세계관에 따르면, 환자는 치료를 해주어야 할 대상이 아니다. 사회에서 그들을 환자로 지목하기 때문에 그들은 환자일 뿐이라는 것이다. 그 예가 바로 '소위' 정신병 환자라고 한다. 이 후한 이데올로기는 일반화된 평등주의를 외친다. 즉 환자나 의사가 있는 것이 아니라 치료받는 자와 치료하는 자가 있을 뿐이며, 스승이나 제자는 없고 교육자와 교육받는 자만 존재한다는 것이다. 한편, 분석 받는 자는 분석하는 자가 된다. 그리하여 어떤 기관에서는 정신병 아동들이 기관회의에 참여(?)했고, 과반수로 채택되는 결정에도 참여했다. 이런 제도를 틈타, 일부 능란한 정신과 의사들은 멋대로 조종하기도 했다. 그것은 전통적 권력보다 더 심한 압제적 권력이었다. 권력으로의 회귀는 모든 개혁 안에 다 도사리고 있다.

반정신의학적 사고체계의 이런 이타주의적인 성격은 많은 프랑스 정신분석가와 정신과 의사들을 유혹했다. 그래서 오늘날에도 이 이상향에 문제를 제기했다가는 벼락같은 노여움을 사기 일쑤다.

이런 유형의 담론은 《중앙 홀》(1971) 안의 M. 그리빈스키의 글을 통하여 엿볼 수 있다. M. 그리빈스키에 따르면 몇 가지 이유 때문에 정신의학을 의학과 구분해야 마땅하다. "머리가 돈 사람들은 어쩌면 환자가 아닐 수도 있었다. 그들을 맡아보는 사람은 의사일 필요도 없었을 것이다." 진단에 대해서도 그는 "진단을 거부해야만 정신병자와 진정한 관계를 맺을 수 있다"고 말한다. 그리고 "한편으로는 성직자 지상주의[138], 또 한편으로는 신체와 정신의 분리, 이 두 가지 흐름으로 나아가는 의학이데올로기"를 거부해야 한다고 말한다.

《지지자》에서도(1969) F. 강트레와 J.-M. 브롬의 글을 읽을 수 있다. "치유한다는 것은 무엇을 의미하는가? … 그것은 강제권의 상황을 함축한다. 즉, 좋든 싫든 환자는 '고관이었다가 평민으로 돌아가는' 것이다."

「말과 죽음」(1971)이란 로베르 르포르의 논문에서는 반정신의학과 라캉의 사상, 그리고 정치 이데올로기의 결합이 눈에 띄게 드러나 있다. 「늑대아이」(1956)에 대한 로진 르포르의 연구를 인용하면서, 로베르 르포르는 ― 그 사상체계의 상수로 보이는 점을 견지하면

---

[138] [역주] 성직자가 정치, 교육에 간여해야 한다는 주장.

서 – 정신병 아동의 어머니를 말하고 있다. "어머니는 아이가 태어나기도 전부터 상징적 거부 안에서 아이와 연결된다. 그리고 이런 거부에서 출발하여 아이의 실재계 차원이 생긴다. 거울 앞에서 상황은 극명히 폭발할 것이다. 아이는 거울 앞에서 치명적 혐오의 이미지(슈레버의 썩은 시신)에 맞닥뜨리듯, 자신의 복제와 대면할 것이다. 거기서 그 복제는 타자에게 실제로 부재한 어떤 것으로 나타난다." 로베르 르포르에게 있어서는 "영국에서 성인에 대한 체험과 프랑스에서(예컨대 보뇌이의 실험학교[139]가 있다) 아동에 대한 체험을 갖춘 반정신의학만이, 말과 광기의 담화에 대한 의문을 제기한다. 광기가 자체의 목적은 달성하지 못하더라도, 그 의문은 사회와 사회의 방어에 대한 재검토이다. 이것이 바로 정신의학과 정신분석학 운동을 정치화시킨다는 안건이다." 이 논문 안에는 모드 마노니도 인용하고 있다. 즉, 이런 정치화는 "부르주아 이데올로기가 저지하려 했던 문제들을 들추어내므로 의미가 있다"(『정신과 의사와 그의 정신병자, 그리고 정신분석학』, 176쪽)는 것이다.

로베르와 로진 르포르, 모드 마노니의 영향은 간과할 수 없다. 이들의 사상은 젊은 세대의 정신과 의사들과 정신분석가들의 사상에 스며들어 있기 때문이다. 20년이 지난 오늘날까지도 그런 생각을 변함없이 지니고 있는 이들도 있으며, 저항했던 과거를 기억하고 싶지

---

[139] 1969년, M. 마노니가 창립했다. 이에 J. 에메, P. 페디다, F. 돌토가 협력했다 (파주, 1991).

않거나 기억 못 하는 이들- 바로 그 저항에서 직접 그들의 이론이 나왔음에도 불구하고- 의 생각 속에도 이 사상은 잠재적으로 남아 있다.

라캉 사상- 그리고 아동정신분석에서는 반정신의학의 사상- 의 영향이 매우 큰 나머지, 주지하다시피 라캉 학파의 교육문제는 J. 라캉의 경구를 따라 규정되고 있다. 즉, "분석가는 자기 자신에 의하여 분석가로 허용받는다"라는 그의 경구 때문에 아동정신분석가들이 갑작스레 늘어났다. 그리하여 국제정신분석학회의 규제도 받지 않고 '알아서' 해당 교육을 받는 자들도 생겼다. 반면, 수많은 이들은 그런 교육을 찾아내지도 못했다. 정확히 따졌을 때, J. 라캉의 논지대로라면 아동정신분석은 존재할 수도 없다. 라캉 학파 몇몇이 주장하는 내용도 바로 그런 방향이다. 그런데도 '아동정신분석학'에 커다란 부분을 할애하는 라캉 그룹들이 있으니, 상황은 더욱 복잡해졌다.

국제정신분석학회에 가입되어 있는 그룹인 프랑스 정신분석학회도 마찬가지이다. 적어도 그룹의 기능 차원에서는 아동정신분석학을 인정하지 못 하고 있기 때문이다. 그러나 초기인 1965년, 프랑스 정신분석학회는 이틀 동안 열린 토론회의 주제로 베르타 보른슈타인의 「공포증에 걸린 아동 분석」과 S. 리트보의 「프랑키 관찰」을 채택한 바 있다. 이 주제에 관하여 J.-L. 랑과 D. 비트뢰혀가 보고서를 썼다. 아동정신분석학에 관한 수많은 논문과 저서를 펴낸 J.-L. 랑은 주이-앙-조자스 연구소의 소장이다. 아동의 그림에 대한 책을 쓴 D. 비트뢰혀는 오랫동안 아동심리치료 세미나를 이끌었다. V. 스미르노프와 세실 디나르도 이 토론에 참가했다. 1966년, 교육용 저서『아동정신분석학』을 출간한 V. 스미르노프는 아동의 위한 '무료 진료소'에서 장기간 근무했다. 세실 디나르는 마르세유에서 아동정신분석학을 발전시키려 했다. 그러나 그 시도는 1966년의 입장표명과 1970년 J.-L. 랑의 보고서를 제외하고는 거의 허사로 끝났다. 이후, A. 앙지외, D. 후젤과 이 책의 저자들이 아동정신분석학에 대한 세미나를 진행했다.

어떤 라캉주의자들은 유머러스한 말로 우리의 호감을 끌기도 한다. 그렇다고 해서 우리가 그들의 입장에 동조하는 것은 아니다. 한 예로, 안 포르주의 다음 문장을 보자. "왕-아이는 계획된 분석 지식이란 이름으로 또다시 질식당하여, 대상-아이가 된다." 그런가 하면, 에릭 포르주는 다음과 같이 말했다. "학교개[여기서는 교육제도를 말한다…] 아동을 만들어 내고 있는 판국에 아동정신분석학을 거론하면서까지 사태를 악화시킬 필요가 없음은 자명하다. 그것은 아동을 또다시 좁은 세계에 가두는 일이다. 아이라 불리는 이 말하는 존재parlêtres[140]가 정신분석을 한다고 해서, 정신분석학의 대상이 될 수는 없다". 한편, 제라르 포미에는 다음과 같이 단언한다. "정신분석학에 아동이 있다면, 모든 말하는 존재parlêtres가 출생 후 죽을 때까

---

[140] [역주] parler와 être가 축약된 형태. 라캉이 만들어 낸 용어로서 언어행위를 하는 존재, 말을 하는 주체로서의 인간을 뜻한다.

지 연출해내는 아동일 뿐이다. 이 말하는 존재에게 '아동정신분석학'이란 개념적 딸랑이[141]는 별 가치가 없다. 각반[142]이 토끼에게 쓸모없는 것처럼, 아동정신분석학도 그에게는 무용지물일 뿐이다"(오르니카, 1978, 127~128쪽).

1945년부터 프랑스 아동정신분석학의 상황은 몇 가지 특색을 보인다.

1. 여러 제도가 생겨서 정신분석학자들은 그 안에서 일할 수 있게 되었다. 그리하여 정신분석학이 발전할 수 있었다.

2. 프랑스식의 정신분석학적 주제(갈리마르 스타일)는 전쟁 전에 형성되었고 분열의 움직임이 있었을 때 다시 나타났음이 틀림없다. 그래도 자크 라캉은 특히 É. 피숑과 R. 라포르그의 영향하에 있었다.

3. 1968년에 일어난 반정신의학이란 발작은 정신분석의 발전, 주로 라캉 사조의 발전에 독창적 방식으로 영향을 미쳤다.

클라인 학파

안나 프로이트의 후계자들과는 반대로, 클라인 학파는 기관 문제

---

[141] [역주] 흔들면 소리나는 장난감.
[142] [역주] 걸음을 걸을 때 발목 부분을 가뜬하게 하기 위하여 발목에서부터 무릎 아래까지 돌려 감거나 싸는 띠.

에 대해 고민하지 않았다. 클라인 파 정신분석가들은 흔쾌히 기관으로 와서 치료하거나 감독을 했지만, 기관의 업무 간섭에는 별 관심을 보이지 않았다.

클라인 파 정신분석학이 1960년대 초 프랑스에 도입된 것은 제임스 개밀이란 미국인 덕분이었다. 영국 정신분석학회와 파리정신분석학회의 회원인 제임스 개밀은 앨라배마에서 태어났다. 미국, 특히 토피카의 칼 메닝거 아래에서 정신의학을 공부한 후 그는 스승 칼 메닝거의 부정적 의견에도 불구하고, 클라인 그룹 내에서 분석교육을 받고자 런던으로 온다. 1952년부터는 파울라 하이만에게 분석을 받았으며 1957년과 1959년 사이에는 멜라니 클라인에게 아동(어린 아기)분석 감독을 일주일에 한 번씩 받았다. J. 개밀은 멜라니 클라인의 '천재성'에 매료되었다. 그는 멜라니 클라인이 동료를 평가하는 본질적 기준인, '정신분석학에 진실하고 심오하게 헌신적인 자세'를 자신도 취한 것 같다.

그리하여 J. 개밀은 J. 베구엥과, 제네바에서 온 F. 베구엥-기냐르의 도움을 얻어 클라인의 아동분석이론을 프랑스에 도입한다. 이들은 일약 교육가가 되었다. 그러나 기관을 세울 의향은 없었다. 그 대신 관심을 보이는 심리치료사나 정신분석가들을 감독해 주거나 텍스트 세미나를 열었다. 이들은 내밀히 활동을 시작했으나 청중들, 특히 기관에서 일하면서 '중증 사례'에 맞닥뜨린 젊은 아동심리치료사들이 급속히 늘어났다. F. 베구엥-기냐르가 논문에서 쓰고 있듯, 클라인 파는 '아동분석 기법의 발전'을 옹호한다. 그것은 엄격한 틀로서, 주당 5회의 긴 분석과 정통성 있는 교육을 의미한다. "신경증 구성에 깊이 숨겨진 과정을 더 잘 이해하고 개척·묘사하기 위하여 클라인의 저술을 바탕으로 발전된 기법적·개념적 수단을 과연 어떤 맹목으로, 무슨 금기의 이름으로 포기하려 하는가?"

제임스 개밀의 오랜 친구인 도널드 멜처가 이 그룹에 합류하여, 더욱 확대된 청중 – 원칙적으로 청중은 모두 "교육받는 도중인 분석가들"이었다 – 을 대상으로 감독연수를 열자 먼 지방에서 온 청중까지 되었다. 그리하여 일 년에 서너 번 '멜처 주말'에 참가하러 사람들이 파리로 올라왔다. 이런 활동은 수많은 비판 표적이 되어, 그런 것은 교육이 아니라고 보는 이도 있었다. 기관에 있는 사람들은 자신들이 여태껏 들어온 바와는 잘 맞지 않는 내용을 얻어온 젊은 심리치료사들 때문에 충격을 받았다. 그리고 '당파 신'이 있다는 비난도 있었다.

J. 개밀은 1970~1975년부터 지방의 수많은 작업그룹에 참가했다. 그리하여 수년간 정기적으로 브레스트를 방문했고 디디에 후젤과는 보르도에, P.와 C. 가이스만과는 툴루즈와 몽플리에에 가곤 했다… 우리가 보기에 중요하고 유익한 이 작은 그룹 활동은 클라인의 저술을 제대로 맛보는 기회가 되었다. M. 클라인의 글은 책에서 얻은 지식이 아니라, 심각한 장애를 앓는 어린아이들을 분석하여 나온 임상 소재이다.

마지막으로 J. 개밀은, 에스더 빅의 방법이나 프랜시스 터스틴의 작업에 따라 분석관찰을 하는 일이 얼마나 흥미로운지 제자들에게

가르쳐 주었다. 그래서 이 그룹의 회원 몇 명은 E. 빅과 F. 터스틴에게 감독받으러 가곤 했다.

해를 거듭하면서 멜처라는 인물의 영향력과 그의 정신분석학 연구는 그룹 내에서 커져만 갔다. 그것은 파리에서 '멜처 주말'이 열릴 때마다 특히 더했다. 오늘날의 관점에서는, '멜처 그룹'이란 용어를 쓰는 편이 더 합당해 보인다. 사실, 이론상의 이견으로 말미암아 영국의 클라인 그룹과 영국 정신분석학회는 1980년대 초에 도널드 멜처와 결별했다.

1980년대 초부터 한나 시걸은 프랑스에 와서, 일단은 보르도에서 활동을 시작했다. 그리하여 강연회도 열고(파리에서도 열었음) 세미나도 개최했으며, 제자들과 함께 《아동정신분석》을 꾸렸다.

교육

아동정신분석학 교육은 주요 그룹 각각에 따라 달리 진행된 것으로 보인다.

라캉 그룹들에서는 분석가들에게 아동분석교육을 추가로 실시하지 않는다. 일단 그들에게는 아동정신분석이란 존재 자체부터 이의의 대상인데다, 앞에서 잠깐 언급한 대로 정신분석가의 자질은 보통 '분석가가 되고자' 하는 자가 스스로 결정하여 인가를 내기 때문이다.

프랑스 정신분석학회는 자체 내에서 교육시키는 분석가들에게 아동분석교육을 따로 시킬 필요가 없다고 생각한다. 최근 몇 년간 이 학회에서 토론도 있었으나 제안된 건의를 거부하는 방향으로 귀결되곤 했다. 1989년, 정신분석학의 상호작용 국제협회Association Internationale Interaction de la psychanalyse에서 「정신분석학에 관한 프랑스 학회와 프랑스 정신분석학회 내의 교육」이란 제목으로 발표한 J.-C. 아르푸이유는 보고서에 다음과 같이 적고 있다. "프랑스 정신분석학회에서 또 다른 이견의 대상은 바로 아동정신분석학이다. 아동정신분석학의 위상은 불분명한데, 그것은 비단 그 학회의 문제만은 아니다. 게다가 아동분석을 위한 교육은 구상마저 안 되고 있다. 아동정신분석을 분석이 아니며, 기껏해야 심리치료, 그것도 교육을 목적으로 하니 문제가 많은 심리치료라고 생각하는 이들도 있다. 그러나 어떤 이들은 아동정신분석에 온전한 위상 부여를 요구한다." '온전한 위상을 요구한 이들'이었던 우리는 이 표현의 정확성을 확언한다.

학회의 아동정신분석학자들은 작은 그룹을 이루어 1986년, 《아동정신분석》을 창간하게 되었다. 프랑스 정신분석학회의 제도에서 나와 외부에 목소리를 내기 위해 만들어진 이 잡지는 매우 널리 전파되었다.

파리 정신분석학회에서는 아동정신분석학에 관한 세미나와 강연회를 개최한다. 이 학회는 회의에서 아동정신분석 주제에 관한 토론을 허용하며 아동정신분석을 하는 정신분석가들을 부차적 존재로 생각하지 않는 것으로 보인다. 그러나 학회 내에 아동정신분석교육은 특별히 마련되어 있지 않다. 이 분야에 전문가가 되고자 하는 이들은 위에서 언급된 기관들을 찾아가 세미나, 강연, 감독, 작업 모임들에 참가하여 탄탄한 실력을 쌓을 수 있다.

정신분석학회가 아닌 그룹들도 일 년에 두세 번씩 주말 연수를 개최한다. 그것은 교육이라고 볼 수 없지만, 거기서 제공되는 정보는 교육에 관한 취향을 살려줄 수 있기에 꽤 유용하다고 판단된다. 마지막으로, 피에르 페라리는 모나코에서 수년간 아동정신분석 국제회의를 주최한 바 있다. 이 행사는 한 번씩 열릴 때마다 천여 명이 참가했다.

정신분석학 경향의 심리치료법 교육은 여러 양상을 띤다.

어떤 아동심리치료사들은 교육 연구소를 나온 정신분석가이다. 이것은 S. 레보비치가 권장한 해결책이다(회견 2). "정신분석가가 아동을 대상으로 작업하되, 정확히 말해 정신분석은 아닌 경우, 그것을 아동심리치료라 명명한다." S. 레보비치는 여기서 정신분석학과 심리치료를 명확히 구분하지 않고 있다. 그것은 이론에서나 실제에서나 구체적 시간적·공간적 틀을 정하기 어렵기 때문이다. S. 레보비치에 따르면, 분석가에게 아동정신분석학은 매우 큰 난관이기까지 하다. 그렇기에 아동정신분석가는 양질의 교육을 받아야 하고 성인분석활동도 겸해야 한다. 아동정신분석을 하다가 몇 년만 지나면 그만두는 분석가들도 많다.

어떤 기관에서는 정신분석가인 기관장이 기관 내의 심리치료사들을 위한 심리치료 연수를 마련해 주려 신경 쓰기도 한다. 그런 기관장들은 심리치료 교육을 조직하거나 심리치료사들을 교육하려고 알맞은 장소나 사람에게 보내기도 한다.

그래도 대부분은 정신과 의사나 심리학자들이 심리치료사란 직함을 가진다. 그중 가장 진지한 치료사들은 이전에 아무런 정신분석교육이나 활동이 없었어도 분석가에게 가서 개인 분석과 감독을 받기도 한다. 여러 경우가 얼마나 복잡한지 그 일례를 들자. 정신과 의사는 아동 정신의학을 전공하지 않고서도, 심지어는 그 전공내용에 아동심리치료에 관한 의식화가 포함되지 않았어도 아동 심리치료사로 개업할 수 있다! 또한 아동을 한 번도 대해보지 않은 심리학자도 원하기만 하면 언제든지 아동 심리치료사로 개업할 수 있다! 마지막으로, 수많은 정신과 의사나 심리학자들이 개업하면서 아동심리치료로 얻는 '경제적' 이득은 고객 구성상 일반적으로 매우 높은 비율을 차지한다.

아동심리치료 교육의 공식화가 필요한 것은 아닌지 의문을 제기하는 사람들도 있다. 그러나 S. 레보비치도 말하듯, 그럴 경우 "어려운 사례에 충분히 숙달되지 않은" 자들이 양산될 위험은 없을까? "그런 자들은 충분한 천착도 없이, 역전이에 깊이 관여할 자세도 되어 있지 않은 상태에서 작업할 것 아닌가?"(회견 2).

이 문제는 해결이 쉽지 않아 보인다. 그러나 영국과 같이 문제를 해결한 나라들도 있다. 안나 프로이트 센터의 학생들은 여러 강의 외에도, 주당 5회의 치료 검사 과정을 포함한 아동분석교육을 받으며 주당 2회의 치료 감독을 포함한 심리치료 교육도 받기 때문이다. 이런 체제만 보아도 이들이 아동정신분석과 아동심리치료에서 기법 등의 목표는 각각 다르다고 여긴다는 점을 알 수 있다. 그러면 프랑스에서도 아동정신분석학 방면의 정신분석가와 심리치료 방면의 정신분석가를 따로 양성해야 할까? 아동이 필요로 하는 심리치료사를 대거 양성해야 할까, 아니면 아무나 멋대로 하도록 내버려 두어야 할까? 그런데 아무나 멋대로 하지 못하게 막는 방법이 존재하는가?

상황은 그래도 조금씩 나아져, 공인된 교육의 필요성도 인정되고 있다. 그리하여 1990년대 초부터 아동과 청소년을 위한 정신분석학적 심리치료 유럽연합(EFPP)이 탄생하였다. 이 기구의 주된 임무는 아동분과 내에서 심리치료사를 양성하는 일이다. 그런데 그 양성의 기준은 국제정신분석학회의 기준에 버금갈 정도로 엄격하다. 즉, 개인 분석을 받아야 하며 세미나 참석, 임상사례 감독 등도 거쳐야 한다. 여러 지방 교육 단체도(노르망디, 아키텐, 파리, 브르타뉴) 이 기구에 가입했다. 이 단체들은 곧이어 아동과 청소년을 위한 정신분석학적 심리치료 프랑스 연합을 구성했다(첫 회장: C. 가이스만, 현재 회장{2004}: D. 후젤).

국제적 차원을 보자면, 국제정신분석학회는 '아동정신분석가'의 위상을 정립했다. 그리하여 국제정신분석학회에 가입된 두 프랑스 학회의 회원인 정신분석가 몇 명이 '아동정신분석가'로 공인되었다. 이 모든 일은 변화의 도화선이 될 수도 있다. 프랑스의 여러 정신분석학회가 이 공인을 어떻게 사용하게 될지 현재로서는 알기 어렵다.

4부

아기 정신분석학의 역사

베르나르 골스Bernard Golse가 집필함

서론

아동정신분석학이 과연 현실적인 것인지, 아니면 신화에 불과한 것이지를 두고 벌어진 토론을 우리는 모두 살펴보았다. 안타깝게도, 특히 프랑스에서는 그 토론이 아직도 진행 중이다.

이 책은 그 모든 양상을 총망라하고 있다.

안나 프로이트와 멜라니 클라인 사이의 논쟁으로 강렬한 순간이 있었다. 그리고 논쟁이 벌어진 시기나 조건을 감안했을 때 그것은 약간 초현실주의적이기도 했다. 부분적으로 그 토론은 아직도 열린 지평으로 남아 있으며, 조기 정신현상의 성장과 성숙 분야에서 사후 문제에 분명 중점을 두고 있다.

그러면 아기 정신분석학은 어디까지 와 있는가? 현재가 벌써 아기 정신분석학의 역사를 쓸 수 있는 시점인가?

여기서 사후라는 주제가 중심주제는 아니다. (이 주제가 존재하기는 한다. 이에 관해 우리는 다시 언급할 것이다.) 아직 분화되지 않은 정신현상을 지닌 생명체로서 아기가 존재한다는 점이 더 근본적인 중심주제이다.

아기의 정신현상 미분화는 모든 이가 인정하는 사실이다. 그럼에도 오늘날 아기 정신분석학은 아동정신분석학에 관해 일어났던 것보다 저항이 덜하니 모순이 아닐 수 없다.

공적 교육기관에서는 이제 아동정신분석학을 고려해야 한다는 의무감을 느끼고 있으니 - 그것도 자신들을 지키기 위한 정당방어로,

결국은 아동정신분석학을 거부하는 것이 목적이지만-아기 정신분석학은 그들의 생각 안에 발조차 들여놓지 못하고 있다. 그러니 우리의 논의 자체가 환상이나 방책에 불과할 수도 있다.

어쨌든 아기 정신분석학의 역사를 생각해보려면 일단 아기나 신생아 정신의학에 대한 개념과 지식의 역사 안에 이 문제를 놓아야 할 것이다. 그래야 이 문제에 대한 토대와 전제조건이 세워지기 때문이다.

아기 정신분석학의 선구자들은, 이미 신생아 정신의학계에서 선구자들일 때가 많다(B. 크라메르, S. 레보비치, F. 팔라시오-에스파사, M. 술레, D. 슈테른 …). 이들은 아기 정신분석을 할 때 신생아 정신의학 지식에 따랐으며, 조기의 발달에 관한 유명한 정신분석학적 모델에도 따랐다(J. 보울비, 안나 프로이트, M. 클라인, R. A. 스피츠, D. W. 위니코트 …). 그래도 이 후자들은 엄밀한 의미에서 치료방식으로서 아기 정신분석학과 자신들은 구별되어야 한다고 생각했다.

그렇기에 아기 정신의학 역사의 굵은 맥을 일단 짚어보아야 한다. 그다음에야 토론의 주요 세 축을 다룰 수 있다. 여기서 세 축이란 첫째, 정신현상의 분화이며 둘째는 세대 사이의, 세대를 관통한 정신현상의 유전 과정과 그에 따른 초紹 조기 정신외상, 그 사후에 대한 이론이고 셋째는 아기에 대한 직접적 분석관찰이다. 이 세 가지 축은 아기 정신분석학 역사에 기준점 몇 가지를 설정하기 위해 선결되어야 할 조건이다. 그리고 아기 정신분석학의 관건은 당연히,

부모(들)와 아기가 같이 받는 치료이다.

아기 정신의학: 역사적 지표

'아기'라는 용어는 약간 애매모호하다. 아기란, 대략 0세에서 18개월 혹은 2세까지의 아이를 가리키며 앵글로-색슨 저자들은 '유아'toddlers라는 용어를 쓴다. 즉, 아직 언어를 구사하지 않는 주체인데, 그것을 우리 프랑스인들은 인판스infans라 명명하기도 한다.

여하튼 아기는 언어와 사고가 이미 존재하는 이 세상에 처음으로 태어난다. 도착하기 이전에 이미 존재하는 이 언어와 사고를 제 것으로 만들기 위하여 아기는 자신의 몸과 환경, 역사에 남을 만한 등록(어머니와 아버지와의 친자 관계 등록) 등을 필요로 한다.

오래전부터 부모들은 아기가 그저 소화기관에 불과한 것은 아니라는 사실을 알고 있었다.

그럼에도 1950년대까지만 해도 아기를 보살피는 직업인들은 아기를 환경이 제공하는 모든 것을 그저 수용하고, 주로 음식섭취 활동만 하는('젖먹이'), 매우 수동적인 존재로 여겼다.

2차 세계대전 중 아기들이 겪은 고통을 비롯한 역사적 계기를 통하여 20세기 후반에 와서야 체계적이고 근본적 변화가 일어났다. 직업인들은 **젖먹이**가 아니라 '아기'에 대해 비로소 생각하기 시작한 것이었다.

아기에 대한 이미지가 완전히 바뀐 것이다.

아기는 물론 생성하고 있는 인격체이지만 어쨌든 존엄성을 갖춘 하나의 인격체로 생각되었다.

아기에 대한 관심은 분명, 정신현상의 근원에 대한 관심이다. 신생아와 갓난아기의 조기 능력에 대한 연구는 그렇게 시작되었다. 아기는 이제 매우 능동적인 존재, 근본적 상호작용이 가능한 사회적 존재, 성인과 진정한 상호관계를 맺는 존재로 여겨지고 있다.

그러나 아기에 대한 성인의 죄의식이 뒷받침된 결과, 아기는 모든 것을 다 할 줄 알고 이해하는 '슈퍼맨'으로 묘사되기도 했다. 성인의 최신식 이상향의 주인공이자 현대의 새로운 영웅이 된 것이었다…

물론, 소화기관에 불과한 젖먹이라는 평가절하된 이미지와, 모든 능력을 다 갖추었다는 이상화된 이미지의 중간쯤에 아기에 대한 사실적 관점이 있을 것이다. 여기서 **잠재적 능력** – 어떤 특수한 실험 상황에서만 표출되는 – 이란 개념을 강조할 필요가 있다. 예컨대 A. 그르니에가 묘사한 '해방된 운동 기능성'이 그것이다. 이 잠재 능력은 아기가 일상생활의 환경에서는 사용하지 않지만, 일종의 보유된 능력으로서 기능한다는 점에서 그 기능적 의미가 모호하다.

결국 이 분야에서 지식이 폭발하게 되었다.

그리하여 조기 상호작용의 유형이 묘사되었다. 특히 생물적, 혹은 태아-모성의 유형, 행동학 혹은 비교 행동학의 유형, 감정 혹은 감성, 환상 유형, 전前 상징 혹은 원초의 상징 유형 등이 그것이다. 이런 조기 상호작용은 상호성뿐만 아니라 성인과 아기 사이의 불균형에도 기초를 둔 것으로서 장차 이루어질 관계에 기초가 되는 원초적 유대이다.

정신현상 기능에 시원적始原的 혹은 시초라 불리는 단계들도 발견되었다. 주체가 평생 기초로 삼을 이 단계들이 어떻게 청소년기와 성인기에 작용하여 정신현상을 형성하는지 밝혀낸 것이었다. 그리하여 오늘날 심리현상에 대한 이해 전반에 새로운 빛을 던졌다.

아기에 대한 연구는 그 이론이나 임상 면에서 매우 풍요롭다는 사실이 밝혀졌다.

이 새 분야의 지식 발전의 선구자 중에는 조부모의 입장에 있는 의사들이 많다는 점도 지적해 두자(T. B. 브라젤톤, L. 크라이슬러, S. 레보비치 …). 부모보다는 조부모 처지에 있을 때 나르시스적 측면이 완화되어 효과적인 관찰이 더욱 쉬워진다. 또한 아기 연구에 가장 창조적이었던 연구자들은 등 뒷부분을 잘 받쳐주거나(T. B. 브라젤톤, A. 그르니에, G. 하크) 넉넉한 목소리의 음악성으로 충분한 안정감을 제공해 줄줄 알았던 이들(T. B. 브라젤톤, D. N. 슈테른)이었다.

그 변혁의 원인

W. R. 비온이라면 이 부분에서 '정수리'의 변화를 말했을 것이다. ● 이미 말한 대로, 그것은 2차 세계대전이 끝나면서 시작되었다.

아기들로 하여금 상상할 수도 없는 고통을 겪게 한 데에 죄의식을 느낀 성인들은 비로소 정신생활을 잘 영위할 '권리'를 아기들에게 공식적으로 부여했다. 그것은 조기 아동 자폐증과 아기 우울증이라는, 아기 정신의학사상 커다란 두 가지 흐름의 연구가 동시에 진행되면서 비롯되었다. 조기 아동 자폐증은 L. 카너 (1943)가 작업했고, 아기 우울증은 전쟁 중에 안나 프로이트와 D. 벌링엄, 전쟁이 끝날 즈음에 R. A. 스피츠, J. 보울비, J. 로버트슨이 작업했다.

그런데 아기의 정신생활을 인정하게 되자 곧 정신생활 방면에서 맞닥뜨릴 수밖에 없는 그림자를 시인하게 되었다. 아동 자폐증에서의 광기나 조기 우울증에서의 심리적 고통이 바로 그것이다.

그러나 한 세기가 끝나갈 때마다 겪기 마련인 존재적·개체 발생적 불안도 고려해야 한다.

19세기 말에 사람들이 대상의 내부에 대한 수수께끼에 사로잡혔듯(W. C. 뢴트겐이 신체 내부의 신비에 끌려 X선을 발견한 일과 지그문트 프로이트와 J. 브로이어가 「히스테리에 관하여」를 쓰면서 정신현상의 내부에 대한 신비를 밝히는 메타심리학 성찰을 시작한 일은, 우연히도 같은 해인 1895년에 이루어졌다) 20세기 말에도 근원에 대한 탐색이 주가 되었다(시간, 우주, 생물체 등의 근원). 개인의 신체적, 정신적 생활의 초기를 다루는 아기 연구 역시 같은 움직임에 속한다.

• 바로 이런 맥락에서 아동과 아동기가 의미하는 표상도 변했다.

상상의 아이(장차 부모가 될 두 개인 각자의 조기 역사에서 기인하는 무의식적 표상들), 환상의 아이(장차 부모가 될 커플의 꿈으로 구축된 의식적, 전의식적 표상들), 나르시스 아이('나르시시즘'에 대한 지그문트 프로이트의 논문「아기 폐하」)라는 세 가지 종류의 표상 외에도 집단의 표상에 따른 신화적 혹은 문화적 아이도 점차 다시 손질되었다.

이후, 아이는 더욱 소중하게 되어 완벽해야 하고('출생 전 진단'이란 생물 공학의 새로운 발전에 힘입어), 점점 더 빨리 독립해야 할 의무(그리하여 '아동기를 제대로 보낼 권리' 자체가 위협당하고 있다)를 지게 되었다. 이 현상은 좀 드문 경우로서, 최근의 커플들에서 발견되는 사고방식이다.

우리가 볼 때 이런 점들이 바로, 아기에 대한 요 몇십 년 동안의 빠른 시각 변화를 실감케 해주는 주요 방향이다. 그것은 아기 정신분석학 개념의 발전에 간접적인 기초가 되고 있다.

깊이 숨겨진 문제 세 가지

다음의 세 가지 사항, 즉, 정신현상의 분화 문제, 세대 간의 정신현상 전수 문제, 아기를 직접 관찰하는 문제가 어떤 의미에서는 아기 정신분석학의 가능성을 조건짓는다고 말할 수 있다.

(1) 정신현상의 분화 문제

아기의 심리(외적) 분화는 상호주관성으로 도달하는 분화와 맞물린다. 오늘날 상호주관성의 내밀한 기제는 아직 밝혀 지지 않은 부분이 많다. 그러나 그 기능은 유전적으로 계획된 것이든 아니든 비교적 쉽게 묘사해낼 수 있다. 즉, 상호주관성은 근본적으로, 일련의 과정에 해당된다. 그 과정에 의하여 아기는 자신과 타인이 다른 두 사람이라는 사실을 느끼고 깨달으며 소화해낸다. 그것은 단어의 좁은 의미에서의 인지적 지식이라기보다는 감정적 느낌일 것이다.

① 미분화라는 학설부터 초보적 상호주관성이란 개념에 이르기까지

- 정신의 개체발생에 대한 대부분 정신분석학적 모델에 따르면, 아기에게는 다소 긴 초기 시기가 존재하며 아기는 주변 성인들과 자신을 분리하지 않는 상태이다. 이 미분화 상태에서 점차 벗어나는 데에는 몇 달이 걸린다. 그런 벗어남, 자체가 정신외상이 되지 않기 위하여, 그것은 반드시 느린 변화여야 한다는 것이다.

  마누엘 페레즈-산체스와 누리아 아벨로가 제안한 '최초의 단위' 개념은 이런 발달 초기에 대한 메타심리학적 접근임이 드러난다.

- 현재 조기 발달에 대한 앵글로-색슨계 모델은 이런 초기 미분화 가설을 부인한다. 그리하여 아기는 처음부터 지각, 기억, 표상을

할 줄 알며 자신의 행동에 책임 의식도 느낄 줄 안다고(능동주화
化의 과정) 주장한다.

　이렇듯, 처음부터 분화되어 있다는 개념과 초보적 상호주관성
이란 개념이(D. N. 슈테른, C. 트레바르텐) 지배적인 주장이다.
이미 보았듯 이 체계상의 변화는, 아기를 너무 오랫동안 수동적
젖먹이로 여겨온 데에 대한 죄의식과 부분적으로 연결되어 있다.

　그러나 현실적으로는, 아기가 아무리 그런 능력을 처음부터 가
진다 할지라도 그 조기 능력 중 일부는 잠재적 능력에 불과해서
어떤 실험적 조건에서만 표출될 뿐 일상에서 자발적으로 사용되
는 것은 아니라는 점을 밝혀두어야겠다.

● 세 번째 방향은, 분화와 미분화 사이에 역동적 변증법이 존재한
　다고 보는 입장이다. 즉, 정신 외적 분화가 점진적으로 고정화된
　다는 것이다.

　다시 말하여, 초보적 상호주관성의 핵이 처음부터 존재하는데,
인생의 최초 몇 달 동안 그 선천적 핵에서 출발하여 아기는 좀
더 안정적이고 총체적인 상호주관성에 도달하기 위해 애쓴다는
것이다. 그리고 그 작업은 아기의 조기 상호작용의 범위 내에서
만 이루어진다고 한다(상호주관성의 공동구축 개념).

　그래도 아기가 어떤 체험을 하는지는 정확히 알기 어렵다. 이
관점에서 흥미로운 토론이 될 수 있는 두 가지 예가 있다.

- D. 멜처에 따르면, 젖 빨기는 '합의에 의한 최대의 견인력' 순간

이지만 일시적인 순간으로 기능한다. 젖 빨기가 계속되면서 아기가 어떻게 그 다양한 지각적·감각적 만족의 유일한 원천 — 그 유일한 원천은 자신과는 독립적으로 외부 세계에 존재한다고 아기는 느낀다 — 이 존재한다는 사실을 점차 받아들이는지 상상할 수 있다. 그 지각적·감각적 만족은 매 순간 '다른 빛깔로' 덧없이 지나간다고 한다. 이 이론은 자폐증 아동에 대한 임상과 사후 재구축에서 나온 것으로서, 물론 절대적으로 확언하기는 어렵다.

- 한편, 엘리자베스 피바즈-드퍼르싱거가 제안한 '로잔의 3인조 놀이'의 실험적 계열에 따르면, 인생 최초의 몇 달 동안 아기는 부모 중 한쪽이 상호 작용에서 나가면, 벌써 안심할 만한 인간관계의 버팀목을 다른 한쪽에서 찾는다고 한다. 아기는 그렇게 3인조의 방식으로 기능하는 능력이 있다.

  이 특수한 실험의 원칙은 매우 흥미롭지만 거기서 도출된 결론을 해석하는 일은 아무래도 미묘한 문제가 아닐 수 없다. 부모 한쪽에게서 고개를 돌려 다른 한쪽에 의지할 때, 아기의 느낌을 어떻게 정확히 알 수 있단 말인가? 아기는 자신과 관계된 두 부모를 각각 분리된 대상으로 여길까, 아니면 두 부모에 대한 이미지는 미분화 상태로 아이의 내적 표상 안에 겹쳐져 있는 것일까?

② 상호주관성이 확정적으로 획득되는 일은 없다

- 상호 작용을 같이 한 결과로 상호주관성에 도달하게 된다. 즉 아기는 성인에 대하여 정신적 거리 두기를 습득하는 동시에 성인은

아기를 '사람'으로 고려할 줄 알아야 한다.

● 이런 관점에서 출발할 때 다음과 같은 연속적 질문 세 가지에 이르게 된다.

- 애착하게 되는 주요 인물에 대한 애착 관계가 출생 후 6개월 동안 형성되며, 안정된 상호주관성에 도달하려면 몇 달이 걸린다면, 애착 대상이 아닌 대상에게는 어떻게 애착이 생기는가(0세에서 6세까지)?

S. 레보비치의 다음 문장은 바로 이런 질문에서 나온 것이다. "대상을 인지하기 이전에 이미 대상에 정신을 쏟을 수 있다"(1961). 대상은 자신과 분리되어 외부에 존재한다는 인지가 생기기도 전에, 애착 과정에 따라 이미 대상에 마음을 쏟을 수 있다는 의미로 이 문장을 받아들이면 어떨까.

- 6개월에서 12개월 사이의 아기는 자신과 타인이 서로 다른 두 개체라는 사실을 인식과 감정상 어떻게 소화해 내는가?

아기는 타인과 자신 각자의 주관성이 달라서 생기는 격차를 감정적 조율(D. 슈테른)과 추후의 언어활동(J.-B. 퐁탈리스, J. 크리스테바)을 통하여 만회한다. 그것은 상징적 만회 혹은 원형 상징적 만회이다.

- 아기가 '나도 아니고 엄마도 아닌'(이 논지는 A. 그린이 '대체할 수 있는 제3자에 대해 일반화시킨 삼각 이론'을 말하면서 언급한 '제2의 대상'을 참조한 것이다) 이를 알아보았을 때 그 제3자의

위치는 어떻게 구축되는가? 최초의 대상이 다르게 보일 때 생기는 문제인 "평상시의 그 엄마인가?"라는 질문과 병행될 때 제3자의 위치는 어떻게 구축되는가? J. 보울비와 I. 브르테르톤이 말하는 '내부에서 작용하는 모델'internal working models과 D. N. 슈테른의 '일반화된 상호작용 표상'은 바로 아기의 이런 의문과 관계가 있다.

- 어쨌든 신뢰에 기반을 둔 안정된 상호주관성은 부분적으로 해소 가능한 상호주관성이며, 어떻게 보면 일정 상황에서는 상호주관성 자체가 포기될 수 있다. 그 상황은 다음과 같다.
- 사랑과 성관계
- 예술, 그리고 미학적 감동 때(여기서 우리는 D. 멜처가 묘사한 '미학적 갈등'을 다르게 해석할 수 있다. 이 '미학적 갈등'은 '최초의 대상의 2차원성과 3차원성 사이에서 느끼는 당황'으로 이해되어 왔다) 함께 나누는 감동의 순간(특히 음악을 들을 때). 이런 감동 공유는 '의식이 이원적으로 폭발'한다는 개념(E. 트로닉)이나 '확대된 정신공간' 개념(Ph. 자메)에 해당할 것이다.
- 특히 청소년기의 그룹 체험
- 마지막으로, 죽음에 대한 생각

(2) 세대 간의 정신현상 전수, 세대를 관통한 정신현상 전수의 문제
사실 오래전부터 체제학자들이 사용하던 개념인 세대관통이란 개

념을, 정신분석학자들은 제 것으로 삼았다. 그러나 후자들은 처음에 이 개념은 정신분석학적이지 않다고 생각했다. '세대관통'은, 심리 내적 분야라기보다 개인 사이의 상호관계의 분야라고 보았기 때문 이다.

그러나 오늘날, 이 개념은 메타심리학의 성찰 영역에 속하게 되었 다. 게다가 지그문트 프로이트도 나르시시즘에 대한 1914년의 논문 에서 '세대관통'을 넌지시 암시하고 있다. 집단의 정체성과 주체 개 인의 정체성 사이에 긴밀한 변증법적 관계를 고려하고 있다. 이것은 친자 관계와 계열 관계 과정(S. 레보비치)에 대하여 그 이후로 논의 된 오늘날의 모든 내용과 통한다.

주지하다시피, 지그문트 프로이트는 근본적 무의식 핵이 원초적 억압에 작용하는 역할 부분에서 논리적 난점에 맞닥뜨렸다. '원초적 환상의 계통발생 이론'이란 개념으로 프로이트는 이 난점을 불완전 하게나마 해결했다. 그런데 이 계통발생 이론은 세대를 관통한 전수 라는 개념에 바탕을 두고 있다.

어쨌든 『토템과 터부』(1911) 집필은 위에서 말한 나르시시즘에 대한 글(1914)보다 시간상으로 약간 더 앞서 있다. 『토템과 터부』의 연구대상을 살핀다면 지그문트 프로이트는 개인의 정체성보다는 집 단의 정체성 형성에 시간상으로 우선권을 부여했다고 말할 수 있다.

이것은 집단적 육체 형성이 매우 조기에 시작된다는 오늘날의 논 의와도 일맥상통한다. 그러므로 여기서 P. 올라니에의 말을 인용해 보겠다. "집단성의 영향으로 아이의 정신활동이 결정되므로, 아이의 영향으로 집단의 정신활동이 결정되리라는 사실도 예견할 수 있다".
이 지적은 P. 올라니에가 발전시킨 개념인 '나르시스 계약'과도 맞
닿는다. '나르시스 계약'의 개념은 나르시시즘에 대한 프로이트 사
상과 세대를 관통한 전수의 중심 선상에 있다고 볼 수 있다.

● 세대 상호 간intergénérationnelle의 전수와 세대를 관통한transgénération-
  nelle 전수를 구분해야 한다. 다음의 구분 내용은 N. 아브라함과
  M. 토로크, S. 티스롱의 성찰내용에서 빌려왔다.
  　세대를 관통한 전수는 흔히 직접적 접촉 없이, 떨어진 세대 사
  이에서 일어나는 전수로서, 후손으로 내려가는 방향으로 작용하
  며(과거 세대들에서 현재 세대로 전수됨) 언어를 통하여 전수된
  다(금지, 말하지 않음…). 그것은 경험에 근거를 두어 귀납적으
  로 재구축되는 전수로서, 주로 성인을 대상으로 하는 정신분석학
  자들이 연구하기 시작했다.
  　반대로, 세대 상호 간의 전수는 서로 접촉 중인 세대 사이에서
  일어난다(특히 부모와 자녀 사이). 그리고 두 방향으로 일어나며
  (부모에서 자녀에게로, 자녀에서 부모에게로), 언어를 통하기도
  하고 언어를 통하지 않기도 하는 의사소통으로 이루어진다. 세대
  상호 간 전수는 직접 관찰이 가능하며, 발달 심리학자와 정신과
  의사, 아동과 어린 아기를 대상으로 하는 정신분석학자들이 최근
  에 이것을 연구했다.

● 전수 과정에는 상반된 양상 몇 가지가 있다.

우선, 관찰된 전수와 재구축된 전수 사이의 대립이 그것이다. 관찰된 전수 내용은 세대상호 간 전수의 성질을 띠고 있으며 신생아 정신의학에서 연구되었다. 재구축된 전수 내용은 세대를 관통한 전수의 성질을 띠고 있으며 성인을 대상으로 한 정신분석학자들에 의하여 심화되었다.

그다음, '속이 빈' 음성적 전수(침묵과 비밀, 불가사의 등에 기반을 둔 전수)와 '꽉 찬' 양성적 전수가 대립한다. 또한 어머니와 아버지에 의한 전수가 있으며, 대상에 대한 총체적 이미지 전수와 대상에 대한 부분적 양상 전수도 대립한다. 그리고 구조 짓는 전수와 구속하는 전수도 대립한다. 그런데, 이 모든 전수 내용은 삶 욕동과 죽음 욕동의 반대 감정이 원초적으로 양립한 갈등에서 기인한다.

발육상의 애도哀悼, deuil와 병적 애도, 건설적 동일시와 인간성 박탈 성향의 동일시, 변화의 외상traumatisme과 해로운 외상, 생生의 나르시시즘과 죽음의 나르시시즘, 입문의 유혹과 외상적 유혹 각각을 묘사할 수 있듯이, 세대관통의 전수와 세대 상호 간의 전수 역시 연결을 통한 힘이 될 수도 있고 단절의 힘이 될 수도 있다.

근본적으로 이 모든 문제는 주체가 타인의 덕을 입되, 정신 이상에 빠지지 않고 자기 자신을 건설해 나갈 수 있는지에 달렸다. 그러나 행동의 여지나 가능성은 때때로 매우 제한되어 있기도 하다.

그러므로 치료, 특히 부모와 아기가 함께 하는 치료의 목적은, 주체의 동일시에 어느 정도 자유를 되찾게 해주면서 이 전수의 과정에 자유를 부여해 주는 일이다.

● 초超조기 정신외상과 사후의 주제[1]

아동정신분석학 – 그리고 아기 정신분석학은 더욱더 – 은 존재한다고 볼 수 없다는 주장을 지지하는 의견이 자주 나오고 있다.

아기와 아동은 사후를 겪지 않는다고 주장하는 이들이 있다. 이런 단언은 매우 이상하며, 혼란스럽기까지 하다. S. 레보비치의 책 『젖먹이, 어머니, 그리고 정신분석가』의 출판을 맞아 A. 그린은 S. 레보비치에게 다음과 같이 말할 정도이다. "선생님은 언제 실재réel 아동에 전념하기를 그만두고 진짜vrai 아동에 전념할 것입니까?" 이는, 실재réel 아동이란 다소 인위적인 환상에 불과하기에, 정신분석으로 아이가 재구축하는 진짜 아동은 존재하지도 않는다고 여기며 제기한 질문이다…

아기는 곧바로 사후의 일을 겪을 수 없다는 주장은 이전의 일이 존재한다는 상정이다. 그러나 오늘날 메타심리학적 관점에서

---

[1] 이후에 소개되는 성찰은 아동정신분석학 세미나에서 필자가 영광스럽게도 클로딘 가이스만, 디디에 후젤과 나눈 내용이다. 이 세미나는 몇 해 전부터 프랑스 정신분석학회의 일환으로 두 분이 주최하여 이끌어오고 있다.

보면, 소위 '원초적'originaire이라고 (잘못) 주장되는 장면scéne은 그 이전에 먼저 존재한 다른 장면들을 은폐하는 역할만 할 뿐이라는 점을 우리는 알고 있다. 즉, 시초로 거슬러 올라가는 일은 근본적으로 점근적漸近的 일 뿐이라는 사실도 알고 있다.[2]

이런 사실을 염두에 둘 때, '일반화된 유혹 이론'에 대한 J. 라플랑슈와 R. 디아트킨의 성찰은 매우 탁월하다. 이 이론은 두 가지 시간의 외상(병을 일으키는 외상과 구조를 형성시켜 주는 외상) 이론이 초超조기 외상의 사례에도 적용될 수 있다(단, 그 두 가지 과정 사이에 중개한 시간의 이완이나 수축이 있다고 볼 때)는 점을 증명한다.

사실 지그문트 프로이트는 엠마의 사례를 바탕으로 하여 다음과 같은 점을 주장했다. 즉, 외상의 두 가지 시간 사이의 간격은, 원초적 장면의 광경들을 현재의 정신 기능에 비추어 재해석하기에 충분할 만큼 그동안 주체가 성숙했을 정도의 시간 간격이어야 한다고 강조한다. 그리고 그 성숙은 사실상 정신적 성性에의 도달도 포함한다고 한다(예컨대, 첫 번째 시간은 아동기에, 두 번째 시간은 사춘기 즈음하여 일어났을 때).

---

[2] [역주] 소위 '원초적'이라 불리는 장면(scène originaire)이라 명명하여 그 이전의 장면(d'autres scenes)을 기억 못 할 때, 진짜 시초(préalables)를 잡아낼 수 있겠는가? 그것은 끝없이 시초에 근접하는 일일 뿐, 무엇이 진정 시초(origine)인지는 정하기 어렵다는 의미로 보자.

그러나 집필을 계속해감에 따라 지그문트 프로이트는 이 부분에 대한 견해를 누그러뜨려, 그 중간기간은 더 짧을 수도 있어서, 예컨대 외상의 두 가지 시간이 둘 다 사춘기 이전에 있을 수도 있다고 보았다.

오늘날에는, 조기 상호작용 시기에도 사후 현상이 분명히 존재한다고 보고 있다. 조기 상호작용에서, 상호작용의 에피소드가 연달아 일어날 때 아기와 어머니는 항상 입장이 다르다는 것이다 (R. 디아트킨). 게다가 아기와 부모 사이의 세대 상호 간의 역사와 세대를 관통한 역사에서, 아기에게는 첫 번째 시간에 해당할 만한 것(잠재적으로 존재하는 원초적 장면)이 항상, 부모에게는 x번째나 (x+1)번째 시간에 해당한다는 것이 오늘날의 시각이다.

중간 시간이 수축하거나, 아니면 몇 세대에 걸쳐 회절回折한다는 이중 지평 위에 아기 정신병리학 영역에서의 사후 이론이 유지될 수 있다. 또한 우리가 이후 다룰 조기 처치의 몇몇 유형도 바로 이 이중 지평에 기초한다.

(3) 아기를 직접 관찰하는 문제 (E. 빅)

이 글에서는 아기에 대한 직접적 관찰 이론을 모두 다루지 않겠다. 다만 이 방법론이 생긴 후, 어떤 면에서 아기 정신분석학에 대한 논의가 풍부해지거나 흐려졌는지만 보이고자 한다.

이미 알려진 대로, 이 방법론은 J. 보울비의 요청에 따라 1960년대에 E. 빅이 정립했다. J. 보울비는 당시 런던의 타비스톡 클리닉을 이끌고 있었으며 성인뿐만 아니라 아동을 다루는 정신분석가들에게 아동기에 대하여 제대로 알리고자 했다.

D. 후젤이 이미 제시한 것처럼, 이 기법은 정신분석, 메모, 단체연구라는 명확한 3박자로 이루어져 있다. 약간 변형시켰을 때 이 3박자는 1911년부터 지그문트 프로이트가 묘사한 3박자를 대략 가리킨다고 볼 수 있다. 지그문트 프로이트의 3박자는 집중, 기억, 판단으로서, 모든 정신작용의 근본이다.

이 기법의 취지는 조잡한 해석(서둘렀거나 적절하지 않은 해석)이나 관념화, 이론화 등의 위험을 방지하기 위해 3박자를 세심히 분리하는 데에 있다. 이 기법은 원래 교육용 수단으로 제안되었다가 (E. 빅) 점차 치료를 목적으로 사용되기 시작했다. 건강한 아기뿐만 아니라 정신적으로 고통을 받거나 어려움에 부닥친 아기들에게도 이 기법이 워낙 좋은 효과를 발휘했기 때문이다.

오늘날 이 기법의 치료 효과로 탐지되는 사항은 주로 다음과 같다.[3] a) 아기의 출생은 가족 구성원들의 정체성과 가족 균형에 혼란을 야기한다. 이 탓으로, 아기에 대한 반대감정 양립의 화살이 이제는 관찰자에게로 향하게 된다. b) 중립적이고 호의적인 관찰자의 존재로 인하여 부모(특히 어머니)의 보호자 이마고가 수정된다. 부모

---

[3] [역주] 여기서 a), b), c), d), e)의 일련번호는 역자가 붙인 것이다.

다운 솜씨를 지닌 관찰자 덕분에, 어머니가 지녀야 할 능력이 불충분하다거나 혹시 해를 미치지는 않나 하는 그리도 흔한 모성 환상이 완화되기 때문이다. c) 관찰자는 '젖가슴-화장실'의 기능(D. 멜처)을 제공해준다. 이 기능 덕으로 아기는 부모의 가장 해로운 욕동 행위에서 보호받는다. d) 부모와 아기 사이의 정체성 혼란이 해결된다. e) 관찰자의 변모, 포용성, 관찰 기능에 부모와 아기는 자신을 동일시한다(이 치료 효과는 상담치료에도 유효하며, 부분적으로는 부모-아기 연합치료에도 유효하다).

상호작용하는 여러 부모-아기 쌍과 올바른 거리를 두면서 관찰하기 위하여, 관찰자는 무엇보다도 자신의 역전이를 꼭 분석해야 한다.

C. 아타나시우가 밝힌 바로는 특히 후대 클라인 학파들이 발달시킨 이 방법론은 W. R. 비온의 성찰도 참고해가면서 고안해 낼 때 매우 효과적이라고 한다.

일반적으로, 어머니가 관찰자에게 하게 되는 전이 분석은 잘 밝혀져 있지 않은 상태이다(교육 시의 직접 관찰보다는 치료 시의 직접 관찰을 통하여 더 많이 밝혀져 있다). 왜냐면 환상에 의한 아이, 상상의 아이, 나르시스 아이, 신화적 아이[4], 문화의 아이(S. 레보비치)

---

[4] [역주] 이 네 가지 타입의 아이는 어머니의 생각 속에서 형성된 표상이다.
  a) 상상의 아이(l'enfant imagé)는 전의식의 차원이며 임신 기간 중에 고안된다.
  b) 환상에 의한 아이(l'enfant du fantasme)는 무의식적 차원이며 아이를 갖고

가 있기에 전이의 역동성이 일어나며 그것은 아이에 대한 부모들 자신의 정신 안의 표상들을 실재 아이에게 외부투사함으로써 일어 나는데, 그렇기에 어머니와 아이의 관계는 그 자체로 이미 전이의 관계이기 때문이다.

어머니가 관찰자에게 부여하는 전이의 역할이 무엇이든지 간에 (친절한 조부, 가족의 장남 …) 어머니에게 관찰은 나르시스적 취득 의 원천이다. 어머니는 자기 아이의 엄마임을 허가받은 것처럼 여기 며 자신의 아이와 상호작용하길 허가받은 것처럼, 한술 더 떠서 제3 자에게 자신이 얼마나 아이를 잘 돌보는지 보이는 일을 허가받은 것처럼 – 그럼으로써 매우 좋은 엄마로 용인되는 제 위치를 찾는 다 – 모든 일을 생각하기 때문이다.

이로써 우리는 관찰이 얼마나 관찰자의 정신적 자질을 발달시키 는지 알 수 있다. 그 자질은 향후 환자들이 아동이건 성인이건 모든 치료사와 분석가들에게 유용한 것이다. W. R. 비온도 중요하게 생각 하는 '부정적 능력'의 습득이란, 이렇듯 파괴적 투사를 잘 포용하여 변화시킬 줄 아는 능력이며 올바른 거리를 두는 자세이고 역전이에 적절히 민감한 자세이다. '부정적 능력'이란, 또한 모든 것을 당장에

자 하는 욕망의 영유아적 뿌리와 연관되어 있다.

c) 신화적 아이(l'enfant mythique)는 어머니의 과거와 문화의 그림자를 담고 있다

d) 프로이트가 '아기 폐하'라고 부르는 것이 바로 나르시스 아이이다.

다 이해하지 않는 능력이며 임상 상황에서 표출되는 것에 제대로 감동할 줄 아는 능력이며 어떤 의미가 원하는 때에 일어나도록 제때 (개입과 해석을 하기에 적절한 순간)를 기다릴 줄 아는 능력이다.

이렇게, 관찰자는 관찰함으로써 조기 정신현상의 사례에 익숙해진다. 그리고 연구그룹 내에서 관찰자는 관찰 덕으로 메타심리학적 개념 몇몇에 접할 수 있으며 연구그룹의 진행을 맡은 분석가의 정신 기능과도 접촉할 수 있다.

그런데 바로 이 부분에서 몇 가지 오해가, 특히 프랑스에서 생기게 되었다.

직접 관찰을 해 보았다고 해서 누구나 다 아동분석가 자격을 얻는 것은 아니다.

직접 관찰은 정신분석학을 따른 기법이지만, 그 단어의 간단한 의미에서 그 적용도, 유사물도 아니다.

분석가 지망생은 직접 관찰을 했다고 해서 스스로에 대한 개인치료의 의무가 면제되는 것도 아니다. 단지 직접 관찰을 함으로써 우리가 이미 살펴본 것처럼 앞으로 진료 시 유용한 정신적 자질을 얻을 수 있을 뿐이다.

프랑스에서는 이런 갖가지 오해들 때문에 직접 관찰에 대한 논의가 흐려졌고 오늘날 수많은 저항이 생겼다. 그 결과로, 프랑스에서는 국제정신분석학회가 인정한 연구소의 교육과정에 직접 관찰이 포함되어 있지 않다. 직접 관찰이 아동기의 분야에서 얼마나 중요한 처치, 교육 방법인지는 말할 나위가 없는데도 말이다.

마지막으로, 직접 관찰의 정당성은 운동 이미지에 부여되는 - 혹은 부여되지 않는 - 위상과 관련이 있다.

아기의 운동 이미지를 심층에 숨겨진 사고 과정이 행동을 통하여 표면적으로 표출된다고 보는 한, 직접 관찰로는 아기의 정신현상에 도달할 수 없다.

반면, 운동 이미지를 아기 정신활동의 직접적 형체나 표현으로 여기면 직접 관찰로써 아주 어린 아이의 생각 과정에 접근할 수 있다. 어린아이의 사고와 상호작용은 절대 분리할 수 없다(이런 상정에 따르면, 이 세상과 환경에 대한 아기의 사고방식은 상호 작용으로 결정된다).

어쨌든 절대적으로 객관적이라고 주장할 만한 관찰은 존재하지 않는다. 이것은 당연한 사실이다. 관찰자 개인의 역사와 개인적 억압기제와 관련된 주관성을 배제할 수 없기 때문이다. 그러므로 관찰 시 이 점을 잘 고려했을 때, 아기에 대한 직접적 관찰은 인식론적으로 정신분석학 자체만큼 현대적인 기법이 될 것이다. 주지하다시피 정신분석학에서는 역전이를 고려하지 않는가.

아기 정신의학의 발전

결국, 아기 정신의학은 20세기 후반에 특히 발전했고 아기 정신의학의 발달은 아기 정신분석학을 근본적으로 뒷받침하고 있다고 말할 수 있다.

제도적인 면을 보자면 1980년대 말에 탄생한 아기 정신의학과 관련 분야에 대한 세계학회를 꼽을 수 있다. 여태까지는 S. 레보비치가 이 학회의 유일한 프랑스인 회장이었다(1992년부터 1996년까지).

이 학회는 아기 정신건강학회와 융합하여, 세계 아기정신건강학회가 되었다. S. 레보비치와 필자는 1994년, 이 학회 내에 프랑스어권 그룹을 만들었다. 이 그룹에서는 이제 연구자와 의료진 이백여 명이 세계 아기정신건강학회에 가입한 각종 유럽 단체들을 점차 통합하기 위해 일하고 있다. 이것은 특히 아기 정신분석학적 정신병리학에 대한 유럽의 여러 입장을 드러내기 위한 것이다.

아기 정신의학 발전상 최고의 순간은 1983년 칸Cannes에서 열린 세계 아기정신의학회 2차 회의이다. 1983년은 프랑스에서 조기 상호작용에 대한 S. 레보비치의 책(S. 스톨르뤼와 공동 집필함)이 출판된 해이기도 하다.

2년마다 열리는 세계 아기정신건강학회는 2006년 7월에는 파리에서 열릴 것이며 주최자는 앙투안 귀드네(세계 아기 정신건강학회장 당선자. 임기는 2006년부터 2010년까지이다)와 필자이다.

아기 정신분석학의 역사 (부모-아기의 심리치료)

정신분석학은 정신현상의 개체발생에 대한 이해에 분명 많은 공헌을 했으므로, 아기와 신생아의 정신생활에 대한 이해에도 공로가 크다고 말할 수 있다(W. R. 비온, J. 보울비, R. 디아트킨, L. 크라이

슬러, S. 레보비치, M. 말러, M. 술레, R. A. 스피츠, D. W. 위니코트
…). 그러나 이 글에서 그 여러 내용을 모두 다루지는 않겠다. 그
대신, 아기에게 가능한 치료 양상으로서 정신분석학의 문제를 주로
논할 것이다.

F. 돌토의 작업에 영감을 받아, 프랑스에서는 아기와 직접 작업하
고자 하는 분석가들이 작은 흐름을 형성했다. 이들은 언어의 부분을
유추하여 정신적으로 느낄 줄 아는 주체이기만 한 아기가 아닌, 언
어를 상징적 차원 전체로 해독하고 이해할 능력이 있는 주체인 아기
를 어엿한 환자로 고려한다. 그러므로 이들은 아기를 돌보는 성인을
거치지 않고 직접 대할 수 있는 주체로 아기를 생각한다(C. 엘리아
셰프).

하지만 전형적인 치료요법은 아동과 마찬가지로, 아기에게도 적
당하지 않다는 것이 저자들 대부분의 의견이다. 아기는 정신현상이
아직 충분히 분화되지 않았기 때문이다.

그러나 정신현상의 미분화에도 불구하고, 아기라고 해서 특별히
통상적 메타심리학의 기준을 포기해야 하는 것을 아니라는 사실을
우리는 애써 증명해왔다. 즉 욕동 이론, 뒷받침 이론[5], 심지어는 사

---

[5] [역주] 뒷받침(étayage)은 정신분석학과 비교행동학의 경계에 있는 개념이다.
    성 욕동과 인체의 기능 사이에는 긴밀한 관계가 있다. 예컨대 젖먹이의 구순
    활동에는 젖을 빠는 데서 오는 쾌락이 있다. 이 쾌락은 영양분 섭취의 욕구를

후 이론까지도 아기에게 통용된다.

단, 아기에 한해서는 2인[6], 3인[7]의 기능 - 이것이 매우 중요하다

충족시키는 것과 밀접히 연관된 성감대의 자극이 있다. 이때, 성 욕동은 이 욕구에 뒷받침되어 있다고 말한다.

아동 교육학에서의 '뒷받침'은 미국인 제롬 브루너의 이론으로서, 아동의 학습에 성인이 개입하는 것을 말한다. "뒷받침은 아동이 처음에는 해결하지 못했던 문제를 혼자 해결할 수 있도록, 스스로 행동해 나가도록 성인이 개입하여 도와주는 모든 것을 지칭한다."

프로이트의 정신분석학에서 '뒷받침'은 영유아 성(性)의 세 가지 특징 중의 하나로서, 자기 보존 욕동과 성 욕동 사이의 관계를 지칭한다. 성 욕동에 생체적 근거와 어떤 대상, 방향을 부여해 주는 기본적 생명유지 기능을 사용하면서 성 본능은 이후 독립적으로 된다.

'뒷받침'이야말로 정신분석학의 중대한 발견이라고 많은 저자는 생각하고 있다.

영유아 성 분야에서 '뒷받침' 개념은 '시간 선상에서의 발전'과 본능의 측면으로 이해해야 한다.

첫 번째 시기: 최초의 자기성애적 성 충족은 개인의 보존에 쓰이는 생명유지 기능과 결합하여 일어난다(지그문트 프로이트, 1914) (젖으로 영양을 섭취하는 아기의 예: 영양분 섭취에 쓰이는 기능). 이 첫 번째 시기에는 본능과 리비도가 이어져 있다고 말할 수 있다.

두 번째 시기: 성 욕동과 자기보존 욕동이 분리하는 시기. "이후 성 충족 반복의 욕구가 영양섭취의 욕구와 분리된다.(지그문트 프로이트, 1914)" 정신 분석 이론에서 성적 흥분은 부가적 효과로 생산되는 것이다. 이 두 번째 시기에서, 리비도는 본능에서 '해방'된다.

세 번째 시기: 생식 능력의 측면이 우세해지는 청소년기는 재통합의 시기이다. 사랑의 기능에 정상적으로 요구되는 통합이 이루어지는 시기이다. 이에, 리비도는 본능을 흉내내는 것일까?

는 사실이 최근 밝혀지고 있다 - 에 대해 우리가 알아낸 바를 이제 고려하기 위해서라도 메타심리학의 장소론적 시각을 재고해야 한다.

그런데, 아기 정신분석학을 2인과 3인의 정신분석학으로만 보아서도 안 된다. 아기는 부모의 욕동의 그늘에서 자라기 때문에서라도 그렇다.

그렇기에 부모와 아기를 결합해서 치료하는 것이 오늘날 아기 정신분석의 핵심이 되었다. 부모와 아기를 결합한 치료가 전형적 치료와 유사한 것은 분명 아니다. 그러나 R. 디아트킨도 말하듯, 그것은 어쨌든 아기를 맡았을 때 여전히 정신분석학자로서 제대로 기능할 수 있는 수단이며 그럼으로써 아기의 발전 과정에 정신분석학적 효과를 낼 수 있는 수단이 되고 있다.

그러므로 이제 우리는 주로 이 결합치료[8] 요법과 그 역사적 맥락을 논하고자 한다. 이때, 성인 환자의 정신 안에 깊숙이 파묻힌 아기, 즉 정신분석으로 재구축된 아동에 대해서 정신분석가들이 할 일이 있다는 사실을 간과하면 안 된다. (이 경우를 간접적 관찰이라고 명

---

[6] [역주] 어머니와 아기.

[7] [역주] 어머니와 아버지와 아기.

[8] [역주] 여기서의 결합치료란, 각종 '통합치료'(예컨대 감각통합치료)와는 완전히 다른 개념이다.

명할 수 있지 않을까?)

일반적 고찰

이 분야의 선구자 중의 하나인 S. 프라이베르크는 맹인 아동들과 작업했으며 가정을 방문해가면서 치료했다. 그녀는 부모가 아동을 대상으로 진정한 전이를 한다고 생각한 최초의 정신분석가였다. S. 프라이베르크 이후, 부모-아기를 결합한 심리치료 요법은 점차 아동기에 대한 본질적 치료 수단 중의 하나가 되었다. 이 결합심리치료는 세 가지 방향으로 발전했다. 발달 지도, 애착에 대한 임상, 정신분석학에 영감 받은 결합심리치료 등이 그것이다.

발달 지도指導 혹은 상호작용 지도指導는 S. 맥 도나우가 시작했다. 그는 비디오로 상호작용을 관찰했으며 부모와 심리치료사가 함께 녹화장면을 보는 방법을 사용했다.

애착 이론을 따른 결합심리치료도 있다(J. 보울비). 그런데 이 요법은 아직 널리 확산하여 있지 않다.

프랑스에서 심리치료적이라 불리는 상담(D. W. 위니코트)이란, 특수한 때를 제외하면 주로 정신분석학에서 영감 받은 결합치료를 말한다. 결합치료법은 최근 몇 년 동안 발전했다. 본고에서는 이제 이 결합치료법만 다루도록 하겠다.

정신분석학의 영감을 받은 결합심리치료법

① 이 요법의 다양한 모델이 다음과 같이 제시되었다.

- P. 말과 A. 두믹-지라르는 제3자가 있을 때의 퇴행과, 가장 중요한 관계에서 '잃어버린 시간'의 만회를 강조했다. 만회는 오늘날에는 거의 다루지 않는 개념이다. 그러나 제삼=3자가 지켜보는 가운데 어머니와 아기가 자유롭게 놀게 되면 퇴행이 일어날 가능성이 매우 크며 그럼으로써 이들이 조기관계에서 놓쳐버렸을 수도 있는 각종 단계를 다시 밟아볼 수 있다고, A. 두믹-지라르는 생각했다.
- D. W. 위니코트는 전前의식의 다양한 체계를 관계짓는 작업을 주로 했다. 어머니와 아이라는 2인조에게 자신을 '중간대상'으로 제안한 것이 바로 그의 작업의 원동력이었다. 그것은 무의식과 전의식 체계의 역동성에 대한 그의 유명한 이론이 뒷받침된 작업이었다. 그러므로 D. W. 위니코트가 본질적으로 겨냥한 목표는 배려를 많이 받아 유순해진 정신 외적 분화라는 지평이었다.
- S. 레보비치는 아이의 자기self가 자유롭게 펼쳐지지 못 하게 막는 '세대를 관통한 무의식적 위임'[9]의 여러 경우를 밝혔다. 인생

---

[9] [역주] '세대를 관통한 무의식적 위임'의 한 예를 보자. 어떤 여성이 아기가 출생할 때 아기를 죽이려 했다. 이런 행동은 오이디푸스 관계와 연결되어 있다. 태어나는 아기는 오이디푸스적 사랑의 결실을 표상할 수 있다. 즉, 어머니가

말기에 가서는 '상황인지 행위'enaction, enactment[10]란 개념에 의지
했다. 이 풍요로운 개념은 행동으로 이행한다는 의미와는 관계가
전혀 없으며, 임상 상황에서 공감共感, 직관적 이해에 선행한 감
정구현을 말한다. 그리하여 S. 레보비치는 '은유로 표현하는 공
감共感'이란 개념을 자주 참조한다. 이 개념은 그의 결합치료의
중심을 이루게 된다. 그는 평소에, 부모와 아이가 함께하는 2~3
회의 긴 분석을 제안했다. 그 목적은 아동의 발달과 자유로운 발
휘를 저해하는 각종 '세대를 관통한 무의식적 위임'을 드러내어
밝히는 것이었다. 그렇게, 여태까지 고정되어 있었던 무의식적
기제를 다시 원활하게 해주어, 아이와 부모들에게 커다란 자유를
맛보도록 해주었다.

된 딸과 아버지 사이에 낳은 아기인 것이다. 이에 어머니는 아기에게 할아버지
를 전이시킨다. 그리하여 아기는 할아버지에 관한 한 고통을 받게 된다. 이런
오이디푸스 도식에서는 학대받는 아동을 많이 볼 수 있다. 어머니 자신이 학대
를 받았거나 근친상간적 폭력을 받았을 때 더욱더 그렇다. 아기가 태어났을
때 죽이려 한 위의 여성은, 아기를 없앰으로써 자신의 아버지에게 당한 근친상
간에서 도망치려 한 것이었다. '세대를 관통한 위임(le mandat transgénération-
nel)'이 이렇듯 강렬할 경우 아이의 발달 - 특히 동일시의 과정 - 은 매우 구속
받게 된다.

[10] [역주] 상황인지 행위(énaction)란 개념은 정신에 대한 구상 방식으로서, 유기
체와 인간정신이 환경과 상호작용하여 스스로를 조직하는 방식에 역점을 둔다.
상황인지 행위는 지각 과정, 선택 과정, 환경에 의미를 부여하는 과정을 포함
한다.

- 런던의 타비스톡 클리닉에서는 D. 도즈와 모든 클라인 학파들이 '부모(들) – 치료사(들) – 아이' 그룹을 하나의 집단 정신기제로 사용하여, 집단 "몽상 능력"(W. R. 비온)을 작동시켰다. 이 집단 '몽상 능력'은 아이의 정신적 생산물들, 특히 '베타' 요소들의 변화 기제와 포용성 기제를 나타낸다. 이 집단 대상은 아기, 아기의 부모, 공동 치료사들로 구성된다. 공동치료사들은 이때 토론을 일정한 방향 없이 진행하도록 이끌어, 아동의 증상들을 중심으로 한 환상과 재구축이 점차 드러나도록 한다.

- B. 크라메르와 F. 팔라시오-에스파사는 간결한 처치로서, 어머니/아이에 대한 상세하고 깊은 치료법 모델을 제안했다. 이 둘이 생각하는 두 가지 본질적 요소는 다음과 같다. 첫째는 아이에 대한 부모의 외부투사이며 둘째는 '증상 상호작용 분석모임'이란 개념이다. 이 개념은 아이의 신체와 행동에 대한 부모의 정신적 갈등을 어떤 의미에서는 '물질화하'고 형상화하며 표상하는 것이다.

  부모가 하는 외부투사에는 통합성 외부투사와 인간성을 소외시키는 외부투사가 있다. 통합성 외부투사는 반드시 필요하고, 구조를 성립시켜주며, 생리적인 투사이다. 인간성을 소외시키는 외부투사는 지나치게 강렬하거나 질적으로 비정상적이며 폭력적, 파괴적이어서 아동의 발달을 옥죄고 막으며 굴절시키고 탈선시킨다. 이 투사들을 명백하게 해명해 주면 어머니는 아이로 하여금 정신을 재통합, 재적응하게 할 수 있다. 그 결과, 어머니와

아이의 관계는 많이 해결되며 아이 증상의 정신역학적 '유용성'
도 없어진다. 이렇게, 자신의 외부투사들을 정신적으로 알맞게
정리하고 나면 어머니들은 흔히 우울 증세를 맞는다. 아이의 정
신장애가 형성된 데에 자신이 연루되어 있었다는 사실을 알았기
때문이다.

　가장 신경증적이고 이상화 성향을 갖춘 외부투사부터 가장 해
로운 박해성 외부투사까지, 부모가 행하는 외부투사의 온갖 유형
을 다음의 저자들, J. 만자노, F. 팔라시오-에스파사, Z. 질카가
제시했다. 그런데 이 모든 외부투사는 어느 정도, 어머니의 역-동
일시와 항상 연관되어 있다. 어머니는 자신의 부모에 대해 지닌
이미지, 혹은 부모는 이런 이미지였다고 생각하는 바, 혹은 이런
부모를 가졌더라면 좋았겠다고 원하는 바에 자신을 동일시하는
것이다.

- 마지막으로, 로진 드브레는 간결한 치료란 부분적으로는 기만적
이라고 생각한다. 그리하여 간결한 치료를 할 때는 결합치료만
사용한다. 이 결합치료는 전통적 개인정신분석에 입문하도록 어
머니들에게 권장하기 위한 기회를 제공하는 첫 단계라는 것이다.
더욱이 출산 전후는 여성 인생의 다른 시기보다 훨씬 더 깊고
신속한 수정修正에 유리한 시기이며, 유연한 시기라고 한다. 오
늘날 대부분의 임상의사들은 이런 급진적인 입장에 동조하지 않
는다.

결론적으로, 저자들의 개인적 이론이 무엇이든 간에, 의거하는 모델이 무엇이든 간에, 이들 각각은 항상 자신들이 말하려는 이상을 수행해내고 있으며 어쩌면 자신들이 믿는 이상을 수행해내고 있을 수도 있다고 인정한다. 근본적으로, 모든 모델은 수행한 작업과 경험을 묘사하고 설명하며 이해하려는 방편에 불과하다. 그런데 이때의 모든 경험을 그저 독특한 묘사라고 축소해서는 곤란하다. 그 경험이란, 치료사라는 인간 전체, 치료사의 주체의 기능 전체와 관련되기 때문이다. 여기서 A. 와티용-나뵈의 성찰은 매우 유용해 보인다. 그는 조기 정신외상 모델 혹은 세대를 관통한 기능장애 모델을 따라 결합치료에 대한 이론을 고안해내고 있기 때문이다.

② 이 다양한 실행이 계속되는 동안 당연히, 여러 질문이 제기되었다.

- 아기는 전이를 할 수 있는가? 한다면 그것은 어떤 유형의 전이인가? 게다가 아기에게 '전이'라는 용어를 쓰는 일이 합당한지 의문을 제기하는 저자들도 많다. 아기는 분명 자신을 돌보아주는 성인들을 통하여, 인생 최초의 상호관계 경험과 관련한 상호작용 방식을 유도해 낸다. 그러나 이 '상호작용적 유도'[11]는, 사후의

---

[11] [역주] 유도: 어떤 배역(胚域)의 분화나 발생 운명이 그에 접촉하는 다른 배재료(胚材料), 즉 인접 배조직의 영향으로 결정되는 현상. 우리의 본문에서는

역동성에 의해 전이가 이루어지는 것과 같은 방식으로 이루어지지는 않을 것이다. 어떻게 보았을 때, 안나 프로이트와 멜라니 클라인 사이의 유명한 갈등의 현대판이라 할 수 있는 이 문제는, 주지하다시피 B. 크라메르와 S. 레보비치 사이에 커다란 논쟁을 일으켰다. 그 논쟁 내용은 1994년, 『아동 정신의학』에 실렸다.

- 분석 중 아이에게 얼마의 시간을 직접 할애해야 하는가?
- 부모에게 나르시시즘을 다시 심어주기 시작해야 하는가? 아니면 "유아원의 유령들"[12](S. 프라이베르크)을 직접 분석하면 되는가?
- 아기가 있음으로 해서 부모의 정신현상이 너무 강렬하게 드러나는 것은 아닌가?

③ 아기를 대상으로 한 치료사가 갖추어야 할 자질은 무엇인가? 다음에 열거한 자질은 당연히, 모든 치료사에게 중요한 사항이지

전이라는 정신 현상을 말할 때, 이런 '유도'라는 생물적 개념의 용어를 씀으로써 아기가 주변 성인들의 영향으로 결정된다는 내용을 생물적 현상에 은유적으로 빗대어 표현한 것이다.

[12] [역주] 유아원 안의 유령들이란, 조부모의 유령을 가리킨다. 정확히 말해, 어렸을 적 부모가 조부모(자신들의 부모)와 겪은 갈등을 의미한다. 이 갈등은 부모와 아기의 관계에 영향을 미치게 된다. 부모들을 대상으로 한 종자 소시오그램(génosociogramme) (소시오그램: 한 집단에 소속된 사람들 사이의 관계를 나타내는 도표)을 보면 아기의 기능장애에 대한 흥미로운 설명이 드러난다. 세르주 레보비치는 가족이 유지됨과 관련하여, 이 '세대를 관통한 요소'를 작업에 사용한다고 말한다.

만 특히 아기 정신분석학에 더 필수적이다.

- 치료사는 모든 것을 다 만회해주는 만능부모라는 전형적 환상을 반드시 포기해야 한다. 아기나 청소년을 도맡아 살피면서, 아이들의 어려움이 부모들의 이런저런 잘못에 기인한다고 생각하면, 환자인 아이들의 우울을 가중키는 결과를 낳는다. 그것은 부모님을 좋은 이미지의 존재로 만들지 못했다는 죄책감, 혹은 부끄러움에서 오는 우울이다(H. 설스).
- 치료자의 역전이로 일어나는 외부투사나 공감共感에 특히 주의를 기울여야 한다. 아기는 유추로 의사소통을 하기 때문이다. 치료자는 그런 종류의 의사소통을 잘 해독할 수 있어야 한다.
- '상황 인지행위'enactment 혹은 enaction(S. 레보비치)의 성향도 아기 치료에서는 매우 유용하다. 아기 치료에서 역동성은 매우 빠르고 강렬할 때가 있기 때문이다.
- 실재의 부모가 함께 참석하기에 생기는 "전도된 전이"transfert inversé의 상황에(S. 티스롱) 부닥쳤을 때 치료자는 능력을 발휘할 수 있어야 한다. '전도된 전이'란, 환자를 통하여 치료자가 아이의 입장이 되는 것이다. 그리하여 치료자는 자신의 부모 이마고를 통해 체험한 바를 외부투사로 느끼게 된다. 이 특수한 형태의 전이는 비중이 상당할 때가 많으며 나르시시즘이나 강렬한 애착의 성향이 두드러진다.

　성인주체에게 이 현상이 명백히 일어날 때가 있다. 그런데, 이

전도된 전이가 아기에게도 있지는 않은지 논의할 수 있다. 사실, 아기로 인하여 성인 파트너―특히 성인 치료자―가 처하게 되는 이 특수한 상호작용 유형은 아기 특유의 인성과 성인 나름의 기능방식이 교차하여 생긴다. 교차점에서 이 두 요소는 서로의 방식대로 두 주역이 만나 각각의 인생 초기에 대해 '이야기하'는 것이다(한쪽은 아이 자신의 조기 상호작용 이야기, 다른 한쪽은 옛날, 아기였을 적의 이야기).

이렇게, 유추에 근거한 두 이야기 각각은 현재의 상호작용 안에, 아기와 치료자 각자가 최초로 경험한 '성인에 대한 이마고'의 흔적을 가져온다. 주의 깊은 치료자라면 아기 특유의 '상호작용적 유도'를 통하여 아기가 인생 최초로 겪은 인간관계의 경험이 어떤 것이었는지 알아낼 수 있다. 그런데 이렇게 전도된 전이를 논하면서 우리가 지나치게 비약하고 있는 것은 아닌지 자문해보아야 한다. 바로 위에서, 아기에 관하여 전이를 말할 수 있는지에 대해 약간 유보하는 입장을 비친 바와 관련해서라도 그렇다. 그래도 어쨌든, 우리는 역학을 다루고 있으며 그 유추는 어디까지나 풍요로운 성찰일 가능성이 있다.

- 치료자의 정신적 "유연성"(M. 밀네르)과 말하는 능력은 대단히 중요하다. 그것은 아기의 심리 외적 분화와 주관화 과정에 도움을 주는 특수한 자질이기에 강조할 만하다.

- 이 모든 점에 비추어 보았을 때 아기를 치료하는 자가 갖추어야 할 핵심적 자질은 무엇보다도 아기, 부모와 "올바른 거리"(M. 부

베)를 두는 능력이다. 이것은 물론 말보다는 실행이 훨씬 더 어렵다.

④ 기법에 대한 지적 몇 가지
중요도와는 상관없는 순서로, 다음 사항만 들기로 한다.

- '부모와 아기'라는 최초의 2인 혹은 3인의 관계에서 생기는 상호 작용 스타일의 중요성. 앞으로 모든 치료 과정이나 치료상의 관계가 바로 그 스타일로 대부분 결정된다.
- 고안된 양성兩性적 틀, 즉 유연하면서도 단호한 틀의 중요성. 실제로, 모든 틀은 근본적으로 양성적이기 마련이다(D. 후젤). 왜냐하면 정해놓은 틀이란, 항상 모성적이고 여성적인 포용의 차원과 부성적이고 남성적인 제한의 차원을 동시에 지니고 있기 때문이다. 규정된 틀이 이 두 가지 성격을 얼마나 잘 배합하고 있느냐에 따라 치료의 효과가 부분적으로 결정된다.
- 해석해 주는 고유의 작업 외에도 정동情動과 느낌을 말로 표현해 주는 일의 중요성. 물론, 해석 작업도 경시해서는 안 된다.
- 아기를 둘러싼 그룹의 중요성. 주위 사람들은 아기를 조심스럽게 다루어야 아기의 신체와 정신 사이의 분열을 막을 수 있다. 신체와 정신의 분열은 아기에게 최고의 적이다.

물론 기법의 다른 양상들도 말할 수 있겠다. 단, 치료자의 주의집

중 - 비온이 사용한 용어 - 과 포용 능력, 변화 능력, 임상 소재에
대한 심적 통합 능력[13]은 과연 아기라는 특수한 환자에 대한 치료
효과에 핵심적인 요소이다. 아기의 몸과 행동은 분명 핵심적 임상
소재일 뿐만 아니라, 결정적 임상 소재이기도 하다.

결론

몇 쪽 안 되는 이 글을 끝내면서, 새로운 분야로 개별화한지 얼마
안 되는 아기 정신분석학은 앞으로 임상이나 이론, 기법 면에서 흥
미진진하면서도 동시에 어려운 문제들을 제기하리라 장담할 수 있
다.

정신분석학의 성찰 덕으로 그간 조기 정신발달에 대한 이해에 엄
청난 발전이 있었음에도, 아동정신분석학이 존재하느냐에 대해서는
아직도 만장일치를 보지 못하고 있다. 아기 정신분석학도 같은 처지
에 있다.

내적, 외적 심리가 아직 분화과정 중인 아기에게는 당연히 전형적
치료 방법을 적용할 수 없다.

그렇기에 아기는 2인, 3인 관계와 분리하여 생각할 수 없다. 그러

---

[13] [역주] 어떤 사건에 대한 심적 통합(intégration psychique)은 개인의 체험이나
상황에 따라 다를 수 있다.

므로 결국은 메타심리학의 장소론적 관점을 재고해야 한다.

개인 사이를 연구하는 관점에서 심리 내적인 면을 연구하는 관점으로의 이동이 이제 아기 정신분석학적 성찰의 중심이 되고 있다. 아울러, 상호주관성의 문제도 하나의 지표가 될 수 있겠다.

여기에서, 누가 환자인가? 아기인가, 아니면 부모인가? 아니면 부모와 아기 사이의 관계가 바로 환자인가? 등, 아기 정신분석학 지평에 핵심적인 질문이 생긴다. G. 파바-비치엘로, D. N. 슈테른, A. 비로 등이 이런 질문을 제기했다.

마지막으로 교육의 측면을 보자. 여기저기 다양한 교육과정이 개설되어 있으며, 그중에는 매우 우수한 과정도 있다. 그런데 그중 〈정신분석학적 심리치료 유럽연합〉의 '아동' 분과는 E. 빅의 방법론을 따른 직접 관찰, 이론과 기법에 대한 세미나, 감독과 병행되는 아동치료 실습(그중 몇몇은 부모와 아기가 함께 받는 치료) 등을 한 체제 안에 통합하는 성과를 이루어냈다.

그리고 몇 년 전부터는 〈정신분석학적 심리치료 유럽연합〉에 가입한 다양한 교육그룹이 정립되었다. 그리하여 C. 가이스만을 중심으로 하여 보르도에, D. 후젤을 중심으로 하여 캉에, C. 아타나시우와 F. 자르댕, A. 오베르를 중심으로 하여 파리 등지에 교육그룹이 형성되었다.

5부

내일에 대한 전망

01 아동정신분석의 기본 원리: 분석 치료

아동정신분석학은, 분명히 존재하는 분야이다. 그뿐만 아니라 오늘날에는 매우 역사 깊은 분야가 되었다.

아동정신분석학은 매우 이질적인 요소들로 이루어진 것처럼 보일 수 있다. 사실, 서로 다른 성향의 두 선구자로 인해 아동정신분석의 발달은 어려움을 겪었으며, 그에 따른 이미지 역시 모든 이의 마음속에 새겨져 있다. 멜라니 클라인의 입장은 상당히 분명하고 분석 치료에 중점을 둔다. 반면, 안나 프로이트에 대한 여러 텍스트와 이 책의 글을 읽다 보면 정신분석학적 '관찰'이라든가 정신분석학적 '교육', 정신분석적 '심리학' 등 정신분석학의 여러 이질적 양상에 접하게 된다. 멜라니 클라인과 안나 프로이트는 관심 사항이나 연구 영역이 서로 달랐지만 본질에서는 둘 다 아동분석 치료에 기반을 두어 아동정신분석학을 세웠다. 아동치료야말로 연구의 장이며 탐구를 해나갈 수 있는 실험실이기에 거기에서 정신분석가는 이론을 고안해 낼 수 있다. 색인 작업이건, 메타심리학 진단결과 목록 작성이건 간에 안나 프로이트 센터의 모든 이론적 연구는 아동치료에서 출발한다는 점을 상기하자. 직접 관찰에서 나온 자료들을 서로 대조한 후 연결한 경우도 마찬가지이다. 항간에 떠도는 의견과는 반대로, 안나 프로이트는 치료 영역을 교육이나 관찰의 영역과 혼동하지 않았다. 『아동정신분석학』에서 안나 프로이트도 쓰고 있듯, 그녀는 치료를 통해 얻은 체험과 이론적 지식을 바탕으로 교육문제를 다루거나 정신분석학적 심리학을 정립했기 때문이다.

멜라니 클라인은 알고자 하는 호기심이 강렬했다. 두 선구자 모두 같은 호기심으로 집필했다. 아들 에리히-프리츠에게 알고자 하는 호기심이 부족하고 지식에의 욕망이 억제된 것을 보고 멜라니 클라인은 그 아들을 분석 치료에 데리고 갔다. 멜라니 클라인이 저작 초기에 '인식 애호 욕동'을 말한 것도 바로, 인간이 작동하는 방식에 대한 호기심 - 무의식을 인정하는 일과 연관된 호기심 - 에 이끌렸기 때문이었다. 클라인 파 영국 정신분석가들이 50여 년간, 3세 정도된 자신의 자녀들을 동료 분석가에게 맡겨 예방 정신분석을 받도록 한 것도, 이 앎에 대한 호기심 억제를 최대한으로 없애기 위해서였다. 분석계 일각의 선입견과는 반대로, 이런 조기분석을 받은 아동들은 단 한 명도 피해를 보지 않고 다 잘 자랐다. 1981년 파리에서 열린, '멜라니 클라인을 위한 학문의 날'에 멜라니 클라인의 아들 에리히-프리츠도 이 점을 강조했다. 유명한 오페라 연출가가 된 꼬마 한스와(I장), 런던의 저명한 정신분석가가 된 힐다 아브라함도 기억하자.

인간 존재의 작동 방식에 대한 이 호기심은 안나 프로이트의 저술에서는 별로 분명히 드러나 있지 않다고 여기는 자들이 있다. 하지만 호기심 역시 안나 프로이트에게는 본질적인 부분이었고 그녀도 이 점을 여러 번 강조했다. 인생 말기에 이른 안나 프로이트는 1976년, '정신분석가의 정체성'을 주제로 열린 국제정신분석학회 심포지엄에서 다음과 같이 말했다. "'인간의 작동방식에 대한 호기심'이라는 특수 요인으로 말미암아 우리는 자발적으로 정신분석가가 되기로 했습니다⋯ 절대 빛바래지 않는 이 호기심 덕으로 우리 분석가들의 직업 활동이 유지될 수 있는 것입니다. 그리고 분석가로서 정신분석학에 동일시하는 일, 즉 분석가의 정체성 또한 호기심 덕으로 창조되는 것이라 – 그것을 창조라 부를 수 있다면 – 생각합니다"(271쪽).

02 미래의 전망은 어떤가?

　아동정신분석의 전망에 대한 이 질문은 다음과 같은 이유로, 숙고해 볼 만한 주제가 된다. 첫째, 엄밀한 의미에서 아동분석 치료가 현재로서는 거의 실행되지 않고 있다. 둘째, 아동정신분석학의 정체성 자체도 불안정한데다, 대부분의 나라에서는 아동정신분석에 대한 교육마저 전무한 실정이다. 셋째, 관찰이나 교육 혹은 치료의 분야에서 아동분석의 적용이 급증하고 있다.

아동분석 치료가 거의 실행되지 않고 있다

　M. 클라인과 마찬가지로 안나 프로이트나 D. W. 위니코트 등이 말한 바로는, 진정한 아동분석이라면 한 번에 50분 지속하는 분석을 주당 5회(4회일 때도 있음) 실시하여야 한다. 이런 틀을 그대로 준수하기는 매우 어렵지만 현재 안나 프로이트 센터는 클라인 학파와 마찬가지로 그 필요성을 주장하고 있다. 한나 시걸도 "이 틀이 지켜

지지 않으면 정신분석학적 연구 자체가 성립될 수 없다"고 못 박는다(회견 1). 정신병 아동을 치료할 때 이 틀을 실행해 본 필자도 이 까다로운 규칙이 얼마나 유효한지 실감했다. 그런데 '경제적'인 면에서는, 이런 규칙 때문에 아동정신분석 치료는 거의 환급되지 않는다. 그러나 아동정신분석이 환급의 혜택을 거의 못받는 이유가 하나 더 있다. 1961년 에든버러에서 열린 국제정신분석학회의 에스더 빅의 보고(III장)를 다시 말하지 않더라도, 아동정신분석에 대한 정신분석가들의 저항감 – 이 분야 특유의 어려움과 관련된 저항감 – 이 만만치 않은 것이다. E. 빅은 '감정적 문제를 두 범주로' 나눈다. 하나는 '아동을 치료한다는 사실로 지레 불안해 하는 내적 스트레스'이며 또 하나는 '역전이라는 특수한 문제'이다. 이런 저항감을 초월할 수 있는지가 바로 오늘날의 과제이다. 그런데 훌륭한 교육만 잘 받는다면 그 정도는 넘어설 수 있지 않을까.

대부분의 나라에서는 아동정신분석에 대한 교육이 거의 전무하다

이 문제에 대하여 우리는 이미 길게 논의한 바 있다. 모든 정신분석가에게 아동분석에 대한 의식을 심어주고 아동분석 교육과정을 제도화시킨 유일한 나라는 영국이다(그리고 부분적으로는 아르헨티나도 포함된다). 이들은 아동분석을 희망하는 정신분석가들을 위해 성인분석교육과정 안에 아동분석 교육과정을 보충적으로 넣었다. 지난 40년 동안 정신분석학 일반에 가장 중요한 이론적 성과를 보인 곳도 이 두 나라이다. 그렇게 괄목할 만한 창조성은 두 학파의 긍정적 경쟁 덕분이었다고 말할 수 있다. 이 긍정적 경쟁은 진정한 의미에서 선의의 경쟁을 낳았다. 아동정신분석은 참으로 어려운 기교이다. 아동정신분석가의 정체성은 분명 신경증 치료에만 국한하는 분석가의 정체성보다 유지나 관리가 훨씬 더 어렵다. 1970년 제네바 회의에서 발표한 한나 시걸의 다음 글은 이 점을 잘 표현하고 있다. "일정한 기준을 사용하면서도 원초적 과정에 직면하다 보면 정신분석학적 사고의 영역 밖으로 나갈 위험이 있다."(75쪽) 우리가 볼 때 정신분석가의 정체성이란, 분석 중 일어나는 변화를 자신 안에서 고려하고 인정하는 바탕 위에 세워지는 것이다. 여기서 '분석 중 일어나는 변화'란, 분석가의 무의식이 드러남과 관련된 것이다. 일상의 임상경험에서 출발하되, 그것을 토대로 고안해 낼 수 있는 내용을 이전의 선배들이나 오늘날 동료들의 작업과 반드시 대조해 보면서, 우리는 매일 분석가로서 정체성을 다듬어 가고 있다. 지나간 역사를 보아도, 이 정체성이라는 것이 얼마나 불안정한지 알 수 있다. 그러므로 교육의 필요성 또한 불거진다.

아동정신분석학의 적용이 급증하고 있다

정신분석학적 교육이나 아기 관찰, 혹은 심리치료의 영역을 막론하고 아동정신분석을 적용하는 경우가 상당히 늘고 있다. 이런 현상을 반갑게 생각해야 할 것인가? 불평해야 하는가? 우리는 이것이 기뻐할 일이지만 한편으로는 신중을 기해야 한다고 생각한다. 40년간 **정신분석학적 교육**을 해 본 안나 프로이트가 비관적으로 내린 다음 결론(1968)을 잊어서는 안 된다. "전체적으로 보았을 때, 신경증을 예방할 수 있는 길은 없다. 이드, 자아, 초자아로 정의되는 여러 심급은 서로 상반된 의도를 지니고 있다. 그렇기에 그 대립과 충돌이 의식화되어 심리적 갈등의 형태로 표출된다." 절실해지는 사회적 요구에 대답하기 전에, 이 점을 잘 숙고해야 한다.

우리가 방문한 나라들마다, 일주일에 한두 번 실시되는 아동 심리치료를 환급해 주어야 한다는 사회적 요구가 아직도 대단했다. "아동 심리치료에서는, 훌륭한 개념이 그릇된 습관으로 왜곡된 예가 많다."라고, R. 디아트킨은 논문 「아동 심리치료」에 적고 있다(『아동정신의학』, 1982, 158쪽). 그러니 본격적으로 뛰어들기 전에, 심리치료 과정의 특수성이 무엇인지, 정신분석 과정과 비교했을 때 차이점은 무엇인지 잘 생각해 보아야 한다. 진지한 학회들에서 아동분석교육에 관심을 보이고는 있지만, 국제정신분석학회 내에 공식적인 아동분석가 양성과정이 없는 상황은 걱정스럽다. 1960년대에, 안나 프로이트도 이미 아동분석교육이 비전문 분석가들에게 맡겨지던 사실을 유감스러워했다…

아기를 정신분석학적으로 관찰하는 일도 빈번해지고 있는데, 그 틀도 다양하며 여러 이질적 구성원에 의해 행해지고 있다. 어머니와 아기 사이의 '환상의 상호작용'에 의거하지 않고, 행동관찰을 기준 으로 하는 이행이 급속도로 이루어지니 왜곡 또한 분명히 눈에 띈다. 이때 주어진 아기 관찰에서 분석학의 위치는 무엇이 되는가? 이 질 문에 대해서는 D. W. 위니코트의 발견을 언급하는 A. 그린Green의 말을 들어보자. "아이들을 보고, 아이들의 말을 귀담아들을 때 위니 코트가 그리도 깊은 통찰력을 발휘했던 것은, 단지 그가 소아과 의 사였기 때문만은 아니었다. 그것은 성인으로서 정신분석학에의 경 험이 있었기 때문이었다. 정신분석학에 대한 나름대로의 여정이 있 었기에, 분석을 받아 본 성인의 눈으로 아이들을 대할 수 있었다. 성인으로서 정신분석을 받아보면, 자신 안에 있는 아동이 무엇인지, 아동 고유의 연약함과 창조성이 무엇인지, 깨달을 수 있기 때문이 다"(『위니코트의 모순』, 1984, 190쪽).[14]

어머니와 아기의 상호관계 연구를 정신분석학의 영역에만 국한시 킬 일은 아니다. 정신분석가가 그 상호관계를 탐구할 때 특히 더 풍 요로운 결과를 낳는 것으로 생각되더라도 그렇다. 그런데 이때 어떤 방향으로 논의가 이루어지는지 분명히 인식하는 일이 중요하다. É.

---

[14] [역주] A. Clancier & J. Kalmanovitch(1984), 『위니코트의 모순』.

케스템베르크와 S. 레보비치는 그들의 논문 「정신분석학의 변천에 대한 고찰」(1975)에서 다음과 같이 지적하고 있다. "'어머니/아기'라는 단위의 중요성에 대하여 정신분석학이 발견해 낸 내용의 적용, 그리고 (동물의 행동에 관한) 비교행동학적 내용을 참조하여 이루어진 '집착' 연구 등은 이제 정신분석학과는 전혀 딴판인 분야, 특히 행동의 진보를 위해 '프로그램화'된 조건에 대한 연구와 행동주의 심리학의 입장으로 향하게 되었다. 이것은 목적 자체가 정신분석학과는 완전 다른 방향이되, 정신분석학이 어떻게 사용될 수 있는지 잘 보여주는 예이다."

결론적으로, 아동정신분석학이 정신분석 이론 전반에 엄청난 이바지를 했다는 사실을 강조하고자 한다. 정신분석학 일반의 운명은 실로, 아동분석의 운명과 맞물려 있는 것 같다. 정신분석가들은 더는 아동분석을 교육하는 일을 외면할 수 없을 것이다. 이에 피해야 할 두 가지 장애가 있다. 하나는, 분석가의 역할을 마치 '성직자의 역할'처럼 생각하는 자세이다. 일단 '서품敍品을 받은' 이상, 정신분석가는 무엇이든 다 해낼 줄 안다고 여기는 것이다. 피해야 할 두 번째 장애는, 아동분석에 흥미를 느끼지 않는 분석가의 자세를 외면하는 일이다. 그 외면은 흔히 다음과 같은 문구로 표현되곤 한다. "성인을 치료할 때 성인 안에 발견되는 아동에게 흥미를 느끼기에 나(분석가)는 아동에 관심을 둔다."

성인 치료 시 맞닥뜨리게 되는 아동은, 우리가 직접 치료하는 아동과 혼동될 수 없다. 물론, 아동정신분석가의 정체성은 특히 성인을 치료하는 분석가의 정체성에서 출발하여 형성된다. 그러나 그 두 가지 정체성은 혼동될 수 없다. 그런데도, 환자이건 정신분석가이건, 우리 성인 모두에게는 내적으로 아동이 존재하고 있으므로, 모든 정신분석가는 개인적 분석 후에는 아동분석 치료를 **경험 삼아** 해보아야 한다는 것이다… 이것이 바로 우리가 역사와 지리를 섭렵하면서 만나본 모든 아동정신분석학자의 지론이었다. 개인적 여정이 어떻든 간에, 인간의 작동방식에 대한 이들의 열렬한 호기심과 인간의 정신생활에 대한 관심, 확신은 놀랄만한 것이었다. 이 아동정신분석학자들은 특히 아동에게 자신을 이해하도록 도와주고 생각의 자유를 심어주면 인간의 정신생활이 더 나은 방향으로 바뀔 수 있다는 확신을 지니고 있었다. 그리고 그런 방향의 연구를 자신에게도 엄격히 했다. 그것은 이들이 금세기 초부터 인간에게 제안한 모험이자, 인간주의의 모험이다.

▌참고문헌 ▌

■ 공동 저작

Les premiers psychanalystes, Minutes de la Société psychanalytique de Vienne.

1 - 1906-1908, 1962, International Universities Press. Trad. fr., Paris, Gallimard, 1976.

II - 1908-1910, 1967, International Universities Press. Trad. fr., Paris, Gallimard, 1978.

III - 1910-1911, 1967, International Universities Press. Trad. fr., Paris, Gallimard, 1979.

IV - 1912-1918, 1975, International Universities Press. Trad. fr., Paris, Gallimard, 1983.

La Bible, trad. fr. A. Chouraqui, Paris, Desclée de Brouwer, 1985.

Symposium de Genève sur la psychanalyse de l'enfant, 1970, in *Psychanalyse de l'enfant*, I, 1971, vol. XIV, Paris, PUF.

Colloque des psychanalystes de langue anglaise, Londres, 1970, in *Psychanalyse de l'enfant*, I, 1972, vol. XV, PUF.

Melanie Klein aujourd'hui, ouvrage collectif, Lyon, Cesura, 1985.

Rapport annuel de l'Anna-Freud Centre, 1989.

The Work of the Anna-Freud Centre, 1990, plaquette de présentation du Centre.

■ 개별 저작

Aberastury (Pichon-Rivière), A. (1951 et 1966), *El juego de construir casas*, Buenos Aires, Paidós.

Aberastury, A. (1952), ≪Quelques considérations sur le transfert et le contre-transfert dans la psychanalyse d'enfants≫, *Revue française de psychanalyse*, vol. 16, no. 2, pp. 230-253 ; Repris in *Journal de la psychanalyse de l'enfant*, 1986, no. 6, pp. 228-255.

Aberastury, A. (1962), *Theoría y técnica del psicoanálisis de niños*. Buenos Aires, Paidós.

Aberastury, A. (1967), *Historia, enseñanda y ejercicio legal del psicoanálisis*, Buenos Aires, Bibl. Omeba.

Aberastury, A. (1968), *El niño y sus juegos*, Buenos Aires, Paidós.

Aberastury, A. (1971), *Aportaciones al psicoanálisis de niños*, Buenos Aires, Paidós.

Aberastury, A. (1972), *Compiladora. Et psicoanálisis de niños y sus aplicaciones*, Paidós, SAICF, Buenos Aires.

Aberastury, A. (1973a), ≪Psicoanálisis de niños≫, *Rev. de psicoanálisis*, XXX, no. 3-4, pp. 631-687.

Aberastury, A. (1973b), ≪La percepción de la muerte en los niños≫, *Rev. de psicoanálisis*, XXX, no. 3-4, pp. 689-702.

Abraham, H. C. (1974), ≪Karl Abraham: An unfinished biography with a comment by Anna Freud and introductory note by Dinora Pines≫, *International Review of Psycho-Analysis*, no. 1, pp. 15-72.

Abraham, H. C. (1974), *Karl Abraham. La petite Hilda*, trad. fr. Paris, PUF, 1976.

Abraham, K. (1913), ≪Effets psychiques chez une enfant de 9 ans de l'observation des relations sexuelles des parents≫, trad. fr. in OC, Paris, Payot, 1966, t. I, pp. 139-142.

Abraham, K. (1916), ≪Aspects de la position affective des fillettes à l'égard de leurs parents≫, trad. fr. in O. C., Paris, Payot, 1966, t. II, pp. 77-79.

Aichhorn, A. (1925), *Jeunesse à l'abandon*, trad. fr. Toulouse, Privat, 1973.

Anderson, R. (éd.) (1992), *Clinical Lectures on Klein and Bion*, Londres, Routledge.

Anthony, J. (1986), ≪Les contributions de la psychanalyse de l'enfant à la psychanalyse≫. *Psychoanalytic Study of the Child*, no. 41, pp. 61-89. Trad. fr. in *Journal de la psychanalyse de l'enfant*, 1991, no. 11, pp. 251-281.

Anzieu, D. (1959), ≪L'auto-analyse de Freud≫, 2 vol., Paris, PUF, 3e éd. refondue en un seul volume, 1989.

Anzieu, D. (1980), ≪W. R. Bion 1897-1979≫, *Documents et débats*, no. 17.

Anzieu, D. (1982), ≪Comment devient-on Melanie Klein?≫, in *Nouvelle revue de psychanalyse*, no. 26, pp. 235-251.

Anzieu, D. (1985), ≪Jeunesse de Melanie Klein≫, in Melanie Klein aujourd'hui, Lyon, Cesura, pp. 11-35.

Arfouilloux, J.-C. (1989), ≪La formation dans la Société française de psychanalyse et dans l'Association psychanalytique de France: histoire d'un malaise dans la culture analytique≫, in *Revue internationale d'histoire de la psychanalyse*, no. 2, pp. 343-368.

Assoun, P.-L. (1976), *Freud, la philosophie et les phihsophes*, Paris, PUF.

Athanassiou, C. (1992a), ≪L'observation psychanalytique des bébés en famille≫, *Devenir*, vol. 4, no. 1, pp. 9-31.

Athanassiou, C. (1992b), ≪Contribution de W. R. Bion à l'observation des bébés en famille≫, *Devenir*, vol. 4, no. 2, pp. 63-74.

Aulagnier, P. (1975), *La violence de l'interprétation −Du pictogramme à l'énoncé*, Paris, PUF, coll. ≪Le fil rouge≫ (1re éd.).

Barande, R. (1975), *L'histoire de la psychanalyse en France*, Toulouse, Privat.

Barbey-Thurnauer, L. (1989), ≪Propos sur le destin dramatique de Hermine Hug-Hellmuth, première psychanalyste d'enfants≫, in *Journal de la psychanalyse de l'enfant*, no. 7, pp. 286-306.

Berge, A. (1936), *L'éducation familiale*, Paris, Montaigne.

Berge, A. (1968), *Les psychothérapies*, Paris, PUF.

Berge, A. (1988), *De l'écriture à la psychanalyse. Entretiens avec Michel Mathieu*, Paris, Clancier-Guénaud.

Bergeret, J. (1984), *La violence fondamentale*, Paris, Dunod.

Bergeret, J. (1987), *Le petit Hans et la réalité*, Paris, Payot.

Bettelheim, B. (1943), ≪Comportement individuel et comportement de masse dans les situations extrêmes≫, in *Survivre*, Paris, Payot, 1979, pp. 66-105.

Bettelheim, B. (1955), *Évadés de la vie*, Free Press Corp., trad. fr. Paris, Fleurus, 1973.

Bettelheim, B. (1967), *La forteresse vide*, trad. fr. Paris, Gallimard, 1969.

Bettelheim, B. (1969), *Les enfants du rêve*, MacMillan Co. trad. fr. Paris, R. Laffont, 1971.

Bettelheim, B. (1974), *Un lieu où renaître*, trad. fr. Paris, R. Laffont, 1975.

Bettelheim, B. (1976a), *Psychanalyse des contes de fées*, trad. fr. Paris,

R. Laffont, 1976.

Bettelheim, B. (1976b), *Survivre*, Alfred Knopf, New York, trad. fr. Paris, Payot, 1979.

Bettelheim, B. (1990), *Recollections and Reflections*, Londres, Thames and Hudson. Trad. fr. *Le poids d'une vie*, Paris, R. Laffont, 1991.

Bick, E. (1961), ≪La psychanalyse infantile aujourd'hui≫, XXIIe congrès API, *Revue française de psychanalyse*, no. 1, 1964, pp. 139-148.

Bick, E. (1964), ≪Notes on infant observation in psychoanalytic training≫, *International Journal of Psycho-Analysis*, no. 45, pp. 558-566.

Bick, E. (1967), ≪L'expérience de la peau dans les relations d'objet précoces≫, trad. fr. J. et J. Pourrinet in *Les écrits de Martha Harris et d'Esther Bick*, Larmor Plage, Les éditions du Hublot, 1998, p. 135.

Bick, E. (1968), ≪The experience of the skin in early object relations≫, *International Journal of Psycho-Analysis*, no. 49, pp. 484-486. Trad. fr. *in* D. Meltzer, *Explorations dans le monde de l'autisme*, Paris, Payot, 1980, pp. 240-244.

Bick, E. (1987), *Collected papers of Martha Harris and Esther Bick*, M. G. Williams (éd.), Perthshire, The Clunie Press.

Bion, W. R. (1943 à 1952), *Experiences in groups*, Londres, Tavistock, 1961. Trad. fr. *Recherches dans les petits groupes*, Paris, PUF, 1965.

Bion, W. R. (1962), *Aux sources de l'expérience*, trad. fr. F. Robert, Paris, PUF, 1979 (1re éd.).

Bion, W. R. (1963), *Éléments de psychanalyse*, Paris, PUF, coll. ≪Bibliothèque de psychanalyse≫, 1979 (1re éd.).

Bion, W. R. (1965), *Transformations −Passage de l'apprentissage à la croissance*, Paris, PUF, coll. ≪Bibliothèque de psychanalyse≫ 1982 (Ire éd.).

Bion, W. R. (1970), *L'attention et l'interprétation − Une approche scientifique de la compréhension intuitive en psychanalyse et dans les groupes*, Paris, Payot, coll. ≪Science de l'homme≫, 1974.

Bléandonu, G. (1985), *L'école de Melanie Klein*, Paris, Centurion.

Blos, P. (1986), ≪Freud and the father complex≫, *Psychoanalytic Study of the Child*, no. 42, 1987, Yale, pp. 425-441.

Boix, M. (1990), *La vie et L'œuvre de Hermine Hug-Hellmuth*, t. 1, mémoire CES de psychiatrie, université de Bordeaux-II.

Bolland, J., et Sandler, J. (1965), *Psychanalyse d'un enfant de 2 ans*, trad. fr. Paris, PUF, 1973.

Bonaparte, M. (1930), ≪De la prophylaxie infantile des névroses≫, *Revue française de psychanalyse*, vol. 4, no. 1, pp. 85-135.

Bornstein, B. (1949), ≪L'analyse d'un enfant phobique≫, *Psychoanalytic Study of the Child*, no. 3-4, pp. 181-226.

Bouvet, M. (1985), *La relation d'objet (névrose obsessionnelle, dépersonnalisation)*, Paris, Payot, Bibliothèque scientifique, coll. ≪Science de l'homme≫.

Bowlby, J. (1978 et 1984), *Attachement et perte* (3 vol.), Paris, PUF, coll. ≪Le fil rouge≫ (Ire éd.).

Brazelton, T. B. (1979), ≪Comportement et compétence du nouveau-né≫, in *Psychiatrie de l'enfant*, 1981, XXIV, no. 2, pp. 275-296.

Brazelton, T. B. (1983), ≪Échelle d'évaluation du comportement néonatal≫, *Neuropsychiatrie de l'enfance et de l'adolescence*, vol. 31, no. 2-3, pp. 61-96.

Bretherton, I. (1990), ≪Communication patterns − internal working models and the intergenerational transmission of attachment relationships≫, *Infant Mental Health Journal*, vol. 11, no. 3, pp. 237-252.

Britton, R., Feldman, M., et O'Shaughnessy, E. (1989), *The Œdipus Complex Today*, J. Steiner (éd.), Londres, Karnac Books.

Buckle, D., et Lebovici, S. (1958), *Les Centres de guidance infantile*, Genève, OMS.

Bühler, C. (1922), *Das Seelenleben des Jugendlichen, Versuch einer Analyse und Theorie der pyschischen Pubertät*, Jena, Fischer.

Burlingham, M. J. (1989), *The last Tiffany, a biography of D. Tiffany-Burtingham*, New York, Atheneum.

Cahn, R. (1962), ≪Les structures psychopathologiques des enfants inadaptés≫, *Psychiatrie de l'enfant*, V, no. 1, pp. 255-316.

Cahn, R. (1991), *Adolescence et folie*, Paris, PUF.

Caille, F. (1989), ≪Éditorial≫, *Journal de la psychanalyse de l'enfant*, no. 6, pp. 7-18.

Chiland, C. (1971), *L'enfant de 6 ans et son avenir*, Paris, PUF.

Chiland, C. (1975), ≪La psychanalyse des enfants en 1920 et en 1974≫, *Psychiatrie de l'enfant*, XVIII, no. 1, pp. 211-218.

Chiland, C. (1980), *Homo psychanalyticus*, Paris, PUF.

Chiland, C., et Young J. C. (1990), *L'enfant dans sa famille. Nouvelles approches de la santé mentale*, Paris, PUF.

Clancier, A., et Kalmanovitch, J. (1984), *Le paradoxe de Winnicott*, Paris, Payot.

Codet, O. (1935), ≪À propos de 3 cas d'anorexie mentale≫, in *Revue française de psychanalyse*, 1939, vol. 11, no. 2, pp. 253-272.

Cramer, B. (1993), ≪Are post-partum depressions a mother-infant relationship disorder?≫, *Infant Mental Health Journal*, vol. 14, no. 4, pp. 283-297.

Cramer, B., et Palacio-Espasa, F. (1993), *La pratique des psychothérapies mères-bébés —Études cliniques et techniques*, Paris, PUF, coll. ≪Le fil rouge≫ (1ʳᵉ éd.).

Cramer, B., et Palacio-Espasa, F. (1994), ≪Les bébés font-ils un transfert? Réponse à Serge Lebovici≫, *La psychiatrie de l'enfant*, XXXVII, no. 2, pp. 429-441.

Cucurullo, A., Fainberg, H., et Werder, L. (1982), ≪La psychanalyse en Argentine≫, *in* R. Jaccard, *Histoire de la psychanalyse*, Paris, Hachette, t. 2, pp. 453-511.

Damourette, J., et Pichon, E. (1911-1940), *Des mots à la pensée. Essai de grammaire de la langue française*, Paris, D'Artrey, 7 vol.

David, M. (1960), *L'enfant de 2 à 6 ans*, Toulouse, Privat.

David, M. (1962), *L'aide psycho-sociale*, Paris, PUF.

Daws, D. (1999), *Les enfants qui ne dorment pas la nuit*, Paris, Payot, coll. ≪Desir≫.

Debray, R. (1987), *Bébés/mères en révolte. Traitements psychanalytiques conjoints des déséquilibres psychosomatiques précoces*, Paris, Bayard, coll. ≪Païdos≫.

Decobert, S. (1989a), ≪Historique de l'institut Édouard-Claparède≫, *Sauv. Enf.*, no. 3, 1989, pp. 161-165.

Decobert, S. (1989b), ≪Introduction≫, in *Avancées métapsychologiques. L'enfant et la famille*, Paris, Apsygée, 1991, pp. 7-10.

Decobert, S. (1989c), ≪Métapsychologie et thérapie familiale psychanaly-tique≫, in *Avancées métapsychologiques. L'enfant et la famille*, Paris, Apsygée, 1991, pp. 135-146.

Delay, J. (1956), *La jeunesse d'André Gide*, 2 vol., Paris, Gallimard.

Destombes, C. (1989), ≪Françoise Dolto≫, *Journal de la psychanalyse de l'enfant*, no. 6, pp. 291-296.

Deutsch, H. (1945), *La psychologie des femmes*, t. 1 et 2, 7ᵉ éd., New York, 1945, trad. fr. PUF, 1949.

Deutsch, H. (1973), *Autobiographie*, New York, Norton, trad. fr. Paris, Mercure de France, 1986.

Diatkine, G. (1997), *Jacques Lacan*, Paris, PUF.

Diatkine, R. (1971), ≪Remarques préliminaires sur l'état actuel de la psychanalyse de l'enfant≫, Symposium de Genève sur la psychanalyse de l'enfant, *Psychiatrie de l'enfant*, vol. 14, no. 1 (1971), Paris, PUF.

Diatkine, R. (1979), ≪Le psychanalyste et l'enfant avant l'après-coup, ou le vertige des origines≫, *Nouvelle revue de psychanalyse*, 19 (≪L'enfant≫), pp. 49-63 ; article republié in Diatkine, R., *L'enfant dans l'adulte ou l'éternelle capacité de rêverie*, Paris, Delachaux & Niestlé, Neuchâtel, 1994, pp. 127-143.

Diatkine, R. (1982), ≪Les références au passé au cours des traitements psychanalytiques d'enfants≫, in *Les textes au centre Alfred-Binet*, Éd. ASM XIIIᵉ, no. 1, pp. 1-8.

Diatkine, R. (1982), ≪Propos d'un psychanalyste sur les psychothérapies d'enfants≫, in *La psychiatrie de l'enfant*, XXV, no. 1, 1982.

Dolto, F. (1939), *Psychanalyse et pédiatrie*, thèse de médecine, Paris, Amédée Legrand.

Dolto, F. (1961), ≪Personnologie et image du corps≫, in *La psychanalyse*, no. 6, Paris, PUF, pp. 59-92.

Dolto, F. (1977), *L'Évangile au risque de la psychanalyse*, Paris, J.-P.

Delarge.

Dolto, F. (1984), *L'image inconsciente du corps*, Paris, Le Seuil.

Dolto, F. (1987), *Tout est langage*, Paris, Vertiges du Nord/Carrere.

Duché, D.-J. (1990), *Histoire de la psychiatrie de l'enfant*, Paris, PUF.

Duhamel, P. (1988), *Eugénie Sokolnicka, 1884-1934. Entre l'oubli et le tragique*, mémoire CES de psychiatrie, université de Bordeaux-II.

Dujols, D. (1990), *La vie et l'œuvre de Hermine Hug-Hellmuth*, t. 2, mémoire CES de psychiatrie, université de Bordeaux-II.

Eliacheff, C. (1993), *À corps et à cris —La psychanalyste avec les tout-petits*, Paris, Odile Jacob.

Erikson, E. (1966), *Enfance et société*, trad. fr. Delachaux et Niestlé, Neuchâtel, 1966.

Fages, J.-B. (1911), *Histoire de la psychanalyse après Freud*, Toulouse, Privat.

Fava-Vizziello, G., Stern, D. N., et Birraux, A. (sous la direction de) (1995), *Modèles psychothérapiques au premier âge —De la théorie à l'intervention*, Paris, Masson.

Federn, E. (1988), ≪La psychanalyse à Buchenwald. Conversations entre Bruno Bettelheim, le Dr Brief et Ernst Federn≫, *Revue internationale d'histoire de la psychanalyse*, no. 1, pp. 109-115.

Fendrick, S. I. (1989), *Fiction des origines*, Paris, Denoël.

Ferenczi, S. (1908), ≪Psychanalyse et Pédagogie≫, in *Œuvres complètes*, Paris, Payot, 1968, pp. 51-56.

Ferenczi, S. (1913), ≪Un petit homme-coq≫, in *Œuvres complètes*, t. II, Paris, Payot, 1970, pp. 72-78.

Ferenczi, S. (1915), ≪La psychanalyse vue par l'école psychiatrique de Bordeaux≫, in *Œuvres complètes*, t. II, Paris, Payot, 1970, pp.

209-231.

Ferenczi, S. (1920), ≪Prolongements de la "technique active" en psychanalyse≫, in *Œuvres complètes*, t. III, Paris, Payot, 1974, pp. 117-133.

Ferenczi, S., et Rank, O. (1924), ≪Perspectives de la psychanalyse≫, in *Œuvres complètes* de Ferenczi, t. III, Paris, Payot, 1974, pp. 220-236.

Ferenczi, S. (1933), ≪Thalassa: A Theory of genitality≫, *Psychoanalytic Quarterly*, no. 2, pp. 361-403. Trad. fr. Paris, Payot, 1969.

Ferrer, S. (Lustig De), et Garma, A. (1973), ≪Arminda Aberastury, aproximación a su vida e obra≫, *Rev. de Psicoanálisis* XXX, n°s 3-4, pp. 619-625.

Fleury, M. (1988), *Sophie Morgenstern. Éléments de sa vie et de son œuvre*, mémoire CES de psychiatrie, université de Bordeaux-II.

Fonagy, P., Moran, G. S. (1991), ≪Comprendre le changement psychique dans l'analyse d'enfants≫, in *Revue française de psychanalyse*, vol. LIV, pp. 13-43.

Fraiberg, S. (1983), ≪Fantômes dans la chambre d'enfants≫, *La psychiatrie de l'enfant*, XXVI, no. 1, pp. 57-98.

Fraiberg, S. (1999), *Fantômes dans la chambre d'enfants*, Paris, PUF, coll. ≪Le fil rouge≫ (1re éd.).

François, Y. (1990), *Françoise Dolto*, Paris, Centurion.

Freeman, T., Cameron, J. L., et Mc Ghie, A. (1965), *Studies on psychosis*, Londres, Tavistock.

Freeman, T. (1976), *Childhood Psychopathology and Adult Psychoses*, New York, International Universities Press.

Freud, A. (1927), ≪Einführung in die Technik der Kinder analyse≫,

Wien, Intern. Verlag. Trad. fr. in *Le traitement psychanalytique des enfants*, 1981, Paris, PUF.

Freud, A. (1936), *Le moi et les mécanismes de défense*, Wien, Internationaler psychoanalytischer Verlag. trad. fr. Paris, PUF, 1949.

Freud, A., et Burlingham, D. (1942a), *Young Children in Wartime*, Londres, George Allen and Unwin.

Freud, A., et Burlingham, D. (1942b), *War and Children*, New York, International Universities Press, 1943.

Freud, A., et Burlingham, D. (1944), *Infants Without Families*, New York, International Universities Press.

Freud, A., et Klein, M., ≪Les controverses Anna Freud/Melanie Klein (1941-1945)≫, rassemblées et annotées par P. King et R. Steiner, préface de A. Green, Paris, PUF, coll. ≪Histoire de la psychanalyse≫, 1996.

Freud, A. (1945), Le traitement psychanalytique des enfants, trad. fr. Paris, PUF, 1981.

Freud, A. (1956), *Initiation à la psychanalyse pour éducateurs*, trad. fr. Toulouse, Privat, 1968.

Freud, A. (1965), *Le normal et le pathologique chez l'enfant,* trad. fr. Paris, Gallimard, 1968.

Freud, A., et Bergmann, T. (1965), *Les enfants malades*, trad. fr. Toulouse, Privat, 1976.

Freud, A. (1968), *L'enfant dans la psychanalyse*, trad. fr. Paris, Gallimard, 1976.

Freud, A. (1970), ≪Colloque des psychanalystes de langue anglaise≫, Londres, in *Psychiatrie de l'enfant*, 1, 1972, vol. XV, Paris, PUF.

Freud, A. (1970), ≪Symposium de Genève sur la psychanalyse de l'enfant≫, in *Psychiatrie de l'enfant*, 1, 1971, vol. XIV, Paris, PUF.

Freud, A. (1976), ≪L'identité du psychanalyste≫, *Monographie de l'API*, Paris, PUF, 1979, pp. 267-272.

Freud, A., les principaux écrits peuvent être trouvés in *The Writings of Anna Freud*, 8 vol., New York, International Universities Press, 1966-1980.

Freud, S., et Andreas-salomé, L. (1972), *Letters, Ernst Pfeiffer* (éd.), New York, Harcourt Brace Jovanovich.

Freud, S. (1873-1939), *Correspondance*, Londres, 1960, trad. fr. Paris, Gallimard, 1966 et 1979.

Freud, S., et Breuer, J. (1895), Études sur l'hystérie, Paris, PUF, coll. ≪Bibliothèque de psychanalyse≫, Paris, 1973 (4e éd.).

Freud, S. (1893), ≪Zur Kenntnis der cerebralen Diplegien des Kinderalters≫, *Beiträge zur Kinderheilkunde*, 3.

Freud, S., et Rie, O. (1891), ≪Klinische Studie über die halbseitige Cerebrallähmung der Kinder≫, *Beiträge zur Kinder-heilkunde*, no. 3.

Freud, S. (1900), *L'interprétation des rêves*, trad. fr. I. Meyerson revue par D. Berger, Paris, PUF, 1967.

Freud, S. (1904-1919), *La technique psychanalytique*, trad. fr. Paris, PUF, 1953.

Freud, S. (1905), *Trois essais sur la théorie de la sexualité*, trad. fr. B. Reverchon-Jouve, Paris, Gallimard, 1962.

Freud, S. (1907), ≪Les explications sexuelles données aux enfants≫, trad. fr. in *La vie sexuelle*, Paris, PUF, 1969.

Freud, S. (1909), ≪Analyse d'une phobie chez un petit garçon de 5 ans (le petit Hans)≫, trad. fr. in *Cinq psychanalyses*, Paris, PUF, 1954.

Freud, S. (1912), *Totem et tabou*, trad. fr. Paris, Payot, 1973.

Freud, S. (1913), *Le motif du choix des trois coffrets*, trad. fr. Paris, Gallimard, 1985.

Freud, S. (1914), ≪Pour introduire le narcissisme≫, in *La vie sexuelle*, Paris, PUF, coll. ≪Bibliothèque de psychanalyse≫, 1982 (6ᵉ éd.), pp. 81-105.

Freud, S. (1914), *Cinq leçons sur la psychanalyse. Contribution à l'histoire du mouvement psychanalytique*.

Freud, S. (1918), ≪Extrait de l'histoire d'une névrose infantile (L'homme aux loups)≫, trad. fr. in *Cinq psychanalyses*, Paris, PUF, 1959, et *OCP*, XIII, Paris, PUF, 1988.

Freud, S. (1919), ≪On bat un enfant≫, trad. fr. *Revue française de psychanalyse*, 1933, vol. 6, nos. 3-4.

Freud, S. (1920), *Au-delà du principe de plaisir*, trad. fr. Paris, Payot, 1963.

Freud, S. (1921), ≪Psychologie des masses et analyse du moi≫, (*OCP*, XVI, pp. 1-83, Paris, PUF, 1991.

Freud, S. (1925a), *Ma vie et la psychanalyse*, Paris, Gallimard, trad. fr. M. Bonaparte revue par S. Freud, 1950. *Sigmund Freud présenté par lui-même* (même texte), Paris, Gallimard, trad. fr. Cambon, 1984, et *OCP*, XVII, Paris, PUF, 1992.

Freud, S. (1925b), ≪Les résistances contre la psychanalyse≫, *OCP*, XVII, pp. 123-135.

Freud, S. (1926a), *La question de l'analyse profane*, trad. fr. Paris, Gallimard, 1985.

Freud, S. (1926b), Inhibition, symptome et angoisse, *OCP*, XVII, Paris, PUF, 1992.

Freud, S. (1933), *Nouvelles conférences d'introduction à la psychanalyse*, trad. fr. Berman, 1933 ; Zeitlin, 1984, Paris, Gallimard.

Freud, S., et Ferenczl, S. (1933), *The Correspondance of Sigmund Freud and Sandor Ferenczi*, E. Brabant *et al* (éd.), trad. angl. P. T. Haffer, Cambridge, MA: Harvard University Press. Trad. fr. 1992, Paris, Calmann-Lévy.

Freud, S. (1937), ≪L'analyse avec fin et l'analyse sans fin≫, trad. fr. in *Résultats, idées, problèmes*, Paris, PUF, 1985, pp. 231-268.

Freud, S., et Abraham, K. *Correspondance*, Francfort-sur-le-Main, Fischer, 1965. Trad. fr. Paris, Gallimard, 1969.

Freud, S., et Jung, C. G., *Correspondance*, t. I et II, 1975, trad. fr. Paris, Gallimard, 1975.

Furman, R. E. (1986), ≪Pratique de la psychanalyse des enfants aux États-Unis≫, *Journal de la psychanalyse* de l'enfant, 1987, no. 3, pp. 66-85.

Furman, R. E. (1988), ≪L'expérience du travail avec les enfants atypiques≫, *Journal de la psychanalyse de l'enfant*, 1988, no. 5, pp. 14-32.

Furman, R. E. (1993), ≪Obituary: Anny Katan≫, *International Journal of Psycho-Analysis*, no. 74, p. 834.

Gammill, J. (1985), ≪Quelques souvenirs personnels sur Melanie Klein, in *Melanie Klein aujourd'hui*, Lyon, Cesura, pp. 37-54.

Gateaux-Mennecier, J. (1989), *Bourneville et l'enfance aliénée*, Paris, Centurion.

Geissmann, C., et Geissmann, P. (1984), *L'enfant et sa psychose*, Paris,

Dunod.

Geissmann, C. (1987), ≪Transfert ou névrose de transfert. La controverse Anna Freud/Melanie Klein≫, in *Journal de la psychanalyse de l'enfant*, no. 4, Paris, Centurion.

Geissmann, C. *et at.* (1993), ≪À propos d'une forme de traitement précoce de l'autisme et des psychoses infantiles: l'hospitalisation à domicile≫, in Hommage à Frances Tustin, St-André-de-Cruzières, Audit Éditions.

Geissmann, C. (1996), ≪Les fondements de la psychanalyse de l'enfant≫, *Journal de la psychanalyse de l'enfant*, no. 19, ≪Formations≫, pp. 25-47.

Geissmann, C. (1998), ≪L'inquiétante étrangeté et la construction dans l'analyse d'enfants psychotiques≫, *Journal de la psychanalyse de l'enfant*, no. 22, ≪Les psychothérapies psychanalytiques≫, pp. 205-219.

Geissmann, C. (1999), ≪Séduction narcissique mutuelle et psychose de l'enfant≫, *Journal de la psychanalyse de l'enfant*, no. 25, ≪La séduction≫, pp. 51-60.

Geissmann, C. (2000), ≪Éditorial≫, *Journal de la psychanalyse de l'enfant*, no. 26, ≪La croissance psychique≫, pp. 11-22.

Geissmann, C. (2001), ≪Rêves, rêveries agies et jeux≫, *Journal de la psychanalyse de l'enfant*, no. 28, ≪Le rêve≫, pp. 199-211.

Geissmann, C., et Houzel, D. (sous la direction de) (2001). *L'enfant, ses parents et le psychanalyste*, Paris Bayard, Compact.

Geissmann, C. (2002), ≪Éditorial≫, *Journal de la psychanalyse de l'enfant*, no. 31, ≪L'archaïque, aspects théoriques≫, pp. 9-22.

Geissmann, C. (2002), ≪Le travail du psychanalyste sur le lien mère-père-enfant psychotique≫, *Journal de la psychanalyse de l'enfant*, no 30, ≪L'enfant et l'adolescent psychotiques≫, pp. 245-260.

Geissmann, C., et Houzel, D. (sous la direction de) (2003), *Psychothérapies de l'enfant et de l'adolescent*, Paris, Bayard, Compact.

Geissmann, C. (2004), ≪L'accès à la réalité psychique dans la cure d'un enfant psychotique≫, *Journal de la psychanalyse de l'enfant*, no. 34, ≪La réalité psychique et ses transformations≫, pp. 167-177.

Geissmann, P., Geissmann, C., et Stourm, C. (1991), ≪Situation des parents dans l'hospitalisation à domicile des enfants≫, *Neuropsychiatrie de l'enfance*, 39 (11-12), pp. 563-566.

Geissmann, P. (1996), ≪Particularités du travail psychothérapique avec les enfants≫, *Journal de la psychanalyse de l'enfant*, no. 19, ≪Formations≫, pp. 92-104.

Gero-Brabant, E. (1986), ≪Introduction à l'ouvrage du Dr Istvan Hollós: *Mes adieux à la maison jaune*≫ in Cog-Héron no. 100.

Gide, A. (1925), Les *faux-monnayeurs*, Paris, Gallimard.

Glenn, J. (1987), ≪Supervision of Child Psychoanalyses≫, in *Psychoanalytic Study of the Child*, 1987, no. 42, pp. 575-596.

Goldstein, J., Freud, A., et Solnit, T. (1973), *Dans l'intérêt de l'enfant?* New York, Free Press, trad. fr. Paris, ESF, 1978.

Goldstein, J., Freud, A., et Solnit, T. (1979), *Avant d'invoquer l'intérêt de l'enfant...*, New York, Free Press, trad. fr. Paris, ESF, 1983.

Golse, B. (1995), ≪Le concept de transgénérationnel≫, *Le Carnet-Psy*, no. 1, pp. 18-23. Article republié sous le titre: ≪De quoi avons-nous hérité avec le concept de transgénérationnel?≫, pp. 55-81, *in* B. Golse, *Du corps à la pensée*, Paris. PUF, coll. ≪Le fil rouge≫,

1999 (1re éd.).

Golse, B. (1998), ≪Attachement, modèles internes opérants ou comment ne pas jeter l'eau du bain avec le bébé?≫, in *Le bébé et les interactions précoces* (sous la direction de A. Braconnier et J. Sipos), Paris, PUF, coll. ≪Monographies de psychopathologie≫, pp. 149-165.

Golse, B. (1998), ≪Du corporel au psychique≫, *Journal de la psychanalyse de l'enfant*, no. 23, pp. 113-119.

Golse, B. (1999), ≪L'attachement entre théorie des pulsions et théorie de la relation d'objet≫, *Le Carnet-Psy*, no. 48, pp. 16-18.

Golse, B. (2000), ≪La naissance et l'organisation de la pensée≫, *Journal de la psychanalyse de l'enfant*, no. 26, pp. 23-28.

Graf, H. (1972), *Memoirs of an invisible man*, New York, Opera News.

Graf-Nold, A. (1988), ≪Der Fall Hermine Hug-Hellmuth≫, München-Wien, *Verlag International Psychoanalyse*.

Green, A. (1977), ≪La royauté appartient à l'enfant≫, in *L'arc*, no. 69, ≪Winnicott≫, Aix-en-Provence.

Green, A. (1983), ≪Le langage dans la psychanalyse≫, in *Langages* (IIes Rencontres psychanalytiques d'Aix-en-Provence), Paris, Les Belles Lettres, coll. ≪Confluents psychanalytiques≫, 1984, pp. 19-250.

Green, A. (1984), ≪Winnicott et le modèle du cadre≫, in *Le paradoxe de Wmmcott*, Paris, Payot.

Green, A. (1987), ≪La représentation de chose entre pulsion et langage≫, *Psychanalyse à l'Université*, vol. 12, no. 47, pp. 357-372.

Green, A. (1991), ≪Lettre ouverte à W. R. Bion≫, in *W. R. Bion, une théorie pour l'avenir,* Paris, Metailié, pp. 15-21.

Greenacre, P. (1953), *Traumatisme, croissance et personnalité*, trad. fr.

Paris, PUF, 1971.

Greenacre, P. (1961), ≪Quelques considérations sur la relation parent-nourrisson≫, trad. fr. in *Revue française de psychanalyse*, 1961, XXV, no. 1, pp. 27-53 ; et *Revue française de psychanalyse*, 1963, XXVII, nos. 4-5, pp. 483-527.

Gremer, A. (1981), ≪La "motricité libérée" par fixation manuelle de la nuque au cours des premières années de la vie≫, *Archives Françaises Pédiatrie*, no 38, pp. 557-561.

Gribinski, M. (1971), ≪La médecine et la psychiatrie≫, *La Nef*, no. 42, pp. 117-132.

Grosskurth, P. (1986), *Melanie Klein. Son monde et son œuvre*, trad. fr. Paris, PUF, 1990.

Guignard, F. (1985), ≪L'évolution de la technique en analyse d'enfants≫, *Melanie Klein aujourd'hui* (sous la direction de J. Gammill), Lyon, CLE, pp. 55-56.

Guillaume, P. (1925), *L'imitation chez l'enfant*, Paris, PUF, 1968.

Haag, G. (1985), ≪La mère et le bébé dans les deux moitiés du corps≫, *Neuropsychiatrie de l'enfance et de l'adolescence*, XXXIII, nos 2-3, pp. 107-114.

Haag, G. (1991), ≪Nature de quelques identifications dans l'image du corps − Hypothèses≫, *Journal de la psychanalyse de l'enfant*, X, pp. 73-92.

Haag, M. et al. (2002), *À propos et à partir de l'œuvre et de la personne d'Esther Bick*, vol. 1, Paris, auto-édition.

Harris, M., et Bick, E. (1987), *Collected papers of Martha Harris and Esther Bick*, Meg Harris-Williams (éd.), Perthshire, Clunie Press.

Heimann, P. (1942), ≪A contribution to the problem of sublimation and its relation to protestes of internalization≫, *International Journal of Psycho-Analysis*, no 23, pp. 8-17.

Heimann, P. (1950), ≪On countertransference≫, *International Journal of Psycho-Analysis*, no. 31, pp. 81-94.

Heller, P. (1990), *A Child Analysis with Anna Freud*, Madison, WI, International Universities Press. Trad. fr. Paris, PUF, 1993.

Hellman, I. (1990), *From War Babies to Grand-Mothers*, Londres, Karnac book.

Heuyer, G. (1952), *Introduction à la psychiatrie infantile,* Paris, PUF.

Houzel, D. (1980), ≪Penser les bébés − Réflexions sur l'observation des nourrissons≫, *Revue de médecine psychosomatique,* no. 19, pp. 27-38.

Houzel, D., et Catoire, G. (1986), ≪La psychanalyse des enfants≫, *Psychiatric*, 37812 A 10, pp. 1-12, Paris, *Enc. Med. Chir.*

Houzel, D. (1987), ≪Le concept d'enveloppe psychique≫, *in* D. Anzieu *et al., Les enveloppes psychiques*, Paris, Dunod, coll. ≪Inconscient et Culture≫, pp. 23-54.

Houzel, D. (1997), ≪Le bébé et son action sur l'équipe≫, *Devenir*, IX, no. 2, pp. 7-19.

Huber, W. (1980), ≪La première psychanalyste d'enfants≫, in *Psychoanalyse als Herausforderung*, Festschrift Caruso, Éd. Ass. des Soc. Scientifiques d'Autriche. Trad. *in* Boix, M. (1990), *La vie et l'œuvre de Hermine von Hug-Hellmuth*, pp. 69-85.

Hug-Hellmuth, H. (1912a) ≪Analyse eines Traumes eines Fünf-einhalbjährigen≫, *Zentralblatt für Psychoanalyse und Psychotherapie*, 2/3, pp. 122-127. Trad. George Mac Lean, in *Psychiatiatric Journal of the University of Ottawa*, 11/1 (1986), pp. 1-5.

Hug-Hellmuth, H. (1912b), ≪Beiträge zum Kapital "Verschreiben" und "Verlesen", *Zentralblatt für Psychoanalyse und Psychotherapie*, 2/2, pp. 227-280.

Hug-Hellmuth, H. (1912c), ≪"Verprechen" eines kleinen Schuljungen≫, *Zentralblatt für Psychoanalyse und Psychotherapie*, 2/10-11, pp. 603-604.

Hug-Hellmuth, H. (1912d), ≪Das Kind und seine Vorstellung vom Tode≫, *Imago*, 1/3, pp. 286-298, trad. Anton Kris in *Psychoanalytic Quarterly*, no. 34 (1965), pp. 499-516.

Hug-Hellmuth, H. (1912e), ≪Über Farbenhören: Ein Versuch das Phänomen auf Grund der psycho-analytischen Methode zu erklären≫, *Imago*, 1/3, pp. 228-264.

Hug-Hellmuth, H. (1913a), ≪Vom Wesen der Kinderseele≫, Sexualprobleme, IX, pp. 433-443.

Hug-Hellmuth, H. (1913b), Aus dem Seeleneben des Kindes. *Eine psychoanalytische Studie*, Éd. S. Freud, Leipzig et Vienne.

Hug-Hellmuth, H. (1914a), ≪Kinderbriefe≫, *Imago*, 3/5, pp. 462-476.

Hug-Hellmuth, H. (1914b), ≪Kinderpsychologie, Pädadogik≫, *Jahrbuch fur Psychoanalytische und psychopathologische Forschungen*, VI, pp. 393-404.

Hug-Hellmuth, H. (1919), *Journal d'une petite fille*, trad. fr. Paris, Gallimard, 1928 ; Paris, Denoël, 1975 et 1988.

Hug-Hellmuth, H. (1921), ≪À propos de la technique de l'analyse des enfants≫, *Internationale Zeitschrift für Psychoanalyse*, pp. 179-197, trad. fr. in *Psychiatrie de l'enfant*, 1975, XVIII, no. 1, pp. 191-210.

Hug-Hellmuth, H. (1924), *Neue Wege zum Verständnis der Jugencd*, Leipzig et Vienne, Franz Deuticke.

Hug-Hellmuth, H., *Essais psychanalytiques*, Paris, Payot, 1991.

Isaacs, S. (1943), ≪The nature and function of phantasy≫, *in* King & Steiner (éd.), 1991, pp. 264-321. Également *in* Melanie Klein *et at.* (1952), *Developments in Psycho-Analysis*, Londres, Hogarth Press and The Institute of Psycho-Analysis, pp. 67-121. Trad. fr. in *Développements de la psychanalyse*, Paris, PUF, 1966, pp. 64-114.

Jaccard, R. (1982a), ≪La psychanalyse aux États-Unis≫, in *Histoire de la psychanalyse*, sous la direction de R. Jaccard, Paris, Hachette, pp. 271-295.

Jaccard, R. (1982b), *Histoire de la psychanalyse*, Paris, Hachette (2 tomes).

Jakobson, R. (1963), ≪Deux aspects du langage et deux types d'aphasie≫, in *Essais de linguistique générale*, Paris, Minuit.

Jalley, E. (1998), *Freud, Wallon, Lacan, l'enfant au miroir*, Paris, EPEL, p. 128.

Jaques, E. (1955), ≪Les systèmes sociaux comme défense contre l'angoisse persécutive et dépressive≫, in *New Directions in Psychoanalysis*, Londres, Tavistock, pp. 478-498.

Jaques, E. (1963), ≪Mort et crise du milieu de la vie≫, *International Journal of Psycho-Analysis*, no. 46, pp. 502-514, trad. fr. in *Psychanalyse du génie créateur*, D. Anzieu et coll., Paris, Dunod, 1974, pp. 238-260.

Jeammet, P. (1980), ≪Réalité externe et réalité interne. Importance et spécificité de leur articulation à l'adolescence≫, *Revue française de psychanalyse*, XLIV, no. 3-4, pp. 481-521.

Jones, E. (1953-1955-1957), *La vie et l'œuvre de Sigmund Freud*, t. I, Paris, PUF, 1958, t. II, Paris, PUF, 1961, t. III, Paris, PUF, 1969.

Joseph, E., et Widlocher, D., *l'identité du psychanalyste*, PUF, 1983.

Joseph, B. (1989), *Psychic Equilibrium and Psychic Change*, Londres, Routledge.

Joseph, B. (1990), Rapport ≪The Treatment Alliance and the Transference≫, Week-end Conference for English Speaking members of European Societies, 12-14 octobre 1990 (non publié).

Jung, C. G. (1912), ≪Über Psychoanalyse beim Kinde≫, *G. W.*, no. 4, pp. 231 et suiv.

Juranville, A. (1996), *Lacan et la philosophie*, Paris, PUF.

Juranville, A. (2004), ≪Le langage dans la théorie lacanienne à travers quelques repères relatifs à la conduite de la cure≫, *Journal de la psychanalyse de l'enfant*, no. 35.

Kanner, L. (1942-1943), ≪Autistic disturbances of affective contact≫, *Nervous Child*, III, no. 2, pp. 217-230.

Kestemberg, É., Kestemberg, J., et Decobert, S. (1972), *La faim et le corps*, Paris, PUF.

Kestemberg, É., et Lebovici, S. (1975), ≪Réflexions sur le devenir de la psychanalyse≫, in *Revue française de psychanalyse*, t. XXXIV, nos. 1-2, Paris, PUF.

King, P., et Steiner, R. (éd.), *The Freud-Klein Controversies. 1941-1945*, Londres, Tavistock-Routledge.

Klein, M. (1921), ≪Le développement d'un enfant≫, in *Essais de psychanalyse* (1921-1945), Paris, Payot, 1968, chap. I.

Klein, M. (1926), ≪Les principes psychologiques de l'analyse des jeunes enfants≫, in *Essais de psychanalyse*, chap. VI.

Klein, M. (1927), ≪Colloque sur l'analyse des enfants, in *Essais* de psychanalyse, chap. VIII.

Klein, M. (1928), ≪Les stades précoces du conflit œdipien≫, in *Essais de psychanalyse*, chap. VIII.

Klein, M. (1930a), ≪L'importance de la formation du symbole dans le développement du moi≫, in *Essais de psychanalyse*, chap. XI.

Klein, M. (1930b), ≪La psychothérapie des psychoses≫, in *Essais de psychanalyse*, chap. xn.

Klein, M. (1931), ≪Contribution à la théorie de l'inhibition intellectuelle≫, in *Essais de psychanalyse*, chap. XII.

Klein, M. (1932), *La psychanalyse des enfants*, Paris, PUF, 1959.

Klein, M. (1933), ≪Le développement précoce de la conscience chez l'enfant≫, in *Essais de psychanalyse*, chap. XIV.

Klein, M. (1935), ≪Contribution à l'étude de la psychogenèse des états maniaco-dépressifs≫, in *Essais de psychanalyse*, chap. XVI.

Klein, M., et Rivière, J. (1937), *L'amour et la haine, le besoin de réparation*, Paris, Payot, 1968.

Klein, M. (1940), ≪Le deuil et ses rapports avec les états maniaco-dépressifs≫, in *Essais de psychanalyse*, chap. XVIL.

Klein, M. (1945), ≪Le complexe d'Œdipe éclairé par les angoisses précoces≫, in *Essais de psychanalyse*, chap. XVIII.

Klein, M. (1946), ≪Notes sur quelques mécanismes schizoïdes≫, in *Développements de la psychanalyse*, Paris, PUF, 1966, chap. IX.

Klein, M. (1948a), *Essais de psychanalyse* (1921-1945), Paris, Payot, 1968.

Klein, M. (1948b), ≪Sur la théorie de l'angoisse et de la culpabilité≫, in *Développements de la psychanalyse*, chap. VIII.

Klein, M. (1952a), ≪Les origines du transfert≫, trad. fr. in *Revue française de psychanalyse*, 1952, t. XVI, no. 2, pp. 204-214.

Klein, M. (1952b), ≪Quelques conclusions théoriques au sujet de la vie émotionnelle des bébés≫, in *Déveloupements de la psychanalyse*, chap. VI.

Klein, M. (1952c), ≪En observant le comportement des nourrissons≫, in *Developpements de la psychanalyse*, chap. VII.

Klein, M. (1952d), ≪The mutual influences in the Development of Ego and Id.≫, *Psychoanalytic Study of the Child*, 7, New York, International Universities Press, 1952.

Klein, M., Heimann, P., Isaacs, S., et Rivière, J. (1952e), *Développements de la psychanalyse*, trad. fr. PUF, 1966.

Klein, M. (1955a), ≪The Psycho-Analytic Play Technique: Its History and Significance≫, *New Directions in Psychoanalysis*, Londres, Tavistock, *La psychiatrie de l'enfant*, 1, 1981, vol. XXIV.

Klein, M. (1955b), ≪À propos de l'identification≫, in *Envie et gratitude*, Gallimard, 1968, pp. 139-185.

Klein, M., Heimann, P., et Money-Kyrle, R. E. (1955c), *New Directions in Psychoanalysis*, Londres, Tavistock.

Klein, M. (1957), *Envie et gratitude et autres essais*, Paris, Gallimard, 1968.

Klein, M. (1958), ≪Sur le développement du fonctionnement psychique≫, in *Psychanalyse à l'Université*, no 25, Paris, 1981.

Klein, M. (1959a), ≪Les racines infantiles du monde adulte≫, in *Envie et gratitude*, pp. 95-117.

Klein, M. (1959b), *Autobiographie* (inachevée), déposée au Melanie Klein Trust à Londres, citée par D. Anzieu in *Jeunesse de Melanie Klein*.

Klein, M. (1960), ≪A Note on Depression in the Schizophrenic≫, *International Journal of Psycho-Analysis*, 41. ≪On Mental

Health≫, *British Journal of Medical Psychology,* no. 33.

Klein, M. (1961), *Psychanalyse d'un enfant,* Paris, Tchou, 1973.

Klein, M. (1963), ≪Se sentir seul≫, in *Envie et gratitude,* pp. 119-137.

Kojeve, A. (1968), *Introduction à la lecture de Hegel,* Paris, Gallimard, p. 12.

Kreisler, L. (1987), *Le nouvel enfant du désordre psychosomatique,* Toulouse, Privat, coll. ≪Éducation et culture≫.

Kreisler, L. (1992), ≪Les origines de la dépression essentielle — La lignée dépressive≫, *Revue française de psychosomatique,* no. 2, pp. 163-185.

Kris, E. (1958), ≪The recovery of childhood memories in psychoanalysis≫, *Psychoanalytic Study of the Child,* no. 11, pp. 54-88.

Kristeva, J. (1987), Soleil noir — Dépression et mélancolie, Paris, Gallimard.

Lacan, J. (1949), ≪Le stade du miroir comme formateur de la fonction du Je telle qu'elle nous est révélée dans l'expérience psychanalytique≫, in Écrits, Paris, Le Seuil, 1966, p. 94.

Lacan, J. (1953), ≪Fonction de la parole et du langage en psychanalyse≫, in Écrits, Paris, Le Seuil, 1966, pp. 237-322.

Lacan, J. (1955), ≪La chose freudienne ou Sens du retour à Freud en psychanalyse≫, in Écrits, Paris, Le Seuil, 1966, pp. 401-436.

Lacan, J. (1957), ≪L'instance de la lettre dans l'inconscient ou la raison depuis Freud≫, in Écrits, Paris, Le Seuil, 1966, pp. 493-528.

Lafforgue, R. (1926), ≪Schizophrenie, Schizomanie und Schizonoïa≫, *Zeitschrift für die gesamte Neurologie und Psychiatrie.*

Lang, J.-L. (1965), *Commentaires techniques sur ≪Analyse d'un enfant phobique≫ de Berta Bornstein,* document de travail de l'APF.

Lang, J.-L. (1970), ≪La psychanalyse des enfants≫, rapport à l'APF, Documents et débats, 1, pp. 87-111.

Lang, J.-L. (1983), ≪Le modèle kleinien en psychopathologie infantile: aujourd'hui en France≫, *Psychanalyse à l'Université*, t. 8, no. 32, pp. 511-557.

Laplanche, J., et Pontalis, J.-B. (1967), *Vocabutaire de la psychanalyse*, Paris, PUF.

Laplanche, J. (1981), ≪Faut-il brûler Melanie Klein?≫, *Psychanalyse à l'Université*, t. 8, no. 32, septembre 1983.

Laplanche, J. (1986), ≪De la théorie de la séduction restreinte à la théorie de la séduction généralisée≫, *Études freudiennes,* no. 27, pp. 7-25.

Laplanche, J. (1987), *Nouveaux fondements pour la psychanalyse*, Paris, PUF, coll. ≪Bibliothèque de psychanalyse≫ (1re éd.).

Laurent, E., Pommier, G., et Porge, E. (1978), ≪Les psychanalystes chez les enfants≫, *Ornicar*, no. 16, pp. 120-128.

Laurent, E. (1982), ≪La psychose chez 1'enfant dans l'enseignement de Jacques Lacan≫, *in quarto, 9.*

Laznik, M.-C. (1995), *Vers la parole*. Trois enfants autistes en psychanalyse, fans, Denoël.

Lebovici, S. (1950a), ≪Une introduction à l'étude exhaustive du transfert analytique chez l'enfant≫, *Revue française de psychanalyse*, no. 16(1), pp. 116-118.

Lebovici, S. (1950b), ≪À propos du diagnostic de la névrose infantile≫, *Revue française de psychanalyse*, vol. 14, no. 4, pp. 581-595.

Lebovici, S., et Nacht, S. (1955), ≪Indications et contre-indications de la psychanalyse≫, *Revue française de psychanalyse*, vol. 19, no. 1-2, pp. 135-188.

Lebovlci, S., et Macdougall, J. (1960), *Un cas de psychose infantile*, Paris, PUF.

Lebovici, S. (1961), *Les tics chez l'enfant*, Paris, PUF.

Lebovici, S., et Diatkine, R. (1962), ≪Fonction et signification du jeu chez l'enfant≫, *Psychiatrie de l'enfant*, V, no. 1, pp. 207-253.

Lebovici, S. et Soulé, M. (1970), *La connaissance de l'enfant par la psychanalyse*, Paris, PUF.

Lebovici, S. (1971), *Les sentiments de culpabilité chez l'enfant et chez l'adulte*, Paris, Hachette.

Lebovici, S. (1979), ≪L'expérience du psychanalyste chez l'enfant et chez l'adulte devant le modèle de la névrose infantile et de la névrose de transfert≫, *Revue française de psychanalyse*, 1980, no. 44, pp. 5-6.

Lebovici, S. (1983), *Le nourrisson, la mère et le psychanalyste. Les interventions précoces*, Paris, Centurion.

Lebovici, S. (1984a), ≪La psychiatrie de l'enfant et la communauté≫, *in* Anthony et Chiland: *Prévention en psychiatrie de l'enfant en un temps de transition*, Paris, PUF, pp. 359-376.

Lebovici, S. (1984b), ≪L'œuvre d'Anna Freud≫, in *Psychiatrie de l'enfant*, vol. XXVII, no. 1, pp. 5-34.

Lebovici, S. (1994a), ≪Empathie et "enactment" dans le travail de contre-transfert≫, *Revue française de psychanalyse*, LVIII, no. 5, pp. 1551-1561.

Lebovici, S. (1994b), ≪La pratique des psychothérapies mères-bébés par Bertrand Cramer et Francisco Palacio-Espasa≫, *La psychiatrie de l'enfant*, XXXVII, no. 2, pp. 415-427.

Lebovici, S. (1998), ≪L'arbre de vie≫, in *L'arbre de vie −Élements de la psychopathologie du bébé* (ouvrage collectif), Ramonville Saint-Agne, Érès, pp. 107-130.

Lebovici, S. (en collaboration avec Stoléru, S.) (1983), *Le nourisson, la mère et le psychanalyste —Les interactions précoces*, Le Centurion, coll. ≪Païdos≫.

Lebovici, S., Diatkine, R., et Kestemberg, É. (1958), ≪Bilan de dix ans de pratique psychodramatique chez l'enfant et l'adolescent≫, *Psychiatrie de l'enfant*, vol. 1, no. 1, pp. 63-79.

Lefort, R. (1971), ≪La parole et la mort≫, *La Nef*, no. 42, pp. 103-116.

Lefort, R. et R. (1980), *Naissance de l'Autre*, Paris, Le Seuil.

Lefort, R. et R. (1988), *Les structures de la psychose*, Paris, Le Seuil.

Lévi-Strauss, C. (1949), *Les structures élémentaires de la parenté*, La Haye, Mouton & Co, 1967.

Lieberman, E. J. (1985), *La volonté en acte. La vie et l'œuvre d'Otto Rank*, New York, trad. fr. PUF, 1991.

Losserand, J. (1991), ≪La psychanalyse d'enfant. Le début en France, S. Morgenstern≫, Paris, *Le Coq Héron*, no. 119.

Luquet, P. (1989), ≪De la représentation à l'élaboration des fantasmes≫, in *Avancées métapsychologiques. L'enfant et la famille*, Paris, Apsygée, 1991, pp. 13-23.

Mac Donough, S. (1993), ≪Interaction guidance: understanding and treating early infant care-giver relationship disorders≫, in *Handbook of Infant Mental Health*, C. Zeanah (éd.), New York, Guilford Press, pp. 414-426.

Maclean, G., et Rappen, U. (1991), *Hermine Hug-Hellmuth*, New York-Londres, Routledge.

Mahler (Schoenberger), M. (1940), ≪Pseudo-imbecility≫, *Psychoanalytic*

Quaterly, 1942, no. 11, pp. 149-164.

Mahler M., (1968), *Psychose infantile*, trad. fr. Paris, Payot, 1973.

Mahler M., Pine, F., et Bergman, A. (1975), *La naissance psychologique de l'être humain*, trad. fr. Paris, Payot, 1980.

Mahler M. (1978), Épilogue in *L'enfant vulnérable*, sous la direction de E. James Anthony, Colette Chiland et Cyrille Koupernik, trad. fr. Paris, PUF, 1982, pp. 499-504.

Mâle, P. (1964), *Psychothérapie de l'adolescent*, Paris, PUF.

Mâle, P., Doumic-Girard, A., Benhamou, F., et Schott, M.-C. (1975), *Psychothérapie du premier âge*, Paris, PUF, coll. ≪Le fil rouge≫ (1re éd.).

Mannoni, M. (1964), *L'enfant arriéré et sa mère*, Paris, Le Seuil.

Mannoni, M. (1970), *Le psychiatre, son fou et la psychanalyse*, Paris, Le Seuil.

Mannoni, M. (1984), *Un lieu pour vivre*, Paris, Le Seuil.

Manzano, J., Palacio-Espasa, F., et Zilkha, N. (1999), *Les scénarios narcissiques de la parentalité − Clinique de la consultation thérapeutique*, Paris, PUF, coll. ≪Le fil rouge≫ (1re éd.).

Marton, F. (1990), ≪Le travail actuel au Centre Anna-Freud≫, in C. Chiland et J. G. Young, *Nouvelles approches de la santé mentale*, Paris, PUF, pp. 236-251.

Mauco, G. (1936), ≪La psychologie de l'enfant dans ses rapports avec l'inconscient≫, *Revue française de psychanalyse* U vol. II, no. 3, pp. 430-517, et vol. 9, no. 4, pp. 658-710.

Mauco, G. (1967), *Psychanalyse et éducation*, Paris, Aubier-Montaigne.

Mauco, G. (1975), ≪René Spitz≫, *Revue française de psychanalyse* vol. 39, no. 3, pp. 548-549.

Meisel, P., et Kendrick, W. (1985), *Bloomsbury/Freud. James et Alix Strachey. Correspondance 1924-1925*, Londres, Strachey Trust, trad. fr. Paris, PUF, 1990.

Meltzer, D. (1967), *Le processus psychanalytique*, Londres, W. Heinemann.

Meltzer, D. (1972), *Les structures sexuelles de la vie psychique*, trad. fr. Paris, Payot, 1977.

Meltzer, D., et Harris Williams M. (2000), *L'appréhension de la beauté —Le conflit esthétique, son rôle dans le développement, la violence, l'art*, Larmor-Plage, Editions du Hublot, coll. ≪Regards sur les sciences humaines≫.

Meltzer, D. (1978), *The Kleinian Development,* t. I, II et III, Londres, Clunie Press. Trad. fr. *Le développement kleinien de la psychanalyse*, t. I, Toulouse, Privat, 1984 ; t. II, Toulouse, Privat, 1987 ; t. III, 1993.

Meltzer, D., et al. (1975), *Explorations in Autism*, Londres, Clume Press. Trad. fr. *Exptorations dans le monde de l'autisme*, Paris, Payot, 1980.

Meltzer, D. (1986), conférence du 17 novembre 1985 à Paris, Bulletin du Gerpen (Groupe d'études et de recherches psychanalytiques pour le *développement* de l'enfant et du nourrisson), no. 5, pp. 44-49.

Meltzer, D. (1988), ≪Le conflit esthétique: son rôle dans le processus de *développement* psychique≫, Psychanalyse à l'Université, vol. 13, no. 49, pp. 37-57.

Menzies-Lyth, I. (1988), *Containing Anxieties in Institutions*, Londres, Free Association Books.

Menzies-Lyth, I. (1989), *The Dynamic of the Social*, Londres, Free Association Books.

Mijolla, A. DE (1982), ≪La psychanalyse en France (1935-1965)≫, in *Histoire de la psychanalyse*, sous la direction de R. Jaccard, Paris, Hachette.

Milner, M. (1990), ≪Le rôle de l'illusion dans la formation du symbole — Les concepts psychanalytiques sur les deux fonctions du symbole≫, *Journal de la psychanalyse de l'enfant*, ≪Rêves, jeux, dessins≫, pp. 244-278.

Misès, R., et Barande, I. (1963), ≪Les états dysharmoniques graves≫, Psychiatrie de l'enfant, t. VI, no. 1, pp. 1-78.

Misès, R. (1975), L'enfant déficient mental, Paris, PUF.

Misès, R. (1980), *La cure en institution*, Paris, ESF.

Misès, R. (1990), *Les pathologies limites de l'enfance, Paris*, PUF.

Money-Kyrle, R. E. (1951), *Psychoanalysis and Politics*, Londres, Duckworth, trad. fr. Toulouse, Privat, 1985.

Money-Kyrle, R. E. (1956), ≪Normal Countertransference and some of its Deviations≫, in *Collected Papers*.

Money-Kyrle, R. E. (1978), *Collected Papers of Roger Money-Kyrle*, Londres, D. Meltzer (éd.).

Moreau-Ricaud, M. (1990), ≪La création de l'École de Budapest≫, *Revue internationale d'histoire de la psychanalyse*, no. 3, pp. 419-437.

Morgenstern, S. (1927), ≪Un cas de mutisme psychogène≫, *Revue française de psychanalyse*, t. I, no. 3, pp. 492-504 + 18 planches. Repris in *Journal de la psychanalyse de l'enfant*, 1990, no. 8, pp. 211-243.

Morgenstern, S. (1928), ≪La psychanalyse infantile≫, *L'hygiène mentale*, no. 6, pp. 158-169.

Morgenstern, S. (1930), ≪La psychanalyse infantile et son rôle dans l'hygiène mentale≫, *Revue française de psychanalyse*, t. IV, no. 1, pp. 136-162.

Morgenstern, S. (1931), ≪Conception psychanalytique de la *dépersonnalisation*≫, *L'évolution psychiatrique*, 2e série, no. 2, pp. 83-102.

Morgenstern, S. (1932), ≪Psychanalyse et éducation≫, *L'évolution psychiatrique*, fasc. III, pp. 45-64 (conférence faite au ≪Groupe d'études philosophiques et scientifiques≫, à la Sorbonne, le 18 juin 1932).

Morgenstern, S. (1933), ≪Quelques aperçus sur l'expression du sentiment de culpabilité dans les rêves des enfants≫, *Revue française de psychanalyse*, t. IV, no. 2, pp. 155-174.

Morgenstern, S. (1934a), ≪Les bourreaux domestiques≫, *L'evolution psychiatrique*, fasc. III, pp. 39-58.

Morgenstern, S. (1934b), ≪La pensée magique chez l'enfant≫, *Revue française de psychanalyse*, t. VII, no. 1, pp. 98-115.

Morgenstern, S. (1937a), *Psychanalyse infantile (symbolisme et valeur clinique des créations imaginatives chez l'enfant)*, Paris, Denoël.

Morgenstern, S. (1937b), ≪Contribution au problème de l'hystérie chez l'enfant≫, *L'evolution psychiatrique*, fasc. II, pp. 3-33.

Morgenstern, S. (1938), ≪La structure de la personnalité et ses déviations≫, *Revue française de psychanalyse*, t. X, no. 4, pp. 591-667.

Morgenstern, S. (1939), ≪Le symbolisme et la valeur psychanalytique des dessins infantiles≫, Revue frangaise de psychanalyse, t. XI, no. 1, pp. 39-48.

Nasio, J.-D. (1987), *Les yeux de Laure*, Paris, Aubier.

Neyraut, M. (1974), Préface au *Journal d'une petite fille*, Paris, Denoël, 1988.

Nin, A. (1967), *Journal 1934-1939*, New York, trad. fr. Stock, 1970.

Parcheminey, G. (1947), ≪Sophie Morgenstern≫, *L'évolution psychiatrique*, no. 1, pp. 12-13.

Paumelle, P. (1946), *L'organisation du travail d'équipe dans le XIIIe Arrondissement de Paris*, fascicule édité par l'ASM XIIIe.

Perez-Sanchez, M., et Abello, N. (1981), ≪Unité originaire (narcissisme et homosexualité dans les ébauches de l'Œdipe)≫, *Revue française de psychanalyse,* vol. 45, no. 4, pp. 777-786.

Peters, U. H. (1979), *Anna Freud*, Munich Kindler, trad. fr. Paris, Balland, 1987.

Petot, J.-M. (1979 et 1982), *Melanie Klein*, 2 tomes, Paris, Dunod.

Pfeiffer, S. (1919), ≪Ausserungen der infantil-erotischer Triebe in Spiele≫, *Imago*, V, pp. 243-282.

Pfister, O. (1913), *Die Psycho-analytische Methode*, Leipzig et Berlin, Klinkhardt.

Pfister, O. (1914), ≪Zur Ehrenrettung des Psychoanalyse≫, *Ztschrft f. Jugenderziehung und Jugendfürsorge*, V, 11, pp. 305-312.

Pichon, É., et Parcheminey, G. (1928), ≪Sur les traitements psychothérapiques courts d'inspiration freudienne chez les enfants≫, *Revue française de psychanalyse*, t. II, no. 4, pp. 711-720.

Pichon, É. (1934), ≪Eugénie Sokolnicka≫, in *Revue française de psychanalyse*, t. VII, no. 4, pp. 590-603.

Plchon, É. (1936), *Le développement psychique de l'enfant et de l'adolescent*. Paris, Masson.

Pommier, G. (1978), *La psychanalyse chez les enfants*, Paris, Ornicar.

Pontalis, J.-B. (1977), *Entre le rêve et la douleur*, Paris, Gallimard-NRF.

Pontalis, J.-B. (1986), *L'amour des commencements*, Paris, Gallimard, ≪*NRF*≫.

Preyer, G. (1882), *L'âme de l'enfant*, Paris, Alcan, 1887.

Quinodoz, J.-M. (2004), *Lire Freud*, Paris, PUF, p. 73.

Racamier, P.-C. (1970), *Le psychanalyste sans divan*, Paris, Payot.

Rambert, M.-L. (1938), ≪Une nouvelle technique en psychanalyse infantile: le jeu de guignols≫, *Revue française de psychanalyse*, t. XIV, no. 4, pp. 581-595.

Rangell, L. (1983), ≪Anna Freud Experience≫, in *Psychoanalytic Study of the Child*, 1984, no 39, pp. 29-43.

Rank, O. (1922), *Don Juan*, trad. fr. 1932, Paris, Payot, 1973.

Rank, O. (1924), *Le traumatisme de la naissance*, trad. fr. Paris, Payot, 1968.

Rayner, E. (1991), *The Independent Mind in British Psychoanalysis*, Londres, Free Association Books.

Régis, E., et Hesnard, A. (1914), *La psychanalyse des névroses et des psychoses: ses applications médicales et extramédicales*, Paris, Alcan, 1929.

Rimbaud, A. (1982), *Voyelles*, in *Œuvres complètes*, Paris, Gallimard, p. 53.

Ritvo, S., ≪Observation de Frankie≫, Actes du XXIVe congrès de l'IPA.

Rivière, J. (1936), ≪The genesis of psychical conflict in earliest infancy≫, *International Journal of Psycho-Analysis*, no. 17, pp. 395-422. Également in *The Inner World and Joan Rivière*.

Rivière, J. (1991), *The Inner World and Joan Rivière: Collected papers 1920-1958*, A. Hughes (éd.), Londres, Karnac Books.

Roazen, P. (1976), *La saga freudienne*, New York, trad. fr. Paris, PUF, 1986.

Roazen, P. (1990), ≪Tola Rank≫, *Revue internationale d'histoire de la psychanalyse*, no. 3, pp. 439-455.

Robertson, J., et Bowlby, J. (1952), ≪Responses of young children to separation from their mothers≫, *Courrier du Centre international de l'enfance*, no 2, pp. 131-142.

Rodrigué, E. (1955), ≪The analysis of a three-year old mute schizophrenic≫ in Klein *et al.*, *New Directions in Psycho-Analysis*, pp. 149-179.

Rodrigué, E. (2000), *Freud-Le siècle de la psychanalyse*, Paris, Payot, 2 vol.

Ronvaux, M. (1986), ≪André Gide et Sokolnicka≫, *Ornicar* no. 37.

Rosenfeld, H. A. (1965), *États psychotiques*, Londres, Hogarth Press, trad. fr. Paris, PUF, 1976.

Rosenfeld, H. A. (1987), *Impasse et interprétation*, Londres, Tavistock. Trad. fr. Paris, PUF, 1990.

Rosolato, G. (1979), ≪L'analyse des résistances≫, *Nouvelle revue de psychanalyse*, no. 20, pp. 183-215.

Roudinesco, É. (1986), *Histoire de la psychanalyse en France*, t. I et II, Paris, Le Seuil.

Roudinesco, É., et PLON, M. (1997), *Dictionnaire de la psychanalyse*, Paris, Fayard ; article ≪École freudienne de Paris≫, pp. 235-237 ; article ≪Lacanisme≫, pp. 600-603.

Roussillon, R. (1977), ≪Paradoxe et continuité chez Winnicott: la défense paradoxale≫, *Bulletin de psychologies* no. 34 (350), pp. 503-509.

Roussillon, R. (1978), Du paradoxe incontestable au paradoxe contenu.

Thèse de 3e cycle, université de Lyon-II.

Sandler, A.-M. (1990), Rapport ≪The Treatment Alliance and the Transference≫, Week-end Conference for English Speaking members of European Societies, 12-14 octobre 1990.

Sandler, J. (1962), ≪The Hampstead Index as an Instrument of Psychoanalytic Research≫, *Int. J. Psychoanal.*, no. 43, pp. 287-291.

Sandler, J., et Bolland, J. (1965), *The Hampstead Psychoanalytic Index: A Study of the Psychoanalytic Case Material of a Two-Year-Old Child*, New York, International Universities Press.

Sandler, J. (1980), *Techniques de psychanalyse de l'enfant. Conversations avec A. Freud*, trad. fr. Toulouse, Privat, 1985.

Sandler, J. (1985), *L'analyse de défense. Entretiens avec Anna Freud*, trad. fr. Paris, PUF, 1989.

Saussure, F. De (1916), *Cours de linguistique générale,* Paris, Payot, 1976.

Schilder, P. (1935), *L'image du corps*, trad. fr. Paris, Gallimard, 1968.

Searles, H. (1979), *Le contre-transfert*, Paris, Gallimard, coll. ≪Connaissance de l'Inconscient≫.

Segal, H. (1964), *Introduction à l'œuvre de Melanie Klein*, Londres, Heinemann, trad. fr. Paris, PUF, 1969.

Segal, H. (1971), ≪Le rôle de l'analyste d'enfant dans la formation du psychothérapeute, Symposium de Genève sur la psychanalyse de l'enfant, in *La Psychiatrie de l'enfant*, vol. 14, no. 1, Paris, PUF.

Segal, H. (1979), *Melanie Klein ; développement d'une pensée*, Fontana, Galgow, trad. fr. Paris, PUF, 1982.

Segal, H. (1981), *The Work of Hanna Segal*, New York-Londres, Jason Aronson, trad. fr. *Délire et créativité*, Paris, Des Femmes, 1987.

Segal, H. (1991), *Dream, Phantasy and Art*, Londres, Tavistock-Routledge. Trad. fr. *Rêve, art et fantasmes*, Paris, Bayard, 1993.

Segal, H. (2004), *Psychanalyse clinique*, Paris, PUF, ≪Le fil rouge≫.

Smirnoff, V. (1966), *La psychanalyse de l'enfant*, Paris, PUF.

Smirnoff, V. (1971), ≪D. W. Winnicott≫, in *Nouvelle revue de psychanalyse*, no. 3, ≪Lieux du corps≫, Paris, Gallimard, pp. 49-51.

Smirnoff, V. (1979), ≪De Vienne á Paris≫, *Nouvelle revue de psychanalyse*, no. 20, pp. 13-58.

Sokolnicka, E. (1916), Kurz *Elementary −Zootogi −Botaniki − Mineralogji*, Varsovie.

Sokolmcka, E. (1920), ≪L'analyse d'un cas de névrose obsessionnelle≫, IZP, 6, trad. fr. in *Revue de neuropsychiatrie et d'hygiène mentale de l'enfance*, XVI, no. 5-6.

Sokolnicka, E. (1932), ≪Un cas de guérison rapide≫, *Revue française de psychanalyse*.

Soubrenie, D. (1991), *Hermine von Hug-Hellmuth: Essais psychanalytiques*, Paris, Fayot.

Spielrein, S. (1981), *Entre Freud et Jung*, Paris, Aubier-Montaigne.

Spillius, E. B. (1988), *Melanie Klein today*, t. I et II, Londres, Routledge.

Spitz, R. A. (1954), *La première année de la vie de l'enfant*, trad. fr. Paris, PUF, 1958.

Spitz, R. A. (1956), ≪Countertransference: Comments on its varying roles in the analytic situation≫, *Journal of the American Psychoanalytic Association*, no. 4, pp. 256-265.

Spitz, R. A. (1957), *Le non et le oui*, trad. fr. Paris, PUF, 1962.

Spitz, R. A. (1965), *De la naissance à la parole*, trad. fr. Paris, PUF,

1968.

Spitz, R. A. (1979), *De la naissance à la parole — La première année de la vie*, Paris, PUF, coll. ≪Bibliothèque de psychanalyse≫ (6ᵉ éd.).

Steiner, R. (1990), Rapport au congrès ≪Histoire de la psychanalyse≫, Londres.

Stern, D. N. (1989), *Le monde interpersonnel du nourrisson — Une perspective psychanalytique et développementale*, Paris, PUF, coll. ≪Le fil rouge≫ (1ʳᵉ éd.).

Stern, D. N. (1995), *La constellation maternelle*, Paris, Calmann-Lévy, coll. ≪Le Passé recomposé≫.

Stern, W. (1913), ≪Die Anwendung der Psychoanalyse auf Kindheit unid Jugend. Ein Protest mit einem Anhang v. W. U. C. Stern: Kritik einer Freudschen Kinder-Psychoanalyse≫, *Zeitschrift für angewandte Psychologie*, no 8 (1913-1914), pp. 71-101.

Strachey, J., and Strachey, A. (1985), *Bloomsbury/Freud:The Letters of James and Alix Strachey 1924-1925*, Perry Meisel et Walter Kendrick éd.), Londres, Chatto & Windus.

Tisseron, S. (1985b), ≪le patient-parent et le thérapeute-enfant. À propos de quelques difficultés thérapeutiques et de leur interprétation≫, L'evolution psychiatrique, vol. 50, no. 1, pp. 173-185.

Tisseron, S. (1985b), Tintin chez le psychanalyste, Paris, Aubier-Archimbaud.

Trevarthen, C. (1998), ≪The nature of motives for human consciousness≫, *Psychology: the journal of the Hellenic Psychological Society*, vol. 4, no. 3, pp. 187-221.

Tronick, E. Z., et Weinberg, M. K. (1998), ≪À propos des conséquences toxiques psychiques de la dépression maternelle sur la régulation émotionnelle mutuelle des interactions mère-bébé: l'impossibilité de créer des états de conscience dyadiques≫, in *Psychiatrie périnatale −Parents et bébés: du projet d'enfant aux premiers mois de vie* (sous la direction de P. Mazet et S. Lebovlci), Paris, PUF, coll. ≪Monographies de la psychiatrie de l'enfant≫ (1e éd.), pp. 299-333.

Tustin, F. (1972), *Autisme et psychose de l'enfant*, Londres, Hogarth, trad. fr. Paris, Seuil, 1977.

Tustin, F. (1981), *Les états autistiques chez l'enfant*, Londres, Routledge et Kegan, trad. fr. Paris, Le Seuil, 1986.

Tustin, F. (1986), *Autistic Barriers in Neurotic Patients*, Londres, Karnac.

Tustin, F. (1986), *Le trou noir de la psyché*, trad. fr. Paris, Le Seuil, 1989.

Wallon, H. (1949), *Les origines du caractère chez l'enfant*, Paris, PUF, 1976 (6e éd.).

Watillon-Naveau, A. (1996), ≪Essais d'élaboration théorique des thérapies conjointes: magie ou psychanalyse?≫, *Revue belge de psychanalyse*, no. 28, pp. 51-65.

White, B. (1998), ≪L'évolution d'un modèle≫, *Devenir*, vol. 10, no. 4, pp. 7-22.

Widlöcher, D. (1965a), ≪Structure et changement≫, Document de travail de l'APF.

Widlöcher, D. (1965b), *L'interprétation des dessins d'enfants*, Bruxelles, Dessart.

Widlöcher, D. (1968), ≪Commentaires de l'analyse d'un cas de névrose obsessionnelle infantile (Sokolnicka)≫, in *Revue de neuropsychiatrie et d'hygiène mentale de l'enfant*, 16, no. 5-6.

Winnicott, C. (1977), ≪Winnicott en personne≫, in L'Arc, no. 69, ≪Winnicott≫, Aix-en-Provence.

Winnicott, D. W. (1952), ≪Psychose et soins maternels≫, in *De la pédiatrie à la psychanalyse*, trad. fr. J. Kalmanovitch, Paris, Payot, 1969, p. 101.

Winnicott, D., (1958), De la pédiatrie à la psychanalyse, trad. fr. Paris, Payot, 1969.

Winnicott, D., (1965), *Processus de maturation chez l'enfant*, trad. fr. Paris, Payot, 1970.

Winnicott, D., (1971a), *La consultation thérapeutique et l'enfant*, trad. fr. Paris, Gallimard, coll. ≪Connaissance de l'Inconscient≫, 1971.

Winnicott, D. W. (1971b), *Jeu et réalité — L'espace potentiel*, trad. fr. C. Monod et J.-B. Pontalis, Paris, Gallimard, coll. ≪Connaissance de l'Inconscient≫, 1975 (1re éd.).

Winnicott, D., (1974), ≪La crainte de l'effondrement≫, trad. fr. in *Nouvelle revue de psychanalyse*, no. 11, ≪Figures du Vide≫, Paris, Gallimard, pp. 235-244.

Winnicott, D., (1977), *La petite Piggle*, trad. fr. Paris, Gallimard, 1980.

Winnicott, D., (1987), *Lettres vives*, trad. fr. Paris, Gallimard, 1989.

Winnicott, D. W. (1988 et 1990), *La nature humaine*, Paris, Gallimard, coll. ≪Connaissance de l'lnconscient≫.

Wolberg, L. R. (1954), *The technique of psychotherapy*, New York, Grune et Statton.

Young-Bruehl, É. (1988), *Anna Freud*, New York, Summit. Trad. fr. Paris, Payot, 1991.

찾아보기

[인명]

ㄱ

가르마 Garma, A. 211, 212, 216, 222, 240

가이스만 (C) Geissmann, C. 285, 296, 297, 308, 313, 331, 354

가이스만 (P) Geissmann, P. 146, 297, 308

강트레 Gantheret, F. 302

개밀 Gammill, J. 60, 307, 308

갸또-멘시에 Gateaux-Mennecier, J. 290

골드슈타인 Goldstein, J. 66

골드윈 Goldwin, S. 164

그리빈스키 Gribinski, M. 302

그린 (A) Green, A. 144, 298, 326, 331, 363

그린 (J) Green, J. 70, 75, 80

그린베르크 (L) Grinberg, L. 213, 224

그린베르크 (R) Grinberg, R. 214, 224

그린슨 Greenson 36

그린에이커 Greenacre, P. 177, 178, 179, 180

ㄴ

글랜 Glenn, J. 207, 208

글로버 (에드워드) Glover, Edward 128, 176

기냐르 Bégoin-Guignard, F. 307

ㄴ

나흐트 Nacht, S. 245, 246, 271, 283, 286

노트리카 Notrica, N. 223

눈베르크 Nungerg, H. 170

ㄷ

다비드 David, M. 250, 295

데통브 Destombes, C. 240

도롱 Doron, R. 285

돌토 (B) Dolto, B. 242

돌토 (F) Dolto, F. 239, 240, 242, 243, 244, 271, 272, 281, 284, 303, 340

돔종 Dauzon 280

뒤셰 Duché, D.-J. 237

드셰르 Decherf 288

드코베르 Decobert, S. 250, 286, 288

발린트 (A) Balint, A. 181

발린트 (M) Balint, M. 55, 94, 128,
    146, 151

버클 Buckle, D. 248, 280

벌링엄 (D) Burlingham, D. 33,
    35, 36, 38, 42, 138, 139, 140,
    167, 168, 321

베르주 Berge, A. 62, 241, 281,
    282, 283, 284

베르주레 Bergeret, J. 179

베이트슨 Bateson, G. 168

베텔하임 Bettelheim, B. 144, 188,
    189, 190, 191, 192, 193, 194,
    195, 196, 197, 198, 199, 200,
    205

벤더 Bender, L. 243

보나파르트 Bonaparte, M. 29, 38,
    229, 230, 231, 233, 235, 236

보나페 Bonnafé, L. 280

보렐 Borel, A. 232

보른슈타인 Bornstein, B. 55, 304

보베 Bovet, L. 282

보울비 Bowlby, J. 31, 128, 151,
    196, 249, 317, 321, 327, 333,
    334, 340, 343

볼라스 Bollas, C. 130

볼랜드 Bolland, J. 42, 140

볼베르크 Wolberg, L. R. 214

부른느빌 Bourneville, D. 290

부토니에 Boutonier, J. 241, 281,

282, 283, 284

북스바움 Buxbaum, E. 192, 201

뷜러 (C) Bühler, C. 34, 139, 151,
    171, 172, 173

뷜러 (K) Bühler, K. 151, 173

브라젤톤 Brazelton, T. B. 320

브로너 Bronner, A. 279

브로이어 Breuer, J. 321

브릴 Brill, A. A. 163

블레게르 Bleger, J. 157, 213

블로스 Blos, P. 167

비온 Bion, W. R. 29, 69, 70, 83,
    144, 145, 146, 148, 149, 154,
    157, 196, 214, 259, 297, 320,
    335, 336, 340, 346, 353

비트뢰혀 Widlöcher, D. 208, 304,
    305

비트버 Wittwer, J. 285

빅 Bick, E. 31, 132, 134, 135,
    136, 137, 139, 151, 152, 153,
    154, 261, 308, 309, 333, 334,
    354, 360

人

살라스 Salas, E. 212, 222

샌더스 Sanders, J. 195

샌들러 (A.-M.) Sandler, A.-M.
    36, 40, 51, 132, 140, 157,
    160, 161

샌들러 (J) Sandler, J. 42, 43, 51,

60, 61, 63, 140

설스 Searles, H.   350

소게 Sauguet, H.   286, 287

소쉬르 (F) Saussure, F. De   264, 265, 266

소쉬르 (R) Saussure, R. de   233, 239

소콜니카 Sokolnicka, E.   228, 232, 233, 234

솔니트 Solnit, E.   66

술레 Soulé, M.   169, 248, 250, 297, 317, 340

쉬프 Schiff, P.   222

쉴더 Schilder, P.   243

슈타이너 Steiner, R.   30

슈테른 (D) Stern, D.   317, 326

슈테른 (D. N.) Stern, D. N.   320, 324, 327, 354

슈트로스 Stross, J.   35

슐렁베르제 (M) Schlumberger, M.   281

스미르노프 Smirnoff, V.   95, 228, 279, 305

스터버 (E) Sterba, E.   190, 191, 201

스터버 (R) Sterba, R.   190, 222

스트레이치 (A) Stachey, A.   128, 166

스트레이치 (J) Strachey, J.   91, 92, 128

스트레이치 (M) Stachey, M.   98

스피츠 Spitz, R. A.   139, 171, 172, 173, 174, 175, 176, 177, 178, 180, 183, 186, 196, 201, 240, 249, 317, 321, 340

시걸 Segal, H.   31, 56, 57, 61, 62, 63, 64, 69, 70, 73, 74, 80, 82, 83, 88, 133, 142, 143, 144, 146, 147, 154, 157, 297, 309, 359, 361

실랑 Chiland, C.   40, 250, 295, 296

ㅇ

아들러 Adler, A.   67, 201

아르푸이유 Arfouilloux, J.-C.   310

아마도 Amado, G.   292

아버라스튜리 Aberastury, A.   28, 210, 211, 212, 213, 214, 215, 216, 217, 219, 220, 222, 224

아브라함 (H) Abraham, H.   357

아브라함 (K) Abraham, K.   84, 166

아이슬러 Eissler   208

아이작스 Isaacs, S.   68, 141

아이히호른 Aichhorn, A.   168, 181

아쥐리아게라 Ajuriaguerra, J. de   247

안토니 Anthony, J.   180, 186

[주제색인]

ㄱ

ㄴ

ㄷ

지은이

클로딘 가이스만(Claudine Geissmann-Chambon)

정신분석학자, 소아정신과 의사. 국제정신분석학회의 인정을 받은 아동
정신분석학의 전문가이며《아동정신분석학 신문》의 공동 편집장이다.
보르도의 샤를-페렌스 병원 센터와 아동정신의학 대학병원분과의 아동
정신의학자, 빅토르-세갈렌-보르도 2대학의 객원교수, 프랑스 정신
분석학회 회원, 아동과 청소년을 위한 정신분석적 심리치료요법의
프랑스 연합 부회장 등을 역임.

피에르 가이스만(Pierre Geissmann)

정신병 전문의, 정신분석학자. ≪아동정신분석학 신문≫을 창간
하였다. 보르도의 샤를-페렌스 병원 센터와 아동정신의학 대학병원
분과의 과장. 빅토르-세갈렌-보르도 2대학의 아동 청소년과 교수,
프랑스 정신분석학회 회원, ≪아동정신분석학 신문≫의 편집장 등을
역임.

디디에 후젤(Didier Houzel)

프랑스 정신분석학회 소속 정신분석가. 국제 정신분석학회의 인정을
받은 아동정신분석 전문가. 캉(Caen) 대학병원센터(CHU) 아동정신
의학과 과장, 캉 대학 아동 청소년 정신과 교수. ≪아동정신분석학
신문≫ 공동편집인, 아동과 청소년을 위한 정신분석적 심리치료요법의
프랑스연합 회장 역임.

베르나르 골스(Bernard Golse)

정신분석가, 아동정신의학자. 네케르 아동 병원 아동정신의학과 과장,
파리 5대학의 아동 청소년 정신과 교수, ≪아동정신분석학 신문≫
편집위원회 회원.

옮긴이 **오정민**(ocm0510@naver.com)

[학력]

1993.2.   연세대학교 불어불문학과 학사학위 취득

1995.2.   서울대학교 대학원 불어불문학과 석사학위 취득 (20세기 프랑스 시)

1997.6.   프랑스 스트라스부르 영화과대학 학위 취득 (영화의 창작/역사/이론)

1997.6.   프랑스 스트라스부르 영화과 기초박사학위(D.E.A.) 취득

2004.4.   프랑스 피카르디 쥘베른 대학교 영상예술학 박사학위 취득
           「공관의 영화언어적 표현」 - 배용균, 오즈 야스지로 영화의 편집기법,
           시선일치 기법에 어떻게 불교의 공사상이 담겨있는지에 대하여 연구
           함. 그와 더불어 서양의 초현실주의 영화와 비교 성찰함

[연구업적 및 논문발표]

2002.5.15. 프랑스 아미엥 문화관 주최 심포지엄
           '극동지역의 문화와 영화'에 참가
           (발표 주제: 불교의 공관과 정신분석 그리고 영화언어)

2004.12.   소설 『마농 레스코』와 클로드 소테의 영화에 나타난 정염의 양상

2005.6.   영화<히로시마 내 사랑>에 나타난 심리적 이미지와 시간, 공간 구성:
           플래시백과 편집을 중심으로

2006.2.   문자언어와 영상언어로 표현된 심리적 내면: 에마뉴엘 카레르와
           클로드 밀러의 <겨울 학교>(La classe de neige)의 경우

2006.12.   스탠리 큐브릭의 <아이즈 와이드 셧>의 신화적 해석

2009.2.28. 거스 반 산트의 영화 <엘리펀트>에서 보이는 시점과 주체/객체의
           문제: 『섭대승론』에서의 인식 주체/객체와 관련하여

2010.4.30. 나르시시즘과 이상화: 카레르의 소설과 오종의 영화에 나타나는
           주인공 사례분석을 통하여

2010.6.30. 『적』과 <사랑의 추억>에 나타난 남녀 정신발달상의
           공통점과 차이점

2012.5.   두 형제, 두 자매를 다룬 동화에 나타난 선악 개념과 그 무의식적 원형

[저서]

2008.8.   『프랑수아 트뤼포의 400번의 구타』, 성신여자대학교 출판부 (공저)

2010.8.   『프랑스 문학에서 만난 여성들』, 중앙대학교 출판부 (공저)

서양편 ◆ 762

고대영시선

베오울프 외

이성일 역주

한국문화사

한국연구재단 학술명저번역총서 서양편·762

고대 영시선
베오울프 외

1판 1쇄 발행 2017년 4월 10일

역   주 이성일
펴 낸 이 김진수
펴 낸 곳 **한국문화사**
등   록 1991년 11월 9일 제2-1276호
주   소 서울특별시 성동구 광나루로 130 서울숲IT캐슬 1310호
전   화 02-464-7708
팩   스 02-499-0846
이 메 일 hkm7708@hanmail.net
홈페이지 www.hankookmunhwasa.co.kr

ISBN 978-89-6817-480-3   03840

이 도서의 국립중앙도서관 출판예정도서목록(CIP)은 서지정보유통지원시스템 홈페이지(http://seoji.nl.go.kr)와
국가자료공동목록시스템(http://www.nl.go.kr/kolisnet)에서 이용하실 수 있습니다. (CIP제어번호: CIP2017007577)

'한국연구재단 학술명저번역총서'는 우리 시대 기초학문의 부흥을 위해
한국연구재단과 한국문화사가 공동으로 펼치는 서양고전 번역간행사업입니다.

고대영시선

베오울프 외

이성일 역주

한국문화사

어머님 영전에

역자 서문

　고대영시는 우리나라 영문학도들에게만 생소한 시문학이 아니다. 영어를 상용하는 문화권에서 태어나 살아온 사람들에게도 생소한 시문학일 뿐만 아니라, 그들 가운데 영문학을 공부하는 사람들도 쉽사리 다가갈 수 있는 문학세계가 아니다. 그 이유는 자명하다. 영어를 모국어로 하는 사람들이 습득한 영어에 대한 지식만으로는 독해가 불가능한 언어로 쓰인 문학이기 때문이다. 따라서 대부분의 영문학 사화집에 실려 있는 고대영어 문학작품들은 원전 그대로가 아니라 현대영어 번역으로 소개되고 있다. 흔히 '영시의 아버지'라고 일컬어지는 14세기 시인 제프리 초써(Geoffrey Chaucer)의 작품들만 해도 중기영어(Middle English)에* 대한 얼마간의 소양만 있으면 사전의 도움을 받아 그리 어렵지 않게 읽어 나갈 수 있다. 그러나 고대영어는 어미변화가 심한 굴절어이고, 11세기 중엽에 있었던 '노먼 족의 정복(The Norman Conquest)'을 기점으로 영국에 유입된 당시의 프랑스어와 접목되기 이전에 영국 땅에서 사용되었던 옛 게르만어군의 한 분파로서, 이 언어를 별도로 공부하지 않고서는 읽어나갈 수 없는 고유의 문학전통을 형성하였기 때문이다.

---

* 'Middle English'를 '중세영어'라고 번역하는 경우를 많이 접하는데, 이는 잘못이다. 'Middle English'에서의 'Middle'은 '고대영어(Old English)'가 '현대영어(Modern English)'로 변천하는 과도기에 존재하였던 영어라는 의미로 쓰인 형용사이지 '중세(The Middle Ages)'라는 시대적 구분을 의미하기 위해 사용하는 단어인 'Middle'과는 아무 상관이 없다. '중세영어(the English language of the Middle Ages)'는 '고대영어(Old English)'와 '중기영어(Middle English)'를 포함한다. 고대영어를 '앵글로쌕슨(Anglo-Saxon)'이라 부르기도 하지만, 이는 영국 땅에 정착했던 종족들, 즉 앵글 족(Angles)과 쌕슨 족(Saxons)의 명칭을 합성하여 만든 단어이기 때문에 지금은 '고대영어(Old English)'라는 호칭이 학자들 사이에 보편화되었다.

고대영시를 제대로 음미하기 위해서는 현대영어 번역을 통해 그 내용을 대략 파악하는 것만으로는 부족하다. 음악에서 원래의 악기로 연주해야 작곡자가 의도한 대로의 소리를 들을 수 있는 것과 마찬가지로, 고대영시도 원시의 소리를 음미할 수 있어야 작품세계의 참맛을 느낄 수 있다. 그렇기 때문에 영문학 작품 사화집에 수록된 고대영시의 현대영어 번역본을 읽을 때마다 나는 원전이 주는 감흥을 느낄 수 없다는 사실을 절감한다.

　　그렇다면 왜 내가 고대영시를 우리말로 옮길 생각을 갖게 되었느냐고 묻는 사람이 있을 것이다. 어차피 번역을 통해 고대영시를 읽을 것이라면, 우리말보다야 원전을 낳은 문화권 전통에 서 있는 현대영어가 더 적합하지 않겠느냐는 질문을 곁들여 할 때, 그것은 타당한 물음이다. 그 물음이 원론적으로는 타당한 근거가 있는 것이지만, 실제로 우리 눈앞에 전개되는 상황을 염두에 둘 필요가 있다는 말로 나는 응답하겠다. 고대영시를 현대영어로 재현하는 것이 어렵기 때문에, 많은 학자들은 산문으로 '뜻풀이'를 하는 데에 그치고는 한다. 그래서 영문학 작품 사화집들은 고대영시의 현대영어 산문번역을 싣는 경우가 많다. 한 예로, *The Norton Anthology of English Literature*는 오랫동안 톨보트 도날드슨(E. Talbot Donaldson)의 <베오울프> 산문번역을 실었다. 그러다가 노벨문학상을 받은 아일랜드의 시인 셰이머스 히니(Seamus Heaney)가 한 '운문번역'으로 이를 대체하였고, 지금은 히니의 <베오울프> 번역을—그것이 마치 결정판이기라도 한 듯—많은 독자들이 이의없이 받아들이는 모양이다. 그러나 나는 히니의 <베오울프> 번역을 몇 페이지 읽다가 그만두었다. 원시가 주는 감흥과 말의 음악이 전혀 전해지지 않을 뿐만 아니라, 히니의 애국애족의 마음이 대단한 것이었는지는 몰라도, 그의 번역은 앵글로쌕슨 문학이 아니라 아일랜드의 민족문학이기라도 한 양, 아일랜드 문화전통과 관련된 요소와 아일랜드 말에서 유래한 어휘를 의식적으로 가미하였다는 인상이 짙기 때문이다.

고대영시의 운율은 우리 고전시가의 운율과 여러 면에서 유사성을 띤
다는 사실은 우연치고는 너무도 절묘하다는 생각을 오래 가져왔다. 우리
고전시가를 소리 내어 읽으면, 한 행에 네 번의 소리때림이 규칙적으로
반복된다. 그리고 한 행은 각기 두 번의 소리때림이 좌우 대칭을 이루면
서 그 중간에 짧은 호흡의 휴지(休止)를 갖는다. 그뿐만 아니라, 우리말은
자연스럽게 두운(頭韻)을 이루는 성향이 있다. 송강(松江) 정철(鄭澈, 1536-
1593)의 「관동별곡(關東別曲)」의 종결 부분은 다음과 같다.

송근(松根)을 / 베고 누워 // 풋잠을 / 얼핏 드니 //
꿈에 / 한 사람이 // 날다려 / 이른 말이 //
그대를 / 내 모르랴 // 상계(上界)의 / 진선(眞仙)이라 //
황정경(黃庭經) / 일자(一字)를 // 어찌 그릇 / 읽어 두고 //
인간(人間)에 / 내려와서 // 우리를 / 따르는다 //
적은 덧 / 가지 마오 // 이 술 한 잔(盞) / 먹어 보오 //
북두성(北斗星) / 기울여 // 창해수(滄海水) / 부어 내어 //
저 먹고 / 날 먹여늘 // 서너 잔(盞) / 기울이니 //
화풍(和風)이 / 습습(習習)하여 // 양액(兩腋)을 / 추켜 드니 //
구만리(九萬里) / 장공(長空)에 // 저기면 / 날리로다 //
이 술 / 가져다가 // 사해(四海)에 / 고루 나눠 //
억만(億萬) / 창생(蒼生)을 // 다 취(醉)케 / 만든 후(後)에 //
그제야 / 고쳐 만나 // 또 한 잔(盞) / 하잣고야 //
말 지자 / 학(鶴)을 타고 // 구공(九空)에 / 올라가니 //
공중(空中) / 옥소(玉簫) 소리 // 어제런가 / 그제런가 //
나도 / 잠을 깨어 // 바다를 / 굽어 보니 //
깊이를 / 모르거니 // 가인들 / 어찌 알리 //
명월(明月)이 / 천산만락(天山萬落)에 // 아니 비친 / 데 없다 //

고대영시에서도 기본이 되는 리듬은 한 행에 네 번의 소리때림을 반복
하는 데에 있고, 프레드릭 클레이버(Frederick Klaeber)를 비롯한 많은 학자
들이 고대영시 원문을 편집할 때 시각적으로 분명히 표시하여 왔듯이,*
행 가운데에 잠시 호흡의 휴지(caesura)를 갖는데, 앞부분('on-verse')과 뒷부
분('off-verse')이 균형 있게 대응한다. 또 고대영어는 작품을 쓰는 사람이
의식적으로 시도하지 않았더라도 언어 자체가 체질적으로 두운을 지향
하는 성향을 보인다.

> Þa ymbe hlæw riodan hildediore,
>
> æþelinga bearn, ealra twelfe,
>
> woldon [ceare] cwiðan ond kyning mænan,
>
> wordgyd wrecan ond ymb w[er] sprecan;
>
> eahtodan eorlscipe ond his ellenweorc
>
> duguðum demdon, swa hit ged[efe] *bið*
>
> þæt mon his winedryhten wordum herge,
>
> ferhðum freog*e*, þonne he forð scile
>
> of lichaman [læded] weorðan.
>
> Swa begnornodon Geata leode
>
> hlafordes [hr]yre, heorðgeneatas,
>
> cwædon þæt he wære wyruldcyninga
>
> manna mildest ond mon[ðw]ærust,

---

* 누가 시작하였는지는 모르나, 원시를 활자화할 때, 시행의 전반부(on-verse)와 후반
부(off-verse) 사이를 시각적으로 드러나게 벌려놓음으로써 호흡의 휴지(caesura)를
강조하는 관행이 이어져 오고 있는데, 이는 마치 앞니 둘 사이가 벌어져 있는 것을
보는 것 같고, 나의 눈에는 필요 없는 운율학 지식의 과시처럼 여겨진다.

leodum liðost   ond lofgeornost.   (*Beowulf*, ll. 3169-3182)

[그리하여 전쟁에서 물러섬이 없던 무사들,
모두 열두 명의 혈통 자랑하는 전사들은
주군의 무덤 주위를 말을 타고 돌며 돌며
슬픔에 목이 메어 주군의 이름 부르더이다.
칭송하는 노래 지어 못내 잊을 주군의
절륜한 무용과 위업을 찬양하니,
때 되어 주군의 영혼이 육신을 떠날 제,
말로써 기리고 가슴으로 뜨거이 그리워함은
남자로 태어난 자 마땅히 할 도리인저.
기트 사람들은 슬퍼했소. 따스한 불을 함께 쪼이던
기억만 남기고 그네들 주군이 마침내 떠나갔음을.
그들은 말하기를, 세상을 다스린 모든 왕들 가운데
가장 따스하고 다정한 임금, 백성들에게 인자하고
누구보다 영광을 추구했던 분이었노라 하더이다.]

(<베오울프> 3169-3182행)

두 시문학 전통에서 공통적으로 감지되는 운율의 특징 — 규칙적으로
반복되는 네 번의 소리때림과 빈번하게 나타나는 두운 — 은, 두 언어가
문화적 배경이나 체질에 있어 아무런 공통점이 없음에도 불구하고, 두
언어권을 넘나들며 '번역'이라는 문학행위를 시도해 보고 싶은 욕구를
갖도록 해 준다. 이는 외국문학을 공부한 사람이 뿌리치기 어려운 유혹
이며 문학적 도전에의 초대다.*

---

* 필자는 미국의 웨스턴 미쉬간 대학교(Western Michigan University)에서 해마다 열

이 책은 지금껏 내가 큰 즐거움을 느끼며 읽어 온 고대영시들을 나의 능력이 허락하는 한 우리말로 전환하여 본 결과를 모은 것이다. '번역'이 라는 문학행위는 원전을 읽을 준비가 되어 있지 않은 독자들에게 원전을 읽은 사람이 느낀 감흥을 전해 주고, 이를 함께 나누고 싶은 욕망에서 출발한다. 그런 면에서 이 책은 일반 독자들을 위한 것이다. 그러나 한평 생을 외국문학을 공부하며 지내온 사람으로서, 후학들에게 얼마간의 도 움이 될 수 있는 지침서를 남겨 주고 싶은 마음도 있다. 원전을 읽을 때 참고가 될 번역을 제공하는 것은 의미 있는 일일 것이다. 그래서 나는 평이한 읽을거리를 일반 독자들에게 제공하는 것을 목표로 하면서도, 영 문학 전공자들이 원전과 대조해 가며 읽어나갈 수 있는 번역본을 마련하 는 것도 염두에 두었다. 따라서 나의 번역은 축어역에 가까우면서도 일 반 독자들이 거부감 없이 받아들일 수 있는 번역시를 제공하는 것을 목

리는 '중세연구 국제 학술회의(International Congress on Medieval Studies)'에 십 여 차례 참가하여 주제발표를 하였다. 2003년 5월에 열린 이 학술회의에 John Bagby라는 <베오울프> 낭송 전문가가 특별히 초대받아 참석하였는데, 칼라마주 시의 어느 교회에서 <베오울프>를 발췌하여 낭송하였다. 하프를 뜯으며 굉장히 빠 른 속도로 낭송하였는데, 그 이튿날 아침 'Plenary Session'에서 몇 사람의 패널리스 트들이 참가한 가운데 Bagby가 <베오울프> 낭송에 대한 이야기를 하였다. 청중들 에게 질문을 할 기회가 주어졌을 때, 나는 Bagby에게 혹시 한국의 판소리를 들어 볼 기회가 있었느냐고 질문했다. 왜냐하면, 그가 전날 저녁 <베오울프>를 무척 빠 른 속도로 암송할 때, 그의 낭송의 율조가 마치 「적벽가」를 듣고 있는 것 같은 착각 을 불러일으킬 정도로 판소리의 리듬을 연상시켰기 때문이었다. Bagby는 놀랍게 도, 판소리를 들어 보기는 하였으나, 자신의 고대영시 낭송은 판소리의 율조를 모방 한 것은 아니라고 단언하는 것이었다. 그가 판소리의 리듬을 차용하였는지의 여부 는 내가 관심을 둘 바가 아니다. 다만 나의 뇌리에 깊이 각인된 생각은 고대영시의 리듬이 우리 고전시가의 한 분야인 판소리와 행의 장단과 가락 면에서 상당 부분 일치한다는 사실이었다. 판소리뿐만 아니라, 가사와 시조도 눈으로 읽는 문학형태 가 아니라, 창(唱)이라는 발성 기법을 통해 청중에게 들려주는 것을 염두에 둔 문학 형태였으므로, 위에 언급한 두 시문학 전통의 유사성은 새로운 의미를 띠고 우리에 게 다가온다.

표로 삼았다.

이 책은 모두 아홉 편의 고대영시를 담고 있다. <베오울프>는 고대영시를 대표하는 서사시이다. 호메로스의 <일리아드>와 <오디쎄이>, 베르길리우스의 <아에네이드>가 지중해 문화권이 낳은 대표적 서사시들이라면, <베오울프>는 북구의 게르만 문학전통의 한 면을 보여주는 유일한 고대영어 서사시이다. 따라서 <베오울프> 한 편만 담은 책을 내려는 생각으로 출발했다. 그러나 <베오울프>의 번역을 끝내고 나니, 내가 좋아하는 몇 편의 짧은 시들도 함께 소개하고픈 마음이 들었다. 그래서 여덟 편의 시들을 함께 수록한다. 이른바 '극적 독백(Dramatic Monologue)'으로 분류되는 '방랑하는 사람'과 '바닷길 가는 사람,' 종교적인 내용을 담은 '캐드몬의 찬가'와 '십자가의 환영,' 작품의 일부분만 남아 있는 '폐허,' 애가(哀歌)의 전형으로 알려진 '버림받은 자의 탄식,' 그리고 전쟁시 '말돈 전투'와 '브루난부르흐 전투'가 그것들이다.

그러나 이 여덟 편의 시들은 별개의 작품들로 읽기보다는 <베오울프>라는 서사시의 연장선상에서 읽을 때에 그 의미가 깊어진다. 고대영시 전체에 흐르는 우수에 찬 삶에 대한 상념, 운명에 대한 달관, 인생무상의 철리를 끌어안는 체념, 영원한 신의 섭리에 귀의함으로써 위안을 얻으려는 노력, 이 모든 것을 표출하면서 한 편 한 편이 <베오울프>의 세계를 보완하고 설명해 주고 있기 때문이다. 비록 나의 손에 들려있지는 않으나, 마음의 귀로 들을 수 있는 고대 음유시인의 하프 소리를 독자들이 나의 우리말 번역을 읽어나가는 도중에 간헐적으로 들을 수 있었으면 하는 바람을 저버리지 않으면서 이 번역시집을 낸다.

차례

베오울프*

제1부

[1-52: 버려진 영아로 사람들이 발견하여 키운 쉴드가 자라나, 강력한 군주로 덴마크를 통치하다가, 노년에 이르러 그의 아들 베오우를 후계자로 남기고 죽음을 맞는다.]

그렇소!1 그 옛날 창쓰기에 능했던 덴마크인들의
군왕들이 얼마나 용맹스런 위업을 이룩했었는지—
그네들의 영광을 우리는 익히 들어서 알고 있지요.
쉴드 셰빙은2 막강한 적수였던 많은 부족들로부터

---

* 출전: 유일하게 남아있는 필사본은 대영박물관에 보관되어 있는 'Cotton Vitellius A. xv'이고, Julius Zupitza가 팩시밀리로 엮어 낸 *Beowulf*가 모든 학자들의 텍스트 연구의 출발점이다. 수없이 많은 edition들이 있으나, 연구의 근간이 되는 텍스트는 Fr. Klaeber의 Beowulf and The Fight at Finnsburg (3rd edition, 1922), A. J. Wyatt가 편집하고 R. W. Chambers가 재편집한 *Beowulf with The Finnsburg Fragment* (Cambridge University Press, 1920), 그리고 Elliot Van Kirk Dobbie가 편집한 *The Anglo-Saxon Poetic Records*, Vol. IV, *Beowulf and Judith*(Columbia University Press, 1953) 등이다. 그밖에 교재로 사용됨을 목표로 편집한 Bruce Mitchell과 Fred C. Robinson의 *Beowulf: An Edition* (Blackwell, 1998), R. D. Fulk, Robert E. Bjork, John D. Niles의 *Klaeber's Beowulf*, 4thEdition(Toronto, 2008), George Jack의 *Beowulf: A Student Edition* (Oxford Clarendon, 1994) 등이 있다. 이 중 어느 하나만을 선택하기란 지난한 노릇이다. 번역자는 어차피 이 모두를 상호 비교해 가며 작업을 할 수밖에 없기 때문이다.
1 '그렇소!'는 음유시인이 시 낭송을 시작하며 주의를 환기시키기 위해 하프를 퉁기면서 처음 내뱉는 간투사이다.
2 '쉴드 셰빙'은 덴마크 왕조의 시조이자, 이 작품의 이야기가 시작되는 시점에서 덴마크를 다스리던 임금 흐로드가르의 선조이다.

향연의 자리를 빼앗기를 여러 차례 하였고,   5

그로써 그네들의 수장들을 공포에 떨게 하였지요.

그는 처음에는 버림받은 아이로 발견되었으나,[1]

보살핌을 받고 자라 하늘 아래 우뚝 서게 되었고,

비견할 바 없이 영예로운 번영을 누리게 되었으니,

마침내 바다 건너 인접한 나라들은 그에게 복종하고   10

조공을 바치게 되었소. 참으로 군왕다운 분이었다오!

　그에게 아들이 하나 주어졌으니, 그 큰 궁궐에서

아장대는 아이였으나, 온 백성을 위무하려 하늘이

점지한 분이었지요. 그네들을 다스릴 주군도 없이

오랜 세월 간난에 시달려 온 그들의 고통을 주께서   15

아셨던 것이니, 생명의 주인, 영광으로 다스리시는

주께서는 세속의 영예를 그에게 허락하신 거였소.

쉴드의 아들인 베오우는[2] 명성을 떨치게 되었고,

그의 이름은 온 덴마크에 널리 퍼져 나갔지요.

젊은이는 응당 그래야 하듯, 부왕의 보호를 받는 동안,   20

사나이다운 업적을 이룩하고 넓은 아량을 베풀어,

노년에 이르러 전란에 맞부딪치게 되었을 때,

친족들과 충직한 신하들이 가까이 있는 축복을

---

1 덴마크의 전설적인 왕 쉴드는 어디에서 온지 모를 '버려진 아이'였다는 말이다.
한 왕조를 연 사람의 출생을 신비에 감싸는 것은 동서양을 막론하고 흔히 있는
일이다.

2 원문에는 'Beowulf'라고 되어 있으나, 쉴드 셰빙의 아들의 이름을 '베오울프'라고
밝혀 놓으면, 이 서사시의 주인공인 베오울프와 자칫 혼동될 수 있다. 많은 학자들
의 의견을 존중하여, 여기서는 '베오울프' 대신에 '베오우'라는 이름을 사용했다.

누릴 수 있는 것이지요. 어떤 부족의 일원이든,
사나이는 칭송받을 행동을 통해 번영하는 거라오.   25
　마침내 운명의 시각이 오자, 강력한 군왕 쉴드는
하느님의 품에 안기려 긴 여정에 오르게 되었소.
그에게 충성을 맹세하였던 한 무리의 전사들은,
덴마크의 임금이 살아생전에 분부하였던 대로,
파도치는 곳으로 그네들의 주군을 모셔 갔다오.[1]   30
그는 실로 오랜 세월 그들의 다정한 임금이었지요.
포구에는 환형으로 솟은 이물의 배가 얼음에 덮여
정박해 있었으니, 임금을 태우고 떠나갈 것이었소.
그들은 마침내 그네들의 다정한 주군—명성 드높던
임금을 배 한 가운데 돛대 바로 곁에 눕혀 드렸다오.   35
헤아릴 수 없이 많은 보물이 그곳으로 옮겨졌으니,
머나먼 여러 고장에서 가져온 진귀한 것들이었소.
그보다 더 웅장하게 치장된 배가 있었다는 이야기를
나 일찍이 들어 본 적이 없었으니, 무기며 갑옷이며,
장검이며 갑주들로 그득하였다오. 그의 가슴 위엔   40
많은 보화들이 수북이 쌓였으니, 그와 더불어 멀리
거친 파도 위에 실려 함께 떠나가도록 함이었다오.
옛날 그가 갓난아기였을 때, 넘실대는 파도 위에
그를 홀로 떠려 보냈던 사람들이 그랬던 것보다
못지않게 많은 보물들을, 온 백성의 정성을 모아,   45

---

[1] 여기 그려지는 쉴드의 장례는 일종의 수장(水葬)이다. 배 한가운데에 시신을 눕히고 많은 보화들을 함께 실어 망망대해로 떠나가게 하는 것이다.

이번에도 함께 떠내려 보내려는 참이었던 것이오.[1]
그에 더하여, 그네들은 그를 위한 금빛 깃발을
그의 머리맡에 높이 세워 펄럭이며 바다 위로
떠나가게 하였소. 그들 가슴엔 슬픔이 가득했고,
솟구쳐 흘러넘치는 눈물을 억누를 수 없었다오.   50
궁정 대신들이건, 전장의 전사들이건, 하늘 아래
어느 누가 이 보물을 받을지 아는 자가 없었다오.

[53-85: 베오우의 손자 흐로드가르의 통치에 이르기까지 덴마크에 평화가 지속된
다. 흐로드가르는 웅장한 연회장을 하나 짓도록 명하고, 그 건물에 '헤오로트'라는
명칭을 부여한다.]

  부왕이 지상의 삶을 뒤로 하고 떠나 버리자,
덴마크의 왕 베오우는 백성들의 사랑을 받으며
성채를 지켰고, 각국에 명성을 떨친 군왕으로   55
오랜 세월 통치를 하였더랬소. 베오우의 뒤를 이은
고매한 헤알프데네도 용명을 떨치며 노년을 맞았고,
영광을 자랑하는 덴마크인들을 한평생 다스렸다오.
많은 무리를 이끌었던 헤알프데네는 지상에서
그의 삶을 이어 나갈 자식들을 모두 넷 두었는데,   60
헤오로가르, 흐로드가르, 할가, 이렇게 세 아들과,

---

1 앞의 7행에서 밝혀진 대로, 어디로부터 떠내려온 아이인지 모른 채 덴마크인들이
그를 건져낸 것처럼, 이제 노왕 쉴드 셰빙은 그들의 애도 속에 다시 물 위로 떠내려
가는 것이다. 애초에 그를 떠내려 보냈던 사람들이 아기를 실은 배에 보물들을 함
께 실었었다는 언급은 그가 범상한 출신의 아기가 아니었음을 암시한다.

내가 듣기로는 오넬라의 왕비가 된 딸이 있었어요.

헤아소쉴빙이[1] 사랑했던 침실의 반려자 말씀이오.

   때 되어 흐로드가르에게 전승의 영광이 연거푸

주어지니, 다정한 친족들은 마음을 다해 그에게   65

충심으로 순종하였고, 마침내 이 젊은 군왕은

휘하에 수많은 전사들을 거느리게 되었다오.

그에게 희한한 생각이 떠올랐는데, 다름이 아니라,

백성들에게 명하여 큰 연회장을 지으려는 거였소.

일찍이 들어 본 적이 없는 웅대한 연회장을 지어,   70

노소 구별 없이 누구에게든, 하늘이 그에게 내리신

그가 가진 모든 것을─공공재산과 인명은 제외하고─

아낌없이 나누어 줄 장소로 삼으려는 것이었지요.

내가 들은 바로는, 포고령이 내려 널리 퍼지었으니,

방방곡곡의 많은 부족들이 이 공회당을 짓는 일에   75

참여하라는 것이었지요. 많은 사람들의 노력으로

얼마 지나지 않아 드디어 그 건물이 완성되었으니,

웅장무비의 대연회장이었다오. 지엄한 명령을 내린

흐로드가르는 이 궁전을 '헤오로트'라 이름 지었소.[2]

연회를 열어 보물들을 나누어 주겠다는 약속을   80

---

1 '헤아소쉴빙'('Heaðo-Scylfing')은 '전사 쉴빙'이란 뜻인데, 스웨덴의 왕이자 옹겐세
오우(Ongenþeow)의 아들인 오넬라(Onela)를 지칭한다.

2 '헤오로트'('Heorot')는 현대영어로 'hart'(사슴)에 해당하는데, 현대영어에서 'hart'와
'heart'가 발음이 동일하기 때문에 시인들이─이를테면 셰익스피어─동음이의어
(homonym)들로 이 두 단어를 사용하여 시적 기지를 보여준 것처럼, 고대영어에서
'심장'은 'heort'이기 때문에, '헤오로트'는 덴마크인들의 구심점이라는 의미도 동
시에 내포한다고 볼 수 있다.

흐로드가르는 어김없이 지켰다오. 그 궁전은
높고 넓은 박공들로 치솟았으니, 끔찍스런 불길이
그것을 삼킨 건 훗날의 이야기요. 그때만 해도,
돌이킬 수 없는 분쟁에서 연유한 적개심이
사위와 장인 사이에 솟아오르기 전이었다오.[1]   85

[86-193: 늪지대에 거주하는 괴물 그렌델이 헤오로트 궁을 공격하여 살육 행위를
일삼음으로써 덴마크 궁정을 초토화한다.]

  헌데 말이오, 어둠 속에 거주하는 막강한 악귀는
날이면 날마다 그 향연장에서 들려오는 떠들썩한
잔치 소리가 너무나 역겨워서 참을 수가 없었다오.
노상 들려오는 것은 현금(弦琴)을 뜯는 소리인데다
음유시인이 목청껏 읊어대는 시 낭송 아니었겠소?   90
태곳적부터 전해 내려오는 인류의 기원에 대한
이야기를 들려주었고, 전지전능하신 주님께서
이 굳은 대지뿐만 아니라, 냇물이 감돌아 흐르는
아름다운 초원을 또한 만드셨으며, 창공에 빛나는
해와 달은 물론이고, 지상에 거주하는 자들 위에   95

---

1 헤오로트궁이 종국에는 불타 없어진다는 사실은 <베오울프>라는 작품 속에서 일어
나는 사건들과는 전혀 무관하다. 그러나 흐로드가르의 딸 프레아와루(Freawaru)의
남편인 헤아소바르드인 잉겔드(Ingeld Heaðo-Beardna)와 그의 장인 흐로드가르가 서
로 불목하게 되어, 종국에는 헤오로트 궁마저 불타 버리게 된다는 사실을 여기서
미리 언급하는 것은, 인간이 열망하고 성취하는 것이 허망하게 소실될 수 있다는
진리를 단적으로 입증한다. 이는 고대영시 전체를 통해 일관되게 흐르는 인생무상
의 상념이기도 하다.

내리비치는 별들을 만드셨고, 이 땅의 곳곳마다
나뭇가지와 이파리들로 풍성하게 치장을 하셨고,
살아 움직이는 모든 종(種)들을 창조하셨다고 말이오.
왕을 따르는 무리들은 이처럼 즐거이 지내면서—
지옥에서 풀려나온 악귀가 천인공노할 극악행위를   100
저지르게 될 때까지는—행복을 만끽하였던 것이오.
그 끔찍스런 악귀는 그렌델이란 이름을 가졌는데,
음습한 늪지대 근처를 배회하면서, 그곳을 자신의
본거지로 삼는, 악명 높은, 변방의 유령 같은 자였소.
이 불운한 존재는 악귀들의 무리와 오래 지내었으니,   105
주께서 그를 카인의 후예로 지목하셨기 때문이었소.
영원하신 창조주께서는 그가 아벨을 살해한 죄를
응징코자 함이었지요. 카인은 아우와의 불화가
달갑지 않았으나, 주님은 그를 멀리 추방하신 거요
그 범죄로 인해 그는 인류로부터 격리된 것이었소.   110
이자로부터 세상의 모든 악귀들이 유래하였으니,
이를테면, 거인, 악귀, 악령 같은 존재들이었다오.
오랜 세월 주님의 뜻을 거슬러 반역을 일삼았던
무리 말이오. 주께서는 마땅한 응징을 내리셨지요.
　어둠이 내려 덮이자 그렌델은 곧 늪지대를 떠나   115
그 높이 솟은 회당을 찾아 나섰으니, 덴마크인들이
술 취해 잠들어 있는 모습을 보려는 심사에서였소.
마침내 악귀는 그 안에서 연회가 파한 뒤 곤히
잠든 왕의 부하들을 보았소. 이들은 슬픔이 무언지,

인간이 겪어야 할 고통이 어떤 건지 알지 못했다오.   120
이 저주받은 괴물은 살기등등하고 분노로 가득 차
달려들었고, 그들의 안식처에서 자그마치 서른 명을
낚아채었고, 그의 포획에 득의만면 의기양양하여
자신의 본거지인 늪지대로 유유히 되돌아갔으니,
그가 저지른 살육에 만족해하며 귀가한 것이었소.   125
  새벽이 와 동이 트고 날이 밝아오자, 그렌델이
자행한 만행을 목격한 사람들은 치를 떨었다오.
향연의 기쁨은 사라지고, 울부짖음이 뒤따랐으니,
이른 아침에 들리는 건 처절한 비명소리였다오.
출중한 군왕마저 참담하여 어찌할 바를 몰랐고,   130
그 악독한 괴물이 자행한 끔찍스런 만행 앞에,
막강한 군주임에도 속수무책 총신들을 잃고 나니
망연자실할 수밖에 없었소. 그 시련은 참담했고,
고통스러웠고, 지속적이었소. 더 지체하지 않고,
바로 다음 날 밤 악귀는 다시 나타나, 앞서보다 더   135
잔혹한 살육을 자행했으니, 가책이란 전혀 없었고,
그저 적개심에 찬 잔인한 살상에만 몰두하였다오.
그러자 많은 사람들은 목숨을 부지하기 위해
멀리 떨어진 곳에 침소를 마련하게 되었으니,
회당과 먼 데 있는 조그만 오두막들에서 말이오.   140
연회장을 공략한 그 악귀의 악의를 알고 난 뒤로
엄연한 진실을 직면한 때문이었소. 악귀를 피하고픈
자들은 멀리 머무름으로 생명을 부지하려던 거였소.

악귀는 이처럼 홀로 모두를 대적하면서 선에 맞서
악을 자행하였던 것이니, 마침내 웅장함을 자랑하던　　　　　　　145
대연회장은 텅 비게 되었다오. 한두 해가 아니었지요.
덴마크인들의 다정한 임금은 자그마치 열두 해 동안
온갖 번뇌와 고통과 슬픔에 시달려야만 하였다오.
그리하여 무릇 인류의 후손으로 자부하는 자라면
구슬프게 부르는 노래를 들어 모두 알게 되었다오.　　　　　　　150
그렌델이 흐로드가르를 대적해 오랜 세월 싸웠고,
구슬프게 부르는 노래를 통해 전해진, 이 악귀가
여러 해에 걸쳐 극악무도한 악행과 잔학행위를
쉬임없고 거침없이 저질렀다는 이야기를 말이오.
그렌델은 덴마크인들 어느 누구와도 화친하거나,　　　　　　　155
재물을 받고 뿌리 깊은 적의를 철회하지 않았다오.
제아무리 현명한 자일지라도, 어떤 방법을 써서
살육자의 손아귀를 느슨하게 만들 것인지 몰랐소.
죽음의 어두운 그림자를 드리워 주는 그 악귀는
그의 마수를 뻗침에 노소 구분을 두지 않았으니,　　　　　　　160
호시탐탐 기다려 언제고 급습하고는 하였다오.
어둠 속에서 이 괴물은 안개 낀 늪지대를 지켰으니,
아무도 언제 악귀들이 미끄러지듯 올지 몰랐다오.
　　인간의 적인 이 끔찍스런 괴물은 이와 같이
불시에 천인공노할 살육행위를 저지르고는 하였고,　　　　　　　165
극심한 폐해를 끼쳤으니, 어둠이 짙게 내려 깔리면,
화려하게 치장된 회당을 제집처럼 드나들었다오.

허나 주님의 영광을 예찬하는 제단 가까이에는

다가갈 수도, 주님의 사랑을 받을 수도 없었소.

덴마크의 왕은 번뇌에 빠져 의기를 상실하였소.   170

임금의 휘하에 있던 많은 현자들은 회의를 열어,

이 끔찍스런 재앙을 제거하기 위해서는

용맹스런 그네들이 무슨 대책을 세워 실행함이

가장 주효할 것인지 숙의에 숙의를 거듭했다오.

그들은 이따금씩 이교(異敎)의 신전을 방문하여   175

제물을 바치며 간곡한 청원을 올리기도 했다오.

영혼을 죽이는 이신(異神)이[1] 그들을 구원해 주고

백성들을 고통에서 해방시켜 달라고 말씀예요.

—그리 하는 것이 이교도였던 그네들의 풍습이자

유일한 희망이었다오. 그들 마음에는 지옥만 있었고,   180

인간 행위를 심판하시는 주님이 계심을 몰랐다오.

그들은 하늘나라의 수호자이시자 영광의 주이신

하느님을 예찬할 줄도 몰랐던 것이니, 참으로

슬픈 일이었소. 위험천만한 증오심에 가득 차,

지옥의 불구덩 속으로 인간의 영혼을 몰아넣다니!   185

위안이나 심경의 변화를 얻을 염도 없이 말이오!

죽음의 날이 지난 다음, 주님의 품을 찾아 안기어,

거기서 평온을 얻으려는 자는 축복받은 것이오!—[2]

---

[1] 여기에 언급된 이신(異神)은 기독교 신의 반명제(antithesis)가 되는 악마, 아니면 덴마크인들이 모신 것으로 추정되는 이교의 신—이를테면 바다의 신 오딘(Odin)—을 가리킨다.

헤알프데네의 아들은[1] 그가 처한 곤경에 대해

끊임없이 번민하고 심사숙고하였으나, 어떤 현자도   190

그 재앙을 물리칠 수가 없었으니, 그네들에게 닥친

간난은 너무 가혹하고 끔찍하고 집요한 것이었소.

그야말로 혹독하고 무서운 시련이요, 악몽이었다오.

[194-319: 기트 사람 베오울프는 덴마크인들을 구하려 고향을 떠나 항해한다. 베
오울프와 다른 전사들이 덴마크 해변에 도착하자 해안 경비병이 그들을 맞아 헤오
로트로 안내한다.]

기트의 임금 히겔라크의 용맹한 전사 하나가

그렌델의 만행에 대한 풍문을 들어 알게 되었소.   195

그는 당시 이승의 삶을 누리던 사람들 중에서

가장 강력한 육신의 힘을 보유한 고매한 용사였소.

그는 자신을 위해 튼튼한 배 한 척을 짓게 하였고,

선언하기를, 바다 건너에서 명성을 떨치는 군왕

흐로드가르가 도움을 필요로 하는 때가 왔으니,   200

그를 찾아가 조력을 제공하려 한다는 것이었소.

사려 깊은 사람들은 그를 애중하기는 하였으나,

그가 하려는 모험을 말릴 명분을 찾지 못했으니,

---

2 이 서사시에서 사건이 진행되는 시대적 배경은 기독교가 정착되기 이전이었다. 따
라서 시인은 흐로드가르가 다스리던 덴마크인들을 이교도로 그리고 있다. 그러나,
많은 학자들이 지적하였듯, 이 작품에 등장하는 주요 인물들이 들려주는 말들은
기독교적인 사상을 많이 담고 있다. 표면적으로는 이교도이지만 내면적으로는 기
독교의 교리에 교화된 존재들로 나타나고 있다는 아이러니를 보여 준다.

1 흐로드가르를 말함.

용사를 격려하고, 점괘로 길일을 택해 주었다오.
그는 용감한 기트의 사나이들 가운데에서도   205
가장 용맹스런 전사들을 추려 뽑은 연후에,
열네 명의 부하들과 배 있는 곳으로 향했소.
뱃길에 익숙한 뱃사람 하나 해변으로 향한 길을
그들에게 알려 주었고, 그들이 거기에 도착하니,
절벽 아래 넘실대는 파도 위에는 그들을 태우고   210
떠나갈 배 한 척이 때맞추어 기다리고 있었소.
전사들이 뱃머리를 향해 오르자, 조류는 굽이치고,
물결은 모래를 밀어붙였고, 배 한가운데에는
번쩍이는 무기들과 눈부신 갑옷들이 그득하였소.
사나이들은 배를 밀어 바다 위에 뜨게 하였으니,   215
그들의 항해를 위해 튼튼하게 지어 놓은 배였소.
파도를 헤치는 뱃머리 솟은 배는 바람에 밀려
바다 위를 나는 새처럼 미끄러지듯 나아갔고,
시간이 흘러 항해를 시작한 지 이틀째 되는 날
용틀임 뱃머리 자랑하는 배는 바다를 건넜으니,   220
마침내 뱃사람들 눈에 육지가 아스라이 보였소.
번득이는 해안 절벽이며, 가파른 언덕이며,
웅장하게 솟은 곶마루 말이오. 바다를 건넜으니
항해는 끝난 것이었소. 그러자 기트 사나이들은
재빨리 뭍에 발을 딛고, 타고 온 배를 정박시켰소.   225
그들의 갑옷—전투복—은 절그럭 소리를 내었고,
신의 은총으로 그들의 항해가 순조롭고 무사히

끝난 것에 대해 그들은 신에게 감사를 드렸소.

　그러자 망루에서 해안의 경계근무를 서고 있던
덴마크의 전사 하나가 그들을 발견하게 되었으니,　　　　　　230
보이느니 배 가운데 정렬된 번득이는 방패들과
준비된 병장기들인지라, 도대체 이자들이 무엇을
도모하는 자들인지 궁금한 마음을 금치 못하였소.
그래서 흐로드가르의 전사는 두 손으로 장창을
꼬나 잡고 해변으로 말을 몰아 달려 내려와서는,　　　　　　235
격식을 갖춘 말로 다음과 같이 묻는 것이었소.

　"이처럼 갑주를 떨쳐입고, 저 거칠게 물결치는
바다를 건너, 이 큰 배를 타고 이 해안에 당도한
그대들은 도대체 무슨 목적으로 온 전사들인가?
나에게 밝힐지어다. 내가 이 해안을 경비하며　　　　　　240
망을 보아 온 지 한두 해가 아니거늘, 여태껏
우리 덴마크 신민들에게 적의를 품은 적들이
군대를 이끌고 와 이 땅을 침범한 적이 없었다.
그 어떤 무사들도 그대들처럼 무엄하게 이곳을
범한 적이 없었을 뿐 아니라, 그대들은 내 상관,　　　　　　245
내 친족들로부터 허락을 받은 바가 없다. 헌데
나 일찍이 한 번도 그대들 중의 하나—저기 있는
갑옷을 떨쳐입은 저 전사보다 더 거구인 자를
본 적이 없으니, 평범한 무사가 아님이 분명하다.
외양이 실제와 다름없다면, 무장을 한 저 모습은　　　　　　250
참으로 장쾌하구나! 이제 예서 한 발자욱이라도

더 내디디려거든, 그대들의 신원을 내게 밝혀라.

덴마크인들의 땅을 염탐하려는 자들이라면,

예서 한 발자욱도 더 나아감을 허락하지 않겠다.

자, 멀리서 온 그대들, 바다 건너온 그대들,   255

내 결정은 확고하니, 들은 대로 행하라. 그대들은

어디서 온 자들인지 속히 밝히는 게 나을 것이다."

  기트인들을 이끌고 온 그들의 우두머리는

서슴없이 말문을 열어 당당하게 대답하였소.

"우리는 기트 족의 피가 흐르는 사나이들이고,   260

히겔라크 전하께 충성을 맹세한 수하 전사들이오.

나의 부친은 온 세상 사람들에게 널리 알려졌던

고매한 영주로서, 그분의 이름은 에지세오우였소.[1]

이 세상을 하직하시기 전 여러 해를 사시었고,

생전에 존경받는 어르신이었소. 온 세상을 통해   265

그분의 명성은 모든 현자들에게 널리 알려져 있소.

우리는 헤알프데네의 아드님[2]—그대의 주군이시며

백성들의 수호자이신 분—을 뵈오려는 선의를 품고

찾아온 것이오. 허니 우리를 따스히 맞아 주시구려!

우리는 덴마크인들의 명성 높으신 임금을 위해   270

크나큰 임무를 수행하려는 것이오. 나의 생각을

---

[1] 'Ecgþeow'란 이름은 'ecg'('검')와 'þeow'('섬기는 자')를 합성한 이름으로서, 그는 히겔라크의 누이의 남편이었다. 이 작품에 실제로 등장하지는 않으나, 베오울프가 그의 아들이므로, 기트의 임금 히겔라크는 베오울프의 외숙이다.

[2] '헤알프데네의 아드님'은 흐로드가르를 지칭한다.

감추려 하지 않겠소. 우리가 들은 것이 사실이라면,
덴마크 사람들에게 고통을 주는, 정체를 알 수 없는
어떤 괴물이 있어, 어두운 밤이면 어김없이 나타나
극악무도한 악행을 저지르고 살육을 일삼는다 하니,   275
이 문제에 대한 나의 생각을 흐로드가르 전하께
허심탄회하게 말씀드림으로써, 현명하고 용감하신
그분께서 이 악귀를 제압하고, 그로 인해 그동안
야기되었던 모든 폐해를 수습하여 상황을 원래대로
되돌려 놓으시어, 그동안 전하께 괴로움을 안겨 준   280
고뇌의 근원을 제거하실 수 있도록, 미력이나마
도움을 드렸으면 하는 것이 내가 원하는 바라오.
그렇게 되지 않을진대, 제아무리 웅대무비한
궁궐이 저 높은 곳에 서 있더라도, 전하께서는
끊임없는 고통과 번민에 시달리실 것이오."   285
　　연안 경비를 책임진 그 위풍당당한 전사는
말 위에 앉아 이렇게 말했소. "현명한 무사는
온당한 판단력을 지녔다면, 상대방의 언행이
일치하는지 아니 그러한지 분간해 낼 수 있소.
나는 이 한 무리의 사나이들이 덴마크 임금께   290
우호적임을 알겠소. 무장을 그대로 유지한 채,
가던 길을 계속하시오. 내가 안내해 드리리다.
또한 내 휘하에 있는 젊은 무사들에게 명하여,
그들의 명예를 걸고, 그대들이 타고 온 배를
지키고 있도록 하리라. 칠을 먹인 지 얼마 안 된   295

이 배가, 이 해변에서 그대들 돌아오기를 기다려,
둥글게 말린 뱃머리를 자랑하며 그대들을 다시
기트 족의 나라로 데려갈 수 있을 때까지 말이오.
용감히 싸우는 무사라면, 치열한 전투의 폭풍을
그대들이 무사히 헤쳐 나가기를 축원하겠소."   300
　　그리하여 그들은 길을 떠났소. 뱃바닥 넓은
선박은 닻줄에 단단히 묶여 꼼짝 않고 거기에
정박해 있었소. 황금 장식 햇빛 받아 번쩍이는,
굳게 달군 면갑은 멧돼지 문양으로 번득였소.[1]
용맹한 기상을 상징하는 이 문양은 무쇠같은   305
무사들의 목숨을 지켜 주는 방호벽이었다오.
전사들은 보무도 당당하게 걸음을 재촉했고,
마침내 도금을 한 웅장한 목재 건물을 보았소.
그것이 바로 세상 사람들 사이에 널리 알려진,
천하제일의 궁—막강한 군왕이 머무는 곳으로,   310
방방곡곡에 찬란한 빛을 발하고 있는 것이었소.
그러자 여태껏 길 안내를 맡아온 용맹스런 무사는
용감한 군왕이 거처하는 그 고대광실을 가리키며,
그리로 곧바로 가라고 말하였소. 출중한 전사답게,
그 경비 무사는 말 머리를 돌리며 이렇게 말하였소.   315
"나는 이제 그만 돌아가겠소. 전능하신 주님께서
은총을 베푸시어, 그대들이 감내코자 하는 모험을

---

1 투구의 옆면에 새겨진 멧돼지 문양은 기트 족들의 상징이었다.

무사히 마치기를 축수하오. 나는 해변으로 돌아가,
적들이 범접하지 못하도록 경계근무에 임하겠소."

[320-490: 베오울프가 헤오로트에 도착하자, 울프가르는 흐로드가르에게 그의 방
문을 보고하고, 흐로드가르는 울프가르에게 명하여 베오울프를 편전에 들게 한다.
베오울프는 자신이 그렌델을 퇴치하겠노라고 흐로드가르에게 장담하고, 흐로드가
르는 베오울프 일행을 환영한다.]

돌로 덮인 길을 전사들은 함께 걸었소.   320
장인의 손으로 촘촘하게 엮어 만든 갑옷은
햇빛을 받아 번득이며 밝은 빛을 발하였고,
무겁게 무장한 차림으로 궁에 도착했을 때,
철판을 조인 사슬은 절그렁 소리를 내었소.
항해에 지친 그들은 지고 온 넓은 방패들을   325
어깨에서 내려, 벽에 비스듬히 기대어 놓고,
걸상에 걸터앉았소. 전사들의 전투복장인
갑옷은 절그렁대었고, 모아 놓은 무기들은—
그네들의 장창들은—찌를 듯 솟아 있었소.
물푸레나무 장창들은 잿빛으로 서 있었고,   330
무사다운 그들은 무기를 소유할 만하였소.
마침내 어느 전사가 그들의 출신을 물었소.
  "이 화려한 방패들과 잿빛 나는 갑옷들과
면갑들과 많은 창들을 그대들은 어디에서
가져온 거요? 나는 흐로드가르의 전령이자   335
수하 장수요. 나는 아직까지 한 번도 이처럼

무겁게 무장을 한 외지인들을 본 적이 없소.
내 생각키에 그대들은 추방당한 것이 아니라,
웅지를 품고 흐로드가르를 찾은 것이라 믿소."

    용감무쌍한 우리 용사는[1] 그 질문에 답하였소.   340
당당한 기상의 사나이, 풍상 겪은 기트 족 전사는
투구를 쓴 채 말했소. "우리는 군왕 히겔라크의
식탁에 동석하는 자들이오. 내 이름은 베오울프—
그대의 주군이자 명성 높은 군왕, 헤알프데네의
아드님께,[2] 우리가 무슨 과업을 수행하려 이곳을   345
찾았는지 여쭙고 싶소. 전하께서 성총을 베푸시어
그분을 알현할 수 있도록 허락해 주신다면 말이오."

    웬들라스의[3] 사나이 울프가르가[4] 말하였소.
용맹스럽고 현명한 사람으로 그 평판이 자자한,
기개 높은 궁신 울프가르는 이렇게 대답했소.   350
"덴마크인들의 벗이자 주군, 우리들의 수호자,
명성 높은 군왕 흐로드가르 전하께 가서, 그대의
청원대로, 그대가 이루고자 하는 일을 여쭙고,
현명하신 전하께서 그대에게 내리시는 분부가
어떠한 것인지 알아 보고, 속히 알려드리리다."   355

---

[1] '우리 용사'는 베오울프를 말함.
[2] '헤알프데네의 아드님'은 흐로드가르를 말함.
[3] '웬들라스'(Wendlas)는 스웨덴 북부 지방인 벤델(Vendel)에 거주하는 사람들이란 뜻이다.
[4] '울프가르'(Wulfgar)는 'wulf'(늑대)와 'gar'(창)의 합성어로서, 처음 베오울프에게 질문을 한, 흐로드가르의 전령의 이름이다.

이렇게 말하고는, 궁신들과 함께 앉아 있는
백발이 성성한 노왕 흐로드가르에게 서둘러 갔소.
씩씩한 전령 울프가르는 덴마크인들의 주군에게
가까이 다가섰으니, 궁정의 풍습을 따랐음이오.
　다정한 임금을 향해 울프가르는 말하였소.　　　　　　　　　360
"바다 건너 멀리서 온 사람들이 있사온데,
이들은 기트 족의 나라에서 왔다고 합니다.
무장한 이들은 그 우두머리를 베오울프라는
이름으로 부릅니다. 이들은 전하를 알현하고
말씀을 여쭙기를 간곡히 청원합니다, 전하.　　　　　　　　　365
도량 넓은 흐로드가르여, 응답을 내리시되,
이네들의 간곡한 청원을 가납하여 주소서.
무장한 모습을 보니, 이들은 무사의 호칭을
족히 받을 만합니다. 이 무사들을 이끌고 온
우두머리는 실로 막강한 전사로 보입니다."　　　　　　　　　370
　덴마크인들의 수호자, 흐로드가르는 말했소.
"그가 어렸을 때 알고 지냈던 기억이 나오.
세상 떠난 부친의 이름은 에지세오우였는데,
기트 족의 왕 흐레델이 외동딸을 그에게 주어
아내로 맞게 했었지.¹ 헌데 그의 아들이 자라,　　　　　　　　　375
이곳을 찾아와, 아비와의 옛정을 되살리다니—

---

1 흐레델(Hreðel)에게는 세 아들과 외딸이 있었는데, 에지세오우(Ecgþeow)를 사위로
　삼았고, 베오울프는 에지세오우의 아들이므로, 흐레델의 아들이자 기트의 왕인 히
　겔라크(Hygelac)는 베오울프의 외숙이다.

화평을 위해 기트 사람들이 보내는 선물을
운반하던 선원들이 들려주던 말에 의하면,
이 청년은 남자 서른 명의 힘을 합친 것만큼
완력이 뛰어날 뿐 아니라, 전쟁에 임해서는   380
용맹 그 자체라는 것이었소. 성스런 주께서
우리 덴마크인들에게 은총을 베푸시려고—
바라건대, 그렌델이 주는 공포를 제거하라고—
이 전사를 보내신 듯하오.[1] 이 장쾌한 장도에
오른 것에 대해 나 그에게 포상을 해야겠소.   385
서둘러 들게 하오. 어서 들어와, 여기 모인
내 친족들을 만나서 우의를 다지도록 하오.
그들에게 분명히 말해 주오. 덴마크인들은
그들을 환영한다고—”

       [그리하여 그 전령은
문 밖으로 나가,][2] 임금의 뜻을 전해 주었소.   390
“덴마크인들의 수장이자 승리의 표상이신
전하께서 그대의 가계를 알고 계시다고 하며,
거친 파도를 넘어 용감하게 항해한 그대들을
기꺼이 맞아들이시겠다는 말씀을 하시었소.
자, 이제 흐로드가르 전하를 알현하기 위해   395

---

[1] 175행부터 언급된 덴마크 인들의 이교 신앙과는 배치되는 말이다. 그러나 이러한
   시대적 배경에도 불구하고, <베오울프>는 기독교적 사상이 그 근간을 이루고 있는
   작품임을 앞서 지적했다.
[2] 괄호 안의 부분은 Fr. Klaeber가 보완한 것이다. 389행의 off-verse와 390행의 on-
   verse에 해당하는 부분은 필사본에서 거의 판독이 불가능하다.

갑옷을 입고 투구를 쓴 채로 들어가도 좋소.
허나 전하와의 면담이 마무리될 때까지는
그대들의 방패와 장창은 여기 맡겨 놓으시오."

그러자 많은 무사들, 용맹스런 부하들과 함께
천하무적의 사나이는 일어섰소. 그중 몇 사람은,   400
대장이 명한 대로, 무기를 지켜 밖에서 대기했고,
나머지는 그를 따라 헤오로트 궁의 지붕 아래로
서둘러 들어갔소. 투구를 쓴 얼굴에 결의를 담고,
전사는 안으로 들어가, 곧 옥좌 가까이 다가갔소.

베오울프는 말하였소. 한 장인이 솜씨를 다해   405
정교하게 지은, 번득이는 철갑을 몸에 두른 채—
"흐로드가르여, 히겔라크의 친족이자 수하인
소장 인사 여쭈옵니다. 불초 소장은 소싯적에
많은 전공을 세운 바 있습니다. 그렌델에 대한
소문이 제 고향에 전해져, 소장도 들었습니다.   410
뱃사람들 이야기에 의하면, 일몰 뒤의 잔광이
저 높은 궁륭의 천공 아래에서 사라지고 나면,
이 궁전이— 이 이를 데 없이 웅대한 건물이—
전사들의 자취 하나 없이 텅 비게 된다 합니다.
그런 연유로, 흐로드가르 전하, 제 친족들 중   415
가장 사려깊고 현명한 분들이 의견을 모으길,
소장이 전하를 찾아뵈오라는 것이었습니다.
제가 힘깨나 쓴다는 것을 알기 때문이지요.
단번에 다섯 명을 상대로 싸웠던 전투에서

피투성이가 되어 귀환한 것은 말할 것 없고,   420
거인들 일족을 멸하였으며, 거센 밤바다에서
물귀신들을 몰살시켰고, 갖은 간난을 헤치고
기트인들에게 고통을 준 적들을—자업자득을
바란 자들을—벌했습니다. 이제 그 사악한 귀축,
그렌델이란 악귀를 소장이 홀로 대적하렵니다.   425
덴마크 사람들의 수호자이자 주군이시며
전사들의 방호벽이고, 선량한 백성들에게는
너그러운 친구이신 전하! 간원하는 바이온데,
제가 데리고 온 무쇠 같은 무사들의 무리를
이끌고 헤오로트의 환난을 제거하고자 하는   430
일념으로 이처럼 멀리에서 서둘러 왔사오니,
부디 소장의 소청을 물리치지 마시옵소서.
제가 듣기로는, 그 악귀가 오만방자하여
무기 사용을 가소로이 여긴다고 합니다.
소장 또한—저의 주군이신 히겔라크께서   435
이 말을 들으시면 기꺼워하실 것입니다만—
결투에 임함에 검이나 넓은 방패를, 갈색의
그 거추장스런 물건을, 들지 않을 것이오며,
불구대천의 원수처럼 맨손으로 마귀와 싸워,
서로 목숨을 내주든지 빼앗든지 할 것이오니,   440
생사 여부는 주님의 심판에 맡길 노릇입니다.
만약 마귀가 승리하면, 지난날 자주 그러했듯,
혈투가 벌어졌던 헤오로트 궁에서 이 흡혈귀는

걸귀답게 기트 족들을—사나이 중의 사나이들을
아무 거리낌없이 게걸스레 먹어치울 것입니다.   445
만약 제가 죽는다면, 저를 위해 장례를 지내 주실
필요도 없을 것이온즉, 피투성가 된 저의 몸은
적의 먹이가 되고 말 테니까요. 악귀는 유혈낭자한
제 육신을, 늪지대를 피로 물들이며, 걸신 들린 듯,
먹어치울 것이니, 저의 시신을 거두어 주실 걱정은   450
아예 하실 필요조차 없을 것이리라 사료되옵니다.
결투에서 패해 제가 죽으면, 제 가슴을 감싸고 있는
견줄 데 없이 견고한 이 갑옷—웰란드가[1] 만들었고,
한때 흐레델이[2] 입었던 이 갑옷을 히겔라크에게
보내십시오. 운명은 늘 갈 길을 가게 마련입니다."   455
　덴마크인들의 수호자 흐로드가르가 말했소.
"지난날에 오고 간 후의와 호혜를 기억하고
그대는 우리를 찾아온 것이오, 나의 벗, 베오울프.
그대 부친은 불화를 불러 최악의 분쟁을 야기했소.
월핑 사람들 중 하나인 헤아솔라프를 그분이 그만   460
살해하게 되었고, 그 사건 때문에 기트 족 사람들은
그대 부친이 평화를 위협하므로 포용할 수 없었소.[3]
그래서 그분은 고향을 떠나 바다를 건너 남덴마크

---

1 웰란드(Weland)는 북구 신화에 등장하는 장인(匠人)의 이름인데, 그는 대장간의 수호신이다.
2 흐레델(Hreðel)은 히겔라크(Hygelac)의 아버지이자 베오울프의 외할아버지이다.
3 고대영시에 자주 등장하는 종족간의 분쟁(feud)의 한 예이다. 월핑 족(Wylfings)은 게르만 족의 한 분파였다.

사람들—명예를 숭상하는 덴마크인들을 찾았다오.

그때 나는 마악 덴마크를 통치하기 시작했었고,   465

비록 젊은 나이였지만, 광활한 왕국은 물론이고

전사들로 그득한 강한 성채를 보유하고 있었다오.

헤알프데네의 장남이자 내 형인 헤오로가르는

이미 돌아간 뒤였소. 나보다 나은 왕재였는데—

그 후 나는 재물을 매개로 분쟁을 매듭지었는데,   470

멀리 바다 건너 월핑 족에게 보물들을 보내서였소.[1]

그래서 그대 부친은 나에게 우정을 맹세하였다오.

적의에 가득 찬 그렌델이 헤오로트 궁에 얼마나

큰 굴욕을 가져왔고 급작스런 공격을 가해 왔는지

누구에게 들려줄 때면, 내 가슴은 슬픔에 북받치오.   475

궁궐을 가득 채우던 궁신들, 용맹스런 내 부하들은

그 세가 기운 지도 오래이니, 암울한 운명이 그들을

그렌델의 그늘로 거둬 갔다오. 신께서 원하신다면,

극악무도한 악귀의 횡포를 막아 주실 수 있으리오.

용감한 나의 전사들은, 술을 들이키며 취기 어린   480

가운데, 여러 차례 호언장담을 하고는 하였다오.

연회장에 그대로 기다렸다가, 일합필살(一合必殺)의 검으로

그렌델의 급습을 격퇴하여 버리겠노라고—

---

[1] 여기서 재물을 보냄으로써 부족간의 분쟁을 마무리지었다는 말은, 복수를 위해 부
족간의 살상행위가 끝없이 지속되는 악순환을 끊기 위해 '몸값'(wergild)을 지불하
는 행위에 대한 언급이다. 베오울프의 아버지 에지세오우가 월핑 사람인 헤아솔라
프를 죽였으므로, 기트 족과 월핑 족 사이에 한 없이 지속될 복수의 싸이클을 흐로
드가르가 '몸값'을 지불해 줌으로써 매듭지었다는 말이다.

그러나 날이 밝아 오고 햇살이 밝게 비추면,

이 음주 향연의 회당은 피로 흥건히 젖어 있었고,   485

식탁이며 걸상이며 흩뿌린 피로 얼룩져 있었으니,

도살장과 다름없었소. 나에게 충성스런 신하들,

내 아끼던 담대한 전사들은 죽고, 수가 줄었다오.

이제 잔치를 위해 자리에 앉고, 마음 내키는 대로

그대 생각과 지난날 이룬 업적들을 들려주오."   490

[491-668: 베오울프를 환영하는 향연이 헤오로트에서 벌어진다. 심기가 상한 운퍼
스는 베오울프의 용력을 비하하는 말을 하고, 베오울프는 이에 멋들어진 응수를
한다. 연회는 화기를 되찾고, 베오울프는 왕비에게 그렌델과의 일전에서의 승리를
다짐한다. 향연이 끝나고, 흐로드가르는 침소에 든다.]

   그리하여 기트 사람들이 자리를 함께하도록

그 큰 회당 안에 연회석이 별도로 마련되었고,

강한 의지의 사나이들은 그들 힘을 굳게 믿으며

안으로 들어와 자리에 앉았소. 철철 넘쳐나는

화려한 문양 새긴 잔을 전사 하나 손에 들고 돌며,   495

거품 이는 술을 권했소. 그동안 음유시인의 노래는

헤오로트에 울려 퍼졌고, 사나이들은 즐거워하며,

덴마크인, 기트인, 가리지 않고 어울리는 것이었소.

   덴마크인들의 주군 발치 가까이 앉아 있던

에질라프의 아들[1] 운퍼스는, 역증을 억누르지 못해,   500

---

1 운퍼스(Unferð)를 말함. 에질라프(Ecglaf)라는 이름은 'ecg'(검)와 'laf'(남은 것)의 합
  성어.

입을 열었소. 배짱 두둑한 뱃사람 베오울프의 말은

그의 심기를 불편하게 만들기에 부족함이 없었으니,

자신을 제외하고, 하늘 아래 그 어느 누구일지라도

자신보다 장쾌한 업적을 이룩할 수 있다는 사실을

천하없어도 인정할 수가 없었기 때문이었다오.   505

"그대가 넓은 바다를 헤엄쳐 건널 수 있는지

브레카와1 경합을 벌였던 그 베오울프요?

당신들은 허풍을 떨며 바다에 뛰어들었고,

바보 같은 허장성세로 인해 깊은 바다에서

목숨을 걸었지. 친구가 되었든, 적이 되었든,   510

그 어느 누구도, 두 사람이 바다에 뛰어들 때,

미련하기 짝이 없는 둘을 말릴 방도가 없었지.

그래서 두 사람은 바닷물을 두 팔에 끌어안고

파도를 헤치려 허우적대었고, 바쁜 손놀림으로

물살 위를 미끄러졌지. 바다는 파도로 부풀었고,   515

겨울이라 그랬던 거야. 당신들 둘은 바다에서

일곱 밤을 보내야 했으니, 수영에서 승리해야

힘이 더 센 자가 되기 때문이었지. 아침이 되자,

브레카는 헤아소래마스2 족의 해변에 도착했소.

거기서 그는 정다운 고향 땅으로 향하였으니,   520

그의 동포에게 정다운 곳, 브론딩 사람들의 땅,

---

1 브레카(Breca)는, 나중에 521행에서 밝혀지듯, 게르만 족의 한 분파인 브론딩가스
   (Brondingas)의 족장이었다.

2 '헤아소래마스'(Heaþo-Ræmas)는 노르웨이 남부에 살던 부족의 이름이다.

브레카의 친족들과 도회와 보물들이 있는
아름다운 요새 아니었겠소? 당신에게 한 맹세를
베안스탄의 아들은[1] 한 치의 오차 없이 이행했소.
자, 그렇다면 이제 똑같은 실패를 예측할밖에—   525
밤새워 그렌델을 맞으려 기다린다 해도 말이오.
당신이 숱한 전투에서 승리를 거둔 바가 있고,
혈전을 견디고 무사히 살아났다고는 하지만—"
　에지세오우의 아들 베오울프가 말하였소.
"이보게, 운퍼스, 내 친구, 당신은 술에 취해   530
브레카에 대해 너무 장황하게 늘어놓으면서
그자가 이룬 걸 너불댔소! 진실을 말하자면,
나는 어느 누구보다도 거친 파도에 부대끼며
바다를 헤쳐 나갈 용력이 우월한 사람이라오.
그 시절 나와 브레카는 둘 다 철없는 나이였고,   535
그래서 우리는 어리석은 오기로, 바다에 나가
목숨을 걸고 내기를 하자고 의기투합한 거였소.
그리고 미욱하게도 그 약속을 실행에 옮겼소.
둘이 바다를 헤엄쳐 갈 때 우리 둘은 손에
칼집에서 꺼낸 날 선 칼을 쥐고 있었는데,   540
이는 고래들의 공격에 대비하려 함이었소.
거품이 이는 파도와 싸워가며 우리 둘은
서로 앞서거니 뒤서거니 헤엄쳐 나갔다오.

---

1 '베안스탄(Beanstan)의 아들'은 브레카(Breca)를 말한다.

이렇게 우리는 바다에서 다섯 밤을 보냈고,
마침내 몰아치는 물결이 우리를 갈라놓았소.   545
거친 파도며, 살을 도려내는 매서운 추위며,
칠흑 같은 어둠이며, 사납게 몰아치는 북풍이
우리를 덮쳤고, 물살은 더욱 맹렬해졌다오.
바닷속 괴물들은 분노로 요동치게 되었으나,
장인들이 손으로 단단히 엮어 만든 내 갑옷은   550
사나운 포식자들로부터 나를 보호해 주었소.
금 세공으로 화려하게 장식된 정교한 갑옷이
내 가슴을 덮고 있었거든. 증오에 찬 아귀가
악착스럽게 나를 바다 바닥까지 끌고 갔었소.
그 억센 악력이라니— 허나 다행스럽게도   555
그악스런 그 귀축을 내 검으로 무찔렀다오.
내 전검(戰劍)으로 말요. 혈전에 혈전을 거듭하여
심해의 막강한 마물을 내 손으로 마무리하였소.
역겨운 괴물들이 나를 향해 집요한 공격을
끊임없이 해왔다오. 한편 나는 나대로 적절하게   560
응수를 하였소. 날카로운 내 검으로 말이오.
바다의 포식자들이 나를 먹어치우려 제아무리
요동쳐도, 그것들의 식탐이 만족될 수는 없었소.
바다 밑 원탁에 둘러앉아 회식을 하고 싶었겠지만—
아니, 오히려, 날이 밝아오자, 내 칼에 난자되어,   565
그것들은 거품 이는 해변에 떠오르게 되었으니,
그 뒤로는 일렁이는 파도를 헤치고 바닷길 가는

뱃사람들이 그네들의 뱃길을 따라 항해하는데
아무런 장애물이 없었소. 주님의 밝은 빛이라 할
먼동이 터 오자, 격랑은 차츰 가라앉게 되었고,   570
그래서 거센 바람 맞으며 선 절벽으로 이루어진
곳을 볼 수 있었소. 아직 죽을 운이 아닌 자라면,
운명은 가끔 유예를 해 준다오. 그 용기가 가상하면—
어찌됐든 나는 내 검 한 자루로 바다 밑 괴물들을
자그마치 아홉이나 죽였는데, 이 넓은 하늘 아래   575
칠흑 같은 밤에 그보다 치열한 싸움이 있었다거나,
바다에서 그보다 더한 시련을 겪은 사람이 있었다는
이야기를 들어본 적이 없소. 지칠 대로 지쳤지만,
나는 귀축들의 마수에서 내 몸을 구출해 내었고,
조수에 밀려 마침내 핀 족들의 땅에 이르렀다오.   580
그건 그렇고, 그처럼 치열한 혈투를 치른 경험이
당신에게도 있다는 이야기를 들어본 적이 없소.
브레카가 되었건, 그대가 되었건, 어느 한 쪽도
검광이 엇갈리는 불꽃 튀는 칼부림을 무릅쓰고
담대무비한 전투에 임한 전력을 갖지 못하였소.   585
이는 굳이 내 전과(戰果)를 자랑하려는 게 아니오.
하기사 당신은 친형제들을 도륙한 전과(前過)를
자랑스러워할지는 몰라도—. 제아무리 영민해도,
죄업 때문에 지옥에 떨어지는 저주를 받을 것이오.
에질라프의 아들은 들으시오. 확실히 말하는데,   590
만약 그대가 장담하는 만큼 그대가 담력이 있고

충성심에 충만한 자였더라면, 그렌델인지 하는
그 고약한 괴물이 그토록 견디기 힘든 숱한 치욕을
감히 그대의 주군에게 안겨 주지는 못했을 것이오.
그러나 승리할 숙명을 타고났다는 덴마크인들의   595
노기에 찬 반격이나 격렬하게 몰아치는 칼바람이
오지 않으리라는 것을 그렌델은 이미 알았던 것이오.
그렌델은 덴마크인이라면 가리지 않고 무자비하게
횡포를 가하고, 강압적인 힘으로 희생을 강요하고
강탈을 일삼되, 덴마크인들의 저항을 겁내지 않소.   600
그러나 나는 이제 곧 그렌델에게 기트 사나이들의
기운과 기개를 과시하며 우리가 어찌 싸우는지를
보여 줄 것이오. 살아남은 사람은 상쾌한 기분으로
초원을 향해 걸을 것이오. 새날이 밝아 아침 햇살이
환하게 쏟아져 내리고, 태양은 눈부신 의상을 입고   605
남녘 하늘로부터 사람들 머리 위를 비추오리다.”

　　이 말을 듣고, 보물의 하사자(下賜者), 백발 성성한
백전노장은 기뻐했으니, 덴마크인들의 수호자인 그는
가뭄에 단비를 만난 듯했다오. 만백성들의 보호자는
베오울프에게서 견인불발의 결의를 들었던 것이오.   610
웃음소리로 시끌벅적한 연회장은 기쁨으로 넘쳤고,
정겨운 말들이 오갔소. 흐로드가르의 비(妃) 웨알흐세오우는[1]

---

1 웨알흐세오우(Wealhþeow)라는 이름은 ‘wealh’(‘켈트 족의’ 또는 ‘외국의’)와 ‘þeow’
　(‘포로가 된’, ‘납치된’), 두 단어가 합성된 것으로, ‘켈트 족으로부터 [아니면, 외국에
　서] 납치해 온’ 여인이라는 의미를 담고 있다.

예의를 갖춘 몸가짐으로 걸음을 옮겨 앞으로 나왔고,
보석으로 치장한 그녀는 연회장 안의 사나이들에게
다정히 인사하며, 큰 잔으로 한 순배씩 돌게 하였소.   615
먼저 덴마크인들 나라의 수호자에게 잔을 올리며,
만인이 우러르는 군왕이기에, 호탕한 기분으로
술자리를 즐기시라 축원하였소. 위풍당당한 왕은
질펀하게 진행되는 잔치에 기꺼이 동참하였소.

　그러자 헬밍 가(家)의 여인은[1] 여기저기 돌며,   620
모여 앉은 무사들—역전의 용사들과 젊은이들—에게
소중한 잔으로 술을 권했고, 화려하게 치장을 한
우아하기 그지없는 여왕은 미드 술로 넘쳐나는[2]
술잔을 들고 드디어 베오울프에게 다가갔다오.
여왕은 우아한 말로 기트의 사나이에게 인사하고,   625
신에게 감사드렸으니, 그녀의 소원을 들어주시어,
마침내 극악한 살육에 종지부를 찍을 사나이가
나타났기 때문이었소. 천하무적의 전사 베오울프는
여왕 웨알흐세오우의 손에서 술잔을 받아 들고는,
악귀를 퇴치하려는 결의를 담아 이렇게 말하였소.   630
　에지세오우의 아들 베오울프는 말하였소.
"소장이 부하들을 거느리고 바닷길에 올라
배 안에 앉아 있을 때, 소장은 결심하였습니다.

1　헬밍 사람들(Helmingas)은 왕비 웨알흐세오우(Wealhþeow)의 친정 식구들이다.
2　'미드'(mead; 고대영어로는 'medo' 또는 'medu')는 앵글로쌕슨 시에 자주 등장하는 술
　의 한 종류인데, 벌꿀로 빚은 달콤한 술이다.

천하없어도 전하 백성들의 소망을 이루어주든가,

죽기로 싸우다가 악귀의 악착같은 손아귀에서   635

죽을 것이라고요. 사나이에게 어울리는 과업을

반드시 이룰 것입니다. 그렇지 못할진대, 소장은

차라리 바로 이 회당 안에서 숨을 거두겠나이다.”

담대무쌍한 기트의 사나이 베오울프의 이 말은

그 여인을 몹시 기쁘게 하였고, 찬란한 장식을 한   640

백성들의 여왕은 다시 부군 곁으로 가서 앉았소.

　그러자 회당 안에서는 다시 전과 마찬가지로

생기에 찬 말들이 오갔고, 즐거워하는 사람들의

왁자지껄한 소리로 넘쳐났소. 시간이 좀 흐르자

헤알프데네의 아들은¹ 그 밤의 휴식을 취하려   645

침실에 들기를 원하였소. 그는 그 고대광실에서

그 혐오스런 악귀가 획책한 난동을 알고 있었소.

그들이 아침 햇살을 처음 접한 바로 그 순간부터,

밤이 깊어가매 모든 것이 어둠에 뒤덮여 버리고,

구름장 아래 그림자 같은 형상이 미끄러지며   650

다가올 때까지 말이오. 모두 자리에서 일어났고,

사람들은 헤어지며 서로 밤 인사를 나누었소.

흐로드가르는 베오울프에게 행운을 빌었고,

거대한 회당을 그에게 맡기며, 이렇게 말했소.

“내가 내 손으로 방패를 들 수 있게 된 뒤로,   655

---

1 흐로드가르를 지칭함.

나는 아직 단 한 번도 그대 말고 그 누구에게도
이 웅장한 덴마크의 궁전을 맡겨 본 적이 없네.
자, 모든 건물의 으뜸인 이 궁을 그대에게 맡기네.
영광만을 기억하게. 용명을 떨치게. 악귀를 조심하게.
그대가 이 극한의 시련을 극복하고 살아남는다면,   660
그대에게 주어질 보상은 부족함이 없을 것일세."
그러고 나서 덴마크인들의 군왕 흐로드가르는
그의 궁신들과 더불어 궁전 밖으로 걸음을 옮겼어요.
젊음을 전진(戰塵) 속에서 보낸 노왕 흐로드가르는
왕비 웨알흐세오우를 찾아 침소에 들기를 원했어요.   665
사람들이 알게 되었듯, 영광의 군왕은 한 무사에게
그렌델의 침공에 대비해 궁전을 맡겼고, 덴마크 왕의
특명을 받은 그는 괴물의 출현에 앞서 경계에 임했소.

[669—836: 베오울프는 그렌델이 나타나기를 기다리며 경계를 늦추지 않는다. 마
침내 그렌델이 나타나 전사 한 명을 먹어치운다. 그렌델과의 육박전에서 베오울프
는 그렌델에게 치명상을 입히고, 그렌델은 떨어져 나간 팔 하나를 남기고 도망친
다.]

 이 기트 사나이는 자신에게 주어진 막강한 힘과
하느님의 가호가 있을 것을 믿어 의심치 않았다오.   670
그런 연유로 그는 철로 지은 갑옷을 벗어 버리고,
투구도 벗어 던지고, 무릇 검 중에서도 으뜸가는
화려한 문양 새겨진 검을 시종에게 건네주면서,
이 전쟁 장구(裝具)들을 잘 간수하라고 일렀어요.

그리고 나서, 이 용사—기트 사나이 베오울프—는   675
침대에 눕기 전에 몇 마디의 호언을 잊지 않았소.
"나는 무사다운 기개로 일전을 겨룸에 있어
내 용력이 그렌델보다 못하다고는 생각지 않네.
해서 검으로 그렌델의 목숨을 빼앗고 싶지는 않아.
내가 마음만 먹으면 그리 할 수도 있겠지만 말야.   680
그렌델이 극악무도한 짓을 저지를 힘은 가졌지만,
나를 제압하고 내 방패를 부수는 데에 도움이 될
별다른 도구는 없어. 그놈이 무기 없이 싸울 거라면,
우리 둘은 온 밤을 맨손으로 맞붙어 사생결단을
내어도 좋아. 그러노라면 어지신 하느님, 성스런   685
주님께서는, 그분이 온당하다고 판단하시는 대로,
어느 쪽에 승리를 안겨 주실지를 결정하시겠지."
    말을 마친 역전의 용사는 베개에 머리를 괴고
침상에 눕는 것이었소. 그 주변의 마룻바닥 위에
함께 바다를 건너온 숱한 용사들이 드러누웠소.1   690
그네들 중의 어느 한 사람도, 그리운 고향 땅에
다시 돌아가, 가족들과 재회를 하고, 그가 자란
정다운 고장을 볼 것이라고는 생각하지 않았소.
아니, 오히려 그들이 지금 누워 있는 연회장에서
너무나 많은 덴마크 사람들이 잔혹한 죽음을   695

---

1 역자는 이 부분을 읽을 때마다, 르네상스 시대의 이탈리아 화가 만테냐(Mantegna)가
그린 '정원에서의 고뇌'를 떠올리고는 한다. 예수께서는 당신을 체포하러 오는 로
마 군인들이 멀리 보이는데, 제자들은 주변에 곤히 잠들어 있고, 절체절명의 고독을
느끼며 하늘을 향해 기도드리는 모습이 그것이다.

맞은 것을 들어서 알고 있었소. 그러나 주께서는
풍상을 겪어 온 기트 사람들에게 승리의 행운을,
위안과 지원을 베푸시었으니, 그네들은 마침내,
한 사람의 힘으로, 적을 완전히 제압했던 것이오.
전지전능하신 하느님께서는 항상 인간 세상을   700
다스려 오셨고, 또 그리 하실 것이라는 진리는
잘 알려진 바가 아니요?
                    칠흑 같은 어둠을 타고
밤의 방랑자는 그림자처럼 왔소. 박공으로 덮인
전당을 지켜야 할 전사들은 다 잠들어 있었다오.
한 사람만 빼고 말이오. 주의 뜻이 그렇지 않다면,   705
악귀는 인간들을 결코 어둠의 장막으로 이끌 수
없다는 것은 인간들에게 잘 알려진 사실이지요.
솟구치는 분노를 억누르며, 전사는 악귀를 기다려
대결의 결과가 어서 분명해지기를 학수고대했소.
  그러자 안개 자욱한 비탈 아래에 펼쳐진 늪으로부터   710
주님의 분노를 온몸에 받는 그렌델이 서서히 다가왔소.
인간세계를 궤멸시키고자 하는 이 고약한 괴물은
고대광실에서 우선 한 명을 낚아채려는 것이었소.
괴물은 구름장 밑으로 회당을 향해 다가왔던 것이니,
마침내 금박으로 찬란한 빛을 발하고 있는 궁궐이   715
그의 시야에 들어왔소. 하기야 흐로드가르의 궁을
그가 찾아오게 된 것은 이번이 처음은 아니었지요.
괴물은 살아생전에—이번 일의 전후를 막론하고—

궁을 지키는 전사들이 그토록 버거웠던 적이 없었소.
삶의 모든 기쁨으로부터 소외된 이 침입자는 드디어
대전을 향해 발길을 옮겼소. 굳게 벼린 쇠로 된 빗장을
괴물이 움켜잡고 뒤틀자, 대문은 활짝 열리고 말았소.
분노로 온몸을 치떨며, 괴물은 문짝이 뜯어져라 하며
열어젖히는 것이었소. 그러고 나서 순식간에 괴물은
눈부신 문양이 새겨진 궁궐 바닥에 발을 디뎠고,
분노에 차 걸어 들어왔소. 괴물의 두 눈에서는
추악한 빛을 내뿜는 불길이 이글이글 타올랐소.
괴물은 대전 마루 위에 잠들어 있는 사나이들—
생사를 함께하기로 맹세한 한 무리의 용사들—
젊은 전사들을 보았소. 그러자 날이 밝기 전에
그들의 육신을 갈가리 찢어 생명을 빼앗은 후에
먹어치우려는 기대로 괴물은 환호작약하였고,
진수성찬을 목전에 둔 괴물의 입은 가득 고이는
침으로 넘치는 것이었소. 그러나 날이 새기 전에
괴물이 더 많은 사람들의 목숨을 빼앗을 것을
운명은 허락하지 않았다오. 히겔라크의 조카¹—
막강한 전사—는 이 잔악한 살육자가 무슨 급작스런
동작으로 공격해 올지 경계를 늦추지 않았소.
극악무도한 괴물은 일말의 여유도 주지 않고
곤히 잠든 전사 하나를 재빨리 손아귀에 움켜잡아

720

725

730

735

740

---

1 베오울프를 말함.

사정없이 찢어발겨 한 입에 덥석 물며, 흥건히
흘러내리는 피로 범벅이 된 살점들을 주저 없이
꿀떡 삼켜 버리는 것이었소. 죽은 사나이의 몸을
발이고 손이고 하나도 남김없이 눈 깜짝할 사이에
먹어치우는 것이었소. 괴물은 한 발짝 더 다가서며   745
자리에 누워있는 담대무쌍한 전사를 두 손으로
움켜쥐었다오. 악귀는 베오울프에게 손을 뻗쳤으나,
베오울프는 괴물의 손을 서슴없이 거머쥐고 나서,
한쪽 팔로 바닥을 짚으며 벌떡 몸을 일으켜 앉았소.
  악행을 일삼던 악귀는 곧바로 알아채게 되었으니,   750
이제껏 이 세상에서 이보다 더 억센 악력을 일찍이
어느 누구에게서도 느껴 본 적이 없었음을 말이오.
적어도 이승에서는 말이오. 그렌델은 기가 죽었고,
내심 주눅이 들었으나, 빠져 나갈 방도가 없었구려.
악귀는 전사의 아귀를 벗어나 다른 악귀들이 있는   755
제 처소로 돌아가려 몸부림쳤소. 악귀가 거기서
부닥친 것은 이제껏 체험한 적이 없는 것이었소.
그러자 용사는, 히겔라크의 친족은, 그가 간밤에
들려주었던 호언을 기억하고는, 벌떡 일어나,
그렌델을 공격하였소. 손가락들은 부러져 나갔고,   760
괴물은 도망가려 몸부림쳤으나, 용사는 윽죄었소.
액운을 맞은 괴물은, 그렇게 할 수만 있다면,
그곳으로부터 멀리 멀리 달아나 제 칩거지로
돌아가고 싶었다오. 분노에 찬 용사의 손아귀에서

그의 힘을 알아챈 것이었소. 그 고약한 괴물이   765
그날 밤 헤오로트를 찾은 것은 큰 불운이었구려.
  전사들의 회당은 진동하였고, 덴마크인 모두에게,
도회의 거주자들에게, 용사 한 사람 한 사람에게,
전사들에게 공포가 몰려왔소. 회당에서 치열하게
맞붙은 둘은 분노에 찼고, 건물 전체가 흔들렸소.   770
죽기로 싸우는 두 적수들의 몸부림에도 불구하고
그 회당이, 그 궁전이 와르르 무너져 내리지 않은 것은
놀라운 노릇이었소. 그 궁궐은 안과 밖을 막론하고
무쇠 테를 굳게 두르고 조여 놓은 것이었으니, 석공들이
기예를 다해 지은 건물이었소. 분기탱천한 적수들이   775
격투를 하는 중에, ― 내가 듣기로는 ― 금으로 치장한
많은 장의자들이 마룻바닥에서 퉁겨져 날았다고 해요.
상아로 장식된 그 장엄한 궁전을 그 어느 누구든
어느 때에건 어떤 방법으로든 깨뜨릴 수 있을 것이라고
상상이라도 해 본 사람은 덴마크의 현자들 가운데에는   780
그때까지 하나도 없었지요. 그 궁전이 불길에 휩싸여
타 버리기 전에는 말예요. 여태껏 들어본 적이 없던
외마디 소리가 들렸고, 북부 덴마크의 사람들에게―
그네들 한 사람 한 사람에게― 공포가 엄습하였으니,
벽에 울리는 고통에 겨운 비명을 들었기 때문이었소.   785
그것은 주님의 적이 내지르는 끔찍스런 비명이었으니,
지옥의 노예가 아픔을 못 견뎌 지르는 참패의 소리였소.
인간들 가운데 가장 막강한 힘을 소유한 전사,

베오울프는 악귀를 완전히 제압하였던 것이니,
천하없어도 악귀를 놓아주지 않을 셈이었다오.   790
   전사들의 우두머리는 도살을 일삼는 침입자를
천하없어도 그대로 살려 보낼 마음이 전혀 없었고,
그럴 참이면 자신의 목숨도 값어치 없는 것이라고
여겼지요. 그러자 베오울프의 수하 무사들은
일제히 자신이 자랑하는 보검을 뽑아 들고는,   795
그리 할 수만 있다면, 그들의 자랑스런 지휘관,
그네들의 두목의 생명을 수호하려 하였어요.
용감히 전투에 임한 전사들은 악귀의 육신을
도륙하여 그것의 영혼을 찾아내고야 말리라 하며
격렬한 결전에 몰입했지만, 미처 알지 못하였소.   800
제아무리 잘 벼린 검이라 할지라도—그것이 설령
이 세상에 존재하는 최상의 보검이라 할지라도,
그 사악한 귀축에게 아무 상흔도 입힐 수 없음을.
왜냐하면 그 악귀는 비열한 마법의 힘을 빌려
그들의 무기들을 무력하게 만들었기 때문이었소.   805
그렌델의 최후는, 그에 이르는 과정이야 어떠했든,
비참할 수밖에 없었소. 그리고 그 외로운 영혼은
악귀들의 영역을 향해 먼 길을 떠나야만 하였소.
   그리하여 이제껏 수많은 악행들을 저지르면서
인류의 가슴에 고통을 안겨 주고는 하였던 그는   810
자신이 감히 주님을 대적해 온 것을 깨달았다오.
다시 말해, 자신의 육신은 별 도움이 되지 못했고,

히겔라크의 친족, 의기 높은 베오울프가 자신을
완전히 제압했음을 말이오. 그 둘은 살아서는 서로
상극일 수밖에 없었소. 그 악착스런 악귀의 여생은   815
육신의 고통뿐이었다오. 그렌델은 한쪽 어깨에
치명적인 상해를 입었던 것이니, 힘줄은 찢어졌고,
뼈마디는 으스러져 버렸던 것이오. 승리의 영광은
이제 베오울프의 차지가 되었고, 치유할 수 없는
상처를 안고, 그렌델은 늪지대에 숨으려 도주하여   820
암울한 그의 소굴을 찾았소. 그런 연유로 그렌델은
자신이 삶의 종착점에 다다른 것을— 그가 살 날이
얼마 안 남았음을 알았소. 이 치열한 싸움이 끝나자
모든 덴마크인들은 넘쳐나는 기쁨에 젖게 되었소.
이처럼 일찍이 멀리서 온 사나이, 현명하고 강한   825
정신의 소유자 베오울프는 흐로드가르의 궁전을
정화했고 고통에서 해방시켰소. 밤에 이룬 과업에,
그의 영웅적 성취에 그는 기뻤소. 기트의 사나이는
그가 덴마크인들에게 한 호언을 이행하였던 것이오.
덴마크인들이 여태껏 겪어야 했던 고통과 슬픔을   830
베오울프는 일거에 깨끗이 씻어내 주었던 것이니,
그네들이 그 동안 감내해야 하였던 고통과 슬픔은
형언할 수 없는 것이었다오. 전승을 거둔 용사가
팔과 어깻죽지가 달린 손 하나를 높은 천장 아래
마루에 내려놓으니, 완연한 승리의 표징이었소.   835
그렌델의 악력이 모두 거기에 있었던 것 아니오?

[837—990: 덴마크인들은 그렌델의 패주에 기뻐한다. 축하연에서 덴마크의 장수 하나가 씨게문드와 헤레모드에 관한 옛 이야기들을 들려준다. 흐로드가르는 베오 울프의 승리를 치하하는 말을 하고, 베오울프는 자신이 그렌델을 어떻게 제압하였 는지 담담하게 보고한다. 베오울프의 용력을 여실히 보여주는 증거 앞에서, 운퍼 스는 아무 말도 하지 못한다.]

내가 들어서 아는 바로는, 아침이 밝아오자
많은 사람들이 공회당 주위에 모여들었다고 해요.
먼 곳에서, 가까운 곳에서, 전국 방방곡곡으로부터
백성들의 지도자들이 그 경이로운 광경을 보려—   840
악귀가 남긴 흔적을 보려— 왔다오. 패주한 자의
발자취를 본 사람들 중 어느 누구도 괴물의 최후를
안타깝게 여기는 경우는 하나도 없었으니,
싸움에 패한 악귀가 의기소침하여 그곳을 떠나
수중의 귀축들이 드글거리는 늪을 향하여   845
죽을 곳을 찾아 피 흘리며 달아난 흔적이 역력했소.
물 웅덩이는 피거품으로 부글거리며 부풀어 올랐고,
상처에서 쏟아져 나오는 뜨거운 피는 물과 뒤섞여
소름끼치는 소용돌이를 이루며 끓어오르는 듯했소.
죽을 운명에 처한 괴물은 그의 은거지에 숨어들었고,   850
마침내 모든 기쁨을 상실한 채 삶을 마감했소.
저주받은 영혼은 육신을 떠났고, 지옥이 그를 받아들였소.
노소를 가릴 것 없이 수없이 많은 전사들이
그곳으로부터, 그 늪지대로부터, 말 위에 앉아,
후련한 마음으로 헤오로트를 향해 돌아왔으니,   855

의기가 하늘을 찌를 듯한 한 무리 기병들이었구려.
베오울프의 명성은 하늘 높은 줄 모르게 치솟았고,
사람들은 되뇌어 말하기를, 남과 북을 막론하고,
바다 사이에 자리한 넓은 땅 위에— 광활한 하늘 아래
그 어느 곳에도, 베오울프보다 더 방패를 들 자격과   860
한 왕국을 다스릴 자격이 있는 자는 없다고 했어요.
하지만 그들은 자신들의 자상한 임금, 백성들에게
다정한 군왕 흐로드가르를 폄하하지는 않았어요.
　가는 길이 말 달리기에 적합하다고 여겨질 때면
전사들은 타고 있는 적갈색 군마들을 이따금씩   865
마음껏 질주토록 하면서 누가 더 빨리 달리는지
경쟁해 보기도 하였지요. 가끔 임금의 부하 하나가
—화술이 좋고, 이야기의 보고(寶庫)이기라도 한 양,
수없이 많은 노래와 옛 이야기들을 기억하고 있는
달변의 소유자인지라— 구성진 어구를 구사하여   870
새로운 이야기를 지어내기도 했으니, 베오울프가
이룬 업적을 유창하게 노래로 엮어내는 것이었소.
그리고 새로운 어휘를 구사하며 유려한 시구를 담아
불러 주었소.
　　　　　씨게문드의 용맹스런 행적에 관해
그가 들어 아는 이야기들도 빠짐없이 들려주었으니,   875
잘 알려져 있지 않은 많은 일화들이었죠. 이를테면,
우앨스의 아들이었던 그가 겪은 고통과 긴 여정,
부족 간의 분쟁과 만행들이었는데, 그를 수행하던

피텔라를 제외하고는 아무도 몰랐던 일들이었소.[1]

숙질간의 허물없는 사이였기에, 그는 피텔라에게   880

숨김없이 다 털어놓았던 것이니, 늘 함께 전투에

임했었으므로 서로 숨길 것이 없었기 때문이었소.

두 사람은 힘을 합쳐 수없이 많은 거인족들을

그들의 검으로 제압했고, 씨게문드가 죽은 뒤에는

그의 명성은 크나큰 영광을 누리게 되었던 것이니,   885

전투에 임해 항상 용감한 그였기에, 보물을 지키던

용을 죽였기 때문이었소. 잿빛 바위 밑 암굴 속으로

씨게문드는 군왕의 아들답게 단신으로 들어가는

모험을 감행했고, 피텔라를 동반하지도 않았다오.

그럼에도 불구하고 그의 검은 그 거대한 용의 몸을   890

꿰뚫고 나서 마침내 돌벽에 박히고 말았던 것이니,

용은 그 치명적인 일격을 받고 나서 죽고 말았다오.

이 맹수처럼 용감한 전사는 그가 뜻하였던 바대로

용의 보물을 차지하는 기쁨을 누리게 되었던 것이오.

씨게문드는, 그가 우앨스의 아들임을 입증하듯,   895

눈부시게 빛나는 보물들을 배에 가득 싣고 귀환했고,

용의 몸은 뜨거운 열기를 뿜으며 녹아 버렸다오.[2]

---

1 북구의 전설에 나오는 씨게문드(Sigemund)는 '승리의 손'('Victory-hand')이라는 의미
를 갖는 이름인데, 우앨스(Wæls)(877행)의 아들이었고, 피텔라(Fitela)(879행)의 외
숙이면서 친부였다. (씨게문드의 쌍둥이 누이가 그를 유혹하여 낳은 자식이 피텔라였으므
로, 피텔라는 씨게문드의 조카이면서 아들이다.)

2 씨게문드가 용의 동굴에 들어가 용을 죽이고 용이 지키던 보물을 배에 싣고 귀환하
였다는 이야기는 베오울프가 용을 퇴치하고 용의 보물을 백성들의 차지로 만들어
준다는 이 서사시의 종결 부분을 예고한다고 볼 수 있다. 그러나 씨게문드의 의기

씨게문드는 그가 보여준 용감한 행적으로 인해

그 명성을 여러 나라에 널리 떨친 영웅이었으며,

그로써 일찍 번영을 누린 전사들의 수호자였다오.   900

이에 반해 헤레모드의 전운(戰運)은 시들한 것이었고,

그의 힘과 용기도 마찬가지였소. 그가 적들의 수중에

떨어졌을 때, 주트 족 사람들은 그를 외면하였고,

그는 곧 죽음을 맞았던 것이오. 북받치는 슬픔은 그를

오래 짓누르게 되었으니, 그의 백성들에게만 아니라,   905

모든 왕족들에게, 그는 오랜 고통의 근원이었던 거요.

많은 현자들은 일찍이 근심에서 헤어나지 못했으니,

고집스런 그가 감행한 무모한 모험들 때문이었소.

그들은 헤레모드가 그들을 역경으로부터 건져내고

군왕의 아들답게 번영을 누리기를 기대하였으며,   910

그의 부왕으로부터 물려받은 위업을 달성하기 위해

백성들과, 보물과, 성채와, 전사들의 왕국을—

덴마크인들의 땅을— 수호해 주기를 바랐었지요.[1]

죄업이 헤레모드를 질식시켰으나, 히겔라크의 친족은[2]

그의 벗들, 아니 온 인류에게, 소중한 사람이 되었어요.[3]   915

양양한 금의환향에 비추어 볼 때, 베오울프의 장렬한 전사는 깊은 우수를 듣는 이
의 가슴에 드리워 준다.

[1] 덴마크의 임금으로 알려진 헤레모드(Heremod)는 '군대의 용기'('Army-courage')라는
의미의 이름인데, 앞서 소개된 씨게문드와 대조적인 삶을 산 실패한 군왕으로 그려
지고 있다. 나중에 흐로드가르가 베오울프에게 '군왕의 도'를 설파해 주는 부분에
서 다시 언급되는 이름이다.

[2] 베오울프를 말함.

[3] 867행의 중간부터 915행까지는 시인이 나중에 덧붙인 부분이라고 생각된다. 이

아침 햇살이 비치고 환하게 밝아오기 시작하자
그들은 이따금씩 모래 덮인 길 위에서 말을 달리며
경주를 하기도 했어요. 수많은 수하 장수들은
결의를 새로이 하며, 그 경이로운 물체를[1] 보려
궁궐로 향했소. 덕성 깊은 임금으로 널리 알려진,   920
많은 보물들의 수호자인 흐로드가르 자신도
그의 처소로부터 위풍당당하게 걸음을 옮겼으니,
참으로 긴 행렬이었소. 많은 시녀들을 거느리고
왕비도 왕과 동행하여 회당을 향하여 걸어갔소.

　회당에 도착한 흐로드가르는 계단 위에 섰소.   925
그러고는 황금으로 덮여 번쩍이는 가파른 지붕과
그렌델의 손을 쳐다보며 다음과 같이 말하였소.

　"이 광경 앞에서 만유를 관장하시는 주님께
감사드려야 할 것이오. 과인은 그 극악한 괴물
그렌델로 인해 극심한 고통을 겪었소. 주께서는,   930
영광의 수호자로서 잇달아 이적(異蹟)을 행하시는구려.
얼마 전까지만 해도 과인은 과인 앞에 닥친 고난을
극복할 수 있으리라는 기대는 할 수도 없었다오.
정성을 다해 지어 올린 궁이 피로 얼룩지고,
유혈이 낭자한 살풍경만을 보았기 때문이었소.   935

부분(867b–915)을 건너뛰어 읽으면, 이야기의 진행이 훨씬 자연스럽다. 그렌델의
늪에 갔다가 헤오로트를 향해 돌아오는 도중에 한 이야기꾼이 씨게문드와 헤레모
드에 대한 이야기를 들려준다는 것은 부자연스럽다. 이런 상황은 말을 타고 가는
도중보다는, 헤오로트에 돌아와 축하연을 벌이는 장면에서나 어울린다.
[1] 그렌델이 남기고 간 손과 팔을 말함.

과인의 신료들은 하나같이 수심에 잠겼었으니,
신민들의 성채를 사악한 적, 악마와 악귀들에 맞서
지켜낼 수 있다는 희망을 갖지 못했기 때문이었소.
그런데 전사 한 사람이, 주님의 권능을 통하여,
우리들 능력으로는 우리들 중에 어느 누구도   940
이제까지 이루지 못한 위업을 성취한 것이오.
솔직히 말해, 세상에 많고 많은 남자들 가운데
그처럼 장한 아들을 낳은 여인이 누구였든 간에,
그분이 아직 생존해 있다면 이렇게 말할 것이오.
자신이 자손을 잉태했을 때, 주님께서는 각별한   945
가호를 베풀어 주신 것이었다고— 자, 베오울프,
사나이 중의 사나이, 나 그대를 사랑으로 감싸니,
아비가 아들을 대함과 같으리. 이 새 친족의 연을
지금부터 누리게. 과인이 보유하는 어떤 보물도
그대가 향유토록 함에 과인은 주저함이 없으리라.   950
과인은 과거에 보다 덜한 일에도 포상을 자주 했고,
전투에 그대처럼 용맹스럽지 못하고, 그대의 용력에
미치지 못하는 전사에게도 후한 선물을 하사했었네.
그대의 전공으로 그대의 영광은 길이 남을 것임을
그대는 만천하에 입증하였으니, 전능하신 주께서,   955
지금 하신 것처럼, 그대를 홍복으로 감싸실지어다.”
　에지세오우의 아들 베오울프는 말하였소.
“저희들은 기꺼운 마음으로 그 거친 모험, 그 결전에
임했사옵고, 미지의 적에게 무슨 힘이 있는지 모르고

싸우는 무모함을 불사했습니다. 소장이 바라옵기로는,　　　　960
길길이 날뛰는 괴물을 전하께서 직접 목격하신 연후에,
그것이 전하의 안전에서 쓰러지게 하는 것이었습니다.
그것을 재빨리 제 손으로 제압하여 죽음의 침상에서
꼼짝 못하게 하고, 그것의 몸이 가차없이 옥조이는
제 손아귀를 벗어나지 못해 발버둥치며 살아남으려　　　965
안간힘하고, 숨을 헐떡거리기를 소장은 바랐습니다.
주님의 뜻이 그러하시지 않았으므로, 그것의 도주를
막지 못하였사옵고, 그 극악한 괴물을 마음 먹은 대로
어거하지 못했습니다. 악귀의 힘이 하도 강해, 소장의
악력으로는 역부족이었습니다. 그렇긴 하였사오나,　　　970
그놈은 목숨을 건지려고 손과 함께 팔과 어깻죽지를
뒤에 남기고 도주하였습니다. 아무리 그리 하였어도
그 저주받은 적은 아무 위안을 얻지 못했을 뿐 아니라,
그 혐오스런 난폭자는 그의 죄과에 짓눌려 더 이상은
생명을 부지하지 못할 것이온즉, 그에게 덮친 고통이　　　975
세찬 힘으로 조여들어 거기서 헤어나지 못할 것입니다.
범죄의 흔적을 온몸에 잔뜩 걸머지고 있는 그 괴물은
빛의 근원이신 주께서 어떤 판결을 내리실 것인지
그 하회를 기다렸다가 운명의 순간을 맞을 것입니다.”
　에질라프의 아들은[1] 더욱 침묵을 지키게 되었으니,　　　980
자신의 용맹스런 전과에 대해 떠벌리고는 했었으나,

---

[1] 운퍼스(Unferth)를 말함.

한 전사의 힘에 제압되어 헤오로트 궁의 지붕 위에
높이 팽개쳐진 손—악귀의 손가락들을 중신들이
올려다보게 된 마당에서랴. 정면에서 볼라치면,
막강한 손톱 하나하나가 무쇠로 만든 듯하였다오.   985
그 이교의 침입자의 끔찍스런 갈쿠리같은 손은
소름끼치는 것이었으니, 모두 입을 모아 말하길,
제아무리 견고하게 잘 벼려진 검이라 할지라도,
그 악랄한 귀축의 잔악한 행동을 잠재울 만큼
강하여, 악귀를 처단하지 못했을 것이라 했소.   990

[991—1250: 덴마크인들은 그렌델에 의해 파괴된 헤오로트를 복구한다. 연회에서
흐로스가르는 베오울프와 그의 부하들에게 풍성한 선물을 하사하고, 음유시인이
덴마크인들과 프리즐랜드인들 사이에 있었던 분쟁에 관한 이야기를 낭송한다. 웨
알흐세오우는 자신의 아들들과 조카가 화기애애한 관계를 유지하기를 축원하고
나서 베오울프에게 보석을 선물한다. 연회가 끝나자 모두 침소에 든다.]

  그러자 곧 헤오로트 궁의 내부를 수리하라는
명령이 내려졌고, 수많은 남자들과 여자들이
동원되어 잔치를 위해 지은 건물—주연이 열릴
회당—을 복구하였소. 금으로 치장한 융포들이
벽 위에 드리워졌고, 쳐다보는 사람들 눈에는   995
환상적인 풍경들이 그 위에 넘쳐나는 것이었소.
그 찬란한 축조물은 완전히 파괴되었던 것이니,
그 내부 벽이 철물로 단단히 엮어져 있었으나,
돌쩌귀마저 금이 간 상태였고, 오로지 지붕만이

온전한 모습을 지니고 있었소. 파괴를 일삼았던   1000
악귀가 꺼져가는 목숨을 부지하려 도주하면서
미처 부술 틈이 없었던 거요. 아무리 피하려야
피할 수 없는 운명이 모두를 기다리는 것이라오.
무릇 대지 위에서 생명을 유지하는 자,
영혼을 보유하는 자, 인간의 자손이라면,   1005
그가 가야만 하도록 예정된 장소가 있는 법—
삶의 향연이 끝나면, 육신은 죽음의 침상에
꼼짝없이 눕게 되는 것이오.

                         마침내 때가 되자
헤알프데네의 아들은 궁으로 걸음을 옮겼으니,
군왕의 자격으로 연회를 주재하려 함이었소.   1010
그토록 많은 사람들이 운집하여 군왕에게 경의를
표했다는 이야기를 나 일찍이 들어 본 적이 없소.
만조백관들은 각자의 신분에 어울리게 자리 잡고
연회에 참석하였으며, 그들의 친족이나 다름없는
높은 기상의 군왕 흐로드가르와 흐로스울프는[1]   1015
그 웅장한 궁궐에서 거듭되는 술잔을 마다 않고
향연을 즐기었다오. 헤오로트 궁은 정을 나누는
친구들로 충만하였으니, 그 시절 덴마크인들에게
사감에서 우러난 사악한 행위란 있을 수 없었다오.[2]

---

1 흐로스울프(Hrothulf)는 흐로드가르의 아우인 할가(Halga)의 아들이니, 흐로드가르의
  조카이다.
2 이 말은 훗날 흐로스울프에 의해 야기되는 왕위 쟁탈을 위한 분쟁을 예고한다.

그러자 헤알프데네의 아들은[1] 베오울프에게　　　　　　1020
승리의 표상인 황금빛 깃발, 화려한 문양의
전투용 기치와 투구며 갑옷을 하사하였고,
영광의 보검이 영웅에게 전수되는 광경을
많은 사람들은 주시하였소. 베오울프는 대전에서
큰 술잔을 받았고, 값진 선물들을 하사받는 중에　　　　　1025
그는 전사들 앞에서 거북해 할 이유가 없었소.
일찍이 어느 주연에서도 그토록 많은 사람들이 모여
그처럼 화기애애한 가운데 네 가지 귀중한 선물들을
수여한 경우가 있었다는 이야기를 들어 본 적이 없소.
투구의 윗부분은 머리를 보호하는 테가 철물 띠로　　　　1030
단단히 조여 바깥을 에워싸고 두르고 있었으니,
제아무리 폭풍처럼 몰아치는 칼부림의 타격도,
그것을 쓴 전사가 적진을 헤치고 앞으로 나아갈 때,
그에게 치명상을 입힐 수는 없을 것 같았다오.
그러고 나서 전사들의 수호자는 명을 내리기를,　　　　　1035
금박 장식으로 덮인 면갑을 쓴 준마 여덟 필을
대전 안으로 끌고 오라 하였소. 그중의 하나에는
보석으로 정교하게 장식한 안장이 얹혀 있었으니,
그것은 헤알프데네의 아들이 전투에 임할 때마다,
고매한 군왕이 타고 앉아 검을 휘두르고는 하던　　　　　1040
전승의 자리였소. 패주하는 적들을 낙마시키며,

---

1 흐로드가르를 말함.

그의 용맹은 전선에서 한 번도 기운 적이 없었다오.

　그러자 잉의 후예들의[1] 임금은 베오울프에게

그 두 가지 선물을—말들과 무기들을—하사하며

그것들을 아끼고 잘 사용하라고 당부하는 거였소.　　　　　　1045

이처럼 사나이답게 그 위풍당당한 군왕은, 전사들의

수호자는, 말과 보물로 전승에 대한 포상을 하였으니,

그 하사품들을 하찮게 여길 자는 있을 수가 없었소.

진실에 입각하여 사실대로 말하는 자라면 말이오.

　그뿐 아니라, 흐로드가르는 베오울프와 함께　　　　　　1050

뱃길에 올랐던 무사들에게, 한 사람도 빠짐없이

주연의 자리에서 보배로운 선물을 하사하였고,

그렌델에 의해 무참하게 살해당한 그 무사도

황금으로 포상하여 기리라는 명을 내렸으니,

주님의 가호와 그 용사의 용기가 아니었던들,　　　　　　1055

그렌델은 더욱 자심한 살육을 자행하였을 것이

분명했기 때문이었소. 주님은 지금도 그러시듯,

온 인류의 운명을 관장하면서 다스려 오셨다오.

그런 연유로, 분별심과 앞일을 내다보는 마음이

항상 중요하오. 거친 세파를 헤쳐 가며, 그래도　　　　　　1060

이승의 삶을 오래 향유하려는 자는, 좋든 싫든

숱한 일들을 무수히 겪어야 하기 마련이라오.

　헤알프데네의 아들—역전의 군왕 주위에서

---

1 잉(Ing)은 덴마크의 전설적인 왕이었다. 따라서 '잉의 후예들'은 덴마크인들을 말한
다.

노래며 악기를 탄주하는 소리가 뒤섞였다오.

흐로드가르의 음유시인이 주연의 자리를 따라   1065

걸음을 옮겨 가며 향응의 가락을 들려줄 때에,

현금 뜯는 소리와 낭랑한 음송이 퍼져 나갔소.[1]

".... 급작스런 공격이 그들에게 덮쳐오자,

덴마크인들을 이끌던 그네들의 영웅 흐내프는

프리지아의 벌판에 쓰러져 죽음을 맞았다오.[2]   1070

---

[1] 이하 92행(1068–1159a)은 음유시인이 들려주는 이야기인데, 이 서사시의 큰 흐름에서 잠시 일탈하여 삽입된 이야기(digression)이다. 1068행에서 생략부호로 표시한 부분은 한 문장의 종결부분임이 분명한데, 1067행에 잇달아 읽으면 의미상 연결이 되지 않으므로, 필사본의 일부가 훼손되었거나 필사본 자체가 오류를 담고 있는 것으로 추정된다.

[2] 1068행부터 시작되는 이야기는 덴마크인들과 주트인들 사이에 벌어진 분쟁에 관한 것인데, 일부분만 남아있는 고대영시 "핀즈부르그 전투"(*The Fight at Finnsburg*)에서도 다루어지고 있고, 그 줄거리는 다음과 같다.

    덴마크의 임금 흐내프(Hnæf)는 프리지아의 왕실에 출가하여 주트 족의 임금 핀(Finn)의 아내가 된 누이 힐데부르흐(Hildeburh)를 만나려 핀즈부르그(Finnsburg)를 방문한다. 화기애애한 분위기에서 출발한 덴마크인들과 주트인들의 회동은 우연한 감정적 충돌로 인해 칼부림으로 이어지고, 흐내프와 함께 핀의 아들—곧 흐내프의 누이 힐데부르흐의 아들—이 죽음을 맞는다. 많은 병사들을 잃은 핀은 흐내프 뒤를 이어 덴마크인들을 이끄는 헹게스트(Hengest)에게 화친을 제안하고, 그들에게 거처를 제공함은 물론, 프리지아인들과 다름없는 대접을 하여 주겠다는 약속을 한다. 흐내프를 살해한 적들과 화친을 맺는 것이 마음 내키는 일은 아니지만, 헹게스트는 이 제안을 받아들인다. 힐데부르흐는 오라비 흐내프의 장례식에서 아들도 함께 화장하도록 지시한다. 헹게스트가 이끄는 덴마크인들은 풍랑이 계속되는 겨울이 지나갈 때까지 겉으로는 핀과의 화친을 유지하며 귀환할 때를 기다린다. 봄이 오자, 헹게스트는 귀환을 서두르지만, 주군 흐내프의 죽음에 대한 복수심을 억누르지 못하여 핀을 왕궁에서 살해한 다음, 핀의 보물들을 배에 싣고 자식과 남편을 모두 잃은 힐데부르흐를 데리고 덴마크로 돌아온다.

힐데부르흐는 핀이 다스리는 백성들의 신의를 칭송할
이유가 없었으니,[1] 죄값을 치를 아무런 이유도 없이
방패들이 맞부딪치는 백병전에서 아들과 오라비를
졸지에 잃게 된 것이었소. 두 사람 다 창에 꿰뚫리어
목숨을 잃었으니, 이런 슬픔을 맞은 여인이 또 있겠소?   1075
아침이 밝아오자, 호크의 딸이[2] 가혹한 운명의 횡포를
원망하면서 비탄에 빠진 것은 당연한 노릇이었지요.
하늘 아래 이런 기쁨이 또 있을 수 있나 즐거워하며
행복에 젖고는 하였던 바로 그곳에서, 피를 나눈
사나이들의 죽음을 두 눈으로 보게 된 것이었소.   1080
핀은 이 전투에서 수하 장수들을 거의 잃었으니,
검들이 맞부딪는 전장에서 헹게스트를[3] 대적하여
더 이상 싸움을 지속할 수 없게 된 것은 물론이고,
살아남은 전사들을 적장 헹게스트의 분노로부터
지켜내기도 버거웠소. 해서 그는 화친을 제의했소.   1085
덴마크인들을 한 건물에 자유로이 거하도록 하고,
회당과 상석에 마음대로 자리 잡을 것을 허락하여,
주트인들과 함께 사용함에 불편이 없도록 할 것이며,
보물들을 하사함에 있어서도 폴크왈다의 아들은[4]

---

1 화자는 심정적으로 덴마크인들 편이므로 이 분란의 탓을 주트인들에게 돌리고 있
  다.
2 힐데부르흐(Hildeburh)를 지칭한다. 호크(Hoc)는 흐내프(Hnæf)와 힐데부르흐
  (Hildeburh)의 아버지로 흐내프(Hnæf)에 앞서 덴마크의 임금이었다.
3 헹게스트(Hengest)는 죽은 흐내프(Hnæ) 수하의 으뜸가는 장수이다.
4 '폴크왈다(Folcwalda)의 아들'은 핀(Finn)을 지칭한다.

기회 있을 때마다 덴마크인들에게 영광을 베풀어 1090
헹게스트의 휘하 전사들을 포상하리라 약조했소.
연회장에서 프리지아의 용사들에게 향연을 베풀며
그들의 사기를 북돋워 주려 할 때 하사하고는 했던
황금 문양 장식을 한 보물들을 아끼지 않고 말이오.
　"그러자 그들은 화친의 약속을 지키기로 맹세했고, 1095
핀은 의혹의 여지를 남기지 않는 열의를 가지고
헹게스트에게 다음과 같은 조건을 천명하였소.
살아남은 자들을 대함에 있어 영예롭게 할 것이며,
중신들이 뜻을 모아 결의한 대로, 그 자리에 있는
어느 누구도 말과 행동에서 파약하지 않을 것이며, 1100
주군을 잃고, 주군을 살해한 자를 따르게 되었지만,
설령 도저히 거부할 수 없는 상황이 닥쳐오더라도
악의를 품고 불평하는 일이 있어서는 안 되리라고.
또 프리지아인 하나가 지난날의 증오심을 되살려
오만불손한 어투로 분란을 야기하는 일이 있다면, 1105
분란의 책임을 물어 단칼에 목을 베일 것이라고.
　"시신을 불태울 나무 제단을 쌓아 올리고 나서,
귀중한 보물들을 아낌없이 보고에서 가져왔으니,
덴마크의 으뜸가는 전사를[1] 태울 준비가 되었소.
쌓아 올린 제단 위에 놓여 눈길을 끄는 것은 1110
피로 얼룩진 갑옷이며 황금빛 찬란한 투구—

---

[1] 흐내프(Hnæf)를 말함이다.

멧돼지 형상의 장식이 솟은 철제의 투구였소.
많은 군왕들이 전상을 입고 죽음을 맞지 않았소?
그러자 흐내프의 장례에 참석한 힐데부르흐는
오라비 곁에 아들을 나란히 눕히라고 명하였소.   1115
어깨와 어깨를 가지런히 맞대고 숙질이 함께
화염 속에서 사라지게 말이오. 여인은 흐느끼며
구슬프게 노래했고, 전사는 불길을 타고 올랐소.[1]
거대한 장송의 불길이 하늘을 향해 치솟으며
구릉 앞에서 으르렁거리며 포효를 계속하였소.   1120
머리는 녹아내리고, 상흔은 피를 쏟으며 터지니,
몸에 입은 처참한 상처였소. 탐식하는 정령인 양,
화염은 그 모두를 삼켜 버렸소. 두 나라 백성들이
전란으로 잃게 된 전사들의 생명은 소진하였소.

"다정한 벗들을 잃은 전사들은 그 자리를 떠나   1125
그들이 거처할 본거지이자 요새가 있는 곳으로,
프리즐랜드로 향했소. 마음 내키지는 않았으나,
살육과 피로 얼룩진 겨울을 보내기 위해서라도
헹게스트는 그곳에 남아 머물기로 결정하였소.
용머리 솟구친 돛배를 바다에 띄울 수 없었으나,   1130
그의 마음은 고향에 가 있었소. 파도는 폭풍 속에

---

[1] 여기서 '전사'는 힐데부르흐(Hildeburh)의 아들을 지칭한다. 원문에서 '올랐소'에 해
당하는 단어는 'astag'인데, 단순히 제단 위에 올려졌다는 사실만을 뜻하는 것은
아니다. 힐데부르흐의 슬픔은 단순히 자식을 잃었다는 데에 국한하는 것은 아니다.
살아 있다면 프리지아의 임금이 될 수 있었다는 아쉬움을 동반하는 슬픔이기 때문
에, '왕좌에 오른다'는 의미도 동시에 포함하는 어휘가 여기 쓰이고 있다.

치솟아 올랐고, 바다는 얼음장에 덮여 있었으니,

해가 바뀌어 봄이 올 때까지는 어찌할 수 없었소.

시간이 흐르면 어김없이 찾아오는 화창한 봄—

때 되면 눈부신 해가 따스한 계절을 가져오는 법. 1135

겨울이 가고, 대지의 무릎이 고운 살결을 펼치자

그동안 유배자의 신세로 객지에 머물어 온 객은

그곳을 떠나 귀향길에 오르기를 갈망하였소만,

뱃길에 오르기 전에 복수할 마음이 더욱 짙었소.

때를 보아 철천지원수들과 대결할 수만 있다면, 1140

주트인들에게 검을 휘둘러 보답해 줄 것이라고.

그래서 훈라프의 아들이 검 중에서도 가장 뛰어난

검 한 자루를 헹게스트 무릎 위에 올려놓았을 때,[1]

헹게스트는 세상의 법도를 지키지 않을 수 없었소.[2]

그 검의 위력은 주트인들이 익히 알고 있던 터였소. 1145

그리하여 용맹무쌍한 핀은 바로 자신의 고향에서

가차없이 휘두르는 가혹한 검에 죽음을 맞았으니,

구들라프와 오슬라프가 잇달아 가격했던 거였소.[3]

항해 끝에 얻은 슬픔으로 그네들 가슴에 맺힌 한을

일격에 풀어 버린 것이었으니, 가슴에 맺힌 응어리는 1150

---

[1] 문맥상 훈라프(Hunlaf)는 주트인들과의 접전에서 죽은 덴마크 전사의 이름일 것이다. 그의 아들이 헹게스트(Hengest)의 무릎에 아버지의 검을 올려놓은 행위는 헹게스트에 대한 충성의 맹세일 수도 있고, 아니면 아버지의 죽음을 복수해 달라는 청원의 표시일 수도 있다.

[2] '세상의 법도'라 함은 친족의 죽음에 대해서는 반드시 복수해야 한다는 고대 게르만인들이 지키려 하였던 삶의 신조이자 윤리관을 의미한다.

[3] 구들라프(Guthlaf)와 오슬라프(Oslaf)는 죽은 흐내프(Hnæf)의 부하였을 것이다.

풀지 않고는 못 배기는 법. 아수라장이 된 연회장은
쌍방이 흘린 피로 물들여졌고, 무리를 이끌던 핀은
목숨을 거두었고, 왕비는 포로 신세가 되고 말았소.
덴마크의 전사들은 프리즐랜드의 임금이 소유했던
모든 가재도구와 값진 보물들을 빠짐없이 추스려   1155
자신들이 타고 갈 배로 날라 옮겨 넘치도록 채웠소.
고귀한 신분의 여인, 핀의 아내 힐데부르흐를
그들은 배에 함께 태워 항해길에 올랐고, 마침내
그녀를 고향으로 데려갔소."1
                        음유시인이 낭송하는
이야기는 울려 퍼졌소. 향연의 자리는 흥에 넘쳤고,   1160
와자지껄하는 소리로 가득하였소. 술 따르는 시종들은
큰 동이를 들고 다니며 빈 잔마다 철철 넘치게 부었소.
마침내 황금관을 머리에 얹은 왕비 웨알흐세오우가
용감한 두 전사—조카와 숙부—에게2 다가왔소.
(그때만 해도 두 사람은 서로에게 신실한 사이였지요.)3   1165
궁정의 대변인인 운퍼스도 왕좌 가까이 앉아 있었소.
운퍼스가 한때 친족들에게 칼부림을 한 적은 있었으나,4

---

1 1068행부터 여기까지는 음유시인이 좌흥을 돋우기 위해 들려주는 이야기이다.
2 '조카'는 흐로스울프(Hrothulf), '숙부'는 흐로드가르(Hrothgar)를 지칭한다.
3 이 행은 <베오울프> 시인이 이미 한 말—"헤오로트 궁은 정을 나누는 친구들로
  충만하였으니, 그 시절 데마크인들에게 사감에서 우러난 사악한 행위란 있을 수
  없었다오"(1017–1019행)—을 상기시킨다. 이 행은 흐로드가르(Hrothgar)의 아우
  할가(Halga)의 아들 흐로스울프(Hrothulf)가 종국에는 그의 백부이자 주군인 흐로드
  가르를 배신하고 불충한 행동을 하게 된다는 것을 암시한다.
4 앞서 베오울프는 다음과 같이 말하며 운퍼스를 힐책했다. "하기사 당신은 친형제들

아무도 그의 용맹을 의심하지 않았소. 왕비가 말하였소.

"전하, 제가 올리는 이 잔을 받으소서.

보물을 배분하는 분, 만인을 다스리는 전하께서는   1170

즐거운 마음을 견지하시고, 기트의 백성들을 위해

옥음을 울려 다정하게 한마디 말씀을 하여 주소서.

가까이서 또 멀리서 보내 온 선물들을 기억하시어

기트의 백성들에게 온정을 베푸시옵소서.

제가 듣자옵건대 전하께서는 저 전사를[1]   1175

아들로 삼고파 하신다지요. 이 웅장한 왕궁

헤오로트는 정화되었어요. 천수를 다하실 때까지

다복하심을 만끽하세요. 그리고 천수를 다하신 후

운명의 심판이 다가오게 되면, 백성들과 왕국을

전하의 친족에게 맡기세요. 할가의 아들, 다정한   1180

조카 흐로스울프는,[2] 덴마크의 주인이신 전하께서

먼저 세상을 뜨시게 되면, 명예를 지키기 위해서

젊은 전사들을 잘 이끌어 나갈 것이라 믿습니다.

흐로스울프가 어렸을 적에, 우리가 기쁜 마음으로

얼마나 양육에 정성을 쏟았는지 기억하여 준다면,   1185

흐로스울프는 우리 아이들을 잘 보살펴 주리라고

을 도륙한 전과(前過)를 자랑스러워할지는 몰라도―. 제아무리 영민해도, 죄업 때문에 지옥에 떨어지는 저주를 받을 것이오." (587–589행)

1 베오울프를 지칭한다.

2 할가(Halga)는 흐로드가르의 아우의 이름이고, 흐로스울프(Hrothulf)는 할가가 남긴 아들의 이름이다.

신첩은 기대하고 믿어 의심치 않는 바입니다.”¹

　그리고 그녀는 두 아들, 흐레드릭과 흐로드문드가

다른 전사들과 더불어 젊은이들 사이에 어울려 있는

자리로 갔소. 그 자리에는 용감한 기트의 사나이　　　　　　　1190

베오울프가 형제 바로 곁에 가까이 앉아 있었소.

　베오울프에게 잔을 권하고, 정겨운 말을

나누고 난 연후에, 행운을 축수하는 말을 곁들여,

용틀임치는 황금 장식품들과, 한 쌍의 팔찌와,

흉갑과 장신구들과, 내가 이제껏 들어본 중에서　　　　　　　1195

가장 우람한 목띠를 성의의 표시로 선물하였소.

하늘 아래 이보다 더 화려한 보물이 있었다는

이야기를 나 일찍이 들어보지 못했소. 하마가

브로징 족의 목걸이와 브로치와 술잔을 가지고

밝은 도회로 도주해, 에오르멘릭의 위협을 벗어나　　　　　　　1200

영원한 축복을 안겨준 안식처를 찾은 이래 말이오.²

1　웨알흐세오우는 흐로스가르의 사후 흐로스울프가 왕위계승을 시도할지 모른다는
불안감을 여성다운 예감으로 드러내고 있다. 그녀가 하는 말은 흐로스울프가 들으
라고 하는 말처럼 들린다.

2　하마(Hama)와 에오르멘릭(Eormenric)은 *Widsith*에서도 언급된 이름들이고, 후자는
*Deor*에 다시 나타난다. 그런데 이 두 편의 시만으로는 이 부분(1198–1200행)에서
언급되는 내용을 명쾌하게 설명할 수가 없다. 앵글로쌕슨 청중은 하마와 에오르멘
릭에 얽힌 이야기에 친숙하였을 것으로 추정된다. 이 부분은 북구 신화에 나오는
다음 두 이야기들을 합성하여 들려주는 듯하다.

　(i) 하마(Hama)는 에오르멘릭(Eormenric)의 조카 세오도릭(Theodoric)의 부하였는
데, 에오르멘릭에게도 충성을 맹세한 처지였다. 에오르멘릭이 세오도릭을 추방
하자 하마는 에오르멘릭에게 반기를 들었고, 에오르멘릭의 보물들을 훔치고 그
의 부하들을 공격해 죽이고는 했다. 20년에 걸친 낭인 생활을 하고 나서, 하마

이 보물을[1] 스워팅의 친족,[2] 기트의 히겔라크는
근자에 이르기까지 그의 소유로 향유했더랬소.
히겔라크는 베오울프의 이 보물을 지켜내려고
기치를 휘날리며 싸웠소. 오만심으로 말미암아   1205
그가 프리지아인들을 대적하여 싸울 때, 운명은
그의 목숨을 거두었소. 넘실대는 파도를 넘을 때
이 막강한 군주는 이 막중한 보물을 지녔더랬소.
히겔라크는 방패 아래 쓰러졌고, 그의 시신은
프랑크인들에게 넘어가게 되었소. 시신과 더불어   1210
흉갑과 다른 보물들도 그들 수중에 들고 말았으니,
살육전이 끝나면, 전리품 찾는 비열한 약탈자들이
죽은 자의 몸을 뒤지는 것이 상례가 아니겠소?
기트인들은 시신 가득한 벌판을 지킬 뿐이었다오.[3]

는 황폐한 자신의 삶에 회의를 느끼고 보물을 모두 수도원에 기부한 다음 은둔
생활에 들어간다.
(ii) '브로징 족의 목걸이'('Brosinga mene')는 여신 프레야(Freya)의 것이었는데, 록
키(Loki)라는 자가 이를 훔쳤다.

<베오울프> 시인은 하마(Hama)와 에오르멘릭(Eormenric)에 얽킨 이야기와 '브로
징 족의 목걸이'의 신화를 접목시켰다.
[1] 웨알흐세오우가 베오울프에게 준 보물.
[2] '스워팅의 친족'은 원문에서는 'nefa Swertinges'로 되어 있는데, 'nefa'는 '조카'
또는 '손자'를 의미한다. 따라서 스워팅은 히겔라크의 외조부, 아니면 외숙일 것이
다.
[3] 베오울프는 모험을 마치고 고향으로 돌아가 웨알흐세오우의 선물들을 히겔라크의
아내 히그드(Hygd)에게 바친다. 나중에 히겔라크가 프리지아에 출정할 때, 이 보물
들을 몸에 지니고 있었는데, 그가 전사하자 보물들이 프랑크인들의 소유가 된다는
것을 미리 이야기해 주고 있다.

풍악 넘치는 연회장에서 웨알흐세오우가 말했소.   1215
"베오울프, 나의 애중하는 젊은이, 이 반지를 끼고
번영을 누리길 바래요. 그리고 우리 백성들의 보물인
이 갑옷을 떨쳐입고 그대의 소중한 몸을 지키세요.
앞으로도 막강한 힘을 보여주고, 내 아이들을 보살피고
잘 인도해 주어요. 그리해 주면 반드시 보답할 거예요.   1220
그대가 성취한 일은 온 세상에 널리 널리 알려지어
모든 사람들이 오랜 세월 칭송을 멈추지 않으리니,
이는 마치 바람의 고향인 바다가 해안을 따라가며
땅을 에워쌈에 못지않으리오. 군왕의 재목인 그대,
건승을 비오. 그리고 이 보물들을 그대에게 주노니,   1225
사양치 말고 받으오. 그대는 축복받은 젊은이이니
내 아들에게도 선의를 베풀어 부디 잘 보살펴 주오.
이 자리에 있는 중신들은 신의로 서로를 대하고,
훈훈한 정을 품고 그들의 주군에게 충성스럽다오.
장수들은 한 뜻이요, 백성들은 기꺼이 순종하며,   1230
취흥으로 즐거운 전사들은 내 뜻을 존중한다오."
    이렇게 말하고 왕비는 그의 자리로 돌아갔소.
향연은 계속되었고, 사나이들은 마음껏 마셨소.
밤이 이슥해지면 어떤 재앙이 숱한 전사들에게
닥쳐올 것인지 그녀들은 전혀 알지 못하였다오.   1235
강력한 군왕 흐로드가르는 밤의 안식을 취하려
침소로 발길을 옮겼고, 수없이 많은 전사들이,
전에도 그러했듯, 회당을 지키기 위해 남았소.

그들은 장의자들을 치우고, 침낭과 방석들을
여기저기 벌여 놓았소. 취기에 겨운 전사 하나가   1240
장의자에 누웠으니, 곧 죽음을 맞을 운명이었소.
그들은 번득이는 나무 방패들을 베개 삼으려고
회당 마룻바닥에 눕혀 놓았소. 각자 머리맡의
장의자 위에는, 보이느니 위용을 자랑하는 투구요,
쇠사슬 엮어 만든 갑옷이요, 무시무시한 창이었소.   1245
이는 그네들의 수칙이었던 바―집이건, 전장이건,
어디서도 전투에 임할 준비가 되어 있었던 것이니,
재앙은 예고 없이 오는지라, 주군이 위험에 처하면
그에 대처할 태세를 한시라도 늦출 수가 없는 법―
이 무리는 정예의 무사들이었던 것이오.   1250

[1251-1496: 그날 밤 그렌델의 어미가 헤오로트에 쳐들어 와 흐로드가르의 총신 애쉬헤레를 살해한다. 흐로드가르가 베오울프에게 이 괴물도 제거해 달라고 부탁하고, 그들은 그렌델과 그의 어미가 거처하는 늪으로 간다. 베오울프는 무장을 하고, 늪으로 뛰어들기 전, 흐로드가르에게 작별을 고한다.]

  그리고 그들은 잠이 들었소. 그들 가운데 하나가
잠의 대가를 무겁게 치렀으니, 그렌델이 궁을 침공하여
흉폭한 행위를 자행하고, 악귀다운 짓거리를 저질러
끝장을 볼 때까지 난동을 부려, 죽음의 잔치를 벌였던
지난날처럼 말이오. 흉폭한 괴물이 혈투를 치르고   1255
패퇴한 뒤에, 복수의 염에 불타는 악귀 하나 있음이
확실한 사실로 드러났고, 이 소문은 널리 퍼져갔소.

그는 다름 아닌 그렌델의 어미로, 계집의 형상을 한

악귀로서 자식의 참패에 앙심을 품게 되었던 거요.

이 암컷 악귀는 그 끔찍한 수렁, 차디찬 물속에서 　　　　1260

살게 되었던 것인데, 연유를 찾아 거슬러 올라가면,

카인이 하나뿐인 아우를 — 한 뿌리에서 자란 가지를 —

살해한 데에서 유래한 것이었소. 살인자의 낙인이 찍혀,

인간 세계에서 버림받고, 삶의 기쁨으로부터 소외된 채,

그는 추방되어 황량한 유배지에서 살게 되었던 거였소. 　　　　1265

운명적으로 저주받은 숱한 악령들이 카인의 소생인데,

그렌델이 그 하나였소.[1] 이 저주받은 악귀는, 헤오로트에서

한판 혈투를 벌이려 대기하고 있던 전사를[2] 만난 거였소.

거기서 그렌델은 그를 기다리는 용사를 건드렸던 거요.

그러나 용사는 하느님이 그에게 허락하신 막강한 힘, 　　　　1270

그에게 태생적으로 주어진 괴력을 기억하였고, 곧

주님께서는 그에게 도움을 주시어 위안과 원조를

베푸시리라 믿었소. 그래서 악귀를, 지옥의 귀축을,

그는 완전히 제압할 수 있었소. 인류의 적 그렌델은

굴욕을 감당하지 못하고 삶의 의욕을 상실한 채, 　　　　1275

죽을 곳을 찾아 도주했소. 헌데 악랄하고 악독한

그 어미가 앞뒤 가리지 않고 모험길에 올랐으니,

---

1 이교(異敎)를 작품 속 내용의 시대적 배경으로 삼고 있으면서도, 인류 최초로 살인
을 저지른 카인(Cain)과 아벨(Abel)의 이야기를 언급한다는 것은 <베오울프>에 기독
교적 색채가 많이 가미되어 있다는 사실을 입증한다.
2 베오울프를 말한다.

죽음을 앞둔 자식의 원수를 갚으려는 것이었소.

    덴마크인들이 바닥에 누워 잠이 든 헤오로트에

이 악귀가 드디어 나타났으니, 그렌델의 어미가   1280

회당 안으로 들이닥치자, 곤한 잠에 취해 누워 있던

전사들은 아비규환의 소용돌이에 빠지고 말았소.

한 계집의 힘이란, 제아무리 험악한 기세일지라도,

제대로 된 전사가 쇠망치로 벼린 보검을 휘두르며,

드센 칼날에 맺히는 흥건한 피를 아랑곳하지 않고,   1285

적수 머리에 얹힌 투구 위 멧돼지 형상의 장식을

베어 버릴 때만큼이야 두려움을 줄 수 있었겠소?[1]

그러자 회당 안의 무사들은 장의자 위에 놓여 있던

장검들을 일제히 뽑았고, 수많은 넓은 방패들을

굳건히 들어 올렸소. 투구며 갑옷을 챙길 생각은   1290

아예 못했으니, 엄습하는 공포로 경황이 없었다오.

그렌델의 어미는 자신이 잠입한 사실이 발각되자,

목숨을 보존하려 서둘러 그곳을 빠져 나가려 했소.

악귀는 전사 하나를 손아귀에 재빨리 낚아채어

그것의 본거지인 늪지대를 향해 유유히 사라졌소.   1295

잠자다가 악귀에게 살해되는 액운을 맞은 사람은

---

[1] 시가 진행됨에 따라 청자—혹은 독자—는 그렌델의 어미가 그렌델보다 더 위험한 존재라는 사실을 알게 된다. 헤오로트에 잠들어 있던 무사들은 그렌델 어미의 기습에 놀라기는 하였지만, 그 모습을 보건대 계집에 불과했으므로 다소 과소평가하였다는 말인데, 이 말을 함으로써 시인은 그들이 나중에 느끼게 되는 공포를 더욱 큰 것으로 만든다. 고대영시에 자주 나타나는 의도적 표현 억제 내지 축소(understatement)의 한 예이다.

흐로드가르의 극진한 총애를 받았던 중신으로,
세인들이 평가하기에, 둘도 없는 용감한 전사,
영광에 싸인 무사였소. 베오울프는 거기 없었는데,
보물 하사의 향연이 파한 후, 이 영광의 기트인이   1300
머무를 숙소가 따로 마련되어 있었기 때문이오.
헤오로트는 비탄에 잠겼으니, 그렌델의 어미가
피범벅인 악명 높은 그 손을[1] 탈취해 간 것이었소.
근심은 되살아났고, 왕궁 위에 다시 내려덮였소.
벗들의 생명을 대가로 지불하여 얻은 결과로는   1305
만부당한 것이었소.

　　　　　　백발이 성성한 백전 노장,
노왕 흐로드가르는 슬픔을 가누지 못하였으니,
그가 총애하던 으뜸가는 중신이자 소중한 벗이
더는 이 세상 사람이 아님을 알았기 때문이었소.
눈부신 전공을 세운 베오울프에게 지체없이   1310
입궁하여 달라는 분부가 하달되었고, 날이 밝자
으뜸가는 전사, 무용을 자랑하는 불패의 장수는
그의 수하를 이끌고 임금을 알현코자 서둘렀소.
재앙의 소식을 듣고, 노왕은 이 난국을 타개할
하늘의 도움은 없는 것인지 고뇌에 빠져 있었소.   1315
임전무퇴의 전사는 그가 거느리는 무리와 함께
마룻장 위를 걸어 들어가니, 회당 전체가 울렸소.

---

[1] 베오울프와의 결투에서 그렌델의 어깨로부터 떨어져 나온 그의 손과 손목을 말한다.

그는 잉의 친구들을[1] 다스리는 현명한 군주에게
아침 인사를 올리고, 노왕이 바라마지 않던 대로
간 밤을 평온히 보내셨는지 문안드리려 함이었소.   1320
　덴마크인들의 수호자 흐로드가르가 말했소.
"평온이란 말은 하지도 마오. 덴마크인들에게
새로운 슬픔이 닥쳤소. 내가 믿고 의지하던 사람,
나의 둘도 없는 조언자, 나의 동지였던 그 사람,
이르멘라프의 형 애쉬헤레가 목숨을 잃었다오.   1325
전투에 임할 때마다 우리는 생사를 함께 했고,
적과 맞닥뜨려 투구들이 맞부딪치는 백병전을
그는 마다하지 않았었지. 자고로 무사라면
당연히 그래야지—애쉬헤레가 그러하였듯!
밤을 배회하는 살기등등한 악귀 암컷 하나가   1330
헤오로트 궁 안에서 애쉬헤레를 살해하였네.
이 끔찍한 괴물이, 먹이를 잡고 의기양양하여,
만찬의 기대에 부풀어, 어디로 사라졌는지
나는 모르오. 그제 밤 그대가 그렌델과 싸워,
힘으로 눌러 죽음으로 모니, 앙갚음을 한 거요.   1335
그렌델이 얼마나 오랜 세월을 나의 백성들을
괴롭히고 해치면서 보냈던가! 그대와의 일전에서
그렌델은 쓰러졌고, 목숨을 빼앗기게 되었지. 헌데,
이제 다른 악귀가 출현해, 자식 복수를 하려 들었고,

---

[1] '잉의 친구들'('Ingwina')은 덴마크인들을 말함이다.

이제 그 결투에 대한 보복을 할 만큼은 한 것이오.　　　　　　　　1340

이는 많은 내 중신들이 보기에도 분명한 사실인데,

주군의 처지를 생각하고 마음 속으로 눈물 짓는다오.

참으로 견딜 수 없는 고통이오. 늘 좋은 일을 행하여

그대들을 안온케 해 주던 이 손도 이젠 무력하구려.[1]

　이 지역에 거주하는 사람들, 내 백성들,　　　　　　　　　　　1345

그리고 내 궁신들이 하는 이야기를 듣고

내가 알게 되었네만, 이네들의 말에 의하면,

덩치 큰 두 괴물들이 황량한 저지대를 배회하는데,

이 늪지대의 악령들을 그들이 보았다는 것이오.

사람들이 눈으로 확실히 판별해 낼 수 있는 것은,　　　　　　　1350

이것들 중 하나는 계집의 형상을 하고 있고,

다른 하나는 사내의 모습을 하고 있다는 거요.

다만 유별나게 큰 덩치가 단 하나 다른 점일 뿐.

옛사람들은 이자를 일컬어 그렌델이라 하였소.

---

[1] 원문은 "nu seo hand ligeð,/ se þe eow welhwylcra wilna dohte"(1343b–1344b)인데, 이를 현대영어로 직역하면, "now the hand lies [low] that treated you well with all the good things"가 된다. *Beowulf: A Student Edition* (Oxford, 1994)을 편집한 George Jack은 여기에 언급된 '손'('seo hand')은 애쉬헤레의 손을 지칭한다고 생각한다. 애쉬헤레가 죽었으므로, 그의 도움을 더는 받을 수 없다는 탄식을 흐로드가르가 하고 있는 것이라는 생각이다. 그러나 나는 이 해석이 틀렸다고 생각한다. 이에 앞서 나온 말은 다음과 같다. "þæs þe þincean mæg þegne monegum,/ se þe æfter sincgyfan on sefan greoteþ,/ hreþerbealo hearde." 현대영어로 직역하면, "As it may appear to many a thane,/ Who weeps in his heart for his treasure-giver,/ A hard heart-bale"이 된다. 즉, 흐로드가르의 신하들은 임금인 그가 아무런 대책을 세울 수 없음을 안타까워한다는 뜻이다. 따라서 여기 언급된 '손'은 애쉬헤레의 손이 아니라, 흐로드가르의 손이다. 흐로드가르는 애쉬헤레의 죽음 앞에서 속수무책인 자신의 무능함을 한탄하는 것이다.

이자의 아비가 누구였는지 아는 사람이 없고,   1355
악령들이 낳은 자식이 이자에 앞서 있었는지
아무도 모른다오. 이들은 음지에 거처하는데,
늑대가 우글거리는 언덕, 바람 거센 산마루,
위험한 늪길 같은 데로서, 산마루에서 시작한
계곡 물이 희미한 안개 속에 쏟아져 내려,   1360
땅 밑을 흐른다오. 여기서 멀지 않은 곳—
에서 몇 마일 안 되는 곳에, 그 못이 있는데,
서리 덮인 나무들이 그 위에 드리워 있다오.
뒤엉킨 나무뿌리들은 못물을 어둡게 하고,
밤이면 밤마다 소름끼치는 광경이 보이는데,   1365
물 위에 번득이는 불빛이라오. 살아있는 누구도,
아무리 박식하더라도, 그 물의 깊이를 모른다오.
개들에 쫓겨, 먼 거리를 달려온 숫사슴일지라도
큰 뿔을 숨기려 나무 뒤엉킨 숲으로 뛰어들 게요.
못가를 서성거리다가 목숨을 잃으면 잃었지,   1370
살아남으려 물속으로 뛰어들지는 않을 것이요.
결코 기분 좋은 장소라고는 할 수가 없소.
그 연못에서 일렁이는 파도가 솟구쳐 올라
구름장을 어둡게 만들고, 회오리바람이 불어
폭풍우를 부르니, 대기는 숨통을 막아 버리고   1375
하늘은 울부짖는다오. 자, 이를 치유해 줄 사람은
오로지 그대뿐이오. 그 고약한 악귀를 찾을지 모를
위험한 그곳, 악귀들의 처소를 그대는 아직 모르오.

그대에게 그럴 용기가 있다면, 그곳을 찾아가 보오.
만약 그대가 악귀와 싸워 이기고 돌아온다면,   1380
앞서 내가 그러하였듯, 예부터 전해 내려온 보물들,
용틀임치는 황금 패물들로 그대를 포상할 것이오."
  에지세오우의 아들 베오울프가 대답했소.
"어진 임금이시여, 슬퍼하지 마소서. 남자라면
벗의 죽음을 슬퍼하기보다는 복수를 해야지요.   1385
우리 모두는 한 세상 살고 나면 결국은 죽는 법—
그러니 가능하면 죽기 전에 영광을 이루는 것이
한 무사에게는 지상의 목표일 것입니다. 언젠가는
이승의 삶을 뒤로 하고 떠나야만 하기 때문입니다.
왕국의 수호자시여, 일어나소서. 우리 함께 서둘러   1390
그렌델의 어미가 남긴 흔적을 따라가도록 하지요.
약조 드리온대, 그 계집은 은신처이든, 땅 속이든,
우거진 산림이든, 바다 밑바닥이든, 어디로 도주해도,
소장의 손아귀를 결코 벗어나지 못할 것입니다.
오늘 만큼은 전하께서는 심기를 편안히 하시고,   1395
모든 걱정을 떨쳐버리소서. 소장 간언 드리옵니다."
   이 말을 들은 노왕은 기쁨을 억누르지 못하였고,
전능하신 주님, 하늘에 계신 하느님께 감사하였소.
흐로드가르가 탈 말 등에 안장을 얹었으니,
이 말은 갈기를 땋아 내린 군마였소. 어진 임금은   1400
위풍당당하게 말을 몰았고, 한 무리의 전사들이,
도보로 행군하는 방패 든 무사들이, 뒤를 따랐소.

숲길을 따라 나 있는 발자욱은 분명하였으니,
땅 위 그 자국이야말로 악귀가 남긴 것이었소.
더는 이 세상 사람이 아닌 그 출중한 전사를,   1405
흐로드가르와 더불어 조국을 수호했던 그를,
전리품인 양, 괴물은 그 길로 끌고 갔던 것이오.
그러자 고매한 군왕들의 후손 흐로드가르는
가파른 돌 비탈, 좁은 오솔길, 한적한 사잇길,
알려지지 않은 험로, 급하게 내리 쏠린 둔덕,   1410
수많은 물속 괴물들의 거처를 가로질러 갔소.
노왕은 지혜로운 조언자 몇 명을 거느리고
지형을 살피기 위해 말 위에 앉아 앞서 갔소.
마침내 임금의 시야에 갑자기 들어온 것은
잿빛 바위 위로 고개를 숙인 나무들이었소.   1415
암울한 숲이라니— 그 아래 고여 있는 물은
탁하기 짝이 없었소. 거기 있던 덴마크인들,
임금을 수행해 온 많은 전사들과 중신들은
견디기 힘든 마음의 고통을 맛보게 되었으니,
모두에게 더할나위 없는 슬픔의 순간이었다오.   1420
그들이 본 것은 벼랑에 놓인 애쉬헤레의 머리였소.
아직 더운 피를 머금은 물에는 거품이 일고 있었소.
전투를 예고하는 나팔소리가 되풀이 되어 울렸고,
부대 전체는 자리를 잡고 앉았소.
    그러자 그들은 물속에서 수많은 뱀들의 일족,   1425
흉칙스런 물뱀들이 헤엄치는 것을 보았고,

물가 둔덕에는 수중 괴물들이 누워 있었는데,
이것들—뱀과 야수들—은 아침이 되면, 이따금
바다로 나가 위태로운 여정에 오르기도 한다오.
전사들은 분노에 차 맹렬한 기세로 내달았소.   1430
독전의 나팔소리가 울려 퍼졌기 때문이었소.
기트의 사나이 하나가 활을 들어 시위를 당겨
물뱀 하나를 쏘아 맞춰 생명줄을 끊어 버리고
더는 헤엄치지 못하게 했으니, 막강한 화살이
급소를 꿰뚫었기 때문이요. 헤엄치는 속도를   1435
차츰 줄이니, 죽음의 손아귀에 든 때문이었소.
물 위에 뜬 그 흉물을 날 선 갈퀴 멧돼지 창으로
재빨리 찌른 다음, 언덕으로 끌어 올려 살피니,
그야말로 놀랍기 그지없는 수중의 괴물이었소.
사람들은 그 끔찍스런 흉물을 내려다보았소.   1440
  베오울프는 갑옷을 몸에 둘렀소. 허나 그는
자신의 목숨에 대해서는 불안해하지 않았소.
마디마디 쇠고리를 엮어 만든 널따란 갑옷은,
이 정교한 수제품은, 이제 물에 잠길 것이었소.
이 갑옷은 그의 몸을 지켜 줄 것이었으니, 그 어떤   1445
적수도 그의 가슴에 상처를 입히지 못할 것이었고,
아무리 성난 괴물도 그의 생명을 해치진 못하리오.
번득이는 투구는 그의 머리를 감쌌으니,
바로 이 투구가 호수의 바닥을 샅샅이 훑고,
소용돌이치는 물살을 헤쳐 나갈 것이었소.   1450

먼 옛날 한 장인이 정성껏 만든 투구였으니,

보석이 박혀 있고, 견고한 띠로 테를 둘렀고,

멧돼지의 형상이 정수리를 장식한 것이었소.

검도, 철퇴도, 이 투구를 가격한들 허사였소.

흐로드가르의 궁정 대변인이¹ 베오울프에게   1455

필요하면 쓰라고 건넨 검은 큰 도움이 되었소.

손 가리개 있는 이 검을 흐룬팅이라 불렀는데,

예부터 대물림으로 전해 내려오는 보검이었소.

강철로 벼린 칼날, 독기 어린 줄무늬 장식,

혈투로 매서워진 검기— 이 검을 휘둘러본   1460

전사들 중, 이 검에 실망한 자는 아무도 없었소.

위험한 원정길에 과감하게 올라, 벌떼처럼

몰려드는 적들을 맞아 싸운 그 어느 누구도—

이 검이 진가를 보여줄 첫 기회는 아니었소.

막강한 힘의 소유자인 에질라프의 아들은,²   1465

자기보다 우월한 전사에게 검을 빌려주며,

얼마 전 취기를 못 이겨 베오울프를 향하여

자신이 한 말을 기억하지 못했소. 그 자신은

거센 파도 이는 물에 뛰어들어 생명을 걸고

모험할 용기가 없었소. 그래서 무사의 영예,   1470

---

¹ '흐로드가르의 궁정 대변인'은 운퍼스(Unferth)를 지칭한다. 앞에서 베오울프에게
적개심을 보였던 운퍼스가 자신의 보검을 베오울프에게 빌려준다는 것은, 그렌델
을 퇴치한 베오울프를 이제는 동료로 받아들인다는 것을 암시한다.
² 곧 운퍼스. 500행의 주석 참조.

용사의 명성을 잃었소. 베오울프는 달랐소.
그는 일전을 치를 마음의 준비가 되어 있었소.
　에지세오우의 아들, 베오울프가 말했소.
"헤알프데네의 영광된 아드님, 어질고 숭앙받는
군왕이시여! 소장은 죽을 각오로 모험에 임하오니,　　　　　　1475
일전에 제가 전하께 드린 말씀을 기억해 주소서.
만약 제가 전하를 위해 목숨을 잃게 된다면,
제가 죽은 다음이라 할지라도 전하께서는
소장의 아버님과 다름이 없는 분이십니다.
만약 제가 이 결투에서 패하여 죽게 된다면,　　　　　　　　1480
전하께서 제 수하 전사들의 수호자가 되소서.
또한, 전하께서 제게 하사하신 보물들은,
흐로드가르 전하, 히겔라크에게 보내소서.
그러면 흐레델의 아들,[1] 기트인들의 주군은
그 황금의 보물을 보고 아시게 될 것입니다.　　　　　　　　1485
사나이다운 덕목을 갖춘 좋은 주인을 만나,
제가 한때 행복한 나날을 보냈다는 사실을—
그리고 전사로서의 명성 높은 운퍼스에게
이 오래된 보검, 장식 찬란하고 칼날 굳센
이 명검을 돌려주소서. 저는 흐룬팅으로[2]　　　　　　　　1490
영광을 이룩하거나, 아니면 죽을 것입니다."

1　흐레델(Hrethel)은 기트족의 임금 히겔라크(Hygelac)의 아버지이다. 히겔라크는 베오
　울프의 외숙이다.
2　흐룬팅(Hrunting)은 운퍼스(Unferth)가 베오울프에게 빌려 준 검의 이름.

이렇게 말하고 기트의 사나이는 용감하게
출정을 서둘렀소. 대답을 기다릴 생각이란
아예 있지도 않았소. 물결 출렁이는 호수는
전사를 받아들였소. 오랜 시간이 지나서야   1495
전사는 호수의 바닥에 다다를 수가 있었소.

[1497-1590: 베오울프는 여성인 수중 괴물을 만나 싸우고 나서, 마침내 그렌델과
그 어미의 거처인 물밑 궁전에 도착한다. 베오울프는 그렌델의 어미와의 격투 끝
에, 궁전에서 발견한 검으로 그렌델 어미의 목을 베고 나서, 그렌델의 목을 자른
다. 이렇게 해서 베오울프는 완전한 승리를 거둔다.]

얼마 안 있어, 반백 년 동안 이 호수에 살아온,
한 없이 게걸스럽고 사납고 탐욕스런 괴물이,
뭍에서 내려온 한 이방인이 저들만의 거처를
탐색하고 있는 중이라는 사실을 알게 되었소.   1500
그래서 이 암컷 괴물은 무시무시한 악력으로
전사를 움켜잡아 끌어당겼소. 하지만 그것은
그의 몸을 해치지 못했으니, 끔찍한 손톱으로도
전사의 몸을 감싼 갑옷을, 고리 고리 얽어 만든
견고한 쇠줄 갑옷을, 뚫을 수 없었기 때문이오.   1505
그러자 이 바다의 늑대는 바다에 이르렀으니,
마침내 전사를 자기 처소로 데려온 것이었소.
불세출의 용사였음에도 불구하고, 베오울프는
무기를 휘두를 수가 없었소. 수많은 수중 괴물들이
그를 괴롭혔고, 떼지어 몰려드는 물밑 짐승들은   1510

불거진 엄니들을 그의 갑옷에 들이박으며
그를 향해 달려들었소. 마침내 전사는 자신이
한 음산한 건물에 들어와 있는 것을 알았는데,
거기서는 그를 향해 밀어닥치는 물도 없었고,
그에게 쏟아져 부어내리는 물벼락도 없었으니,   1515
그 회랑은 지붕으로 덮여 있었기 때문이었소.
그리고 그는 이글이글 타오르는 불빛을 보았소.
　마침내 용사는 심연 속의 그 저주받은 존재,
수중의 막강한 악귀를 보았소. 그는 온 힘을 다해
일격을 마다하지 않는 팔을 올려 검으로 내리쳤고,   1520
검은 악귀 머리 위에 떨어지며 무서운 굉음을 냈소.
허나 물밑을 탐색하는 내방객은 곧 알게 되었소.
그 검은 소기의 목적을 달성하지 못하였으니,
용사의 의도대로 악귀의 생명을 빼앗지 못했고,
필요할 때, 아무런 도움도 되지 않았던 것이오.   1525
그 검은 여태까지 수많은 접전을 겪어오면서,
비운을 맞은 자들의 투구와 갑옷을 뚫었소만,
위력을 발휘하지 못한 것은 이번이 처음이었소.
　허나 용사의 결의는 굳었소. 히겔라크의 생질은
투지를 잃지 않으며 영광을 갈구하였소.   1530
분노한 전사는 정교한 장식의 검을 던져 버렸고,
강한 무쇠로 벼린 검은 마룻바닥에 떨어졌소.
이제 용사가 의지할 것은 자신의 힘— 오로지
맨손의 악력뿐이었소. 오래 지속될 영광을

성취하려면—한 전사가 진정한 사나이라면— 1535
그래야지요. 그는 목숨 따위는 개의치 않았소.
기트 사나이는 그렌델 어미의 어깨를 움켜쥐고
싸움에서 한 발짝도 물러서지 않으려 하였소.
마침내 역전의 용사는 타오르는 분노 속에서
극악무도한 악귀를 마룻바닥에 던져 버렸소. 1540
용사가 안겨 준 고통스런 응징을 앙갚음하려
요괴는 용사 몸을 움켜잡고 용씨름을 하였소.
그러자 전사들 중 가장 강한 보병 베오울프는
기진하여 비틀거렸고, 그만 넘어지고 말았소.
요괴는 내방객을 덮쳐 단검을 뽑아 들었으니, 1545
넓은 날이 선 칼이었소. 요괴는 하나뿐인 자식인
그렌델 복수를 하려 했소. 그러나 정교한 갑옷은
전사 어깨를 덮고 있어 그의 생명을 지켜 주었으니,
날카로운 그 무엇도 갑옷을 뚫을 수 없었던 것이오.
그리하여 에지세오우의 아들, 기트의 용사는, 1550
그의 갑옷의 도움이 없었다면, 쇠줄을 엮어 지은
단단한 갑옷 아니었다면, 넓은 들 아래 저 밑에서
죽음을 맞았을지도 모르오. 성신의 도움으로
그는 승리를 쟁취했으니, 지혜의 총화이신 주님,
천국의 통치자께서 내리신 결정은 옳았다오. 1555
베오울프는 다시 두 발을 딛고 벌떡 일어섰소.
    그러자 그의 눈은 승리의 축복에 싸인 무기—
전사들의 영광, 그 옛날 거인들이 강하게 벼린

한 자루의 검에 멎었소. 으뜸가는 무기였으나,

다른 어느 누구도 전장에서 그 검을 휘두르며   1560

전공을 세울 수 없을 정도로 육중한 것이었소.

거인들 작품답게 웅대하고 위압적인 것이었소.

덴마크인들의 영웅은 거칠고 맹렬한 기세로

손잡이를 움켜잡고 그 보검을 칼집에서 뽑아

죽기 아니면 살기로 가차없이 내려치니,   1565

칼날은 요괴의 목 깊숙이 파고 들어가서

목뼈를 잘랐소. 운명의 순간이 임박한 요괴를

장검은 단번에 베어, 요괴는 바닥에 쓰러졌고,

피에 젖은 검을 들고 전사는 흡족해 하였소.

   어슴푸레한 빛이 방 안을 서서히 밝혔으니,   1570

마치 천공의 촛불이[1] 켜질 때, 하늘이 환하게

밝아옴과 같았소. 전사는 방 안을 휘둘러보고,

벽을 따라 걷다가, 검의 손잡이를 움켜쥐고,

분노와 결의를 동시에 담아 검을 높이 들었소.

히겔라크의 전사답게 말이오. 그에게 그 검은   1575

유용한 것이었으니, 그렌델이 덴마크인들에게

─그것도 한 번이 아니라 여러 차례나─저지른

죄행에 대한 응징을 지체 없이 해 줄 수 있기를

전사는 간절히 바라마지 않았기 때문이었소.

흐로드가르와 화톳불을 함께 쪼이던 그의 벗들을   1580

---

[1] '천공의 촛불'은 태양을 말함이다.

잠들어 있는 동안 살해하였고, 잠든 덴마크인들을
열다섯 명이나 게걸스럽게 먹어치웠을 뿐 아니라,
또 다른 열다섯 명을 전리품처럼 납치해 갔었소.
분노에 찬 용사는 그 대가를 지불토록 하였으니,
결투로 기진하여 죽어가고 있는 그렌델이 쉬는 듯   1585
꼼짝 않고 누워있는 모습을 전사가 보았을 때였소.
헤오로트에서의 혈투에서 그렌델이 입은 부상은
그토록 심한 것이었소. 그의 사지는 퍼드러졌고,
죽은 뒤에도 검의 일격을 받아야만 할 것이었소.
바람을 가르는 검에 그렌델의 머리는 잘려 나갔소.   1590

[1591-1798: 물가에서 기다리는 사람들은 수면에 피거품이 이는 것을 보고 절망
한다. 악귀들의 피에 젖은 검은 그 칼날이 녹아 버린다. 베오울프는 그렌델의 머리
와 검의 손잡이를 가지고 물 위로 오른 다음, 일행과 함께 헤오로트로 돌아온다.
전리품들을 흐로드가르에게 바치며, 베오울프는 자신의 승리를 신의 은총 덕으로
돌린다. 흐로드가르는 베오울프에게 치하를 하며, 신의 섭리를 경외하는 군왕의
도를 말해 준다. 연회가 파하자 그들은 각자의 침소로 향한다.]

   흐로드가르와 함께 수면을 응시하던 사람들,
연륜과 지혜를 갖춘 중신들은, 얼마 지나지 않아
너울대는 물결 위로 끓어오르는 피거품을 보았소.
거기 있던 백발이 성성한 사람들— 임금 곁에서
하회를 기다리던 중신들은 이구동성으로 말했소.   1595
그 군왕의 재목을 다시 보는 것은 다 틀린 일이고,
그가 승리를 거두고 다시 임금을 알현하는 것을

기대하기는 힘든 일이라고— 그리고 결론 내리길,
물밑의 요괴가 틀림없이 그를 죽였을 것이라고—
마침내 아침 아홉시가 되니, 용감한 덴마크인들은   1600
물가 둔덕을 떠나기로 하였고, 만인을 다스리는
군왕 흐로드가르는 그곳을 떠나 왕궁으로 향했소.
기트 사람들은 의기소침하여, 수면을 응시하며
앉아 있을 뿐이었소. 그네들의 다정한 주군을
다시 보고 싶으나, 기대하기는 힘든 일이었소.   1605

그러자 검은, 마치 고드름이 녹아내리듯,
흥건한 피에 젖어 힘없이 늘어지는 것이었소.
얼음처럼 다 녹아 버리다니 놀라운 일이었소.
하느님께서 서리의 족쇄를 풀어 버리고,
딱딱하게 굳은 물을 녹이듯 말이오. (계절의 순환을   1610
관장하는 주님은 진정한 창조주임에 틀림이 없소.)
물속 궁전 안에 보존되어 있는 수많은 보물들을
기트의 전사는 보았으나, 그렌델의 머리와 보석으로
빛나는 검 손잡이 말고는 아무 것도 취하지 않았소.
칼날은 이미 다 사라져 버렸으니, 화려하게 장식된   1615
검은, 묻은 피가 하도 뜨거워, 녹아 버렸던 것이었소.
물 밑 궁전에서 죽은 귀축은 독기로 꽉 차 있었소.
격렬한 전투 끝에 살아남아 귀축들의 최후를 본
영웅은, 물 위를 향해 헤엄쳐 올라가기 시작했소.
악령들이 살아 있는 나날들과 덧없는 이 세상을   1620
뒤로 하고 떠났을 때, 파도 굽이치는 물의 왕국은,

넓은 영역임에도 불구하고, 완전히 정화되었다오.
항해자들의 수호자, 불세출의 용사는, 헤엄을 쳐
마침내 뭍에 도달했소. 운반하기엔 버거웠으나,
그가 가져온 전리품들에 용사는 흡족해 했소.   1625

　그러자 그들은, 전사들의 무리는, 함께 걸으며
하느님께 감사하였고, 그들을 거느리는 장수가
무사히 귀환해 다시 그들 곁에 있음에 기뻐했소.
그리고 곧 막강한 전사의 몸에서 투구와 갑옷을
벗겨 주었소. 죽음을 맞은 자들의 피로 물들여진   1630
호수는, 구름 아래로 평화로이 펼쳐져 있었소.
그들은 경쾌한 발걸음으로 행군을 계속하였소.
그들은 가슴에 희열을 가득 품고 익숙한 길 위로
걸음을 옮겼소. 군왕을 섬기기에 손색없는 용사들은
물가 절벽으로부터 그렌델의 머리를 옮겨 갔소만,   1635
용맹스런 전사들이었음에도 힘에 벅찬 일이었소.
그네들 가운데 네 사람이 그렌델의 머리를
창 자루에 매달아 어깨에 메고 헤오로트로
겨우겨우 옮겨 갈 수가 있었고, 마침내
열네 명의 용맹무쌍한 기트의 전사들은   1640
헤오로트에 도착하였소. 이들 가운데 한 사람,
전승 거둔 용사 베오울프는, 사나이들과 함께
향연을 위한 회당으로 보무당당하게 향했소.
그러고는 흐로드가르에게 인사를 드리려
역전의 용사, 행동으로 용기를 입증한 영웅,   1645

전사들의 우상은 영광에 싸여 입궐하였소.
곧 이어 전사들은 그렌델의 머리를
머리채를 잡고 궁 안으로 들여왔소.
사람들은 술을 마시다가, 이 끔찍스런 흉물을
남자고 여자고 경악하여 쳐다만 볼 뿐이었소.   1650
  에지세오우의 아들, 베오울프가 말하였소.
"헤알프데네의 아드님, 덴마크인들의 주군이시여!
저희들이 전하를 위해 이 전리품을 가져와 기쁩니다.
여기 보시다시피, 이것은 영광의 표징입니다.
소장이 간신히 살아 돌아오기는 했습니다만,   1655
물 밑에서 소장이 치른 전투는 참으로 힘겨운
시련이었습니다. 주님의 보살핌이 없었다면,
제가 치른 싸움은 곧 결판이 났을 것입니다.[1]
흐룬팅이[2] 무적의 무기임에는 틀림이 없으나,
그것만으로 전승을 거두지는 못했을 겁니다.   1660
하지만 주께서 특별한 은총을 베푸시었으니,
벽에 걸린 해묵은 검을, 아름답고 강력한 검을,
저는 발견했고, 항상 외로운 자의 편을 드시는
주님을 기억하고, 그 보검을 뽑았습니다.
그리하여 절호의 기회가 왔을 때, 소장은   1665
물 밑 궁전을 지키는 자들을 처단했습니다.

---

1 자신의 승리에 대해 자랑하는 대신, 그것을 신의 가호에 의한 것으로 말하는 데에서
  베오울프의 겸양을 읽을 수 있다.
2 운퍼스가 베오울프에게 빌려준 검의 이름이 '흐룬팅'이다.

뜨거운 피가 솟구쳐 나오자, 화려한 장식의 검은
녹아 버렸고, 그래서 그 손잡이만 가져왔습니다.
덴마크인들을 살해한 귀축들의 잔악한 행위를
응징했습니다만, 의당 하여야 할 일이었습니다.   1670
이제 전하께서는 아무 걱정 없이 헤오로트에서
신하들과 더불어 안면을 취하실 수 있을 것이며,
전하 휘하의 전사들 또한—역전의 용사이든,
새내기 무사이든—그리할 수 있을 것입니다.
덴마크인들의 군왕이시여, 지금까지와는 달리,   1675
장수들의 죽음을 걱정하실 필요가 없을 것입니다.”

　말을 마치고, 그는 역전의 용사인 노왕에게
황금으로 된 검의 손잡이를 삼가 바쳐 올리니,
옛 거인들의 작품이었소. 악귀들이 죽은 후,
그 유품은, 장인들이 세공을 한 보검의 일부는,   1680
덴마크의 군왕에게 넘겨졌소. 주님의 적이었던
악의에 넘치는 귀축이 살인을 저지르고 나서
그 어미와 더불어 이 세상을 하직하였을 때,
그 유물은 속세의 한 임금, 덴마크 왕국에서
신하들에게 보물들을 나누어 준 임금들 중   1685
가장 탁월한 군왕의 소유로 자리를 옮겼소.

　흐로드가르는 말했소. 그리고 오랜 역사 어린
보검의 손잡이를 보았소. 거기에는 태고의 분란이
어찌 일어났으며, 휩쓰는 홍수가 거인족을 어찌
멸망시켰는지 말해 주는 이야기가 새겨져 있었소.   1690

거인들은 무서운 결과를 불러왔으니, 그들은
영원한 주님으로부터 소외된 족속이었던 거요.
그에 대한 응보로 주님은 홍수로 이들을 몰살했소.
번쩍이는 황금으로 된 손잡이에는 룬 문자로[1]
상세한 이야기가 정교하게 새겨져 있었으니,   1695
누구를 위해, 검 중에서도 가장 훌륭한 이 검이
처음 만들어졌고, 꿈틀거리는 뱀의 형상을
손잡이에 새겼는지 말해 주었소.
                              모두 침묵하는
가운데, 현명한 왕, 헤알프데네의 아들이 말했소.
"들으오. 진실과 정의로움으로 백성들을 대하고,   1700
지난날의 일들을 마음에 새기는 사람이야말로,
한 국가의 수호자라 일컬을 만하오. 이런 사람은
특출한 인재로 태어난 것이오. 나의 벗 베오울프,
그대의 영예로운 명성은 먼 데까지 퍼져 나갔고,
만방에 떨치게 되었소. 그대는 힘과 함께 슬기를   1705
동시에 갖추고 있소. 얼마 전 우리가 나눈 대화에서
내가 약조한 우정을 나는 지킬 것이오. 장차 그대는
그대의 조국에 변함없는 위안을 제공할 것이고,
국민들의 버팀목이 될 것이오. 에지웰라의 후손들,[2]

---

1 '룬'(rune)은 고대 북유럽 게르만인의 문자로서, 신비적인 금언이나 시, 또는 주문
  등을 기록할 때 쓰였다. 동양문화권에서 '룬'에 해당하는 것을 찾는다면, 아마도
  중국의 갑골문자를 예로 들을 수 있을 것이다.
2 에지웰라(Ecgwela)는 쉴드 셰빙(Scyld Scefing)에 앞서 덴마크 왕통을 시작한 사람이
  었을 것이다. 이 부분에서 헤레모드(Heremod)는 쉴드보다 앞선 통치자로 소개되고

덴마크인들에게 헤레모드는[1] 그러하지를 못했소.   1710
그는 자라서 덴마크인들에게 기쁨이 되지 못했고,
오히려 살육과 파괴를 가져다주는 사람이 되었소.
분노하여, 식탁을 나누는 벗들과 동료들을 죽였고,
그래서 마침내 버림받았으니, 왕의 영광은 허상일 뿐,
백성들과 함께 어울리는 기쁨을 누리지는 못하였소.   1715
전능하신 주님께서 그를 도와 권력을 향유케 하시고,
만인 위에 군림하도록 만드실 수 있었는데도 말이오.
그의 가슴 속엔 백성들에게 가혹한 심성이 자라났고,
덴마크인들을 보물로 포상하는 너그러움도 없었소.
기쁨을 빼앗긴 채, 그는 갈등의 괴로움 속에 살았고,   1720
백성들에겐 오랜 고통이었소. 이 선례를 교훈삼아,
사나이의 덕목이 무엇인지 깨달으오. 나이를 먹으면
슬기도 따르는 법이니, 그래서 나 그대를 위해
이 이야기를 들려 준 것이오. 경이로운 사실은,
전능하신 주께서는 하해와 같은 그분의 뜻으로   1725
인간에게 슬기와 토지와 신분의 고귀함을
나누어 주신 것이오. 그분은 만유를 지배하시오.
이따금 그분께서는 높은 신분으로 태어난
사람의 마음을 사랑으로 인도하시고,

있기 때문이다.

[1] 헤레모드(Heremod)는 흐로스가르의 조상인 쉴드가 덴마크를 통치하기 이전에 왕위
에 앉았던 인물로 소개되고 있다. 헤레모드에 관한 이야기는 901–914행에 이미
나왔다.

고향에서 세상의 기쁨을 누리게 하시며,   1730
끈끈하게 맺어진 친구들을 갖게 해 주시오.
또한 정해진 영역을 다스리도록 허락하시며,
광활한 왕국도 갖게 하시니, 그의 어리석음은
그 모두가 언젠가는 끝남을 알지 못하게 하오.
그는 번영을 누리며 사니, 질병도 노년도   1735
그에게 전혀 제약이 되지 않고, 슬픈 상념이
그의 마음에 어두운 그림자를 던지지도 않으며,
적의로 인한 증오도 없고, 세상은 뜻대로 움직이오.
그러니 상황이 달라질 수 있음을 어찌 알 수 있겠소?
  "마침내 그의 마음에는 교만이 자리 잡고   1740
자라나 번성하게 되니, 영혼을 지켜 주는 자숙은
잠들어 버린다오. 헤어날 수 없이 빠져들게 된
그 깊은 잠은 가까이 있는 자객과 다름이 없소.
눈치채지 못하게 시위를 당겨 쏘아 죽이는 자—
잘 방비되어 있다고 믿는 중, 날카로운 화살이   1745
가슴에 꽂히니, 이를 막아낼 도리는 없는 법—
그것은 저주받은 영혼의 뒤틀린 권언이라오.
그가 오래 향유한 것들을 하찮게 여기게 되니,
탐욕에 젖은 그는 화려한 보물들을 명예롭게
분배하지도 않으려 하고, 자신의 장래 따위는   1750
까맣게 잊고 게을리 한다오. 영광의 주, 하느님이
그에게 막대한 영예를 앞서 베푸셨기 때문이오.
그러다가 종국에 닥쳐오고야 마는 것은, 덧없는

육신의 쇠락— 시들고 이울어, 다가오는 운명 앞에
그는 쓰러지고 만다오. 그러면 새 사람이 나타나   1755
예부터 내려온 보물들을 차지하고는, 아낌없이
나누어 줌에 아무런 스스럼도 두려움도 갖지 않소.
　"내 다정한 벗, 베오울프, 사나이 중의 사나이,
이 사악한 길을 피하고, 보다 나은 길— 영원하신
주님의 가르침을 택하오. 승리를 자랑하는 전사,   1760
오만에 빠지지 마오. 그대가 누리는 힘의 영광은
여기 잠시 머무를 뿐이오. 얼마 지나지 않아
병 아니면 검이 그대에게서 힘을 앗아갈 것이오.
아니면 삼키는 불길이, 아니면 휩쓰는 홍수가,
아니면 휘두르는 검이, 아니면 나르는 창이,   1765
아니면 암울한 노년이 그렇게 할 것이오.
밝던 눈은 점점 흐려져 안 보이게 되고,
곧 죽음이 그대에게 덮쳐 올 것이오.
　"반백 년 동안, 이 하늘 아래, 나는 덴마크인들을
다스려 왔고, 전란이 닥쳐왔을 때엔, 창과 검으로   1770
그들을 보호해 주었소. 세상 곳곳의 많은 종족들에
대항해서 말이오. 그래서 하늘 아래 그 어디에도
나의 적수가 될 자는 아무도 없다고 생각해 왔소.
그런데 바로 내 왕국 안에서 역경을 맞았으니,
기쁨 뒤에 슬픔이 왔다오. 나의 숙적이 되고 만   1775
그렌델이 출현하여 흉폭한 짓을 자행한 것이오.
그렌델이 가져온 횡액은 오랜 세월 내 영혼 깊이

큰 슬픔을 겪게 하였소. 그 오랜 간난의 세월을
보내고 나서, 피범벅이 된 그렌델의 머리를
내 눈으로 보게 되다니! 영원하신 주 하느님께   1780
이 모든 일에 대해 감사드려야 할 것이오.
불세출의 전사, 이제 그대 자리로 돌아가,
향연을 마음껏 즐기오. 아침 해가 밝아 오면,
나 그대에게 많은 보물을 나누어 줄 것이오."

  기트 사나이의 가슴은 기쁨으로 가득했고,   1785
어진 임금이 명한 대로, 곧 자리로 돌아갔소.
그러자 연회장에 앉아 있는 용사들을 위해,
풍성한 향연이 전에 못지않게 준비되었소.
새로 차린 상 위에—

                    전사들 머리 위에
밤의 장막이 드리워졌고, 일동은 일어났소.   1790
잿빛 머리의 덴마크 임금은 그만 침소에
들고자 하였소. 용감한 전사, 기트 사나이는
마음껏 휴식을 취할 수 있게 되어 기뻤소.
곧 시종 한 사람이, 험난한 모험에 지친,
먼 나라에서 온 전사를 침소로 안내했소.   1795
시종은 예의를 갖춰, 전사에게 필요한 모든 것을
세심한 주의를 기울여 제공하였소. 그 시절에
항해하는 무사들이 당연히 누렸던 제반 편의를.

[1799-1924: 베오울프는 귀국 준비를 서두르고, 흐로드가르와 그의 아들 흐레드
릭에게 변함없는 우정을 맹세한다. 흐로드가르와 베오울프가 작별 인사를 나눈
후, 베오울프는 귀향길에 오르고, 마침내 기트 땅에 도착한다.]

　　그래서 담대한 사나이는 휴식을 취했소. 높다란 회당은
궁륭을 자랑하며 황금으로 치장되어 있었고, 객은 거기서　　　　　　1800
검은 가마귀가 넘쳐나는 기쁨으로 아침 해가 밝아옴을
알려 줄 때까지 잤소. 그러자 밝은 햇살이 비추었으니,
[어둠을 밝혀 주는 빛이었소.]¹ 전사들은 서둘렀소.
이 출중한 무사들은 동포들이 있는 고향으로 귀환하려
출범할 준비에 여념이 없었소. 용맹스런 방문객은²　　　　　　　　1805
먼 곳에 정박해 있는 배를 찾아가기를 갈망하였소.
　　그리고 용사는 에질라프의 아들에게³ 흐룬팅을
반납하라고 지시했소. 그가 애지중지하는 보검을
돌려받으라 말하고는, 그의 후의에 대해 감사하며,
막강한 위력을 지닌 명검이란 치하를 하였으나,　　　　　　　　　1810
한 마디도 그 검의 한계에 대한 언급은 안 했소.
참으로 사려 깊은 사나이라 아니 할 수 있겠소?

1　각괄호 안의 부분은 필사본에서 분명한 판독이 어렵다. Elliott Van Kirk Dobbie가
　편집한 *The Anglo-Saxon Poetic Records*의 *Beowulf* 는 별표 세개로 이 행의 앞 부분
　을 대치하여 놓았다. 이 부분을 Fr. Klaeber는 [scima ofer sceadwa], 세 단어로 읽었
　고, A. J. Wyatt와 R. W. Chambers, 두 학자는 [*scima æfter sceadwe*], 세 단어로
　읽었다. 이 편자들은 그들이 추정하는 단어들을 각괄호 안에 묶어 놓았다. 역자의
　번역은 이 두 가지 판독을 포괄하는 의역임을 밝힌다.
2　'방문객'은 베오울프를 말함이다.
3　베오울프에게 흐룬팅(Hrunting)이라는 이름의 보검을 빌려 준 운퍼스를 말한다.

한편 완전무장을 한 전사들은 출항할 시기를
일각이 여삼추로 학수고대하였소. 덴마크인들의
찬사를 한 몸에 받게 된 전사는, 역전의 용사는,   1815
옥좌로 다가가 흐로드가르에게 작별을 고했소.
　에지세오우의 아들, 베오울프가 말했소.
"먼 곳으로부터 바다를 건너온 저희는 이제
저희의 주군이신 히겔라크에게 돌아가고 싶은
마음뿐입니다. 여기서 저희는 더 바랄 것이 없는   1820
대접을 받았고, 저희를 후하게 대해 주셨습니다.
전사들의 주인이신 전하, 소장이 이제껏 성취한
무공에 힘입어 전하의 총애를 받게 되었으나,
앞으로 더 많은 일을 이룸으로써 전하의 사랑을
더 받을 수 있다면, 소장은 주저하지 않겠습니다.   1825
지난날 전하의 적들이 그리하였던 것처럼,
이웃 나라가 전하에게 위협을 가한다는 소식을
바다 건너 저 멀리서 소장이 듣고 알게 된다면,
전하를 도우러 천의 병력을 이끌고 오겠습니다.
기트 사람들의 주군 히겔라크 전하께서는, 비록   1830
한 나라를 다스리기에는 다소 젊은 분이시지만,
말씀과 행동으로 저를 지원하시리라 믿습니다.
전하께 추가의 병력이 필요할 경우를 대비하여,
숲 나무처럼 빽빽한 밀집대형의 창 든 병사들로
전하의 병력을 보완하여 위세를 도울 것입니다.   1835
그리고 전하의 아들, 군왕의 재목인 흐레드릭이

기트 사람들의 궁전을 방문하기로 결정한다면,
그곳에서 많은 친구들을 만나게 될 것입니다.
출중한 분에게 먼 여행은 값진 체험일 것입니다.”
　　이 말을 듣고 흐로드가르가 대답하였소.　　　　　　　1840
“주께서는 그분의 지혜로움으로 그대가 이런
마음을 갖게 하신 것이오. 그대처럼 젊은 나이에
이토록 슬기롭게 말하는 것을 들어본 적이 없소.
그대는 막강한 힘과, 현명한 판단력과,
슬기로운 언변, 이 모두를 갖추었소!　　　　　　　　　1845
전란이 일어, 창과 검이 엉키는 가운데
흐레델의 아들이[1] 목숨을 잃게 되거나,
병이나 분쟁으로 백성들의 수호자인 그대 주군이
변을 당하는 일이 있더라도, 그대가 살아 있다면,
기트인들은 그들의 임금으로, 보물의 수호자로,　　　　1850
그대보다 나은 사람을 찾지 못할 것이오. 그대가
친족들의 왕국을 지켜내기를 원한다면 말이오.
내 벗 베오울프, 그대 가슴 깊이 자리한 영혼은
오랜 동안 나에게 크나큰 기쁨을 주었소.
그대 덕분에 기트인들과 덴마크인들 사이에는　　　　　1855
평화가 지속될 것이며, 두 나라 백성들 사이에
있어 온 적대행위와 분쟁은 이제 그칠 것이오.
이 광활한 왕국을 내가 다스리는 동안에는,

---

[1] ‘흐레셀의 아들’은 기트의 왕 히겔라크를 말함이다.

두 나라 백성들은 보물을 서로 나눌 것이며,
많은 사람들이 벗들을 찾아, 선물을 가지고　　　　　　　1860
물새들이 몸을 적시는 바다를 건널 것이오.
환형의 이물 솟은 배는 바다를 건너 선물과
우정의 징표를 운반할 것이오. 내가 알기로는,
그대 동포들은 적과 친구를 분명히 가름하고,
오랜 관습을 따름에 한 점 오류도 없다 하오."　　　　　1865
　말을 마치고, 전사들의 보호자, 헤알프데네의
아들은, 베오울프에게 열두 보물을 하사하였소.
보물과 함께 다정한 동포에게 편안히 갔다가,
서둘러 돌아오라고 왕은 전사에게 분부했소.
그리고 고귀한 혈통을 물려받은 고매한 임금,　　　　　1870
덴마크 왕은, 으뜸가는 전사에게 입맞춤을 하고,
그의 목을 껴안았고, 잿빛 머리 노왕의 눈에서는
눈물이 방울져 떨어졌소. 어진 노왕은 두 상황을[1]
예측했으나, 그 하나가 더 있음직하다 여겼으니,
그처럼 기개 넘치는 자리에서 차후로 두 사람이　　　　1875
다시 만나기는 어려울 것이라는 생각이었소.
노왕은 전사를 애중하였고, 가슴에 고여오는
슬픔을 억누를 수 없었소. 다만 그의 가슴 속에
굳게 가두어 놓은, 소중한 젊은이를 향해 품은
숨은 애착이 그의 피를 뜨겁게 만들 뿐이었소.　　　　1880

---

1 '두 상황' 중 하나는 살아서 재회하는 것이고, 다른 하나는 생전에 다시 만나지
　못함이다. 흐로드가르는 후자가 더 있음직한 일이라고 예측한다.

금 장식 떨치고 어전에서 물러난 베오울프는
하사받은 보물에 기뻐하며 초원 위를 걸었소.
배는 닻에 매여 늠름한 선주를 기다리고 있었소.
길을 걸으며 그들은 흐로드가르의 하사품들을
내내 예찬하였고, 비견할 데 없이 훌륭한 군왕,   1885
어느모로나 흠잡을 데 없는 임금이라 칭송했소.
다만 노년이 그에게 노쇠를 불러왔을 뿐이고,
노년은 누구에게나 오는 법이라고 말하면서—
    고리 고리 엮어 지은 쇠줄갑옷 떨쳐입고,
젊은 용사들은 해안에 도착했소. 해안 경비자는,   1890
전에도 그러했듯, 전사들이 도착한 것을 알았소.
벼랑 끝에 선 채 거친 말로 손들을 맞는 대신에,
그들을 향해 말을 달려 내려와, 그는 물었소.
기다리고 있는 기트 사람들에게 귀환하기 위해
번쩍이는 갑옷을 입고 배로 향하는 길인가고.   1895
모래에 얹혀 있는 널따란 배, 이물 솟은 배에는
무기며, 갑옷이며, 방패며, 말이며, 보물들이
가득가득 실렸고, 선적된 흐로드가르의 선물로
넘치는 갑판 위에 높다란 돛대가 우뚝 서 있었소.
전사는 배를 지켜 준 무사에게 금 장식의 검을   1900
사례로 건네니, 그에게서 받은 이 보물은 그 후
무사가 연회에 참석할 때마다 그의 자랑이었소.
배는 출범하여 깊은 바다로 물결 헤치고 나가니,
마침내 덴마크 사람들의 땅을 뒤로 한 것이었소.

돛대에는 바다 위에서의 도포이기라도 한 듯, 1905
돛이 밧줄에 매여 펄럭였고, 배는 삐걱거렸소.
바람은 순조로워 배가 바다 위를 미끄러져 감에
저해가 되지 않았고, 뱃머리는 물살을 헤치고
거품을 일으키며 가벼이 떠 앞으로 나아갔소.
굳건한 뱃머리 자랑하는 배는 조류를 탔으니, 1910
마침내 기트 족 땅의 해안 절벽이, 친숙한 언덕이,
그들 눈에 들어왔소. 배는 해안으로 다가갔고,
바람의 도움으로 육지에 다달아 정박하였소.
해안 경비자가 재빨리 선착장으로 달려왔으니,
오랜 동안 그리운 동료들 돌아오기를 기다려 1915
바다 멀리 눈길을 던지며 기다려 왔던 것이오.
선장은[1] 큰 선체를 닻줄로 단단히 끌어매어
모래 위에 정박시켰소. 행여나 그 목조선이
거센 파도에 휩쓸려 떠내려갈까 보아서였소.
그러고는 귀중한 보물들, 으리으리한 장식과 1920
세공으로 빛나는 선물들을, 옮기라 명하였소.
보물의 분배자, 흐레델의 아들, 히겔라크를
멀지 않은 곳에서 알현할 수 있을 것이었으니,
궁은 해안 절벽 곁에 자리 잡았기 때문이었소.

[1925-2199: 음유시인은 히겔라크의 왕비 힉드에 대한 찬사에 이어, 이 작품의
줄거리를 벗어난 여담을 삽입하여 들려준다. 이 여담은 스리스가 오파의 왕비가

---

1 '선장'은 베오울프를 지칭한다.

되기 전까지 보였던 강파른 행동에 관한 것이다. 베오울프가 히겔라크의 궁에 도착하자, 그의 무사한 귀환을 축하하는 연회가 열리고, 베오울프는 흐로드가르의 궁에서 있었던 자신의 모험담을 들려주며, 덴마크의 흐로드가르 왕은 헤아소바르드와 화친을 맺기 위해 딸 프레아와루를 헤아소바르드의 잉겔드와 결혼시킬 것이라는 예측을 한다. 베오울프는 헤오로트 궁에서 그렌델과 그 어미를 제압한 결투에 대해 이야기한 뒤, 흐로드가르가 하사한 선물들을 히겔라크에게 바친다. 히겔라크는 자신의 아버지 흐레델이 쓰던 검을 베오울프에게 하사한다.]

궁전은 웅장하였고, 임금은 왕좌에 높이 앉아   1925

위엄이 넘쳤소. 해레스의 딸, 왕비 힉드는,1 비록

그 성채 안에서 생활한 지 몇 해 되지는 않았으나,

젊고, 현명하며, 재색을 겸비한 세련된 여자였소.

인색함과는 거리가 멀었으니, 기트 사람들에게

선물과 보물을 나누어 줌에 주저함이 없었소.   1930

백성들의 자상한 여왕 힉드는 스리스의 못된 성정과

그녀의 가혹한 행위를 늘 머리에 두고 지냈다오.2

---

1 힉드(Hygd)는 해레스(Hæreth)의 딸로서 기트인들의 임금 히겔라크(Hygelac)의 왕비이다. 여기서 갑자기 힉드에 관한 이야기를 하다가, '스리스'라는 이름의 한 강파른 여자가 결혼을 한 후 다소곳한 여인으로 바뀌었다는 이야기를 장황하게 들려주는 것은, 아무리 여담이라 해도 이야기의 전개와는 동떨어진 감이 있다. 그런 연유로, 필사본을 쓴 사람이 실수를 한 것으로 보는 학자들—이를테면 E. Talbot Donaldson —도 있다. 그러나 서사시의 특징 중의 하나는, 시인이 마음 내키는 대로 아무 시점에서나 머리에 떠오르는 것을 느닷없이 읊으며 삽입할 수 있는 특권을 갖고 있다는 사실이다. 히겔라크를 언급하고 나서 그의 왕비에 대해 말하는 것은 자연스런 일이다. 또한 힉드에 대해 몇 마디 하다가, 그와 정반대 되는 성향을 보였던 다른 왕비—스리스—에 대해 길게 이야기하는 것 또한 문맥상 무리가 없다.
2 히겔라크의 아내 힉드(Hygd)의 부덕(婦德)을 강조하는 가운데, 그녀와 대조적으로 강파른 성격을 가졌던 스리스(Thryth)라는 여인을 여기서 언급하고 있다. 힉드는 스리스의 경우를 타산지석으로 삼았다는 말을 하고 있는 것이다. 이 말은 스리스에

스리스 주변 남자들 중, 그녀의 부친을 제외하곤,

밝은 낮에 그녀를 향해 감히 눈길을 돌리는 만용을

부릴 엄두를 낼 만큼 용감한 자는 있을 수 없었으니,   1935

만약 그랬다간, 어김없이 죽음을 맞게 되어 있었고,

팔목을 뒤틀려 끌려갔다오. 그렇게 체포된 다음에는

참수형에 처해질 운명이 그를 기다리고 있었으니,

번득이는 검이 가장 확실한 방법으로 그의 죄값을

받아내는 것이었소. 아무리 발군의 미모를 지녔어도,   1940

왕실에 태어난 여인으로서 차마 할 짓이 아니었지요.

화친의 매듭을 지어야 할 여인이 근거 없는 죄목으로

다정한 눈길을 보낸 사나이의 목숨을 뺏다니요.[1]

그러나 헤밍의 후손이[2] 이 문제를 종결지었다오.

주객들 사이에선 좀 다른 이야기가 전해지오만,   1945

스리스가 부친의 권유로, 황금 장식 치장을 하고

희미한 갈색 파도를 건너 오파의 궁전에 도착하여,

관한 이야기로 이어진다. '스리스'란 이름은 Fr. Klaeber가 편집한 텍스트와 George Jack이 편집한 텍스트에서는 '모드스리소'(Modþryðo)로 나타난다. 이는 'Mod'와 'þryðo'를 붙여 읽어 한 여자의 이름으로 본 결과이다. 그러나 Elliott Van Kirk Dobbie, Bruce Mitchell, Fred C. Robinson 등은 'Mod'와 'þryðo'를 떼어서 읽었고, A. J. Wyatt, R. W. Chambers도 두 단어로 떼어 읽되, 'þryðo' 대신에 'þryðe'라고 전서했다. Kemp Malone도 그의 논문에서 'Thryth'라는 현대 철자로 표기하고 있다.

[1] 이 기괴하고 잔혹한 스리스의 행위는, 모르긴 해도, 청혼을 해 온 남자들이 혼약에 실패할 경우 죽임을 당했다는 전설이나 민담에 근거한 것일 수 있다. 다만 여기서는 '청혼'에 대한 구체적 언급이 없기 때문에 단정적으로 그렇다고 말하기는 어렵겠다.

[2] '헤밍의 후손'은 전설상 영국의 머씨아(Mercia)를 통치했다고 알려진 앵글 족의 왕 오파(Offa)를 말한다. 헤밍(Hemming)은 오파(Offa)와 그의 아들 에오메르(Eomer)의 조상이다.

고귀한 혈통을 물려받은 이 젊은 전사의 배필로
새로운 삶을 시작한 이후로는, 사람들에게 해를
끼치거나 사악하게 구는 일이 줄어들었다 하오.　　　　　　　　　1950
스리스는 왕비 자리를 지키면서 선행을 베풀어,
종국에는 좋은 명성을 쌓으며 주어진 삶을
보람 있게 보냈다는 것이오. 스리스는 전사들의
수장인 남편을 극진히 사랑했는데, 내 듣기로는,
사해에 걸쳐 온 누리에 퍼져 있는 사람들 가운데,　　　　　　　　　1955
그녀의 남편 오파는 남자 중의 남자였다고 하오.
왜냐하면 그는 뛰어난 지략과 용맹을 함께 지니고
태어난 전사로서 세인들의 존경을 한 몸에 받았고,
자신의 조국을 현명하게 통치하였기 때문이었소.
그에게 태어난 아들은 에오메르― 그는 자라서　　　　　　　　　1960
전사들의 지주가 되었으니, 헤밍의 피를 받은 손,
가르문드의1 손자, 전쟁 수행에는 귀재였다오.

　기트의 용사는 그가 이끄는 무리와 함께
해변에 펼쳐진 모래를 밟으며 걸음을 재촉했소.
넓은 모래사장 위로 태양은 밝게 내리비쳤으니,　　　　　　　　　1965
남쪽에서 시작한 여정을 서두르는 중이었지요.
전사들의 수호자, 옹겐세오우를2 도륙한 용감한

---

1 가르문드(Garmund)는 헤밍(Hemming)의 후손으로, 오파(Offa)의 부친이자, 에오메르
(Eomer)의 조부다.
2 옹겐세오우(Ongentheow)는 스웨덴의 왕이었는데, 그에 관한 이야기는 원문의 2922

젊은 임금, 그들의 주군이 보물을 나누어 주는
장소로 익히 들어 알고 있는 주군의 성채를 향해
그들은 걸음을 재촉하였소. 베오울프의 귀환은   1970
히겔라크에게 즉시 보고되었으니, 역전의 용사,
그의 전우인 베오울프가, 전과를 거두고 무사히
살아 귀국하여, 그의 왕국 기트 땅에 발을 딛고
왕궁을 향해 오고 있다는 소식이 아니었겠소?
지엄한 왕명에 따라, 궁 안 준비를 서둘렀으니,   1975
도보로 도착할 객들을 맞아들이기 위함이었소.
　결전을 치르고 귀환한 용사는 그의 주군이자
다정한 벗 히겔라크에게 정중하고 격식에 맞게
인사를 올리고는, 친족답게 가까이 자리 잡았소.
해레스의 딸인 왕비 힉드는 봉밀주 단지를 들고   1980
연회장 안 이곳 저곳을 빼놓지 않고 돌아다니며
상냥하게 인사를 나누고는, 술병을 기울여
잔들을 가득 채워 주었소. 옥좌에 높이 자리 잡은
히겔라크는, 솟구치는 호기심을 억누르지 못하여,
가까이 앉아 있는 벗에게 정중하게 질문하였소.   1985
바다사람 기트인들의 모험은 어떠하였는가—
　"이보게, 베오울프, 자네가 저 멀리 바다 건너
헤오로트 궁을 찾아가 한판 싸움을 치르기로
갑작스런 결심을 하였었네만, 그래, 자네가 한

행부터 2998까지에 상세히 나온다. 히겔라크가 옹겐세오우를 직접 죽이지는 않지
만, 그가 스웨덴을 공격했을 때 옹겐세오우는 죽음을 맞는다.

모험은 어떠했는가? 고명한 군왕 흐로드가르를   1990
괴롭힌 것으로 널리 알려진 그 재앙을 자네는
물리쳤는가? 나는 이 문제로 노심초사하면서,
밀려오는 근심을 억누르지 못해, 소중한 벗의
모험에 불안했었네. 내 자네에게 애원했었지.
그 저주받은 악귀와 싸울 생각일랑 아예 말고,   1995
덴마크인들이 그렌델을 상대로 일전을 벌여
그들의 문제를 자기들끼리 해결토록 하라고.
자네가 무사히 돌아오니 주님께 감사드리네."
  에지세오우의 아들, 베오울프가 말하였소.
"히겔라크 전하, 저와 그렌델 둘이 벌였던   2000
한판 대결이 얼마나 대단한 것이었는지는
사람들이 잘 압니다. 그 결전이 벌어진 곳은,
그렌델이 승리에 익숙한 덴마크 사람들에게
숱한 슬픔과 참담함을 오랜 세월에 걸쳐 안겨 준
바로 그 장소였습니다. 그 괴물이 저지른 폭행을   2005
소장이 응징하였으니, 그렌델 일족의 하나가,
그 역겨운 무리 중의 어느 하나가, 죄에 푹 젖어
이 세상에 겨우겨우 살아남아 있게 되더라도,
그 새벽의 대결에 대해 떠벌릴 순 없을 것입니다.
먼저 흐로드가르를 배알하려 궁에 도착했습니다.   2010
헤알프데네의 아들, 고명한 흐로드가르께서는
제가 뜻하는 바가 무엇인지 아시고는, 그분의
아들이 앉을 만한 자리를 제게 권하셨습니다.

사람들은 기뻐했고, 그때까지 저는 하늘 아래

어디서도 회당에 모인 사람들이 봉밀주를 마시며   2015

그토록 즐거워하는 모습을 본 적이 없었습니다.

평화를 보증하는[1] 고명한 왕비는 연회장 전체를

자주 돌며 젊은이들 사기를 돋우었고, 좌석으로

돌아가기 전 젊은이에게 반지를 주곤 했습니다.

또 흐로드가르의 따님은 이따금씩 전사들에게   2020

차례대로 잔을 들고 가서는 술을 권하였는데,

장식 박힌 술잔을 전사들에게 권하고 있을 때,

연회장에 앉아 있던 사람들은 그 처녀를 일컬어

프레아와루라 했습니다. 그 젊고 화사한 규수는

프로다의 출중한 아들과[2] 결혼할 예정이랍니다.   2025

덴마크인들의 친구,[3] 그 왕국의 수호자께서 그런

결정을 내리셨고, 이 처녀의 혼약의 도움으로

극심한 분쟁과 갈등을 상당 부분 해소하는 것이

현명한 책략이라 여기십니다. 허나 어떤 나라든,

국왕을 잃고 나면, 신부가 아무리 아름답더라도,   2030

---

[1] 국가 간의 분쟁에 대한 해결 방안으로 가끔 왕실의 딸을 상대국의 왕이나 왕자에게 시집을 보내 화평을 시도하는 일이 있었다. 그러므로 '평화를 보증하는'이라는 수식구가 여기 나타난 것이다.

[2] '프로다(Froda)의 아들'은 헤아소바르드(Heatho-Bard) 족의 왕 잉겔드(Ingeld)를 말함이다. 흐로드가르의 딸 프레아와루(Freawaru)는 잉겔드와 혼약을 맺은 상태인데, 베오울프는 이 결혼이 덴마크와 헤아소바르드 족 사이에 화평을 가져오지는 못할 것이라고 예측한다. 베오울프가 이어서 들려주는 가상의 이야기는 마치 이미 일어난 사건을 들려주는 것처럼 상세하고 구체적이다.

[3] '덴마크인들의 친구'는 흐로드가르를 말함이다.

살벌한 창의 살육을 오래 멈추진 않을 것입니다.
융숭한 대접을 받은 덴마크의 하객들 중 하나가
신부와 함께 예식장으로 들어오는 모습을 보고,
헤아소바르드 족의 임금과 혼례에 참석한 그의
수하장수들은 모두 불쾌한 감정에 젖을 것입니다.[1]   2035
덴마크인들의 몸에는 지난날 헤아소바르드인들의
소유였던 보물이 번득이고 있을 테니 말입니다.
한때 그들의 자랑이었던 갑주며 보검 아닙니까?
다정한 벗들과 그들 자신의 목숨을
파멸과 전란으로 휘몰아 갔을 때까지 말입니다.   2040
술 마시던 한 사람이 그 보검을 보고 말하겠지요.
지난 일을 모두 기억하고 있는 어느 노전사가—
창끝에 죽은 자들을 기억하곤 가슴이 미어지며,
슬픔에 차, 가슴에 맺힌 한을 털어놓음으로써
한 젊은이의 마음에 불을 붙이고, 그의 기개를   2045
시험해 보려고, 이런 말을 하는지도 모릅니다.
'이보게, 자네 저 검이 눈에 익어 보이지 않나?
자네 선친이 투구를 쓰고 그분 마지막 전투에
임하셨을 때 그분 손에 들렸던 바로 그 검일세.
그때 사나운 덴마크놈들이 자네 부친을 죽였고,   2050

---

1 화해와 화평을 위한 결혼식에 신부를 수행한 덴마크인들이 지난날 헤아소바르드인
들과의 전투에서 습득한 전리품을 몸에 지니고 등장한다는 사실은 헤아소바르드인
들에게 치욕과 아울러 복수심을 유발하기에 충분하다.

많은 전우들을 잃은 위더길드가[1] 전사하고 나자,
전세는 그놈들에게 유리하게 돌아가고 말았지.
헌데 지금 그분을 죽인 자들 중 한 놈의 아들이
요란하게 차려입고 이 방으로 걸어 들어오는데,
의당 자네가 물려받았어야 했을 저 보검을   2055
여보란 듯 거들먹거리며 들고 있지 않은가?'
이렇게 말해 젊은이를 부추기고, 뼈아픈 기억을
기회 있을 때마다 되살려주어, 급기야는 신부를
수행하는 전사는, 그의 아버지가 행한 일로 인해,[2]
급작스런 공격을 받고 피투성이가 되어 쓰러져   2060
목숨을 잃게 될지 모릅니다. 다른 전사는 살아서
그곳을 벗어나고, 그 지형을 잘 기억할 것입니다.
그리되면 두 나라 중신들이 맺은 평화의 약조는
깨어지고 말 것이며, 절치부심하는 증오심이
잉겔드의 가슴을 가득 채우고, 파도치는 슬픔 끝에   2065
아내를 향한 그의 사랑은 차갑게 식고 말 것입니다.
그러니 헤아소바르드인들의 충정, 덴마크인들에게
약속한 화친이 실현되고, 그들 사이의 우정이 오래
지속되리라고는 생각지 않습니다. 자상하신 주군,
이제 그렌델에 대해 좀 더 상세히 말씀드림으로써,   2070

---

1 위더길드(Withergyld)가 누구인지는 확인된 바가 없지만, 문맥상 노전사의 말을 듣
  고 있는 젊은이의 아버지라고 보아도 무리는 없다.
2 신부를 수행하는 전사가 지닌 검은 그의 아버지가 헤아소바르드 인을 죽이고 습득
  한 전리품이었다.

결전의 결과가 어떠하였는지 전하께서 갖고 계신
궁금증을 즉시 풀어 드리겠습니다. 천공의 보석이[1]
땅 위를 미끄러져 가는 여정을 마치자, 어둠 속에서
성난 악귀가 무서운 적의에 차, 저희에게 왔습니다.
그때 저희는 무탈하게 왕궁을 지키고 있었습니다.   2075
그때 벌어진 첫 싸움은 혼드쇼에게[2] 치명적이었고,
죽음은 필연적이었습니다. 무장한 전사들 가운데
혼드쇼가 첫 희생자였고, 그렌델은 그를 탐식의
제물로 삼고 말았으니, 그 패기에 넘치던 전사를
그렌델은 통째로 삼켜 버리고 말았던 것입니다.   2080
이빨이 피로 물든 이 살육자는, 폐해를 더 끼치고
노획물을 손아귀에 거머쥐기 전에는,
그 왕궁을 떠날 마음이 조금도 없었으므로,
무지막지한 힘을 다해 제게 덤벼들어, 저를
우악스럽게 움켜잡았습니다. 그가 찬 자루는   2085
크고 으스스한, 교묘한 매듭으로 조인 것으로,
악마의 기예를 다해 용의 가죽으로 만든,
참으로 절묘하게 고안해 낸 것이었습니다.
악독한 짓을 저지르는 그 사나운 놈은,
죄 없는 저를 다른 많은 희생자들과 함께   2090
그 자루에 처넣으려 했지만, 허사였지요.

---

[1] '천공의 보석'은 태양을 말함이다.
[2] 혼드쇼(Hondscio)는 베오울프가 아무런 사전 설명 없이 언급하는 이름인 것으로 보아
히겔라크도 잘 아는 기트인일 것이다.

제가 분노에 차서 벌떡 일어섰으니까요.
그놈의 흉악한 짓거리를 응징하려 어떻게
보복했는지 아룀은 너무 장황할 것입니다.
제가 행한 일은 전하가 다스리는 이 나라의   2095
위상을 높혔습니다. 얼마 남지 않은 목숨을
그나마 건져보려고 그렌델은 도망쳤습니다.
허나 그놈은 오른손을 헤오로트에 남겨 놓고
풀 죽고 의기소침하여 그곳을 겨우 빠져나가
호수 맨 밑바닥으로 가라앉고 말았습니다.   2100
아침이 오고 향연의 자리가 마련되었을 때,
덴마크인들의 주군께서는 제가 치른 혈투를
치하하시며, 풍성한 패물과 보물을 하사하여
제가 이룬 전과를 풍성하게 포상하셨습니다.
노래와 기쁨이 넘쳤고, 해박한 지식을 소유한   2105
덴마크 노인은[1] 옛 이야기들을 들려주었지요.
이따금 역전의 용사는 탄금을 마다하지 않았으니,
실제로 있었던 슬픈 이야기, 또는 기이한 이야기를
들려주며, 현금의 줄을 퉁기는 기쁨을 누렸지요.

---

[1] 원문에는 'Gomela Scilding'이라고 되어 있는데, 두 가지로 풀이할 수 있다. 그 하나
는 '그 늙은 덴마크인'이고, 다른 하나는 '어느 늙은 덴마크인'이다. 전자라면,
흐로드가르를 말함이고, 후자라면, 흐로드가르가 아닌 한 노인이다. 그러나 원문
2110행에 '호방한 임금'('rumheort cyning')이란 구가 나오는 것으로 보아, 흐로드
가르를 지칭하는 것으로 봄이 타당할 것이다. 이런 연유로, 역자는 원문의 2107행
에 나오는 'hildedeor'('역전의 용사') 또한 흐로드가르를 지칭하는 것으로 본다.
임금이라 해서 향연의 자리에서 악기를 탄주하고 노래를 부르지 말라는 법은 없
기 때문이다.

호방한 임금은 율조를 지키면서 노래 불렀어요.　　　　　2110
이따금 노년의 족쇄에 갇혀 버린 것을 깨닫고,
늙은 전사는 그의 젊음과 무사다운 용맹이 덧없이
흘러갔음을 탄식했어요. 그가 살아온 여러 해 동안
일어났던 일들을 회상하며, 그의 가슴은 일렁였어요.
이처럼 우리는 밤이 다시 올 때까지 온 하루를　　　　　2115
왕궁 안에서 즐거움을 만끽하면서 보냈습니다.
　"그러자 이번에는 그렌델의 어미란 것이
그들이 겪은 치욕에 대해 보복을 하려는 일념으로,
분노에 차 달려왔어요. 죽음이 자식을 데려갔으니,
그것은 기트인들의 증오가 불러온 것이었지요.　　　　　2120
그 계집 요괴는 자식 죽음에 앙갚음을 했으니,
전사 하나를 무참히 살해했거든요. 그 사람은
노년에 접어든 중신, 현명한 애쉬헤레였습니다.
아침이 왔을 때, 덴마크 사람들은 그의 시신을
불태워 장례지낼 수도 없었으려니와, 애시당초　　　　　2125
나뭇단을 쌓아 올려, 그들이 사랑하는 사나이를
그 위에 눕힐 수도 없었던 것이니, 그 계집 요괴가
그의 몸을 안고 물속으로 사라졌기 때문이었죠.
그것은 백성들의 수호자 흐로드가르에게 닥친
슬픔 중 가장 괴롭고 가슴 아픈 것이었습니다.　　　　　2130
수심에 싸인 흐로드가르는, 전하의 명성을 위해,
제가 영웅적 행위를 감행하기를 요청하셨는데,
물에 뛰어들어, 목숨을 걸고, 영예로운 과업을

성취하라는 것이었고, 포상을 약속하셨습니다.
그리하여 저는 그 깊은 호수에 거주하는 요괴,   2135
잘 알려진 악독하고 끔찍한 괴물을 찾았습니다.
둘은 한동안 엎치락뒤치락 격투를 벌였습니다.
물은 피거품으로 부글거렸고, 물 밑 궁 안에서
강력한 검을 휘둘러 그렌델 어미의 목을 쳐
수급을 베었습니다. 천신만고 끝에 저는 간신히   2140
살아 나왔습니다. 죽을 운명이 아니었던 거지요.
전사들의 수호자께서는, 헤알프데네의 아드님은,
다시 저에게 많은 보물을 내려 포상하셨습니다.
백성의 왕은 좋은 관례를 따르셨습니다.
제 힘의 대가, 제게 주실 선물을 하나도 빼지 않고   2145
제게 하사하셨으니, 헤알프데네의 아드님께서는
제가 생각기에도 합당한 보물을 주신 것입니다.
용명하신 전하, 소장 이 선물들을 전하께 가져와
기꺼이 전하께 바칠 것이오니, 그 모든 선물들은
전하의 뜻대로 처분하소서. 제게 가까운 친족은   2150
전하 말고는 별로 없습니다, 히겔라크 전하."

　그는 선물을 들이라 명하니, 멧돼지 머리의 깃발,
전투시 우뚝 솟을 투구, 잿빛 쇠사슬 갑옷, 그리고
비할 데 없이 강한 검이었소. 그리고 말을 이었소.
"현명하신 임금 흐로드가르는 저에게 이 갑옷을   2155
하사하셨습니다. 그리고 제게 강조하여 말씀하시길,
그분의 선물에 대해 먼저 전하께 여쭈라 하셨습니다.

한때 이 갑옷은 덴마크인들의 군왕 헤오로가르께서[1]
오랜 세월 지녀오셨던 것이라고 말씀하시면서,
그분의 아들 헤오로웨아르드가[2] 그의 부친에게[3]   2160
충성스러웠지만, 그 아들에게도 이 갑옷을 물려주진
않았으리라 말씀하셨습니다. 기꺼이 받아 입으소서."
　　내가 듣기로는, 네 필의 발 빠른 말들도 함께
들여왔는데, 모두 사과빛 황갈색이었다 하오.
그는 보물과 함께 말들을 그의 주군께 바쳤으니,   2165
친족 사이라면 으레 그래야 하는 법 아니겠소?
은밀한 술책으로 악의에 찬 농간을 부린다거나,
가까운 친척의 죽음을 획책하는 행위는 절대로
있어서는 안 되지요. 히겔라크에게 그의 조카는,
전시에 보인 용맹으로 인해, 믿음직한 동지였고,   2170
이 두 사람은 서로에게 의지하고 도움이 되었소.
내가 듣기로는, 그는 군왕의 딸인 왕비 힉드에게,[4]
화려한 안장을 얹은 우아한 세 필의 말과 아울러
목걸이를——웨알흐세오우가 준 눈부신 보석을——
바쳤다고 하오. 그 이후로 왕비 힉드의 가슴은   2175

1　헤오로가르(Heorogar)는 흐로드가르(Hrothgar)의 형이자 헤알프데네(Healfdene)의 장
　남이다. 그와 그의 아들 헤오로웨아르드(Heoroweard)가 죽자 헤오로가르의 아우 흐
　로드가르가 덴마크 왕위에 올랐던 것이다.
2　헤오로웨아르드(Heoroweard)는 흐로드가르의 형 헤오로가르(Heorogar)의 아들이니,
　흐로드가르의 조카이다.
3　'그의 부친'은 헤오로가르를 말함이다.
4　힉드(Hygd)는 해레스(Hæreth)의 딸로서 기트인들의 임금 히겔라크(Hygelac)의 왕비
　이다. 1926–1932행과 각주 참조.

그때 받은 목걸이로 찬란하게 장식되어 있었소.

　에지세오우의 아들은 자신이 용사임을 증명했소.
전사로서 명성을 떨치고 용감한 행동으로 칭송받은
베오울프는 영광을 추구한 사나이였소. 단 한 번도
술에 취해 망동하는 친구를 척살한 적이 없었으니,[1]　　　　　　2180
온유한 성정의 사나이였고, 전장에서 용감한 그는
천하무적의 힘의 소유자였고, 주께서 내리신 너그러운
품성을 지녔더랬소. 그는 미미한 평가를 오래 받았으니,
기트 사람들은 그를 대수롭지 않은 범부로 여겨 왔고,
풍우에 시달리는 백성들의 주군은 향연의 자리에서　　　　　　2185
그에게 전사로서 별다른 예우를 하여 주지 않았더랬소.
사람들은 그를 범용한 자라 생각했고, 왕손임에도
나약한 자라 여겼소. 허나 그가 겪어야 했던 수모를
보상하는 변화가 이 영광의 사나이에게 왔던 것이오.[2]

　그러자 전사들의 수호자, 전장을 누벼 온 임금은,　　　　　　2190
황금으로 장식한 검, 흐레델의[3] 유품을 가져오도록
명했으니, 그 시절 기트 사람들에게는 검의 형체를
가진 물건 중에 이보다 더 귀중한 보물이 없었소.

1　원문은 'nealles druncne slog heorðgeneatas'인데, 현대영어로 축어역을 하면, '[he]
　never slew drunken hearth-companions'가 된다. E. Talbot Donaldson 교수는
　'Drunk, he slew no hearth-companions'라고 번역하였는데, 이는 오역이다. 왜냐하
　면 'druncne'는 문법적으로 목적격복수의 형태이기 때문이다. 따라서, '술에 취해
　동료를 죽인 적이 없다'가 아니라, '술취한 동료를 죽인 적이 없다'는 뜻이다.
2　베오울프가 소싯적에는 사람들로부터 별다른 인정을 받지 못했다는 사실을 언급하
　는 것은, 그가 뛰어난 전사로 돌연히 부상함을 강조하기 위함이다.
3　흐레델(Hrethel)은 히겔라크(Hygelac)의 부왕이다.

임금은 그 검을 베오울프의 무릎 위에 얹은 다음,

칠천 마지기의 농토와 더불어 궁 한 채를 내렸고,　　　　　　2195

왕자의 자리를 허락했소. 왕손들인 두 사람 다

조상 대대로 전승되어 온 농토를 출생과 더불어

이미 물려받았지만, 히겔라크가 상속받은 땅은

훨씬 더 넓었으니, 그의 높은 지체 때문이었소.

제2부

[2200-2323: 히겔라크와 그의 아들 헤아르드레드의 사후 베오울프는 왕위에 올라 오십년 동안 평화롭게 기트 족의 나라를 다스린다. 그러자 동굴에 감추어 놓은 보물이 인간에 의해 도난당하자 그에 대한 보복으로 불을 뿜는 용이 나타나 나라 전체를 초토화한다.]

　세월이 지나 훗날 일어난 일은 이러하였소.　　　　　　　2200

히겔라크는 치열한 전투를 치르는 도중 전사하여

들판에 눕게 되었고, 검들이 뒤엉키는 혼전에서

헤아르드레드는¹ 방패 아래 쓰러져 죽음을 맞았소.

전쟁에 능한 쉴빙 족들이—그 호전적인 전사들이—

승리에 도취한 사람들 사이에서 헤레릭의 생질을²　　　　2205

---

1 헤아르드레드(Heardred)는 히겔라크의 아들이다. 그는 부친을 이어 기트의 왕위에
　올랐다. 헤아르드레드의 죽음과 관련된 이야기는 나중에 2379–2390행에 나온다.
2 헤레릭(Hereric)은 힉드(Hygd)의 오라비이다. 따라서 그는 헤아르드레드(Heardred)
　의 외숙이다. '헤레릭의 생질'은 헤아르드레드를 말함이다.

발견하고는, 맹렬한 공격을 가해 그를 죽이고 나자,
베오울프는 기트인들의 넓은 왕국을 다스릴 권한을
물려받게 되었소. 그는 쉰 번의 겨울이 지나가도록
기트인의 나라를 잘 다스려 왔으니, 어진 임금이요,
국토의 늙은 수호자였소.

                마침내 한 괴물, 용 하나가   2210
—높은 산, 가파른 돌더미 언덕에 보물을 숨겨 놓고
이를 감시해 오던 용 한 마리가—어두운 밤이 되면
횡포를 부리기 시작했소. 땅 밑에 굴이 하나 있었는데,
사람들은 모르는 길이었소. 거기에 한 사람이 발을
디뎠고, 그 이교(異敎)의 보물 더미로 다가갔다오.   2215
그리고 그자는 큰 잔, 번쩍이는 보물을 훔쳤다오.
잠이 든 사이에 도둑의 간계로 속임을 당했으나,
용은 그 일이 있은 후로 분노를 감추지 않았다오.
그 근처에 사는 사람들이 깨달은 바대로,
이 일은 용에게 큰 분노를 불어 넣은 것이었소.   2220
  용을 극도로 분노케 한 사람은 자의로,
의도적으로, 용의 보고를 침범한 것이 아니었고,
극심한 곤경에 처한 때문이었소. 어느 한 사람의
노예가 격노한 자들의 추격을 피해 달아나다가,
숨을 곳을 찾던 중, 우연히 그곳에 들어갔는데,   2225
죄를 지었기 때문이었소. ・ ・ ・ ・ ・ ・

・ ・ ・ ・ ・ ・ ・ ・ ・ ・ ・ ・ ・ ・

・ ・ ・ ・ ・ ・ ・ ・ ・ ・ ・ ・ ・ ・

．　．　．　．　．　．　．　．　．　．　．　．　．

．　．　．　．　．　．　．　．　．　．　．　．

．　．　．　．　．　．　．　．[1]　이 동굴 안에는　　　　　2231
엄청난 양의 태곳적 보물들이 보관되어 있었는데,
아주 멀고 먼 옛날 어느 사려 깊은 사람이 숙고를
거듭한 끝에 그곳에 감춰 놓은 그대로 있었던 것이니,
한 고귀한 종족에게 전승되어 오던 막대한 유산으로,　　2235
값진 보물들이었소. 오래 전에 죽음이 그 종족을
모두 다 데려갔던 것이니, 그들 가운데 오직 한 사람만
살아남아, 벗들을 다 보내고 슬퍼하는 보물지기가 된
그 사람은, 자신도 같은 운명을 맞을 것이며, 자신이
태곳적 보물을 향유하는 일도 오래지 않아 끝나리라　　2240
예상하였다오. 파도치는 바다 가까이 펼쳐진 평원에
언덕 하나가 우뚝 서 있었는데, 곳에서 멀지 않은 곳에
솟은 구릉이었고, 접근하기 어려운 천혜의 요새였소.
보물지기는 그곳으로 선조들의 보물들을, 황금의
일부를, 간직할 만큼의 분량을 추려 옮겨갔소.　　　　2245
그리하고는 이렇게 몇 마디 말하였다오.
"대지여, 갖거라, 제왕의 보물들을 —
오래 전 사람들이 그대로부터 빼앗은 것이언만,
어차피 사람들의 차지가 되지는 못할 것.
전장에서의 죽음이, 무자비한 살육이,　　　　　　　　2250

---

[1] 2226행 후반부터 2231행 전반까지 원시 필사본 판독 불가

한때는 삶의 기쁨을 향유하던 나의 동족을
하나도 남김없이 모조리 데려가고 말았나니.
지금 내겐 검을 들어 주고 금테 두른 번득이는 술잔을
닦아 줄 사람 하나 없나니— 모두 갔도다.
굳게 벼린 투구에선 번쩍이는 면갑도 떨어져 나가고,   2255
전사의 투구를 닦아야 할 종자들도 모두 잠들어 있도다.
방패 맞부딪치는 치열한 전투에서 창칼을 막아내던
갑옷조차도 전사와 함께 스러져 버렸도다.
녹슬어가는 쇠줄로 엮은 갑옷은
출정하는 전사를 따라 먼 곳으로 함께 갈 수도 없구나.   2260
비파 소리의 즐거움도,
나무 악기 소리의 기쁨도,
회당을 가로지르는 매도,
궁 뜰을 두드리는 빠른 말발굽 소리도,
모두 사라졌도다. 가증스런 죽음이   2265
그 숱한 사나이들을 모두 데려갔도다."

　비탄에 잠긴 사나이는 이렇게 탄식하였소.
모두 사라지고 홀로 남은 그는, 낮이고 밤이고
시름에 겨워 지내다가, 마침내 죽음의 파도가
몰려와 그의 심장을 삼켜 버렸다오.   2270

　늙은 새벽녘 약탈자 하나 있어, 눈앞에 널린
보물을 보았는데, 밤이면 밤마다 불길에 싸여
벗은 채로 날아다니는 용(龍) — 불을 내뿜으며
언덕을 누비는 흉물이었소. 사람들은 그 괴물을

몹시 두려워했소. 용은 굴 속 보물을 자주 찾았고,　　　　　　2275
질긴 목숨 오래 지녀 온 덕분에 의심만 늘은 용은
이교(異敎)의 황금을 지켰소. 허나 헛일이었다오.

　사람들을 괴롭히는 노략자는 삼백년 동안이나
땅 밑에 자리 잡고 있는 거대한 보물 창고 하나를
점유하여 왔었는데, 마침내 한 인간이 용의 가슴에　　　　2280
분노의 불을 지폈던 것이오. 그자는 자기 주인에게
황금 잔을 들고 가, 그걸 받고 용서해 달라 간청했소.
해서 보물이 숨겨진 굴은 탐색되었고, 보물의 양은
차츰 줄어들었다오. 불쌍한 노예는 용서 받았고,
그자의 주인은 인간이 남긴 태고의 유물에　　　　　　2285
처음으로 그의 눈길을 던지게 되었던 것이오.

　용이 잠에서 깨어나자, 분란은 시작되었소.
용은 바위를 따라 빠르게 움직였고, 단호한 의지로
도둑의 발자욱을 발견하였구려. 도둑은 조심스레
용의 머리에 너무 가까이 다가갔던 것이었소.　　　　　2290
(아직 죽을 운명이 아닌 사람은 아슬아슬한 고비를
무사히 넘길 수 있는 법이라오. 신의 은총이 그를
가호한다면 말이오.) 보물을 지키는 용은 주변을
샅샅이 탐색하였으니, 용이 잠 든 사이 교활하게
잠입해 절도를 자행한 도둑을 찾으려 함이었소.　　　　2295
분노로 이글이글 타오르며, 용은 언덕 주위를 샅샅이
살피며 돌았으나, 황야에는 누구의 흔적도 없었소.
그러나 용은 닥치는 대로 폐해를 가해 황폐케 함에

희열을 느꼈다오. 이따금씩 용은 언덕으로 돌아와
그 귀중한 금잔을 찾았소. 용은 곧 알게 되었으니,　　　　　　2300
누군가 한 사람이 용의 재물, 그 눈부신 보물에
손을 대었다는 사실이었소. 해서 보물을 감시하는
용은 저녁이 오기만을 초조하게 기다렸소.

　그 언덕의 감시자는 분노와 적의에 불타,
소중한 술잔의 도난에 대해 불로 보복하기로　　　　　　　　2305
마음 먹었소. 드디어 날이 저물어 어둠이 왔고,
용은 기쁨을 억누르지 못했소. 절벽 위에 오래
기다릴 것 없이, 곧바로 화염을 준비해 날았소.
그곳 사람들에게는 끔찍스런 재앙으로 시작한
시련이었으나, 그들에게 보물을 도둑맞은 용은　　　　　　　2310
얼마 안 있어 고통스런 결말을 맞게 될 것이었소.

　이 미지의 방문객은 화염을 토하면서
평화로운 집들을 불태워 버렸고, 뻗치는 불길은
사람들을 공포에 떨게 했소. 이 끔찍한 날개 달린
괴물은 무엇이든 살아남도록 허용하지 않았소.　　　　　　2315
이 괴물의 공격은 먼 데까지 널리 목격되었으니,
가까이, 멀리, 악의에 찬 용의 횡포는 이 흉한이
기트인들을 얼마나 증오하고 굴욕을 주려 했는지
분명히 보여 주었소. 동이 터 날이 밝아오기 전에,
용은 서둘러 그의 보고, 은밀한 거처로 돌아갔소.　　　　　2320
용은 온 나라 백성들을 불길 속에 가둬 버렸으니,
용의 믿음은 언덕과 자신의 용맹과 절벽에 있었소.

그러나 용의 믿음은 결국 용의 기대를 저버렸다오.

[2324-2400: 베오울프는 용과의 결전을 결심한다. 이어서, 이야기의 전개를 잠시 벗어나, 과거사를 회고하는 여담이 뒤따른다. 즉 히겔라크가 죽음을 맞게 된 전쟁과 히겔라크의 아들 헤아르드레드의 죽음과 관련된 사건들에 대해 말해 주고, 베오울프가 기트의 왕위를 물려받게 된 경위에 대해 들려준다.]

그러자 그 끔찍한 재앙은 베오울프에게 곧바로
보고되었으니, 다름 아니라 그가 기거하는 궁전이,   2325
건물 중 으뜸이요, 기트인들에게 선물을 하사하는
대궐이 불타 버렸다는 거였소. 그 소식은 그의 마음을
아프게 하였고, 그의 가슴을 슬픔으로 가득 채웠다오.
어진 임금은, 자신이 신성한 계율을 어김으로써,
영원한 통치자, 주님의 노여움을 산 것은 아닌지   2330
심히 저어하였소. 그의 가슴은 암울한 상념으로
일렁였는데, 이는 그에게 처음 있는 일이었지요.
불을 뿜는 용은 백성들의 요새와, 멀리 떨어진
해변 일대의 땅과, 성곽 자체를 화염으로 에워싸
완전히 파괴한 것이었소. 용의 이 광폭한 행위를   2335
전사인 왕은, 기트의 주군은, 응징할 결심을 했소.
    그래서 전사들의 수호자, 무사들의 주군은,
그들에게 명하여 경이로운 방패를 만들게 했으니,
전체가 철로 된 것이었소. 그는 알고도 남음이 있었소.
숲에서 자란 보리수로 만든 목제 방패는 불 앞에서   2340
무용지물일 것임을. 비견할 자 없이 탁월한 군왕은

덧없이 흘러가는 나날들, 이 세상의 삶에, 종지부를
찍지 않으면 안 될 것이었소. 오랜 세월, 부의 더미를
지켜오기는 하였으나, 용의 경우도 다를 바 없었소.
보물의 제왕은 멀리 날아다니는 용을 무찌르는 일에   2345
한 무리의 무사들을, 거창한 군세를 자랑하는 집단을,
대동할 뜻이 전혀 없었소. 싸움에는 자신이 있었고,
지난 세월 많은 전투를 치르었고, 위험을 무릅쓰고
무수한 전란을 겪었기에, 제아무리 무용이 절륜하고
막강한 힘을 가진 용이라 해도, 대수롭지 않게 여겼소.   2350
한때 그는 승리의 축복을 받은 사나이로서
흐로드가르의 헤오로트 궁을 깨끗이 정화하였고,
한 판 결전으로 가증스런 가계의 그렌델 일족을
멸하지 않았나 말이오.

히겔라크가 전사한 전투는
베오울프가 겪은 격전 중 가장 경미한 것은 아니었소.[1]   2355
기트 사람들의 임금, 백성들의 주군이자 친구였던
흐레델의[2] 아들이, 프리지아에서, 창검 뒤엉킨 가운데
검에 찔려 죽음을 맞게 되었던 바로 그 전투 말씀이오.
그곳으로부터 베오울프는 거친 파도를 헤치며
오로지 자신의 힘에만 의지하여 귀환하였던 것이오.   2360

---

1 고대영시에 자주 나타나는 '억제된 표현'(understatement)의 한 예. 전투가 치열했다
  고 말하는 대신, 축소된 표현을 삽입함으로써 강조의 효과를 거두는 수사법의 하나
  이다.
2 흐레델(Hrethel)은 히겔라크(Hygelac)의 아버지.

그가 항해길에 올랐을 때, 그가 획득한 것들 중에는

적군 서른 명의 갑옷들이 포함되어 있었다오.[1]

방패를 앞에 들고 그와 대적했던 헤트와레[2] 족은

그들이 벌인 육박전에 만족해 할 이유가 없었소.[3]

이 전사와 맞붙어 싸우고 나서 살아남아   2365

저들의 고향으로 귀환한 자는 거의 없었다오.

홀로 살아남아 외로운 신세로, 고국을 향하여

에지세오우의[4] 아들은 넓은 바다를 가로질렀소.[5]

그러자 힉드는[6] 보물과 왕국을, 부와 왕좌를,

그에게 권했으니, 히겔라크가 죽은 마당에,   2370

그녀의 아들이 외침을 막아내며 왕좌를 유지할

능력이 있다는 확신이 서지 않았기 때문이었소.

---

[1] 이 부분(2361–2362행)에 대해 George Jack는 다음과 같이 말한다.

"이 두 행은 베오울프가 갑옷 서른 벌을 지니고 프리지아로부터 기트 족의 땅에
이르기까지 헤엄쳐 갔다는 의미로 받아들여지고는 한다. 그러나 '갑옷' (hildegeatwa)
이란 단어는 일반적 의미를 갖는 어휘이기 때문에, 구체적으로 꼭 갑옷만을 뜻하는
것은 아니다. ... 이 행들이 말하는 것은, 베오울프가 바다로 향했을 때, 그는 갑옷
서른 벌을 소유하고 있었다는 것이지, 그 갑옷들을 몸에 지니고 바다에 뛰어들었다
는 말은 아니다. 이 문장의 대체적인 의미는, 그의 주군 히겔라크가 죽임을 당한
전장을 떠나기 전에, 베오울프는 서른 명의 적군들을 도륙했다는 것이다."
(*Beowulf: A Student Edition*, p. 165, 각주)

[2] 헤트와레(Hetware)는 프리지아 편을 들어 기트인들과 싸운 프랑크 족의 한 부족이
다.

[3] '억제된 표현'(understatement)의 한 예. (2355행에 대한 각주 참조).

[4] 에지세오우(Ecgtheow)는 베오울프의 선친이자 히겔라크의 매제였다.

[5] 원문에 나오는 동사는 'oferswam'인데, 축어적 의미는 '헤엄쳤다'이지만, 비유적인
표현으로 받아들이면, '항해했다'는 뜻이다.

[6] 힉드(Hygd)는 전사한 히겔라크(Hygelac)의 아내이자 기트 나라의 왕비이다. 남편이
전사하자 그녀는 자신의 아들인 헤아르드레드(Heardred)가 왕위를 계승할 재목이
아니라고 생각했기 때문에 국가의 동량인 베오울프에게 왕위 계승을 권했다.

그러나 주군을 잃은 불쌍한 백성들은 고대한

왕손을 설득하여 즉위케 하는데 실패했으니,

그는 천하없어도 헤아르드레드의 주군이 되고   2375

왕권을 승계함에 동의하지 않았기 때문이었소.[1]

헤아르드레드가 자라 기트인들을 다스릴 때까지,

그는 명예로운 선의로 자상한 충언을 하여 주며

왕자를 보좌하였소.

　　　　　　　방랑길에 오른 오흐트헤레의

두 아들은 바다를 건너 헤아르드레드를 찾아 왔소.[2]   2380

그들은 쉴빙 사람들의 수호자에[3] 반기를 들었는데,

그 임금은 스웨덴인들의 나라에서 보물을 하사하던

강력한 군주, 바다를 제패한 명성 높은 군왕이었소.

그 일 때문에 헤아르드레드는 목숨을 잃게 되었으니,

---

1 전사한 히겔라크의 아들 헤아르드레드가 엄연히 살아 있는데, 그를 제치고 왕위에
　오르기를 완강히 거부하는 데에서 베오울프의 고결한 성품이 새삼 확인된다.
2 2379행부터 2396행까지에는 짧은 여담이 삽입되어 있다. 이 여담은 헤아르드레드
　의 죽음과 그의 죽음에 대해 베오울프가 복수를 한 상황을 들려준다. 요약하면 다
　음과 같다.

　　오흐트헤레(Ohthere)는 그의 아버지 옹겐세오우(Ongentheow)에 이어 쉴빙 족(스웨
　덴인들)의 왕이 된다. 오흐트헤레가 죽자, 그의 아우 오넬라(Onela)가 왕위에 오르
　고, 추방을 당한 오흐트헤레의 두 아들들 — 에안문드(Eanmund)와 에아드길스
　(Eadgils) — 은 기트 족의 임금 헤아르드레드(Heardred)를 찾아와 그곳에 몸을 의탁
　한다. 추방당한 두 왕자들을 보호해 준 것에 대한 보복으로 오넬라는 헤아르드레
　드를 공격한다. 이 전투에서 헤아르드레드와 에안문드가 전사하고, 복수에 성공
　한 오넬라는 스웨덴으로 돌아간다. 베오울프는 살아남은 에아드길스를 도와 스웨
　덴을 공격하여 오넬라를 죽이고, 에아드길스는 그의 정당한 왕권을 되찾는다.
3 '쉴빙 사람들의 수호자'는 오넬라(Onela)를 말함이다.

두 청년에게 베푼 후의에 치명적 대가를 치른 것이오.　　　2385

히겔라크의 아들은[1] 검의 가격으로 죽음을 맞았고,

옹겐세오우의 아들은[2] 헤아르드레드가 죽고 나자

귀국길에 올라 다시 자기 고향으로 돌아갔소.

그리하여 베오울프는 기트 나라의 왕위에 올랐고,

백성들을 잘 다스린, 참으로 훌륭한 군왕이었소.　　　2390

　그는 언제고 주군의 죽음을 복수하려는

마음뿐이었고, 혈혈단신 남겨진 에아드길스를

따스하게 대해 주었소. 훗날 기트인들을 이끌고

넓은 바다를 건너, 극심한 난관을 극복한 끝에,

오흐트헤레의 아들을[3] 도와 왕의[4] 생명을 빼앗고,　　　2395

드디어 옛 주군의[5] 복수를 하고야 말았던 것이오.

이와 같이 에지세오우의 아들 베오울프는 줄곧

용맹을 발휘하여, 그에게 닥쳐 온 치열한 전투를

고비마다 넘겨 왔고, 마침내 그가 용과의 일전을

치르지 않을 수 없게 된 날이 찾아온 것이었소.　　　2400

[2401~2509: 베오울프는 열한 명의 전사들과 안내자를 데리고 용의 동굴에 도착한다. 베오울프는 지난날 자신이 흐레델의 보살핌을 받으며 성장한 일, 흐레델의 장남 헤레베알드가 그의 아우 해스킨의 실수로 죽었을 때 흐레델이 느꼈던 슬픔,

---

[1] '히겔라크의 아들'은 헤아르드레드를 지칭한다.
[2] '옹겐세오우의 아들'은 스웨덴의 왕 오넬라를 말한다.
[3] '오흐트헤레의 아들'이라 함은 오넬라와의 전투에서 형 에안문드를 잃은 에아드길스를 말한다.
[4] '왕'은 오넬라를 말함.
[5] '옛 주군'은 헤아르드레드를 말함.

흐레델의 사후 스웨덴인들과 기트인들 사이에 있었던 전쟁 등을 회고하고, 자신의
삶은 기트의 왕들과 백성들에게 변함없는 충정의 연속이었음을 토로한다.]

　기트인들의 임금, 진노한 베오울프는, 열한 명의
전사들을 이끌고 용과 직접 대결코자 산으로 갔소.
그는 인간들에게 극심한 고통을 안겨 준 재앙이
어찌 시작됐는지 알고 있었소. 문제의 황금 술잔은
제보자의 손을 거쳐 그의 소유물이 되었던 것이오.　　　　　2405
그 제보자는 함께 간 무리의 열세 번째 사나이였고,[1]
이 모든 재앙을 맨 처음 초래한 장본인이었소.
그 불쌍한 노예는 비참한 심경으로 무리를 안내하여
그곳으로 가야 했다오. 마음 안 내키는 일이었지만,
그가 아는 토굴이 있는 곳으로 발걸음을 옮겼소.　　　　　　2410
동굴은 굽이치는 파도가 밀려오는 해안 가까운 곳
언덕 아래 있었소. 동굴 속은 금은보화며 보석들로
넘쳐나고 있었으니, 그 무서운 보물의 파수꾼,
땅 밑에서 오랜 세월 지내 온 경계심 많은 용이
지켜 온 보물들이었소. 이 세상 그 어느 누구도　　　　　　2415
쉽사리 손에 넣을 수 있는 것들이 아니었소.
　역전의 용사, 기트인들의 임금, 베오울프는
언덕에 앉아, 다정한 친구들을 위해 행운을

1　베오울프를 수행하여 용의 동굴로 향한 사람들은 전사 열한 명과 안내자를 합쳐
　모두 열두 명이다. 학자들 가운데에는 열둘이라는 숫자에 특별한 의미를 부여하
　기도 하는데, 베오울프를 그리스도를 상징하는 인물로 보았을 때, 그를 따라 온
　열두 사람은 예수의 열두 제자를 암묵적으로 시사한다는 것이다.

빌어 주었소. 그의 가슴엔 슬픔이 고여 왔고,
불안한 가운데 죽음을 맞이할 준비가 돼 있었소.   2420
운명의 순간은 노왕의 영혼을 점유하려 시시각각
다가오고 있었고, 종국에는 육신으로부터 생명을
갈라놓을 참이었소. 오래지 않아 노왕의 생명은
육신을 벗어나 더 이상 갇혀 있지 않을 것이었소.

　　에지세오우의 아들 베오울프는 말하였소.   2425
"젊었을 때 나는 숱한 전투에서 살아남았고,
많은 전쟁을 겪었네. 지금도 내 기억에 생생해.
내가 일곱 살이었을 때, 선대왕께서, 백성들의 다정한
주군께서, 내 아버지로부터 나를 받아들이셨지.
흐레델 왕께서는 나를 맡아 길러 주셨고, 향연에   2430
나를 참석케 하셨고, 내가 친족임을 기억하셨네.
생전에 그분께선 한 사람의 무사로 나를 대하심에
그분의 아드님들 중 어느 누구 못잖게 애중하셨네.
헤레베알드, 해드킨, 나의 주군 히겔라크[1] 못잖게—

　　"그분의 장남은 불의의 사고로 죽음을 맞았는데,   2435
불행하게도 피를 나눈 친족의 실수로 인해서였네.
해드킨이 바로 자기 친형을 죽이는 일이 생겼는데,
그가 뿔 활로 쏜 화살 하나가 목표물을 놓치고,
그만 헤레베알드에게 날아가 꽂히고 말았어.
아우가 형을 활로 쏘아 죽이는 일이 생긴 걸세.   2440

---

1 헤레베알드(Herebeald), 해드킨(Hæthcyn), 히겔라크(Hygelac)는 흐레델(Hrethel)의 세
아들들이다.

그것은 불의의 사고였는지라 응징도 불가했고,

가슴만 에일 뿐이었지. 하지만 이미 저질러진 일—

왕자가 죽임을 당했어도 복수할 길 없으니, 어쩌랴!

아들 하나가 한창 나이에 교수대에 매달려[1]

대롱대롱 흔들리고 있는 꼴을 본다는 것은,   2445

머리털 허옇게 센 사람에겐 견딜 수 없는 일—

그러면 노인은 푸념이나 하고, 슬픈 노래나 부르고,

까마귀 밥 되려 아들이 매달려 있는 꼴을 보면서,

늙고 슬기로워도, 아무 일도 할 수 없잖나 말일세.

날이 밝아 오면, 아들의 죽음이 끊임없이   2450

머리에 떠오르고, 그의 성채를 지켜 줄 또 다른

후계자를 기다린다는 생각은 하기도 싫었으니,

어쩔 수 없는 죽음을 맞게 되었던 큰 아들이

삶의 모든 체험을 모두 다 지나쳐 버렸음에랴!

슬픔에 겨운 아비가 죽은 아들의 처소에서   2455

본 것은 허망하게 스쳐 간 즐거운 향연의 자리,

기쁨을 빼앗긴 텅 빈 바람 부는 침실이었다네.

말 달릴 자들은 잠이 들었고, 전사들은 무덤에—

비파 소리도 없고, 예전과는 달리 쓸쓸한 집—

---

[1] 친족이 죽임을 당하면, 그의 죽음에 대한 복수를 할 책무가 죽임을 당한 사람의 친족에게 지워졌다. 이는 고대 게르만인들이 지켰던 '명예의 원칙'(honor code)이었다. 장남을 죽인 차남은 분명히 원수이므로 복수해야 할 대상이다. 그러나 장남을 죽인 차남을 응징하려 그를 교수형에 처한들, 또 다른 아들 하나를 죽이는 일밖에는 안 된다. 따라서 장남을 잃은 흐레델은 장남을 잃은 슬픔뿐 아니라, 둘째 아들을 벌해야 하느냐 마느냐 하는 문제 사이에서 괴로워하는 것이다.

"그러다 잠자리에 들어 구슬픈 탄식에 빠지니,   2460

한 사나이가 다른 한 사나이를 그리워해서였네.[1]

들판이고 집이고 모두 텅 빈 듯하였지. 이처럼

기트인들의 수호자는 가슴 속에 헤레베알드를

그리는 슬픔을 지니셨었네. 큰 아들을 죽인 자를

응징하여 그에게 보복함은 불가한 일이었으니까.   2465

아들을 죽인 자가 밉기는 하였지만, 그의 실수를

처형으로 처벌한다는 일은 도저히 있을 수 없었지.

그분에게 닥친 쓰라린 슬픔을 못내 겨워하시다가,

삶의 기쁨을 뒤로 하고, 주님의 품을 찾아 가셨네.

그분이 세상을 뜨실 때, 번영을 누리는 사람이 하듯,   2470

남은 두 아들들에게 국토와 도회들을 남겨 주셨지.

"그런데 흐레델 왕께서 돌아가시고 난 얼마 후,

스웨덴인들과 기트인들 사이에, 넓은 바다 건너,

적대감과 분쟁이 일고, 치열한 전투가 벌어졌네.

옹겐세오우의 두 아들은[2] 용감하고 용맹스러웠고,   2475

---

[1] 원문은 'sorhleoð gæleð / an æfter anum'(2460b–2461a)이다. George Jack은 이 부분
을 '구슬픈 노래를 잇달아 부른다'는 뜻으로 읽었다. (*Beowulf: A Student Edition*,
p. 171, note) 그러나 이는 오독이다. 흐레델의 슬픔은 그를 이어 왕위에 오를 수
있었던 장남을 잃었다는 사실에 기인하는 것이다. 시인이 같은 단어('an'과 'anum')
를, 격(格)은 달리하지만, 되풀이하여 쓴 것은 의미가 있다. 흐레델('an')은 헤레베알
드('anum')의 죽음을 애도하는 것이고, 흐레델은 무의식중에 자신과 아들을 동일시
하는 것이다. '노래 하나 끝나면 다른 노래를 지어 잇달아 부른다'는 해석은 아무
의미가 없고, 잘못된 해석이다.

[2] '옹겐세오우의 두 아들'은 오흐트헤레(Ohthere)와 오넬라(Onela)이다. 전자는 옹겐세
오우(Ongentheow)의 사후 스웨덴의 왕위에 올랐고, 후자는 오흐트헤레가 죽자 오흐
트헤레의 두 아들, 에안문드(Eanmund)와 에아드길스(Eadgils)를 추방하고 왕위에 올

바다 건너 우리들과 친교 맺기를 원하지 않았네.

오히려 그들은 잔혹한 살육을 자주 저질렀는데,

흐레오스나베오르흐[1] 곶 부근 일대에서였네.

잘 알려졌듯, 그 적대 행위와 죄행에 대해,

내 친족들은 철저히 응징하여 보복을 하였지.   2480

내 친족 한 사람이 그 대가로 목숨을 잃었는데,

값진 희생이었네. 애석하게도 기트인들의 주군

해드킨이 전투 중 유명을 달리하고 말았다네.[2]

내가 듣기로는, 아침이 오자, 친족 한 사람이[3]

해드킨의 죽음에 대한 복수를 하였는데, 이는   2485

옹겐세오우가 에오포르를[4] 공격하였을 때였지.

투구는 쪼개졌고, 늙은 쉴빙은[5] 치명상을 입고

쓰러졌어. 그의 손은 수많은 전투를 겪었지만,

이 치명적인 가격을 견디어 내지는 못하였네.

　"히겔라크 전하께서 내게 주신 보물에 보답하려,   2490

랐다. 위 2379행–2396행 참조.

1 흐레오스나베오르흐(Hreosnabeorh)는 기틀랜드 해안에 있는 곳이다.

2 해드킨(Hæthcyn)은 흐레델(Hrethel)의 차남인데, 그의 아버지의 사후 왕위에 올랐다.
흐레델의 장남이자 해드킨의 형인 헤레베알드(Herebeald)가 사고로 목숨을 잃었기
때문이다. 스웨덴인들과의 전쟁에서 해드킨이 전사하자 해드킨의 아우인 히겔라크
(Hygelac)가 왕위에 올랐다. 이 부분에서 밝혀지듯, 히겔라크는 스웨덴 왕 옹겐세오
우(Ongentheow)를 죽임으로써 그의 형 해드킨의 죽음에 대한 복수를 한다. 옹겐세오
우의 죽음에 관한 상세한 이야기는 나중에 2922–2998행에 나온다.

3 '친족 한 사람'은 히겔라크를 말함이다. 아니면, 두 행 아래 언급되는 에오포르
(Eofor)를 지칭한다고 볼 수도 있다.

4 에오포르(Eofor)는 기트 사람인데, 스웨덴 왕 옹겐세오우(Ongentheow)를 죽였다.

5 '쉴빙'(Scylfing)은 스웨덴 사람이란 말인데, '늙은 쉴빙'은 옹겐세오우(Ongentheow)
를 지칭한다.

운명이 허하는 대로, 나는 번득이는 검을 휘두르며

전승을 거두고는 했네. 전하는 토지를 내려주시어

나에게 장원을 수여받는 즐거움을 누리게 하셨고,

기프다스[1] 사람들이나, 아니면 덴마크 사람들이나,

아니면 스웨덴 사람들 중에서 나보다 못한 전사를   2495

찾아내어, 그에게 보물로 보상하실 필요가 없었네.

나는 항상 그분이 이끄는 부대의 전열에서 그분보다

앞서 홀로 전진하곤 하였는데, 이처럼 한 평생을 통해,

이 검이 내게 있는 한, 나는 전시에 소임을 다할 것이네.

후가스[2] 족의 전사였던 대그흐레븐이란[3] 자를   2500

전군이 보는 데에서 내가 맨손으로 목 졸라 죽인 이래,

나의 이 검은 단 한 번도 내 기대를 저버린 적이 없네.

그자는 전장에서 습득한 보물을, 가슴을 덮는 갑옷을,

프리지아의 왕에게 가져갈 기회를 갖지도 못했으니,

군기를 지키는 장수로 전장에서 죽고 말았던 것일세.   2505

괜찮은 무사였지. 검으로 그자를 죽인 것이 아니라

내 손 힘만으로 펄떡이는 심장을, 뼈를 덮은 살집을,

쥐어짜 그자를 죽였지. 이제 날카로운 장창과 손과

굳센 검을 믿고 용과 대결하여 보물을 얻을 것이네."

---

[1] '기프다스'(Gifðas)는 동 게르만 족에 속하는 한 부족이다.

[2] '후가스'(Hugas)는 프랑크인들을 말함.

[3] '대그흐레븐'(Dæghrefn)은 후가스의 전사로, 전장에서 히겔라크를 죽였다. 'Dæghrefn'은 'dæg'('day')와 'hrefn'('raven')을 합성한 인명으로, '낮 까마귀'라는 뜻이다.

[2510-2599: 베오울프는 용과 홀로 대결하려는 결심을 굳히고, 이를 수하 전사들에게 말해 준다. 이어서 베오울프와 용의 싸움이 벌어진다.]

베오울프가 말하였소. 배포에 넘치는 어조로   2510
마지막으로 말하였소. "내가 젊었던 시절, 나는
수많은 전쟁에 뛰어들었네. 백성들을 보호하는
늙은이가 된 지금, 파괴를 일삼는 가공할 괴물이
토굴에서 나와 나를 대적한다면, 나는 아직도
그놈과 싸워 영광스런 과업을 이루고 말겠네."   2515
이렇게 말하고 나서, 그들 하나하나에게,
투구를 쓴 용사들, 그의 다정한 친구들에게
작별을 고하였소. "옛날 그렌델에게 하였듯,
세상을 황폐케 하는 사나운 적을 상대하여
맹세한 대로 맨손으로 퇴치할 수만 있다면,   2520
용과 대결하려 검을 들고 가진 않을 것이네.
허나 지금은 달라. 뜨거운 불길이 타오르고,
숨 막히는 독기로 가득할 것이야. 그래서 내가
방패 들고 갑옷 입고 가는 것일세. 한 걸음도
언덕의 파수꾼으로부터 물러서지 않을 걸세.   2525
지금부터 두 적수들은 만인의 생명을 지배하는
운명이 지시하는 대로 판가름이 날 것이야.
날개 달린 그깟 놈을 놓고 맹세까지 하진 않겠네.
제군, 갑옷으로 몸을 가리고 언덕 위에서 기다리게.
용과 나 — 둘 사이에 벌어질 혈투에서 어느 쪽이   2530

몸에 입은 상처를 더 잘 견디는지 알게 되겠지.
이 일은 자네들이 수행할 임무가 아닐 뿐더러,
나를 제외하고는, 사나이다운 과업을 성취하려,
어느 누구도 괴물을 상대로 혼신의 힘을 다해 싸울
필요는 없네. 용맹스럽게 싸워서 부를 쟁취하든가,   2535
아니면 목숨을 빼앗는 혈투 한 판이 자네들로부터
자네들의 주군을 데려가게 될 것일세."
　말 마치자, 용감한 전사는 방패를 짚고 일어섰소.
투구와 갑옷으로 무장을 하고 그는 절벽 아래로
향했으니, 그가 믿는 것은 혈혈단신의 힘일 뿐 —   2540
비겁한 자라면 도저히 할 수 없는 일이었소.
그가 절벽에 다다르자 그의 눈앞에 나타난 것은,
사나이다운 용기로 수많은 전투에 참가하여
보병들이 맞부딪는 접전을 겪은 그가 본 것은,
우뚝 솟은 돌로 된 문이었는데, 그곳으로부터   2545
쏟아져 나오는 것은 한 줄기 흐름, 무서운 기세로
뿜어 나오는 불길이었소. 보물 숨겨진 토굴 가까이
용이 내뿜는 화염에 끄슬리지 않으면서 잠시라도
견디어 낼 수 있는 방도를 그는 찾지 못하였소.
부풀어오르는 분노에 찬 기트의 사나이는   2550
가슴에서 터져 나오는 한 마디를 토했으니,
용기에 넘치는 고함이었소. 쩌렁쩌렁 울리는
그의 목소리는 잿빛 바위 속으로 퍼져 나갔소.
보물지기는 증오에 타올랐으니, 인간의 음성임을

알았기 때문이었소. 마음을 가라앉히고 말고 할 2555
겨를은 있을 수 없었소. 사나운 포악자의 숨결이
석굴 밖으로 쏟아져 나오기 시작하였으니, 그것은
뜨거운 불길이었소. 땅은 우르릉대며 흔들렸소.
언덕 아래 버티고 선 사나이, 기트인들의 주군은
방패를 휘둘러 그 가장자리로 괴물을 내리쳤소. 2560
그러자 똬리를 틀고 있던 놈의 심장은 분노의
불길에 휩싸였고, 불세출의 전사 베오울프는
오랜 세월 대물림하여 내려온 검을 뽑았으니,
날이 무딘 것은 아니었소. 마주 대한 두 적수는
용호상박이라 ─ 서로 잡아 삼킬 기세였다오. 2565
많은 벗들의 주군, 베오울프는 방패를 높이 들고
우뚝 서 있었고, 용은 전신을 재빨리 감아 틀었소.
전사는 만반의 태세를 갖추고 대기하였소.
그러자 용은 화염 속에 몸을 뒤틀며, 미끄러지듯,
종말을 맞으려 다가왔소. 고명한 군왕의 몸과 2570
목숨을 방패는 얼마 동안 지켜 주기는 하였으나,
그가 의도하였던 만큼 오랜 동안은 아니었다오.
　그 자리에서 전사는 살아생전 처음으로
전투에 임해 완승했다고 자부할 수 없었으니,
운명의 판결이 달랐기 때문이었소. 기트의 왕은 2575
팔을 높이 들어 얼룩무늬 몸통을 가진 괴물을
막강한 검으로 내리쳤으나, 칼날은 뼈에 닿아
번득이기만 할 뿐, 역경에 처한 백성들의 주군이

원하였던 만큼 위력을 발휘하지는 못하였소.

그러자 지난 세월 언덕을 지켜 온 파수꾼은   2580

전사의 일격에 솟구치는 분노를 참지 못하여

무서운 기세로 불을 토해내었고, 그 불길은 널리

멀리 퍼져 나갔소. 기트인들의 다정한 벗은

영광에 빛나는 승리를 자랑할 수 없었으니,

천하무적의 검이, 한 번도 실의를 안겨 준 적 없는   2585

막강한 검이, 위력을 보여 주지 못한 때문이었소.

명성 높은 에지세오우의 아들이 땅과 인연을 끊고

떠나는 길은 결코 마음 내키는 여정이 아니었다오.

그의 소망과는 달리, 인간세상을 떠나 다른 곳으로

가야만 했으니, 인간은 덧없는 나날들을 뒤로 하고   2590

떠나야 하는 법 아니겠소? 얼마 지나지 않아

두 막강한 적수들은 다시 자웅을 겨루게 되었소.

보물창고지기는 기운을 차려 다시 숨을 들이켜

불을 내뿜으니, 한때 일국의 군왕이었던 전사는

화염에 휩싸여 견딜 수 없는 고통을 맛보았소.   2595

주군과 생사를 함께해야 할 전사들, 명문가의

자제들은, 전열을 갖추어 주군 곁에 무리지어

싸우긴커녕, 목숨을 구하려 숲으로 도주했소.

[2599-2711: 웨오흐스탄의 아들 위글라프가 부친으로부터 물려받은 검을 들고 베오울프를 돕는다. 위글라프는 전사가 주군을 향해 지녀야 할 충성을 강조하며 도주했던 동료들을 꾸짖는다. 곧 이어 베오울프는 위글라프의 도움을 받아 용을 퇴치한다.]

그들 가운데 한 사람은 가슴에 밀려오는 슬픔을

억제할 수 없었으니, 옳은 판단을 내리는 자라면   2600

어떤 경우에도 친족의 정의(情誼)를 끊지 못하는 법.

그의 이름은 위글라프— 웨오흐스탄의 아들이며,

보기 드문 출중한 전사였고, 쉴빙 족의 사나이로서,

앨프헤레의 후예였소.1 그는 주군이 투구를 쓴 채

뜨거운 열기로 인해 괴로워하는 모습을 보았소.   2605

그러자 그는 그의 주군이 그에게 얼마나 큰 재산을

—왜그문딩2 가문에 속하는 장원과, 자신의 부친이

향유하였던 재산을—하사하였는지를 기억하였소.

그러자 그는 자신도 모르게 갈색 보리수 방패를

집어 들고는 오랜 역사를 자랑하는 검을 뽑았소.   2610

그 검은, 사람들이 알다시피, 오흐트헤레의 아들

에안문드가 쓰던 것 — 외로운 떠돌이 신세였던

---

1 앨프헤레(Ælfhere)가 누구인지는 밝혀진 바가 없고, 다만 위글라프(Wiglaf)를 쉴빙(스
웨덴인)의 혈통을 가진 사람이라고 밝히고 있으므로, 위글라프의 아버지 웨오흐스
탄(Weohstan)이 그러했듯, 스웨덴 왕 오넬라(Onela)가 기트 족을 공격했을 때 스웨덴
편에서 싸웠던 사람이었을 것으로 추정된다. 이 에피소드는 앞서 2379행부터 2396
행까지 언급되었고, 조금 있다가 다시 언급된다. 문제는 위글라프가 베오울프의
왜그문딩(Wægmunding) 가문에 속한다고 시인이 밝히고 있는 점인데, 그렇다면 웨
오흐스탄이 기트인들을 상대로 쉴빙 족 편에서 싸운 사실에 비추어 볼 때 혈통의
문제에 혼란이 야기된다. 단정적으로 말하기는 어려우나, 웨오흐스탄은 쉴빙과 기
트의 피를 동시에 물려받았고, 따라서 쉴빙이면서 기트인이므로 스웨덴으로부터
기틀랜드로 이주하여 아들 위글라프를 기트인으로 키웠다고 추측해 볼 수 있다.
2 왜그문딩(Wægmunding)은 베오울프의 가문의 명칭이다. 나중에 베오울프는 죽기 전
위글라프에게 그가 왜그문딩 가문의 마지막 생존자라고 말해 준다. 따라서 베오울
프와 위글라프는 혈연관계에 있다. 그러나 스웨덴인의 핏줄을 타고난 웨오흐스탄
과 그의 아들 위글라프가 어찌해서 기트의 왜그문딩 가문에 속하게 되는지는 확실
히 밝혀지지 않고 있다.

그를 웨오흐스탄이 전장에서 만나 찔러 죽이고,

그가 사용하던 빛나는 투구와 쇠사슬 갑옷과

거인들이 만든 검을 주군에게 가져갔더랬소.[1]   2615

오넬라는 그 검과 함께 자신의 조카가[2] 입었던

갑옷을 웨오흐스탄에게 하사하였던 것이오.

자기 형의 아들을 웨오흐스탄이 죽였음에도,

오넬라는 그 분란에 대해 말하기를 꺼려했소.[3]

아들 위글라프가 성장하여 아버지 못지않은   2620

전사 구실을 하게 됐을 때까지, 웨오흐스탄은

그 검과 갑옷을 여러 해 동안 지녀 왔더랬소.

그러다가 노년에 이르러 삶을 뒤로 하고 떠날 때,

웨오흐스탄은 기트인들과 어울려 사는 아들에게

무구(武具) 일체를 물려주었소. 이 젊은 전사가   2625

주군과 어깨를 나란히 하고 폭풍 몰아치는 전쟁의

소용돌이에 뛰어든 것은 이번이 처음이었소.

그의 기개는 수그러들지 않았고, 부친의 검도

---

1 스웨덴 왕 오흐트헤레(Ohthere)가 죽자 그의 아우 오넬라(Onela)가 왕위에 올라, 형의
두 아들 에안문드(Eanmund)와 에아드길스(Eadgils)를 보호하고 있던 기트의 임금 헤
아르드레드(Heardred)를 공격하여 헤아르드레드와 에안문드를 죽인 뒤 귀국한다.
이 이야기는 앞서 2379행부터 2396행까지에 언급되었다. 2615행에 있는 '주군'은
스웨덴 왕 오넬라를 말한다.

2 즉 그의 형인 오흐트헤레의 아들 에안문드를 말한다.

3 고대 게르만인들의 불문율을 따르자면, 오넬라는 조카인 에안문드를 전장에서 죽인
웨오흐스탄에게 복수할 의무가 있다. 그러나 오넬라 자신이 에안문드를 죽이려는
마음이 있었기 때문에, 에안문드를 죽인 웨오흐스탄에게 조카의 죽음에 대한 복수
를 한다든가, 아니면 몸값(wergild)을 지불하도록 할 마음이 없었다. 따라서 오넬라
는 더 이상 이 문제에 골머리를 썩이고 싶지 않았다는 말이다.

실패를 몰랐소. 그가 용과의 일전을 불사했을 때,
용은 이 모든 사실을 곧바로 알아챌 수 있었소.   2630
　위글라프는 입을 열어, 동료 전사들을 향해,
억장 무너지는 마음으로 진실된 말을 하였소.
"우리가 함께 벌꿀 술 마셨을 때가 생각나네.
그럴 때마다 우리에게 보물을 하사하신 주군께
우리는 굳은 맹세를 드리고는 하였었지. 만약   2635
주군께서 어려운 상황에 처하시게 되면, 우리는
검과 투구로 무장하고 신명을 다해 주군 은혜에
보답할 것이라고. 그리하였기 때문에 전하께서는
그분 휘하의 장졸들 중에 우리를 직접 선발하시어
이 전투에 참가케 하셨고, 우리가 자격이 있다고   2640
판단하시어 보물을 하사하셨던 것이네. 왜냐하면,
전하께서는 백성들의 수호자로서 이 모험을 홀로
감당하시겠다는 결단을 내리셨음에도 불구하고,
우리를 훌륭한 전사들로 생각하셨기 때문이었네.
전하께서는 인간이 성취할 수 있는 최상의 영광,   2645
최고의 무공을 일찍이 이룬 분이 아닌가 말일세.
이제 바야흐로 주군께서 훌륭한 전사들의 힘을
필요로 하실 때가 왔네. 우리들의 수장(首將), 주군을
도우러 가야 할 데로 가세. 제아무리 뜨거운 불길이
우리 앞길을 막더라도 말일세. 주께서 아시지만,   2650
나는 차라리 내 이 몸이 나의 주군과 함께
불길에 휩싸여 타 버렸으면 하는 마음일세.

이 고약한 괴물을 처치해, 기트인들의 군왕을
지켜 드리지도 못한 채, 방패 들고 고향 땅으로
되돌아간다는 것은 생각도 하기 싫으이.   2655
전하께서 지난날 이룩하신 업적을 생각해 보면,
한 무리의 기트인들이 예 있음에도 불구하고,
홀로 고통을 겪으며 싸우다 쓰러진다는 것은,
있을 수도 없는 일이네. 내것 네것 가릴 것 없이,
검이든, 투구든, 갑옷이든, 우리 다 함께 나누세."   2660
   말을 마치자, 그는 투구를 쓰고 주군을 구하려
숨막히는 연기를 헤치고 나아가, 짧게 말하였소.
"베오울프 전하, 버티어 내십시오.
여러 해 전, 젊으셨을 때, 이렇게 말씀하셨지요.
살아 계신 동안 결단코 영광이 시들어 버리도록   2665
허하지 않으시겠다고— 자, 의지 굳고 용맹스런
군왕이시여, 온 힘을 다해 생명을 지켜 내십시요.
제가 전하를 도와 드리겠습니다."
   이 말이 끝났을 때, 분노에 찬 보물창고지기,
악의에 넘친 무시무시한 무법자가 다시 한 번   2670
그의 적들을, 그가 증오하는 인간을 공격하려
불을 뿜으며 달려들었소. 불길은 뻗쳐 나가며
방패 한가운데까지 태워 버렸고, 젊은 전사에게
입고 있던 갑옷은 아무런 도움도 되지 않았소.
그러나 젊은이는 자신의 방패가 불에 타 버리자,   2675
주군의 방패 밑으로 안전하게 몸을 피하였소.

전사이자 군왕인 베오울프는 영광에의 열정에
다시 불 붙어 그의 검을 힘껏 휘둘러 내리쳤고,
그가 가진 증오의 열기를 담은 검은 용의 머리에
내리꽂혔소. 허나 내글링은,[1] 베오울프의 검은,   2680
오랜 연륜을 자랑하며 긴 세월 견디어 온 검은,
그만 부러지고 말았소. 쇠를 벼려 만든 검의 날도
필요한 때 그에게 아무런 도움이 되지 못했으니,
내가 들은 바로는, 제아무리 많은 전투를 통해
수없는 상흔을 입히며 단련된 검이라 할지라도,[2]   2685
결코 그의 막강한 팔 힘을 능가할 수는 없었다오.
검을 들었다 해도 별 도움이 되지 않았던 것이오.

    그러자 백성들의 약탈자, 가공할 화룡(火龍)은,
악마같은 폭거를 자행하려는 일념으로, 호시탐탐
기회를 엿보아, 증오에 차, 세 번째로 용사를 향해   2690
돌진해 왔소. 그러고는 용은 그 날카로운 이빨로
용사의 목 전체를 와락 물었소. 홍수처럼 쏟아지는
생명의 물로 용사의 몸은 온통 피범벅이 되었소.
    내가 듣기로는, 주군이 절박한 상황을 맞게 되자,

---

1 '내글링'(Nægling)은 베오울프의 검이다.
2 Julius Zupitza의 필사본 판독은 'wæpen wundum heard'이다. Fr. Klaeber는
'wundum'을 'wund[r]um'으로 수정해서 읽었고, Elliott Van Kirk Dobbie 또한
'wundum' 대신에 'wundrum'이라 읽었다. 그러나 Bruce Mitchell과 Fred C.
Robinson은 필사본에 나오는 대로 'wundum'을 지켰다. 나 또한 'wundum'이라 읽
고 싶다. '놀라우리만치 굳은 무기'('wæpen wundrum heard')라는 구는 맥없고 진부하
게 들린다. 그러나 '[전시에 적군에게 입힌] 상처로 단련된 무기'('wæpen wundum
heard')라는 구는 시적인 상상력을 담은 표현이다.

젊은 전사는 타고난 힘과 용기를 그 순간 다 모아   2695
주군 곁에 버티고 서서 뜨거운 충정을 보였다 하오.
그 용감한 사나이는 목숨 따위는 개의하지 않았고,
주군을 도우려 하는 중 그의 손을 불길에 데었으나,
악의에 가득 찬 용의 아랫도리를 번득이는 검으로
힘껏 찔렀소. 그의 검은, 눈부시게 찬란한 보검은,   2700
깊숙이 용의 몸을 꿰뚫었고, 용이 뿜어대는 불길은
서서히 잦아들게 되었소. 의식을 채 잃지 않고 있던
노왕은 그의 비장의 무기인 단검을 뽑아 들었으니,
그것은 그의 갑옷 위에 휴대한 날카로운 비수였소.
기트인들의 수호자는 용의 복부를 깊숙이 찔렀소.   2705
두 전사는 함께 적을 무찔렀고, 그네들의 용맹은
용의 생명을 끊어 버렸으니, 용감한 친족 두 사람이
마침내 해 낸 일이었소. 사나이라면, 역경에 처했을 때,
마땅히 그래야 할 것. 기트의 임금이 살아생전에 거둔
마지막 승리, 이 세상에서 이룩한 최후의 승리였다오.   2710

[2711-2820: 베오울프는 죽음을 앞두고 자신이 어떻게 기트인들을 통치해 왔는지
위글라프에게 들려 준다. 베오울프의 명에 따라 위글라프는 동굴로부터 용의 보물
일부를 가져온다. 베오울프는 위글라프에게 유언을 한다.]

  용이 그의 몸에 입힌 상처는 시간이 흐르자
차츰 타들어가고 부풀어오르기 시작했소.
그는 곧 알게 되었으니, 그의 가슴 속 깊은 곳에
맹렬한 기세로 독이 번져 나가고 있다는 것이었소.

노왕은 걸음을 옮겨 절벽 가까운 곳에   2715
깊은 상념에 젖어 자리를 잡고 앉아
거인들이 쌓아 올린 거석의 건물을 응시했소.
태고의 석굴 안에는 돌기둥들이 굳건하게
떠받치고 있는 궁륭의 천정이 펼쳐 있었소.
그러자 선량하기 이를 데 없는 젊은 전사는,   2720
치열한 전투를 치르고 지쳐 피범벅이 되어 있는,
자신의 친구이자 다정한 주군을, 고매한 군왕을,
손을 움직여 물로 씻어 주고 투구를 벗겨 주었소.
  깊은 상처, 치유할 수 없는 상흔에도 불구하고,
베오울프는 말하였소. 그는 너무 잘 알고 있었소.   2725
자신이 이 지상에서의 삶을 이미 다 살았음을.
세속의 기쁨이 다했고, 예정된 삶의 나날들을
소진하고 나면, 죽음이 곧 닥치게 되어 있음을.
  "내게 아들이 하나, 내 육신을 대물림하여
내 생명을 이어나갈 후계자가 하나 있다면,   2730
내가 쓰던 무구(武具)를 물려줄 수 있으련만.
겨울이 쉰 번 지나간 세월 나는 내 백성들을
다스려 왔네. 이웃 나라 백성들을 다스리는
군주들 가운데 그 어느 누구도 감히 무력으로
나에게 도전해 오거나 위협을 가해 올 엄두를   2735
내지 못하였다네. 평생을 이 땅에서 살아오며
운명의 지시를 따랐고, 내 분수를 지켜 왔으며,
교활한 술책은 써 본 적 없고, 내 이익을 위해

공허한 맹세를 한 적도 없네. 치명상을 입고
죽어가고 있으나, 이 모든 것에 기쁨을 느끼네.   2740
생명이 내 육신을 떠났을 때, 인간을 다스리시는
주께서는 내가 친족을 살해하였다고 꾸짖으실
필요도 없을 것이네. 자네 곧바로 이곳을 떠나
잿빛 바위 아래 보물들을 보고 오게, 위글라프.
이제 용은 보물을 빼앗긴 채 죽어 널브러져 있고,   2745
치유할 수 없는 상처를 입고 잠들어 있잖은가.
어서 서두르게. 그 태고의 부(富)를, 황금 보물을
내 눈으로 확인하고, 세공한 보석들을 보고 싶네.
그래야 막대한 양의 보물을 획득했다는 사실에
위안을 받으며, 내 생명과, 내가 오래 다스려 온   2750
백성들을 뒤에 남기고, 떠날 수 있을 것이네.”

　웨오흐스탄의 아들은[1] 이 말을 듣고, 전투에서
치명상을 입고 기진하여 누워 있는 주군의 명을
즉시 행동으로 옮겼으니, 쇠줄 엮어 만든 갑옷을
떨쳐입은 채 석굴 안으로 들어가 천장 아래 섰소.   2755
승리 거둔 전사가, 용감한 젊은이가 의자 가까이
다가갔을 때, 그의 눈에 들어온 것은 주변 바닥에
흩어져 있는 진귀한 보석과 번쩍이는 황금—
벽에 걸린 기이한 것들, 한밤에 날아다니던 용이
누워 쉬고는 하던 자리, 그리고 높은 데 놓인 잔들—   2760

---

[1] ‘웨오흐스탄의 아들’은 위글라프를 말함이다.

오랜 세월 닦아 줄 이 없어 정교한 장식 다 벗겨진
옛 사람들의 술잔들이었소. 오래 되어 녹슨 투구도
그득하였고, 정교하게 만든 팔뚝 가리개도 헤아릴 수
없이 많았소. —땅 속에 묻혀 있는 보물이란, 누가
아무리 감춰 놓으려 했던 것일지라도, 사람의 눈에   2765
뜨이게 되면, 보는 이의 눈을 홀리고야 마는 법이오.—
또한 보물더미 위에는 금실로 수놓은 깃발이 하나
높이 세워져 있었는데, 수예의 절정을 과시하는
경이로운 것으로, 거기서 쏟아져 내리는 밝은 빛이
바닥을 환하게 비춰 주어, 거기 놓여 있는 보물들을   2770
한 눈에 다 볼 수 있었소. 그곳에 용의 흔적은 전혀
안 보였으니, 검의 위력이 그를 없앴기 때문이었소.
내 듣기로, 이곳에 홀로 들어온 사람이[1] 그 보물들을,
언덕에 묻혔던 거인들의 옛 작품들을, 취했다 하오.
그는 잔이며 접시며 가리지 않고 마음 내키는 대로   2775
무릎 위에 쌓았고, 찬란한 깃발도 가져가기로 했소.
그의 늙은 주군이 휘두른 검이, 무쇠를 벼려서 만든
그 강력한 검이, 오랜 세월 보물들을 지켜 온 용을
일찌감치 무력화하였던 것이니, 용은 지나간 세월
보물들을 지키려 뜨겁게 타오르는 불을 내뿜으며   2780
밤이면 밤마다 인간 세상을 초토화하였던 것이오.
그러다가 마침내 피비린 죽음을 맞게 된 것이었소.

---

[1] 위글라프를 말함.

탐색자는 보물들을 주군에게 어서 보여 주고픈
마음에 발길을 서둘렀소. 용감무쌍한 젊은 전사는
기력이 쇠진한 상태로 남겨 놓은 기트인들의 군주가   2785
같은 자리에서 아직도 살아서 기다리고 있을 것인지
걱정되는 마음에 불안한 심기를 억누를 수 없었소.
얼마 안 되어 그는 명성 드높은 군왕, 그의 주군이
피투성이가 되어, 그가 가져온 보물들을 곁에 놓고
삶을 마감하는 모습을 보았소. 그는 다시 주군에게   2790
물을 뿌리기 시작했소. 마침내 왕의 가슴으로부터
몇 마디 말이 터지듯 새어 나왔소.

[영웅은 말했소.] [1]

황금 위에 눈길을 던지며, 슬픔에 잠겨 노왕은 말했소.
"만유의 주인, 영광의 군왕, 영원한 주님에게
가슴에서 우러나오는 말로 감사드릴 뿐이네.   2795
내가 여기서 보고 있는 저 보물들에 대해 —
내가 마지막 숨을 쉬기 전에, 내 백성들을 위해
저 보물들을 획득할 수 있도록 허락해 주심에 —
나 이제 노년에 이르러 저 보물들을 획득하려
내 생명을 소진했으니, 내 백성들을 위한 남은   2800

---

[1] Fr. Klaeber는 '[Biorcyning spræc]'라는 두 단어를 여기에 삽입하여 읽었고, A. J.
Wyatt와 R. W. Chambers는 '[Biowulf reordode]'를 삽입하여 읽었다. Elliott Van
Kirk Dobbie는 판독이 불가능하다는 표시로 세 개의 별표를 삽입하였다. 필사본에
서는 그 앞에 나오는 'þurh bræc'와 그 다음에 나오는 'gomel' 사이에 아무런 단어
나 구가 없고 잇달아 있다. 그런 상태에서는 의미가 통하지 않는다. 나는 Klaeber의
텍스트를 따랐다.

일은 자네 몫일세. 난 여기 오래 있지 못할 걸세.
전승을 자랑하는 사나이들에게, 화장이 끝나면,
바닷가 언덕에 웅장한 무덤을 지으라 명하게.
그 무덤을 '고래의 곳'에[1] 높이 솟게 지어 올려,
내 백성들이 나를 기억하도록 하여 주게.   2805
그래서 훗날 항해하는 사람들이, 파도치는
바다 안개를 헤치고 먼 데서 온 뱃사람들이
'베오울프의 무덤'이라고 부르도록 하게."

　용감무쌍한 군왕은 그의 목에 두르고 있던
황금 띠를 끌러, 젊은 전사에게 건네주었고,   2810
그것과 함께, 금 장식으로 번득이는 투구와
팔찌와 갑옷을 건네며, 잘 쓰라고 명하였소.
"자네는 우리 집안 왜그문딩 가계(家系)에서
마지막 남은 사람일세.[2] 운명은 나의 친족들을,
용맹스러운 전사들을, 숙명이 점지하는 대로,   2815
모두 데려가 버렸네. 나도 그 뒤를 따를 걸세."

　이것이 노왕의 마지막 말, 장작더미에 누워
타오르는 불길에 사라지기 전, 가슴으로부터
나온 말이었소. 진실을 좇는 자들의 영광을 향해
그의 영혼이 그의 가슴을 떠나는 순간이었소.   2820

---

1 원문에는 "Hronesnæsse"라고 되어 있고, 이는 고유명사이지만, 그 뜻을 풀이해 '고
　래의 곳'이라고 번역했다.
2 2607행에 나오는 '왜그문딩'에 관한 주석을 참조할 것.

[2821-3037: 도주했던 자들이 돌아와, 죽어가는 베오울프를 돌보고 있는 위글라
프를 발견한다. 위글라프는 그들을 꾸짖는다. 전령이 기트인들에게 베오울프와
용의 죽음을 알려 준다. 이어서 기트인들이 주변 나라 사람들과 과거에 가졌던
분쟁과 정치적 갈등에 대한 긴 이야기가 삽입되어 있는데, 기트인들에게 닥쳐 올
운명에 대한 비관적인 말로 끝을 맺는다. 기트인들은 베오울프의 장례 준비를 한
다.]

　　그러자 젊은이는 가슴 미어지는 일을 겪었으니,
그가 사랑하는 주군이 삶의 마지막 순간에 이르러
가슴 아프게도 숨을 거두는 모습을 지켜보아야만
하였던 것이오. 그를 죽게 만든 흉물, 그 끔찍스런
화룡도 죽음을 이겨내지 못하고 생명을 빼앗긴 채,　　　　　　　　　2825
늘어져 누워 있었소. 몸을 뒤트는 뱀의 형상을 한
화룡도 보물지기 노릇을 오래 할 수는 없었으니,
검의 날이, 쇠망치로 두드려 벼린 강력한 검의
날카로운 날이, 그것을 데려가 버린 때문이었고,
멀리 비상하던 그 괴물은 깊은 상처를 입은 채　　　　　　　　　　　2830
땅 위에 떨어져 보물 가까이 널브러져 있었소.
보관하고 있는 귀중한 보물로 의기양양해하던
괴물은, 다시는 한밤중에 허공을 날아다니며
흉한 모습을 안 보이고 땅에 떨어져 있었으니,
용감한 두 전사들이 손으로 한 일 덕분이었소.　　　　　　　　　　　2835
진정코, 내가 들어서 아는 바로는, 제아무리 큰
업적을 성취한 사람일지라도, 아무리 대단한
담력을 소유한 자일지라도, 토굴에 거주하는

보물지기가 깨어난 것을 알고도, 그것이 내뿜는
무서운 불길로 뛰어드는 용기를 보였다든가,   2840
보물창고를 헤집어 볼 시도를 한 적은 없었소.
막대한 부(富)를 베오울프는 소유하게 되었으나,
오로지 죽음으로만 그 횡재에 보답할 수 있었소.
모든 사람은 덧없는 삶의 한 부분으로 여정의
종착점에 다다랐다오.

             그러자 얼마 지나지 않아,   2845
전사로는 적합하지 않은 조심스런 관망자들이,
주군이 그들을 가장 필요로 했을 때, 창을 들고
싸울 염이 없었던, 모두 다해서 열 명에 이르는
비겁한 도망자들이, 마침내 숨었던 숲을 떠났소.
그들은 자괴감을 이기지 못하여, 방패를 들고   2850
갑옷을 걸친 모습으로 노왕 있는 곳으로 와서,
위글라프를 보았소. 보병다운 전사 위글라프는
기진맥진하여 주군의 어깨 가까이 앉아 있었소.
헛되이 주군 얼굴에 물을 뿌려 깨우려 애쓰며.
그는 아무리 그리하려 하였으나, 주군을 떠난   2855
생명 줄 가닥을 천하없어도 되당길 수 없었고,
만유의 통치자가 내린 결정을 바꿀 수 없었소.
주님의 뜻은 이 세상 모든 인간들에게 일어나는
일을 관장하는 것이며, 이는 지금도 변함이 없소.
  앞서 용기를 상실했던 자들은 젊은 전사로부터   2860
뼈아픈 질책의 말을 듣지 않을 수 없었소.

보기에도 역겨운 자들을 향해, 슬픔에 젖은
웨오흐스탄의 아들, 위글라프는 말하였소.
"진실을 말하려는 사람은 이렇게 말할 걸세.
그대들에게 보물과 그대들이 입고 있는 갑옷을   2865
내려주신 우리 주군께서는, 술 마시는 자리에서
연회장에 앉아 있는 사람들에게 투구며 갑옷을
자주 내리셨으나― 군왕이 그의 전사들에게 주려
먼 곳에서 또는 가까운 곳에서 구할 수 있는
최상의 하사품들을 기쁜 마음으로 내리셨으나―   2870
막상 그분에게 전란이 닥쳐왔을 때, 애석하게도
헛되이 내린 선물이었음을 깨달으셨을 게라고.
백성들의 군왕께선 휘하의 전사들을 자랑스러워하실
이유가 없네. 허나, 주께서, 승리를 관장하는 주께서
허락하시어, 주군께서는 용맹을 필요로 하셨을 때,   2875
그분 스스로, 홀로, 자신의 검으로 복수를 하셨네.
전투에서 그분 생명을 구하려 내가 드릴 수 있는
도움은 거의 없었네. 하지만 나의 친족이시기에,
내 힘에 벅찬 일이었지만, 내 힘껏 도와 드렸네.
내가 그 지독한 적을 내 검을 휘둘러 가격하자,   2880
그놈은 점점 힘을 잃었고, 그놈이 뿜어내는 불길은
차차 약해졌 네. 주군께서 역경에 처하셨을 때,
그분을 지켜 드리려 달려온 자는 하나도 없었네.
이제¹ 보물을 하사받고 검을 하사하는 일은,
그 모든 기쁨과 위안은, 그대들의 백성들로부터   2885

사라져 버릴 것일세. 그대들의 친족은 한 사람도
빠짐없이 소유하던 땅을 빼앗기고 떠돌이 신세로
전락하고 말 것일세. 뜻 있는 사람들이 멀리서
그대들이 어떻게 도주했고 얼마나 수치스런 행동을
하였는지 알게 된다면 말일세. 무사의 신분이라면,   2890
치욕스런 삶보다는 죽음을 택함이 나을 것이네."

  위글라프는 명을 내려 이 웅대한 위업을
고개 너머 성 안 사람들에게 알리도록 하였소.
그들은 가슴 속에 슬픔이 가득한 채 무리지어
아침 내내 기다리고 있었소. 둘 중의 하나—   2895
주군의 마지막 날이 될 것인지, 아니면 그가
살아 돌아올 것인지— 언덕으로 말 달려 오른
전령은 목청껏 소리 높여 소식을 전했으니,
모두에게 잘 들리도록 사실대로 고하였소.

  "들으시오. 기트인들에게 기쁨을 주시던 분,   2900
기트인들의 주군은, 용에게 죽임을 당하시어
되돌이킬 수 없는 죽음의 침상에 누워 계시오.
그분 곁에는 그분 필생의 적이었던 화룡이
단검에 찔려 늘어져 있소. 주군께선 검으로는
아무리 하여도 사나운 악귀에게 어떤 상처도   2905
입힐 수가 없으셨다오. 웨오흐스탄의 아들,
위글라프가 앉아서 베오울프님을 지키고 있소.

---

1 Wyatt와 Chambers는 이 행의 첫 단어를 'Hū'라고 읽었으나, Klaeber를 비롯한 다른
학자들은 'Nū'라고 읽었다. 후자가 맞을 것이다.

살아 있는 전사가 죽은 전사를 돌보고 있다오.

마음 속 깊이 지친 그 용사는 사랑하던 사람과

혐오하던 흉물을 지키고 있소.

　　　　　　　"이제 백성들은　　　　　　　　　　　　2910

전란이 다가옴을 예견하리니, 우리 군왕께서

승하하신 소식을 프랑크인들과 프리지아인들이

들을 것이기 때문이오. 선대왕 히겔라크 전하께서

군사를 이끌고 바다 건너 프리지아로 진격했을 때,

후가인들을[1] 상대로 치열한 전투를 치르게 되었소.　　　2915

그때 헤트와레[2] 족이 히겔라크 전하를 공격했는데,

훨씬 강한 군세를 자랑하며 기습하여 왔는지라,

선대왕 전하께서는 갑옷을 입은 채 열세에 몰려

혼전 중 전사하셨소. 선대왕께서는 수하 장수들에게

하사품을 내리실 수 없었소.[3] 그때부터 메로빙기안은[4]　　2920

우리에게 호의는커녕, 적대감만을 지녀오게 되었소.[5]

1　'후가인들'('Hugas')은 프랑크 족을 이르는 말이다.

2　'헤트와레'('Hetware')는 라인 강 하류에 살던 프랑크 족을 일컬음이다.

3　필사본에 나오는 말은 "nalles frætwe geaf ealdor dugoðe"(2919b–2920a)인데, Bruce Mitchell과 Fred C. Robinson은 여기 들어있는 'frætwe'라는 단어가 한 특정한 보물, 즉 작품 전반부에서 흐로스가르의 왕비 웨알흐세오우가 베오울프에게 준 선물일 것이고, 히겔라크가 이것을 몸에 지니고 있다가 전사하자 프랑크인들의 수중에 넘어간 것이라고, 매우 구체적인 설명을 하려고 했다. 그러나 나타난 절 자체가 뜻하는 것은 아주 단순 명료하다. 글자 그대로 번역하면, "임금은 그의 전사들에게 아무런 보물도 주지 않았다"이다. 다시 말하면, 히겔라크는 갑작스런 죽음을 맞았으므로, 부하들에게 포상할 기회가 없었다는 뜻이다.

4　'메로빙기안'(필사본에서는 'Merewiongas')은 프랑크 왕족의 이름이다.

5　히겔라크가 프랑크인들과 프리지아인들을 공격하였고, 전사하였다는 이야기는 이미 앞서 나왔다. 1202–1214행과 2354–2366행 참조.

"또한 스웨덴 사람들에게서도 평화나 신뢰를 전혀
기대할 수 없는 노릇이니, 널리 알려져 있다시피,
옹겐세오우가 흐레델의 아들 해드킨의 목숨을
'까마귀 숲' 부근에서 빼앗지 않았소?[1] 그 사건은   2925
기트 사람들이, 오만한 마음을 억누르지 못하고,
전쟁에 익숙한 쉴빙인들을[2] 처음 공격해 일어났소.
오흐트헤레의 연로하고 현명한 아버지는,[3]
늙었으나 노련한 전사였기에, 역공을 감행하여
'바다의 왕'을[4] 패퇴시켰고, 자신의 아내를—   2930
지난날이나 그리워하는 늙고 가난한 여인이자
오넬라와 오흐트헤레를 낳은 여자를—구하고,
철천지원수, 필생의 적, 기트인들을 몰아부쳐,
그들은 겨우 목숨만 부지한 채 '까마귀 숲'으로
도주했으니, 주군 잃은 비참한 도망자들이었소.   2935
그리곤 막강한 군세를 몰아 전상으로 지쳐 있는
생존자들을 추격하였소. 새벽이 밝아올 때까지
그 불쌍한 도망자들을 작살내려 다짐을 하였소.
그가 말하길, 아침이 되면 패잔병들을 남김없이

---

1 기트의 임금 흐레델(Hrethel)의 둘째 아들 해드킨(Hæthcyn)은 스웨덴을 침공했으나,
  스웨덴 왕 옹겐세오우(Ongentheow)에 패하여 죽음을 맞았다. 해드킨이 죽자, 그의
  아우 히겔라크(Hygelac)가 지원군을 이끌고 와 옹겐세오우를 패퇴시켜 형의 죽음에
  복수한다. 히겔라크는 해드킨에 이어 기트의 임금이 되었다.
2 '쉴빙인들'(Scylfingas)은 스웨덴인들에 대한 호칭이다.
3 옹겐세오우(Ongentheow)를 말한다. 옹겐세오우의 두 아들은 오흐트헤레(Ohthere)와
  오넬라(Onela)이다.
4 '바다의 왕'('brimwisan')은 기트의 임금 해드킨(Hæthcyn)을 지칭한다.

도륙할 것이라 했고, '몇 놈들은 나무에 매달아   2940
새들의 먹이로 삼겠다' 했소. 새벽이 밝아오자
실심해 있는 자들에게 새로운 위안이 찾아왔으니,
히겔라크의 도착을 알리는 뿔과 나팔 소리가
들려온 때문이었소. 히겔라크가 그들이 도주한
길 위로 임전무퇴의 병력을 데려오는 소리였소.   2945

　"스웨덴인들과 기트인들이 흘린 핏자욱은,
두 나라 백성들이 서로 간에 분쟁을 일으킨 끝에
그들이 맞붙어 벌인 살육의 흔적은, 선명하였소.
그러자 백발이 성성하고 심히 낙담한 늙은 임금
옹겐세오우는 일족을 거느리고 성채로 돌아갔소.   2950
기세 높은 히겔라크의 원군이 오고 있는 중이라는
소식을 듣고, 옹겐세오우는 성루에 올라 살폈으나,
반격을 가해 원군을 퇴치할 엄두를 내지 못하였소.[1]
쳐들어오는 바다 사나이들을 물리치려는 생각도,
재산과 아이들과 아낙들을 배 타고 온 적으로부터   2955
보호해 낼 자신도, 그에겐 없었소. 노왕은 퇴각하여
돌벽 뒤에 몸을 감추었소. 마침내 스웨덴인들은
궁지에 몰렸으니, 흐레델의 군대가[2] 요새를 향해
진격해 왔을 때, 히겔라크의 펄럭이는 깃발들은

---

[1] 기트의 임금 해드킨이 옹겐세오우와의 전투에서 패했을 때, 해드킨의 아우 히겔라크는 이 전투에 참가하지 않았다. 히겔라크는 해드킨이 전사하고 난 다음에야 원군을 이끌고 옹겐세오우의 성채를 향해 온다.
[2] '흐레델의 군대'라 함은, 히겔라크가 흐레델(Hrethel)의 아들이므로, 히겔라크의 군대를 말함이다.

스웨덴인들이 몸을 숨긴 성채를 휩쓸어 버렸소.   2960

그곳에서 흰 머리칼 흩날리는 옹겐세오우는

그를 에워싼 검들 앞에서 옴짝 못하게 되었고,

백성들의 왕이었던 그는 에오포르가 홀로 내린

판결에 굴복하고 말았소.[1] 원레드의 아들 울프가[2]

그의 검으로 옹겐세오우를 가차없이 가격하니,   2965

검을 내려칠 때마다 피가 혈관에서 뿜어져 나와

그의 흰 머리를 적셨소. 늙었으나 쉴빙인[3] 그는

주눅이 들긴커녕, 오히려 더욱 세찬 반격으로

자신이 받은 치명적 가격에 응수를 하였으니,

과연 한 나라 백성들의 군왕다운 모습이었소.   2970

원레드의 용감한 아들은[4] 이 늙은 왕에게

반격을 시도할 기회를 가질 수도 없었으니,

이 늙은이가 이미 그의 투구를 부수어 버려,

그는 피범벅이 되어 쓰러졌기 때문이었소.

허나 울프는 아직은 죽을 운명이 아니었으니,   2975

그의 상처가 깊었음에도 회생할 수가 있었소.

히겔라크의 용맹스런 전사는[5] 아우가 쓰러지자,

---

1 다시 말하면, '옹겐세오우의 운명은 에오포르의 손 안에 있었다.'
2 에오포르(Eofor)와 울프(Wulf)는 기트의 전사들인데, 원레드(Wonred)의 아들들이다.
  기트 임금 히겔라크는 스웨덴의 왕 옹겐세오우를 죽인 공로를 인정해 에오포르를
  사위로 삼는다. 2472–2489행과 2991–2998행 참조.
3 '쉴빙'(Scylfing)은 '스웨덴 사람'의 다른 이름이다.
4 '원레드의 용감한 아들'은 옹겐세오우를 공격한 울프(Wulf)를 지칭한다.
5 '전사'는 에오포르를 지칭한다.

그 옛날 거인들이 벼린 검을 들어 그 넓은 날로,
거대한 망치로 두들겨 만든 투구를 방패 너머
쪼개 버렸소. 백성들의 수호자 옹겐세오우는   2980
치명상을 입고 그 자리에서 쓰러지고 말았소.
많은 사람들이 그의 아우의[1] 상처를 잡아맨 뒤,
곧바로 그를 일으켰으니, 이제는 전장의 판도가
그들에게 유리하게 돌아감을 보았기 때문이었소.
그러자 전사는[2] 상대편 전사 옹겐세오우로부터   2985
쇠줄 엮어 만든 갑옷이며, 손잡이 단단한 검이며,
투구며, 가릴 것 없이 모두 다 벗기고 약탈한 다음,
노왕의 무구(武具)를 히겔라크에게 가져가 바쳤소.
히겔라크는 노획물들을 받고 그에게 포상할 것을
사람들 앞에서 굳게 약속했고, 그대로 이행하였소.   2990
흐레델의 아들, 기트 사람들의 임금은, 전장에서
고향으로 돌아왔을 때, 에오포르와 울프에게
풍성한 선물을 내려 그들의 무훈을 포상했으니,
그들 각자에게 토지 십만 마지기와 부수적 수익을
내린 것이었소. 형제가 세운 무훈에 그만한 포상은   2995
당연했기에, 아무도 이에 대해 불평을 할 수 없었소.
그리고 히겔라크는 외동딸을 에오포르에게 주었으니,
선의의 맹약이요, 어느 가문에나 경사스런 영예였소.
　"사람들 사이에 생기는 적의, 상호간의 악의, 극도의

---

[1] 다시 말해, '울프의'
[2] 에오포르를 말함.

증오는 바로 이런 것이오. 그래서 내가 예상하기로는,　　　　3000
우리 주군이 돌아가신 것을 스웨덴인들이 알게 되면,
저들은 멀지 않아 우리를 공격해 올 것이오.
그분께서는, 우리들의 영웅들, 용맹스런 전사들이[1]
스러지고 난 후, 적들로부터 우리 재산과 우리 왕국을
여태까지 지켜 주신, 우리들의 방호벽이었소.　　　　3005
백성들을 위해 많은 일을 해 오셨음에도, 더 나아가
영웅적인 죽음을 맞으셨소. 이제 우리는 서둘러서
저곳에 계신 백성들의 임금, 우리들에게 보물들을
나누어 주시던 주군을 찾아뵙고, 장례 치를 장소로
모셔야 할 것이오. 용기의 화신이던 그분과 함께　　　　3010
타 녹을 보물은 적지 않을 것이오. 엄청난 보물이,
그분이 고통스레 획득한 한없이 많은 양의 황금과
그분이 종국에는 목숨과 맞바꾸어 얻으신 보물이,
저곳에 그분과 함께 있소. 화염이 그 모두를 삼키고,
불길이 감쌀 것이오. 어떤 남자도 보물을 지니며　　　　3015

---

1 필사본에서 3005행의 후반은 'hwate Scildingas'로 되어 있다. 그런데 'Scildingas'라
는 단어는 문맥상 혼란을 야기한다. 왜냐하면 'Scildingas'는 작품 속에서 흔히 덴마
크인들을 지칭하는 말로 사용되고 있기 때문이다. 그래서 'Scildingas'를
'Scylfingas'로 대체하여 읽는 학자들도 있지만, 이 또한 혼란스럽기는 마찬가지다.
왜냐하면 후자는 스웨덴인들을 지칭하기 때문이다. 나는 학자들이 복잡한 역사적
사실을 끌어들여 제시하는 설명들이 영 마음에 와 닿지 않는다. 그래서 덴마크인들
도 스웨덴인들도 아닌 기트인들이라는 의미를 이 단어에 도입해 읽기 위해
'Scildingas,' 또는 'Scyldingas'를 고유명사가 아닌, 보통명사로 읽음으로써 해결점
을 찾으려 한다. 글자 그대로 'shield-bearers,' 또는 'shield-warrior'의 의미로 읽으
면, 기트 족의 전사들을 지칭하는 단어로 받아들이기에 아무 무리가 없다. 그래서
나의 번역은 '용맹스런 전사들'이다.

영광스런 기억에 젖지 못하리며, 아리따운 처녀는
목에 장식을 두르고 맵시를 자랑하지도 못하리오.
그 대신, 가슴은 슬픔에 차고, 재물도 빼앗긴 채,
외국 땅을 전전할 것이니, 어찌 한 번뿐이리요?
우리 군 총사령관이셨던 주군께서 삶의 쾌활함과   3020
기쁨과 즐거움을 밀쳐놓으신 마당에— 그리고
새벽녘이면 수없이 많은 차가운 창대를 움켜잡고
치켜들어야 할 것이며, 비파 뜯는 소리가 전사들을
잠에서 깨우지도 않을 것이며, 다만 검은 가마귀가
죽을 자들을 먹어치울 태세로 요란하게 울어 대며,   3025
지난번 향연에서 늑대와 함께 살점을 뜯었을 때,
그 맛이 어떠했는지 독수리에게 전할 것이오.”

　용감무쌍한 전령은 이렇게 말하며 슬픈 소식을
전하는 힘든 일을 하였고, 앞으로 일어날 일과
이미 일어난 일을 말함에 있어 거짓이 없었소.   3030
그들은 모두 일어나, 슬픔에 차, 눈물을 머금고,
놀라운 광경을 보려 ‘독수리 벼랑’[1] 아래로 갔소.
그들은 영혼을 빼앗긴 채, 침상 위에 잠이 든 듯,
모래 위에 누워 있는 주군, 지나간 날 그들에게
보물을 나눠 주던 주군을 보았소. 용감한 사나이에게   3035
삶의 마지막 날이 와, 기트인들의 주군, 모든 전쟁을
제패한 군왕은 경외스러운 죽음을 맞은 것이었소.

---

[1] 원문에 나오는 ‘Earnanæs’(‘독수리 절벽’)는 기트 땅 해안에 있는 언덕으로, 그곳 가
　까운 데에서 베오울프는 용과 싸웠다.

[3038-3182: 기트인들은 화장에 필요한 장작더미를 쌓고 나서 베오울프의 시신을 불태우며 주군의 죽음을 애도한다.]

그들은 그곳에서 처음으로 기상천외한 괴물,
주군을 마주 보며 나란히 누워 있는 흉측한 형상의
뱀을 보았소. 그것은 여러 가지 색깔로 얼룩이 지고   3040
불에 끄슬려 보기에도 끔찍스런 불 뿜던 용이었소.
길게 늘어져 누워 있는 그 괴물은 길이가 자그마치
오십척이나 되었소. 밤이면 밤마다 허공을 나르는
기쁨을 누렸고, 그러다가 토굴로 돌아가 쉬곤 하던
바로 그 흉물이었소. 마침내 죽음이 그것을 덥쳤고,   3045
토굴에서의 휴식도 이젠 지나간 일이 된 것이었소.
그 곁에는 그릇들이며 술잔들이,
그리고 접시들과 보검들이, 비록 오랜 세월에 걸쳐
녹이 슬어 버렸지만, 일천 번의 겨울이 가는 동안
대지의 품에 안겨 있던 그대로 놓여 있었소.   3050
그 이를데없이 막대한 유산, 태곳적 인간들의
소유였던 그 황금은 주문(呪文)이 걸려 있었기에,
어떤 사람도 그 보물 창고에 접근할 수 없었다오.
다만, 영원한 승리자이신 만유의 왕, 주 하느님의
허락을 받은 자만이 ─누가 적합한 자인지는 주께서   3055
결정하실 일이오만─ 보고(寶庫)를 열 수 있었으니,
이 모두가 인간을 보호하기 위함이었소.
이제 분명해진 것은, 휘황찬란한 보물들을 벽 아래

감추는 어리석은 짓을 한 자는,[1] 그로해서 얻은 이득이

별반 없었음이었소. 애초에 보물을 간수하던 자는   3060

몇 안 되는 사람들 중 하나를 죽였고, 그 적대 행위는

혹독한 보복을 불러왔소. 발군의 용맹을 자랑하는

한 전사가 그에게 주어진 삶의 종말을 어느 곳에서

맞을 것이며, 그가 더는 향연의 자리에 있지 못하고

친족과 결별해야 할 때가 언제 올지는 모를 일이오.   3065

그 언덕을 지키는 용과 대결하려 토굴을 찾았던

베오울프의 경우도 그러했으니, 그가 어떤 상황에서

죽음을 맞게 될 것인지 그 자신은 알지 못하였소.

명성 높은 군왕들이 보물들을 그곳에 파묻을 때,

최후의 심판일까지 지속될 저주를 내렸으니,   3070

그곳에 발을 들여 놓고 약탈을 시도하는 자는

탐욕의 죄 구렁텅이에서 우상 숭배에 갇히고,

지옥에 떨어져 한없는 고통에 시달리리라는

주문이었소. 만유의 주인이신 주님의 은총으로

한 인간이 그것을 소유케 되는 경우가 아니라면.[2]   3075

---

[1] L. M. Liuzza는 보물을 감춘 주체를 용으로 보았다. 그러나 2271행부터 시작하는 부분을 보면, 용은 보물을 처음 숨긴 주체가 아니라 우연히 발견했을 뿐이다. 그리고 3069행 이하를 보면, 이 보물들을 땅에 묻으며 앞으로 이것을 발굴하는 자에게 저주를 하는 말을 함께 담은 자는 용이 아니라, 작품 속에서 정체가 밝혀지지 않은 태고의 군왕들이었다. 3069–3075행 참조.

[2] 베오울프가 용과의 대결을 위해 토굴을 찾은 것은 그가 보물을 탐해서가 아니었다. 기트 백성들에게 재앙을 가져오는 용을 퇴치함으로써 백성들을 구하려 함이 그 이유였다. 다만 베오울프가 목숨을 던져가며 용을 퇴치했을 때, 부수적으로 찾아온 보상이 보물들이었다. 베오울프는 이 보물들을 기트 백성들에게 유산처럼 남기지만, 백성들은 주군의 목숨과 바꾼 보물을 향유하는 것이 아니라, 주군을 화장하고

웨오흐스탄의 아들, 위글라프가 말하였소.
"한 사람의 의지로 인해 많은 사람들이 괴로움을
겪게 되는 일이 빈번하고, 우리의 경우가 그러하오.
우리의 사랑하는 주군을, 우리 왕국의 방호벽을,
우리는 그 어떤 간곡한 말로도 만류할 수 없었소.   3080
황금을 지키는 용을 공격할 생각은 제발 버리시고,
그것이 오랜 세월 지내온 그대로 놓아 두어, 세상의
종말이 올 때까지 거기 머물게 하시라 간청하였소.
허나 그분은 숙명을 따르셨소. 보물은 노출되었고,
무서운 대가를 요구했소. 운명은 강력한 힘으로   3085
백성들의 군왕을 그분이 가야할 길로 밀고 갔소.
나는 토굴에 들어갔고, 내 눈으로 모두 다 보았소.
나에게 접근이 허락되었을 때, 동굴 안 보물들을—
땅 밑 토굴로 들어가는 길은 즐거움과는 거리가
먼 것이었소. 나는 서둘러서 내 눈에 뜨이는 대로   3090
거기 흩어져 있는 보물들을 내 손에 닿치는 대로
끌어 모아서는, 나의 주군께 보여 드리려 밖으로
가지고 나왔소. 주군께서는 아직도 살아 계셨고,
그분의 의식은 또렷하였소. 노왕께선 슬픔에 잠겨
많은 말씀을 하셨고, 그대들에게 인사 전하라 하셨소.   3095
그리고 명하시길, 시신을 불태운 바로 그 자리에
주군의 업적을 기리는 무덤을 높이 지으라 하셨소.

나서 남은 재와 함께 보물을 베오울프의 무덤에 함께 묻는다. 물질적 욕망의 허망
함을 강조하는 것이 주된 흐름이다.

크고도 널리 알려질 무덤을 하나 세우라 하셨소.
그분께서는 성채 안의 부(富)를 향유하실 동안은,
온 세상 사나이들 가운데 가장 고결한 전사였기에—　　　　3100
자, 이제 다시 그 값지고 찬란한 보물 더미를,
절벽 아래에서 기다리고 있는 경이로운 것들을
보기 위해 서둘러 갑시다. 내가 길을 안내하겠소.
그곳에 가면 보물들과 큼직한 황금판들을
얼마든지 볼 수 있소. 서둘러 상여를 준비토록 하오.　　　　3105
우리가 토굴에서 나올 때까지는 운구대를 마련하여
우리들의 주군, 우리가 사랑하는 분을 거기에 눕혀
영원한 통치자의 품 안에서 쉬실 수 있도록
옮겨 모시도록 하십시다.”

　　용감한 전사 웨오흐스탄의 아들은 이렇게 말하고는,　　　　3110
저택을 소유하고 종자들을 거느린 전사들에게 명하여,
용사의 시신을 불태울 제단을 쌓는 데 필요한
나무를 먼 곳으로부터 가져오도록 하였소.
“이제 화염이 삼켜 버릴 것이오. 불길이 검게
타오르는 동안, 모든 전사들의 으뜸이신 분을.　　　　3115
시위를 떠난 화살들이 폭풍처럼 몰아치며
활촉을 돕는 깃털이 푸드득거리는 가운데
방패들의 벽 위로 바람 가르는 소리로 나르는
쇠의 소나기를 헤치고 살아남으신 분을.”
　　웨오흐스탄의 출중한 아들은 주군 휘하의　　　　3120
전사들 가운데에서도 으뜸가는 장수들을,

모두 합쳐 일곱 명을 지목하여 불러내었소.
여덟 전사들 중의 한 사람으로, 위글라프는
원수의 토굴에 들어갔고, 그중 하나는 손에
횃불을 들고 앞장을 서서 길을 밝혀 주었소.   3125
누가 보물들을 골라낼 것인지 결정을 하려
망설일 필요조차 없었으니, 토굴 전체에는
보물들이 아무도 돌보는 이 없이 여기저기
널려 있었기 때문이었소. 진귀한 보물들을
서둘러 옮겨 내가려고 조급해하는 사람은   3130
아무도 없었소. 그들은 뱀의 형상을 한 용을
절벽 아래로 밀어내 바다로 떨어지게 하니,
보물을 지켜온 감시자를 파도가 삼켜 버렸소.
그들은 용틀임하는 황금과 수없이 많은 보물을
마차에 가득 싣고, 그들의 임금, 백발이 성성한   3135
전사의 시신을 '고래의 언덕'으로[1] 운구하였소.
　　그러고 나서 기트 사람들은 주군을 위한 제단을,
그의 몸을 불사를 거대한 장작더미를 쌓아 올렸소.
그들은 투구며 방패며 번쩍이는 갑옷들을 주위에
걸었으니, 이는 그가 살아생전에 명한 대로였소.   3140
그리고 그 한가운데에 그들의 명성 드높은 군왕,
사랑하는 주군을 눕혔소. 미어지는 가슴을 안고—
그러고 나서 전사들은 언덕 위에 크나큰 장례의

---

1 '고래의 언덕'은 원문의 'Hronesnæsse'를 직역한 것이다. 해안에 솟은 곶[岬]의 이름이다.

불을 지피기 시작했소. 나무가 타며 남기는 연기는
불길 위에 검게 솟아오르고, 치솟는 불의 포효는   3145
사람들의 통곡 소리와 뒤섞였소. 바람은 잦아들고,
마침내 뼈를 감싸던 육신은 뜨거운 불 한가운데에서
남김없이 재가 되고 말았소. 슬픔에 젖은 영혼으로
그들은 가슴 깊이 주군의 죽음을 애도하였소.
슬퍼하는 기트의 늙은 아낙 하나, 헝클어진 머리를   3150
동여매고, 베오울프를 그리며 애달픈 노래 하나를
지어 불렀소. 그 할멈은 되풀이하여 푸념하기를,
앞으로 닥쳐올 고통의 나날들— 무수한 살육과,
침노하는 적들이 가져올 공포와, 굴욕과 굴종의
세월이 두렵다 하였소. 하늘은 연기를 삼켰소.   3155

그리하여 풍상을 겪어 온 기트의 백성들은,
먼 뱃길을 항해하는 사람들에게 잘 보이도록,
언덕 위에 높고 큰 무덤을 하나 지어 올렸소.
용명 높던 군왕을 기리는 탑을 열흘에 걸쳐
세우고 나서, 타고 남은 재를 담으로 둘렀으니,   3160
이는 안목 높은 사람들이 옳다고 생각하는
예법을 존중하여 그대로 따라 한 것이었소.
그들은 무덤에 패물과 보석을 함께 묻었으니,
그 찬란한 장식품들은 탐욕에 절은 사람들이
예전에 훔쳐 내고는 하던 보물들의 일부였소.   3165
대지로 하여금 전사들의 부(富)를, 황금을,
지니게 했으니, 애초에 그러했듯, 사람들에게

소용없는 것으로 지금도 고스란히 묻혀 있다오.

　그리하여 전쟁에서 물러섬이 없던 무사들,

모두 열두 명의 혈통 자랑하는 전사들은　　　　　　　　　　3170

주군의 무덤 주위를 말을 타고 돌며 돌며

슬픔에 목이 메어 주군의 이름 부르더이다.

칭송하는 노래 지어 못내 잊을 주군의

절륜한 무용과 위업을 찬양하니,

때 되어 주군의 영혼이 육신을 떠날 제,　　　　　　　　　　3175

말로써 기리고 가슴으로 뜨거이 그리워함은

남자로 태어난 자 마땅히 할 도리인저.

기트 사람들은 슬퍼했소. 따스한 불을 함께 쪼이던

기억만 남기고 그네들 주군이 마침내 떠나갔음을.

그들은 말하기를, 세상을 다스린 모든 왕들 가운데　　　　　3180

가장 따스하고 다정한 임금, 백성들에게 인자하고

누구보다 영광을 추구했던 분이었노라 하더이다.[1]

---

[1] 이 말에는 베오울프를 인류 구원의 상징인 그리스도와 빗대어 하는 의미가 함축되어 있다.

방랑하는 사람*

    외로운 방랑자는 주님의 은총과 자비를 자주
갈구하노니, 비록 슬픔으로 가득 찬 가슴을 안고,
넓게 펼쳐진 파도 위로 차가운 바다를 두 손으로
헤쳐 나가며 오랜 세월 추방의 여정을 밟아야 할
운명일지라도 말이오. 운명은 참으로 가혹하구려.[1]   5
    지나간 세월에 겪은 고난을, 무자비한 살육과
다정한 친족의 죽음을 회고하며 방랑자는 말했소.
    "날도 새기 전에 나는 홀로 내 가슴을 가득 메운
슬픔으로 괴로워한 적이 많았다오. 지금 나에겐
내 가슴에 맺힌 슬픔을 털어 놓을 사람이 아무도   10
살아 있지 않소. 무릇 사나이라면, 감정을 가슴에
굳게 가두고, 이를 밖으로 드러내지 않아야 하고,
마땅히 그래야 하듯, 견인불발의 결단력을 보임이
고귀한 처신이라는 사실을 나도 잘 알고는 있소.
의지가지없는 마음은 운명을 견디어 낼 수 없고,   15
감정에 북받쳐 본들 아무런 도움이 되지 않지요.

---

* 출전: *Exeter Book*, ff. 76 verso–78 recto; *The Anglo-Saxon Poetic Records*, Vol. III, pp.134–137.

[1] 처음 다섯 행을 방랑자가 하는 말의 시작으로 본다면, 그 앞뒤에 따옴표가 있어야 할 것이다. Roy F. Leslie가 편집한 텍스트에서는 그렇다. 그러나 John C. Pope는 방랑자가 말을 시작하는 것은 8행부터라고 보았기에, 첫 다섯 행 앞뒤에 따옴표를 붙이지 않았다.

그래서 좋은 평판을 유지하려는 사람들은 대개
그들의 슬픔을 가슴 속에 굳게 가두어 버리지요.
해서 나 또한 수심에 가득한 채, 고향을 떠나,
자유스러운 내 친족들로부터 멀리 떨어져,   20
내 가슴을 족쇄로 잠그고 지내 와야 했다오.
벌써 오래 전에 어두운 땅 속에 나의 주군이
눕게 되었고, 나는 실의에 빠지고 수심에 젖어,
고향을 떠나 굽이치는 파도를 넘어 떠돌며,
보물을 하사할 새로운 주군을 찾아 헤매었소.   25
먼 곳이든, 가까운 곳이든, 주연이 벌어지는
연회장에서 내 마음을 알아주고, 벗들을 잃은
나를 위로해 주고, 기쁨을 줄 수 있는 분을
만나려 말이오. 겪어 본 사람은 알 것이외다.
다정한 주군을 떠나보내고 나서 한 사나이가   30
갖게 되는 슬픔이 얼마나 견디기 어려운지를.
번득이는 보물이 아닌 방랑이 그를 기다리고,
고향의 영광이 아니라 쓸쓸한 회포가 따를 뿐.
연회장의 전사들과 포상의 순간들을—젊은 시절
주군이 향연을 베풀어 즐겁게 하여 주던 때를—   35
회고하노니, 그 모든 기쁨은 사라지고 말았구려.
　"이런 연유로 다정한 주군이 베풀어 주곤 하던
우정 어린 충고를 못내 그리워하는 사람이라면,
쓸쓸한 유배의 길에 나선 자를 슬픔과 잠이 엉켜
꼼짝없이 옥죈다는 것을 알고도 남음이 있소.   40

그의 상념 속에서 그는 그의 주군을 껴안으면서
입맞춤을 하고, 무릎 위에 그의 두 손과 머리를 얹는
착각에 빠져 보기도 하나니, 이는 그가 지나간 세월
그의 주군을 알현하는 기쁨을 누릴 때 하던 대로였소.
그러다 깨어나면 다시 외로운 처지로 되돌아오고,   45
어두운 밤바다만이 눈앞에 펼쳐짐을 새삼 깨달으니,
거기에는 바다 새들이 물살을 헤치며 날개를 펴고,
서리와 눈발이 우박과 뒤섞이며 떨어지고 있구려.
그러면 이로 인해 가슴의 상처는 더 한층 깊어지니,
사랑하던 사람들을 애도함이오. 친족들의 기억이   50
그의 뇌리를 가로지르니, 새로운 슬픔이 솟구친다오.
그들에게 반가이 인사하고, 연회장을 채운 전사들을
휘둘러보려 하지만, 그들은 다시 사라지고 없구려.
스치며 사라지는 사람들의 영혼은 늘상 하고는 하던
말들을 하지도 않는다오. 그에게 다시 찾아오는 것은   55
오직 슬픔일 뿐 — 굽이치는 파도 위로 지친 영혼을
그는 그리도 자주 떠나보내야만 하기 때문이라오.

　"이러니 내 가슴이 암울한 상념에 빠지지 않아도
좋을 만한 이유를 나는 도저히 찾아낼 도리가 없으니,
이는 무릇 모든 세상 사람들의 삶을 보면 알 것이오.   60
용맹을 자랑하던 전사들이 하루아침에 회당을 떠나
사라져 버리고는 하니 말이오. 이와 같이 이 세상은
하루하루 시들어 가고, 결국 몰락하고 말게 돼 있소.
　"그러므로 어떤 사람이든 슬기로워지기 위해서는

세상살이를 충분히 겪어야 하오. 현자는 인내해야 하고, 65
감정이 격해서도 안 되고, 하는 말이 경솔해서도 안 되고,
우유부단해서도 안 되고, 조심성이 없어서도 안 되고,
겁이 많거나, 되는 대로 살려 하거나, 탐욕스럽거나,
때가 되기 전에 서둘러 맹세하거나 해서도 아니 되오.
모름지기 남자는, 맹세하기 전, 충분히 숙고해야 하고, 70
그가 제아무리 자신만만하더라도, 듣는 이의 마음이
어느 방향으로 기울 것인지 가늠할 수 있어야 하오.

　"세상의 모든 번영이 황량한 상태로 바뀌어 버리고,
지금처럼, 천계와 하계의 사이에 있는 이 세상을 통해
벽들이 바람을 맞으며 서리에 덮여 위태로이 서 있고, 75
인간들의 거처가 폭풍에 부대끼게 되는 것이 얼마나
끔찍한 노릇인지 현명한 사람은 알고도 남아야 하오.
술 마시던 연회장은 무너져 버렸고, 군왕들은 기쁨을
빼앗긴 채 누워 있으며, 당당하던 전사들의 무리는
벽 아래 쓰러져 버렸구려. 전쟁의 소용돌이에 휘말려 80
전사한 자들도 있고, 파도가 높게 이는 바다 너머로
맹금에 채여 간 사람들도 있고, 털북숭이 늑대에게
뜯어 먹힌 자들도 있고, 주군이 슬픔에 찬 얼굴로
차가운 땅 밑 토굴 안에 묻어 준 사람들도 있다오.
인간들의 창조주는 이처럼 세상을 황폐케 하셨으니, 85
마침내 도회를 가득 채우던 집들은 기쁨을 빼앗긴 채,
텅 빈 상태로 서 있으니, 옛 거인들이 지은 것들이오."[1]
　이렇게 말하고 나서 방랑자는 깊은 상념에 젖어

이 벽으로 싸인 장소와 이 암울한 삶을 관조한다오.

가슴에 담긴 생각이 성숙한 그는 숱한 살육전들을   90

이따금 머리에 떠올리며 다음과 같이 탄식한다오.

　"말은 어디에? 전사는 어디에? 주군은 어디에?

향연의 자리는 어디에? 웃음소리는 어디에?

오호라, 번득이는 술잔이여! 갑옷 입은 전사들이여!

제왕의 영광이여! 시간은 속절없이 흘러, 어두운   95

밤 그림자 속에 흔적도 없이 사라지고 말았구나!

다정한 무리 사라진 뒤 남아 있는 것이라고는

용틀임 장식 새겨진 우뚝 솟은 텅 빈 벽일 뿐.

살육에 지침이 없는 창대와 가혹한 운명이

숱한 전사들을 죽음으로 몰아가고 말았구나!   100

비바람만이 돌 덮인 비탈을 때리는구나!

겨울을 휩쓰는 눈보라가 대지를 뒤덮고,

어둠이 찾아오고 밤 그림자 짙어지누나!

북쪽으로부터는 매몰찬 우박 눈발이

인간들을 괴롭히려 줄기차게 몰려오누나!   105

지상의 왕국에선 모두가 괴로움일 뿐,

운명의 판결이 하늘 아래 온 세상을 뒤엎노라.

지상의 삶에서 부(富)도, 벗도 덧없이 떠나가고,

전사도, 다정한 친척들도 무상하게 스쳐가노라.

---

1 원시에 나오는 '거인들의 작품'('enta geweorc')이란 말은 고대영시에 자주 나타나는
표현인데, 범용한 인간이 이루어 내기 힘들어 보이는 것들을 지칭할 때 쓰이고는
했다. 여기서는 지금은 폐허의 상태가 되어 버린, 한때는 웅장하였을 건축물을 말한
다.

이 세상의 근간이 다 부질없고 허망한 것이어라."¹ 110
현자는 이렇게 말하고, 사색에 잠겨 떨어져 앉았소.
맹세는 지켜야 하고, 나중에 책임질 수 있음을 미리
알기 전에는, 격정을 경솔하게 드러내서도 아니 되오.
한 인간에게 복된 일은, 하늘에 계신 아버님으로부터
자비와 위안을 찾음이니, 우리의 안식은 그곳에 있소. 115

---

1 92행부터 110행까지를 이 시의 주된 화자인 방랑자가 직접 들려주는 탄식이 아니라, 그가 하는 말 속에 별도로 인용하는 탄식으로—즉, '상자 속의 상자'처럼—보고, 여태까지와는 형태를 달리하는 별개의 따옴표를 앞과 뒤에 붙이는 편집자들도 있으나, 이 작품 전체를 하나의 '극적 독백'(dramatic monologue)으로 보았을 때, 그런 화자의 구분은 아무런 의미가 없다고 역자는 생각한다. 결국은 시인이 어떤 극적 상황을 설정해 놓고, 화자가 둘, 아니면 셋이 등장하여 대화를 나누는 형식이 아니라, 시인의 머릿속에서 전개되는 상념을 전개한 것이기 때문이다. 이 작품을 읽을 때, 베르길리우스의 목가처럼 상호응답체의('amoebaean') 시형식을 상정해서는 안 된다고 생각한다. '극적 독백'은 화자의 정체나 숫자에 연연하는 문학 형식이 아니기 때문이다.

바닷길 가는 사람*

　"나 자신에 대해 거짓 없는 노래 하나 부르노니,
내 삶의 여정을 읊은 것이오. 고난의 날들을 통해
얼마나 잦은 역경을 헤치며 지내왔으며, 가슴에 맺힌
쓰라린 고통으로 견디기 힘든 나날을 보내왔는지—
그동안 나는 배 한 척을 거처로 삼아 거기 몸을 싣고,　　　　　　5
무섭게 일렁이는 파도 위에 부대끼며 뱃머리에 앉아,
파도가 절벽을 때리는 가운데 경계를 늦추지 않으며,
시련을 운명처럼 받아들이며 지내왔다오.　내 발은
냉기로 아렸고, 차가운 족쇄처럼 졸라매는 서리에
꽁꽁 얼어붙었으나, 수심에 찬 내 가슴으로부터는　　　　　　10
뜨거운 한숨이 쏟아져 나왔소. 항해에 지친 사람의
영혼을 내면의 배고픔이 찢고는 했소. 뭍에 살면서
더할 수 없는 행운을 향유하게 된 사람은 모를 게요.
한 겨울이 다 가도록, 얼음처럼 차가운 바다 위에서
수심에 잠겨, 내가 얼마나 슬픈 유배의 길을 밟았고,　　　　　　15
우박이 폭풍처럼 몰아치는데, 다정한 친족과 헤어져,
고드름 드리워진 바닷길을 갔는지— 귀에 들리는 건
포효하는 바다, 얼음처럼 차가운 파도 소리뿐이었소.

---

* 출전: *Exeter Book*, ff. 81 verso–83 recto; *The Anglo-Saxon Poetic Records*, Vol. III, pp. 143–147.

이따금씩 나는 백조의 노래를, 물새가 내는 소리를,
위안을 주는 기분전환의 원천으로 삼기도 하였고,　　　　20
마도요의 외마디 소리를 사람들의 웃음소리로,
갈매기 노래를 연회장의 소란함으로 삼았다오.
폭풍우가 절벽을 때리면, 깃털 시린 제비갈매기는
이에 화답하고, 가끔 깃털이 온통 젖은 독수리가
외마디 소리를 지르곤 하였소. 황량함의 늪에서　　　　25
나를 건져 줄 다정한 친척은 거기 아무도 없었소.
그러니 삶의 환희를 한껏 향유할 행운이 주어졌고,
도회에 살며 괴로운 상황을 겪어 본 적이 없으며,
기고만장해 취흥이 도도한 자는 짐작도 못하리다.
심신이 지쳐 망망대해를 헤쳐나간 내 고통을 말이오—　　　　30
밤 그림자가 어두워지고, 눈 바람은 북쪽에서 불고,
서리는 땅을 얼어붙게 만들고, 우박은 땅에 떨어지니,
그보다 찬 낟알은 없으리라.”[1]

　　　　　　　　“그래서 지금 그 상념이

---

[1] 필사본과 편집된 대부분의 텍스트에서는 33행의 앞 부분이 끝나고 나서 아무런 표시가 없이 잇달아 같은 행의 뒷부분으로 이어진다. 그러나 나는 여기서 화자가 바뀐다고 본다. 여태까지는 외로운 항해를 해 본 경험이 있는 자의 토로이다. 그 고통스런 여정의 이야기를 들은 사람이 자신도 그런 체험을 하여 보고 싶다는 말로 화답하는 것이라고 나는 생각한다. 그래서 여기서 나는 같은 행이지만, 33행의 후 반부를 한 칸 낮추어 타자했다. 그리고 필사본에는 없는 따옴표들로 화자가 바뀐다 는 것을 시사했다. 그러나 이 모든 것은 실제로 등장인물이 둘 있다는 것을 구체적 으로 증명하려는 것은 아니다. 시인이 설정한 화자의 뇌리에서 진행되는 사고의 연속을 화자가 다른 목소리를 내는 것으로 치환하여 표현한 것이라 봄이 타당할 것이다. ‘방랑하는 사람’에서 우리가 이미 접한 ‘극적 독백’의 또 다른 예라고 볼 수 있다.

내 가슴을 두근거리게 한다오. 나 자신도 높은 파도를
헤치고 소용돌이치는 바다에 몸을 던져 보리라 말이오.   35
내 가슴에 이는 욕망은 기회가 있을 때마다 내 마음을
여정으로 이끈다오. 이곳으로부터 멀리 떨어진
이국땅을 찾아가 보고 싶은 것이오. 사실 말이지,
세상에 제아무리 자부심으로 넘쳐나는 기개와
풍부한 천부의 재능과 젊음에 찬 용기를 갖추어,   40
행동이 담대하고 주님의 은총을 받은 자일지라도,
뱃길을 나섬에 불안해하지 않고, 앞에 놓인 여로에
무슨 일이 닥칠 건지 걱정하지 않을 사람은 없다오.
그에겐 연회장의 비파 소리도, 보물 하사 의식도,
여인과 함께 있는 기쁨도, 세속적 희망도, 그밖의   45
어떤 생각도 없다오. 파도에 부대낄 일 말고는—
허나 뱃길에 오른 자는 그리움을 떨치지 못하리오.
숲에는 꽃이 만발하고, 도시들은 번창하고, 들판은
아름다워지고, 세상은 빨리 돌아가리라 생각하며—
이 모든 상념은 거품 이는 파도 너머 먼 고장으로   50
길 떠나 보려는 생각을 품은 사람의 영혼을
항해길에 오르지 않을 수 없게 부추길 것이오.
여름을 지키는 새인 뻐꾸기는 구슬픈 목소리로
노래하며, 듣는 이의 가슴을 미어지게 할 쓰라린
슬픔을 예고한다오. 한창 번영을 누리는 사람은   55
정처 없는 유배의 길에 올라야만 하는 사람들을
기다리고 있는 운명이 어떤 것인지 알지 못하오.

그러므로 나의 상념은 닫힌 내 가슴에 넘치나니,

나의 마음은 저 먼 고래들의 영역에[1] 전개되는 넓은

파도를 따라 번져 나가고, 이는 지상에서의 한계를   60

훨씬 뛰어넘는 것이라서, 나에게 되돌아 몰아치며

불안과 열망을 함께 가져온다오. 외로운 새 소리는

나의 가슴을 거역할 수 없게 바다로 끌어당기나니,

넓은 파도 위로 말이오."[2]

---

[1] '고래들의 영역'은 바다를 말함이다.

[2] 여기까지는 외로운 항해 중에 겪어야 하는 고통과, 그럼에도 불구하고, 현재의 안락과 번영을 뒤로 하고 먼 항해길에 오르고 싶은 열망을 대비시키며 시를 전개하였다. 그런데 그 뒤에 나오는 시행들은 외로운 항해와는 전연 동떨어진 정신적 구원을 위한 종교에의 귀의에 관한 내용을 담고 있다. 따라서 학자들은 64행의 전반부까지는 시인이 실제로 말하고 싶은 내용—즉 종교에의 귀의를 위한 새로운 삶을 향한 결단—을 항해의 은유를 빌려 토로한 것으로 해석한다. 그러나 나는 64행 전반까지와 그 다음에 이어지는 행들을 별개의 것으로 읽고 싶다. 행동의 세계가 내포하는 고난과 외로움을 읊고 나서, 현재의 안락과 평온을 뒤로 하고 그런 결단의 세계에 뛰어들고 싶은 열망을 대비시킨 것으로 이 시의 앞부분은 충분히 그 기능을 다했다. 그런데 새삼 항해의 어려움과 정신적 구원을 향한 고난의 길을 결부시켜 이 시를 읽는 것은 무리가 있다고 생각한다. 외로운 항해의 고통에 관한 고백과 모험길에 나서고 싶은 뿌리칠 수 없는 갈망을 굳이 현실의 삶에 회의를 느끼고 종교에 귀의하려는 열망으로 진행하는 정신적 알레고리로 읽을 필요가 있을까? 나는 다음과 같은 가정을 하여 본다. 필사본을 정리하는 과정에 폴리오 필사본을 잘못 연결시킴으로써—즉 64행 전반부에 이어 64행 후반부를 잇대어 읽음으로써—엉뚱한 텍스트가 탄생하게 되었고, 학자들은 이 두 무관한 부분들을 상호 연결지어 읽으려 애씀으로써 엉뚱한 작품 해석에 이른 것은 아닌가 하는 추정도 해 본다. 이런 생각을 뒷받침하는 작은 예로, James R. Hulbert가 편집한 *Bright's Anglo-Saxon Reader* (Holt, Rinehart & Winston, 1935)에 들어있는 이 시의 텍스트는 64행 전반부까지만 나타나 있고, 그 다음은 생략부호로 표시했다는 사실을 들고 싶다. 그러나 이것은 어디까지나 역자의 추정이므로 번역은 완결하였다. 다만 역자는 마지막 60행이 첫 64행과 의미상 연결 짓기에 무리가 있다고 보기 때문에 이 뒷부분을 각괄호 안에 넣었다.

[그러므로 주님의 품에서
향유할 지복을 향한 나의 열망은 황량하고 덧없는   65
이 세상에서의 삶에 대한 열망보다 훨씬 강하다오.
속세에서의 번영이 영원하리라고 나는 믿지 않소.
한 인간이 삶에 종지부를 찍기 전에, 예외 없이,
셋 중의 하나는 반드시 그늘을 던지기 마련이오.
병고, 아니면 노년, 아니면 전쟁, 이 셋 중 하나가   70
운명을 피할 수 없는 자의 목숨을 빼앗기 마련이오.
그런 연유로 모든 인간이 성취하는 궁극적 명성은
살아있는 자들의 칭송과 사후에 남을 평판이라오.
해서 세상을 떠나기 전, 지상의 삶을 영위하는 중,
선행을 통해 악귀들이 적개심을 갖도록 해야 하오.   75
이는 악마의 바람을 대담하게 거슬러야 가능하고,
그래야만 인간의 자식들이 사후에 칭송할 것이고,
그에 대한 사랑이 영원불멸토록 천사들과 더불어
지속할 것이외다. 이것이 영원한 생명의 영광이요,
천상의 무리와 누릴 기쁨이오. 속세의 삶이 다하면,   80
지상의 왕국에서의 모든 광휘도 끝나는 것이외다.
한때는 군왕들과 제왕들과 통 큰 보물 하사자들이
수두룩하였고, 영광에 넘치는 위업을 이룩하여
군왕다운 위세를 유감없이 발휘하였다 합디다만,
이제는 그런 장엄한 위세도 모두 시들어 버렸구려.   85
이 모든 무리는 와해되었고, 기쁨 또한 사라졌구려.
보잘것없는 자들만 살아남아 세상을 점유하고,

시답잖은 일에 몰두하는구려. 영광은 위축되었고,
속세의 영예 또한 퇴색하고 시들어 버렸으니,
지상의 모든 인간이 다 이런 모습이 아니겠소?　　　　　　　90
노년이 닥쳐오면 얼굴에는 핏기가 사라지고,
흰 머리 나부끼며, 지금은 죽어 흙과 뒤섞여 버린
군왕의 자손들, 옛 벗들을 추억하고 애도한다오.
목숨이 다하고 나면, 인간의 육신은 더는 맛있는
음식을 삼키지도 못하고, 아픔을 느끼지도 못하고,　　　　95
손을 움직일 수도 없고, 머리로 사유할 수도 없소.
한 아우가 세상 떠난 그의 형을 위해 그의 무덤 위에
황금을 뿌리고, 먼 여행길에 오른 형과 함께 가라고
숱한 보물을 아낌없이 그의 무덤에 묻으려 한들,
살아 있는 동안 사람들 눈에 뜨이진 않았더라도,　　　　100
생전에 지은 죄가 많은 그의 영혼을 위해, 주님의
무서운 분노를 막아 줄 수는 없는 노릇이올시다.
주님을 향한 큰 두려움으로 이 세상은 돌아간다오.
주께서 이 땅을 견고하게 다져 놓으셨으니,
이 지표(地表)도 저 하늘도 그분이 만드신 것이라오.　　　105
주를 경외하지 않는 자는 어리석으니, 예상 못한 죽음이 닥치리요.
겸허하게 사는 자는 축복받은 자이니, 하늘의 은총이 내릴 것이오.
주는 그의 영혼을 굳건히 하시리니, 그가 주의 힘을 믿기 때문이오.
인간은 격정을 억눌러 내면에 가두어 놓아야 할 것이며,
타인들에게 믿음을 주고, 삶을 정갈하게 유지해야 하오.　　110

모든 사람은 한계를 벗어나지 않도록 . . . . .[1]
사랑하는 사람과 미운 사람에게 해악을 끼치나니,
그가 활활 타는 불 속에 던져지기를 바라거나,
아니면 그가 새로 사귀게 된 벗이 불에 타기를
바랄지라도—[2] 어느 인간이 상상할 수 있는 것보다   115
운명의 힘은 막강하고, 신께서는 강력한 존재라오.
우리들의 진정한 고향이 어디인지 기억할 것이며,
어찌하면 다시 그곳에 돌아갈 것인지 숙고하세나.
그런 다음에 그곳에 이르도록 온 힘을 기울이세나.
영원히 계속되는 지복(至福)이 기다리는 그곳에는   120
생명이 주님의 사랑에 의존하여 존재하고,
천국의 희망이 있다오. 이 모두에 대한 감사를
성스러운 그분께 드리나니, 영광의 아버지,
영원한 주께서 우리를 항상 구원해 주셨소. 아멘.]

---

1 이 행의 뒷부분은 필사본이 훼손되어 판독이 불가능하다.
2 원문 필사본의 112행과 113행이 부분적으로 훼손되어 정확한 해석이 어려우나,
  판독이 가능한 부분을 근거로 대략 이처럼 번역하였다.

캐드몬의 찬가 讚歌*

자, 이제 예찬하세나, 하늘나라의 주인을.

창조주의 권능과 그분이 뜻하셨던 바를.

영광의 아버지이시자 영원하신 주님께서

이 세상의 경이를 하나씩 시작하신 뜻을.

창조주께서는 처음 대지의[1] 자식들을 위해   5

지붕 삼아 지내라고 하늘을 지어 주셨고,

그 다음에는 중간 세상을[2] 만들어 주셨으니,

이는 곧 인간이 살 땅이라— 인류의 수호자,

전능하신 주께서 마련해 주신 터전이라오.

---

* 출전: *The Anglo-Saxon Poetic Records*, Vol. VI, p. 106.
 'The Venerable Bede'(혹은 'The Venerable Beda')라고 알려진 7~8세기 영국의 수도승이 쓴 <교회사적으로 본 영국민의 역사>(*An Ecclesiastical History of the English People*)에 수록된 시인 캐드몬(Cædmon)의 이야기에 나타나는 천지창조에 관한 짧은 시이다. 이 작품의 텍스트는 노섬브리아(Northumbria)의 방언으로 기록된 것과 서 쌕슨어(West Saxon)으로 기록된 것, 두 가지가 있는데, 이 번역은 후자에 근거한다. James R. Hulbert가 증보수정한 *Bright's Anglo-Saxon Reader*도 후자를 싣고 있다.

1 서 쌕슨어 텍스트에는 'eorðan'으로 되어 있고, 노섬브리아 방언으로 된 텍스트에는 'aelda'로 되어 있다. 전자는 '땅의'라는 의미이고, 후자는 '사람들의'라는 의미이다. 이 번역은 전자를 따랐다. *The Norton Anthology of English Literature*는 서 쌕슨어 텍스트를 싣고 있으면서도, 유독 이 한 단어만큼은 노섬브리아 방언 텍스트에 나오는 'ielda'—'aelda'의 변형—를 택했다. 역자는 개인적으로 '사람들의 자식들'보다는 '대지의 자식들'이 시적인 함축이 우월하다고 생각한다.

2 원어로는 'middangeard'인데, 현대영어로 직역하면 'middle-earth,' 또는 'middle yard'가 된다. 천국과 지옥 사이의 '가운데 뜰'이니, 인간이 사는 지상세계를 말함이다.

십자가의 환영幻影*

자! 더 없이 좋은 꿈 이야기를 들려주고 싶소.
온누리 사람들이 모두 잠들어 있는 한밤중에
내가 무슨 꿈을 꾸었는지 들어보지 않으려오?
　기막히게 아름다운 나무 한 그루 빛에 감싸여
드높이 세워진 것을 나는 꿈에 본 것 같았는데,　　　　　　　5
나무들 중에서 가장 찬란한 나무였소. 그 전체가
금으로 덮여 있었고, 반짝이는 보석들이 주변에
땅 위에 놓여 있었다오. 그리고 나무의 몸통에도
보석이 다섯 박혀 있었소.¹ 아름답게 태어난 주의 천사들이
내려다보고 있었으니, 흉한을 처형할 형틀은 아니었소.　　　　10
땅 위의 인간들과 이 영광에 찬 창조된 세상이 그랬듯,
성령들 또한 이 나무를 쳐다보고 있었기 때문이오.
　승리의 나무는 경이로웠고, 나는 죄로 얼룩지고,
깊은 상처로 죄의 흔적을 지니고 있었소. 영광의 나무는
번쩍이는 의상을 떨쳐입고 아름답게 빛나고 있었으니,　　　　15

---

* 출전: *Vercelli Book*, ff. 104 verso–106 recto; *The Anglo-Saxon Poetic Records*, Vol.
II, pp. 61–65.
　중세 유럽 문학에서 중요한 문학형태 중의 하나인 '꿈 속의 정경'('dream vision')
의 한 예이다. 이 문학 형태는 '꿈의 알레고리'('dream allegory')라고도 불리는데,
꿈이라는 이야기 들려주기의 틀 안에서 어떤 상황을 전개시킴으로써 현실세계에
서 일어나기 힘든 정황을 보다 시적인 분위기에서 그린다.
¹ 다섯 개의 보석은 그리스도가 십자가에 못 박히셨을 때 입은 상처 다섯 군데를
의미한다.

황금으로 치장되어 있었기 때문이었소. 그리고
보석들이 주님의 나무를 온통 뒤덮고 있었다오.
그럼에도 나무를 덮은 황금 너머로 불쌍한 분이 겪은
고통을 보았으니, 나무의 오른쪽 옆구리에서 흐르는
피가 그것이었소. 나는 슬픔으로 어찌할 바를 몰랐소.   20
나는 그 아름다운 광경에 경악하였소. 나는 그 나무가 서둘러
옷을 갈아입고 색깔을 바꾸는 것을 보았소. 이따금 피에 맺히고,
흐르는 피에 흥건히 젖었다가는, 때로는 보석으로 장식되었소.
　그럼에도 불구하고, 그 자리에 오래 누워 있으면서,
나는 구세주의 나무를 슬픔에 젖어 보고 있었는데,   25
마침내 그 나무가 말하는 것을 나는 들었소.
가장 아름다운 나무는 다음과 같이 말하는 것이었소.
　"나 아직 잘 기억하는데, 아주 오래 전 일이었네.
나는 어느 숲 가장자리에서 잘려 넘어졌지. 그러고는
내 그루터기를 떠났다네. 손 힘 억센 적들이 나를 옮겨서,   30
나를 구경거리로 만들고, 흉악범들을 들어올리라 명했네.
사람들은 나를 어깨에 메고 옮겨, 마침내 나를 언덕에 세웠고,
많은 적들이 나를 거기 고정시켰어. 그러자 인류의 주께서
큰 열의로 바삐 오시는 것을 보았는데, 내게 오르려 함이었지.
나는 지표(地表)가 흔들리는 것을 보고도,   35
감히 주의 말씀을 거슬러, 구부리거나 부러질 수 없었다네.
모든 적들을 한꺼번에 압살해 버릴 수 있었는데도,
나는 꾹 참고 버티어 서 있었어.

"그러자 젊은 영웅은[1] 옷을 벗고, 강하고 결의에 찬
모습으로 전능한 주이신 그분은 높은 형틀에 오르셨네.   40
그 용감한 모습에는 인류를 구원하시려는 뜻이 보였어.
용사가 나를 껴안았을 때 나는 전율했지만, 나는 감히
몸을 굽혀 넘어질 엄두를 못 내었고, 굳건히 서 있었네.
나는 십자가로 세워졌고, 강력한 군왕, 천국의 주인이신
하느님을 들어올렸어. 나는 감히 몸을 굽힐 수가 없었네.   45
그들은 내게 검은 못을 박았다네. 내 몸에는 그 상처들이
입 벌리고 흉하게 남았지만, 난 그들을 해치지 못했어.
그들은 우리 둘을[2] 조롱했어. 그분이 영혼을 날려 보냈을 때,
나는 사나이의 옆구리에서 흐르는 피로 흠뻑 젖어 있었다네.

"그 언덕 위에서 나는 가혹한 운명이 주는 고통을   50
많이 겪었네. 나는 우매한 대중을 거느리는 주님이
고통스럽게 누워 계신 모습을 보았어. 밤의 그늘이
주님의 몸을 짙은 구름장으로 덮어 버렸으니, 눈부신
빛을 가리워 버린 거야. 구름 아래로 시커먼 그림자가
내려 덮였고, 온 천지가, 창조된 만물이, 군왕의 죽음에   55
통곡했다네. 그리스도가 십자가 위에 계셨기 때문이었지.

"어찌 되었든, 순정을 품은 사람들이 군왕을 뵈려고
멀리서 서둘러 왔고, 나는 그들을 다 보았네. 슬픔으로
나는 괴로웠지만, 사람들의 손이 닿도록 나는 겸허하게,
진심으로 몸을 숙였어. 그들은 주님의 몸을 수습하였고,   60

---

1 시인은 십자가에 오르는 그리스도를 전사의 이미지를 빌려 묘사하고 있다.
2 십자가는 그리스도와의 일체감을 강조하기 위해 '우리 둘'이라는 표현을 쓰고 있다.

그분을 무거운 고통에서 건져 내었어. 용감한 전사들은[1]

피에 젖은 나를 그대로 세워 두었어. 내 몸은 상처로 가득했다네.

거기서 그들은 축 늘어진 주님을 눕히고, 그분 머리맡에 섰지.

그들은 천국의 주인을 쳐다보았고, 큰 전투를 치르고 지친 그분은

거기서 잠시 쉬셨네. 그리고 그들은 그분의 무덤을 준비했는데,　　65

그분을 살해한 자들 눈 앞에서였어. 빛나는 돌 속에 무덤을 짓고,

그 안에 승리의 주를 눕혀 드리고는 만가(挽歌)를 부르기 시작했네.

그 불쌍한 사람들은 저녁이 되자, 지친 몸을 이끌고, 영광의 군왕을

뒤에 남기고 돌아가려는 것이었어. 주님은 거기서 홀로 쉬셨어.

　"그렇지만, 전사들의 목소리가 멀리 사라진 뒤에도,　　70

우리는[2] 우리가 박혀 있는 자리에 상당히 오랜 동안

서 있었네. 그 아름다운 생명이 깃들어 있던 육신은

차갑게 식어 갔어. 그러자 한 사람이 십자가에 매달린

모든 시신들을 땅 위에 내려놓았네. 그 끔찍함이라니!

한 사람이 우리를 깊은 구덩이에 묻었어. 허나 주의 전사들은,　　75

그분의 벗들은, 나를 찾아냈고, [땅에서 파 올린 다음에는][3]

나를 황금과 은으로 화려하게 장식하였다네.

　"내 정다운 친구, 이제 그대는 들어서 알 수가 있으니,

그 사악한 행위를 한 자들이 저지른 일—고통스런 슬픔을

1　'용감한 전사들'은 그리스도의 시신을 수습하러 온 몇 사람들을 지칭한다. 종교적 내용을 담은 시이지만, 시인은 등장인물들을 고대영시에 흔히 나타나는 전사들의 이미지를 차용하여 묘사하고 있다.

2　'우리'라는 인칭대명사는 말을 하고 있는 십자가와 그 곁에 함께 서 있는 십자가들을 지칭한다.

3　필사본에서 각괄호 안에 있는 말에 해당하는 부분은 판독이 어렵다.

수반한 짓—을 내가 견디었음을 말이야. 이제 바야흐로   80
온 세상 사람들과 이 영광스러운 창조된 만물이
온 누리에 걸쳐 나에게 영예를 부여하고, 이 십자가를
찬미할 때가 도래하였네. 바로 내 위에서 주님의 아들이
얼마동안 고통을 겪으셨다네. 그런 연유로 지금 나는
하늘 아래 영광스럽게 우뚝 서 있고, 나를 경외하는   85
사람들을 하나도 빼놓지 않고 구원해 줄 수가 있다네.
    "오래 전에 나는 형틀 중에서 가장 혹독한 것이었고,
사람들이 제일 혐오하는 물체였으나, 마침내 나는
인간들을 삶의 옳은 길로 인도하는 길잡이가 되었어.
그렇네, 영광의 주께서, 천상의 왕국의 수호자께서,   90
나를 숲에 있는 모든 나무들 위에 군림하게 만드셨네.
전능하신 하느님께서 그분의 어머니이신 마리아를,
인간들을 위하여, 영광의 위치에 올려놓으심으로써
모든 여인들 위에 군림토록 하셨음과 마찬가지라네.
나 이제 그대에게 이르노니, 정다운 인간이여,   95
이 꿈 이야기를 다른 사람들에게도 들려줄 것이며,
인간이 저지른 수많은 죄들과 아울러
태초에 아담이 범한 행위로 인하여
전능하신 하느님께서 수난을 겪으셔야 했던
영광의 나무임을 일러 주어 깨닫도록 해 주게.   100
    "주께서는 그곳에서 죽음을 맛보셨어. 그러나
그분의 권능으로 인간을 도우려 다시 일어나셨어.
그리고는 하늘나라에 오르셨다네.

최후의 심판일이 되면, 주께서는 인간들을 찾아
이 중간계로[1] 다시 오실 것이니, 전능하신 주님 자신이   105
그분의 천사들을 이끌고 함께 오실 것이야. 그리하여
주님께서는 심판에 임하시어—심판의 권능을 가지셨으니—
한 사람 한 사람이 이 덧없는 세상을 살며 그때까지
이룩한 행적에 따라 응분의 판결을 내리실 것이네.
그날이 오면 주께서 하실 말씀이 어떠한 것일지   110
두려움에 떨지 않을 사람은 아무도 없을 것일세.
그분께서는 많은 사람들 앞에서 물으실 것이야.
주께서 십자가 위에서 겪으신 것처럼, 주의 이름으로
쓰라린 죽음을 맛보고자 하는 자가 있느냐고—
그러나 모든 사람들은 두려워 할 것이고, 그리스도께   115
감히 무슨 말씀을 여쭐 것인지 생각이 나지 않을 거야.
허나 가장 고귀한 표상인 십자가를 가슴에 지닌 자라면,
그 자리에서 두려움에 떨 필요가 없을 것이네. 아니,
영원하신 주 하느님과 함께 거하기를 바라는 자라면,
십자가를 통해, 이 속세의 길에서 멀리 떨어진 천국을   120
찾아야 하는 것이니, 모든 영혼이 다 그래야만 하지.”

   그리하여 나는 기쁜 마음으로, 열과 성을 다하여
십자가를 향해 기도하였으니, 내 주변엔 아무도 없고,
나 홀로 있었다오. 내 영혼은 현세를 떠나라는 권유를
지속적으로 받았고, 영원의 세계를 갈구하는 마음을   125

---

[1] 'middangeard'는 현대영어로는 'middle-earth,' 또는 'middle yard'가 되는데, 천국과
   지옥의 중간에 위치하는 곳, 즉 인간이 사는 이 세상을 뜻한다.

끊임없이 가져왔소. 이제 나의 삶은 희망으로 가득하니,
다른 사람들보다 자주, 나 혼자서라도, 승리의 나무를
예찬하려 십자가를 찾을 수 있음을 알기 때문이오.
그리하려는 의지가 내 마음에는 늘 가득할 뿐 아니라,
내 심신의 보호는 십자가 안에서 찾아야 할 것이오.   130
지상에 남아있는 믿음직한 벗들이 내게는 많지 않소.
그들은 이미 이 세상의 즐거움을 뒤로 하고
이곳을 떠나, 영광의 군왕을 찾은 지 오래이고,
지금은 하늘나라에서 영원한 아버지와 거하며
영광을 누리고 있다오. 나 또한 날이면 날마다   135
기다리고 있나니, 이 덧없는 삶을 살며 지상에서
내가 한때 볼 기회가 있었던 주님의 십자가가
언젠가 나를 지상으로부터 데려가, 마침내
크나큰 행복, 천국의 기쁨이 충만한 곳으로,
주님의 백성들이 향연의 자리에 앉아 있고,   140
영원한 지복을 누리는 곳으로, 나를 인도하기를—
그때가 오면, 십자가는 내가 영광 속에 거하면서
성인들과 더불어 기쁨을 만끽할 수 있는 곳으로
나를 인도하리니— 주께서 나의 벗이 되시기를—
그분은 한때 이 지상에서 인간의 죄를 사하시려   145
형틀에 묶여 크나큰 고통을 당하셨던 분.
그분은 우리를 구원해 주셨고, 우리에게 생명과
천상의 집을 마련해 주셨소. 지옥의 불길 속에서
고통받던 자들은 영광과 축복으로 희망을 되찾았소.1

하느님의 아들은 그 여행에서 승리를 거두셨으니,　　　　　　　　150
그분의 권능을 입증하셨음이라. 수많은 영혼들을
이끌고 하느님의 왕국으로 함께 입성하셨음이니,
과연 전능하신 주님이셨소. 이는 이미 천국에서
영광을 누리던 천사들과 성인들에게 축복이었으니,
그들의 주께서, 전능하신 하느님께서, 원래 그분의　　　　　　　155
집이었던 곳으로 돌아오셨기 때문이었소.

---

1 그리스도가 십자가에 못박혀 죽음을 당하신 후, 승천하시기 전에 지옥을 방문하여,
구원받을 만한 영혼들을 데리고 함께 승천하셨다는 기독교의 믿음, 즉 'Harrowing
of Hell'에 대한 언급이다.

폐허*

이 석벽은 웅장도 하여라. 허나 운명은 성채를
무너뜨렸으니, 거인들의 작품도¹ 부서지누나.
지붕은 내려앉았고, 탑들은 뭉그러져 버렸고,
녹슨 문은 망가졌고, 서리는 돌 틈을 메우며,
금 간 건물들은 주저앉았고, 세월의 흐름 속에   5
밑동부터 먹혔도다. 오래 전에 죽은 석공들은
일백 세대의 사람들이 세월 속에 흐르는 동안
차가운 땅 속에 누워 갇혀 지낸 지 오래도다.
돌이끼로 잿빛을 띠고 녹물에 붉어진 석벽은
폭풍설을 견디며 왕국의 흥망을 지켜보았지만,   10
높고 넓다한들, 무너졌구나. 허나 풍우에 찢기고
터졌어도, 석벽들은 여전히 끈질기게 남았구나.

  · · · · · · · · · · ·

  · · · · · · · · · · ·

  · · · · · · · · · · ·   15

  · · · · · · · · · · ·

---

* 출전: *Exeter Book*, ff. 123 verso–124 verso; *The Anglo-Saxon Poetic Records*, Vol. III, pp. 227–229.
  '폐허'라는 제목은 시 내용에 근거하여 학자들이 붙인 것이지만, 아이러니컬하게 도 파손되어 남아있는 이 시의 필사본은 그 자체가 '폐허'의 상태에 있다.
1 옛 사람들이 짓거나 만든 규모가 큰 건물이나 무기를 언급할 때, 고대영시에서는 '거인들의 작품'—'enta geweorc'—이라는 표현이 가끔 나온다.

. . . .
. . . . 기막힌 형상들을
둥근 테 안에 새겨 넣었고, 무서운 집념으로
쇠줄을 엮어 돌덩이들을 묶어 놓았구나.   20
성채는 밝게 빛났으리라. 또한 욕탕들도 많았고,
수 없는 박공들이 치솟고, 왁자지껄한 무사들은
그네들이 술 마시는 방마다를 가득 채웠으리나,
운명은 이 모두를 완전히 바꾸어 놓았도다.
재앙의 날이 닥쳐, 사나이들 죽어 넘어지고,   25
죽음은 용맹스런 전사들을 다 데려갔도다.
비교(秘敎)의 방들은 텅 비어 폐허가 되고,
도시는 쑥밭이 되었도다. 건물 수리공들 스러지니,
이교(異敎)의 성역들도 땅에 묻히고 말았도다.
그리하여 황량함만이 휩쓸게 되니,   30
붉은 궁륭의 지붕에선 기와가 떨어지고,
폐허의 대지 위엔 돌더미만 쌓일 뿐이러라.
번득이는 갑옷을 떨쳐입고 오만하게, 술기운에 붉어진
얼굴로 수없는 무사들 으시대고 즐거워하던 곳이련만.
광활한 제국의 휘황찬란한 성채에서 무사들의 눈길은   35
머물렀으리라. 보물과 은과 보석과 부의 더미 위에─
여기 돌로 된 건물들이 우뚝 서 있었고,
뜨거운 온천 뿜어 도도한 물길 흘렀고,
벽으로 둘러싸인 한가운데엔 뜨거운 온천수가
그득 넘쳐났으리니, 참으로 운치 있었으리라.   40

뜨거운 물은 잿빛 돌 위를 넘쳐흘렀겠지.[1]

[필사본이 훼손되어 나머지 여덟 행은 판독과 의미 파악이 불가능하다.]

---

[1] 장담할 수는 없으나, 이 시는 고대 로마군단이 지었으리라고 추정되는 영국의 옛
온천장이 있었던 바스(Bath)의 폐허를 보고 읊은 것이라고 생각된다.

버림받은 자의 탄식*

"슬픔에 잠긴 나 한편의 노래 지어 부르겠나니,

이는 내가 겪은 바라오. 나 서슴없이 고백하노니,

성년이 된 후 그 어느 때를 회상해 보아도

지금처럼 심한 고통을 겪은 때가 없었소.

쫓겨난 자의 서러움을 나 항상 견디어 왔다오.   5

"처음엔 나의 님이 그의 일족을 남겨 두고

풍랑의 여정에 오르셨다오. 내 님이 어디 계실까

새벽마다 생각하며 나는 슬퍼하고는 했다오.

그러자 나는 버림받은 자의 슬픔을 못 견디어

내가 섬길 분을 찾으려 여정에 오르게 되었소.   10

그분의 일족은 비밀스런 계획을 꾸며

우리 둘을 갈라놓으려는 획책을 했다오.

우리 둘이 이 세상에서 서로 멀리 떨어져

---

* 출전: *Exeter Book*, ff. 115 recto–115 verso; *The Anglo-Saxon Poetic Records*, Vol. III, pp. 210–211.

흔히 "The Wife's Lament"라고 불리는 작품이다. 그러나 나는 이 작품 속의 화자를 굳이 여인으로 볼 필요가 없을 뿐만 아니라, 그렇게 하면 이 시의 의미가 감축된다고 생각한다. 우리 문학에서도 화자의 목소리를 버림받은 여인의 것으로 치환하는 경우가 있었다. 송강 정철의 "思美人曲"과 "續美人曲"이 좋은 예들이다. 戀君之情을 표현하기 위해서 화자를 남편을 그리는 아낙으로 설정한 것인데, 이 작품도 그런 각도에서 보아야 진가를 알 수 있다고 생각한다. 주군으로부터 소외된 한 젊은 전사가 느끼는 슬픔을 낭군에게 버림받은 아낙의 것으로 치환하여 들려 준다는 생각이다.

비참한 삶을 영위토록 말이오. 나는 괴로웠소.

내 여기 거처토록 내 님께서 명하셨다오. 　　　　　　　　　　15

여기엔 다정한 사람도 미더운 벗도 없소.

그래서 나의 마음은 쓰라리기만 하오.

나의 님은 내게는 더할 수 없이 소중한 분.

허나 불운과 슬픔에 시달리며, 속마음을 감추고

죽음을 내리실 생각마저 갖게 되셨다오. 　　　　　　　　　　20

우리 둘은 자주 행복에 겨워 맹세코는 했다오.

오로지 죽음만이 우리 둘을 갈라놓을 것이라고.

허나 그 모든 것이 바뀌어 우리들의 사랑은

마치 그런 적이란 있지도 않았던 것처럼 돼 버렸소.

내 소중한 님이 내게 갖는 미움을 　　　　　　　　　　25

멀리서도 가까이서도 나는 견디어야 하오.

　"나를 보고 숲 속 어느 참나무 아래에 있는

토굴에 기거하라고 내 님은 내게 명하셨다오.

이 토굴은 오래된 것— 나는 그리움에 지쳤소.

골짜기는 어둡고, 산은 가파르고 높으며, 　　　　　　　　　　30

내 집을 둘러싼 덤불은 가시가 얼켜 험한

을씨년스런 거처라오. 내 님이 나를 떠났음이

견딜 수 없게 내 가슴을 쥐어짜오. 이 세상에는

다정히 살며 침상을 함께하는 사람들도 많은데,

나는 홀로 새벽녘이면 참나무 아래 　　　　　　　　　　35

이 토굴을 가로질러 걸어야만 한다오.

긴 여름날을 나는 여기 앉아 보낸다오.

나의 버림받은 처지와 그 숱한 어려움을

나는 여기서 슬피 되새기오. 나의 가슴 쓰라림과

이 삶에서 나를 덮친 그 모든 그리움으로부터   40

나는 한시도 풀려날 수가 없기 때문이라오.”1

  젊은이는2 언제고 슬픔에 잠겨야 하며,

그의 상념 또한 괴로울 수밖에 없으나,

그런 가운데에도 밝은 얼굴을 지니면서

몰려오는 슬픔과 고통을 참아야 하는 것—   45

설령 먼 곳에 유배를 당하였어도 이 세상의

모든 기쁨이 그 자신에게 달렸다오. 내 벗은

바위 험준한 비탈 밑에 앉아, 폭풍설에 얼고

물에 젖으며 쓸쓸한 거처를 지키나니, 그는

수심에 잠긴 자이어라. 내 벗은 큰 슬픔 속에   50

---

1 여기까지가 ‘버림받은자’가 들려주는 탄식이고, 그 다음에 나오는 말들은 여태까지
화자가 토로한 고통에 대해 시인 자신이 모랄라이즈하는 것이라고 나는 생각한다.
그래서 필사본과 편집된 원문 텍스트에는 나타나 있지 않은 따옴표들을 이 번역문
에서는 탄식의 앞뒤에 붙였다. 그리고 원문의 텍스트에서와는 달리 41행과 42행
사이에 간격을 둠으로써 이 사실을 더욱 분명히 하려 했다.

2 Bruce Mitchell과 Fred C. Robinson은 ‘젊은이(geong mon)’를 아내를 저버린 남편으
로 보았고, 따라서 지금껏 탄식을 들려준 여인은 남편도 자기에 대한 그리움으로
괴로워 할 것이라 믿으며 위안을 얻는다는 해석을 하고 있다. 이는 전혀 말이 안
되는 해석이다. 고대영시에서 그토록 강조되는 인고의 정신을 고작 ‘비참한 자는
다른 사람도 비참한 지경에 있는 것을 보고 위안을 얻는다’— ‘Solamen miseris
socios habuisse doloris,’ 혹은 ‘Misery loves company’—는 생각과 연결시키는 것은
우습기조차 하다. 여기서 ‘젊은이’는 여태까지 탄식을 들려준, 주군으로부터 소외
된 ‘버림받은 자’를 말함이다. 따라서 그 다음에 나오는 ‘나의 벗’은, Mitchell이나
Robinson이 생각하듯, 아내를 버린 남편이 아니라, ‘버림받은 자’이다. 시인은 그
‘버림받은 자’를 자신의 ‘벗’이라고 지칭하고 있는 것이다.

기쁨에 넘치던 옛날의 거처를 회상한다오.

사랑하는 님을 애타게 기다리는 자에겐

그리움과 슬픔만이 가슴에 가득할 것이오.

말돈 전투*

1

그러자 그는2 부하들에게 명하여, 말에서 내려,

말을 멀리 보내 버리고, 도보로 행군을 계속하며,

각자의 기량과 강인한 투지만을 믿으라 하였소.

오파의 조카는3 장군이 비겁을 용납치 않을 것임을   5

처음 깨달았을 때, 그가 사랑하는 매를

---

* 출전: *Bodleian Library, MS Rawlinson B.* 203, pp. 7–12; *The Anglo-Saxon Poetic Records*, Vol. VI, pp. 7–16.

'말돈 전투'는 서기 991년 영국 에쎅스(Essex)의 말돈(Maldon) 가까이에 있는 팬트(Pant) 강 입구에서 영국의 민병대가 쳐들어오는 바이킹들을 맞아 벌였던 전투를 서사시의 형태로 기술해 놓은 역사 기록이다. 에쎅스 백작 비르흐트노스(Birhtnoth)가 이끄는 영국의 민병대는 비장한 각오로 바이킹들을 맞아 싸우는데, 전투의 결과 보다는 전투의 와중에 영국군 진영에서 일어났던 에피소드들이 불완전한 상태로 남아있는 이 작품의 핵심을 형성한다. 미완의 상태로 남아있기 때문에 전투의 결말을 확실히 추정할 수는 없으나, 주요 등장인물들이 들려주는 비장감 어린 말들을 통하여 영국군의 패배는 예측할 수 있다. 그러나 중요한 것은 전투의 결말이 아니라, 전투의 와중에 등장인물들이 보여주는 심적 움직임이다. 만약에 이 장면들을 동영상으로 살려 놓으면 긴박감 넘치는 한 편의 전쟁영화가 탄생할 수 있을 것이다. <베오울프>가 그렌델이나 화룡(火龍) 같은 초현실적인 괴물들과 맞서 싸우는 한 영웅을 주인공으로 하는 서사시라면, <말돈 전투>는 현실세계에서 벌어지는 전투의 와중에 던져진 평범한 인간들이 어떻게 제가끔 달리 행동하는가를 사실적으로 보여주는 작품이다.

1 생략부호가 있는 이 행과 그 앞 부분은 필사본이 훼실되어 작품의 중간 부분에서 시작한다.

2 '그'라는 인칭대명사는 영국군의 지휘관인 비르흐트노스(Byrhtnoð)를 지칭한다.

3 오파(Offa)는 비르흐트노스의 부하로 나중에 밝혀진다. 그의 조카가 누구인지는 확인되지 않았다.

그의 손을 떠나 숲으로 날아가게 한 다음,
전열의 앞장에 서서 전진을 계속하였소.
이로 미루어 이 젊은이는 손에 무기를 잡으면
전장에서 심약하지 않을 것임을 알 수 있겠소. 10
에아드릭 또한 그의 주군을, 상관을, 전장에서
섬기기를 원하였었으니, 창을 들고 최전선에
출전했기 때문이오. 손에 방패를 들고 장검을
휘두를 수 있는 한, 그는 의기가 충천하였소.
에아드릭은 그가 한 맹세를 그대로 지켰으니, 15
주군 앞에서 싸울 기회가 왔기 때문이었소.
　비르흐트노스는 전열을 정비하고 나서,
말을 타고 돌며, 어떻게 전열을 유지하고
자기 자리를 지킬 것인지 일일이 지시하였고,
손으로 방패를 제대로 움켜잡고 대비하는 한, 20
두려워할 것이 아무것도 없다고 격려하였소.
부하들이 제자리에 정렬하도록 지시를 마치고,
그는 가장 적절한 장소를 택해 말에서 내렸으니,
가장 충성스런 부하들과 함께 있으려 함이었소.
그러자 바이킹들의 전령이, 강둑에 두 발을 25
굳건히 딛고 서서, 쩌렁쩌렁 울리는 목소리로,
바다를 건너온 자기네 무리들의 요구사항을
위협적인 말투로 장군을 향해 외치는 것이었소.
　"용맹스런 뱃사람들은 나를 이리 보내면서,
그대들이 평화를 원한다면, 늦기 전에 보화를 30

보내는 것이 좋으리란 말을 전하라고 하였소.
치열한 전투를 벌여 상호 살육에 임하기보다는,
조공을 바쳐 무모한 창부림을 피함이 좋을 거요.
그대들이 부유하다면, 상호 살상이 필요치 않소.
황금을 약조한다면 화친은 굳게 보장하겠소.   35
그대들의 우두머리인 사람이 다음을 약조한다면,
즉, 그가 자신의 동포들의 안녕을 지키기 위해,
바다 건너온 뱃사람들이 요구하는 대로,
황금으로 화친을 맺어 평화를 확보키로 결정하면,
우리들은 공물을 가지고 우리들의 배로 돌아가   40
항해에 오를 것이며, 그대들과 평화롭게 지내겠소.”

   비르흐트노스는 방패를 높이 들어 올리고
날카로운 창을 휘두르며, 분노에 차고 결연한
의지를 담은 음성으로 다음과 같이 답하였소.
“떠돌이 뱃놈, 내 부하들 말이 들리느냐?   45
그들은 공물보다는 창부림으로 갚아 주겠단다.
치명적인 창과 해묵은 검을 휘둘러 주겠단다.
무기란 죽기로 싸우는데 쓰라고 있는 것이다.[1]
해적들의 심부름꾼아, 이 대답을 가져가거라.
아니, 훨씬 더 혹독한 말을 네놈들에게 전해라.   50
여기 티 한 점 없는 명성을 자랑하는 장수가

---

1 한 무사가 죽으면 그가 사용하던 무기는 원래의 소유자인 영주에게 되돌아가도록
되어 있었다. 그러나 실제로 전장에서는 전투가 끝나면 승전한 편의 무사들이 전사
한 자들의 무기들을 전리품으로 수거하는 것이 상례였다. 따라서 비르흐트노스의
말은 전사하여 무기를 적에게 빼앗기는 일은 없을 것이라는 호언이기도 하다.

부하들과 함께 있어, 우리들의 고향 땅을,
내 주군 애셀레드의¹ 영토를 방어할 것이고,
내 동포와 그들의 조국을 지켜 줄 것이라고.
이교도들은 모든 전투에서 패하게 마련이다.   55
네놈들이 우리 영토에 깊숙이 쳐들어왔는데,
아무런 저항도 않고 공물을 주어 네놈들 배로
돌려보내다니— 그런 치욕이 어디 있겠느냐?
보화를 쉽게 얻지는 못하리라. 네놈들에게
공물을 바치긴커녕, 창과 검을 휘두르면서   60
한판 붙어 보련다. 깨끗이 결판을 내자꾸나."

　　그가 병사들에게 방패 들고 진군하라는
명을 내리니, 모두 강둑 위에 정렬하였소.
흐르는 물이 있어 쌍방을 갈라놓았으니,
썰물이 빠지고 밀물이 닥쳐 와, 강물이 그득   65
고여 있는 것이었소. 창을 맞부딪칠 기회가
오기를 기다리기란 지루하기만 한 일이었소.
팬트 강을 사이에 두고 쌍방은 진용을 갖추었으니,
동 쌕슨 전위부대와 배를 타고 온 침입자들이었소.
날아오는 화살에 죽음을 맞는 경우를 제외하고는,   70
병사들은 근접전에서 상호 살상을 할 수가 없었소.
조류가 빠져 나가자 뱃사람들은 준비를 하였으니,
수없이 많은 바이킹들이 곧 돌격에 임할 태세였소.

---

1 애셀레드(Æþelred)는 978년부터 1016년까지 영국을 통치했다.

그러자 전사들의 수호자는 한 용맹스런 무사에게

다리를¹ 지키라 명하였는데, 그의 이름은 울프스탄,　　　　　75

용명 높은 가문의 손이었소. 체올라의 아들인 그는

감히 다리 위에 첫발을 내딛는 자가 있으면,

들고 있던 창을 날려 그자를 죽이고는 하였소.

울프스탄 곁에 두려움 모르는 전사들이 있었으니,

앨프헤레와 마쿠스, 두 명의 용사들이었소.　　　　　80

이들은 여울로부터 뒷걸음을 치기는커녕,

손에 들려있는 무기를 휘두를 수 있는 한,

쳐들어오는 적들을 맞아 끝까지 싸웠다오.

다리를 지키려 버티고 서 있는 용사들이

움쩍도 않고 막으리란 사실이 분명해지자,　　　　　85

가증스런 침략자들은 교활한 술책을 썼으니,

그들이 강둑에 오를 수 있는 허락을 받으면,

여울을 건너 보병들을 이끌고 가겠다는 거였소.

　그러자 자신감에 찬 장군은 가증스런 적들이

육지에 너무 깊이 올라오도록 허락하고 말았소.　　　　　90

비르흐트헬름의 아들은² 차가운 강물 건너편을 향해,

모두에게 들리도록 쩌렁쩌렁 울리는 음성으로 외쳤소.

"자, 너희들 앞에 길이 열렸다. 어서 덤벼들어 보거라.

무장한 자들 답게 말이다. 오로지 주님만이 아신다.

---

1 현대적인 의미에서의 다리가 아니라, 물이 빠졌을 때 발을 딛고 건널 수 있는 땅을 말하는데, 물이 빠졌을 때에도 역시 물에 잠겨 있는 부분이다.

2 '비르흐트헬름(Birhthelm)의 아들'은 비르흐트노스를 지칭한다.

전장에서 어느 편이 힘을 제대로 쓸 것인지 말이다." 95

늦대같은 침입자들, 바이킹들은, 물에 젖건 말건,
팬트 강을 건너 서쪽을 향해 진격해 왔으니,
바다 너머에서 온 약탈자들은 번득이는 강을 건너
보리수 잘라 만든 방패를 들고 뭍을 향해 다가왔소.
사나운 적들을 맞아 싸울 준비가 된 비르흐트노스는 100
부하들을 거느리고 대기하였소. 방패를 정렬하여
전투의 벽을 형성하고, 밀려오는 적들을 맞아 전열을
흩뜨리지 말라고 그는 명하였소. 전투는 임박하였고,
함께 올 영광도 멀지 않았소. 죽을 운명이 예정된
사나이들이 전장에서 쓰러질 때가 온 것이었소. 105
함성이 일어났고, 공중에는 까마귀들이 맴돌았으니,
수리는 살점을 뜯을 기대에 찼던 거요. 땅 위에는
고함 소리가 가득하였고, 그들 손으로부터는
날카로운 창들이 일사불란하게 일제히 날았소.
궁사들은 바삐 활을 쏘았고, 화살은 방패에 박혔소. 110

전투는 폭풍처럼 몰아쳤고, 쌍방의 사나이들은,
젊은이들은, 피아를 가릴 것 없이 쓰러져 죽었소.
울프매르는 부상을 입고 전장에서 목숨을 잃었소.
비르흐트노스의 조카, 그 누이의 아들, 울프매르는
적병들의 검에 완전히 도륙을 당했던 것이었소. 115
그러자 바이킹들에게 응징이 내려졌소.
내가 듣기로는, 에아드웨아르드가 검을 휘둘러
한 명을 내리쳤고, 조금도 가격을 늦추지 않자,

죽을 운명이었던 그자는 그의 발 앞에 쓰러졌다오.

이 전과로 그는 주군으로부터 치하를 받았으니,   120

장군이 기회를 보아 그의 시종을[1] 칭찬했던 거요.

이처럼 전사들은 흔들림이 없는 결의로

전열을 굳게 지켜내었고, 무기를 휘두르는 무사들은

죽을 운명에 처한 자로부터 제일 먼저 목숨을 **빼앗을**

기회가 누구에게 주어질 것인지 경쟁하는 듯하였소.[2]   125

비정한 백병전과 살육이 온 땅을 뒤덮었소. 그들은

물러서지 않고 버텼고, 비르흐트노스는 독려하여,

덴마크인들에게 죽음을 안겨주길 바라는 젊은이는

오로지 전투에만 마음을 쏟으라고 말하였소.

그러자 싸움에 지친 적 하나가 무기를 치켜들고,   130

방패로 몸을 방어하면서, 전사를 향해 다가왔소.

그 비천한 자에 못잖은 전의로 장군이 막아섰소.

이 둘은 각기 상대방을 가격할 기회를 노렸소.

그러자 바다를 건너온 적은 창을[3] 던졌으니,

하마터면 전사들의 우두머리를 다칠 뻔하였소.   135

그가 방패로 이를 막아내자 창대는 부러졌고,

부러진 창대는 방패에 퉁겨져 나갔소.

---

[1] '그의 시종'은 에아드웨아르드를 지칭한다.

[2] 104–105행에서와 마찬가지로, 전장에서 목숨을 잃는 것은 운명에 의해 이미 예정된 것이라는 믿음이 고대 영시 전체에 깔려있다. 즉 전사하는 것은 우연에 의한 것이 아니라, 운명(wyrd)이 이미 점지해 놓은 것이라는 생각이다.

[3] 원문에는 'suþerne gar'이라고 되어 있는데, 현대영어로는 'southern spear'라는 뜻이다. 바이킹들은 영국이나 프랑스, 즉 남쪽에 있는 나라에서 만든 창을 선호했다는 사실이 여기 암시되고 있다.

전사는 진노하였고, 감히 그에게 상처를 입힌
주제넘은 바이킹을 그의 창으로 찔러 버렸소.
그는 경험이 많은 전사였소. 그의 창은 적의 목을   140
꿰뚫어 버렸고, 전투에 익숙한 그의 손놀림으로
그는 마침내 침입자의 생명줄을 끊어 버렸소.
그러고 나서 그가 또 한 명의 적을 재빨리 찌르니,
적의 쇠줄 갑옷은 터졌고, 갑옷을 뚫고 들어온
검에 그는 가슴에 깊은 상처를 입었소. 그 상처는   145
치명적인 것이었소. 장군은 전의에 더욱 불탔고,
호탕한 웃음을 터뜨리고는, 주께서 허락하신
그날의 전과에 대해 감사드림을 잊지 않았소.
   그러자 바이킹 하나가 들고 있던 창을 던지니,
그의 손을 떠난 창은 힘차게 날아 와,   150
애셀레드의 고귀한 전사의1 몸을 관통하였소.
장군 곁에는 채 성숙하지 못한, 전투에 참가하기엔
아직 이른 한 젊은이가 있었는데, 용감하게도 그는
장군의 몸에서 피가 뚝뚝 떨어지는 창을 뽑아서
적을 향해 다시 날아가도록 던지는 것이었소.   155
그는 울프스탄의 아들, 젊은 울프매르였다오.
날아간 창은 목표에 명중하였고, 그의 주군에게
심한 상처를 입혔던 자는 땅 위에 쓰러졌소.
그러자 무장을 한 적 하나가 장군에게 다가갔으니,

---

1 '고귀한 전사'는 비르흐트노스를 말함이다.

장군이 지닌 귀중품들을—화려한 장식의 검은 물론, 160
갑옷과 덧입은 보호 장구를—탈취하려는 것이었소.
그러자 비르흐트노스는 넓고 번득이는 날이 선
그의 검을 뽑아, 적의 갑옷 위에 내리쳤소.
바이킹 하나가 재빨리 장군 앞을 막아섰고,
장군의 한쪽 팔에 깊은 상처를 입혔소. 그리하여 165
황금 손잡이가 달려 있는 검은 땅에 떨어졌으니,
장군은 그의 가공할 검을 손에 들고 휘두를 수가
없었던 것이었소. 그럼에도 백발이 성성한 전사는
말을 하여 젊은이들에게 용기를 불어 넣었으니,
힘을 합쳐 용감하게 밀고 나가라는 명을 내렸소. 170
장군은 더는 두 발을 딛고 서 있을 수가 없었소.
그는 하늘을 향해 눈을 돌리며 말하였소.

　"인간을 다스리시는 주여, 이 세상에서 누린
모든 기쁨에 대한 감사를 삼가 드리나이다.
자비로우신 주님, 이제 주께서 저의 영혼에 175
베풀어 주실 은총을 저는 필요로 하옵나니,
저의 영혼이 주님께 가는 여정을 도우시고,
천사들의 군왕이시여, 당신의 권능으로
평화로 이끌어 주소서. 청원하옵나니, 지옥의
악령들이 제 영혼을 해하지 못하게 하소서." 180

　그러자 이교도들은 장군과 함께, 그의
곁에 있던 두 전사들 또한 죽여 버렸으니,
앨프노스와 울프매르가 바로 그들이었고,

두 사람은 주군과 함께 목숨을 잃었다오.

그러자 남고 싶지 않은 자들은 퇴각하였소.   185

오다의 아들인 고드릭이 제일 먼저 전선에서

도주하였으니, 그에게 많은 말들을 내려 준,

온정에 넘치었던 주인을 저버린 행위였소.

그의 주군이 아끼던 말 잔등에 뛰어 올라,

그가 잡을 자격이 없는 말고삐를 당겼다오.   190

그의 두 형제들, 고드위네와 고드윅, 또한

그와 더불어 도주했으니, 싸울 의향이 없어,

전선으로부터 물러나 숲 속에 몸을 숨겼고,

종국에는 요새로 도망쳐 목숨을 구하였소.

그리고 주군이 그들을 위해 얼마나 정겨운   195

은혜를 베풀었는지를 기억하였다면, 차마

그럴 수는 없는 행위를 한 자들이 많았소.

그날 아침 장군이 회의를 열었을 때, 오파가

그에게 진작 말해 준 것이 바로 그것이었으니,

그 자리에서 호기롭게 장담을 하는 자들 중에,   200

정작 때가 되면 상당수가 변절하리라는 거였소.

　백성들의 지휘관, 애셀레드의 중신은[1] 이처럼

전장에서 숨을 거두었고, 거기 있던 그의 벗들

모두가 그들 주군이 죽음을 맞던 장면을 보았소.

그러자 자존심 강한 전사들이 적진으로 향했으니,   205

_____

1 비르흐트노스를 말함.

두려움 없는 일당백의 기개를 지닌 무사들이었소.

그들은 모두 둘 중 하나를 이루기를 원하였다오.

―죽든지, 사랑하는 주군의 죽음을 복수하든지―

앨프릭의 아들, 앨프위네는 그들을 독려하였소.

아직 젊은 나이였으나, 전사답게 그는 말하였소.   210

앨프위네는 이렇게 말하며 용기를 북돋우었소.

"우리가 벌꿀 술을 마시며 호기롭게 떠들던

때가 생각나오. 둘러앉아 맹세하고는 했지요.

연회장을 메운 전사들은 호언장담을 하였지요.[1]

이제 누가 정말 용감한지 알아 볼 때가 왔소.   215

나는 나의 고결한 혈통을 만인에게 증명하려오.

머씨아 출신으로 자랑스런 조상들의 후손임을―

내 조부는 에알헬름이라[2] 불리던 분이었는데,

세속의 번영을 마음껏 누린 현명한 어른이었소.

내가 만약 이 전선을 지키는 부대를 뒤로 하고   220

고향으로 돌아간다면, 내 고장 사람들이 나를 보고

무어라 하겠소? 내 주군이 전장에서 죽음을 맞았소.

그리고 그 사실이 나에겐 제일 큰 슬픔이라오.

그분께서는 나의 혈친이었고, 나의 주군이셨소."

---

1 향연의 자리에서 호언장담을 하는 장면은 고대영시에 자주 나타난다. 이는 단순한 허세로 보아서는 아니 되고, 훗날 전투에서 용맹을 보여야 할 때가 오면 자신이 말한 대로 행동할 것을 천명하는, 일종의 자아속박의 의미를 지니는 의례적 행위였다고 볼 수 있다.

2 원문에서의 표기는 'Ealhelm'인데, 이는 'eall'과 'helm'의 합성어로서, '만인의 수호자'라는 의미를 갖는다.

그리 말하고, 끓어오르는 분노를 억누르지 못해   225
그는 한 걸음 나서며 손에 들고 있던 창을 던져,
저켠에 있던 뱃사람 하나에게 깊은 상처를 주니,
그자는 죽어 넘어졌소. 그러고는 그의 벗들에게,
전우들에게, 일사불란하게 전진하라고 독려하였소.

　오파는 물푸레나무 창대를 흔들며 말했소.   230
"자네 말이 맞으이, 앨프위네. 말 한 번 잘 했네.
우리가 듣고 싶었던 말일세. 우리 주군 장군께서
전사하신 마당에, 우리 모두는 당연히 서로 서로
격려하면서 전의를 불태우며, 각자가 손에 든
무기가 무엇이든—철퇴든, 창이든, 검이든—   235
그것을 마음껏 휘두르면서, 전사답게 한 판의
결전에 임해야 할 것이야. 오다의 비겁한 아들,
고드릭은 우리 모두를 배신하였네. 그자가
그 거칠 것 없는 준마를 타고 도주하였을 때,
우리는 그자를 우리의 주군인 줄로 알았었네.   240
그랬기 때문에, 이 전쟁터에서 병사들은 흩어졌고,
전열이 무너졌던 것이야. 타기할 놈, 그짓을 하다니—
그 많은 군사들이 흩어지도록 만들다니 말이야!"

　레오프수누가 이 말에 응해, 보리수 나무 원반,
그의 몸을 방어할 방패를 쳐들며, 이렇게 대답했소.   245
"나는 이 자리에서 한 걸음도 물러서지 않고
전진을 계속하며 죽기로 싸워, 나의 사랑하는
주군의 죽음에 대해 복수하기로 맹세하였소.

스투르메레의[1] 충성스런 사나이들은, 나의 주군이
세상을 떠나 버린 지금, 내가 주군을 잃고도   250
전선을 뒤로 하고 고향으로 돌아왔다고 말하며
나를 질책할 필요가 없소. 아니, 창이든, 검이든,
병장기가 내 목숨 앗아 가리다." 그는 분노에 차
나서면서, 후퇴란 가당치 않다고 여기고 싸웠소.
그러자 평민 출신인 둔네레가 창을 흔들면서   255
모두가 다 들을 수 있도록 큰 소리로 말하였소.
비르흐트노스를 복수할 의무가 모두에게 있다고—
"동족의 주군을 복수하기를 원하는 자라면,
뒷걸음치거나 목숨을 잃을까 두려워 할 수 없소."
    그리하여 그들은 죽음을 각오하고 돌격하였소.   260
창을 든 용맹한 전사들은 치열한 전투에 임하여
기세를 더해 갔고, 그들의 다정한 주군의 죽음을
복수하고, 적들을 완전히 궤멸시킬 수 있도록
도와주십사고 주님에게 간곡하게 기도하였소.
볼모로 참전한 전사도 진심으로 그들을 도왔소.[2]   265
그는 노섬브리아 출신의 용감한 전사였는데,
에질라프의 아들로, 그 이름은 애쉬페르스였소.
그는 전투에 임하여 물러서는 법이 없었고,

---

1 스투르메레(Sturmere)는 에쎅스(Essex) 지방에 있는 마을 이름으로 화자의 출생지일
  것이다.
2 고대 게르만 부족들 사이에는 볼모로 잡혀 있는 신분 높은 전사들이 그들을 볼모로
  잡고 있는 사람들과 같은 편에서 싸우는 관행이 있었다.

쉴 새 없이 활에서 화살을 쏘아 날렸으니,
방패에 맞기도 하고, 적을 꿰뚫기도 하였소.　　　　　　　　270
그는 손에 든 병장기를 휘두를 수 있는 한,
매번 적에게 무슨 상처든 입히고는 하였소.
　장신의 에아드웨아르드는 늘 선두에 서서
전투에 임하였고, 호기에 넘치는 말을 쏟으며,
주군이 죽은 마당에, 한 걸음도 물러서거나　　　　　　　275
발길을 돌리는 일은 없을 것이라 장담하였소.
그는 방패의 벽을 뚫고 침략자들과 싸웠으니,
마침내 그가 전장에 쓰러져 눕기 전에, 그는
해적들에게 주군의 죽음을 충분히 복수하였소.
　지체 높은 동료 전사 애셀릭도 마찬가지로　　　　　280
죽음을 각오하고 결연한 의지로 전투에 임했소.
시비르흐트의 아우인 그와 함께 많은 전사들은
둥근 방패들을 부수며 용감한 방어전을 펼쳤소.
방패 테두리는 터졌고, 갑옷은 요란히 울렸으니,
듣기에도 무서운 소리였다오. 접전중에 오파가　　　285
한 해적에게 가격을 하여 그를 쓰러뜨렸으나,
가드의 친족인 오파 자신도 넘어지고 말았소.
혼전의 와중에 오파는 곧 치명상을 입었으나,
그가 주군에게 한 약속을, 그가 앞서 주군에게
굳게 맹세한 대로, 어김없이 이행한 것이었소.　　　　290
무사히 살아남아 귀향할 때, 나란히 함께
말을 몰던가, 아니면 침략자들과 싸우다가

살육이 넘치는 전장에서 함께 목숨을 잃던가—
그는 전사답게 그의 주군 가까이에 누웠다오.
　　방패들의 맞부딪침은 계속되었소. 살기등등한　　　　　　　　　295
해적들은 밀려들었고, 죽을 운명인 자들의 몸은
창에 꿰뚫렸소. 수르스탄의 아들 위스탄도
전진을 계속하며 역전분투를 끊임없이 하였소.
그는 들판에 쓰러지기 전, 해적들 가운데 셋을
도륙하였으니, 과연 전쟁의 수호자 아들다웠소.[1]　　　　　　　　300
치열한 접전이 계속되었고, 전투에 임한 전사들은
물러서지 않았소. 많은 무사들이 상처를 입고
계속해서 쓰러졌고, 들판은 살육전으로 덮였소.
　　형과 아우인 오스월드와 에아드월드는
한 순간도 쉬지 않고 병사들을 독려했고,　　　　　　　　305
그들의 다정한 친족들에게 당부하기를,
어떠한 궁경에 처해도 견뎌 내어야 하며,
움츠러들지 말고 전투에 임하라 하였소.
　　백전노장인 비르흐트월드는 방패를

---

1 299–300행의 원문은 'he wæs on geþrange hyra þreora bana, / ær him Wigelines bearn on þam wæle læge'인데, 이 두 행을 현대영어로 직역하면, 'he was the slayer of three of those in the throng, / before the son of Wigelin fell to lie on the field'가 된다. 앞서 위스탄(Wistan)이 수르스탄(Thurstan)의 아들이라고 밝혀 놓았는데, 여기서 '위겔린의 아들'('Wigelines bearn')이라고 말을 바꾸었기 때문에 학자들 사이에는 의견이 분분하다. 나는 'Wigelines'를 인명으로 보기보다는 'wighelm'이란 보통명사를 의인화하여 썼는데, 필사본을 잘못 읽은 것이라고 추정한다. 'Wighelm'은 '전쟁의 수호자'라는 뜻을 갖기 때문에, 앞서 언급한 'Thurstan'을 지칭한다고 생각한다. 즉 '전쟁의 수호자'는 위스탄의 아버지 수르스탄을 말한다는 생각이다.

높이 들고 물푸레나무 창을 휘두르면서   310
호방무쌍한 말로 부하들을 독려하였소.
"우리 군세가 이울수록 결의를 더욱 굳히고,
마음을 더 단단히 먹고, 용기를 배가시키라.
여기 우리 주군께서 도륙되어 누워 계시다.
그 용명하신 분이 이 흙탕에 말이다. 지금   315
전장을 피하려는 자는 영원히 후회하리라.
나는 이미 늙었다. 허나 이곳을 떠나지 않고,
나의 주군과 나란히, 내가 그토록 흠모하던
사나이 가까이에서 죽어 눕고 싶을 뿐이다."
    애셀가르의 아들 고드릭 또한 마찬가지로   320
그들을 고무하였고, 바이킹들을 향해 가공할
위력을 지닌 창들을 쉴 새 없이 던져 날렸소.
그는 전열의 선두에서 전진을 계속하였고,
베고 찌르기를 거듭하다가 마침내 쓰러졌소.
앞서 전장에서 도주한 그 고드릭과는 달랐소.¹   325

[필사본이 여기까지만 남아 있다.]

---

¹ 186행 이하 참조.

브루난부르흐 전투*

    이 해 들어 백관들의 주군이자 전사들에게
보물을 하사하여 온 애셀스탄 왕과, 그의 아우
에아드문드 공은, 브루난부르흐 부근 전투에서
평생 동안 지속될 영예를 쟁취하였으니, 이는
검의 힘으로였소. 에아드웨아르드의 두 아들은¹   5
방패의 장벽을 뚫었고, 보리수 깎아 만든 방패를
쇠망치로 두드려 만든 검으로 뻐갰으니, 이는
침노해 오는 모든 적들을 상대하여 그들로부터
조국의 영토와 보물들과 가정을 지켜 온 그네들
조상의 후예다운 행적이었소. 적들은 패했고,   10
스코트인들과² 배를 타고 쳐들어 온 침입자들은
죽을 운명에 처해 쓰러졌소. 영원하신 하느님,
세상을 밝히는 주님의 밝은 촛불인 영광스런 별,
태양이 아침나절 천공에 떠올라, 이 땅 위를

---

* 출전: Corpus Christi College, Cambridge, MS 173 (The Parker Chronicle), ff. 26 recto–27 recto; British Museum, MS Cotton Tiberius A. vi, ff. 31 recto–32 recto; British Museum, MS Cotton Tiberius B. I, f. 141 recto–141 verso; British Museum, MS Cotton Tiberius B. iv, ff. 49 recto–50 recto; *The Anglo-Saxon Poetic Records*, Vol.VI, pp.16–20. 이 시는 <앵글로쌕슨 연대기>(*The Anglo-Saxon Chronicle*)에 포함되어 있는 것으로 937년에 해당하는 부분이다.

1 즉 애셀스탄(Æthelstan)과 에아드문드(Eadmund).
2 고대 영국의 영토는 잉글랜드였고, 스코틀랜드인들은 북구의 바이킹들과 힘을 합쳐 종종 잉글랜드를 침공하고는 했다.

미끄러져, 마침내 날이 저물어 원래의 자리로   15
잠겨 들 때까지, 들판은 사나이들이 흘린 피로
질퍽하게 젖었다오. 수없이 많은 사나이들이
창에 찔려 죽어 누웠으니, 방패 너머 찔리고,
전쟁에 지치고 지겨워 치를 떠는 북쪽 사람들과
스코트 사람들이었소. 서부 쌕슨 사나이들은   20
그들이 자랑하는 정예의 기마병들을 동원하여
가증스런 침략자들을 하루 종일 추격해 몰아붙여,
대장장이들이 갓 벼린 날카로운 검들을 휘두르며
바다 건너온 도적들을 쫓아 뒤에서 도륙하였다오.
머씨아¹ 사람들은, 안라프와² 함께 배를 타고 와   25
그들의 영토를 침략한, 전장에서 죽을 운명이었던
해적 어느 누구와도 치열한 백병전을 벌이기를
망설이지 않았던 것이었소. 나이 젊은 장수들,
모두 다섯이나 되는 전사들이 전장에 쓰러졌으니,
모두 검에 의해 잠재워졌던 것이고, 안라프 휘하의   30
일곱 두목들이, 수없이 많은 졸개들─해적들과
스코트인들─과 죽었소. 북적(北賊)들의 수괴는³
패주를 면치 못하였고, 궁경에 몰려 어쩔 수 없이,
소수의 생존자들과 함께, 타고 온 배로 도주했소.
배는 서둘러 바다를 향해 나아갔고, 안라프 왕은   35

---

1 머씨아(Mercia)는 잉글랜드 중남부에 있던 앵글로쌕슨 족의 옛 왕국이다.
2 안라프(Anlaf)는 바이킹들의 임금이다.
3 안라프를 말함.

어두운 파도를 타고 출범하여 겨우 목숨을 건졌소.
마찬가지로, 백발이 성성한 노장 콘스탄티누스,
나이 먹은 총지휘관이었던 그도 고향 사람들이
사는 북쪽으로 도주하였다오. 검과 검이 맞부딪는
결전에서 그가 즐거울 일은 없었소. 그는 전장에서   40
친족들과 친구들을 많이 잃고 말았던 것이니, 모두
도륙을 면치 못하였음이었소. 전투에는 풋내기였던
그의 아들을 전상으로 만신창이가 되어 있는 상태로
전장에 남겨 두고 떠난 것이었소. 잿빛 머리카락의
노회한 백전노장은 전과를 자랑할 명분이 없었고,   45
그 점에 있어서는 안라프의 경우도 마찬가지였소.
얼마 안 되는 생존자들을 이끌며, 그들은 큰 전과를
거두었다고 자부하고 흡족해 할 아무 이유가 없었소.
전장에 나부끼는 깃발들이 서로 엇갈리며 부딪치고,
창들이 뒤엉키는 가운데 군사들은 접전을 벌이고,   50
가격과 방어로 혼전이 계속되는 가운데, 그들이
에아드웨아르드 아들들과 싸운 것을 자랑하면서—
　　그리하여 북방인들은, 창의 공격을 겨우 벗어난
초라한 소수의 생존자들은, 못 박아 만든 배를 타고,
풀 죽고 의기가 떨어진 상태에서 다시 아일랜드의   55
더블린으로 가려 깊은 바다 건너 딩 해(海)로 향했소.1
형과 아우인 애셀스탄 왕과 에아드문드 공 두 사람도

---

1 아일랜드 인들은 스코틀랜드 인들과 마찬가지로 켈트 족이었으므로 제휴의 관계에
　있었다.

마찬가지로 그들 동포들의 고장, 서(西) 쌕슨 족 땅으로
승리의 기쁨에 취하여 의기양양하여 귀환하였소.
들판에 널려 있는 시신들을 마음껏 포식하라고   60
어두운 색깔의 외투를 걸친 식객들인 검은 까마귀—
뻘같은 부리를 갖추고 음산한 날개를 떨쳐입은
갈가마귀들이며, 꼬리가 하얀 독수리,
탐욕스런 청소꾼인 독수리, 숲에 사는 잿빛 짐승인
늑대들을 뒤로 하고 떠났소. 이보다 더한 살육전은   65
그때까지 이 섬에서 한 번도 일어난 적이 없었으니,
책에 쓰여 있거나 박식한 노인들이 전해 주는
이야기에 의하면, 일찍이 동쪽으로부터
앵글 족과 쌕슨 족 사람들이 브리튼 섬을 찾아
넓은 바다를 건너와, 용맹스러운 전사답게   70
웨일스 사람들을 정복하여, 영광을 자랑하는
용사들로서의 명성을 이룩한 이래, 이보다
더욱 잔혹하고 치열한 전투는 없었다 하오.

〈베오울프〉의 가계도

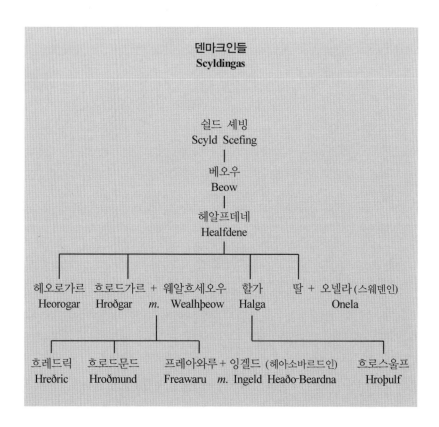

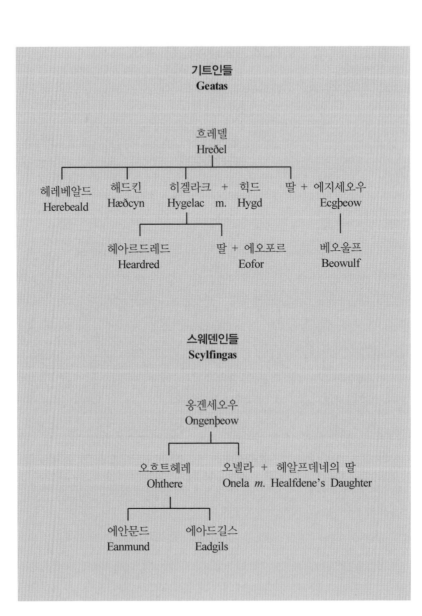

기트인들
Geatas

흐레델
Hreðel

헤레베알드   해드킨   히겔라크 + 힉드   딸 + 에지세오우
Herebeald   Hæðcyn   Hygelac *m.* Hygd   Ecgþeow

헤아르드레드   딸 + 에오포르   베오울프
Heardred   Eofor   Beowulf

스웨덴인들
Scylfingas

옹겐세오우
Ongenþeow

오흐트헤레   오넬라 + 헤알프데네의 딸
Ohthere   Onela *m.* Healfdene's Daughter

에안문드   에아드길스
Eanmund   Eadgils

고유명사 소개 및 색인

[괄호 안 숫자는 고유명사가 나타나는 행]

베오울프

가르문드 Garmund, 오파의 아버지. (1962)

구들라프 Guðlaf, 흐내프 휘하의 덴마크 전사로 핀을 적대하여 싸움. (1148)

그렌델 Grendel, 카인의 후손으로 인간의 형상을 한 괴력을 소유하고 잔악한 괴물. 헤오로트를 침공하여 유혈사태를 일으키며 다년간 덴마크 인들을 괴롭히다가 베오울프에 의하여 퇴치됨. (102, 115, 126, 151, 195, 362, 383, 409, 425, 473, 478, 483, 526, 592, 667, 678, 711, 820, 836, 927, 930, 1053, 1252, 1258, 1267, 1280, 1334, 1354, 1391, 1537, 1576, 1585, 1637, 1647, 1776, 1777, 1996, 2003, 2006, 2070, 2078, 2117, 2139, 2353, 2518)

기트 족 Geatas, 스웨덴 남부에 살던 사람들인데, 훗날 스웨덴에 합병됨. 스웨덴과는 적대 관계에 있고, 덴마크와 친교를 맺음. 작품 속의 역대 임금들은 흐레델, 해드킨, 히겔라크, 헤아르드레드, 베오울프. (194, 205, 224, 298, 374, 377, 423, 444, 461, 491, 601, 625, 639, 669, 675, 828, 1171, 1174, 1190, 1202, 1214, 1300, 1432, 1484, 1550, 1640, 1785, 1792, 1830, 1837, 1855, 1894, 1911, 1929, 2192, 2318, 2326, 2356, 2389, 2401, 2417, 2473, 2482, 2559, 2575, 2583, 2624, 2657, 2705, 2901, 2926, 2946, 2991 3137)

기프다스 Gifðas, 동 게르만 부족. (2494)

'까마귀 숲' Hrefnawudu, 스웨덴에 있는 숲. 여기서 벌어진 기트 족과 스웨덴인들 사이의 전투에서 옹겐세오우는 해드킨을 죽이지만, 그 또한 에오포르에게 죽임을 당함. (2925)

내글링 Nægling, 베오울프가 용과 싸울 때 사용한 검. (2680)

대그흐레븐 Dæghrefn, 히겔라크가 프랑크 족의 영토(현재의 네덜란드)를 침공했을 때 (역사적으로 6세기 초), 베오울프에 의해 죽임을 당한 프랑크 족의 전사. 히겔라크를 죽인 사람으로 묘사됨. (2500)

'독수리 벼랑' Earnanæs, 베오울프와 위글라프가 화룡과 싸운 기트 땅 해변 가까이

있는 돈대. (3032)

메로빙기안 Merewioingas, 프랑크인을 말함. (2920)

베안스탄 Beanstan, 브레카의 아버지. (524)

베오우 Beow, 덴마크의 왕. 쉴드의 아들이자 흐로드가르의 할아버지. (18, 54)

베오울프 Beowulf, 기트 족의 용사로서 후일 임금이 됨. 에지세오우의 아들이자 흐레
　　델의 외손자이고 히겔라크가 그의 외숙임. 흐레델의 아들들과 함께 자랐고,
　　소시적에는 사람들로부터 큰 기대를 받지 못했으나, 점차 그의 출중한 무용과
　　인품을 드러냄. 그렌델로 인해 고통받는 덴마크 왕 흐로드가르를 도우러
　　가 그렌델과 그의 어미를 퇴치하고 귀국. 히겔라크의 사후 왕위에 오를 것을
　　주위 사람들이 권유했으나 이를 거절하고 히겔라크의 어린 아들 헤아르드레
　　드를 도와 기트 사람들의 나라를 지킴. 헤아르드레드가 죽자 왕위에 올라
　　반 세기 동안 나라를 다스리다가 노년에 이르러 국토를 황폐화하는 화룡(火
　　龍)을 퇴치하기 위해 장렬한 죽음을 맞음. (343, 363, 405, 458, 501, 507,
　　529, 610, 624, 631, 653, 675, 794, 857, 871, 946, 1020, 1024, 1043, 1050,
　　1191, 1216, 1299, 1310, 1383, 1441, 1473, 1651, 1703, 1758, 1817, 1853,
　　1881, 1970, 1987, 1999, 2194, 2207, 2324, 2359, 2389, 2510, 2663, 2680,
　　2725, 2842, 2907, 3067, 3151)

브레카 Breca, 베안스탄의 아들. 브론딩 족의 왕자로서 젊은 시절 베오울프와 수영시합
　　을 벌임. (507, 531, 583)

브로징 족 Brosingas, 하마가 에오르멘릭으로부터 훔친 목걸이를 소유하고 있던 부족
　　의 이름. (1199)

브론딩 족 Brondingas, 브레카가 통치하던 부족의 이름. (521)

쉴드 Scyld Scefing, 덴마크 왕조의 시조로 알려진 신화적 인물. 그의 이름의 뒷부분
　　('Scefing')을 보면, 그가 '셰프'('Scef) 또는 '셰아프'('Sceaf)의 아들임이 밝혀
　　진다. 그러나 'sheaf'라는 단어가 갖는 '(곡식 또는 화살의) 다발'이라는 의미를
　　상기하면, 농경이나 사냥과 결부된 신화적 의미를 찾을 수도 있겠다. (4, 18,
　　26)

쉴빙 Scylfing, 스웨덴 사람을 말함. (2204, 2487, 2967)

스리스 Þryð, 앵글 족의 왕 오파의 아내. 말괄량이 변덕쟁이의 못된 성미를 가졌던
　　여인이었으나 오파의 아내가 되고 나서 다소곳해졌다. 히겔라크의 아내인
　　힉드의 부덕을 예찬하는 가운데 시인은 스리스를 언급한다. (1931)

스워팅 Swerting, 히겔라크의 외조부, 아니면 외숙. (1202)

씨게문드 Sigemund, 우앨스의 아들. 피텔라의 외숙이자 아버지. 피텔라는 씨게문드가

누이와 근친상간을 하여 낳은 자식. (874, 884)

아벨 Abel, 성서에 나오는 인물로 형 카인에게 살해당함. (107)

애쉬헤레 Æschere, 흐로드가르의 오랜 신하이자 이르멘라프의 형인데, 그렌델의 죽음을 복수하려 헤오로트 궁을 습격한 그렌델의 어미에 의해 살해됨. (1325, 1329, 1421, 2123)

앨프헤레 Ælfhere, 위글라프의 친척. (2604)

에아드길스 Eadgils, 오흐트헤레의 차남이자 에안문드의 아우. 아버지가 죽자 스웨덴 왕위에 오른 숙부 오넬라에게 반기를 들었고, 숙부에게 쫓기자 기트의 왕궁에 피신하였으나, 오넬라는 기트 족을 공격하였다. 훗날 베오울프의 도움을 받아 스웨덴을 공격하여 숙부 오넬라를 죽이고 왕위에 올랐다. (2392)

에안문드 Eanmund, 스웨덴 왕 오흐트헤레의 장남이자 에아드길스의 형. 아버지가 죽자 숙부 오넬라가 왕위에 올랐고, 이에 아우 에아드길스와 함께 숙부 오넬라에게 반기를 들었다. 오넬라에게 쫓겨 기트 족에게 몸을 의탁하였으나, 앙갚음을 하려 기트 나라에 쳐들어온 오넬라의 수하 웨오흐스탄에게 죽임을 당했다. (2612)

에오르멘릭 Eormenric, 동 고트 족 임금. A.D. 375에 스스로 목숨을 끊음. (1200)

에오메르 Eomer, 앵글 족 임금 오파의 아들. (1960)

에오포르 Eofor, 기트 족 전사로서 원레드의 아들이자 울프의 아우. 스웨덴 왕 옹겐세오우를 죽인 데 대한 포상으로 히겔라크는 그를 사위로 삼음. (2486, 2963, 2992, 2997)

에지세오우 Ecgþeow, 기트 족 임금 흐레델의 사위이자 베오울프의 아버지. (263, 373, 529, 631, 957, 1383, 1473, 1550, 1651, 1817, 1999, 2177, 2368, 2397, 2425, 2587)

에지웰라 Ecgwela, 먼 옛날 덴마크의 임금. (1709)

에질라프 Ecglaf, 흐로드가르의 신하인 운퍼스의 아버지. (500, 590, 980, 1465, 1807)

오넬라 Onela, 스웨덴의 옹겐세오우 왕의 아들이자 오흐트헤레의 아우. 기틀랜드를 침공하여 헤아르드레드를 죽임. 이에 대한 응징으로 베오울프가 스웨덴을 공격하여 그를 죽이고 오흐트헤레의 차남 에아드길스를 왕위에 오르게 함. (62, 2616, 2932)

오슬라프 Oslaf, 덴마크 왕 흐내프의 부하로 흐내프가 프랑크 족의 임금 핀과 싸울 때 흐내프를 도움. (1148)

오파 Offa, 앵글 족 임금. 스리스의 남편. (1947, 1956)

오흐트헤레 Ohthere, 스웨덴의 옹겐세오우의 아들이자 오넬라의 형. 에안문드와 에아

드길스의 아버지. (2379, 2611)

옹겐세오우 Ongenþeow, 스웨덴의 왕. 오흐트헤레와 오넬라의 아버지. 기트 족 임금 해드킨이 스웨덴을 공격하여 그의 아내를 볼모로 납치하자, 그는 기틀랜드를 공격하여 해드킨을 죽인다. 나중에 히겔라크의 공격을 받아 '까마귀 숲'에서 에오포르에 의해 죽임을 당함. (1967, 2387, 2475, 2486, 2924, 2950, 2961, 2985)

왜그문딩 Wægmunding, 가문의 이름으로 베오울프, 웨오흐스탄, 위글라프가 이 혈통을 이어받았다. (2607, 2813)

우앨스 Wæls, 씨게문드의 아버지. (877, 895)

운퍼스 Unferð, 에질라프의 아들로서 흐로스가르의 궁정 대변인. 이기심과 시기심이 많은 인물로 그려지지만, 베오울프의 인품에 감동하여 그의 소유인 보검 흐룬팅을 베오울프에게 빌려준다. 그에게 지울 수 없는 오점은 친족을 살해했다는 사실이다. (500, 530, 1166, 1488)

울프 Wulf, 기트의 전사. 원레드의 아들이자 에오포르의 아우. 스웨덴인들과의 전투에서 옹겐세오우의 공격을 받았을 때, 에오포르의 도움으로 살아 남았다. (2964, 2992)

울프가르 Wulfgar, 웬들라스 부족의 족장이자 덴마크 궁의 중신. 기트의 전사들이 헤오로트에 도착했을 때, 그들을 흐로드가르 왕에게 안내한다. (348, 360)

원레드 Wonred, 기트 족 전사. 에오포르와 울프의 아버지. (2964, 2971)

웨알흐세오우 Wealhþeow, 헬밍 가문의 여인으로 흐로드가르의 아내. 흐로드문드와 흐레드릭의 어머니. 히겔라크의 아내인 힉드와 함께 부덕을 갖춘 여왕으로 그려졌다. (612, 629, 665, 1163, 1215, 2174)

웨오흐스탄 Weohstan, 위글라프의 아버지. 스웨덴의 오넬라가 기트 족의 나라를 침공했을 때, 오넬라 편에서 싸우면서, 오넬라에게 반기를 들었던 오넬라의 조카 에안문드를 죽였다. (2602, 2613, 2752, 2863, 2906, 3076, 3110, 3120)

웬들라스 Wendlas, 스웨덴 북부 지방인 벤델(Vendel)에 거주하는 사람들을 말하는데, 울프가르가 그들의 왕이다. (348)

웰란드 Weland, 게르만 전설에 나오는 대장공. 베오울프의 갑옷을 지었다. (453)

위글라프 Wiglaf, 웨오흐스탄의 아들. 베오울프의 말에 의하면 왜그문딩 가문의 혈통을 물려받은 마지막 인물. 무사다운 용기와 주군을 향한 충성을 끝까지 보여주는 인물로서, 대를 이을 후손이 없는 베오울프에게는 정신적인 후계자. (2602, 2631, 2744, 2852, 2863, 2907, 3076)

위더길드 Wiðergyld, 헤아소바르드 족의 전사. (2051)

월핑 족 Wylfingas, 게르만 부족의 하나로 헤아솔라프가 그 일원이다. (460, 471)

이르멘라프 Yrmenlaf, 덴마크인으로 애쉬헤레의 아우. (1325)

잉 Ing, 덴마크의 전설적인 왕. 따라서 '잉의 후예들'은 덴마크인들을 말한다. (1043, 1318)

잉겔드 Ingeld, 헤아소바르드 왕자. 프로다의 아들. 흐로드가르의 딸 프레아와루를 아내로 맞음. (2065)

주트 족 Eotan, 프리지아의 왕 핀의 지배를 받던 부족. (903, 1088, 1141, 1145)

카인 Cain, 아우 아벨을 죽인 성경 속의 인물로서 그렌델과 그의 어미는 그의 후손으로 이 작품에서 소개됨. (106, 1262)

폴크왈다 Folcwalda, 핀의 아버지. (1089)

프랑크 족 Froncan, 지금의 네덜란드에 살던 부족. 히겔라크에 의해 침공당하는데, '후가 족'('Hugas')이라 불리기도 함. (1210, 2912)

프레아와루 Freawaru, 흐로드가르의 딸. 헤아소바르드 족의 잉겔드와 혼약을 맺음. (2024)

프로다 Froda, 헤아소바르드 족의 왕이자 잉겔드의 아버지. (2025)

프리즐랜드 Freslond, 프리지아 사람들의 영토. (1127, 2357)

프리지아 사람들 Fresan, 동쪽에 살던 사람들은 핀의 통치 아래 있었고, 서쪽에 살던 사람들은 프랑크인들과 함께 히겔라크에 대항하여 싸움. (1070, 1092, 1104, 1206, 2504, 2912, 2914)

피텔라 Fitela, 씨게문드의 조카이자 아들. 씨게문드가 누이와 근친상간을 하여 낳은 자식이다. (880, 889)

핀 Finn, 프리지아 사람들의 임금으로 폴크왈다의 아들이자 덴마크 왕녀 힐데부르흐의 남편. 힐데부르흐의 오라비 흐내프가 누이를 방문하려 핀의 궁전을 찾는데, 뜻밖의 불화로 핀의 부하들과 흐내프의 부하들 사이에 싸움이 벌어지고, 그 와중에 흐내프와 핀의 아들—힐데부르흐의 아들이기도 하니 흐내프의 생질—이 살해당한다. 흐내프의 부하 헹게스트는 핀의 제안을 받아들여 화친을 하고 겨울이 갈 때까지 핀의 궁전에 머무른다. 복수의 염에 불타는 헹게스트는 해빙이 되어 귀향할 수 있게 되자 핀을 살해하고 나서, 남편과 아들을 잃은 힐데부르흐를 덴마크로 데려온다. (1071, 1081, 1096, 1146, 1152, 1157)

핀 족 Finnas, 노르웨이 북쪽 해안에 살던 부족. (580)

하마 Hama, 게르만 전설에 나오는 전사로서 에오르멘릭으로부터 브로징의 목걸이를 탈취함. (1198)

할가 Halga, 흐로드가르의 아우이며 흐로스울프의 아버지. (61, 1180)

해드킨 Hæðcyn, 흐레델의 차남. 실수로 형 헤레베아드를 죽였고, 흐레델 사후 짧은 기간 기트 왕국을 통치. '까마귀 숲'에서 스웨덴 왕 옹겐세오우에 의해 죽임을 당함. (2434, 2437, 2483, 2924)

해레스 Hæreð, 히겔라크의 아내인 힉드의 아버지. (1926, 1980)

헤레릭 Hereric, 히겔라크의 아내 힉드의 오라비이자 헤아르드레드의 외숙. (2205)

헤레모드 Heremod, 덴마크 초기의 나쁜 왕으로 베오울프와 대조가 됨. (901, 914, 1709)

헤레베알드 Herebeald, 흐레델의 장남. 아우 해드킨이 실수로 그를 죽임. (2434, 2463)

헤밍 Hemming, 오파와 에오메르의 친척. (1944, 1961)

헤아르드레드 Heardred, 기트 족의 왕 히겔라크의 아들. 스웨덴 왕 오넬라에 의해 죽임을 당함. 그가 미성숙한 왕이었을 때, 베오울프가 그를 보좌함. (2203, 2375, 2377, 2380, 2384, 2387)

헤아소래마스 Heaþo-Ræmas, 노르웨이 남부에 살던 부족의 이름. (519)

헤아소바르드 Heaðo-Beard, 프로다와 잉겔드가 속한 게르만 부족. 덴마크 왕 흐로드가르는 그의 딸 프레아와루를 잉겔드에게 시집보내 화친을 도모하려 함. (2034, 2036, 2067)

헤아소쉴빙 Heaðo-Scylfing, '전사 쉴빙'이란 뜻인데, 스웨덴의 왕 옹겐세오우의 아들인 오넬라를 지칭한다. (63)

헤아솔라프 Heaþolaf, 윌핑 족의 전사. 베오울프의 아버지 에지세오우에 의해 죽임을 당함. (460)

헤알프데네 Healfdene, 덴마크 왕이었고, 쉴드 셰빙의 아들 베오우의 아들이자 흐로드가르의 아버지. (57, 189, 267, 344, 468, 645, 1009, 1020, 1039, 1063, 1474, 1652, 1699, 1866, 2011, 2142, 2146)

헤오로가르 Heorogar, 덴마크 왕 헤알프데네의 장남이자 흐로드가르의 형. (61, 468, 2158)

헤오로웨아르드 Heoroweard, 헤오로가르의 아들이자 흐로드가르의 조카. (2160)

헤오로트 Heorot, 덴마크 임금 흐로드가르가 세운 궁전의 이름인데, '사슴'이라는 의미를 갖는다. 그렌델이 출현하여 덴마크인들을 괴롭혔던 장소이자 베오울프가 그렌델을 퇴치한 곳. 덴마크인들과 헤아소바르드인들 사이의 분쟁에서 불타 버린 것으로 알려져 있다. (79, 402, 430, 473, 497, 766, 991, 1017, 1177, 1267, 1279, 1302, 1331, 1587, 1671, 1988, 2098)

헤트와레 Hetware, 라인강 하류에 살던 프랑크 부족으로 히겔라크가 프랑크를 침공할 때 그들과 싸움. (2363, 2916)

헬밍 족 Helmingas, 흐로드가르의 아내 웨알흐세오우의 친정 사람들. (620)

헹게스트 Hengest, 흐내프의 수하 장수로서 흐내프가 전사한 뒤 핀과 잠정적인 화친을 맺었다가 핀을 죽여 흐내프의 죽음에 복수를 하고 나서 흐내프의 아내인 힐데부르흐를 데리고 귀환함. (1084, 1091, 1097, 1129)

호크 Hoc, 흐내프와 힐데부르흐 남매의 아버지. (1076)

혼드쇼 Hondscio, 베오울프의 부하들 중의 하나로 헤오로트 궁에서 그렌델의 먹이가 됨. (2076)

후가스 Hugas, 프랑크 족을 이르는 말. (2915)

훈라프 Hunlaf, 핀의 궁전에서 주트인들과의 접전에서 죽은 흐내프의 부하의 이름일 것이다. 그의 아들이 흐내프의 수하장수인 헹게스트의 무릎에 아버지의 검을 올려놓은 행위는 헹게스트에 대한 충성의 맹세일 수도 있고, 아니면 훈라프의 죽음을 복수해 달라는 청원의 표시일 수도 있다. (1142)

흐내프 Hnæf, 프리지아 왕 핀에게 시집간 누이 힐데부르흐를 만나려 핀의 궁전을 방문했다가 우연한 감정 충돌로 분쟁이 일어 싸우다가 죽임을 당한다. (1069, 1114)

흐레델 Hreþel, 기트의 임금. 헤레베알드, 해드킨, 히겔라크의 아버지. 해드킨이 실수로 형인 헤레베알드를 죽이자 슬픔을 못이겨 죽음. (374, 454, 1484, 1847, 1922, 2191, 2357, 2430, 2472, 2924, 2958, 2991)

흐레드릭 Hreðric, 흐로드가르의 장남. (1188, 1836)

흐레오스나베오르흐 Hreosnabeorh, 기틀랜드의 언덕. 흐레델이 죽은 뒤 스웨덴의 오흐트헤레와 오넬라가 이곳에서 기트 족을 공격함. (2478)

흐로드가르 Hroðgar, 덴마크 임금. 헤알프데네의 차남. 헤오로가르의 아우이자 할가의 형. 웨알흐세오우의 남편. 흐레드릭과 흐로드문드, 두 아들과 딸 프레오와루를 둠. 헤오로트 궁을 짓고 나서 그렌델로부터 고난을 겪다가 베오울프의 도움으로 고통에서 벗어남. 베오울프에게 거의 아버지와 같은 정을 쏟는다. (61, 64, 151, 234, 276, 335, 339, 357, 366, 371, 394, 407, 415, 456, 612, 653, 662, 716, 826, 863, 925, 1015, 1065, 1236, 1297, 1321, 1399, 1408, 1455, 1483, 1580, 1591, 1644, 1687, 1816, 1840, 1884, 1898, 1990, 2010, 2020, 2129, 2155, 2352)

흐로드문드 Hroðmund, 흐로드가르의 차남. (1188)

흐로스울프 Hroþulf, 흐로드가르의 아우 할가의 아들. 할가가 죽고 나서 백부인 흐로드가르와 백모인 웨알흐세오우의 극진한 보살핌을 받았으나 나중에 사촌인 흐레드릭과 흐로드문드에게 반역을 도모한다는 사실이 암시되고 있다. (1015,

1181)

흐룬팅 Hrunting, 운퍼스 소유의 명검. 운퍼스가 처음에는 베오울프를 질시하였으나
　　나중에는 그에게 이 명검을 빌려준다. (1457, 1490, 1659, 1807)

히겔라크 Hygelac, 기트 족의 임금. 흐레델의 삼남으로 헤레베알드와 해드킨, 두 형이
　　죽었으므로 왕위에 오름. 아내 힉드와의 사이에 딸 하나와 아들 헤아르드레드
　　를 두었다. 네덜란드 지역의 프랑크 족 영토를 공략하던 중 전사함. 베오울프
　　의 외숙부이다. (194, 261, 342, 407, 435, 454, 736, 758, 813, 914, 1202,
　　1483, 1529, 1575, 1819, 1830, 1922, 1971, 1984, 2000, 2151, 2169, 2201,
　　2354, 2370, 2386, 2434, 2913, 2943, 2951, 2959, 2977, 2988)

힉드 Hygd, 해레스의 딸이자 히겔라크의 아내. 남편 히겔라크의 사후 아들인 헤아르드
　　레드가 왕의 재목이 아니라며 베오울프에게 즉위를 권유한다. 그러나 베오울
　　프는 이 권유를 물리치고 헤아르드레드를 끝까지 보필한다. (1926, 1980,
　　2175, 2369)

힐데부르흐 Hildeburh, 호크 왕의 딸이자 프리지아 임금 핀의 아내. 오라비인 흐내프와
　　남편인 핀 왕 사이의 불화로 인해 오라비, 아들, 남편을 모두 잃고 종국에는
　　오라비 부하의 포로가 되어 친정 나라로 돌아오는 비극적 삶을 사는 여인.
　　(1071, 1114)

말돈 전투

가드 Gadd, 오파의 친족. (287)

고드릭 (1) Godric (1), 비르흐트노스의 부하. 오다의 아들. 전열을 이탈하여 도주함.
　　(186, 238, 325)

고드릭 (2) Godric (2), 애셀가르의 아들. 영국군 전사. (320)

고드위네 Godwine, 비르흐트노스의 부하. 고드릭, 고드위네, 고드윅, 삼형제가 다
　　전열을 이탈하여 도주한다. (191)

고드윅 Godwic, 비르흐트노스의 부하. 고드릭, 고드위네, 고드윅, 삼형제가 다 전열을
　　이탈하여 도주한다. (191)

둔네레 Dunnere, 영국군 평민 출신의 병사. (255)

레오프수누 Leofsunu, 영국군 전사. (244)

마쿠스 Maccus, 비르흐트노스의 수하 전사. (80)

말돈 Maldon (제목), 991년에 바이킹이 영국을 침공하여 이곳에서 영국군과 전투를 벌였다. 작품에서 팬트 강으로 언급되는 에쎅스에 있는 습지대가 펼쳐진 지역.

머씨아 Mercia, 잉글랜드 중남부에 있던 앵글 족의 옛 왕국. (217)

비르흐트노스 Byrhtnoð, 영국군을 지휘하는 귀족. 말돈 전투에서 장렬하게 전사한다. (17, 42, 100, 114, 127, 162, 257)

비르흐트월드 Byrhtwold, 영국군 전사. (309)

비르흐트헬름 Byrhthelm, 비르흐트노스의 아버지. (91)

수르스탄 Þurstan, 위스탄의 아버지. (297)

스투르메레 Sturmere, 에쎅스에 있는 마을 이름으로 레오프수누의 출생지이다. (249)

시비르흐트 Sibyrht, 영국군 전사. 애셀릭의 형. (282)

애셀가르 Æþelgar, 고드릭의 아버지. 이 고드릭은 탈영한 고드릭이 아니다. (320)

애셀레드 Æþelred, 978년부터 1016년까지 영국을 통치한 임금. (53, 151, 202)

애셀릭 Æþelric, 영국군 전사. 시비르흐트의 아우. (280)

애쉬페르스 Æscferð, 애질라프의 아들. (267)

앨프노스 Ælfnoð, 비르흐트노스의 수하 전사. (183)

앨프릭 Ælfric, 앨프위네의 아버지. (209)

앨프위네 Ælfwine, 앨프릭의 아들. 영국군 전사. (209, 211, 231)

앨프헤레 Ælfhere, 비르흐트노스의 수하 전사. (80)

에아드릭 Eadric, 비르흐트노스의 수하 전사. (11)

에아드월드 Eadwold, 영국군 전사. 오스월드의 아우. (304)

에아드웨아르드 Eadweard, 비르흐트노스의 수하 전사. (117, 273)

에알헬름 Ealhelm, 앨프위네의 할아버지. 앨프릭의 아버지. (218)

에질라프 Ecglaf, 애쉬페르스의 아버지. (267)

오다 Odda, 전열을 이탈한 고드릭, 고드위네, 고드윈 삼형제의 아버지. (186, 237)

오스월드 Oswold, 영국군 전사. 에아드월드의 형. (304)

오파 Offa, 영국군 지휘관 비르흐트노스의 수하 전사. (5, 198, 230, 285, 287, 288)

울프매르 Wulfmær (113), 비르흐트노스의 누이의 아들. 그의 아버지는 울프스탄이다. (113, 114, 156, 183)

울프스탄 Wulfstan, 비르흐트노스의 부하. 체올라의 아들이자 울프매르의 아버지. (75, 79, 156)

위스탄 Wistan, 수르스탄의 아들. 영국군 전사. (297)

체올라 Ceola , 이 작품에 등장하지는 않으나, 울프스탄의 아버지로 언급된다. (76)

브루난부르흐 전투

안라프 Anlaf, 아일랜드를 점유하고 있던 바이킹들의 임금 구스프리스의 아들. 스코틀
랜드의 콘스탄티누스 2세와 연합하여 937년에 영국을 침공하였으나, 애셀스
탄이 이끄는 서 쌕슨 군대에 참패하고 패주하였다. (25, 30, 35, 46)
애셀스탄 Æþelstan, 알프레드 대왕의 손자. 10세기 서 쌕슨 왕국의 왕. 934년 스코틀랜
드를 침공하여 영토를 확장했다. 이에 대한 보복으로 스코틀랜드의 콘스탄티
누스 2세와 아일랜드의 안라프는 연합군을 결성하여 937년에 영국을 공격했
다. 애셀스탄은 아우인 에아드문드와 함께 브루난부르흐에서 연합군을 무찌
르고 대승을 거두었다. (2, 57)
에아드문드 Eadmund, 알프레드 대왕의 손자인 애셀스탄의 아우. 브루난부르흐 전투
에 형인 애셀스탄을 따라 참전했을 때, 그의 나이는 겨우 16세였다. (3, 57)
에아드웨아르드 Eadweard, 알프레드 대왕의 아들. 애셀스탄과 에아드문드 형제의
아버지. (5, 52)
머씨아 Mercia, 잉글랜드 중남부에 있던 앵글로쌕슨 족의 옛 왕국. (25)
콘스탄티누스 Constantinus, 스코틀랜드 왕들이 통치하던 노섬브리아를 영국 왕 애셀
스탄이 934년에 침공하여 점령하자, 이에 대한 보복으로 아일랜드의 안라프
와 협동작전을 펴, 937년에 영국을 공격했다. 그러나 브루난부르흐 전투에서
참패하고 아들마저 잃고 스코틀랜드로 패주하였다. (37)

참고 문헌

Dobbie, Elliott Van Kirk, ed. *Beowulf and Judith.* The Anglo-Saxon Poetic Records, Vol. IV. Columbia University Press, 1953.

_____, ed. *The Anglo-Saxon Minor Poems.* The Anglo-Saxon Poetic Records, Vol. VI. Columbia University Press, 1942.

Jack, George, ed. *Beowulf: A Student Edition.* Oxford University Press, 1995.

Klaeber, Fr., ed. *Beowulf and the Fight at Finnsburg.* 3rd Edition. D. C. Heath, 1950; 4th Edition (Re-edited by R. D. Fulk, Robert E. Bjork, and John D. Niles). University of Toronto Press, 2008.

Krapp, George Philip, and Elliott Van Kirk Dobbie, eds. *The Exeter Book.* The Anglo-Saxon Poetic Records, Vol. III. Columbia University Press, 1936.

Mitchell, Bruce, and Fred C. Robinson, eds. *Beowulf: an Edition with Relevant Shorter Texts.* Blackwell, 2006.

Wyatt, A. J., ed. *Beowulf with the Finnsburg Fragment.* New Edition Revised with Introduction and Notes by R. W. Chambers. Cambridge University Press, 1920.

Zupitza, Julius, ed. *Beowulf: Reproduced in Facsimile from the Unique Manuscript, British Museum MS. Cotton Vitellius A. XV with a Transliteration and Notes.* Second Edition by Norman Davis. Oxford University Press, 1959.

역자 소개

이성일(李誠一)은 1943년 서울에서 출생, 1967년 연세대학교를 졸업하고 4년간 공군사관학교 교수부 영어교관으로 근무하였다. University of California at Davis와 Texas Tech University에서 각기 영문학 석사(1973)와 박사(1980) 학위를 취득했다. 1981년 3월 연세대학교 조교수로 임용되어 2009년 2월에 정년퇴임, 현재 연세대학교 명예교수로 있다. 1987년 1월부터 University of Toronto에서, 그리고 1994년 9월부터 University of Washington에서 각기 1년간 방문교수로 한국문학을 강의했고, 2002년 8월부터 1년간 Troy University에서 Fulbright Scholar-in-residence로 영문학을 강의했다. *The Wind and the Waves: Four Modern Korean Poets* (1989), *The Moonlit Pond: Korean Classical Poems in Chinese* (1998), *The Brush and the Sword: Kasa, Korean Classical Poems in Prose* (2009), *Blue Stallion: Poems of Yu Chi-whan* (2011), *The Crane in the Clouds: Shijo, Korean Classical Poems in the Vernacular* (2013), *The Vertex: Poems of Yi Yook-sa* (2014) 등의 한국시 영역집을 출간했고, 셰익스피어의 <리처드 2세> (2011), <줄리어스 씨저> (2011), <리처드 3세> (2012), <오셀로> (2013), <맥베스> (2015), 존 웹스터의 <아말피의 여공> (2012), 크리스토퍼 말로의 <포스터스 박사의 비극> (2015) 등의 극작품들을 번역 출간했으며, 고대영시 현대영어 번역 및 주석본 *Beowulf and Four Related Old English Poems*를 2010년 미국에서 출판했다. 한국문화예술진흥원이 주관하는 '대한민국문학상'(1990)과 '한국문학번역상'(1999)을 받았다.